Honra, Privacidade e Liberdade de Imprensa

UMA PAUTA DE JUSTIFICAÇÃO PENAL

1323

W423h   Weingartner Neto, Jayme
         Honra, privacidade e liberdade de imprensa: uma pauta de justificação penal / Jayme Weingartner Neto. — Porto Alegre: Livraria do Advogado, 2002.
         351p.; 16x23 cm.

         ISBN 85-7348-241-9

         1. Liberdade de imprensa. 2. Honra. 3. Privacidade. 4. Direito Penal. I. Título.

                                        CDU – 342.732

         Índices para o catálogo sistemático:

         Liberdade de imprensa
         Honra
         Privacidade
         Direito Penal

(Bibliotecária responsável: Marta Roberto, CRB - 10/652)

Jayme Weingartner Neto

Honra, Privacidade e Liberdade de Imprensa

UMA PAUTA DE JUSTIFICAÇÃO PENAL

livraria
DO ADVOGADO
editora

Porto Alegre 2002

© Jayme Weingartner Neto, 2002

Capa, projeto gráfico e composição
Livraria do Advogado Editora

Revisão
Rosane Marques Borba

Pintura da Capa
Joan Miró. *O Ouro do Azul*, 1967.
Óleo sobre tela, 205 x 173,5 cm
Fundação Joan Miró, Barcelona
Reprodução em Erben, Walter. *Miró*. Köln: Taschen, 1997, p. 177.

Direitos desta edição reservados por
Livraria do Advogado Ltda.
Rua Riachuelo, 1338
90010-273 Porto Alegre RS
Fone/fax: 0800-51-7522
livraria@doadvogado.com.br
www.doadvogado.com.br

Impresso no Brasil / Printed in Brazil

Para Andréia, minha esposa.
Quisera saber pintar-te flores
Ou criar, à Miró, sabores
Talvez um sax à noite.

Para meus filhos, Frederico e Pedro.
"no colo o menino, pequeno ainda, de coração singelo,
quase estrela de lindo, filho amado".
(Ilíada, VI, 399-401)

"Estupefacta, meu filho, realmente se encontra minha alma,
sem que consiga palavra dizer-lhe".
(Odisséia, XXIII, 105-106)

Na falta de flores e sabores e sons,
Recebam estas palavras de "saberes",
Que anseiam por refletir
um pouco da beleza e do amor
espargidos por vocês.

*Para Ibanez Ribeiro Lisboa, meu avô,
partejador dos livros.*
In memoriam.

Agradecimentos

Este trabalho é, felizmente, tributário de uma série de circunstantes, pessoais e institucionais. Pensando bem, se o ato de escrita é solitário – daí a responsabilidade instransferível pelas falhas e limitações – , a produção do texto é sempre fruto de um contexto, de uma ampla e delicada rede de apoio que, no meu caso, foi absolutamente essencial. Portanto, não circunstantes, mas protagonistas.

Ao Ministério Público do Rio Grande do Sul, pela confiança depositada na licença remunerada para aperfeiçoamento, simplesmente imprescindível.

Aos meus pais, Alberto Weingartner Neto e Maria Regina Lisboa Weingartner, que em momentos diversos e por caminhos diferentes, outras tantas vezes confluentes, acalentaram e sustentaram meus sonhos. E aplacaram a saudade da terra natal (o pai, depois, testemunhou o júri). Em família o amor é, junto com meus irmãos, Carmen e Lucas, cujo apoio fraterno é muito mais importante do que poderiam supor. Também é fraterno o obrigado a meu cunhado Antônio Carlos Welter, que mais de uma vez remeteu textos pelo correio internacional e, aqui, franqueou-me vários dados de investigação.

Ao Professor Gerceí Carlos Silveira, que suplantou os limites territoriais da Universidade Luterana do Brasil, mantendo o Campus de Cachoeira do Sul em permanente contato, facilitador e flexibilizador das relações acadêmicas, o respeito e admiração. À Maria Helena, que cuidou do lar brasileiro. E aos colegas professores, funcionários e corpo discente, que foram determinantes do projeto. Um especial obrigado ao amigo José Cesar Pereira da Silva Filho, que segurou o andor, com o auxílio, que é também carinho pessoal, do Marcelo Ricardo Teixeira e do Júlio Mahfus. José Antônio Coelho foi um dos primeiros a incitar um curso no exterior.

À conspiração de amigos, de longa data e de primeira viagem. Carlos Eduardo Florence e Juliana, que seguraram a barra em Cachoeira do Sul e ainda tiveram tempo para um café no Largo da Portagem, em Coimbra. Ao irmão eleito, Luiz Roberto Silva Martins Filho, que continua chegando tão longe quanto eu tenho conseguido. Saulo e Adriane, malas cheias de livros e a Mariá no colo. Daiana Pereira Teixeira, que de estagiária e aluna passou a colega acadêmica, partilhando dúvidas e incansável na dedicação e organização do texto final. Arnoldo Doberstein, pela gentileza da escuta e pertinência histórica. Cláudio Brito, jornalista-jurista, o barroco pós-moderno e suas instigantes palavras noturnas.

À turma de Portugal... Maria Estela de Lara, primeiro esteio em terras lusitanas, outro castelo em Leiria, com as queridas Dandhara e Thainá, parceiras de brincadeiras de meu filho Frederico. Ao "Dudu", assim mesmo, informal como ele é, desbravador do "Tromba Rija", viva a comidinha mineira! Aos paraibanos Augusto e Felipe (sei que o velho Augusto, romanista, nasceu em Pernambuco), companhia inseparável d'além mar, inclusive para o feijãozinho da Andréia. E meus amigos paulistas Ricardo e Milton, que depois fizeram uma base em Salamanca. Fábio Osório, que acolheu em Madrid, donde alcançou livros. Paulo Torelly, que ajudou a fechar (e carregar) as malas no retorno. Gilberto e Cláudia, um pouso seguro na Urbanização do Gorgulão e inestimável préstimo para vencer a burocracia. Ana Paula Zeferino, a colega que personificou a gentileza e a fidalguia do povo português.

Cesar Augusto Baldi, um obrigado especial pelas inexcedíveis revisões, pelas dúvidas e ponderações, pela vitalidade intelectual com que me brinda desde os tempos de UFRGS. E também por ter estado conosco em Coimbra. Um especial agradecimento, com a sincera e devida homenagem, ao Professor Doutor Plauto Faraco de Azevedo, responsável pela minha curiosidade literário-jurídica e exemplo de dignidade docente e cidadã.

Ruy Zoch Rodrigues, a par das afinidades despertadas pela Maria Lúcia, emprestou seu brilho e carisma para várias leituras e audições, dividindo a angústia em torno do jornalismo investigativo e acompanhando até uma das viagens de orientação (sendo em São Paulo, claro que com o Eduardo).

Professor Doutor Ingo Sarlet, o respeito profissional e a admiração acadêmica só não são maiores que meu afeto pessoal. Saudade das caminhadas de Cachoeira do Sul, fica programada uma no Choupal de Coimbra. A "capital do amor em Portugal" foi uma corporificação dos sábios conselhos do Ingo, ao indicar o melhor caminho em busca da excelência científica. Disponível para auxiliar nas pesquisas em Munique e nas livrarias inglesas. E probo sempre, disposto à crítica impiedosa, se necessária, a privilegiar o escasso tempo para sugerir bibliografia, conferir a estrutura, cuidar para que não perpetrassem heresias constitucionais. Um imenso obrigado.

Grato aos Professores Doutores José Francisco de Faria Costa e Ruy Marcos, pelos ensinamentos e convivências ao longo do ano acadêmico de 1999/2000. Por fim, jamais por último, aos Professores Doutores Américo A. Taipa de Carvalho, da Universidade Católica do Porto, que me distinguiu com sua honrosa presença no Júri da dissertação, Jorge de Figueiredo Dias, Catedrático da Faculdade de Direito da Univesidade de Coimbra e presidente do Conselho Científico, que no meio da atribulação profissional presidiu o júri e, mercê de sua argüição, descortinou outras sendas de investigação.

Merece o mais especial agradecimento meu orientador, Professor Doutor Manuel da Costa Andrade. Pelo calado de sua cultura jurídica, que é histórico-filosófica e fruto de um profundo humanismo. Pelo absoluto respeito ao sujeito da investigação, estimulado no exercício da autonomia. Pela humildade e simplicidade, apanágios da sabedoria. Pelo exemplo. Não consigo fugir da imagem de Virgílio, que não soe pretensão.

Resta agradecer ao generoso Portugal e à inesquecível Coimbra terem-me emprestado os olhos para fitar, de Oriente a Ocidente, como na Mensagem de Fernando Pessoa, meu país e minha vida com uma nova visão

Fita, com olhar sfíngico e fatal,
O Ocidente, futuro do passado.
O rosto com que fita é Portugal.

Valeu o mar português, que foi espelho do céu...

Siglas

BFDC	Boletim da Faculdade de Direito da Universidade de Coimbra
BGB	Código Civil Alemão
BGH	Supremo Tribunal Federal Alemão
BMJ	Boletim do Ministério da Justiça
BverfGE	Decisões do Tribunal Constitucional Federal da Alemanha
CE	Constituição Espanhola
CF	Constituição Federal Brasileira
CJ	Coletânea de Jurisprudência
CP	Código Penal Português
CPB	Código Penal Brasileiro
CPP	Código de Processo Penal Português
CRP	Constituição da República Portuguesa
LF	Lei Fundamental Alemã
RPCC	Revista Portuguesa de Ciência Criminal
STC	Sentença Tribunal Constitucional Espanhol
StGB	Código Penal Alemão
STJ	Supremo Tribunal de Justiça
StPO	Código de Processo Penal Alemão

Prefácio

O leitor tem nas mãos um trabalho notável, a muitos títulos. Tanto pelo fôlego e amplitude da investigação, rigor da argumentação e segurança do discurso dogmático como pela adequação político-criminal e pelo ritmo, equilíbrio e clareza da escrita. Trata-se, além do mais, de uma reflexão sobre uma área problemática do direito criminal que, tudo permite antecipá-lo, verá crescer a sua importância na experiência jurídica dos tempos que se anunciam. Tempos em que, se bem vemos as coisas, a dimensão comunicacional da acção e da interacção humanas ganharão cada vez maior significado e relevo. E por vias disso, o mundo do *ser* e das *substâncias* cederá cada vez mais o primado ao mundo do *ser-com*, da *relação* e do *diálogo*.

Na "construção social da realidade" que se anuncia multiplicar-se-ão os valores pessoais – ou na linguagem da dogmática penal, os bens jurídicos – expostos às intempéries e à erosão da comunicação social. Desde a clássica *honra* e as mais recentes *privacidade/intimidade, palavra* e *imagem* até à mais recente *autodeterminação informacional*. Bens jurídicos que o direito penal será chamado a proteger. Uma protecção que há-de, em qualquer caso salvaguardar uma margem consistente de realização a valores ou interesses conflituantes. Como os valores servidos pelos jornalistas, pelos profissionais do foro ou pelos que – nos planos de maior ou menor proeminência, mais ou menos expostos aos holofotes – se propõem tomar parte no processo dinâmico de formação e evolução da opinião pública, por onde passa a seiva que alimenta a democracia. E que não podem agir sob o medo de "estar permanentemente com um pé na prisão", por causa de afronta àqueles bens jurídico-criminais.

Tudo a reclamar novas formas de justificação que, pelo seu dinamismo e orientação para "a fronteira do futuro" transcendam os limites do clássico *Direito de necessidade*, geneticamente vocacionado para a conservação dos bens jurídicos preexistentes e não para a promoção de novos valores. Foi, reconhecidamente, para dar resposta a estas exigências que a expediência jurídica decantou a causa de justificação prossecução de interesses legítimos. Criada pelos autores e tribunais germânicos e sancionada pelo legislador alemão (sob o nome de *Wahrnehmung berechtigter Interessen*) a nova dirimente cedo se comunicou a outros ordenamentos jurídico-criminais europeus e, particularmente, o português. Foi, no essencial, esta causa de justificação que JAYME WEINGARTNER se propôs converter em objecto de teorização e exame crítico projectando-a ao mesmo tempo sobre o direito brasileiro, numa perspectiva de política criminal e *de jure condendo*. E, ao fazê-lo, lançar uma fecunda e promissora ponte de diálogo entre os juristas dos dois lados do Atlântico.

Não é meu intuito levar mais longe esta nótula introdutória. E que a breve trecho pode vir a constituir-se num texto incontornável de referência. Tudo pelo, contrário, me impõe brevidade para não diferir o encontro do leitor com um trabalho cuja leitura se recomenda. Limitar-me-ei a recordar que esta investigação creditou o seu autor com o título de Mestre da Faculdade de Direito de Coimbra. Isto no termo de provas públicas que terminaram com o júri a votar unanimemente a classificação máxima que a nossa Faculdade reconhece para o curso de Mestrado.

Para além disso cabe-me deixar registado um testemunho de apreço pelas qualidades únicas de JAYME WEINGARTNER: afecto no trato, empenhamento sem tréguas no estudo e uma rara e generosa solidariedade com os colegas. Como seu Professor no curso de Mestrado, permito-me declinar dois sentimentos muito vivos: A saudade por um amigo que partiu, e alegria por ver um discípulo voar, riscando, com autonomia e êxito, a sua própria trajectória.

Coimbra, Julho de 2002.

Dr. MANUEL DA COSTA ANDRADE
Prof. da Faculdade de Direito da Universidade de Coimbra

Sumário

Apresentação (*Ingo Wolfgang Sarlet*) 17
Introdução 21

Capítulo I
Eixo histórico-epistemológico

1. Afloramentos históricos de uma questão moderna 35
   1.1. Honra 37
   1.1.1. Roma *locuta* 37
   1.1.2. A Ibéria medieval e o direito vulgar das *Siete Partidas* 40
   1.1.3. Portugal: leis gerais e as Ordenações 46
   1.1.4. Um espaço privilegiado no barroco: o orador sacro, o poeta satírico ... 52
   1.1.5. Pombal: centralismo *versus* jurisprudência. Melo Freire 55
   1.1.6. Evoluções modernas 59
   1.2. Privacidade 61
   1.2.1. Um esboço de história. As *lettres de cachet* 62
   1.2.2. O umbral dos séculos XIX/XX: vertigem e transformações 66
   1.2.3. O *right to be let alone* 69
   1.2.4. Desenvolvimentos europeus. As esferas alemãs. Portugal. Diplomas
            internacionais 72
   1.3. Liberdade de imprensa 76
   1.3.1. Da Bíblia à liberdade de expressão 76
   1.3.2. A opinião pública e o fundamento democrático 79
   1.3.3. Metrópole, colônia e o jornalismo luso-brasileiro 87
   1.3.4. Formulações coevas: declarações e convenções internacionais 91
2. Contexto epistemológico 92
   2.1. Traços dinâmicos 93
   2.2. Limites: verdade, conjetura e viragem lingüística 101
   2.3. Transição paradigmática e tolerância 105
   2.4. A comunicação social e o espetáculo: espelhos e cifras 108

Capítulo II
Traços dogmáticos

1. Refração constitucional 117
   1.1. Direito constitucional e direito penal 117
   1.2. Prolegômeno principiológico 120
   1.3. Dignidade da pessoa humana 122
   1.4. Colisões entre direitos fundamentais. Em torno do princípio da
        proporcionalidade... 125
   1.5. A influência do *Lüth-Urteil* 137
   1.6. Os parâmetros do *Mephisto-Fall* 142

1.7. A concordância prática do *Lebach-Urteil* 143
1.8. A polêmica do *Soldaten-sind-mörder* 146
1.9. A posição preferencial da liberdade de imprensa 147
1.10. Um acréscimo: argumento político do garantismo penal 153
2. Injusto penal: tipicidade *versus* ilicitude 156
3. O amplo leque da atipicidade 163
   3.1. Tipicidade subjetiva? Descarte da teoria dos *animi* 163
   3.2. Crítica objetiva 167
   3.3. O problema da arte: caricaturas e sátiras. *kopulierendes Schwein.*
        Falwell v. Flynt 169
   3.4. As esferas (móveis) da privacidade. A Corte européia e o caso *Lingens*.
        Lineamentos vitimodogmáticos 175
4. Ilicitude e justificação: um quadro geral 187
   4.1. Um divisor de águas: juízo de valor e imputação de fatos. A opinião
        coberta pelo exercício do direito de expressão 188
   4.2. *Mixed opinions*. Perguntas e citações 190
   4.3. O limite da crítica caluniosa (*Schmähkritik*). *Sullivan v. New York Times.*
        Arena política 194
   4.4. Opiniões através da arte. Contra-ataque 200
   4.5. Informações obtidas ilicitamente e o direito de necessidade 202
5. O caso especial da prossecução de interesses legítimos 205
   5.1. O díspare entorno doutrinário e jurisprudencial 206
   5.1.1. A matriz germânica 206
   5.1.2. Âmbito da figura. Apenas crimes contra a honra ou causa geral diante
          de bens socialmente vinculados 209
   5.1.3. Caracterização sistêmico-dogmática. Correntes: elemento negativo do
          tipo, causa de redução típica (Günther), excludente de culpa. Justificação . 213
   5.1.4. Princípios axiológicos subjacentes: princípio geral da ponderação de
          bens, do exercício de um direito, do risco permitido. Síntese 222
   5.2. O dever de informação 227
   5.2.1. Noção geral do dever de comprovação cuidadosa. Afirmação jurispru-
          dencial. Discordância doutrinária 227
   5.2.2. A prossecução de interesses legítimos e o dever de informação (glosa
          espanhola: o caso *Crespo*) 229
   5.2.3. Exigência dos tribunais alemães 231
   5.2.4. Divisão doutrinal: argumentos a erigir o dever de informação como
          pressuposto autônomo – o reverso do risco permitido e evitar a invocação
          do erro excludente do dolo; posição (minoritária) que o recusa 232
   5.2.5. A controvérsia no direito português 234
   5.2.6. Alguns acordos. O dever varia consoante as *leges artis* 241
   5.2.7. O caráter gravoso das ofensas mediáticas 247
   5.2.8. A necessidade de não paralisar a imprensa (*chilling effect*). Reportagem
          investigativa 248
   5.2.9. Consensos a orientar a aplicação segundo as circunstâncias do caso
          concreto: a especificidade do dever do jornalista, a amplitude do
          universo dos destinatários, o contraditório na menção expressa da
          identidade e do nome 258
   5.2.10. Crônica processual e policial. Reporteres neutros 261
   5.3. Tópicos convergentes 264
   5.3.1. O elemento dinâmico-evolutivo. Distinção: direito de necessidade *versus*
          prossecução de interesses legítimos. Pressuposto positivo: adimplemento
          do dever de informação. Pressupostos negativos: desnecessidade de
          perigo iminente e de sensível superioridade do bem a salvaguardar . . . 265

5.3.2. O conceito de interesse legítimo. A função pública da imprensa. Afastamento do escândalo e do sensacionalismo 267
5.3.3. Outros pressupostos objetivos: idoneidade, necessidade, proporcionalidade 272
5.3.4. Publicação do nome e direito ao anonimato 274
5.3.5. Elementos subjetivos: mero dolo-da-justificação ou especial fim de agir (intenção). A questão do lucro 275
5.3.6. A injúria formal do direito alemão: em face da forma da imputação; diante das circunstâncias, em especial o decurso do tempo; o declínio do excesso de publicação 282
5.4. A prossecução de interesses legítimos na experiência portuguesa 284
5.4.1. Prévia terminológica 285
5.4.2. O duplo alcance: crimes contra a honra e de devassa 288
5.4.3. Uma causa especial de justificação autônoma. Aportes doutrinários e jurisprudenciais 290
5.4.4. Particularidades no que tange à honra. Exceção da verdade. Ofensa à memória de pessoa morta 295
5.4.5. Incriminação de devassa: vida privada e doença grave. Outra questão: a violação de segredo 299
5.5. Os rumos brasileiros: um esforço de aproximação 304
5.5.1. O caso *Collor versus Folha de São Paulo* 305
5.5.2. O caso *Lula-Pelotas* 313
5.5.3. A reforma da parte especial do Código Penal e a questão constitucional 318
5.5.4. Proposta 330

Síntese conclusiva 335

Bibliografia 341

Apresentação

Que "o leitor tem nas mãos um trabalho notável a muitos títulos" já bem o disse – de modo incensurável – o ilustre e insuspeito orientador da obra que ora vem a lume, Prof. Dr. Manoel da Costa Andrade. Bastaria, para sublinhar a afirmação, relembrar (e há fatos que deveriam ser reiteradamente destacados) que o trabalho obteve o raro e ambicionado grau máximo quando foi apresentado como dissertação de Mestrado na Faculdade de Direito de Coimbra e submetido ao criterioso e rigoroso crivo da comissão julgadora, integrada, além do orientador, pelos não menos renomados Professores Doutores Figueiredo Dias (Coimbra) e Américo de Carvalho (Porto). Aliás, com esta chancela – um dos melhores "títulos" acadêmicos que se poderia almejar – qualquer apresentação poderia, desde logo, ser dispensada, já que o trabalho, a nota obtida e a nominata que a conferiu, por si só já assegurariam o merecido sucesso científico e editorial. Assim, não é com uma reprise ou mesmo uma síntese dos principais pontos da obra que irei desincumbir-me da minha missão como apresentador.

Se aceitei tal honra e privilégio foi por ter compreendido que se tratava de um *munus* irrecusável e irrenunciável, nascido do vínculo pessoal que nutro pelo ilustre colega e amigo JAYME WEINGARTNER NETO, com quem tive (e ainda tenho, a despeito da distância) a possibilidade ímpar de conviver em ambiente afetiva e profissionalmente sadio e fecundo, desde a minha judicância em Cachoeira do Sul. Mas a principal razão talvez seja o fato de ter acompanhado, desde até mesmo a opção pela Faculdade onde cursar o Mestrado, até a elaboração do projeto, a difícil e sempre angustiante escolha do tema e sua delimitação, a consciência (e o respectivo empenho) da responsabilidade assumida perante seus pares, em face da merecida e bem aproveitada licença concedida, a estada com sua companheira e esposa Andréia e o primogênito Frederico em ambiente estranho e longe dos familiares e amigos, enfim, vivenciando tudo de bom e de ruim que uma empreitada desta ordem costuma oferecer a todos que resolvem trilhar esta jornada. Tudo isso, entre outros aspectos que poderiam ser colacionados, torna-me uma das principais e autorizadas testemunhas deste exitoso processo, e é este testemunho que aqui venho registrar em público e por escrito.

Como já adiantei, recuso-me aqui a discorrer sobre o conteúdo da obra. Cuida-se de tarefa que incumbe a cada leitor, que, ao seu modo e com a sua pré-compreensão, irá nutrir-se da seiva viva e palpitante que brota de cada página, de cada palavra lançada ao longo deste relativamente extenso, mas nunca enfadonho, cansativo ou mesmo repetitivo texto. De resto, o tema e o belo prefácio falam por si. Gostaria apenas de aproveitar a ocasião para frisar que a obra consegue a cada vez mais rara felicidade de reunir consistência e rigor científicos inquestionáveis com um estilo literário rico e elegante. Em tempos onde o recurso por vezes leviano à retórica (escrita e verbal) sofisticada mas destituída de conteúdo e solidez argumentativa não raras ocasiões resulta em demagogia ou – o que é pior – manipulação de um ou outro segmento de público menos crítico, o presente texto concilia ambas as dimensões (qualidade estilística e densidade) tarefa que se torna ainda mais dificultada, em se considerando os apelos do tema, que, como poucos, presta-se a toda e qualquer sorte de extremismo, irracionalidade e demagogia.

Sendo eu próprio um curioso do direito constitucional e em que pese o enfoque prioritariamente penal da obra, surpreende a perspicácia do autor ao manejar o manancial teórico constitucional, de modo a avaliar, com rigor e equilíbrio, as diversas posições esgrimidas a respeito do tema, chegando a resultados racionalmente fundados, sem jamais furtar-se de anunciar a sua posição pessoal, contribuindo (e neste ponto já restou firmado o compromisso do autor em cursar o Doutorado) inequivocamente para o debate acadêmico sério e para o desenvolvimento da ciência penal, especialmente entre nós, já que o autor – e nisto reside outro mérito da obra – não deixou de tocar em pontos da maior relevância também (e talvez principalmente) para o direito brasileiro.

Por derradeiro - para não fazer o que o autor não fez ao longo de todo o trabalho, isto é, aborrecer o leitor – coloco em destaque a invulgar criatividade no uso freqüente (mas jamais divorciado do conteúdo do texto) de citações extraídas da literatura não-jurídica, e até mesmo da poesia e da mitologia. Ao ler a obra (e tive o privilégio de fazê-lo ainda antes da comissão que aprovou o texto) logo me veio à mente que o trabalho corresponde integralmente ao que provavelmente tenha sido o testamento literário do grande ITALO CALVINO, ao anunciar as suas seis (que em verdade, em virtude da morte precoce do autor, acabaram sendo apenas cinco) propostas para o próximo milênio: 1) leveza; 2) rapidez; 3) exatidão; 4) visibilidade; e 5) multiciplidade. Não me cabe aqui convencer o leitor daquilo que é a minha leitura, o que não me impede de aproveitar este espaço e tempo para lançar a cada um que pousar seus olhos no texto o desafio para tanto. Um trabalho escrito com razão, coração e alma igualmente merece uma leitura de mente e espírito abertos.

Porto Alegre, agosto de 2002.

Prof. Dr. Ingo Wolfgang Sarlet

Introdução

I - A prática da investigação científica é exercício de renúncia. Aprendizado de humildade. Este trabalho origina-se da dissertação de mestrado que apresentei à Faculdade de Direito da Universidade de Coimbra em 27 de fevereiro de 2002, quase ao final do inverno europeu. Escrevi milhares de linhas, que acredito fazerem sentido, sempre na terceira pessoa do singular, modo impessoal. Parece que é o mais elegante em nível acadêmico, ao menos assim me disseram.[1] Permitam, agora, uma referência pessoal-existencial.

Devo prestar contas e justificar minha "Viagem a Portugal", que iniciou há quase quatro anos, com a formulação de um sonho e o despertar de um desejo. Consta que a inteligência é uma ferramenta para resolver problemas, e que um problema seria o espaço entre meu desejo e sua satisfação.[2] Saramago foi satisfação e desejo, precisamente em sua "Viagem a Portugal", cujo marco, na fronteira existencial, o "Sermão aos Peixes",[3] esteve sempre no meu coração:

"Dais-me vós, peixes, uma clara lição, oxalá não a vá eu esquecer ao segundo passo desta minha viagem a Portugal, convém a saber: que de terra em terra deverei dar muita atenção ao que for igual e ao que for diferente, embora ressalvando, como humano é, e entre vós igualmente se pratica, as preferências e as simpatias deste viajante, que não está ligado a obrigações de amor universal, nem isso se lhe pediu."

Foi o que procurei fazer, ao longo da investigação e de minha estada em Portugal.

Creio, por outro lado, que o tema foi quem me escolheu. E não por acaso.

Marx, ao ilustrar o ambiente hostil à liberdade de imprensa durante debates que se realizaram em Düsseldorf, por volta de 1841,

---

[1] Acerca dos rituais de exame de linguagem, que privilegiam o "como" se diz em detrimento do "que" o postulante diz – e de como o uso ortodoxo dessa linguagem dos "saberes" não tem por função primeira comunicar conhecimento novo, mas confirmar que o "falante" pertence à confraria dos "scholars", vide ALVES, *Livro sem fim*, p. 21, 28 e 29.

[2] ALVES, *Livro sem fim*, p. 91.

[3] SARAMAGO, *Viagem a Portugal*, p. 15.

sinalava a vantagem dos opositores da imprensa livre. Cativos de uma "emoção patológica", de um "preconceito ardente", beneficiavam-se de uma "posição real" diante do tema. Era preciso, para além da teoria, e Marx utilizou a metáfora do espelho, encarar a liberdade de imprensa como uma beleza, uma beleza que o indivíduo deve ter amado para poder defendê-la.[4]

Nesta linha, John Milton, cujo "Discurso pela liberdade de imprensa ao Parlamento da Inglaterra" inaugura a vertente clássica do liberalismo inglês (refiro-me ao panfleto de 1644, Areopagítica), estava possuído de intenções reais. Casara-se, em maio de 1642, aos 34 anos, com uma fugaz Mary, que no ardor de seus 17 anos, abandona Milton um mês depois. Assim, em 1643 publica, naturalmente, "Doutrina e Disciplina do Divórcio", obra que provocou reações no Parlamento, que estimou conveniente restaurar uma "Ordenação de censura a livros difamatórios contra a religião e o governo". Em agosto de 1644, um líder exige que o livro perverso de Milton fosse queimado. Esse o contexto do discurso, publicado em novembro.[5]

Isso para dizer, modestamente, que tenho uma posição real diante do tema. Amadureci no início dos anos noventa num Brasil que levou a cabo o impedimento de um presidente que praticara crimes de responsabilidade. E amei a imprensa, corajosa e investigativa, decisiva para os acontecimentos de então. Para, mais tarde, sentir na pele os abusos de uma mídia incompetente ou mal intencionada, que me feriu ao distorcer meu exercício profissional em minha aldeia. A questão, hoje no Brasil, ganha contornos paroxísticos, de vida ou morte, tempos de cólera em que repórteres investigativos são, fisicamente, eliminados.

Vivenciados os dois lados da lua, era preciso buscar uma síntese, a partir de uma convicção: maximizar a liberdade sem aniquilar a dignidade. Daí brotou a pergunta: Como e a que preço ignorar/ aprovar/ tolerar/ desculpar, em prol da liberdade de imprensa, atentados a bens jurídicos personalíssimos – honra e privacidade – que derivam da dignidade da pessoa humana e da tutela geral da personalidade?

A intuição, ao depois confirmada, era que a prossecução de interesses legítimos poderia operar uma adequada mediação, de natureza jurídico-penal, entre os bens e interesses em atrito. E que me fascinava, ao orientar-se para a criação de novos valores, nota distintiva em relação ao direito penal tradicional.

Mergulhei, pois, nesta causa especial de justificação, sempre com os olhos postos na realidade jurídico-penal brasileira. Essa pré-com-

---

[4] Vide, infra, item II-5.1.1.

[5] Cf., a respeito, o ensaio de Felipe Fortuna, "John Milton e a Liberdade de Imprensa", em MILTON, *Areopagítica*, p. 11-32.

preensão orientou todo meu esforço e inspirou a culminância do trabalho, que pretendeu subsidiar intervenções práticas em solo pátrio. Escrevi, aliás, o texto em português do Brasil, língua mátria.

Resolvi, então, conservar a estrutura geral da dissertação, evidentemente atualizando certos tópicos, aprofundando algumas reflexões e acrescendo bibliografia. Por tratar-se de um exercício dogmático, o trabalho lançou um olhar um pouco mais distanciado das particularidades dos sistemas jurídico-penais português e brasileiro, do que se poderá beneficiar o leitor para construir suas próprias pontes.

Mantive a terminologia portuguesa no que tange à "culpa" (que se chama "culpabilidade" no direito penal brasileiro), reservada a expressão "negligência", em Portugal, para a tipicidade subjetiva culposa ("culpa estrito senso" na tradição brasileira, que se refere à negligência como uma de suas modalidades). Assim "direito de necessidade" (estado de necessidade no Brasil), já que Portugal abraçou a teoria diferenciadora, que só admite a justificação quando o sacrifício de um bem ocorre para salvaguardar interesse de maior valor. Trata-se de um convite para o intercâmbio cultural, uma oportunidade, simbólica, de estreitarmos os laços com a matriz histórica do pensamento jurídico brasileiro e perene centro de irradiação e vitalidade. Só teríamos a ganhar... Esse meu testemunho ultramarino.

Permaneço, naturalmente, crivado de interrogações, tendo deixado entre parênteses – para ulterior e mais amadurecida reflexão – algumas questões que ultrapassam, de longe, meu fôlego atual, como por exemplo o "dogma" da unidade da ilicitude e os reflexos civis da justificação penal estudada.

Desejo, enfim, que este livro possa ser não apenas útil, mas também um objeto de fruição.[6]

II - O que sentiria eu se fosse realmente uma pedra? Em primeiro lugar o movimento dos átomos que me compõem... Sentiria o zumbir do meu empedrecer. Mas não poderia dizer eu, porque para dizer eu é preciso que haja outros, algo de outro a que possa opor-me. Em princípio a pedra não pode saber que haja outro fora de si. Zumbe, pedra ela mesmo pedrante, e ignora o resto. É um mundo. Um mundo que mundula sozinho.[7]

O homem, além de ser-pensado, é ser-falado, "estrutura aberta e porosa que, na sua hominal incompletude, só pode ser percebida pelo diálogo ou com o diálogo". Comunicação, na própria raiz etimológica,

---

[6] A dicotomia utilidade/fruição, que remonta à classificação de Santo Agostinho, encontra-se em ALVES, *Livro sem fim*, p. 89-107.

[7] ECO, *A ilha do dia antes*, p. 434-5.

pressupõe "comunidade", pelo fato de o *"eu" só se reconhecer como "eu" quando se revê no "outro"*.⁸

Este "étimo dialógico" (Faria Costa), viabilizado pela palavra, escrita ou falada, de inescapável dimensão política, é a base antropológica da constitucionalização de boa parte dos fenômenos da comunicação. A dicção constitucional assenta em pelo menos duas ordens axiológicas: a participação político-democrática, esvaziada a cidadania sem informação (questão da opinião pública), e a conflitualidade entre o livre tráfego de informações e bens personalíssimos, tradicionais (honra) ou recentes (privacidade, imagem, palavra) – questão da proteção da dignidade da pessoa humana, tudo potencializado pela exasperação dos meios técnicos, a desembocar na vertigem de um espaço-tempo virtual ainda misterioso.⁹

Vislumbra-se um mar de possibilidades, um entrecruzar de valores e conceitos, vértices entretecidos em sistemas de sistemas, o prenúncio de um naufrágio cognitivo, a menos que se limite, muito claramente, o discurso. Assim, por imposição metódica e epistemológica, pretende-se um exercício de dogmática penal, no seio do direito penal da comunicação, a privilegiar a "dimensão comunicacional realizada por meio da imprensa"¹⁰ e que assume como fio condutor a *prossecução de interesses legítimos*, causa especial de exclusão de ilicitude que se destina, em grande parte, aos agentes da comunicação social.¹¹

A opção enunciada permite incursão jurídico-criminal por assunto sempre momentoso e de inegável alcance prático,¹² das vicissitudes

---

⁸ COSTA, *Direito Penal da Comunicação*, p. 39 e 40. O animal político aristotélico já se diferenciava pela capacidade de linguagem. Noutra linha, o interacionismo simbólico e o modelo criminológico do *labeling*, evidenciando a impossibilidade de considerar-se a natureza humana ou a sociedade como dados estanques: "O mesmo vale para a *identidade pessoal*, que tem de ser encarada como o resultado dinâmico do processo de envolvimento, comunicação e interação social.", DIAS/ ANDRADE, p. 345.

⁹ "Na minha opinião, o desenvolvimento das tecnologias informáticas permite uma existência mais democrática, mais aberta e mais enriquecedora (...) É uma questão política. Se os homens são inteligentes, devem instituir essas leis para evitar qualquer ingerência na vida privada." GATES, Revista Expresso, nº 1420, p. 54.

¹⁰ COSTA, *Direito Penal da Comunicação*, p. 43. Por essa via, do direito penal da imprensa, deixar-se-á de lado a área da informática. Por outro lado, "A diferença entre o direito penal comum e o chamado direito penal da comunicação residirá, pois, na utilização do meio que se emprega para perpetrar a violação daqueles bens jurídicos (honra, privacidade, sigilo)", isto é, os bens jurídicos são ofendidos ou postos em perigo "por mor da utilização de determinado meio de comunicação, no sentido de instrumento técnico, no sentido de *corpus physicum*." (idem, p. 45).

¹¹ ANDRADE, *Liberdade*, p. 267.

¹² Quando se fala nos lugares de interferência entre as telecomunicações e o direito penal "é muito provável que o problema que imediatamente salte para a discursividade seja o da proteção da honra, da imagem ou da privacidade que são suscetíveis de serem diuturnamente violados pelas emissões, por exemplo, de televisão. (...) problema central que toca a sensibilidade e a consciência coletiva, não só da população em geral, mas também de cada um dos concretos cidadãos que, dia a dia, vivem a informação a que têm acesso ou, talvez melhor, que lhes é oferecida". COSTA, *Direito Penal da Comunicação*, p. 155.

históricas à configuração positiva de um instituto complexo e polêmico, a par de abordagem, mesmo sintética, de temas transversais primordiais: o balanceamento de direitos fundamentais, a privacidade das figuras públicas, a dimensão da arte, a pertinência da opinião pública e, mesmo, a função do direito numa época de transição paradigmática.

Antes, porém, impõe-se uma mínima aproximação conceitual.

O foco, como primeiro limite, oscilará em torno da *comunicação social*, definida por Viera de Andrade como "uma comunicação *aberta*, não endereçada e destinada à *difusão pública* a partir de um centro".[13] Um mover-se, portanto, na senda da comunicação *aberta*, definida como um fluxo informacional cujo número de destinatários é, deliberadamente, indeterminado, de sentido vertical, de cima para baixo, impulsionada por um pólo gerador que se propaga indeterminadamente.[14]

Um olhar jurídico perceberá logo uma dupla dimensão da relação comunicação social:[15] quanto aos difusores, manifesta-se como liberdade de expressão e informação – genericamente, aos efeitos da investigação encetada, *liberdade de imprensa*; no que tange aos destinatários, em face dos direitos suscetíveis de serem afetados pela divulgação de fatos ou opiniões – *honra* e *privacidade* na opção do trabalho.

Pode-se interrogar a comunicação social de três modos:[16]

1. Num primeiro, em seu conteúdo de *liberdade*, destaca-se tríplice aspecto: a) a liberdade de expressão *externa* (não-ingerência quanto ao conteúdo, cuja faceta básica é a liberdade de imprensa contra a censura); b) a liberdade de expressão *interna* (jornalistas titulares da liberdade de imprensa nas suas relações com as empresas jornalísticas a que pertencem)[17]; e c) a liberdade de *empresa* (de fundação de jornais e outras publicações, mitigada no que tange aos meios audiovisuais).

---

[13] Além da imprensa, citem-se as telecomunicações audiovisuais, como rádio, televisão e, eventualmente, cinema. O conceito distingue-se daquele das "correspondências", relações diretas, recíprocas e privadas, que implicam endereçamento prévio – por isso, comunicações fechadas (ANDRADE, J., *Problemática*, p. 71).

[14] Diversa é a noção de comunicação fechada, "em que os sujeitos da relação comunicacional se autodeterminam quanto ao números de intervenientes dessa precisa relação e esperam, legitimamente, que a comunidade proteja aquela forma querida de comunicação" (COSTA, *Direito Penal da Comunicação*, p. 42). Neste âmbito, do qual não se tratará, pode a privacidade "ser violada pela manipulação ilegítima ou ilegal do próprio meio de comunicação que se quer como comunicação fechada (...) por manipulação do próprio meio técnico que suporta o fluxo comunicacional.", caso emblemático da ilegítima escuta telefônica (idem, p. 157). Diversa a situação na hipótese de veiculação por meio de comunicação social de fatos que devassam a privacidade, operando o mídia apenas como instrumento de propagação, retornando-se ao domínio da comunicação aberta (ibidem, p. 156).

[15] ANDRADE, J. *Problemátic*, p. 71.

[16] Segue-se ANDRADE, J. *Problemática dos direitos*, p. 73-88.

[17] Discussão interessante acerca do tema encontra-se na peça de Saramago "A noite", durante a qual um redator antifascista vê a redação do jornal conservador em que trabalha tranformar-se num microcosmo de Portugal na noite da Revolução dos Cravos de 1974 (SARAMAGO, *Que farei com este livro*, p. 93-158).

2. Num segundo, como instrumento de realização dos direitos de *informação* numa sociedade *democrática*, também é possível tríplice abordagem: a) a *função política, social e cultural* da divulgação da informação e da opinião (reforço normativo matizado, em face dos valores comunitários, do conteúdo da liberdade de imprensa, da informação política ao entretenimento); b) os direitos e deveres específicos dos *jornalistas* (do acesso às fontes à auto-regulação deontológica); e c) a *intervenção pública* na comunicação social (igualdade de tratamento, serviço público de rádio e televisão, no caso português).

3. Num terceiro, acerca de seu *poder político* e *social*, outras três órbitas de análise apresentam-se neste passo, em face da ampla influência político-social e das tendências à organização oligárquica do setor: a) os *direitos-limite* (a liberdade "agressiva" determina a responsabilidade civil e penal pela violação ilícita dos direitos pessoais); b) os *direitos-garantia* (de resposta e retificação); e c) a *independência* e o *pluralismo* (exigências de legitimação do poder da comunicação social, tais como limites legais e incompatibilidades previstos para o exercício da atividade profissional e para a tarefa estatal de impedir a concentração dos órgãos de informação).

No inarredável exercício de renúncia científica, descartam-se indagações jurídicas sistemáticas atinentes ao primeiro modo (salvo referências histórico-políticas ao item 1.a) Quanto ao segundo, fica inteiramente de fora o item 2.c) tratado parcialmente (nos reflexos diretos com o tema central) o item 2.b) Tangente ao terceiro, tampouco serão objeto de investigação os itens 3.b) e 3.c). Bem de ver, é a intersecção dos itens 3.a) e 2.a) o horizonte significativo do trabalho proposto que tem, já dito, um cursor jurídico-penal capaz de navegar entre os valores e interesses apresentados.

Em Portugal, a prossecução de interesses legítimos é uma específica excludente da ilicitude, causa de justificação inscrita na Parte Especial do Código Penal, que se dicotomiza no que tange aos crimes contra a honra (artigos 180 e seguintes) e ao crime de devassa da vida privada (artigo 192), positivada a partir da vigência do Código Penal de 1982 (artigos 164 e 178, 2), seguindo, com alguns desvios, o modelo do Projeto de Eduardo Correia.

Historicamente, a prossecução de interesses legítimos foi positivada, vez primeira, num "dos preceitos mais equívocos do direito penal germânico" (Costa Andrade), o vetusto § 193 do Código Penal Alemão.

Na rubrica geral, "prossecução de interesses legítimos" (*Wahrnehmung berechtigter Interessen*), dispõe o § 193 do StGB: "os juízos críticos sobre realizações científicas, artísticas ou profissionais, as expressões equivalentes proferidas para a realização ou defesa de direitos ou para a *prossecução de interesses legítimos*, bem como as represensões ou censuras dirigidas pelos superiores aos seus subordinados, as denúncias oficiais ou as apreciações formuladas por funcionários e os casos análogos só são puníveis se a existência de uma injúria (*Beleidigung*) resultar da forma da expressão ou das circunstâncias em que ela teve lugar".[18]

O legislador português, no dizer de Costa Andrade, aperfeiçoou o modelo poliédrico e polissêmico da experiência alemã e circunscreveu a prossecução de interesses legítimos à área da imputação de fatos, mas a programou não só para os crimes contra a honra como também para o crime de devassa da vida privada (a par da previsão, ao menos até a reforma de 1995, no âmbito da violação do segredo profissional).[19]

O fato de o legislador ter positivado a prossecução de interesses legítimos no Código Penal Portugal, ainda que de forma parcial, embora signifique inegável redução da complexidade, não retira a necessidade de elaboração doutrinária e jurisprudencial acerca do instituto, que aguarda tratamento dogmático mais sistemático.

É certo que o legislador não avançou no sentido da sua pertinência ao "sistema" das causas de justificação, sendo essa, justamente, uma das indagações que há de ser enfrentada pela investigação proposta. Ressalvando que as considerações se dirigiam ao consentimento, podem-se repetir as palavras de Costa Andrade e caracterizar a área problemática como extensa, heterogênea e de irrecusável significado prático, movendo-se no mais das vezes em zonas fronteiriças: a prossecução de interesses legítimos evolui com as "construções sociais da realidade, que trazem consigo novas expressões de liberdade e de comunicação intersubjectiva, a reivindicar um lugar na constelação dos valores" – um caminhar, portanto, ao encontro do futuro.[20]

De certa forma, delibam-se questões de fundo da organização da vida em sociedade, ao tentar-se equacionar as relações entre a "dignidade da pessoa humana" e a "opinião pública" (diga-se assim, assumindo por ora o risco da síntese e da imprecisão) numa perspectiva

---

[18] cf. ANDRADE, *Liberdade*, p. 317-8. A tradução do texto legal é do autor citado. No original: "§ 193 *Wahrnehmung berechtigter Interessen*. Tadelnde Urteile über wissenschaftliche, künstlerische oder gewerbliche Leistungen, desgleichen Äusserungen, welche zur Ausführung oder Verteidigung von Rechten oder zur *Wahrnehmung berechtigter Interessen* gemacht werden, sowie Vorhaltungen und Rügen der Vorgesetzten gegen ihre Untergebenen, dienstliche Anzeigen oder Urteile von seiten eines Beamten und ähnliche Fälle sind nur insofern strafbar, als das Vorhandensein einer Beleidigung aus der Form der Äusserung oder aus den Umständen, unter welchen sie geschah, hervorgeht." Strafgesetzbuch, 34º Auflage, Beck – Texte im dtv, München, 2000, p. 97.

[19] O disposto no art. 180, 2 a 4, tem um "âmbito de aplicação universal" (COSTA, *Comentário*, p. 614), não cingido ao seio do direito penal da comunicação social, especialmente no direito penal da imprensa, embora "a densidade problemática e a dificuldade das soluções se concentram sobretudo quando nos debatemos com a conflitualidade resultante do encontro entre o direito à honra e o direito a informar, a ser informado e a informar-se." (*idem*). Também ANDRADE, *Liberdade*, p. 381.

[20] ANDRADE, *Consentimento*, p. 12-3. Sobre a redução de complexidade pela positivação, vide p. 16.

jurídico-penal e no contexto de uma sociedade complexa, plural e mediática. O conflito, identificado por Costa Andrade, no que tange ao consentimento, também transpassa o problema posto, que se estabelece entre "a pessoa, como 'reserva de solidão perante as totalidades sistemáticas' (Baptista Pereira), que confronta o sistema com a transcendência irredutível de abismo e de mistério e, por isso, de diferença e de liberdade incondicionada e improgramável; e a 'hybris' da racionalidade sistémica, de vocação demiúrgica e eudemónica e, por isso, objectivadora e generalizadora, aspirando a construir sobre a reificação e a indiferença.".[21]

Aqui, poder-se-ia aventar, a dignidade pessoal "irrita" o sistema da liberdade de expressão e manifestação, de informação e imprensa. Liberdades que ganham peso na dimensão política de condição imprescindível para a formação de uma opinião pública livre, base do próprio regime democrático. Sistema político, a seu turno, que se legitima, e constitucionalmente, no respeito e na promoção da dignidade da pessoa humana. Que se concretiza na autodeterminação e na positiva dimensão de livre expressão...

Concreta e literalmente, como e a que preço tolerar (ou, noutras visões, considerar irrelevante ou, pelo menos, desculpar) atentados a bens jurídicos personalíssimos como a honra e a privacidade, que derivam da dignidade da pessoa e diretamente da tutela geral da personalidade? Essa é a indagação crucial a justificar o esforço investigativo.[22]

O pano de fundo? Por primeiro, a convicção antropológica e aportes sociológicos e filosóficos que apontam para o valor forte da díade pessoa/liberdade. Uma percepção de que a exasperação do racionalismo da modernidade, mais ainda na visão tecnicista, redundou no "desencantamento do mundo" - acompanhado "da 'morte de Deus', do silenciamento dos anjos, mesmo do esconjuramento da emoção e da poesia". Ou melhor, no encantamento invisível, na "sua recolha a santuários", como "o espaço da vida privada". A epifania dialógica na "(re)descoberta da essencialidade da *relação*, 'inscrita no núcleo ontológico da pessoa'... concebida como liberdade e apelo à intersubjetividade".[23]

---

[21] ANDRADE, *Consentimento*, p. 14.

[22] O pressuposto hermenêutico, assim, aponta para o conceito de sistema jurídico como "uma rede axiológica e hierarquizada de princípios gerais e tópicos, de normas e de valores jurídicos cuja função é a de, evitando ou superando antinomias, dar cumprimento aos princípios e objetivos fundamentais do Estado Democrático de Direito, assim como se encontram consubstanciados, expressa ou implicitamente, na Constituição". FREITAS, *Interpretação*, p. 189.

[23] ANDRADE, *Consentimento*, p. 18-9. Sobre o caráter improgramável da liberdade e sua transcendência, funda-se a ilegitimidade filosófica de seu exercício condicionar-se "em nome de arquétipos ou projectos sistêmico-sociais e a título, *v.g.*, de *bons costumes*" (p. 20).

Neste contexto, contra a "colonização" do *Lebenswelt*,[24] Habermas propõe a comunicação ideal, ao passo que Luhmann, depois de conceber o poder como meio de comunicação,[25] reconhece a pessoa como sistema autopoiético em condições de enfrentar o sistema social, ainda mais complexo em face da conseqüente "desordem" e "irritação".[26] O reencantamento, pois, há de ser idéia-forte numa época que se experimenta como de transição paradigmática (Boaventura de Sousa Santos): esgotado o pilar da regulação, as estratégias privilegiarão o conhecimento-emancipação.

Por segundo e em linha filosófica, o culturalismo de Miguel Reale, com sua concepção tridimensional do direito (fato, valor e norma) e a dialética de complementariedade.[27] Nesta paragem, reflete-se acerca da viragem lingüística, que rompe com séculos de metafísica e trabalha com a "conjetura".

Por terceiro, no âmbito dogmático-penal, colhem-se os frutos de uma nova construção sistemática associada aos nomes de Roxin e outros alemães, Figueiredo Dias e Costa Andrade em Portugal, traduzida por "racionalismo teleológico-funcional", que reunifica a política-criminal em nível dogmático e reorienta o "sistema penal na fronteira do *out-put* e, por isso, a sua abertura (e consequente mobilidade) aos dados mediatizados pela representação cognitiva e zetética do real".[28] Mesmo por isso, amadurece-se reflexão, em angustiada recusa, sobre postura de deslegitimação do sistema penal, cujo exercício, muitas vezes, não esconde um componente irracional e violento desproporcional.[29]

---

[24] Para uma abordagem dos conceitos centrais de Habermas (comunicação, mundo da vida e sistema), enquadrando a questão comunicacional no contexto da teoria crítica da sociedade, vide ESTEVES, *Ética da Comunicação*, p. 39-46. Partindo da comunicação como "condição básica da vida social", diferencia e anuncia os pontos de tensão e de articulação entre "os contextos sociais do mundo da vida e dos sistemas funcionais", verificada uma "deformação patológica generalizada das infra-estruturas comunicacionais do mundo da vida". A ação comunicacional contrapõe ao evolucionismo determinista os "princípios democráticos e liberais que estão na origem da filosofia de vida burguesa". Sobre o candente debate, Habermas-Luhmann, p. 73-4. Referência à hermenêutica de Gadamer à p. 75.

[25] LUHMANN, *Poder*, p. 5-16. Sobre aspectos da teoria dos sistemas, com ênfase para a concepção de Luhmann, vide ZIPPPELIUS, *Teoria*, p. 22-31. Sobre a "exagerada vontade de planificação", nos casos em que se querem realizar "concepções políticas globais fundadas numa mundividência globalizante (ideologia) e dogmaticamente defendida", um dirigismo holístico a buscar um sistema social ótimo, vide p. 466-7.

[26] TEUBNER, Gunther. *O direito como sistema autopoiético*. A investigação também utilizou-se de AZEVEDO, Rodrigo Ghiringhelli. *Estado e Direito como Sistemas Autopoiéticos - Uma abordagem da teoria de sistemas de Niklas Luhmann*. Trabalho de conclusão da disciplina Teoria Sociológica Avançada, programa de Doutorado em Sociologia da Universidade Federal do Rio Grande do Sul, março de 2000, 28 p. (não publicado). Para um resumo do novo paradigma de Luhmann a partir de 1984, vide ANDRADE, *Reforma*, p. 446-9.

[27] REALE, Miguel. *Filosofia do Direito, Teoria Tridimensional doDireito. Cinco Temas do Culturalismo*.

[28] ANDRADE, *Consentimento*, p. 21. ROXIN, *Política Criminal*.

[29] ZAFFARONI, *Em busca das penas perdidas: a perda de legitimidade do sistema penal*. O sujeito envolvido neste trabalho não habita o sétimo céu, labuta num Brasil de índices sociais pecamino-

É tempo, enfim, de antecipar a trilha da investigação, que se divide em duas partes. Na primeira, o eixo histórico-epistemológico permite, com certa liberdade, delinear os bens jurídicos envolvidos na relação problemática trilateral entre honra, privacidade e liberdade de imprensa, sem deixar (quase imprudentemente) de refletir, com acintosa brevidade, sobre alguns aspectos, filosóficos e políticos, que condicionam - em nível de pré-compreensão gadameriana - as construções jurídicas em exame.

Na segunda parte, apresentam-se os traços dogmáticos – em corte penal – da tríplice interação, cuja unidade inicial se vai buscar na refração constitucional, avultando a dignidade da pessoa humana, as colisões e a harmonização entre referidos interesses, a concluir pela posição preferencial (como critério metódico inicial) da liberdade de imprensa. A seguir, busca-se situar, ao menos, o problema das relações entre tipicidade e ilicitude, no olho do furacão do injusto penal.

Numa limpeza de campo, o terceiro capítulo da segunda parte, de passagem optando pela descarte da teoria dos *animi* (desnecessidade de especial fim de agir nos crimes de injúria e difamação), indica as situações mais freqüentes de atipicidade quanto ao tema: a crítica objetiva, as sátiras e caricaturas e o recuo da esfera da privacidade. No mesmo propósito, examinam-se as manifestações mais comuns de exclusão geral da ilicitude, basicamente o exercício do direito de expressão a acobertar opiniões – o que pressupõe clarificar um divisor de águas no assunto: os lindes entre juízo de valor e imputação de fatos. Seguem referências ao limite da crítica caluniosa e ao quadro peculiar da arena política e, de forma mais ligeira, ao direito de necessidade a justificar eventual divulgação de informação obtida ilicitamente.

Já no domínio da prossecução de interesses legítimos, pretende-se, através do entorno doutrinário e jurisprudencial em especial da experiência alemã, não obstante glosas espanholas e aportes da "common law", estabelecer uma gramática, ou teoria geral da prossecução de interesses legítimos, desde o âmbito da figura, passando pela real caracterização sistêmico-dogmática e pelos princípios axiológicos subjacentes, com ênfase para o dever de informação (como pressuposto autônomo para o exercício da prossecução de interesses legítimos). O

sos, no sul da América do Sul e convive com um sistema carcerário francamente violador de direitos fundamentais. Dito com renomado jornalista: "Todo o arcabouço da lei penal brasileira baseia-se na hipocrisia. Fazem-se leis bonitas para serem mostradas em congressos, mas ainda não houve figurão capaz de chegar na Europa com uma coleção de fotografias do Carandiru [penitenciária paulista onde ocorreu massacre de mais de centena de presos] e revelar sua verdadeira função social: - Lá no Brasil, nós fazemos assim." (GASPARI, Elio. *Zero Hora*, 24/01/2001, p. 18). Para uma descrição recente da experiência de um médico no maior presídio do Brasil, vide VARELLA, *Estação Carandiru*.

item merece capítulo específico, diante da controvérsia do quadro e de reflexos vários: questão do erro, necessidade de não paralisar a imprensa, veracidade relacionada à diligência profissional, reportagem investigativa, crônica da atividade processual e policial etc. Na elucidação de alguns tópicos convergentes, giza-se o elemento dinâmico-evolutivo da prossecução de interesses legítimos, o próprio conceito de interesse legítimo (a afastar o escândalo e o sensacionalismo), além de requisitos objetivos e subjetivos.

Isto posto, é necessário retratar a aplicação do quadro anterior (mesmo para evitar tautologias) no que há de específico em relação à experiência portuguesa acerca da prossecução de interesses legítimos, com o detalhamento possível em sede legal e de doutrina e jurisprudência. Por fim, oferta-se um esforço de aproximação do tema no que tange aos rumos perfilhados pela reforma da parte especial do Código Penal que ora ocupa o legislador brasileiro, que também está a apreciar a edição de uma nova lei de imprensa.

Os silêncios, em contrapartida, são maiores e decorrência das limitações do presente trabalho. O propósito, todavia, é centrá-lo na revelação, o mais sistemática possível (sem, contudo, sacrificar o "problema" ao arranjo formal),[30] dos tópicos fundamentais que permitem concluir-se pela inserção da prossecução de interesses legítimos no seio das causas de justificação, delineando critérios objetivos e subjetivos que a densifiquem como salvaguarda para a criação de novos valores no exercício de funções comunicativas indeclináveis – sem transformá-la, outrossim, em espada de Dâmocles a pender de forma demasiado rasa sobre a dignidade da pessoa humana.

Ao cabo, as referências literárias, intencionais ao longo do texto, estribam-se, conscientemente, na busca do resgate de um dos tipos de racionalidade moderna, talvez o mais esquecido em nosso campo de atuação, a racionalidade estético-expressiva das artes e da literatura, acanhada diante da racionalidade moral-prática do Direito e esmagada pela cognitivo-instrumental das ciências. Conceitos jurídicos, por ve-

---

[30] "Qualquer juiz, não importa a instância em que atue, *a fortiori* o juiz constitucional, precisa arrimar-se na técnica jurídica para decidir, com a clara consciência da necessidade de um juízo político, em que se incluem o senso de conveniência e de oportunidade e a prefiguração dos resultados da decisão." (AZEVEDO, *Aplicação*, p. 156). No mesmo sentido, "a opção final, no sentido de privilegiar tal ou qual método (interpretativo), faz-se sempre em conformidade com o resultado que se deseja atingir." (AZEVEDO, *Método*, 140-1). "Em oposição à dedução, a partir de um número limitado de premissas, o raciocínio a partir dos *topoi* (pontos de vista relevantes) compreende um universo discursivo aberto", que se destina "a persuadir, em termos retóricos, tendo em vista a situação real, considerada a sua peculiaridade histórica", o que "ajuda o jurista a resguardar-se da tentação de proceder de modo lógico-dedutivo, mas não o põe ao abrigo da incidência da ideologia no pensamento jurídico", para o que deve conjugar-se "o pensamento sistemático e o tópico, utilizando-os complementarmente, à vista dos dados sociais reais, em função de que se desdobra sua atividade." (AZEVEDO, *Método*, p. 93 e 103, respectivamente).

zes, nessa perspectiva, ganham expressão superior,[31] o que ocorre pela própria natureza do Direito e sua relação com a retórica, a apontar para a inescapável "contribuição da literatura à argumentação jurídica e ao equacionamento da questão do bem-comum".[32]

Desta percepção também se beneficiam especialistas da *common law*, ao constatarem que a *interpretação* não é única nem tipicamente um conceito jurídico; ao contrário, no domínio das artes e da crítica de arte, a noção de interpretação joga um papel central, pelo que poucos duvidam "que as teorias sobre o Direito e a literatura partilham um interesse comum pelo conceito de interpretação", a sugerir "que existem analogias interessantes entre essas duas disciplinas".[33]

Especificamente para o direito penal, Vogliotti vem de propor brilhante hipótese de trabalho para o campo penal, explorando a rapsódia das epopéias gregas como uma fecunda *metáfora literária* para repensar a produção jurídica contemporânea, destacando a ética dos "aedos" que propagavam a Ilíada e a Odisséia.[34]

---

[31] A classificação, partindo de conceitos weberianos, encontra-se em SANTOS, *Pela Mão de Alice*, p. 193. O mesmo autor também se utiliza da crítica literária para distinguir dois tipos ideais de simbolização jurídica: o estilo *homérico* (juridicidade instrumental, em que o fluxo contínuo da ação social é convertido em momentos descontínuos, mais ou menos ritualizados, e sua descrição é formal e abstrata, através de sinais convencionais, referenciais e cognitivos) e o estilo *bíblico* (a criar uma juridicidade imagética, preocupado em "integrar as descontinuidades da interação social e jurídica nos contextos complexos em que ocorrem e em descrevê-las em termos figurativos e concretos através de sinais icônicos, emotivos e expressivos) – SANTOS, *Crítica*, p. 202.

[32] AZEVEDO, *Aplicação*. O autor demonstra a força persuasiva da literatura, em seu "locus" teórico e com exemplos pinçados da literatura portuguesa e brasileira, inclusive contemporânea (p. 79-92).

[33] "Assim, por exemplo, temas como o papel das intenções na interpretação de textos, a questão de se a interpretação pode chegar a ser objetivamente verdadeira (ou falsa) ou se os textos determinam, ou limitam significativamente, as suas interpretações são de interesse evidente para ambas as disciplinas e parecem pedir uma teoria geral da interpretação". MARMOR, *Direito e Interpretação*.

[34] VOGLIOTTI, *La "rhapsodie"*, p. 1-47. Para uma indicação acerca das implicações epistemológicas da metáfora literária proposta, vide *infra*, item I-2.1.

Capítulo I
EIXO HISTÓRICO-EPISTEMOLÓGICO

1. Afloramentos históricos de uma questão moderna

E tu? –, perguntou a Polo o Grão Kan. – Tornas de países igualmente remotos e tudo o que sabes dizer-me são os pensamentos que vêm à idéia de quem apanha fresco à tardinha sentado à soleira da porta. Então para que te serve tanto viajar? (...) Nesta altura Kublai Kan interrompia-o ou imaginava interrompê-lo, ou Marco Polo imaginava que era interrompido, com uma pergunta como: – Caminhas sempre de cabeça virada para trás? – ou: – O que vês está sempre nas tuas costas? ou melhor: – A tua viagem só se faz no passado? Tudo para que Marco Polo pudesse explicar ou imaginar que explicava ou imaginarem que explicava ou conseguir finalmente explicar a si próprio que aquilo que ele procurava era sempre algo que estava diante de si, e mesmo que se tratasse do passado era um passado que mudava à medida que ele avançava na sua viagem (...) a estranheza do que já não somos ou já não possuímos espera-nos ao caminho nos lugares estranhos e não possuídos (...) não pode parar; tem de prosseguir até outra cidade onde o espera outro seu passado, ou algo que talvez tivesse sido um seu possível futuro e agora é o presente de outro qualquer. Os futuros não realizados são apenas ramos do passado: ramos secos. – Viajas para reviver o teu passado? – era agora a pergunta do Kan, que também podia ser formulada assim: – Viajas para achar o teu futuro? E a resposta de Marco: – O algures é um espelho em negativo. O viajante reconhece o pouco que é seu, descobrindo o muito que não teve nem terá.[1]

O percurso da *prossecução de interesses legítimos* como causa especial de justificação destinada principalmente aos agentes de comunicação social, situado no tempo e no espaço, é pressuposto essencial para a compreensão do instituto e de pontos tranversos primordiais. Este o caminho proposto: a exploração de alguns contextos históricos.

A opção deu-se no sentido de abdicar de um fundo corte vertical num único item, privilegiando, ao contrário, de forma horizontal, três tópicos embebidos, por várias razões, de história do direito. Designadamente: os bens jurídicos *honra* e *privacidade* envolvidos nos delitos eventualmente justificados, das raízes milenares romanas à explosão tecnológica do fim do milênio, são pretexto para delibar alguns itens da História do Direito Português e do Direito Penal; e o conteúdo (ou a ideologia) da *liberdade de imprensa*, em cujo bojo o significado social da opinião pública vai se transmudando, completa o tríduo.

---

[1] CALVINO, *As cidades Invisíveis*, p. 29-31.

Nestes três discursos pretende-se encontrar algumas conexões e um fio condutor, cada qual com suas particularidades e delimitações.

Historicamente, adiantou-se na introdução, a prossecução de interesses legítimos foi positivada pela primeira vez no § 193 do Código Penal Alemão, que ainda conserva redação original. A gênese do § 193 do StGB – que dentre cinco constelações típicas diversas agasalha, apenas numa delas, a prossecução de interesses legítimos – remonta à versão originária do Código Imperial, de 1871, época em que ainda não se tinha presente a distinção entre exculpantes e justificantes.[2]

A diferenciação, com efeito, sedimenta-se em meados do século XX.[3] Em verdade, o Código Penal Imperial de 1871 não foi uma criação nova, "limitándose a ampliar la vigencia del StGB de la Federación alemana del Norte, de 1870, a los Estados alemanes del Sur que ingresaron en la Federación conforme a los Tratados de noviembre dese año. Por su parte, el StGB de la Federación del Norte había sido en su tiempo una mera reelaboración del StGB prusiano de 1851, cuyas raíces se remontan hasta la primera mitad del siglo XIX.". Por isso, olhava mais para o passado do que para o futuro, podendo-se recordar o StGB bávaro de 1813, "proyectado por *Feuerbach*", e que representa, "junto con el Code pénal francés de 1810, el modelo mas importante de la legislación penal del siglo XIX".[4]

Destinava-se, como referido expressamente no dispositivo citado, aos crimes contra a honra (injúria, *Beleidigung*) e buscava equilibrar os vários interesses em jogo, cujo conteúdo, é intuitivo, resulta de aportes históricos. Um inarredável "entreposto de valorativo",[5] que logo salta aos olhos, é a própria ocorrência, ao longo dos séculos, de crimes contra a honra.

Retroceder no tempo mostra que tal consideração é mais que milenar.[6]

---

[2] ANDRADE, *Liberdade*, p. 319.

[3] PERRON, *Principios*, p. 75. Assim, "na primeira metade deste século apareceu na Alemanha a diferenciação entre justificação e exculpação, especialmente no que se refere ao estado de necessidade...".

[4] JESCHECK, *Tratado*, p. 86 e 85, respectivamente. Para uma síntese da história do direito penal alemão do período germânico primitivo até o advento do Código de 1871, vide p. 80 a 85; para um relato da época mais recente, de 1871 até hoje, inclusive considerando a reunificação, vide ROXIN, *Derecho Penal*, p. 111-33; sobre a "evolução da política criminal na Alemanha após a II Guerra Mundial", vide ROXIN, *Evolução*. Também em língua portuguesa HASSEMER, *Temas* – 1º tema, "História das Idéias Penais na Alemanha do pós-guerra, p. 9-59.

[5] A expressão é de COSTA, *Direito Penal da Comunicação*, p. 54.

[6] Poderia remontar-se às leis de Manu, que puniam imputações difamatórias e expressões injuriosas, ou aos crimes contra a honra previstos na legislação de Sólon (HUNGRIA/FRAGOSO, *Comentários*, p. 34). A opção, todavia, que se traduz em renúncia, recaiu no direito romano, pela consabida e direta influência no direito ibérico.

1.1. Honra

1.1.1. Roma locuta

Momento oportuno para um mergulho, necessariamente raso, na inesgotável fonte do direito romano, que não em sua forma pura, mas vulgar "vigorava na Península antes das invasões e depois renasceu no século XII mercê dos glosadores e post-glosadores, exercendo desta forma profunda influência nas legislações, mesmo modernas".[7]

No que tange ao seu espírito, "A *respublica* propunha-se perseguir os ideais e os interesses da colectividade, e não proteger, garantir ou servir os interesses dos indivíduos. A vida privada de cada um, a educação, a moral, a religião, nada era alheio nem indiferente ao Estado: em tudo intervinha, e tudo subordinava à lei suprema do interesse público – *salus populi suprema lex esto.*".[8]

Como em todas as sociedades, as disposições de Direito Penal também ocuparam um lugar relativamente importante no Direito Romano (no Digesto, além de vários títulos, os livros 9, 47 e 48 versam sobre o tema) e eventual surpresa pode tributar-se ao pouco empenho doutrinário, ao menos do ponto de vista sistémico, dos juristas romanos, que preferiram debruçar-se sobre um notável direito privado (no seio do qual desenvolveram os *delicta* como fontes de *obligatio*), a par de uma compreensível maior atenção que os estudiosos do direito romano dedicaram ao último campo.[9]

O direito penal romano pode caracterizar-se duplamente: pela influência religiosa e pelo delineamento da distinção entre o que é público e o que é privado, noção disjuntiva que sustentou a dicotomia,

---

[7] CORREIA, *Direito Criminal*, p. 80.

[8] CAETANO, *História*, p. 66. Outra linha é proposta por PASQUALINI, *Público*, p. 15-37: basicamente, o sistema que governou a humanidade, da antiguidade clássica aos nossos dias, foi o da "civilização individualista" – desde a retórica do discurso sofístico (a converter a democracia em tirania, partindo a distinção vida pública/privada do contraste entre a religião doméstica, o culto aos deuses lares, e a religião oficial da *polis*, berço do *zoon politikon*), do primado da *auctoritas* romana (cujo rigor disciplinar substituiu o arbítrio das palavras, na díade exército-soldado) a manter os cidadãos unidos. "Onde houvesse homens livres do *imperium* do *princeps* ou do *pater famílias*, haveria sensível tendência à fragmentação" (p. 27), passando pelo feudalismo e a lei da terra, quando a fraqueza do poder estatal exigiu o contrapeso compensatório dos laços estritamente particulares, com inovadora conotação da esfera privada: "não foi o parentesco ou a consanguinidade o elemento privado dominante nas relações, mas o vínculo vassálico fundado no contrato", a preparar o capitalismo (p. 28), tudo convergindo para o "laisser-faire" e a autocracia do *cogito*. "O homem do liberalismo colima apenas os objetos de sua cobiça" (p. 30-1), na síntese "private vices, public benefits".

[9] GIORDANI, *Direito Penal Romano*, p. 1-3. Carrara afirmou que os romanos, gigantes no Direito Civil, seriam pigmeus em Direito Penal, *apud* ZAFFARONI, *Manual*, p. 188. "Desde o último século da República até o segundo do Principado, nenhum dos melhores juristas romanos dedicou sequer uma linha ao estudo do direito público. Tratava-se, ao que tudo indica, de assunto menor, reservado aos leguleios e praxistas." (PASQUALINI, *Público*, p. 24).

no campo criminal, entre atos ilícitos punidos com penas privadas (chamados, no período clássico, de *delicta*, mais tarde considerados fonte de *obligatio*) e atos ilícitos punidos com penas públicas (os *crimina*). De início, só era repelido pelo Estado o ilícito que o atingia na própria segurança, quer interna (a *perduellio*, ato daquele que se torna inimigo – *duellis* – da cidade), quer externa (o *proditor* incita o estrangeiro contra Roma).[10]

A Lei das XII Tábuas trata do direito penal, numa transição punitiva entre a vingança privada (embora regulada pelo talião) e a sanção pecuniária.[11] Na abrangente *perduellio*, por diversas motivações políticas, poder-se-ia considerar alguém inimigo do Estado e, portanto, acusá-lo através da *coërcitio* (imposição de sanções de modo discricionário pelo magistrado, sem normas preordenadas).

Na fase final da República, o Direito Penal conquistou autonomia, para o que colaborou a própria expansão do Estado Romano, criando-se órgãos de investigação e julgamento permanentes (*quaestiones perpetuae*): "A lei que criava a *quaestio* configurava um *crimen* e fixava a pena; para cada crime instituía-se então uma *quaestio*.". Por exemplo, a ofensa aos magistrados era "crimen majestatis", que lesava a *majestas populi romani*.[12]

A *lex Cornelia de iniuriis* separou, das hipóteses de *iniuria* que davam lugar a simples persecução privada, algumas espécies de particular gravidade (golpes, violação de domicílio) para convertê-las em delitos públicos deferidos, com toda a probabilidade, a uma determinada *quaestio* (embora a iniciativa processual só coubesse à pessoa ofendida, que também era a destinatária da quantia devida como pena).[13]

Com o Principado, ampliou-se o campo do direito penal – a *Lex Julia de majestate* (8 a.C.) trata da ofensa à pessoa ou nome do Imperador.[14] Sinal da evolução do direito penal é a "repressão *extra ordinem* (cognição de princípio inquisitório) de dois tipos de *delicta* que se situa-

---

[10] GIORDANI, *Direito Penal Romano*, p. 4.

[11] GIORDANI, *Direito Penal Romano*, p. 5. Segundo CORREIA, *Direito Criminal*, p. 80, nota 1, a expressão *poena* tem justamente o significado de conversão da vingança privada (talião) em composição pecuniária; assim com a injúria, que passou de delito privado para *público*.

[12] As repressões de caráter extraordinário foram cedendo o posto progressivamente para estes tribunais estatais (*quaestiones perpetuae*), "instituídos por lei e presididos por um magistrado", que se converteram, finalmente, no órgão ordinário de repressão criminal da última época republicana e dos primeiros tempos do império (SANTALUCIA, *Derecho Penal Romano*, p. 77).

[13] SANTALUCIA, *Derecho Penal Romano*, p. 84. No final da época republicana funcionavam em Roma nove tribunais criminais permanentes, dos quais cinco encarregavam-se de julgar delitos políticos (*maiestas, repetundae, ambitus, peculatus, vis*) e quatro, de delitos comuns (homicídio, parricídio, falsidade e *injurias graves*) – p. 86.

[14] GIORDANI, *Direito Penal Romano*, p. 8 e 9, respectivamente.

vam no campo do direito privado e que agora assumem 'uma veste penalística': o *furtum* e a *injuria*.".[15]

Sob o Dominato, "a evolução do direito penal vai sofrer duas linhas de influências: o autoritarismo estatal e a moral cristã", centralizando-se o processo na *congnitio extra ordinem*. No *Codex Theodosianus*, o escrito difamatório (*libellus falsus*) seria punido mesmo que os fatos imputados fossem provados como verdadeiros.[16]

No período pós-clássico, consolida-se e autonomiza-se o direito penal, agora *jus criminale* a significar o complexo jurídico-penal. "Os *delicta* são colocados ao lado dos *crimina* e com estes quase se fundem. *Delicta* e *crimina* integram juntos o conteúdo dos *Libri Terribiles* do Digesto (livros 47 e 48), isto é, os livros que versam sobre matéria penal.".[17]

Especificamente no que tange à injúria, Gioffredi (*I principi del Diritto Penale Romano*) descreve como os romanos partiram das lesões físicas (amputações, fraturas), em suma, dos atos de violência mais concretos e mais comuns, nos quais havia "qualcosa di offensivo per la personalità di chi le subisce, ed è per questa via, che il termine esprime poi anche (e riceve la regolamentazione del pretore) ogni fatto ingiurioso, come il *convicium* (vociferazione e oltraggio), l'*infamatio* (diffusione di dicerie) e l'*adtemptata pudicitia*. Su questa stessa via si pone la giurisprudenza includendo nell'*injuria* ogni offesa al diritto della personalità.".[18]

Ao cabo desse processo jurisprudencial, a injúria, no direito romano, "era toda ofensa intencional e ilegítima à personalidade, e esta podia ser ofendida de três modos: no corpo, na condição jurídica e na honra".[19] No mesmo sentido: "No direito romano, todos os valores pessoais não-patrimoniais estavam protegidos pela punição das injúrias.".[20]

---

[15] GIORDANI, *Direito Penal Romano*, p. 11. O senatusconsulto Turpillianum (ano 61) estende os casos da Lex Remmia (republicana) referente à falsa acusação criminal (*calumnia*) à acusação temerária. O jurista Claudio Saturnino, no século II, tentou uma classificação geral em matéria penal, conservada no Digesto, ao apresentar quatro gêneros de entes puníveis: fatos, *coisas ditas* (vociferações e discursos desleais dos advogados, e.g.), os *escritos* (inclusive os difamatórios) e as coisas planejadas – tudo enfocável de acordo com sete modos (causa, pessoa, lugar, tempo, qualidade, quantidade e evento). Na causa, levava-se em conta o fim da injúria.
[16] GIORDANI, *Direito Penal Romano*, respectivamente.
[17] GIORDANI, *Direito Penal Romano*, p. 15. No dizer de Zaffaroni, "O direito penal romano imperial é o triunfo do senado sobre os comícios, do império sobre a república. Em síntese, o direito penal romano mostra uma luta que se seguirá ao longo de toda a história de nossa legislação: o direito penal republicano contra o direito penal imperialista e vice-versa" (ZAFFARONI, *Manual*, p. 189).
[18] Apud GIORDANI, *Direito Penal Romano*, p. 16, nota 25.
[19] HUNGRIA, *Comentários*, p. 34, nota de rodapé nº 19. Mais tarde, o direito "germano-bárbaro" trataria distintamente a lesão à honra (*laesio famae*) e a lesão corporal (*laesio in corpore*) – idem, p. 35.
[20] HESPANHA, *Justiça e Litigiosidade*, p. 349. Embora houvesse a punição criminal de certas injúrias no período pós-clássico, a tendência do direito romano, que pesou sobre o sistema

O texto do Digesto (48.4.7.3), que procura circunstanciar a ocorrência do *crimen majestatis*, é exemplar acerca da importância do elemento intencional nas normas penais romanas, especialmente nos direitos clássico e pós-clássico: "Os juízes não devem tratar deste crime por um respeito ocasional à majestade imperial mas em verdade: deve ser levada em consideração a pessoa (do réu) se era capaz de fazer, se antes já havia feito ou pensado algo assim, ou se estava em pleno juízo; e não se deve punir facilmente a incontinência da língua (*nec lubricum linguae ad poenam facile trahendum est*), pois embora os atrevidos sejam dignos de castigo, deve-se perdoar como insanos, a não ser que o delito seja tal que esteja previsto pelo conteúdo da lei ou deva ser castigado como exemplo da lei (por exemplaridade).".[21]

Se o autor de *convicium* era punido até com vergasta, quando o ofensor fosse de baixa condição, também a *carmen famosum* (canção difamatória) era punida severamente pela Lei das XII Tábuas, num contexto em que o crime contra a honra, antes de específica ofensa ao indivíduo, era elemento perturbador da ordem pública.[22]

A *infamia* (ignomínia) era conseqüência da condenação pela repressão ordinária. Genericamente, significava uma "privação ou diminuição da estima maculando a *existimatio*, a *dignitas*, a *fama*, o *honor*, do cidadão" e, tecnicamente, as pessoas atingidas pela *nota praetoria de ignominia* passavam a ser designadas "infames" e sofriam restrições (não podiam ocupar o cargo de decurião, a par de outras restrições processuais).[23]

1.1.2. A Ibéria medieval e o direito vulgar das Siete Partidas

Todavia, como já ficou consignado, não foi o direito culto de Roma aplicado na península, mas "um *Direito Romano vulgar* em cada província, que foi a ponte de passagem entre o Direito próprio de Roma e o Direito Nacional das nações neolatinas surgidas séculos depois, exactamente como as línguas neolatinas resultaram, não do latim clássico, mas do latim vulgar ou popular falado pelas populações provinciais.".[24] Os invasores, bárbaros, trouxeram à Ibéria, naturalmente, seus costumes e direito.

Se a Constituição romana era republicana (o poder pertencendo à universalidade do *populus*), "as comunidades germânicas assentavam

---

medieval, era tratá-las como delitos privados, compensáveis por indenização. O direito comum português seguiu a linha "privatizante", preferindo a ação penal (indenização) à criminal (a pena pecuniária arbitrada revertia para o ofendido).

[21] GIORDANI, *Direito Penal Romano*, p. 29-30.

[22] BARBOSA, *Crimes contra a honra*, p. 9.

[23] GIORDANI, *Direito Penal Romano*, p. 77.

[24] CAETANO, *História*, p. 86.

noutra base. São grupos de homens do mesmo sangue que se formam para a aventura e para a guerra sob chefia de um príncipe (*rex* ou *princeps*). O que une os homens entre si não é o pertencerem à mesma cidade, é obedecerem ao mesmo chefe, a quem se devotaram com total dedicação e lealdade.".[25]

Apenas como ilustração, servem os francos da Alta Idade Média Ocidental, com seu sistema simples de interromper a cadeia de vinganças: a indenização, o *wergeld*, etiquetados os insultos. Repare-se que não responder significava "aceitar a autenticidade do qualificativo infamante. Lançar uma acusação obscena era o único meio de um fraco aviltar e rebaixar um poderoso", fruto de uma crença íntima na eficácia da palavra – o insulto era destrutivo para os germanos "porque se volta para as virtudes privadas que o ideal social e a moral pagã preconizam".[26]

O Estado visigótico misturaria esses elementos. "O Direito que os Visigodos praticavam não era, pois, um direito puramente bárbaro mas já parcialmente romanizado.". Adiante, "ao contato com as populações peninsulares as leis romanas sofriam, na sua execução, adaptações e deformações importantíssimas, originando o *Direito Romano vulgar*.".[27]

Tangente ao direito criminal do período de formação do Estado Português (situado entre os anos de 1140 e 1248), era natural que tenham coexistido "a justiça pública, aplicada pelo rei, pelos juízes, pelos senhores, pelos concelhos – e a justiça privada exercida pelos ofendidos – vítima, parentes, vizinhos ou grupo protector", embora a relevante distinção entre *vingança* (o ofendido retribuía por sua própria autoridade o mal sofrido por outro mal) e *justiça privada* (o ofendido dirigia-se às autoridades públicas e apresentava queixa contra o ofensor, provando sua responsabilidade. Verificada a culpa, "só então fica pela colectividade autorizado o queixoso a fazer justiça por suas mãos").[28]

---

[25] CAETANO, *História*, p. 92. "A importância do direito penal germânico tem sido posta em relevo ultimamente, destacando-se justamente sua tendência ao restabelecimento da paz social por via da reparação e, portanto, sua função verdadeiramente reparadora do bem jurídico frente à tendência estatista do direito romano, que é a que passa a legislação penal posterior e predomina até nossos dias... até o século XIII a influência germânica impunha-se com este gênero de sanções mais reparatórias do que punitivas." ZAFFARONI, *Manual*, 190-1.

[26] ROUCHE, *Alta Idade Média*, p. 483-4. O cúmulo da desonra é o qualificativo de "prostituída": 45 soldos; a acusação de pederastia acarreta multa de 15 soldos. O insulto mais mortal: "Se alguém chamar outrem de servidor das feiticeiras ou portador de um caldeirão de bronze no qual as bruxas cozinham..." – 62,5 soldos; "Se uma bruxa comer um homem..." – 200 soldos.

[27] CAETANO, *História*, p. 99 e 231, respectivamente. Já convém lembrar que o homem do medievo, ao contrário do "slogan", não estava propriamente imerso em trevas e obscuridade. "Ergue as catedrais góticas e plasma a universidade, a *societas magistrorum et discipulorum*, fazendo-as florescer nas escolas-catedrais." (SANTOS, G., *Passado*, p. 17).

[28] CAETANO, *História*, p. 249 e 248, respectivamente.

O Código Visigótico tendencialmente lutou pela justiça pública,[29] e logrou algum progresso com o auxílio da Igreja, mas houve o contrafluxo das invasões muçulmanas, a revigorar instituições primitivas, dentre as quais a vindita privada.[30]

As providências régias nas lutas contra a vindicta privada estamparam-se, por exemplo, na Cúria de 1211, na qual o rei D. Afonso II procurou "com a colaboração dos prelados e barões presentes, cortar esses abusos e disciplinar as fórmulas da justiça privada".[31] Na Idade Média, como sinala Faria Costa, a *caução de bem viver* era uma das instituições a preservar a "paz do reino".[32]

---

[29] Reconhecendo a importância do Código Visigótico, sua efetividade era muito prejudicada pela própria escassez do documento em si, sendo muito raro que um juiz tivesse um, a ponto de o fato ser mencionado, numa doação de 1110, para identificar Pedro, *iudex aba qui tenet lex Godorum*. Vide CAETANO, *História*, p. 241.

[30] No exemplo do homicídio, estabeleceu-se o costume da inimizade, que deveria ser previamente sancionada pela assembléia dos vizinhos: no caso de o acusado ser considerado inimigo manifesto ou conhecido, deveria pagar a *calumnia* (multa criminal destinado ao rei ou senhor da terra e, mesmo, aos ofendidos), tinha um prazo (no qual continuava *seguro*) para abandonar sua terra e bens – não podendo voltar enquanto durasse a inimizade. Era vedado aos vizinhos dar-lhe guarida e alimentos. Saído da terra, podia ser morto por seus "inimigos" (de ressaltar certo grau de justiça e de segurança da povoação) – CAETANO, *História*, p. 250. Forma agravada de homicídio era a traição ou aleivosia, sendo o ofensor "traditor da vila" ou "de concílio" (o inimigo público). O incorrigível, depois de três crimes de ferimento, ou morte em período de trégua ou de local com "paz especial" (igreja, mercado, assembléia municipal) etc., pelo que perdia a paz, "colocava-se fora da comunidade jurídica e ficava à mercê da justiça privada que todos os vizinhos podiam executar quando o encontrassem. Expulso perpetuamente da localidade, era-lhe destruída a casa..." (p. 251), o que acresceria em caso de ofensa ao rei, ao incorrer na "ira régia". Também seriam inimigos do rei "os que embaraçassem a justiça municipal", sendo expulsos da cidade e confiscados seus bens (para o concelho). A ira do rei perseguia seu inimigo por todo o reino, "forçando-o a expatriar-se ('deitando-o fora da terra'), pois ninguém o podia albergar e alimentar. Eram crimes contra a paz do rei as *guerras privadas* ou lutas entre *bandos*, geralmente formados por apaniguados de dois senhores, pois estes estavam obrigados a submeter ao monarca os seus diferendos.". Havia espaço para a composição, reparação da ofensa (*corregimento* em português arcaico): "per aver" (pecuniária, o preço do homem no *wergeld* germânico), por açoites (corporal, entrar às varas) e mesmo por missas. Satisfeita a composição, dava-se a *reconciliação*, com simbólica entrega pelo ofensor e culminando no *osculum pacis* (posterior atentado seria considerado aleivosia) – p. 252-4. Na suma da cultura medieval legada por Dante, os traidores de seus hóspedes estão no terceiro giro do nono círculo, na profundeza do Inferno – DANTE, *Inferno* XXXIII.

[31] A "paz", privilégio para certos locais e instituições (do rei, do concelho, do mercado, da igreja) também era uma forma de combater a vindita privada: a "pax domestica" (a inviolabilidade da moradia do vizinho, do domicílio), com a Lei VI da citada cúria, passou a ser direito de todo o reino, "o que parece dever transformar a sua quebra em delito contra o rei." (CAETANO, *História*, p. 256). Neste contexto o *direito de asilo* (nomeadamente *numa igreja*) e as *tréguas*, especialmente as patrocinadas pela Igreja (*de Deus*), por exemplo na quaresma, na páscoa – o Concílio de Compostela, em 1124, mandou observá-las no reino de Leão, estendidas em 1179 a toda a cristandade pelo Concílio de Latrão. Carta Régia de 1º de março de 1290 concede a *paz do estudo* ao Estudo Geral de Lisboa, primórdio da Universidade de Coimbra ("não permitiremos que sejam agravados seja por quem for, por maior dignidade que tenha, antes, com a ajuda de Deus, curaremos de os defender das injúrias e violências...", p. 285).

[32] COSTA, *Caução*, p. 92-4. A paz social é vista como um bem supra-individual garantido pela "segurança real" (p. 82), entendida como um dos "pressupostos essenciais do viver em comunidade", definida a "caução de bem viver (...) como uma forma especial de paz" (p. 90). Não admira, assim, que as ordenações, mais tarde, tratassem, em "sede de sanção criminal (...) a já

As instituições de Justiça Pública já cobriam o país no início do século XIII (a mais importante era a Cúria Régia, presidida por *el-rei* em pessoa, além daquela senhorial ou municipal), a coexistir com a vindita e a justiça privada.

Os ordálios, juízo de Deus, utilizavam-se no processo criminal em caso de divergência de juramentos. Em território português, o ferro em brasa e a lide (duelo judicial). No primeiro caso, a parte andava nove pés com o material incadescente, ao passo que era abençoada pelo sacerdote; ato contínuo, o juiz cobria-lhe a mão com cera e enfaixava-a. Três dias depois, o exame de uma mão ainda queimada revelava um réu condenado (uma hipótese psicofisiológica cogita que a inquietação pela consciência da culpa prejudicava a cicatrização, enquanto o sereno ânimo do inocente faria desaparecer a queimadura). Quanto ao duelo (cavaleiros com lanças, peões com varapaus), se ao fim de três dias nenhum estivesse caído, perdia o reptador, por não ter conseguido vencer o desafio.[33]

Num paradigma teocêntrico, procuravam-se garantias a favor da inocência – embora a Igreja, desde o século XII, já combatesse tal prática, formalmente condenada no Concílio de Latrão (1215).[34]

Aliás, a recepção do direito romano "em Portugal (e noutros Reinos Europeus) é precedida e condicionada pela recepção do direito romano no direito canônico".[35] Embora o ambiente favorável, havia dificuldades para conhecer e operacionalizar o direito romano justinianeu, vertido o *Corpus Juris Civilis* num latim acessível a poucos letrados, obstáculo acrescido no âmbito dos concelhos.

Importante fator de difusão, assim, seria "o facto de, no século XIII, surgirem no Reino vizinho obras de carácter *doutrinal* e *legislativo*, escritas em *castelhano*, nas quais a influência do direito romano é muito nítida".[36]

Este o contexto das *Siete Partidas*, obra que em Castela inicia de feição legislativa, assume aspecto doutrinal e em 1348 adquire o valor de *direito subsidiário*, "um código ou tratado onde se abarca o direito,

---

conhecida regra do dobro. Portanto, se aquele que se segurou ou que alguma justiça pôs seguro, vier a ofender ou injuriar, deverá ter a pena 'assi civel, como crime, em dobro da que merecera pola dita ofença, ou injuria, se o dito seguro entre elles nom fora posto'." (p. 81).

[33] CAETANO, *História*, p. 262-3.

[34] Há referências nos forais do século XII a provas por *inquisa* ou *exquisa*, "por inquérito em que fossem produzidas testemunhas por ambas as partes para serem ouvidas por inquisidores que no final transmitiam aos juízes os depoimentos colhidos" (CAETANO, *História*, p. 263-4), reservando ao juramento, portanto, função subsidiária, na ausência de testemunhas. Documentos do final do século XI já indicam a decadência do prestígio dos ordálios.

[35] "É a posição institucional da Igreja em toda a Cristandade que contribuirá para a difusão do direito romano, do 'direito comum', comum na medida em que plana por cima do chamado *ius proprium*, isto é, do direito legislado por poder político não imperial como, por exemplo, o dos reis." SILVA, N., *História*, p. 200.

[36] SILVA, N., *História* p. 205.

em geral, nomeadamente o romano, de que constitui uma notabilíssima síntese", a exercer grande influência em Portugal: "traduzidas em português, ainda no século XIII, vamos ter prova de sua aplicação no século XIV.".[37]

A concepção de honra da época está crismada nas *Siete Partidas*. Fundamenta-se na bondade própria e constrói-se mediante ações do próprio ou daqueles que o geraram numa posição (*logar*) e não noutra. "A *honra* aumenta gradualmente e aquele que mais *honra* pode dar neste mundo, isto é, o rei, é a pessoa que deve mais honrar, não só com palavras, mas também com obras (...) [talvez um exagero] sabendo-se o que se sabe da vida de Afonso X (a quem se deve o texto), soberano cujo poder foi sempre muito vacilante.".[38]

A perda da honra equipara-se à perda da vida, "por esta razão um homem culpado de destruir caluniosamente a reputação (fama) e honra de outro devia ser condenado a penas severas, à morte mesmo, ou se lhe fizera a mercê de lhe poupar a vida, à amputação da língua, segundo o procedimento, ao mesmo tempo cruel e simbólico, de castigar o homem ou a mulher no membro com que haviam levado a cabo o delito ou cometido o pecado (...) *Honra e desonra* gravitam sobre a consciência do indivíduo; *fama e infâmia* sobre a da sociedade. E, no indivíduo e, na sociedade, actuam as ideias de *vida e morte* civil e moral assim como as de *bem e mal*.".[39]

Consoante a classificação das Partidas, há "enfamamientos" que nascem de *fatos*:

1) ser filho nascido fora do casamento;
2) aquele cujo pai fala mal dele no testamento;
3) aquele de quem um rei ou juiz disse mal;

---

[37] SILVA, N., *História*, p. 207. Segundo "velha tradição", as Partidas teriam sido mandadas verter para português pelo próprio Rei D. Dinis – sendo certa a "enorme aceitação" que a obra alcançou em Portugal desde o século XIII ao século XV, "a ponto de ter vindo a constituir uma importante fonte da primeira grande codificação portuguesa, que foram as *Ordenações Afonsinas*." (CRUZ, *Direito subsidiário*, p. 200-203). As Partidas foram *fonte subsidiária de direito* em Portugal, o que se demonstra pela existência de numerosas cópias e traduções, a par da notícia "de certos protestos feitos, em meados do século XIV, contra a sua abusiva aplicação, em detrimento dos textos de *direito romano* – que a opinião das pessoas esclarecidas já não aceitava que fossem facilmente menosprezados – ou em detrimento dos textos de *direito canônico*, que se entendia deverem ser aplicados – em razão da sua própria proveniência – com prioridade absoluta sobre os textos legislativos do vizinho reino de Castela" (idem, p. 202-4: a nota 37 exemplifica com queixa apresentada pelos estudantes contra o *Conservador da Universidade de Coimbra*, e que originou uma *provisão* do rei D. Pedro I, no sentido de que o Conservador atendesse aos textos de direito romano e canônico como subsidiários, não mais preferindo as *Siete Partidas*). Segundo Faria Costa, "as leis de Afonso X de Castela tiveram forte influência no ordenamento jurídico português de antanho", referindo-se, de passagem, às *Siete Partidas* (COSTA, *Caução*, p. 73).

[38] BAROJA, *Honra*, p. 66. As referências seguintes às partidas (a que não se teve acesso direto) são, todas, mediadas por BAROJA, *Honra*, p. 61-109. Destaca-se, desde logo, o evidente equívoco de datação do ensaio, provavelmente por lapso gráfico, ao situar as Partidas como "código castelhano do séc. XVII" (p. 66, terceiro parágrafo).

[39] BAROJA, *Honra*, p. 66-7.

4) aquele de quem um homem de bem disse mal;
5) reconhecer ter roubado, restituindo a *res* depois da sentença.[40]

Outros "enfamamientos" nascem da *lei*:
1) a infâmia da mulher adúltera;
2) a da que coabita menos de um ano depois de enviuvar;
3) a do pai que dá a filha em casamento menos de um ano depois de ter morrido o genro.[41]

Por último, são *infames de direito*:
1) alcoviteiros;
2) jograis;
3) os que lutam com animais bravios por dinheiro (a soldo);
4) os que lutam com outros homens por dinheiro (a soldo);
5) os usurários, sodomitas, cavaleiros expulsos das hostes etc.[42]

A *infamia* traz consigo incapacidade ou inabilidade para cargos como os de juiz, conselheiro real ou de conselho, pregoeiro, ou cargos públicos em geral (Sétima Partida, título VI, lei VII).

A *vergüenza* é um sentimento e uma fonte criadora de direito, "dá-nos a base sobre a qual poderemos viver honradamente, da *desvergüenza* somos levados à infâmia. (...) A *vergüenza* tira atrevimento aos homens e fá-los obedecer a quem de direito. O povo atrevido perde a *vergüenza* mesmo perante o seu próprio rei e chega a não lhe obedecer em casos importantes de paz e de guerra. Deve pois castigar-se o povo desavergonhado...".[43]

A esses conceitos, coerentes com a *virtud* dos filósofos da antiguidade clássica e da moral cristã, acresce outro, de enorme influência na vida de muitas gerações mesmo depois do fim da Idade Média: o *valer mais* (e o seu contrário *valer menos*). Só se conseguiria *valer más* "com armas na mão, sem atender quase nunca a princípios de moderação e de coragem serena e justa", o que está ligado a uma espécie de *honor* coletivo (entre linhagens), em que os vencidos, na competição, passam a *valer menos*. "Numa sociedade construída sobre essa base luta-se de modo obsessivo para alcançar tantas honras e honrarias (*honras y honores*) públicas quantas existam, pois estas passam imediatamente a ser bens transmitidos hereditariamente dentro da linhagem".[44]

Tais sociedades vivem obcecadas pelas desonras, nas formas de *injúrias, agravios e afrentas* (o agravo é o ato que se realiza em desonra de uma pessoa sem razão plausível, ao passo que a afronta é a desonra

---

[40] Sétima Partida, título VI, lei II.
[41] Sétima Partida, título VI, lei III.
[42] Sétima Partida, título VI, leis IV e V.
[43] BAROJA, *Honra*, , p. 68-9.
[44] BAROJA, *Honra*, p. 70.

que se realiza mesmo que com razão ou justiça, por exemplo, o açoitar ou supliciar no pelourinho). As "injúrias", latinismo traduzido por "desonras" nas Partidas, são de vários tipos:

1) as de *palabra*, quando um homem diz publicamente a outro coisas insultuosas;

2) podem tomar *formas poéticas "por cantigas e por rimas"* que chegam a ser escritas. "Nos velhos cancioneiros galaico-portugueses está com efeito coligida grande quantidade de poemas satíricos, chamados 'cantigas de mal decir' e 'cantigas de escárnio', uns com alusões malignas, veladas e encobertas, outros com ataques muito claros";

3) a que se faz ao imitar (*remendar*) uma pessoa ridiculamente (*remedijo*) ou gesticulando de modo a provocar o riso;

4) faz-se *desonra* a mulheres enviando-lhes alcoviteiras, fazendo-lhes propostas desonestas, dando-lhes presentes equívocos ou fazendo-lhes convites de certa índole;

5) agredindo um homem com pontapés, mãos, pau ou pedra; seguindo-o com intenção de agredi-lo, "rasgando-lhe a roupa ou fazendo dano deliberado à sua casa ou fazenda".[45]

Na Idade Média, época em que a justiça pública ainda lutava por firmar-se, "aqueles que eram mais afectados por problemas de *más valer* decidiam muitas vezes fazer justiça por suas mãos, sem recorrer à lei, auxiliados por sua linhagem e parentela que se solidarizavam com a vítima da injúria".[46] Mesmo porque a honra não é um bem puramente individual; numa sociedade organizada corporativamente "existem grupos de pessoas de tal modo ligadas que a ofensa feita a uma se reflecte no património moral das outras.".[47]

1.1.3. Portugal: leis gerais e as ordenações

No período chamado de "Consolidação do Estado" (1248 – 1495), a Revolução de 1383 opera uma subdivisão na periodização adotada por Marcello Caetano.[48] Portanto, de Afonso III até a Revolução (segunda

---

[45] "Mais tarde, os cancioneiros castelhanos recolhem composições satíricas paralelas que têm o nome de 'obras de burla', obras em que se esmeraram os poetas do século XV, nem sempre movidos, é certo, por uma intenção de simples divertimento." BAROJA, *Honra*, 71.

[46] BAROJA, *Honra*, p. 72. "Bastava, com efeito, sobretudo em momentos de tensão, a quem se considerava injuriado, agravado ou afrontado *appelidar*, isto é, gritar o nome de sua linhagem ('Gamboa, Gamboa' ou 'Oñaz, Oñaz' seriam exemplos no País Basco) para os membros presentes dessa linhagem tomarem armas para o defenderem ou lavarem o agravo. As crônicas estão cheias de *agravios e afrentas* que produziram combates encarniçados entre parentelas rivais..." (ibidem).

[47] "É o que se passa com a comunidade doméstica" HESPANHA, *Justiça e Litigiosidade*, p. 350. A guerra de Tróia foi desencadeada pelo rapto de Helena por Páris, encarado como um agravo coletivo pelos gregos.

[48] D. Fernando, nono rei de Portugal, morreu em 1383 deixando como herdeira a infanta Beatriz, casada com D. João I, de Castela, mas Leonor Teles (viúva de D. Fernando) devia conservar a regência até que Beatriz tivesse filho varão maior de 14 anos. Entretanto, diante de reações de

metade do século XIII e quase todo o XIV), prossegue a luta contra a vindicta privada e percebe-se a tendência para "uniformizar no País alguns tipos de delitos puníveis e as respectivas sanções, até então variáveis ao sabor dos costumes locais, consagrados ou não nos forais".[49]

Leis gerais intervieram em crimes diversos, delitos contra a religião católica, contra a fidelidade devida ao monarca e à autoridade da coroa e, dentre outros, contra as pessoas, sua honra e reputação. Neste último caso, "foi também D. Dinis que, providenciando em termos genéricos quanto ao crime previsto em muitos forais chamado de 'merda na boca', e que consistia em o ofensor meter ou mandar meter excrementos na boca do ofendido, o puniu com pena de morte, aplicável ao executor e ao seu mandante, fosse homem ou mulher.".[50]

É uma época de aperfeiçoamento da Justiça Pública e de reformas processuais. Por exemplo, com Reforma de 12 de março de 1355 pretendia Afonso IV abreviar os julgamentos, garantir justiça e *diminuir o volume de ações por injúrias leves*: as verbais seriam julgadas, segundo a verdade sabida, pelos juízes da terra sem apelação nem agravo, mas se não fossem verbais e assumissem maior gravidade, haveria recurso oficioso.[51]

---

burgueses e nobres (iniciadas por Lisboa), os mesteirais e "povo miúdo" proclamaram o Mestre de Avis *regedor e defensor do reino* (D. João, mestre da Ordem Militar de Avis, filho bastardo de D. Pedro I). O Rei de Castela chegou a cercar Lisboa em maio de 1384, mas retirou-se em outubro em face de epidemia de peste. Em abril de 1385, as Cortes reunidas em Coimbra (dirigidas pelo jurista João das Regras) aclamaram o mestre como rei. Em 14 de agosto de 1385, comandado por Nuno Álvares, o exército português vence o de Castela (reforçado pela maioria da nobreza portuguesa) na batalha de Aljubarrota, tornando a independência portuguesa fato irreversível. Vide SARAIVA, *História*, p. 124-7. "Com a revolução de 1383-1385, a grande nobreza tradicional foi, temporariamente, abatida, porque tomara o partido castelhano e fora vencida na guerra. A influência dos condes no Governo de D. Fernando foi, segundo parece, substituída pelo predomínio de burgueses interessados numa política de paz e de expansão das atividades comerciais e de juristas, imbuídos do pensamento cesarista do direito romano, e portanto defensores do reforço da autoridade real.", idem, p. 129.

[49] CAETANO, *História*, p. 359-60. Sintomática, nesse interregno, a Lei de 17 de março de 1326 que D. Afonso IV publica em Coimbra, a visar ao combate contra o costume de que a vindita de morte ou desonra fosse tirada pelos parentes do ofendido. "O objectivo é, pois, substituir as reminiscências do Direito Germânico pelas normas do Direito Romano-Canônico (Direito Comum) que ao tempo se espalhava na Europa." (p. 369). A lei proíbe aos fidalgos tal prática (sob pena de morte), devendo dirigir-se às justiças locais para acusar o criminoso e intentar o competente processo. Diante da imediata reação dos fidalgos, Afonso IV responde com nova lei (17 de junho de 1326), mantendo a primeira em vigor e interpretando-a no sentido de a aplicação alcançar os fatos ocorridos mesmo antes da sua publicação, vedado aos fidalgos, como queriam, "acoimar por mortes ou desonras anteriores" (p. 370). Novas e constantes reclamações originaram a lei de 9 de julho de 1330, que manteve os fundamentos da original (boa, direita e proveitosa), abrindo a possibilidade de vindita se o ofensor, após 60 dias da data do fato, não se apresentasse – além de distinguir, na aplicação da pena, a condição de fidalgo, homem honrado ou homem vil do ofendido e de graduar o dano (da morte à injúria menor), p. 370.

[50] CAETANO, *História*, p. 364, depois consignado nas Ordenações Afonsinas, V, 32, 1.

[51] CAETANO, *História*, p. 381. Observa FREIRE, *Instituições*, que "até D. Afonso IV, costumava a nossa gente vingar as injúrias de qualquer género, não com o direito, mas com a força, pois

O período seguinte, da revolução de 1383 ao tempo de D. João II, está notavelmente marcado pelas Ordenações Afonsinas:[52] "um misto de compilação de leis antigas e nova legislação que as completa". Patente a influência do direito canônico, os crimes são muitas vezes designados como "pecados".[53] Nítido, outrossim, é o escopo da autoridade régia, a impor normas gerais que superam costumes ou regras foraleiras. "O legislador inspira-se, por via de regra, no Direito imperial, quer nas leis de Código de Justiniano ou de outros textos integrados no *Corpus Juris Civilis*, quer nas glosas ou comentários dos *sabedores*.".[54]

Ora, se o pecado toca na consciência do delinqüente, ao legislador penal não basta a materialidade objetiva da infração, mas há de "indagar se houve ou não intenção ou propósito de causar o mal que se pretende evitar ou punir... Sob esse aspecto é muito significativo o cuidado com que o legislador pretende sofrear o natural desforço do rei contra os que digam mal dele, mandando ter em conta as circunstâncias do facto e até averiguar-se se alguma injustiça anterior justifica a maledicência."[55]

Em que pese algum abrandamento, as penas continuam duríssimas e discriminatórias (o fidalgo não recebia açoites e, em geral, estava isento dos tormentos). O degredo ou a multa fazia com que o condena-

---

nesses tempos sobretudo as pessoas gradas tinham por muito deslustroso não vingar as injúrias pelas próprias mãos. (...) Contudo, os nossos maiores deixaram, no reinado de D. Afonso IV, este costume da vindicta privada, mas caíram no excesso oposto, de facto, naquele reinado, como o direito romano já disfrutava dalguma consideração, começou de haver tantas querelas e acusações judiciais, e tão frequentes acções de injuria no foro, que o próprio D. Afonso entendeu sèriamente ser do interesse público limitar estes litígios por injúrias, o que acabou, alfim, por fazer na lei especial publicada em Torres Vedras a 12 de Março do ano 1393 da Era" (p. 174-5). No mesmo sentido, situando a Lei em 1335 (Ordenações Afonsina, V, 59, I), vide HESPANHA, *Justiça e Litigiosidade*, p. 378, nota 121.

[52] Elaboradas, desde D. João I, diante dos "pedidos insistentes, formulados em Cortes", por "uma colectânea do direito vigente que evitasse as incertezas derivadas da grande dispersão e confusão das normas" (COSTA, M., *História*, p. 273). Rui Fernandes, que continuou os trabalhos na época de D. Dinis, considerou a obra concluída em 28/7/1446 (regente o infante D. Pedro, na menoridade de D. Afonso V). Após revisão, foram publicadas com o título *Ordenações*, em nome de D. Afonso V. Provavelmente em 1447 foram publicadas, mas sua generalização operou-se apenas depois da primeira metade de quatrocentos (ausência da imprensa, laborosas e dispendiosas as cópias manuscritas, despreparo de magistrados etc.). COSTA, M., *História*, p. 274-5.

[53] "Pode-se dizer que o direito penal só se autonomizou do direito canônico e das concepções religiosas que lhe andam ligadas com o *iluminismo*." (CORREIA, *Direito Criminal*, p. 82).

[54] CAETANO, *História*, p. 553. Trata-se de obra meritória vista na sua época, aliás pioneira (compilações similares só surgiram em 1454 na França, 1484 na Espanha, 1518 na Alemanha, 1553 na Holanda), articulada ao "fenômeno geral da luta pela centralização", embora traduza "uma espécie de equilíbrio das várias tendências ao tempo não perfeitamente definidas, ou seja, uma área intermédia em que ainda podiam encontrar-se." (COSTA, M., *História*, p. 279).

[55] CAETANO, *História*, p. 553. Por outro lado, a principal virtude do direito penal canônico "foi a de reivindicar o elemento subjetivo do delito em muito maior medida do que o direito germânico" (ZAFFARONI, *Manual*, 191).

do ficasse *infamado* (inabilitado para desempenhar cargos públicos ou usar "honras"), até que fosse reabilitado pelo rei.[56]

O Título 1 do livro V das Ordenações refere-se ao crime de *heresia* (dizer, crer e afirmar "cousas que são contra o Nosso Senhor Deus e a Santa Madre da Igreja"), o afastamento da ortodoxia por parte de quem seja batizado e se diga membro da Igreja, competente o juízo eclesiástico que recorria ao *braço secular* se necessária execução de sangue.[57]

Mas há delitos contra a religião processados e sentenciados por juízos leigos, v.g., a lei de D. Dinis (1315), que cominava morte na fogueira após o arrancamento da língua pelo pescoço aos descrentes de Deus e de sua Mãe, temperada pelo título 99, § 4º, do citado livro V: "distingue-se o facto conforme é praticado *sanhudamente*, isto é, em estado de cólera ou irritação, ou *com tenção e propósito de arrenegar a fé.*". O último caso remete à heresia, ao passo que na primeira hipótese, de simples blasfêmia, sendo nobre, o autor pagará multa, ou vinte açoites no pelourinho, se peão (durante os quais terá a língua atravessada por uma agulha). "Quando o ofendido seja um santo do calendário, então o nobre deveria pagar 500 réis; o peão terá de, em cinco sextas-feiras, durante a missa, dar uma volta ao redor da igreja 'com uma silva ao pescoço'.".[58]

A matéria referente aos crimes contra o rei e os direitos régios foi reformulada, em harmonia com os ensinamentos dos glosadores e comentadores. Os crimes de lesa-majestade são definidos, distintos em de primeira (ofendida a própria pessoa do rei) e de segunda cabeça (o desrespeito ao rei é reflexo, pelo desacatamento de sua autoridade), e ainda conforme praticados por obra ou por palavra. A traição, inerente ao delito, implica três vícios contrários à devida lealdade: torto, vileza e mentira.

A lesa-majestade de primeira ordem, sempre punida com morte cruel e confisco de todos os bens, envolvia o regicídio, a rebelião, a conspiração etc., além de eventos menores: "quebrar ou derribar, com intenção de desprezo, imagem do rei posta nalgum lugar 'em nossa semelhança e por nossa honra e remembrança' (§ 11)".[59] A de segunda ordem, menos grave, sancionada com pena corporal e condicionado o

---

[56] Infâmia da qual ficavam isentos os vassalos do soberano ou filhos de algo, privilégio estendido aos cavaleiros de espora dourada (conceito e distinção na nota de rodapé nº 1 da p. 575 de CAETANO, *História*), aos doutores em Leis, Degredos ou Física e aos cidadãos "que andem nos pelouros de vereadores, juízes, almotacés ou procuradores desses concelhos".

[57] CAETANO, *História*, p. 555.

[58] CAETANO, *História*, p. 556. "O corpo, durante todo o período do direito comum, foi considerado como um apêndice ou suporte da honra", pelo que à mesma ofensa podiam corresponder punições diferentes, variáveis segundo a dignidade das pessoas envolvidas (HESPANHA, *Justiça e Litigiosidade*, p. 351).

[59] CAETANO, *História*, p. 558.

confisco à ausência de herdeiros legítimos, estampava-se em crimes que seriam hoje classificados como contra a administração da justiça.

O título 3 do livro V trata "dos que dizem mal de el-rei" (inconfidência), "novo, redigido todo ele em estilo legislatório e inspirado no título 7 do livro IX do Código de Justiniano – *Si quis Imperatori maledixerit.*",[60] reservado o julgamento da maledicência para o próprio rei ofendido e notável o cuidado em estabelecer regras para o rei, atendendo às circunstâncias, proceder com justiça: "Assim, o acusado deve ser levado à presença do rei para que este avalie a sua personalidade: se cometeu o desacato sendo bêbado, desmemoriado ou sandeu, basta repreendê-lo ('deve-o escarmentar de palavra sem outra pena'); se o fez 'zombando e jogueteando', o procedimento será o mesmo 'segundo o caso requerer'; caso o acusado, 'estando em seu acordo e siso cumprido', se tiver queixado de 'grão torto que houvesse recebido de el-Rei, por mingua de justiça', pode o monarca averiguar o sucedido e perdoar, e até 'fazer direito do torto', isto é, corrigir a injustiça.".[61] Mas se a maledicência for fruto de grande maldade, e o delinqüente tiver "mal querença arreigada no coração" contra o rei, deve ser cruelmente atormentado, inclusive para exemplo.

No que tange aos crimes contra as pessoas, sua honra e reputação, as Ordenações continuaram a empregar a acepção ampla de *injuria*, como ação contrária ao direito, podendo ser cometida por palavras ou fatos: "injúria que lhe fez ou disse" (título 52). Havia, no que interessa ao texto, a injúria verbal e as escritas em cartas de mal dizer, além dos libelos famosos (acusações ou denúncias postas a correr para espalhar fama prejudicial a alguém).

O fato é que as "*Ordenações* portuguesas não se ocupam *ex professo* das injúrias (não corporais), recebendo, por isso, de forma implícita, o sistema do direito comum". Vale dizer que a coroa deixava subsistir o sistema de indenização privada, concentrando seus esforços no sentido de "evitar meios violentos de reparação, como o duelo ou a vingança privada".[62]

---

[60] CAETANO, *História*, p. 559.

[61] CAETANO, *História*, p. 560. Tratava-se da *Constituição dos Imperadores Teodósio, Arcádio e Honório*, assim transcrita por FREIRE, *Instituições*, p. 102: "Se alguém, desconhecedor da modéstia e ignorante do pudor, pensar ferir os nossos nomes com vil e petulante maledicência, e perturbado pela embriaguez detrair dos nossos tempos, não queremos que seja punido, nem desejamos que sofra algo de duro ou desagradável; porque, se isso resultar de leviandade, há que desprezá-lo; se resultar de insânia, é extremamente digno de compaixão; se de injúria, há que perdoar-lhe. Pelo que, sem qualquer procedimento seja isso trazido ao meu conhecimento, a fim de pesarmos as palavras olhando às pessoas, e decidirmos se são de esquecer ou de tomar em conta".

[62] HESPANHA, *Justiça e Litigiosidade*, p. 350. Mais tarde, quando Pascoal de Melo Freire apresenta o seu projeto de Código Criminal (em 26 de novembro de 1786, quatro dias antes da promulgação do diploma Toscano, considerado o primeiro Código Penal moderno), a principal novidade é exatamente a substituição da indenização privada por penas de encarceramento e

O título 117 contém a lei de D. Duarte contra tais escritos, trovas, cartas "que se lançam em alguns lugares para se darem ou dizerem àqueles que desejam difamar ou a outros que as publiquem ou digam o conteúdo delas e não se pode saber quem as fez". Aquele a cujas mãos chegarem tais papéis deve rasgá-los (que o rompa logo) sem comunicar a ninguém que o leu. Pois se publicar e mostrar 'haverá tal pena como merecia aquele que o fez e haver-se-á por autor'; em face de adulteração documental, não se sabe com que pena seria punido o autor.[63]

Desborda do objetivo discorrer sobre o processo criminal nas Ordenações Afonsinas,[64] ainda que destacando as normas comuns aos processos de traição e o processo do duque de Bragança, "estabelecido *ad hoc* e (que) não foi adotado em casos idênticos ou análogos, como o que surgiu logo a seguir com o duque de Viseu que o rei preferiu justiçar sozinho, assassinando-o friamente.".[65]

Seguiram-se as Ordenações Manuelinas, só editadas em definitivo em 1521, quando o rei D. Manuel já falecera,[66] e as Ordenações Filipinas, cuja vigência inicia em 1603.[67] Sobre tal material exerceriam influência diversas leis extravagantes posteriores e o pensamento do humanismo jurídico (e da segunda escolástica), a confluir no ciclo pombalino, que se move num quadro de jusracionalismo (que penetra efetivamente pela via do "uso moderno")[68] e na linha do Iluminismo.[69]

---

multas a favor de obras pias (a honra individual torna-se um bem público, protegido pelo Estado), com o que o Estado também reduziria sua perseguição em juízo (pela redução da vantagem econômica ao particular que decorria da anterior "actio iniuriarum"). Mais, "a honra tende a tornar-se numa questão puramente pessoal e intransmissível, insusceptível de ser vingada por outrem (com excepção do marido, em relação às ofensas feitas à mulher e aos filhos)" - p. 289 e 350-1.

[63] CAETANO, *História*, p. 568.

[64] CAETANO, *História*, p. 571-8. Vide, também, interessante síntese dos Forais e das Ordenações do Reino, com enfoque penalista, em ZAFFARONI, *Manual*, p. 195-209. Adiante, apresenta-se instigante correlação entre a evolução histórica do direito penal e as ideologias penais, do surgimento do moderno pensamento penal com o industrialismo aos caminhos abertos para uma fundamentação antropológica do direito penal (p. 241-377).

[65] CAETANO, *História*, p. 576, item II, e p. 577, respectivamente.

[66] Obra mais de atualização (por exemplo ao suprimir os preceitos aplicáveis a mouros e judeus, entretanto expulsos), não significou grande transformação do direito português (COSTA, M., *História*, p. 284).

[67] Vale lembrar que Portugal estava sob "domínio" da Espanha, importante para Filipe I demonstrar, aos nobres lusitanos, "pleno respeito pelas instituições portuguesas e empenho em actualizá-las dentro da tradição jurídica do País." (COSTA, M., *História*, p. 289). "A ausência de originalidade e os restantes defeitos mencionados (permanência de preceitos revogados ou desusados, contradições) receberam, pelos fins do século XVIII, a designação de 'filipismos'. E o termo ficou. Essas imperfeições revelam-se de difícil explicação fora da ideia de um respeito propositado pelo texto manuelino." (p. 291-2).

[68] Que agregava vetores práticos, racionalistas e de nacionalismo jurídico, tendentes "à ampliação do campo das atividades legislativa, conforme ao intervencionismo que marcou o Despotismo Esclarecido." (COSTA, M., *História*, p. 356).

[69] A abranger todo o século XVIII na Europa, mas apenas a segunda metade do século XVIII em Portugal (reinados de D. José e de D. Maria I). Uma concepção individualista-liberal na base da

1.1.4. Um espaço privilegiado no barroco: o orador sacro, o poeta satírico

Eu sou aquele, que os passados anos/cantei na minha lira maldizente/torpezas do Brasil, vícios e enganos./.../Qual homem pode haver tão paciente,/que vendo o triste estado da Bahia,/Não chore, não suspire e não lamente?/.../Diz logo prudentaço e repousado/Fulano é um satírico, é um louco,/De língua má, de coração danado./.../Todos somos ruins, todos perversos,/Só nos distingue o vício e a virtude,/De que uns são comensais, outros adversos.//Quem maior a tiver, do que eu ter pude,/Esse só me censure, esse me note,/calem-se os mais, chiton, e haja saúde. (Gregório de Matos, Tercetos aos Vícios)

Ainda no seiscentos, porém, um tópico merece atenção: o espaço comunicativo barroco (a contorcer-se numa espécie de transgressão consentida), que pode ser ilustrado por duas categorias literário-políticas. Inicia-se pelo sermão dos oradores sacros. Avulta, logo, a figura do Padre Antônio Vieira, que, não por acaso, esculpiu alguns dos seus mais famosos sermões de manancial moral e político, afastando-se do teor estritamente teológico.[70]

Ocorre que durante o século XVII, "o sermão não só foi o género literário predominante; foi também, e principalmente, a base da mais importante cerimónia social: a pregação. Através dela, a palavra do orador atingia todas as camadas sociais.". Neste contexto, qual a natureza do ato de pregar? "O púlpito transformara-se, na época, no último baluarte da liberdade de expressão. Durante a dominação filipina, apenas a alguns sacerdotes era dada a faculdade de falar livremente contra, por exemplo, a opressão espanhola. Talvez daí, também, o hábito instituído de fazer do púlpito a tribuna ideal do comentário crítico à vida pública".[71]

Em obra assaz interessante, ao caracterizar a cultura do Barroco como de essência conflitiva e apoiado principalmente em documentos espanhóis, Maravall confirma e minudencia o quadro dos "predicadores". Assim, Frei Francisco de León, prior de Guadalupe, num sermão de 1635, clamava contra "los hombres convertidos en mujeres, de soldados en afeminados, llenos de tufos, melenas y copetes y no sé si de mudas y badulaques de los que las mujeres usan".[72] Segundo o

---

compreensão do direito e do Estado, originado de um contrato social, de contorno peculiar "nos países marcadamente católicos, como a Espanha e Portugal" – que assumiram como centro de irradiação o Iluminismo italiano (que não teve o caráter revolucionário, anti-histórico e irreligioso que marcou o movimento francês), popularizado, em Portugal, pelo "estrangeirado" Luís Antônio Verney (COSTA, M., *História*, p. 359-64).

[70] O "Sermão de Santo António" foi proferido em 1642, na véspera da reunião das cortes, *para incitar todas as classes da nação a contribuírem para a defesa nacional*, precedido que fora pelo "Sermão pelo Bom Sucesso das Armas de Portugal contra as da Holanda (1640), "e lembremos ainda o 'Sermão dos Bons Anos', pregado em Lisboa na Capela Real no ano de 1642, onde Vieira apregoa sua confiança em Deus e na política do Rei (D. João IV).", Maria das Graças Moreira de Sá na introdução de VIEIRA, *Sermões Escolhidos*, p. 24-5.

[71] Introdução de VIEIRA, *Sermões*, p. 23-4.

[72] MARAVALL, *Barroco*, p. 94. Ao retratar a situação sócio-histórica da música no século XVII, Ivo Supicic confirma o quadro apresentado. Numa época de unificação e de absolutismo

autor, os espanhóis do século XVII estavam sacudidos por grave crise de integração, núcleo de preocupação da monarquia absolutista, o que se refletiria numa cultura socialmente dirigida, massiva, urbana e conservadora.

Havia, pois, reações. O Rei proibiu o prestigiado mestre Augustín de Castro, que se intrometera no púlpito em certas matérias políticas; também do púlpito um pregador falou cruamente contra o desgoverno da monarquia, na presença do rei e, ao final da diatribe, exclamou que o prendessem e que lhe cortassem a cabeça, se quisessem, mas que tinha o dever de falar nestes termos.[73]

Alguns aconselhavam ao Rei que desterrasse os predicadores, "pero el rei contesta que no se atreve". Cita-se um curioso caso particular, datado de 24 de abril de 1658: "hanle mandado, según se dice, al P. Fray Nicolás Bautista que no predique al Rey tan claro, ni en el púlpito se arroje a decir las verdades, sino que pues tiene audiencia a todas horas, se las diga en secreto, que los demás es dar ocasión al pueblo de sentimientos y mover sediciones".[74] Ver-se-á, adiante, a "opinio" de Melle Freire a respeito.

Ainda que num período mais tardio, o final do período colonial, a influência política da pregação dos eclesiásticos deixou marcas profundas na história brasileira e, não por acaso, de sua imprensa: "um clero, portanto, em que o fermento cultural fez crescer as tendências políticas, que participou profunda e generalizadamente das lutas do tempo... Clero em que se recrutariam, logo adiante, os jornalistas mais ardorosos e também algum dos mais lúcidos que a época conheceu.".[75]

A segunda personagem a merecer referência é Gregório de Matos Guerra, o "Boca do Inferno", nascido no Recôncavo baiano em 20 de dezembro de 1633.[76] Sua vida aventurosa abarcou a licenciatura em Direito em Coimbra e vários anos como Juiz em Lisboa, onde se

---

monárquico, a música barroca devia servir ao ápice da hierarquia social, o monarca. O termo "concerto", musicalmente, a par de indicar o acordo do múltiplo na unidade, às vezes significava o contrário: "o princípio de contraste, de antítese, de oposição e mesmo de luta. Se, na música, ainda não aparecia no plano temático, este princípio de contraste já se apresentava, na música do barroco, sob outras formas: contraste dinâmico *forte-piano*, contraste dos efeitos de eco, dualismo e tensão entre consonância e dissonância, polarização cada vez mais clara entre tom maior e tom menor, binaridade ária-recitativo, melodia-baixo contínuo (...) e finalmente, no plano teórico, confronto entre o primado da melodia e o da harmonia. Tais oposições iriam corresponder mais ou menos ao claro-escuro, às visões em profundidade e outras técnicas das artes plásticas." (MASSIN, *História da Música Ocidental*, p. 315-6).

[73] Não se sabe o que sucedeu ao personagem (MARAVALL, *Barroco*, p. 100-1).

[74] MARAVALL, *Barroco*, p. 105.

[75] Quarenta e três nomes da Igreja são citados nominalmente, dentre cerca de uma centena, por SODRÉ, *História*, p. 16-7, para quem falta ainda adequada análise deste fenômeno singular, a participação dos religiosos na vanguarda liberal da fase da autonomia.

[76] Seguem-se o esboço biográfico e o estudo crítico apresentados por José Miguel Wisnick, na introdução (p. 11-27) de GREGÓRIO DE MATOS, *Poemas Escolhidos*.

enfronhou na poética barroca de seu tempo, e se exercitou em sátiras contundentes, que lhe valeram as graças do Rei D. Pedro II. Gira a roda da fortuna e, ao recusar a missão de devassar um criminoso no Rio de Janeiro, despencou das graças reais e voltou ao Brasil em 1681. A convite do Arcebispo da Bahia, aceitou os cargos de vigário-geral e tesoureiro-mor, dos quais foi depois desligado. Tentou uma advocacia poética e, a certa altura, abandonou casa, cargos e encargos e saiu pelo Recôncavo, como um cantador itinerante do barroco popular.[77]

A virulência de sua sátira, que criticava a corrupção e os desmandos administrativos (e os arremedos de fidalguia local, com inescondível prazer sádico), valeu-lhe a deportação para Angola, donde só pôde retornar sob condições: estar em Pernambuco (não mais voltar à Bahia) e calar a sátira num rigoroso "ponto em boca". Morreu em 1696.

Tendo bebido da tradição da sátira portuguesa (grossa e palavrosa, "a desancar desbocadamente os desafetos e a devassar a prática sexual dos conventos"), parece inserir-se com muito maior pertinência na sociedade como "cantador transmissor de poesia e notícia, comunicador (com o perdão da palavra) do que como poeta culto, bacharel ou sacerdote.".[78]

Seguem breves pinceladas satíricas: o "Retrato do governador António Luís da Câmara Coutinho" (... de um nariz de tucano/pés de pato./Pelo cabelo/começo a obra,/que o tempo sobra ... Causa-me engulho/o pêlo untado,/que de molhado ... Nariz de embono/com tal sacada,/que entra na escada/duas horas primeiro/que seu dono... Velha coitada/suja figura,/na arquitetura...); "Ao vigário da vila de São Francisco, que por ser demasiado ambicioso, era muito malquisto dos fregueses" (Reverendo vigário,/Que é título de zotes ordinário,/Como sendo tão bobo,/E tendo tão larguíssimas orelhas,/fogem vossas ovelhas/De vós, como se fôsseis voraz lobo? ... Intentastes sangrar toda a comarca,/Mas ela vos sangrou na veia d'arca,/Pois ficando faminto e sem sustento,/Heis de buscar a dente, qual jumento,/Erva para o jantar e para a ceia...). Por fim, "Ao desembargador Belchior da Cunha Brochado, chegando do Rio de Janeiro à cidade da Bahia, recorre o Poeta, satirizando um julgador, que o prendeu por acusar o furto de uma negra, a tempo que soltou o ladrão dela" (Seja muito bem-vindo, porque veja/O maior disparate e iniqüidade,/que se tem feito em uma e outra idade/Desde que há tribunais, e quem os

---

[77] Um sujeito que comprara o cargo de Juiz de Igaraçu processa outro por não o chamar pelo título. Gregório: "Se tratam a Deus por tu,/E chamam a El-Rei por vós,/Como chamaremos nós/ao Juiz de Igaraçu?/Tu, e vós, e vós, e tu".

[78] José Wisnik, introdução de GREGÓRIO, *Poemas*, p. 13 e 16. O antagonismo barroco entre matéria e espírito e na vida de Gregório entre Metrópole e Colônia penetra o domínio da própria linguagem, que trabalha no confronto e fusão dos opostos (p. 23-4).

reja.//Que me há de suceder nestas montanhas/Com um ministro em leis tão pouco visto,/Como previsto em trampas e maranhas?...).

1.1.5. Pombal: centralismo versus jurisprudência. Melo Freire.

Avançando, o setecentos passa, em Portugal, pela inarredável figura do Marquês de Pombal.[79] A legislação pombalina, na primeira fase publicista (a preceder o impulso modernizador), tinha por escopo basilar o reforço do poder régio. Coube ao direito penal "um contributo decisivo para a recriação de uma forte vontade majestática", acabando o monarca "por instrumentalizar politicamente a lei penal".[80]

Não seriam toleradas quaisquer intervenções privadas no braço forte e público do *jus puniendi*, as leis estabelecendo novas e mais graves penas contra os que arrebatassem presos da Justiça, a par da criação, em 1760, da "Intendência Geral da Polícia".[81] Assim, o Alvará de 1753 determinava *devassa* (espécie de investigação e punição *ex officio*) para aqueles que publicavam "Sátiras ou Libellos famosos", até porque os ofendidos "tinham por costume dissimular a injúria ou vingarem-se ocultamente. Uma outra lei, de 1756, declarava aberta uma devassa permanente sobre os indivíduos que falassem dos ministros que despachavam com sua majestade; essas bárbaras pessoas (...)".[82]

O paroxismo da utilização da lei penal na razão de Estado deu-se quando do "sacrílego insulto de 3 de setembro de 1758".[83] Se é certo

---

[79] Sebastião José de Carvalho Melo foi escolhido, depois de missões diplomáticas em Londres e Viena, por D. José (1750-77), para a Secretaria dos Estrangeiros e Guerra e para ser uma espécie de "superintendente" político; o estadista representou o papel histórico de "ponta de lança do poder burguês contra o poder senhorial e aristocrático" (SARAIVA, *História*, p. 249). Aos poucos, "foi assumindo a direção das pastas dos outros ministros" (p. 253), o que se completou com sua decidida ação na reconstrução de Lisboa após o terremoto de 1755. Sobre a expulsão dos jesuítas, cuja força poderia sombrear a vontade real, vide ob. cit. p. 260-4. Com a "restauração da autoridade do Estado", sua tenacidade possibilitou melhoramentos duradouros em muitos aspectos da administração, da economia e da cultura portuguesas. Nas *Observações Secretíssimas* que entregou ao rei oito dias depois da inauguração da estátua equestre de D. José (06/6/1775, no centro da Praça do Comércio de Lisboa), resume as linhas fundamentais de sua ação, destacando-se, aqui, "a anulação dos factores de que possam resultar divergências ou quebras de unidade na opinião, supressão dos conflitos entre as classes, unicidade da vontade do rei." (p. 277).

[80] MARCOS, *Legislação Pombalina*, p. 95.

[81] MARCOS, *Legislação Pombalina*, p. 96-7: a lei revela o "cuidado com que o legislador pombalino procurou erigir uma espécie de carta criminal da cidade de Lisboa, funcionando, a bem dizer, como alfobre de informações pessoais ou registo de polícia. (...) autêntico *dossier* de personalidade; chegavam a tirar-se informações particulares, quando fosse necessário alcançar um perfeito conhecimento dos homens ociosos ou libertinos, focos potenciais de criminalidade e fazia-se deles anotações separadas."

[82] MARCOS, *Legislação Pombalina*, p. 100.

[83] "A versão oficial é a de que, na noite de 3 de Setembro de 1758, um grupo de sicários a soldo do duque de Aveiro e dos marqueses de Távora tentou matar o rei num subúrbio de Lisboa... No dia 4 de Setembro apenas foi comunicado que o monarca estava doente, e a rainha assumiu a regência. Circularam imediatamente rumores sobre um atentado em que os Távoras estariam envolvidos. Mas só decorridos mais de três meses, em 13 de Dezembro, foi publicado um comunicado oficial... entretanto as investigações tinham sido feitas e já estavam presos o duque

que o Marquês de Pombal aproveitou-se do episódio para desferir rude golpe na alta nobreza, também a arbitrariedade (instituído tribunal extraordinário, o Tribunal da Inconfidência) escorou-se no "rogo das instituições": a Casa dos Vinte e Quatro suplicou zelosamente ao monarca autorização régia para o tribunal *dar tratos aos réus* (revigoração da praxe judicial da tortura, mais ou menos revogada por desuso); a Junta também buscou assentimento real para, inexistindo no arsenal medieval das Ordenações sanção proporcional à culpa abominável por crime tão execrando, estenderem o castigo além das leis do Reino.[84]

Sobre a tortura, novo Regimento da Inquisição (1º/9/1774) cerceava sua utilização, que se mantinha apenas para o crime de heresia – o que se insere num tênue quadro humanitarista, sensível a lei ao "tremeluzir de algumas ideias peregrinas, fruto de uma comunicação espiritual com as correntes da modernidade europeia, veiculadas para Portugal, sob forma epistolar, por Luís António Verney".[85]

Quanto à jurisprudência, o Marquês do Pombal procurou uma magistratura independente (da Igreja) e submissa ao poder político, caso do régio insulto, em que "o arbítrio judicial e a razão de Estado confluíam plenamente".[86]

De maneira ampla: "O 'despotismo iluminado' setecentista trazia consigo um projecto de redução do pluralismo, pelo reforço do poder da coroa. Aí se integrava uma política de valorização da lei, como manifestação da vontade do monarca, que se devia impor tanto aos corpos políticos periféricos como, sobretudo, ao corpo judiciário".[87]

Portanto, a uniformidade da jurisprudência era a teleologia dos assentos da Casa de Suplicação, e tal desiderato não se podia socorrer – até porque frontalmente rompia com o passado – da lenta estabilização praxística (que se arrastava "de um modo rotineiro nas malhas viciosas

de Aveiro, os marqueses de Távora e quase todos os membros das suas famílias... O número de presos por suspeita na conjura atingiu o milhar. A sentença foi proferida em 12 de Janeiro de 1759 e executada no dia seguinte... A execução de Belém causou uma duradoura impressão de terror e depois dela a nobreza não esboçou qualquer novo movimento de oposição." (SARAIVA, *História*, p. 259).

[84] MARCOS, *Legislação Pombalina*, p. 109-20. Ainda havia, aliás, certo contexto ético-religioso de sabor medievo a impulsionar o legislador penal: um Aviso de 1756 mandava sair da Corte os amancebados mais escandalosos e prender as concubinas, "o desagravo da entidade divina impunha-se, quando, havia pouco tempo, a ira de forças inexplicáveis tinha desabado sobre a capital do Reino, reduzindo-a a escombros. Urgia, pois, eliminar situações pecaminosas que pudessem suscitar futuras retaliações de índole sobrenatural..." (p. 122).

[85] MARCOS, *Legislação Pombalina*, p. 146-7. Acerca da 13ª Carta de Verney e a Reforma do Ensino Jurídico em Coimbra e sobre a estreita relação entre Coimbra e os juristas brasileiros, vide NEDER, *Iluminismo*, p. 117-48.

[86] MARCOS, *Legislação Pombalina*, p. 153, nota de rodapé 251. Lógico que "A infidelidade à lei, por parte de seus aplicadores, figurava-se intolerável para a política criminal pombalina" (p. 156). O legalismo pombalino não era garantista, em relação ao cidadão, mas visava ao êxito do arbítrio legislativo régio (p. 160).

[87] HESPANHA, *Justiça e Litigiosidade*, p. 16.

do romanismo bartolista tardio"). Antes, a solução, numa época de grandes e abruptas transformações socioeconômicas, passava por uma intervenção prescritiva, quer pelas leis régias interpretativas, quer pelos assentos dos juízes da Casa de Suplicação. Isso se revelou uma providência antijurisprudencial, a sufocar a inerente maleabilidade da livre inteligência interpretativa.[88] "No fundo, bania-se, a golpes de assentos, a possibilidade evolutiva da jurisprudência não se tornar afeita às novas ideias jurídicas que se pretendiam impor.".[89]

Nesta ambiência, Melo Freire também faria a apologia da interpretação autêntica.[90] Não por acaso, dedicaria suas *Instituições de Direito*

---

[88] MARCOS, *Legislação Pombalina*, p. 280-7. A ideologia antijudicial dominou o palco europeu do século XVIII (por exemplo Muratori), sendo os operadores jurídicos considerados responsáveis em boa dose pelo caos do sistema forense. A Lei da Boa Razão prevê até degredo em Angola aos "advogados que esgrimissem interpretações viciadas por raciocínios frívolos ou sofismas" e o Alvará de 1774, ao declarar a exata inteligência de uma lei, qualificando de absurda outra visão, estabelece pena de um mês de cadeia para os advogados que alegassem o contrário (p. 291), o que não livrou a própria Casa de Suplicação de emitir "assentos que se destinavam a esclarecer outros assentos anteriormente promulgados." (p. 295). Na vertente da rígida separação dos poderes, em 1766, a mesma orientação antijurisprudencial: "O poder de interpretar as leis penais também não pode recair sobre os juízes criminais pela simples razão de que eles não são legisladores." (BECCARIA, *Dos delitos e das penas*, p. 68). Para a concepção de honra do insigne penalista italiano, vide op. cit., p. 79-81. O contratualismo retributivo é inserido no contexto da defesa do capitalismo incipiente frente à nobreza por ZAFFARONI, *Manual*, p. 263: "O desenvolvimento mais perfeito dessa ideologia do talião encontra-se em Kant, quem, de sua parte, mostra-se claramente como ideólogo do despotismo esclarecido". As respostas ao kantismo, pelo liberalismo de Feuerbach e pelo socialismo de Marat, estão às p. 265-9. Quanto ao hegelianismo penal e algumas reações, vide p. 283-94.

[89] MARCOS, *Legislação Pombalina*, p. 301.

[90] MARCOS, *Legislação Pombalina*, p. 283. Pascoal José de Melo Freire dos Reis (1738-98) foi o primeiro expositor sistemático do sistema criminal português, precursor do moderno direito penal português, tendo-o Jescheck comparado aos grandes reformadores iluministas, como Montesquieu, Voltaire, Beccaria e Thomasius (COSTA, M., *História*, p. 377-9. As Instituições foram elaboradas, aliás, em face da reforma pombalina da universidade (aprovados os novos estatutos em 1772), que determinava os professores organizassem compêndios "breves, claros e bem ordenados" para substituírem as tradicionais apostilas (p. 375). Também é destacado, dentre outros poucos penalistas do contratualismo (com Beccaria e Carrara), por ZAFFARONI, *Manual*, p. 271-3: doutorou-se em Coimbra aos 19 anos e assumiu a cátedra da universidade em 1781. Polemizou com Antônio Ribeiro dos Santos, revisor de seu projeto de código de direito criminal, "que se opunha às suas idéias progressistas. Sua história do direito português foi censurada por não admitir o ilimitado poder real.". Segundo os autores, suas *Institutiones* teriam sido publicadas em 1789, contendo notáveis avanços (prenuncia que a ação ilícita só será crime se destinanda a lesionar a outrem, o pensamento não deve ser apenado, reclama diminuição de sanção para os delitos tentados etc.) e tiveram "grande influência na redação do código criminal do Império do Brasil, por ter sido um de seus autores seu discípulo, em Coimbra.". Suas Instituições foram aprovadas, para a cadeira de direito criminal, pelo Aviso Régio de 07/5/1805, mas sua vinculação "a posições do Despotismo Esclarecido fez com que a sua obra acabasse por ser posta no *Índice dos Livros Proibidos*, em 7 de janeiro de 1836" COSTA, M., *História*, p. 378, nota 1, "in fine"). Em rigor, a obra que teve problemas com a censura foi a *Institutiones juris lusitani*, em cuja edição de 1853 encontra-se "um apêndice, em português, contendo, basicamente, a defesa do autor diante da censura feita por Antônio Pereira de Figueiredo, um clérigo, teólogo da Congregação do Oratório." (NEDER, *Iluminismo*, p. 150-3). O primeiro Código Penal Português data de 1852, seguido pelo de 1886 e pelo vigente diploma de 1982, reformado em 1995 (COSTA, M., *História*, p. 428-32).

Criminal Português (dirigida aos estudantes de direito pátrio na Universidade de Coimbra, 1. ed. promovida pela Real Academia de Ciências de Lisboa, sessão de 10/11/1788) ao "Altíssimo D. João, Príncipe do Brasil".[91] Seus axiomas criminais são francamente progressistas, a par de concluir pela ab-rogação das leis excessivamente severas, "ou pela vontade e conivência dos próprios Imperantes, visto que não exigem a sua execução, ou pelo desuso".[92]

Não escapando da configuração da heresia como um crime, asseverava que não devem ser havidos como hereges, no foro civil, os infiéis, os suspeitos na fé, os que divergem em matéria disciplinar e adiáfora e "os que, suposto tenham alguma opinião falsa e pervertida, todavia não a defendem com pertinaz animosidade".

Quanto à *blasfêmia*, era uma "injúria feita por palavras ou obras a Deus, à Santa Virgem ou aos Santos",[93] assim como "todo aquele que com mau dolo atacar este supremo poder (do Estado), desprezando-o ou injuriando-o, diz-se que comete crime de lesa-majestade", mas advertia que "tanto se ampliou este crime sob o governo dos Tiranos, que ele era quase o único e raro crime dos que não tinham crime" (atingindo "até os que lamentassem os tempos ou se dissessem nascidos em maus anos").[94]

---

[91] Segundo Melo Freire, não merece censura quem, obedecendo às leis vigentes, diz respeitosamente o que sobre elas sente. Saibam, os mais tímidos, "que sob o governo de D. Maria I e de D. João, Príncipe filósofo e humaníssimo, é permitido aos escritores emitir livre e impunemente o seu juízo, tanto sobre as coisas públicas como sobre as particulares, contanto que o façam com a maior discrição e dentro dos limites próprios dum bom cidadão." (FREIRE, *Instituições*, p. 50). Adiante, refere-se "aos nossos Fidelíssimos e Clementíssimos Reis, pois estes governam não como tiranos e senhores, mas como se foram pais e mães de seus súbditos." (p. 81). Um paternalismo tutelar salta aos olhos, subjacente a tal concepção, aliás comum ao iluminismo. A propósito, COSTA, *Perigo*. Qual a razão de ser, indaga, para a explosão que o perigo teve no mundo do direito penal? Para além da explicação "infinitamente repetida" (p. 348) de que vivemos época de grande coeficiente de tecnicização, de predomínio da tecnologia, o que fundamenta tenha sido erigido à categoria dogmática? Sem negar relevo à 1ª Revolução Industrial (século XVIII), Faria Costa agrega outro fenômeno, inter-relacionado: a intensa intervenção do Estado, nomeadamente em nível legislativo, na definição da vida dos cidadãos, o que, na multividência penal, "tinha a ver com a defesa do princípio da segurança. O Estado *cuidava* dos seus cidadãos..." (p. 351). Essa a pedra fundamental do direito penal saído do Iluminismo (p. 354), e o liberalismo e o despotismo esclarecido utilizariam a idéia de segurança articulada com a razão de estado (o cuidado para com os inimigos do Estado, internos e externos).

[92] FREIRE, *Instituições*, p. 80 e 81. Convém gizar que a postura crítica de Melo Freire em relação ao Livro V das Ordenações Filipinas, e a formulação do projeto de código criminal (intentado por D. Maria I), "certamente influenciaram os juristas brasileiros que montaram a arquitetura institucional do Brasil pós-emancipação política". Há um exemplar de seu projeto na seção de obras raras da Biblioteca Nacional do Rio de Janeiro – "a edição é de 1823 e tudo indica sua utilização para fins de redação do projeto do código criminal brasileiro de 1830" (NEDER, *Iluminismo*, p. 164).

[93] FREIRE, *Instituições*, p. 86 e 96, respectivamente.

[94] FREIRE, *Instituições*, p. 101-2.

Especificamente ao tratar da injúria, Melo Freire define-a como "qualquer feito ou dito directo, dolosamente praticado para ofender alguém", dividindo-se em verbal e real; não havendo título especial nas Ordenações, que tampouco definem sua essência e pena, resultou uma *jurisprudência arbitrária* – "deixa-se a qualidade da injúria ao juízo do magistrado".[95] Essencial o ânimo de injuriar, não a comete aquele que por graça faz ou diz alguma coisa, bem assim "aqueles que em razão do seu ofício, e com vistas de emenda e correcção, fazem alguma coisa que seria injúria se fosse feita por outros (...) do mesmo modo, os oradores sacros que censuram os costumes do século, contanto que poupem as pessoas".[96]

Injúrias leves não devem ser punidas, *não se pode punir facilmente a indiscrição da língua*, mas "os chamados mexeriqueiros que maliciosamente comunicam a alguém os ditos ou feitos ocultos duma pessoa são considerados injuriantes e punidos com a pena de talião" (um gérmen de privacidade?), ao passo que a injúria escrita deve sempre ser considerada atroz e punida mais severamente que a verbal.[97]

1.1.6. Evoluções modernas

No decorrer dos séculos XIX e XX foi se estabilizando o conceito jurídico de honra, sendo o direito francês pioneiro na distinção entre as espécies que se reportavam ao gênero "crimes contra a honra". Em 1810, o Código de Napoleão apenava, e diferenciava, a calúnia (imputação de um fato, criminoso ou difamatório, falso – ou insuscetível de prova) e a injúria (expressão ultrajante). Pouco depois, lei de 17 de maio de 1819 substituiu o *nomen juris* calúnia por difamação, distinguindo-se a primeira por atribuir-se um "fato determinado", critério que persistiu na lei de 29 de junho de 1881 e difundiu-se como protótipo de modelo legislativo.[98]

Os diplomas iluministas, bem de ver, ainda conviveriam com "mentefactos" medievais. O italiano Grondona, por exemplo, que publicava um jornal intitulado *A Sentinela da Liberdade à Beira do Mar da Praia Grande* no Brasil de 1823, foi citado para comparecer ao Tribunal

---

[95] FREIRE, *Instituições*, p. 165.

[96] FREIRE, *Instituições*, p. 168, onde adverte que "A verdade do dito não escusa o injuriante, embora mitigue a pena (...) nem os protestos em contrário do dito ou feito".

[97] FREIRE, *Instituições*, p. 170. Libelo famoso é o escrito anônimo infamante: "O que compuser, inscrever, fizer, produzir ou imaginar livros, epigramas, inscrições, pinturas, ou esculturas infamantes para outro, deve ser havido como autor de libelo famoso". Nas cartas para amigos, admite-se certa liberdade, permitida por todos os direitos, naquilo que os amigos escrevem e conversam entre si. "Entre as injúrias escritas deve contar-se o *plágio literário*, pois comete sem dúvida injúria e é quase ladrão aquele que vende, dá, imprime e divulga a obra alheia como sua." (p. 171).

[98] HUNGRIA, *Comentários*, p. 35-7. Vide, também, SANTOS, J., *Revista*, p. 181, nota 2, que situa cronologicamente a última lei francesa citada em 29 de julho (e não junho, como fizera Hungria).

dos Jurados, nos termos do Decreto de 18 de junho de 1822, que dispunha sobre delitos de imprensa, porque atacara violentamente D. João VI nos seus escritos. A acusação sustentava-se numa pergunta: "Não reflui sobre os filhos a injúria arrogada aos pais?".[99]

O Código Criminal do Império, no Brasil de 1830, fiel ao francês, distinguia calúnia de injúria. De sorte que a dicotomia difamação/injúria do sistema gaulês, a par da influência notória do aludido diploma brasileiro e do Código Penal espanhol de 1848 (reformado em 1850), foi o substrato dos artigos 407 e 410 do Código Penal português de 1886, apenas substituído em 1982.[100]

Na realidade, o estatuto de 1982 adotou, no essencial, o sistema do Código Penal italiano, que já estaria presente na tradição do velho código alemão de 1871 (aliás, mantido na Reforma de 1975), diferenciando-se os dois tipos "consoante a imputação ofensiva seja feita perante o próprio atingido (injúria) ou perante terceiro (difamação).".[101]

Hoje, em Portugal, o bem jurídico honra e consideração, na esteira da tutela assumida pelo art. 26 da Constituição da República portuguesa, é protegido pelos artigos 180 (difamação) e 181 (injúria) do Código Penal. Insuficiente uma concepção fática de honra, seja na vertente subjetiva (de auto-estima) ou objetiva (consideração social de que goza uma pessoa), desemboca-se num conceito normativo-pessoal de honra, cuja pretensão de respeito radica na personalidade de cada indivíduo: "a honra é vista assim como um bem jurídico complexo que inclui, quer o valor pessoal ou interior de cada indivíduo, radicado na sua dignidade, quer a própria reputação ou consideração exterior". A nota distintiva entre difamação e injúria é a imputação direta (a injúria basta-se numa conexão bipolar) ou indireta (a difamação pressupõe uma relação triangular, veicula-se através de terceiros).[102]

A honra, ao recepcionar um sistema de valores, não pode ser um código homogêneo de princípios abstratos; é, antes uma "coleção de conceitos relacionados uns com os outros e utilizados de maneira diferente pelos vários grupos sociais definidos por idade, sexo, classe,

---

[99] LUSTOSA, *Insultos Impressos*, p. 372. O promotor, ancorado na concepção medieval transpersonalista de honra, tentaria provar que as injúrias contra D. João VI deveriam ser tomadas como ofensas a D. Pedro I. Grondona, que exerceu a própria defesa, rebateu a pergunta com outra: "Em que constantinopolitano código acha ele que as ações dos pais infamam os filhos; e que as injúrias feitas aos pais recaíam sobre os filhos?". Foi inocentado por unanimidade.

[100] DIAS, *Direito de Informação*, p. 105. O Código Português de 1886 substituiu a primeira codificação criminal lusa, de 1852. Para aprofundar, vide COSTA, M., *História*, p. 428-32.

[101] DIAS, *Direito de Informação*, p. 105 – aliás a via diferenciada, em relação ao modelo francês, já vinha dos projetos da parte especial de 1966 e 1977. Apreciação crítica da opção em SANTOS, B., *Revista*, p. 181, nota 2.

[102] COSTA, *Comentário*, p. 604 a 607.

ocupação etc. nos contextos sociais (não meramente linguísticos) diferentes que lhes oferecem vários significados".[103]

1.2. Privacidade

Assentada, pois, a honra como bem jurídico digno de proteção penal, é preciso verificar de que forma se deu o percurso que redundou na tutela da privacidade.

A modernidade, por assim dizer, da abordagem jurídica da privacidade não significa, por óbvio, ausência da percepção, entre os antigos, do valor em jogo. Quando Diana, a deusa virgem e caçadora, castigou o moço Actéon, punia o filho do Rei Cadmo por ofensa ao seu recato, surpreendida que fora a banhar-se na gruta. E não é de enfatizar o aspecto do pudor sexual[104] (mesmo pela estética de nudez assumida pelo mundo antigo), mas sim do recolhimento, do lugar escondido e retirado.

A narrativa de Thomas Bulfinch é ilustrativa: "Ali, a deusa dos Bosques costumava ir, quando cansada de caçar [sua atividade pública?] (...) Enquanto a deusa entregava-se assim aos cuidados íntimos, Actéon, tendo-se separado dos companheiros e vagando sem qualquer objetivo definido [interesse legítimo?] chegou ao local, levado pelo destino." Aliás, um deus cego (como a tecnologia?). A deusa, impulsiva, exclamou: "– Agora, vai, e dize, se te atreves, que viste Diana sem suas vestes. (...) e somente quando Actéon [transformado em cervo e estraçalhado por sua própria matilha de cães] exalou o último suspiro, a ira de Diana se satisfez.".[105] A deusa era um chamariz, sob o ponto de vista vitimológico: "Muito afeiçoada a caçadas, acabou por tornar-se insensível às inclinações próprias a seu sexo. Nenhum dos pretendentes conseguiu lograr seu amor e por isso foi designada *a casta*.".[106]

---

[103] "Como os peixes tropicais, cujas cores brilhantes rapidamente se desvanecem fora de água, assim os conceitos que compõem um sistema de valores não podem ser claramente compreendidos fora do ambiente da sociedade que os alimente e que resolva, pela sua estrutura interna, os conflitos entre eles." – PITT-RIVERS, *Honra*, p. 28. Num exemplo observado por José Cutileiro, no prefácio da mesma obra (p. XVI e XVII), que se amparou em pesquisa de campo realizada numa comunidade alentejana entre 1965-67, logo após a Guerra de 1936-1939, seus habitantes contrabandeavam café para a Espanha (pagamento contra entrega, à noite e no campo), com os sacos às vezes cheios apenas no terço superior – nos dois terços inferiores havia terra. Tal mercancia não era percebida socialmente como desonrosa, visto que "os espanhóis são, de todos os seres humanos que os habitantes de Vila Velha [nome hipotético] conhecem, os que mais estranhos lhes são e essa obrigação moral não se aplicava a eles".

[104] Por isso discorda-se do exemplo bíblico do Gênesis (o homem, após comer o fruto da árvore proibida, sabe-se nu e esconde-se) citado por ARAÚJO, *Intimidade*, p. 17. Mais que violação à intimidade, o fato liga-se ao pudor sexual e à culpa ancestral do pecado original (questão religiosa).

[105] BULFINCH, *Mitologia*, p. 44-7.

[106] VICTORIA, *Mitologia*, p. 38.

Se o Destino, como deus cego filho do Caos e da Noite, pode ilustrar a ambigüidade do progresso tecnológico, deus moderno, filho das Luzes e da Ordem, percebido como inexorável e, hoje (nas sociedades de risco), potencialmente destrutivo, é sugestão que fica em aberto.[107]

1.2.1. Um esboço de história. As lettres de cachet

Entre os romanos, é certo que havia forte individualismo: liberdade de divórcio igual para ambos os sexos, possibilidade de livre alienação da propriedade, liberdade muito ampla do testador, ausência de imposição de crença religiosa etc. *Privado*, entretanto, "não delimita positivamente a vida privada", mas tem um sentido negativo (até onde um indivíduo pode atentar contra seus deveres e sua condição de homem revestido de função pública): "não erige um santuário no interior do direito privado, que não se sentia obrigado a respeitar o que respeitava de fato.".[108]

A classe dirigente controla a vida privada de seus membros no interesse de todos. Se a opinião desta classe é afrontada, a vingança vem por canções injuriosas e anônimas (*carmen famosum*) e por meio dos *libelli*, pois, no seu interior, "não reina nenhuma cumplicidade de silêncio; os erros públicos e privados são expostos aos olhos dos governados". Essa *autorictas* recaía sobre a moral privada e sobre a vida pública: "um senador dizia como devia viver um cidadão digno desse nome".[109]

Na época feudal, permanece clara a idéia, expressa por vocábulos em torno de *privatus*, de que existem atos, seres, objetos que escapam de direito à autoridade coletiva e por isso estão estabelecidos em um

---

[107] O Destino "tem debaixo dos pés o globo terráqueo e nas mãos a urna fatal que encerra a sorte dos mortais". VICTORIA, *Mitologia*, p. 36.

[108] VEYNE, *Império Romano*, p. 164. Numa sociedade tão desigual, atravessada por redes de clientelas, os direitos mais formais não eram reais, e um fraco pouco ganhava processando poderosos: "o poder público organiza a vendeta privada e não faz nada para a impedir" (p. 165). Ouvia-se por toda a parte a "censura coletiva da conduta privada como se lia por toda parte o chamamento das normas. (...) Reviravam-se os segredos com pouca consideração; tudo era bom para opor a virtude ao vício. (...) Pois a consciência coletiva comentava a vida de cada um sem o menor pudor: não se tratava de mexericar, e sim de exercer uma censura legítima, que se chamava *reprehensio*." (p. 171).

[109] VEYNE, *Império Romano*, p. 172-3. A legitimidade reconhecida à opinião dirigente "levava a uma curiosa liberdade de imprensa oral a título retrospectivo: tinha-se direito de tratar de tirano um imperador falecido, de acusá-lo de querer suprimir a livre expressão (*parrehesia, libertas*) da opinião nobre – desde que se acrescentasse cuidadosamente que o imperador reinante era ao contrário do tirano, elogiando-o com expressão não menos livre.". SALDANHA, *Jardim*, p. 18, cita Fustel de Coulanges, que negou que "os antigos tivessem tido idéia da individualidade, tal como a temos, bem como a da 'vida privada' (a idéia, de certo modo, corresponderia ao esquema de Vico sobre a passagem da idade heróica à humana, onde as coisas se prosaizam). Esta opinião se escora sobre o fato da absorção do indivíduo pela *polis*, no caso grego, bem como sobre o da presença basilar do Estado na vida romana.".

domínio restringido por limites precisos, cuja função é constituir obstáculo a toda tentativa de intrusão" (a vida privada por oposição à vida pública, o que é uma questão de lugar: espaço doméstico, claustro etc.). A vida privada, então, é vida de família, "não individual, mas de convívio, e fundada na confiança mútua.".[110]

Em essência, os historiadores referem que a "feudalização traduz uma privatização do poder", a par da fragmentação do poder público – um esfacelamento que dissemina os direitos do poder público de casa em casa, de modo que, no limite, "tudo se tornou público na sociedade feudalizada".[111]

Da Renascença ao Século das Luzes é que se dilata a separação entre o público e o privado, a consolidar-se a sensibilidade e o individualismo que irão caracterizar a era moderna. A proposta histórica é traçada por Philippe Ariès, que parte do final da Idade Média, em que há confusão entre *câmara* e *tesouro*, sendo que muitos atos da vida cotidiana realizam-se em público.[112] O ponto de chegada é o século XIX, em que a sociedade torna-se uma vasta população anônima (lazer, trabalho e convívio praticam-se em compartimentos estanques), no seio da qual o homem "procura proteger-se dos olhares dos outros", mercê de um direito de escolher mais livremente seu "estilo de vida" e de recolher-se no refúgio da família, "centro do espaço privado".

Como se passou de um a outro estágio? Há três fatos externos (da macro-história político-cultural) que vão modificar as mentalidades, especialmente a noção do indivíduo: 1) o novo papel do Estado, que desde o século XV (antes em Portugal) não parou de se impor e assumiu o controle do *parecer* (regulou os conflitos em torno da

---

[110] DUBY, *Poder Privado*, p. 22-3. A *commendatio* (ato pelo qual o indivíduo confia-se ao chefe do grupo por um vínculo afetivo de *amizade*) instrumentaliza a estruturação da concórdia no interior dos grupos privados.

[111] DUBY, *Poder Privado*, p. 24-5. Entretanto, o sinal maior da apropriação, da *privacy*, era a "barreira, a cerca, a sebe, um sinal de altíssimo valor jurídico" (p. 27). A imagem mais expressiva vem da biologia celular: "um núcleo, a casa, uma membrana, a cerca, formando um todo, esse todo que os textos da época carolíngia chamam o *mansus*, o lugar onde se fica." (p. 28). No interior de cada cercado, confinam-se as "res privatae", as *res familiares* (inclusive os seres humanos que não fazem parte do povo), todos dependem do poder doméstico do dono da casa, o *dominus* no latim dos textos. No povo submetido, que já não é mais *populus*, mas *plebs*, a "carapaça da vida privada assim se havia adelgaçado e desmembrado bastante: o processo de feudalização, em todos os níveis da hierarquia social, fizera dilatar-se nas relações de poder o que era até então concluído de maneira privada (...) Paradoxalmente, quando a sociedade se feudalizou, houve cada vez menos vida privada porque todo seu poder se tornara cada vez mais privado" (p. 39), embora houvesse ilhotas de autonomia individual: a moça, antes de ser dada em casamento, era instada a exprimir claramente seu consentimento e "algumas obstinavam-se em recusá-lo"; assim, o "poder do chefe da casa encontrava obstáculos" (p. 44).

[112] ARIÈS, *História*, p. 7. Todavia, na comunidade todos se conheciam e vigiavam (além desta a *terra incognita*), ao passo que o espaço comunitário não era densamente povoado (havia lugar para uma intimidade precária) – p. 8.

honra,[113] ao proibir duelos, emitir leis suntuárias etc.) – de modo que o "Estado de Justiça" dividiu a sociedade em "cortesã", "classes populares" e, no meio, a "corte" ou povo simples (que sente um prazer inédito em ficar em casa e manter relações com um pequeno grupo); 2) o desenvolvimento da alfabetização e a difusão da leitura, sobretudo graças à imprensa; 3) as novas formas de religião dos séculos XVI e XVII, de devoção interior, exame de consciência, tudo caracterizado pelo genuflexório num canto do quarto.

Os indícios de privatização, assim, podem ser captados: a) na *literatura da civilidade* (na qual os códigos da cavalaria medieval transformam-se em regras de "savoir-vivre" e códigos de polidez), que impôs um novo pudor, uma atitude nova com relação ao corpo; b) na *literatura autógrafa*, confidencial, no diário íntimo, nas cartas e confissões (escritos sobre si e no mais das vezes apenas para si); c) no *gosto da solidão*, já que anteriormente o isolamento era encarado como a pior pobreza (o eremita a procurava como privação); d) na *amizade*, que significava partilha da solidão com ente querido, selecionado do círculo habitual: e) no *gosto*, que se tornou um autêntico valor (mobiliário e arte como exteriorização dos valores íntimos): figure-se a pintura holandesa do século XVII com seus perfeitos interiores domésticos e o desenvolvimento da gastronomia; f) nas *mutações da casa*, em que diminuiu a dimensão dos cômodos, criaram-se espaços de comunicação, especializaram-se aposentos etc.

Ariès identifica três fases importantes neste processo: 1ª - a conquista da intimidade individual (séculos XVI e XVII), que se traduz em *individualismo de costumes* que, a seu turno, declinaria a partir do século XVIII em proveito da vida familiar; 2ª - a organização de *grupos de convivialidade*, por exemplo as sociedades literárias; 3ª - mudança de sentido da família, que deixa de ser mera unidade econômica a cuja reprodução tudo deve ser sacrificado e tende a tornar-se um lugar de refúgio e afetividade, na medida em que absorve o indivíduo e se separa mais nitidamente do espaço público.[114]

---

[113] Segue um exemplo fornecido por MACIÁ GÓMEZ, *Injuria*, p. 20: a paixão política de Quevedo fez com que escrevesse muitos "alegatos" contra os maus ministros da época; Lope de Vega foi condenado ao desterro entre 1588 e 1596 (embora indultado em 1595), por difamar, mediante "libelo", Elena Osorio (*Filis*).

[114] ARIÈS, *História*, p. 9-16. "Na Idade Média, como em muitas sociedades em que o Estado é fraco ou simbólico, a vida de cada particular depende de solidariedades coletivas ou de lideranças que desempenham um papel de protetor. Ninguém tem nada de seu – nem mesmo o próprio corpo – que não esteja ameaçado ocasionalmente e cuja sobrevivência não seja assegurada por um vínculo de dependência.". Ao surgir o Estado que garante determinado número de funções até então indivisas (paz e ordem pública, exército, justiça), torna-se disponível um espaço-tempo "para atividades que não têm mais relação com a coisa pública: atividades particulares" (p. 17).

Um emblema desta confusão e progressivo diferenciamento vislumbra-se nas *lettres de cachet* (documento com o selo do rei contendo uma ordem de prisão ou exílio sem julgamento prévio), através das quais o poder público interfere no âmago do privado, na vida familiar, tendo como cenário a Paris do século XVIII, uma cidade que fervilha de gente e que absorve quem já não consegue viver no campo e expele os que não têm mais ilusões. Um "bulício vital", um povo urbano dado "ao dilúvio verbal e inesgotável".[115]

Embora fragmentada sob condições de vida precárias, a família popular existe. Está sempre *exposta* e não conhece a intimidade como entendida hoje. Faz parte de sua natureza "confrontar-se diariamente com os outros num labirinto inevitável de solidariedades e contra-solidariedades nascidas a partir dos espaços sociais que lhes compete aceitar.".[116] O bairro é um lugar vigiado e observado por diversas autoridades, tais como o comissário ("olhos e ouvidos do tenente-geral de polícia") e o cura da paróquia, que atestavam boa conduta. Neste contexto, confuso e tumultuado, a honra é um bem fundamental, uma "necessidade indispensável".[117]

A palavra, então, é uma "irrupção perigosa", que dinamiza "a sutileza das hierarquias intersociais": dúvidas sobre a reputação rompem o precário equilíbrio (difamação da virtude feminina, por excelência), a ponto de periclitar o ganha-pão do artífice acusado de embriaguez ou desonestidade. Para restabelecer a honra é necessário recorrer às autoridades, para que a família se reabilite, prove sua inocência. O comissário tem uma série de atribuições criminais: receber queixas e denúncias, redigir os autos do processo, fazer intimações, aprisionar e investigar em casos de flagrante etc. E informar ao tenente-geral, em relatório minucioso, tudo que ocorre no bairro.[118]

---

[115] FARGE, *Famílias*, p. 581.

[116] FARGE, *Famílias*, p. 583-5. A par de impor uma terrível opressão, as condições habitacionais estabelecem um estilo de vida original", pois os prédios exibem "sem pudor sua população". Assim também há muitas profissões de rua, e a oficina é um espaço compartilhado pelo artesão, empregados e aprendizes (p. 586-7).

[117] FARGE, *Famílias*, p. 588-9. Percebe-se uma irritação da polícia "ante o afluxo crescente de demandas relativas à honra e à reputação". Todavia, "quando homens e mulheres vivem 'face a face', como na cidade do século XVIII, a palavra é todo-poderosa. Maledicências e calúnias podem causar ferimentos, conflitos graves." Um dos fundamentos da honra advém da indistinção entre vida pública e privada, pois é o "olhar onipresente que fornece o conhecimento a respeito do outro e o direito de falar dele" (p. 590), que também se ampara na consciência do risco (da circunstância urbana, cheia de enfermidade, morte, precariedade de emprego) e na idéia de uma relativa igualdade da sociedade popular, em que é preciso ter a "estima" dos outros (p. 591).

[118] FARGE, *Famílias*, p. 592-8. É ao comissário que as pessoas contam e se justificam sobre calúnias. Caso freqüente é o da esposa requerer a prisão do marido de conduta unanimemente reprovada pela vizinhança, exigindo que seja julgado e punido em público.

Quando a família recorre à justiça, a correlata encenação pública, particularmente infamante, impede a verdadeira reparação da honra: "A marca da justiça é uma mácula definitiva, indelével em quem pede apenas para permanecer escondido." Aí é que se encrava o pedido de prisão através da *lettre de cachet*, que se torna "o meio de conciliar a reparação da honra com a privacidade da família" – uma "forma arbitrária da autoridade real [a qual] vai se constituir em uma bênção para famílias que, às voltas com libertinagem desonrosa de um de seus membros, desejam evitar qualquer ação da justiça ordinária considerada infamante". O *sigilo* é o próprio fundamento da medida, sua justificativa suprema: "prender sem estardalhaço, evitar o escândalo, enterrar a falta e o culpado, e tudo isso com um único ato régio". A prática acelera-se em meados do século XVIII, a consolidar este aprisionamento por iniciativa da família plebéia, que assim "frustra a palavra dos outros".[119]

Se numa primeira fase a administração responde plenamente ao clamor (em nome da ordem e da tranqüilidade públicas a polícia deve "assegurar o bem público através da felicidade dos homens"), a seguir haveria conflitos, diante de eventuais iniciativas da própria polícia, que trariam visibilidade para a desonra e quebrariam o "pacto". A partir da segunda metade do século XVIII e acentuadamente no último quartel, a *arbitrariedade* passa a ser questionada: contesta-se a justiça privada do rei (o Estado delegaria seu poder doméstico às famílias), já que "a ordem pública e a tranqüilidade das famílias pouco a pouco se dissociam". As *lettres de cachet* seriam abolidas em março de 1790, perpassando a discussão revolucionária da antítese "a lei contra o rei", a desembocar nos "tribunais das famílias" e no instituto do "pátrio-poder".[120]

1.2.2. O umbral dos séculos XIX e XX: vertigem e transformações

Embora houvesse os referidos afloramentos antigos, a descoberta da privacidade como emanação direta da pessoa a merecer tutela penal é recente, mercê de transformações ocorridas a partir do final do século XIX e até a primeira metade do século XX, tais como o desencantamento do mundo (reencantado em nível privado), a tecnologia a possibilitar a massificação dos meios de devassa, e a afirmação de um direito

---

[119] FARGE, *Famílias*, p. 598-601. Com isso, a família faz desaparecer o que a obrigatória fusão entre vida privada e vida pública não permitia dissimular. Para manter o sigilo e uma certa intimidade, ela recorre à instituição real mais arbitrária que existe, a que confere ao poder monárquico seu caráter mais absoluto. (...) As famílias interiorizam totalmente esse processo" (p. 602).

[120] FARGE, *Famílias*, p. 603-16. "Porque são 'nomeados' pela lei, os setores privado e público adquiriram existência própria. Só o homem dessa vez assegura seu laço civil e autoritário. O bairro e os vizinhos já não têm o poder de reparar a honra das famílias."

geral de personalidade (fulcrado na dignidade da pessoa humana como valor supremo da ordem constitucional).[121]

Hoje, constata-se uma "inversão da ordem das coisas". O *privado* deixou de ser "uma zona maldita, proibida e obscura" e passou a representar "o local de nossas delícias e servidões, de nossos conflitos e sonhos; o centro, talvez provisório, de nossa vida, enfim reconhecido, visitado e legitimado. O privado: uma experiência de nosso tempo.". O século XIX esboçaria uma "idade de ouro do privado, onde as palavras e as coisas se precisam e as noções se refinam. Entre a sociedade civil, o privado, o íntimo e o individual traçam-se círculos idealmente concêntricos e efetivamente entrecruzados". É a família e são os outros, o *home* inglês, casas e jardins, "os bastidores secretos e íntimos do indivíduo solitário".[122]

Nem bem o século XIX pensara ter fixado a fronteira do privado, "ao amarrá-la à família, soberana na casa paterna", a linha volta a mover-se. Agora, é o alvorecer do século XX que esboça "uma outra modernidade", com redobrada intensidade de consumo e intercâmbio, de cartazes publicitários que "excitam o desejo", de comunicações que "instigam mobilidade", um "fogo de artifícios de símbolos". A emancipação, inclusive sexual, e a expansão do individualismo transpassam todas as camadas sociais, sobretudo as urbanas. Mas, principalmente, três categorias "sacodem o velho jugo: os jovens, as mulheres e as vanguardas artísticas", até que a Guerra "lembra a todos e a cada um o primado do público, os limites da vida privada, seu caráter subordinado e relativo".[123]

---

[121] Segue-se a lição de ANDRADE, *Comentário*, p. 726. Visão geral acerca do direito de personalidade, com ênfase na privacidade/intimidade, em PINTO, *Intimidade*, p. 479 a 586.

[122] PERROT, *Introdução*, p. 9-11 e 13. "A família triunfante", p. 93: as relações entre o público e o privado estão no centro de toda teoria política pós-revolucionária, o doméstico "constitui uma instância reguladora fundamental e desempenha o papel de deus oculto". Em Hegel, por exemplo, a família é o fundamento da sociedade civil. "Se Hegel pensa a disposição macrossocial do público e do privado, Kant – poeticamente transcrito por Bernard Edelman – prende-se especialmente ao microespaço da casa. O direito doméstico é o triunfo da razão; ele arraiga e disciplina, abolindo qualquer vontade de evasão." (p. 94-5).

[123] PERROT, *Conclusão*, p. 612-3. Meninos entregues a "jogos de crueldade", mulheres que agitam lenços patrióticas: "Uma estação, um trem: modernas figurações do destino." (p. 614). Sentir-se-ia, depois, "o peso do político", diante do "despotismo dos Estados totalitários" e do "excessivo intervencionismo das democracias, até na administração dos riscos" ("Introdução", p. 9). Segundo SALDANHA, *Jardim*, p. 19, o liberalismo individualista, quase paradoxalmente, preparou a tecnocracia e os regimes de massa do século XX. Em conexão com os "pavorosos aumentos demográficos", a massificação e o incremento das comunicações rebentaram a divisão entre publicidade e privacidade, numa "sobrecarga de excitação e cromatismo. Com a massificação, veio também a sobrecarga de gente nos lugares (Ortega observou isto na *Rebelião*).". Não por acaso, Eric Hobsbawm dedicou-se ao tema das "pessoas cujos nomes são usualmente desconhecidos de todos (...) [que] constituem a maioria da raça humana (...) [pois] *coletivamente*, se não como indivíduos, esses homens e mulheres são os principais atores da história. O que realizam e pensam faz a diferença. Pode mudar, e mudou, a cultura e o perfil da história, e mais do que nunca no século XX. Essa é a razão por que dei o título a um livro sobre essas pessoas, tradicionalmente conhecidas como 'pessoas comuns', de *Pessoas extraordinárias*." (HOBSBAWM, *Pessoas*, prefácio).

O fato de as realizações técnicas e de a massificação de seus produtos desaguar em "sociedade de risco", importa novas agressões, ameaças e perigos a multiplicar as superfícies dos valores pessoais coenvolvidos expostas às intempéries. Assim, a liberdade de dispor do corpo e da própria vida é o bem jurídico protegido com a incriminação das "intervenções e tratamentos médico-cirúrgicos arbitrários", a *identidade genética* decorre da possibilidade de procriação medicamente assistida (a "antiga" proveta) e de manipulação genética (findou o mapeamento do genoma). O pulular de instrumentos sofisticadíssimos de captação e registro da palavra e da imagem, tornam a *palavra* e a *imagem* bens jurídico-penais autônomos. A autodeterminação informacional resulta dos bancos de dados informáticos.[124]

Tudo vem confirmar a conhecida metáfora de Merkel, que aponta para a imagem da *árvore do direito penal contemporâneo*, "a perpetuação dos ciclos em que o Outono das quedas das folhas alterna com o rebentar das novas roupagens trazidas pelo sopro da Primavera.".[125] Vai-se a blasfêmia, surgem a gravação e a fotografia ilícitas. A rigor, a figura de Merkel explica boa parte das neocriminalizações contemporâneas, que têm grassado nas reformas da parte especial dos códigos penais da família romano-germânica, pela emergência de novos bens jurídicos supra-individuais (difusos), "de índole cintilante, mudando frequentemente de brilho e de posição na hierarquia da dignidade penal, ao ritmo da sucessão imprevisível das mundivisões ideológicas triunfantes". Mas também se efetivam na seara dos crimes contra as pessoas, que se movem de acordo com dois tópicos nucleares: o surgimento de novos bens jurídicos, "correspondentes à descoberta de novas dimensões da pessoa, autonomizáveis na sua dignidade e carência de tutela penais"; e as seqüelas de uma civilização de progresso e risco, "a multiplicar exponencialmente as manifestações de danosidade social, sob a forma de atentados à integridade e autonomia pessoais.".[126]

O fato é que a colonização da racionalidade estético-expressiva pela cognitivo-instrumental é também fruto do avassalador desenvolvimento tecnológico. É a noção de desencantamento do mundo – a reencantar-se, em nível privado, no século XX – que já era expressa por Bulfinch em meados do século XIX, ao discorrer sobre o paganismo: "A

---

[124] Vide DIAS, *Sociedade de Risco*.

[125] *Apud* ANDRADE, *Liberdade*, p. 18. Na obra, encontra-se acurada análise da emergência de novos bens jurídico-penais da personalidade às p. 9-28 (na qual se baseou a análise do texto).

[126] ANDRADE, *Reforma*, p. 431-5. Assim emergiu, do direito à honra, o direito à privacidade (delitos de indiscrição). A partir da privacidade, emancipam-se o direito à palavra e o direito à imagem (delitos de gravação e divulgação ilícitas), ao passo que se sedimenta, em nível constitucional, o direito à autodeterminação informacional, que em breve baterá as portas da experiência penal.

imaginação dos gregos povoava todas as regiões da terra e do mar de divindades, a cuja diligência atribuíam os fenômenos que nossa filosofia considera como conseqüência das leis naturais. Às vezes, em nossos momentos de poesia, sentimo-nos inclinados a lamentar a mudança ocorrida, e a achar que, com a substituição, o coração perdeu tanto quanto o cérebro ganhou. O poeta Wordsworth manifesta, de maneira bem enérgica, tal sentimento. *Oxalá um pagão ainda eu fosse,/ Por velhas ilusões acalentado./ A paisagem seria bem mais doce/ E o mundo muito menos desolado."*

Schiller (*Die Götter Griechenlands*), ao manifestar pesar pelo desaparecimento da "bela mitologia dos velhos tempos", provocou a resposta triunfal da poetisa cristã E. Barret Browning (Pã é Morto): *O mundo deixa além as fantasias/ Que, em sua juventude, o embalaram/ E as fábulas mais belas e mais vivas/ Tolas parecem em face da verdade./ De Febo o carro terminou o curso!/ Olhai de frente o sol, olhai, poetas!/ E Pã, e Pã é morto.*[127]

1.2.3. O right to be let alone

O *right to be let alone* (direito de ser deixado em paz) foi postulado, com precedência histórica, em 1890, nos Estados Unidos (Warren/Brandeis, *The Right to Privacy*),[128] como reflexo de um bem jurídico mais estabelecido e incontroverso (a propriedade no direito anglo-saxão, função que coube à honra no direito germânico).

Numa Boston de final do século, a imprensa local anelava pelos mexericos do salão da esposa de Samuel Warren (dama elegante, filha de senador, casada com prestigiado advogado). O marido e seu colega de banca (mais tarde o famoso juiz Brandeis da Suprema Corte) escreveram a obra para assegurar a "peace of mind". Em 1902, a Corte rejeitou, por quatro votos a três, alegação de violação à intimidade, mas a opinião pública americana postou-se ao lado dos vencidos, o que significou inexorável adoção do conceito.[129]

---

[127] BULFINCH, *Mitologia*, p. 206-7.

[128] JUNIOR, *Direito de estar só*, p. 13. "O direito de ser deixado em paz" foi a expressão utilizada por Warren/Brandeis, que a tomaram do Juiz Cooley, da segunda edição de seu livro sobre responsabilidade civil (*On Torts*, 1888) – SALVADOR CODERCH, *El Mercado*, p. 307, nota 316.

[129] Os primeiros tribunais a aplicarem a nova doutrina foram os *lower courts* de Nova Iorque. A *privacy* foi acolhida no *Restatement (First) of Torts* de 1939, elaborado pelo "American Law Institute", em cuja seção 867 reconheceu-se o "direito à vida privada". Seu caráter constitucional foi defendido pelo mesmo Brandeis na "dissenting opinion" de *Olmstead v. United States* (1928), que a considerava uma exigência da *IV Amendment* (SANTDIUMENGE I FARRE, *El Mercado*, p. 346-7). Três dispositivos constitucionais são essenciais para a construção da *privacy*: a *I Amendment* (liberdade de expressão e de imprensa), a citada IV (proteção das pessoas, domicílio, correspondência, contra *unreasonables searches and seizures*) e a VI (*due process of Law* e *equal protection of Law*), da qual a Corte Suprema derivou a interdição, aos poderes legislativos dos Estados, de adotarem leis que contenham discriminações não objetivas. Além disso, uma noção de "penumbra constitucional", formada pela emanação das garantias expressas, fez a Corte afirmar que a *privacy* é mais antiga que o *Bill of Rights*. Assim, a configuração legal da *privacy* foi

Robert Post, catedrático da Uiversidade de Berkeley, numa postura interessante, defende a "fascinação" experimentada pelos bostonianos pela vida social das elites locais, no sentido de que a crítica acerca da vida privada dos ricos de fim de século foi um instrumento razoável e eficaz de sensibilização coletiva em prol da consecução de uma sociedade mais igualitária.[130]

Seja como for, a *privacy* pode ser vista como uma espécie de núcleo duro do edifício constitucional norte-americano, que garante a todos os indivíduos três direitos fundamentais: o autodesenvolvimento (*selfullfilment*), o direito à diferença (*non-conformity*) e o respeito de sua dignidade nas relações com o governo (*dignified treatments by the government*). Nesse sentido, está ligada ao conjunto das liberdades constitucionais e mesmo ao regime político. Rigaux cita o professor Westin: "a sociedade democrática repousa sobre a publicidade como meio de controle do governo e sobre o respeito da *privacy* como escudo protetor da vida dos grupos e dos indivíduos".[131]

A doutrina americana costuma distinguir três épocas na história do direito americano em relação à *privacy*, conforme a incidência do progresso tecnológico: a era pré-tecnológica (1770-1880); a era do primeiro salto tecnológico (1880-1950), com o advento do microfone (1870), da fotografia instantânea e do telefone (1880), a gravação de sons (1890), o soro da verdade e o *lie detector* (anos 1920), e a era do segundo salto tecnológico (a partir de 1950), em que as descobertas tornam-se mais agressivas (para a vida privada), seja pela via dos aperfeiçoamentos (teleobjetivas, microgravadores etc.) ou dos procedimentos eletrônicos de detecção, reprodução e de informatização.[132]

Vale lembrar que, no começo do século XX, "a opinião pública penetrava no âmbito doméstico sob uma única forma: a impressa,

---

desenvolvida, na "common law", através da doutrina dos *torts* ou consagrada pelas leis estaduais (muitas vezes motivadas pela recusa judicial de tutelar tais valores pelo "direito da terra") – RIGAUX, *L'elaboration*, p. 703-5.

[130] Citado por SALVADOR CODERCH, *El Mercado*, p. 89, nota 94 (na primavera de 1989 o autor teve acesso ao rascunho de um trabalho de Post intitulado "The Concept of Public Discourse", p. 87, nota 93). O que introduz a crítica de classe ao bem jurídico privacidade.

[131] *Apud* RIGAUX, *L'elaboration*, p. 706. O que também explica o amplo espectro do conceito nos Estados Unidos, embora a pertinência de conectá-lo com o valor forte do pluralismo cultural: o direito à solidão; a *privacy* a ser exercida no interior de associações ou de comunidades; o direito de tomar só as decisões atinentes à esfera íntima; o direito de comunicar-se com outros e de ter protegido o segredo dessa comunicação (p. 708).

[132] RIGAUX, *L'elaboration*, p. 709. A vertente da intimidade, ao chocar-se com a vocação pública dos meios de comunicação, vai ser acomodada com recurso aos conceitos de "public figure" e "public interest", casos em que certas vítimas devem tolerar alguns atritos em prol das vantagens globais que a liberdade de informação propicia (p. 713). O direito ao anonimato, a proteção da intimidade familiar (a liberdade de utilização de anticoncepcionais), a proteção da liberdade de opinião no acesso a um emprego público, o direito ao abortamento etc. são alguns exemplos da concretização larga da *privacy* na jurisprudência americana (p. 715-21), a par da já clássica proteção ao sigilo das comunicações (p. 723-7).

principalmente o jornal", de caráter eminentemente local (imprensa que seria abalada pela guerra de 1914). O rádio viria a concorrer com o jornal (a primeira estação francesa data de 1920), até ser destronado pela televisão, no final da década de 1950 e no decorrer dos anos 60. Não se trata de "apenas uma troca nos meios de comunicação. O audiovisual não introduz no âmbito da vida privada as mesmas informações fornecidas pelo jornal. Na verdade, a própria função da informação se transforma.". Desenvolvem-se as revistas femininas e ocorre a invasão da publicidade, a uniformizar gostos e modas (no paradoxo do "conformismo emancipado"). A comunicação "dissolve as fronteiras do privado e do público" e vidas privadas passam a interessar ao público – a cultura do entretenimento será referida infra, item 2.4.[133]

A riqueza de conotações do conceito de *privacy* (Rigaux enumera pelo menos dez significados distintos) torna difícil sua tradução precisa, mas a perspectiva da investigação adota o termo "privacidade", cujo conteúdo vai adiante explicitado.[134]

Há notícia, contudo, de manifestação jurisprudencial cronologicamente anterior, em França: o Tribunal Civil do Sena, em julgado de 16 de junho de 1858, mandou apreender desenho feito de uma artista moribunda (por encomenda de sua irmã), abusivamente exposto em comércio – marcante, ainda, o quadro patrimonial da disputa.[135]

Também francesa, a Lei de Imprensa de 29 de julho de 1881 seria a primeira a estabelecer, no domínio da comunicação, uma proteção contra os escritos que fossem suscetíveis de acarretar atentados à vida privada.[136]

---

[133] PROST, *Fronteiras*, p. 142-52.

[134] Assim também PINTO, *Intimidade*, p. 480-1, nota 5, "in fine". Sem desconsiderar a reflexão de RIGAUX, *L'elaboration*, p. 730, no sentido da tendência da *privacy* vir assumindo, no final do século XX, o lugar simbólico reconhecido à "propriedade" nas democracias liberais do início do século XIX. "O *right of privacy* é, para um regime eleitoral fundado no sufrágio universal, o que o direito de propriedade representava para uma democracia censitária."

[135] Num antecedente histórico ao "caso do toureiro", a célebre atriz teatral Elisa Félix faleceu no auge de sua glória. Sua irmã encarregara dois fotógrafos de registrarem o leito mortuário da atriz, "com a advertência de que as fotografias seriam de sua exclusiva propriedade e que as cópias eram proibidas". Mais tarde, a pintora O'Connel desenhou a cena (decalcada de uma das fotografias), reprodução que foi divulgada num semanário. A irmã de Rachel (pseudônimo de Elisa) acionou a pintora, que alegou, perante o Tribunal Civil do Sena, que a imagem de pessoas célebres era de domínio público e, naquelas circunstâncias, pertencia ao mundo da arte. O tribunal decidiu a favor da irmã de Rachel, considerando "que ninguém pode, sem o consentimento formal da família, reproduzir e entregar à publicidade os restos de uma pessoa em seu leito de morte, qualquer tenha sido a celebridade desta pessoa (...) o direito de oposição a esta reprodução é absoluto, que tem seu princípio no respeito que impõe a dor das famílias e que não se poderia desconhecer sem ferir os sentimentos mais íntimos e os mais respeitáveis da natureza e da piedade doméstica" – DOTTI, *Proteção*, p. 60-1. Em 03 de maio de 1854, o mesmo Tribunal, contra a família de Honoré de Balzac, autorizou o romancista Alexandre Dumas (o pai) a edificar um monumento em honra do ilustre artista – lícita homenagem pública de reconhecimento (p. 62-3).

[136] " une protection contre les écrits qui seraient susceptibles de porter atteinte à la vie privée" - COUSIN, *Droit*, p. 236.

1.2.4. Desenvolvimentos europeus. As esferas alemãs. Portugal. Diplomas internacionais

Na Alemanha, pelo menos desde 1907, debatia-se a necessidade de um delito de indiscrição. Em 1909, Ernst Beling propôs um tipo penal especial para a proteção da vida privada, que sancionaria mesmo a divulgação de fatos verdadeiros, centrando-se as discussões do Projeto do mesmo ano em torno da questão da vedação à prova da verdade.[137] O 42º Congresso Jurídico realizado em Düsseldorf (1957) tratou da tutela da vida privada contra as indiscrições e interferências arbitrárias, que constou no sétimo título do Projeto de 1962 (também do Projeto Alternativo) e resultou na redação do § 298 do StGB (determinada por diploma de 22/12/1967).

Diante do déficit normativo do BGB alemão (Código Civil), que não tem uma regra geral a tratar do tema, a par de outras razões, doutrina e jurisprudência desenvolveram a noção de privacidade/intimidade como uma faceta ou manifestação do direito geral de personalidade (*allgemeines Persönlichkeitsrecht*) a partir do art. 2.1 da Lei Fundamental de Bonn, emanação concreta do conceito de dignidade humana (*Menschenwürde*). A proteção deste direito geral desdobra-se em dois aspectos, um estático (direito a ser deixado em paz) e outro dinâmico (poder de desenvolver a própria personalidade, de decidir e atuar por si mesmo).[138]

Proíbe-se, pois, a prática da devassa, a proteger a liberdade fundamental "que assiste a cada pessoa de decidir quem e em que termos pode tomar conhecimento ou ter acesso a espaços, eventos ou vivências pertinentes à respectiva área de reserva".[139]

Agasalhou-se, portanto, a teoria dos três graus ou a metáfora das três esferas (*Sphären*) formulada pelo Tribunal Constitucional Federal alemão: a *intimidade*, último e inviolável reduto nuclear da liberdade pessoal (subtraída, por conseguinte, do princípio geral de ponderação de interesses e, em particular, à prossecução de interesses legítimos); a área intermédia da *privacidade* "stricto sensu", cujo âmbito é inversamente proporcional ao estatuto social da pessoa (suscetível de ponderação e tendencialmente nula no caso de "pessoas da história do seu

---

[137] BACIGALUPO, *Honor*, p. 31-2.

[138] SANTDIUMENGE I FARRE, *El Mercado*, p. 345.

[139] ANDRADE, *Comentário*, p. 728. Embora desborde do tema, ilustrativo exemplo do poder de penetração e devassa do desenvolvimento tecnológico pode-se buscar nos procedimentos investigatórios oficiais, autorizados em direito processual penal. HASSEMER, *Temas*, p. 91-2, refere que para investigar terroristas manipularam-se dados informatizados de "milhões de alemães que pagavam suas contas de luz com dinheiro – método utilizado pelos terroristas para não serem localizados – filtrando informações para localizar três ou quatro terroristas"; quanto à escuta telefônica, apenas num processo, em Frankfurt, quebrou-se o sigilo de trinta e seis mil telefonemas.

tempo"), em que a regra será a exclusão da ilicitude por prossecução de interesses legítimos, e, finalmente, uma área de *publicidade*, saudavelmente exposta à dissecação dos "media".[140]

O tratamento legal, por óbvio, é bem diferenciado em relação a cada degrau. Por exemplo: se o artigo 164, nº 2, do Código Penal português (1982) admitia a prova da verdade de fato desonroso imputado na prossecução de interesse público legítimo, o atual artigo 180, nº 2 (na redação de 1995), alargou a *exceptio veritatis* para qualquer interesse legítimo, público ou privado, salvo intimidade. A privacidade é sempre suscetível de ponderar-se para a dirimente da prossecução de interesses legítimos (artigo 192, nº 2), e estreita-se no caso de *public figures* ou *Personen der Zeitgeschichte* - ao revés da intimidade (artigo 180, nº 3).[141]

As pessoas da história do seu tempo, em sentido *absoluto*, são as que na sua época lideram a vida política (hipersensíveis ao interesse público), econômica, social, cultural, desportiva, da mídia, do espetáculo, em relação às quais "subsiste um interesse público de informação particularmente alargado", que, para além da esfera da publicidade, estende-se a muitos dos domínios em geral pertinentes à área da privacidade "stricto sensu". Já em sentido *relativo*, são aquelas que participaram, ativa ou passivamente, de um acontecimento da história de seu tempo, como vítimas de catástrofes, protagonistas de crimes de repercussão etc. Neste caso, o alargamento de visibilidade deve limitar-se ao evento que lhe empresta a qualificação, regime que não se comunica aos "dependentes" (cônjuges, familiares), ao inverso do "absoluto".[142]

Há uma relatividade histórico-cultural nos conceitos. Fatos em geral *íntimos*, se contendem com o interesse *comunitário*, escapam à esfera da privacidade e da intimidade e tornam-se objeto de legítima discussão pública (exemplo paradigmático é o caso do ministro britânico Profumo).[143]

---

[140] O Tribunal Europeu de Direitos Humanos, no "caso Lingens" (08 de julho de 1986), estabeleceu que a missão da imprensa não é só divulgar informações, mas também interpretá-las: "el político, por su actividad pública se expone más a las críticas de la opinión que el ciudadano privado, y éstas constituyen una condición fundamental del funcionamiento de un *régimen político verdaderamente democrático*"; neste contexto, os juízos de valor não se prestam a uma demonstração de sua exatidão e os eventuais excessos verbais não limitam necessariamente a liberdade de expressão (JAEN VALLEJO, *Libertad*, p. 27-8).

[141] ANDRADE, *Liberdade*, p. 88 e 98.

[142] vide ANDRADE, *Liberdade*, p. 259-67.

[143] ANDRADE, *Comentário*, p. 729-30. Da obra da juventude de Frederico II, o Grande (publicada em 1741 – o príncipe contava então com 29 anos -, após algumas correções efetuadas por Voltaire): "Sabe-se até que ponto é o público curioso: trata-se de um animal que vê tudo, que ouve tudo, e que divulga tudo o que viu e ouviu. Se a curiosidade desse público examina as ações dos particulares é para divertir a sua ociosidade; mas quando julga dos atos dos príncipes é no próprio interesse que o faz. Também estão os príncipes expostos mais que todos os outros homens aos raciocínios e juízos do mundo" FREDERICO DA PRÚSSIA, *O Anti-Maquiavel*, p. 99-100.

Na Itália, à tentativa de publicarem-se episódios dos amores secretos de Mussolini respondeu o Tribunal de Milão que "nem mesmo a pesquisa e a crítica histórica consentem o sacrifício do direito pessoal à intimidade, ainda que se trate de pessoas pertencentes à vida pública de um país, devendo-se respeitar o segredo de sua vida íntima". Tal posicionamento foi confirmado pelo Tribunal de Apelação: "A tutela de tal direito será limitada pelo interesse público somente quando subsista um liame incindível entre as aventuras da pessoa e os acontecimentos públicos, ou então por necessidade de justiça e de ordem pública". Neste sentido, em 1974, o legislador italiano acresceu ao Código Penal o art. 616, *bis*.

A Áustria, por lei de 31/5/1965, introduziu no art. 310 de seu Código alteração similar à alemã, o que também fizeram a Noruega (arts. 145 e 390 do estatuto penal) e a Dinamarca (arts. 263 e 265), a par da Suíça, em 1968 (arts. 178 e 179).[144]

Em Portugal, além da reserva constitucional (art. 26 da Constituição)[145] e da normação civil (artigo 80 do Código Civil),[146] há incriminação dos atentados à privacidade desde 1973, regime acolhido e aperfeiçoado no atual artigo 192 do Código Penal (versão de 1995 – devassa da vida privada). Em realidade, o Livro II do Código Penal português é composto por sua Parte especial e trata, já no Título I, "Dos crimes contra as pessoas". Especificamente, em seu capítulo VII (depois de tratar dos crimes contra a honra no capítulo VI, artigos 180 a 189), cuida dos "crimes contra a reserva da vida privada" (artigos 190 a 198).

Faria Costa prefere, já consignado na introdução, às esferas tedescas, os conceitos de *comunicação aberta* (definida como um fluxo informacional cujo número de destinatários é, deliberadamente, indeterminado, de sentido vertical, de cima para baixo, impulsionada por um pólo gerador que se propaga indeterminadamente) e *comunicação fechada*, "em que os sujeitos da relação comunicacional se autodeterminam quanto ao número de intervenientes dessa precisa relação e esperam, legitimamente, que a comunidade proteja aquela forma querida de comunicação".[147]

Ao distinguir o interesse subjacente à privacidade, na busca de limitar o conceito, Paulo Mota Pinto destaca a *informação* (num sentido

---

[144] JÚNIOR, *Direito de estar só*, p. 14-22.

[145] Art. 26º, nº 1. "A todos são reconhecidos os direitos à identidade pessoal, ao desenvolvimento da personalidade, à capacidade civil, à cidadania, ao bom nome e reputação, à imagem, à palavra, à reserva da intimidade da vida privada e familiar e à proteção legal contra quaisquer formas de discriminação. 2. A lei estabelecerá garantias efetivas contra a utilização abusiva, ou contrária à dignidade humana, de informações relativas às pessoas e famílias."

[146] Art. 80º, nº 1. "Todos devem guardar reserva quanto à intimidade da vida privada de outrem"; nº 2. "A extensão da reserva é definida conforme a natureza do caso e a condição das pessoas".

[147] COSTA, *Direito Penal da Comunicação*, p. 42.

lato), com o que, ao encontro da perspectiva adotada pela investigação, excluem-se os interesses relacionados com a liberdade de conduzir a própria vida (liberdade da vida privada), a reputação e o bom nome pessoais (honra) e a livre fruição (econômica ou não) de atributos pessoais, como o nome ou a identidade. Seguindo Raymond Wacks, e pela positiva, há o interesse em controlar a revelação de informação pessoal (fatos, comunicações e opiniões relacionados com o indivíduo, em que é razoável esperar-se que sejam encarados como íntimos ou confidenciais, e por isso se queira excluir/restringir a respectiva circulação). Acresce, ainda, com Ruth Gavison (a exorbitar da mera informação pessoal), o interesse na subtração à atenção dos outros (anonimato em sentido lato) e o interesse a excluir o acesso físico dos outros a si próprio (*solitude*). Assim, o interesse na privacidade comporta duplo aspecto: evitar a intromissão dos outros na esfera privada e impedir a revelação de informação pertinente ao mesmo âmbito.[148] Ligado à sua função instrumental de criar o contexto necessário para algumas das atividades essenciais do homem (desenvolvimento da personalidade, das relações de amor, amizade etc.), tal interesse aproxima o conceito do aspecto "dignidade da pessoa humana" (a dimensão subjetiva da construção constitucional americana) em conexão com as instituições democráticas.

Descortinam-se, então, aportes de direito internacional. Avulta, desde logo, o artigo 12 da Declaração Universal dos Direitos do Homem (1948),[149] o artigo 8º da Convenção Européia para a Salvaguarda dos Direitos e Liberdades Fundamentais (1950), e o artigo 11, nº 2, da Convenção Americana dos Direitos do Homem (1969). Em todos os diplomas citados, embora distinguidos nominalmente, aparecem juntos, tutelados no mesmo dispositivo, os bens jurídicos honra e privacidade.

É óbvio, e literal na própria redação dos textos citados, que há limites ao direito à reserva sobre a intimidade da vida privada,[150] o que interessa de forma direta à presente investigação. O exercício da liberdade de imprensa, em especial, terá seus contornos resenhados a seguir.

---

[148] PINTO, *Intimidade*, p. 506-9.

[149] "Ninguém será objeto de invasões arbitrárias em sua vida privada, sua família, seu domicílio ou sua correspondência, nem de atentados à sua honra e à sua reputação. Toda pessoa tem direito à proteção da lei contra tais invasões ou atentados", o que vem praticamente repetido no art. 17 do Pacto sobre Direitos Políticos e Civis da ONU (1976).

[150] Vide, por exemplo, PINTO, *Intimidade*, p. 564-78; DOTTI, *Proteção*, p. 182-222; ARAÚJO, *Intimidade*, p. 53-7; COSTA JUNIOR, *O direito de estar só*, p. 44-9. Em alentada obra (SOUSA, R, *Personalidade*), estabelecido, sob viés juscivilístico, o bem jurídico "reserva (resguardo e sigilo) do ser particular e da vida privada" (p. 316-41), o autor traça seus limites, "para mais numa sociedade com poderosas pressões de solidariedade", em nível da determinação da própria ilicitude (p. 341-52).

1.3. Liberdade de imprensa

1.3.1. Da Bíblia à liberdade de expressão

Na Baixa Idade Média, período de renascimento comercial e transição para a Modernidade, pode-se identificar um conflito. Havia, por um lado, uma força concreta contra a livre circulação de idéias, a vitória da monarquia na luta dos poderes medievais travada no sistema feudal, concentrando o rei funções "soberanas" antes repartidas por diversos setores sociais (nobreza, igreja), uma vez que o Estado Moderno, então surgido, é, na sua primeira fase, um Estado Absolutista.[151] Por outro, no vetor inverso, a época foi de difusão maciça do conhecimento.

O princípio, e a técnica, de produção de livros com tipos móveis, já conhecidos pelos chineses no século XI, teria um avassalador impacto no Ocidente; a imprensa era mais adequada ao alfabeto ocidental do que aos milhares de caracteres da língua chinesa. A inovação veio do Vale do Reno, com o ourives alemão Johann Gutenberg. Em 1455, foi publicado o primeiro livro da Europa impresso com tipos móveis – uma cópia da Vulgata, a tradução latina da Bíblia.[152]

Em pouco mais de 40 anos, diante do potencial financeiro da invenção, o empreendimento floresceu. Registraram-se, no final do século, cerca de 1.000 tipografias em mais de 250 localidades que teriam publicado cerca de 30.000 edições e pelo menos dez milhões de exemplares (enquanto apenas 50.000 manuscritos teriam sido produzidos ao longo de todo o século XV). A demanda pela informação, agora mais acessível, aumentou por toda a parte, e as escolas e universidades importaram navios cheios deles.[153]

Vale lembrar que o apoio da burguesia, na busca da ordem e de um mercado unificado, onde pudesse exercer sua prudência calculadora, a um tempo foi fator decisivo para a feição monárquica dos primeiros estados nacionais e, também, para a difusão da imprensa enquanto

---

[151] Para uma clara visão do fenômeno, vide SARLET, *Maquiavel*, p. 91-160.

[152] HISTÓRIA EM REVISTA 1400-1500, p. 113-22. Rigorosamente, quando o livro foi posto em circulação, Gutenberg já não era o dono da tipografia, onde realizou experimentos desde 1450 financiado por Johan Fust, abastado ourives e sócio do negócio. Fust, em 1455, com a Bíblia quase pronta, alegou rompimento de acordo e processou Gutenberg para reaver seu investimento. O inventor da imprensa teve que se afastar.

[153] Tratou-se de uma verdadeira "reconversão cultural". Aos poucos o direito estatal (e comezinhos atos da vida social) passa a exigir conhecimentos técnicos (capacidade de ler e escrever) que excluem largos estratos da população da vida jurídica oficial (que se vai impondo ao pluralismo medieval). São documentos, formalidades processuais, atos oficiais, difusão de diplomas legais, tudo situado bem no interior da "galáxia Gutenberg" (HESPANHA, *Justiça e Litigiosidade*, p. 19).

negócio. Neste contexto, "a imprensa contribuía poderosamente para a promoção e consagração dos princípes.".[154]

Em Portugal, a superação da poliarquia medieval, na expressão de Hegel, deu-se particularmente cedo, sendo tradição lusitana o rei afastar qualquer veleidade de "compositio" entre os particulares.[155] Em alentado estudo, Miguel Reale concorda com a assertiva de que "a partir de 1385, com a subida ao trono do Rei D. João I, termina a Idade Média portuguesa, não só porque é um poderoso sentimento de brio nacional que condiciona o advento da nova monarquia, em luta contra Castela, como também pela própria configuração do poder, para o qual desde logo se propõe uma justificação nova, de toda alheia à idéia do Sacro Império Romano, combinando-se a origem popular do poder com o primado da autoridade, a qual, uma vez conferida pela povo, passaria toda ao monarca. (...) É com ele que se estrutura o novo Estado, como uma obra de arte, tendo como base uma concepção nacionalista, singular numa época na qual ainda não brotara na Europa a idéia de nacionalidade, suscitada e fortalecida em Portugal pelo duplo contraste com os reis de Castela e os sarracenos. Foi a luta contra estes que deu origem a um amálgama de *nacionalismo* e *catolicidade*, de que iria resultar mais tarde uma formulação original da *Razão de Estado*.".[156]

---

[154] RAPP, *História*, p. 169. Segundo o historiador, havia oficinas de impressão em 236 locais na virada do século, calculando-se entre 15 e 20 milhões o número de exemplares publicados até o final do século XV – e o triunfo dos caracteres romanos teve o valor de símbolo da "unificação" do mundo intelectual. Para além da divergência, pouco importante, dos números, consigna-se, em definitivo, que "a nova técnica revolucionou as condições do trabalho intelectual". Quanto à imprensa áulica, vejam-se trechos de uma circular de 1811, dirigida pelo Conde das Galveias aos governadores de Bahia, Pernambuco, Rio Grande do Sul, São Paulo, Minas Gerais, Maranhão e Paraná: "Sendo o jornal denominado *O Investigador Português* em Londres recebido debaixo dos auspícios de S. A. R. o Príncipe Regente Nosso Senhor e convindo muito promover a sua leitura nestes Estados (...) a fim de confirmar os sentimentos de lealdade e patriotismo (...) e preveni-los contra sinistras insinuações (...) S. A. R. manda recomendar particularmente a V. Exa. haja de promover nessa capitania o maior número de subscritores para o mesmo jornal, procurando indiretamente insinuar e persuadir a sua utilidade sem parecer que o faz por positivas ordens que para isso teve.", *apud* SODRÉ, *História*, p. 31.

[155] Trata-se do modelo de superação de litígios através da soberania, que se estratificou na alvorada do estado moderno, assim formulado por Bodin em 1576 – o soberano, sem qualquer contraste interno, como terceiro isento, acima das partes (que se dilaceravam em disputas religiosas, como na emblemática noite de São Bartolomeu), decide o litígio e submete as facções, impondo, coativamente, sua sentença – KRIELE, *Introducción*, p. 53-61. Na tradição portuguesa, "o rei, como fonte da 'justiça' (i. e., do equilíbrio da ordem social 'espontaneamente estabelecida' impõe a sua 'paz'; ou seja, proíbe qualquer ofensa desta ordem, sobretudo por meios violentos. Em rigor, ele não impõe a sua *ordem*; impõe a sua *paz*. E impõe-a, sobretudo, contra os poderosos, aqueles que podiam utilizar os seus meios materiais para romper os equilíbrios sociais" (HESPANHA, *Justiça e Litigiosidade*, p. 347).

[156] REALE, *Horizontes*, p. 79. Trata-se de uma comunicação apresentada originalmente num Congresso Internacional de Estudos Humanísticos em Roma, em 1952, também publicado em Portugal no Boletim do Ministério da Justiça, nº 33, intitulada "Cristianismo e Razão de Estado no Renascimento Lusíada". Adiante, p. 99-101, interessante visão da peculiaridade religiosa do humanismo renascentista luso, que frenou um individualismo exasperado e redundou na

Ora, no correr da história, a definição da verdade por autoridade centralizada (a censura pela Igreja, pelo Estado, pela Universidade) foi fissurada pela Reforma Protestante (que também se apoiou na popularização da Bíblia possibilitada pela imprensa). A Igreja debatia-se em dificuldades desde antes. Foi exemplar o episódio do Papado de Avignon no século XIV e a renovada virulência da heresia de um Wyclif na Inglaterra e de um Huss na Boêmia. Mas o dilaceramento da cristandade latina deu-se com as 95 teses que Martinho Lutero, professor de Teologia, pregou na porta do Castelo de Wittenberg em 31 de outubro de 1517 e que se dirigiam especialmente contra a venda de indulgências e questionavam a questão do purgatório.

Lutero não pretendia romper com Roma, mas foi instado pela Cúria Romana, denunciado que fora pelos Dominicanos, coincidentemente encarregados da venda de indulgências e da Inquisição. Em outubro de 1518, numa discussão com o legado pontifício em Augsburgo afirmou que "a autoridade das escrituras era superior à do papa". Em 1519, em Leipzig, declarou que, mesmo que o concílio o declarasse em erro, "não retiraria suas opiniões porque se sentia no dever de se submeter à autoridade superior das Escrituras". Excomungado pelo Papa Leão X, ripostou contra a queima de suas obras em Bruxelas e Colônia, queimando solenemente a bula em 11 de dezembro de 1520. Esclareceu sua doutrina pela imprensa: o "Apelo à Nobreza Cristã da Nação Alemã", com tiragem de 4.000 exemplares, esgotou-se em seis dias, no mês de abril de 1520. A ruptura completar-se-ia em 1521.

Em síntese: "Ao trazer para a praça pública as discussões teológicas essenciais, Martinho Lutero abriu uma 'Boceta de Pandora' e deu a multidões de descontentes a oportunidade para manifestarem a sua hostilidade aos poderes estabelecidos. Tornou possível, por outro lado, a multiplicação das igrejas nacionais, o reforço do poder político dos príncipes alemães e a fragmentação definitiva da unidade espiritual, moral e política da cristandade ocidental.".[157]

Se a guerra foi a principal indústria européia do século XVII, também é verdade que os novos valores da civilização burguesa consolidaram-se. A "Glorious Revolution" de 1666, na Inglaterra, inaugura o ciclo das grandes Revoluções Burguesas, completado, já no século XVIII, pela Independência Americana (1776) e pela Queda da Bastilha na França de 1789. Esse movimento político foi traduzido na vertente jurídica do Constitucionalismo e se apoiou na difusão do Iluminismo, instrumentalizados os enciclopedistas pela imprensa na

---

unidade territorial brasileira (em contraste com os desmembramentos das colônias hispano-americanas), embora tenha legado também "uma confiança desmedida nos que governam, donde a perene expectativa de medidas de salvação pública...".

[157] BÉRENGER, História, p. 272. Para uma visão da Contra-Reforma e da Reforma da Igreja Católica, adiante, p. 345-66.

difusão do conhecimento.[158] Convém lembrar que a burguesia vinha de vencer o antigo regime, para o que foi essencial a gradativa consciência em torno do direito (natural, segundo o jusnaturalismo triunfante) de livre expressão, de crítica dos poderes estabelecidos e de informação e, na prática, do valor forte da liberdade de imprensa.

As constituições liberais procuram, naturalmente, proteger a liberdade de expressão e informação (assim a Francesa de 1789[159] e a Primeira Emenda Americana de 1791),[160] que se legitima na busca da verdade, da compreensão e do conhecimento, no livre mercado das idéias (Mill), na auto-expressão individual, no autogoverno democrático, na transformação pacífica da sociedade e na proteção da diversidade de opiniões (a biodiversidade do sistema social).

É o que se verá a seguir.

1.3.2. A opinião pública e o fundamento democrático

Existe em todas as Nações um Tribunal invisível, sempre em atividade, que as leis, que o Rei e que ninguém pode dominar. Este tribunal que, pelo efeito, nos mostra que a soberania reside constantemente em a Nação e que em certo modo a exercita é o da Opinião Pública. (...) Mas como é que este Tribunal pode ser advertido dos bens que tem a promover e dos males que tem a evitar? A liberdade de Imprensa é o único meio. – Abade João Maria Soares de Azevedo Castelo Branco, no primeiro parlamento português, sessão de 15 de fevereiro de 1821.[161]

A opinião pública é esse ente misterioso que Pascal apelidou de "rainha do mundo", uma das categorias fundamentais da multividência política burguesa.[162] É certo, pois, que a liberdade de informação acresce de peso quando quer contribuir para formação da opinião pública, cuja incidência é imprescindível na formação de uma sociedade verdadeiramente democrática ou na delimitação dos dissensos

---

[158] Apenas para exemplificar numa escala menor, a principal conclusão da investigação de COTS I CASTAÑÉ, acerca das "Instituições Senhoriais e Opinião Pública na Catalunha entre 1751 e 1808: uma perspectiva a partir do estudo de alguns Conflitos Senhoriais" foi que o aumento do número de conflitos não se deu porque tais instituições frenassem o desenvolvimento econômico e social ou em face de um abstrato conflito de classe entre senhores e outros setores, "mas porque em certas regiões da Catalunha se produziu uma mudança de mentalidades num sector da opinião pública que fez com que fossem cada vez menos aceitáveis as instituições senhoriais e, portanto, sua exigência gerasse cada vez mais conflitualidade." (in: HESPANHA, *Justiça e Litigiosidade*, p. 282).

[159] A liberdade de comunicação é garantida « sauf à répondre de l'abus de cette liberté dans le cas déterminés par la loi », cf. COUSIN, *Droit*, p. 219.

[160] "Congress shall make no law () abridging the freedom of speech, or of the press", segue-se sumário de MACHADO, *Freedom of speech and mass media regulation*, Faculdade de Direito da Universidade de Coimbra.

[161] Apud Mário Ferreira Monte, no prefácio de PEIXE, *Lei de imprensa*, p. 14-5.

[162] CANOTILHO, *Crítica da opinião pública*, p. 743. O autor exemplifica tal ideologia burguesa possessiva com a oposição que fazia Almeida Garret (Carta de Guia para Eleitores, 1826) entre espírito de ilustração e a "estupidez da massa ignorante" (p. 744).

também democráticos. É isso que procuram assegurar os princípios da liberdade de expressão e informação.[163]

A tradição inglesa do respeito às liberdades dos súditos da Coroa ancora-se, também, numa opinião pública vigilante. Refira-se, por exemplo, o *habeas corpus*, cuja regulamentação não tem valor em si na terra do remédio heróico, pois as "liberdades do cidadão são garantidas, na Inglaterra, além desse procedimento, por uma opinião pública que deixou de desculpar e aceitar o arbítrio.".[164]

Canotilho dá conta do "valor hipertrofiante concedido pelos liberais à Opinião Pública politicamente ativa", assegurada a homogeneidade eleitoral pela condição de proprietário, embora se apresentasse como "momento aglutinante de opiniões concorrentes para a formação do *interesse geral* da sociedade".[165]

Na gênese do *trial by newspaper*, "como voz da razão, a Opinião Pública autoconstituía-se em Tribunal e transformava-se na instância crítica por excelência do público burguês", logo confrontada pela classe trabalhadora, que quer participar de sua formação (o que estava politicamente articulado com o sufrágio universal).[166] As lutas sociais do século XIX significaram o advento do proletariado como protagonista sociopolítico, ao mesmo tempo que dominavam correntes positivistas.[167]

Em reação, a burguesia abre uma guerra contra a opinião pública, agora um depreciativo perigo para a razão.[168] O poder social transfere-

---

[163] Sintética notícia sobre a configuração histórica da liberdade de expressão (e suas fontes internacionais) em JAEN VALLEJO, *Libertad*, p. 21 a 28, inclusive sua transformação em direito social, meio de controle do poder do estado, a ponto de afirmar-se "que sin el reconocimiento y garantía de esta libertad no hay una elección política libre y no hay una verdadera democracia" (p. 22).

[164] DAVID, *Direito Inglês*, p. 82. Nada obstante, a imprensa não está autorizada, em Inglaterra, a falar de causas *sub judice* e "a opinião pública não exerce, por esse motivo, nenhuma pressão para impedir a libertação de indivíduos simplesmente suspeitos" (p. 57).

[165] CANOTILHO, *Crítica da opinião pública*, p. 748 e 749, respectivamente. Num dos primeiros periódicos brasileiros, *A Sentinela da Praia Grande* (nº 2, 7 de agosto de 1823), o carbonário Grondona dizia que exemplar da firmeza das instituições liberais era que "a opinião pública da gente do Rio de Janeiro mesmo se tem assaz manifesto e, entre parênteses, incluía a ressalva: chamo gente aos que têm não só a figura, mas juntamente as propriedades", apud LUSTOSA, *Insultos Impresssos*, p. 48.

[166] CANOTILHO, *Crítica da opinião pública*, p. 751 e 753, na ordem. A assunção do operariado na cena política (ligada à adoção do sufrágio universal, em substituição ao censitário) teria também reflexos nos sistemas de governo: a partir do momento em que conquistava cadeiras no parlamento, agudiza-se a tendência a reforçar o poder executivo, mesmo nos sistemas parlamentaristas.

[167] É o "modelo vermelho" de política-criminal – que parte, no geral, de idéias reducionistas, de concreção e oportunidade –, e implica, no subsistema penal, prevenção especial, ressocialização e tratamento. Vide DIAS, *Direito Penal Português*, p. 58-9.

[168] Talvez ilustrável com as missivas do ilustre Fradique (cuja 1ª ed. veio a público em 1900, mas que foi gestada a partir de 1869 (vide nota final de Helena C. Moura, QUEIROZ, *A Correspondência de Fradique Mendes*, p. 235-8), nomeadamente com a carta XV, dirigida a Bento S. (p. 215-24), a quem logo sentencia: "A tua idéia de fundar um jornal é daninha e execrável... vais concorrer para que no teu tempo e na tua terra se aligeirem mais os juízos ligeiros, se exacerbe mais a

se do Parlamento ao Executivo, um governo forte "capaz de limitar e aniquilar princípios retintamente liberais como a liberdade de expressão e a liberdade de imprensa",[169] disponibilizados em momentos constitucionais especiais (estado de sítio), o que redundaria na manipulação direta da opinião pública pelo aparelho estatal.

A manipulação é um conceito político-ideológico determinado pelo caráter mercantil da notícia, e o processo de concentração de capital pulveriza as formas concorrenciais – o cidadão só participa na qualidade de público consumidor de uma mercadoria proveniente de centros de produção crescentemente reduzidos.[170] Esse universo oligopolístico – do conglomerado empresarial agrupando jornal, revista, emissora de rádio e televisão – tem-se acentuado pelas recentes fusões do neoliberalismo.[171]

Ressalta-se, hoje, que *"A possibilidade de violação do direito fundamental da informação resulta não apenas das intervenções autoritárias do Estado contra as quais se erguiam os meios demoliberais de defesa, mas também, e principalmente, das imposições ideológicas dos complexos econômicos privados*. Numa ordem política formalmente livre, o problema da liberdade de informação é mais um problema de salvaguarda de um direito fundamental contra a agressão proveniente dos monopólios do que contra as ingerências estaduais.".[172]

Descreve-se, amiúde, a mídia como uma "janela aberta ao mundo": "Pero es, desde luego, una ventana muy curiosa. No es una vista fija desde algún lugar en el que hemos decidido situarnos. (...) La ventana no está hecha de cristal puro y simple, sino de um complejo proceso de

---

vaidade, e se endureça mais a intolerância... foi incontestavelmente a imprensa, que, a sua maneira superficial, leviana e atabalhoada de tudo afirmar, de tudo julgar, mais enraizou no nosso tempo o funesto hábito dos juízos ligeiros... a sua indiscriminada publicidade concorre pouco para a documentação da história, e muito, prodigiosamente, escandalosamente, para a propagação das vaidades... Vê quantos preferem ser injuriados a serem ignorados! (Homenzinhos de letras, poetisas, dentistas, etc.)... Tu fundas, com teu novo jornal, uma nova escola de intolerância. Em torno de ti, do teu partido, dos teus amigos, ergues um muro de pedra miúda e bem cimentada... nunca poderás admitir que a razão ou a justiça ou a utilidade se encontrem do lado daqueles contra quem descarregas, pela manhã, a tua metralha silvante de adjetivos e verbos... O jornal exerce hoje todas as funções malignas do defunto Satanás, de quem herdou a ubiquidade..." Ao final, a ironia sublimadora e instigante: "Ora esta carta já vai, como a de Tibério, muito tremenda e verbosa... e eu tenho pressa de a findar, para ir, ainda antes do almoço, ler os meus jornais, com delícia.". Com Borges: "No final do século XIX morreram em Paris dois homens de gênio. Eça de Queirós e Oscar Wilde. Que eu saiba, nunca se conheceram, mas ter-se-iam entendido admiravelmente." (BORGES, *Obras Completas*, v. IV, p. 465).

[169] CANOTILHO, *Crítica da opinião pública*, p. 756.

[170] CANOTILHO, *Crítica da opinião pública*, p. 761-2.

[171] "O caráter concentrador do avanço do capitalismo brasileiro, consideravelmente acentuado com a etapa neoliberal em curso (...) A concentração de poder, nos casos em que esse agrupamento ocorreu, foi extraordinariamente agravada e assinalou um traço novo no desenvolvimento da imprensa brasileira." SODRÉ, *História*, p. X e XI (O pensamento de Nelson Werneck Sodré sobre a imprensa e os meios de comunicação de massa no Brasil, nos últimos anos).

[172] CANOTILHO, *Crítica da opinião pública*, p. 765.

producción técnica y social.". Dariam origem as novas e poderosas tecnologias à propaganda e lavagem cerebral em escala massiva? Distorceriam as notícias e monopolizariam a opinião? "Estas preguntas siguen estando vigentes. Nadie que vea el volumen de producción actual puede tacharlas de histéricas", até porque "el modelo de un número reducido de comunicadores que emplean tecnologías poderosas para dirigirse a vastos públicos es, sin duda, pertinente a muchas situaciones actuales, sobre todo en los casos de una prensa, unos medios televisivos y un cine fuertemente centralizados.".[173]

Nessa linha, tendo-se em vista o poder social da imprensa, "cada vez mais um poder de poucos", e a necessidade de defender não só a liberdade de, mas também a liberdade face à imprensa, observa-se que o direito de resposta releva "justamente da divisão entre os detentores e os não detentores do poder informativo e visa conferir a estes um meio de defesa perante aqueles", que possuem autonomia editorial e liberdade de gestão.[174]

Como derradeira circunstância, convém assinalar o evidente e primordial papel que a publicidade, por meio dos anunciantes, desempenha. Hoje o jornal ou a revista são grandes empresas que veiculam propaganda de empresas médias (ainda) e grandes (preponderantemente), e ao preservar e realçar os valores dos anunciantes, reforça seus valores. Por fim, o "papel da imprensa [escrita] hoje é muito menos importante do que o papel dos meios de massa", rádio e televisão.[175]

Seja como for, ilustrativo o percurso da prossecução de interesses legítimos, cujo alcance era bem diverso, ao sabor das concepções histórico-políticas da primeira e da segunda metade do século XX. No início do século, o instituto estava limitado aos interesses individuais, num claro movimento de sístole. Apenas com a democratização da Alemanha Federal, a partir da Lei Fundamental de 1949, é que pôde servir à liberdade de imprensa, agora numa perceptível diástole.[176]

Este componente democrático, verdadeiro catalisador do instituto prossecução de interesses legítimos, merece referência mais de perto. Segue-se, para tanto, a original abordagem de Martin Kriele (a fundar a base do parlamentarismo na transposição da idéia de processo judicial ao processo político de legislação, consoante a história do

---

[173] WILLIAMS, *Historia*, p. 26, 28 e 31, respectivamente.

[174] MOREIRA, *Direito de resposta*, p. 9 e 10, respectivamente.

[175] SODRÉ, *História*, p. XIV.

[176] O tema é desenvolvido com detalhes infra, item II-5.1.1. Lembre-se que o "Syllabus do Papa Pio IX ensinou que a liberdade, garantida a todos, de tornar publicamente conhecidas todas as variantes e matizes de opiniões e modos de ver, conduziria à corrupção dos costumes e à peste do indiferentismo" (ZIPPELIUS, *Teoria*, p. 338), ao passo que marxismo dogmático apostou no "dirigismo da opinião pública".

parlamento inglês), que parte do princípio da maioria parlamentar, base de todo arcabouço democrático moderno.[177]

A maior probabilidade de encontrar a verdade, pedra de toque do princípio majoritário, depende da confrontação livre de argumentos e contra-argumentos (a pressupor a proteção das minorias e de seu direito de colaborar no processo de formação de opiniões políticas). Neste eixo, Kriele também assenta a noção de publicidade do processo parlamentar, a qual serve à representação em virtude da transparência das decisões, o que obriga à justificação de tais decisões e eleva a probabilidade de responsabilidade perante o bem comum, além de fortificar a legitimidade democrática.[178]

Neste sentido, a publicidade (e a representação por meio da justificação) só pode cumprir-se se a *imprensa* "informa acerca do essencial de cada situação de forma equitativa e imparcial". E o problema da concentração empresarial da imprensa gera um dever do Estado de rechaçar os perigos dos monopólios de opinião.[179] Mesmo porque o "poder econômico, que permite dispor da informação, é um privilégio não-democrático, com tendência a converter-se num novo tipo de soberania", atualmente o mais sério perigo para a democracia parlamentar, na visão de Kriele. Para que a constituição não seja destruída pelo ressentimento, as decisões políticas adotadas devem ser conhecidas. Os ressentidos "são os perdedores no procedimento judicial ou administrativo, aos quais resulta incompreensível a decisão e que, portanto, abrigam suspeitas sobre seus motivos".[180]

Rejeitando a idéia de que a finalidade dos direitos fundamentais seja puramente individual,[181] Kriele cita Thomas Emerson (o *old grand*

---

[177] KRIELE, *Introducción*, p. 262-6. A par da impossibilidade prática da ideal identidade entre quem manda e quem obedece (a maioria como um substituto para o princípio democrático de identidade), a "probabilidade de a maioria alcançar a verdade é algo maior, em grandes rasgos, do que a minoria". Por outro lado, um procedimento justo e razoável permitirá a necessária unidade acerca dos temas relevantes e das prioridades temporais e materiais (mesmo que se reconheça a tendência às oligarquias partidárias, pelo menos haverá uma pluralidade de elites concorrendo). Finalmente, e forte numa compreensão dialética do direito natural, a proteção das minorias é um limite ao princípio da maioria – que também contribui para elevar a probabilidade de encontrar a verdade.

[178] A transparência exige deliberação pública do órgão representativo do povo e justificação pública das decisões dos demais órgãos (KRIELE, *Introducción*, p. 267). Das raízes da livre formação da opinião pública, ZIPPELIUS, *Teoria*, p. 340-4, destaca "o relativismo político-ideológico, que não admite qualquer monopolização da pretensão de verdade, a confiança na racionalidade da discussão pública, a idéia liberal da livre concorrência e o equilíbrio recíproco das opiniões concorrentes [Stuart Mill], e, sobretudo, ainda a idéia democrática de que cada indivíduo deve participar ele próprio na formação da vontade à qual ele está subordinado.".

[179] KRIELE, *Introducción*, p. 268. Abandonou-se, é claro, a formulação liberal da liberdade de imprensa com seu pressuposto de um mercado econômico liberal, que produziria uma pluralidade multicolor de opiniões através de um mecanismo autorregulador tipo mercado.

[180] KRIELE, *Introducción*, p. 269.

[181] Estranha à clássica vertente inglesa, a remontar ao século XVII, acerca da unidade entre democracia e *rule of law*, "Estado de direito" – equívoco derivado de mirar a história constitucional alemã e francesa do século XIX (KRIELE, *Introducción*, p. 471).

man da doutrina dos direitos fundamentais na América), que exemplifica, com a liberdade de opinião, a quádrupla finalidade de tais direitos e da filosofia política subjacente: em primeiro lugar, o "individual *self-fulfillment*" (que planta tal liberdade como um fim em si mesma, independente de saber se seu uso favorece ou não outros fins políticos e sociais); por segundo, na linha do primeiro grande defensor da liberdade de imprensa (John Milton, *Areopagita*, 1644), a proteção das condições necessárias para o progresso em busca da *verdade*, a fim de que as opiniões corrijam-se mutuamente com o transcurso do tempo (progresso dialético, formulação clássica do pensamento liberal jusnaturalista anglo-americano). O terceiro fundamento é sua imprescindibilidade para a *decisão política* numa sociedade democrática (no paralelo com a decisão judicial, não pode haver comando justo e objetivo a menos que todos os participantes possam ter externado suas opiniões, o que vale tanto mais quanto mais complexas as relações sociais e econômicas) – este também é um argumento do repertório da velha tradição, esgrimido no século XVII pelo *chief justice* Hale frente a Hobbes; em quarto lugar, o fato de possibilitar um *equilíbrio entre estabilidade e mudança* (confronto de idéias, não de força, na tradição anglo-saxã de sacar conseqüências políticas da regra *trial and error*).[182]

Kriele agrega outros dois aspectos: um quinto é que o *controle democrático* dos órgãos do Estado pressupõe liberdade de opinião (vigilância da opinião pública e indignação pública em caso de violações funcionais); em sexto lugar, o reforço de *legitimidade*, ao alimentar esperanças de que as injustiças serão eliminadas no futuro e a confiança de que as decisões já adotadas serão expostas a exame crítico.[183]

Zippelius, ao destacar a "relevância política da opinião pública", cujo processo de formação possui importante função integradora, ressalta seu papel de "fundamento de legitimação de poder do Estado democrático, e isto no duplo sentido de que graças a ela o domínio não só é aceite em termos fácticos, mas também justificado", além da sua "função de controlo", pela qual a "chefia do Estado deve ser exposta à

---

[182] Thomas J. Emerson, *Toward a general theory of the first amendment*, "The Yale Law Journal", 1963, p. 72 e ss., *apud* KRIELE, *Introducción*, p. 472-4. A tradição é, no mínimo, homérica: na Ilíada, Canto I, 210-14, na primorosa tradução de Haroldo de Campos, quando Aquiles, turvado de ira, "entretanto ia sacando da bainha o gládio enorme" (contra o Atreide, chefe de homens, que o afrontara), é acalmado por Atena – "Vamos, pára essa briga! *Deixa em paz a espada! Insulta-o com palavras, sim, o quanto queiras.* Agora vou dizer-te o que se cumprirá: um dia hão de pagar-te o triplo em dons esplêndidos como preço da afronta. Acalma-te e obedece" (grifou-se). Daí a extrema tolerância no que tange ao embate político, particularmente alargada a liberdade de expressão? (*Ilíada*, p. 43).

[183] KRIELE, *Introducción*, p. 474. Novamente, o autor destaca que a idéia clássica de liberdade de imprensa vai posta em xeque pela "concentração da imprensa e a desaparição do mercado", com a inerente manipulação da opinião pública pelos grandes editores.

luz da opinião pública e submetida ao seu controlo", um fundamento que permita aos eleitores julgar e ajustar contas.[184]

O Tribunal Constitucional alemão considera que o bem protegido pela liberdade de imprensa não é apenas a liberdade individual, mas a imprescindibilidade da imprensa livre para a democracia. Segundo a fórmula jurisprudencial,"na democracia representativa, a imprensa é o órgão de controle e de conexão entre o povo e seus representantes no parlamento e no governo...".[185]

Outras classificações, por certo, são possíveis e coerentes. Nuno e Sousa, por exemplo, apresenta três funções primordiais da imprensa: a notória função de informação; a função de integração, ao congregar "a grande heterogeneidade de opiniões individuais em correntes de opinião" (a imprensa, espelho da sociedade, desde que suficientemente diversificada); e, perante o Estado, a função de controle e denúncia de eventuais abusos e corrupção.[186]

Aceitar a tarefa (ou função) pública da imprensa importa várias conseqüências jurídicas, destacando-se três do elenco de Nuno e Sousa, que vão na linha da presente investigação: reforço da proteção da imprensa que sirva preferencialmente a essa tarefa pública; caracterização da liberdade de imprensa como garantia institucional; tentativa de privilegiar a imprensa no domínio das notícias que, mesmo não-verídicas, seriam cobertas por causas justificativas (dirimentes penais).[187]

Segundo a teoria dominante, a liberdade de expressão (direito à livre comunicação espiritual, de fazer conhecer aos outros o próprio pensamento) abrange as expressões que influenciam a formação de opiniões, juízos de conteúdo valorativo, e não a comunicação de fatos

---

[184] ZIPPELIUS, *Teoria*, p. 345-50. A informação e a articulação da opinião pública se dão primordialmente pelos meios de comunicação de massa, o que se faz de forma estruturalmente seletiva (questão reprodução ou dirigismo da opinião pública – p. 351-4), certo que o destinatário não se eleva ao papel de interlocutor, antes ao de um "simples consumidor", quando não mero objeto (p. 355). A gestão da opinião traz o risco de "a democracia evoluir no sentido de uma 'telecracia'. (...) A 'dramaturgia' dos mass-média realça logo fortemente o escândalo político ora divertido ora repugnante", em que o homem de Estado passa a "actor do Estado" (p. 358).

[185] BverfGE, 20, 162, 175, *apud* KRIELE, *Introducción*, p. 477. A legitimar, portanto, medidas antimonopólio.

[186] SOUSA, N., *Liberdade de imprensa*, p. 25-7. "Constatado o papel da imprensa no Estado democrático para a formação da opinião e a discussão pública, que aliás lhe dá uma enorme força social, a liberdade de imprensa não mais se concebe, apenas, como uma liberdade individual, apresentando igualmente uma vertente institucional." (p. 33).

[187] SOUSA, N., *Liberdade de imprensa*, p. 36. Registre-se que o autor, concorde com sua validade no plano sociológico, não aceita o conceito jurídico de tarefa pública da imprensa, que "sublinharia em demasia a carga institucional da liberdade de imprensa" (p. 38). O que, na ótica da investigação, não acarreta nenhum problema. Nuno e Sousa afirma que o art. 38, 1 – CRP não constitui uma garantia institucional no sentido adotado desde os fins dos anos vinte na Alemanha (p. 71). Em realidade, concebe os arts. 37 e 38 da CRP como direitos fundamentais em sentido próprio, reconhecendo o duplo caráter do último: individual (direito subjetivo) e coletivo (elemento fundamental da ordem objetiva democrática e do Estado de Direito) – p. 73-4.

(informação).[188] Ao revés, a liberdade de imprensa abarca ambas as vertentes comunicacionais, o que não significa que a práxis jornalística não deva separar (identificar) informações e opiniões. Certo, como se verá, que o regime legal, mesmo em termos jurídico-penais, é diverso num e noutro caso.

Assente, por outro lado, que à liberdade de imprensa "vincula-se um conteúdo de verdade da notícia",[189] por ora bastando destacar que não estão garantidas a transmissão/reprodução consciente ou descuidada de notícias falsas e que, nalguns casos, a própria notícia verdadeira pode ser obstaculizada (choque com a privacidade, por exemplo). A liberdade de informação, ainda, pode ser tripartida, para efeitos didáticos: direito de informar, direito de ser informado e direito de se informar. Possui uma dimensão "jurídico-coletiva, ligada à opinião pública e ao funcionamento do Estado democrático, e um componente jurídico-individual: protege-se o legítimo interesse do indivíduo de se informar a fim de desenvolver a sua personalidade. Não só o princípio democrático explica tal liberdade, mas também releva o princípio da dignidade da pessoa humana; a antropologia biológica considera o 'desejo de saber' uma das características essenciais do homem". Num conceito amplo, ora adotado pela investigação, o direito de se informar abrange todas as fontes (acessíveis a todos), a incluir a generalidade dos possíveis veículos de comunicação de massa (imprensa, cinema, rádio, televisão), assim como "exposições, cartazes, folhetos, escritos luminosos, flâmulas em aviões" etc.[190]

Em suma, com Nuno e Sousa, "todo o indivíduo goza do direito em relação ao Estado de que não seja impedida a liberdade de informação, enquanto pressuposto da liberdade de expressão e da liberdade de opções políticas e sociais; todo o cidadão é titular da liberdade de imprensa, que não é monopólio da profissão jornalística".[191]

---

[188] SOUSA, N., *Liberdade de imprensa*, p. 137, onde ressalta a dificuldade de lidar com "pura comunicação de fatos" sem conteúdo valorativo e refere a teoria italiana das matérias privilegiadas (formas particulares de expressão do pensamento apenas sujeitas aos limites internos): religiosas, artísticas, científicas e políticas (p. 138). Tal noção, se não pode servir pela negativa (para sujeitar à restrição legal as demais formas de pensamento), é útil para gizar que "formas particulares de expressão são suscetíveis de provocar uma ampliação da esfera de liberdade, [pelo que] o direito fundamental poderá exigir em certos casos um reforço de proteção" (p. 140).

[189] SOUSA, N., *Liberdade de imprensa*, p. 144.

[190] SOUSA, N., *Liberdade de imprensa*, p. 151. Admitem-se restrições em caso de segredos de Estado, defesa nacional, segredo de justiça, informações que afetem gravemente a posição concorrencial de certas empresas (sigilo empresarial) e a vida íntima (e privada) dos cidadãos (p. 152). O elenco, por óbvio, ultrapassa o fôlego da investigação em curso, que se ocupará, apenas, da intimidade/privacidade.

[191] SOUSA, N., *Liberdade de imprensa*, p. 159. O autor, todavia, dedica o último capítulo do trabalho aos limites da liberdade de imprensa (p. 255-309).

1.3.3. Metrópole, colônia e o jornalismo luso-brasileiro

Num clássico do ensaísmo brasileiro que remonta a 1936,[192] ao discorrer sobre a vida intelectual na América Espanhola e no Brasil, compara-se o número de estudantes diplomados nas universidades hispano-americanas (estimado em 150.000) com o de naturais do Brasil (720 diplomados em Coimbra, entre 1775 e 1821, contra dez vezes mais, no mesmo período no México: 7.850 bacharéis e 473 doutores e licenciados).

"Igualmente surpreendente é o contraste (...) no que respeita à introdução de outro importante instrumento de cultura: a imprensa". Já em 1535 imprimiam-se livros na Cidade do México (1584 em Lima).[193] "Em todas as principais cidades da América espanhola existiam estabelecimentos gráficos por volta de 1747, o ano em que aparece no Rio de Janeiro,[194] para logo depois ser fechada, por ordem real, a oficina de Antônio Isidoro da Fonseca." Se, no Brasil, a imprensa só se vai efetivar no início do século XIX, com a transferência da Corte Portuguesa, por essa época o México já publicara 11.652 obras (a primeira imprensa periódica americana começa ali, a partir de 1671) e o Peru, 3.948 títulos. "Os entraves que ao desenvolvimento da cultura intelectual no Brasil opunha a administração lusitana faziam parte do firme propósito de impedir a circulação de idéias novas que pudessem pôr em risco a estabilidade de seu domínio.".[195]

De início, relativizem-se dois aspectos. Primeiro, que na própria metrópole, em face da Inquisição, houve refluxo na nascente arte gráfica:[196] dentre os mais de trinta mil portugueses vitimados (homens de pecúnia e intelectuais, em boa parte), sacrificou-se, como símbolo

---

[192] HOLANDA, Raízes...

[193] SODRÉ, História, p. 10, situa o aparecimento da imprensa (o que sugere, apenas, divergência de critérios) em 1539 no México, 1583 no Peru e, nas colônias inglesas, em 1650.

[194] SODRÉ, História, fixa o ano de 1746 para o "debut" de Antônio Isidoro da Fonseca, antigo e conceituado impressor de Lisboa, chegado à colônia provavelmente acossado por dificuldades financeiras. De toda sorte, sua oficina foi fechada em 1747 e pedido de reconsideração denegado em 1750 (p. 17 e 18).

[195] HOLANDA, Raízes, p. 119 a 121.

[196] Há embrião da imprensa portuguesa nos impressos medievais chamados de *folhas volantes* (como a *Gazeta* veneziana, a *Gazette* francesa e os *Currrent* ingleses), "Relações de Novas Gerais" ou "Notícias Avulsas", propriedades dos governos ou das classes poderosas. A primeira manifestação de jornalismo, todavia, surge em 1641, com a célebre *Gazeta*. A confirmar a importância, na história da censura, da presença da Igreja, muitas vezes aliada ao Poder Político, Portugal – mesmo pela forte ligação com o poder sacro – vivenciou a mão forte da censura desde os *privilégios reais*, ao tempo em que o Cardeal Infante D. Henrique era Inquisidor-Geral (inicialmente sobre livros, depois alargada para o teatro, sermões e meios de comunicação social). A *Real Mesa Censória* aprofundaria a experiência ao tempo do despotismo iluminado do período pombalino, ao passo que o início do século XIX conviveria com o incremento da liberdade de informar. A censura seria abolida em 1834, quando os limites seriam formulados legalmente e "ganha sentido a figura dos crimes de abuso da liberdade de imprensa" - Mário Ferreira Monte, no prefácio de PEIXE, *Lei de imprensa*, p. 16-8.

herético, o livro e a técnica de elaborá-lo.[197] Segundo, acerca do contraste entre a América Espanhola e a Lusitana, não foi por maior espírito de liberdade que a Espanha desenvolveu, deliberadamente, a produção cultural, mas pelo fato de ter encontrado culturas indígenas avançadas (astecas e incas), cuja complexidade representava efetivo perigo para a colonização – ao contrário dos indígenas brasileiros, cujas comunidades estavam na idade da pedra –, a gerar a necessidade de "implantar os instrumentos de sua própria cultura, para a duradoura tarefa, tornada permanente em seguida, de substituir por ela a cultura encontrada.".[198]

Nada obstante, a partir do final do século XVIII começam registros historiográficos de bibliotecas particulares (antes confinadas em mosteiros e colégios dos padres), cujos livros entravam na colônia, como na metrópole, de contrabando. Com a abertura dos portos, "os abomináveis princípios franceses" começaram a entrar em maior volume, provocando recrudescimento fiscalizatório.[199]

Não por acaso, a imprensa surge no Brasil por iniciativa oficial, quando do advento da Corte de D. João, consubstanciada no Ato Real de 31 de maio de 1808. Da Oficina da Impressão Régia, em 10 de setembro de 1808, saiu o primeiro número da *Gazeta do Rio de Janeiro*. Naturalmente, como "jornal oficial, feito na imprensa oficial, nada nele constituía atrativo para o público, nem essa era a preocupação dos que o faziam".[200]

Diferente, curioso e sintomático, foi o advento do *Correio Braziliense*, fundado, dirigido e redigido por Hipólito da Costa, em Londres, aparecendo o primeiro número em 1º de junho de 1808 – três meses antes da *Gazeta do Rio de Janeiro*, portanto. Justificou-se o editor:

---

[197] SODRÉ, *História*, p. 9, na qual destaca as três censuras que amarravam o livro em Portugal: a episcopal (ou do Ordinário), a da Inquisição e a Régia, exercida pelo Desembargo do Paço desde 1576, cuja superioridade era afirmada pelas Ordenações Filipinas. "Pombal, em 1768, encerrou esse regime, substituindo-o pelo da Real Mesa Censória, que vigorou até 1867." (p. 10).

[198] "O aparecimento precoce da Universidade e da imprensa, assim, esteve longe de caracterizar uma posição de tolerância. Foi, ao contrário, sintoma de intransigência cultural...", SODRÉ, *História*, p. 11. Aliás, tampouco os holandeses, que dominaram a área mais rica da colônia no século XVII, introduziram a imprensa – a sugerir que, antes dos impedimentos oficiais portugueses, eram as condições locais adversas que a retardavam, primordialmente a estrutura escravagista – idem, p. 16. Numa vertente sociológica, ao *epistemicídio* (assassínio do conhecimento) contrapõe-se a prática de uma *hermenêutica diatópica*: "As trocas desiguais entre culturas têm sempre acarretado a morte do conhecimento próprio da cultura subordinada e, portanto, dos grupos sociais seus titulares. Nos casos mais extremos, como o da exclusão europeia, o epistemicídio foi uma das condições do genocídio." (SANTOS, *Angelus*, p. 28).

[199] A provisão de 14 de outubro de 1808 ordenava aos juízes da alfândega que só admitissem a despacho livros ou papéis com a licença do Desembargo do Paço. SODRÉ, *História*, p. 14. Bem antes, em 1706, pequena tipografia que se instalara no Recife, para impressão de letras de câmbio e orações devotas, fora liquidada por Carta Régia de 8 de junho daquele ano (p.17).

[200] As queixas e a efervescência democrática não se podiam exprimir numa folha que extraía seu material da *Gazeta* de Lisboa e de jornais ingleses, selada pela revisão do Conde de Linhares, cuja finalidade era agradar à Coroa, da qual dependia – SODRÉ, *História*, p. 19 e 20.

"Resolvi lançar esta publicação na capital inglesa dada a dificuldade de publicar obras periódicas no Brasil, já pela censura prévia, já pelos perigos a que os redatores se exporiam, falando livremente das ações dos homens poderosos.".[201] Pretendia, tal jornal, assumida e declaradamente, influenciar na formação da opinião pública, preparar o Brasil para instituições liberais e melhores costumes políticos. Foi mais ou menos perseguido pelas autoridades portuguesas, avisadas pelo embaixador luso em Londres.

De particular relevo, a determinação do Conde de Linhares ao juiz da Alfândega, em 27 de março de 1809, a proibir a circulação do *Correio Braziliense*, refere-se expressamente às "calúnias contra a nação e o governo inglês", a par de "absurdidades sobre a economia política", centrada, a crítica de Hipólito da Costa, ao regime de monopólio que ainda discriminava os portos brasileiros ao comércio internacional – embora a abertura, em si, ainda que com restrições, tenha retirado muito da força do *Correio*.[202]

Torna-se inviável e inadequado, neste espaço, sequer traçar quadro razoável da história da imprensa no Brasil. Merecem referência, entretanto, os principais dispositivos legais.[203] A censura prévia fora abolida em 28 de agosto de 1821, e uma Portaria de 19 de janeiro de 1822 mandava não embaraçar a impressão dos escritos anônimos. Ainda em 1822, Decreto de 18 de junho assinado por D. Pedro I adotava os artigos 12 e 13 da Lei Portuguesa de 12 de julho de 1821 (julgamento por júri dos crimes de abuso da liberdade de imprensa). Após a independência, surge a primeira Lei de Imprensa brasileira, por decreto de 23 de novembro de 1823.[204] Já na fase republicana, o novo Código Penal englobava as disposições pertinentes à imprensa, matéria que lhe foi subtraída em 31 de outubro de 1923, pela Lei nº 4.743, que regulava os delitos contra a liberdade de imprensa.

---

[201] Apud SODRÉ, *História*, p. 20-8.

[202] Ora, a metrópole estava ocupada, em face da invasão francesa, e urgia permitir aos barcos estrangeiros abastecer a colônia, a par do interesse confluente dos grandes proprietários e da camada de comerciantes. "O atraso da imprensa no Brasil, aliás, em última análise, tinha apenas uma explicação: ausência de capitalismo, ausência de burguesia. Só nos países em que o capitalismo se desenvolveu, a imprensa se desenvolveu." SODRÉ, *História*, p. 28.

[203] Mesmo porque a referência, a ser consultada por quem deseja aprofundar-se, é a multicitada obra de SODRÉ, *História*. Para o período específico entre 1821 e 1823, no conturbado processo de independência, recente investigação histórico-jornalística é de particular interesse: LUSTOSA, *Insultos Impressos*. À fl. 41, "À perspicácia da geração de 1790, da qual faziam parte José Bonifácio de Andrada, José da Silva Lisboa (o visconde de Cairu) e Hipólito da Costa, Kenneth Maxwell atribui o fato de o Brasil ter sido poupado das agonias por que passou a América espanhola durante o século XIX. Eles eram legítimos representantes daquele elenco de intelectuais brasileiros que haviam brilhado em Coimbra e construído suas carreiras na perspectiva do engrandecimento do império luso-brasileiro."

[204] MIRANDA, *Lei de Imprensa*, p. 42 a 48. Segue-se no texto, sem minúcia, a resenha histórica do autor.

Com a Revolução de 1930, Getúlio Vargas baixa o Decreto nº 24.776 (14/7/34), a segunda lei de imprensa republicana, que seria alterada pela Constituição de 1937, outorgada pelo Estado Novo e que endurecia o regime (censura prévia etc., o que durou até 1945). A Constituição de 1946 revalidou o Decreto 24.776 (que seria finalmente revogado pela Lei 2.083, de 12/11/53, promulgada por Getúlio Vargas, agora eleito constitucionalmente).

Nova interrupção no regime democrático, com o golpe militar de 1964, redundou na atual legislação brasileira de imprensa, a Lei nº 5.250, de 09 de fevereiro de 1967, em plena época de exceção. Pesem algumas alterações, é o diploma que continua vigente, em discussão no parlamento, há anos, uma nova lei de imprensa, imposta pelo movimento de redemocratização.

Em Portugal, abolida a censura desde 1834, como alhures consignado, a imprensa desempenhava decisivo papel na deslegitimação da monarquia, o que levou à implantação da República, principalmente "com a divulgação dos sucessivos escândalos em que se via a família real". A vitória republicana implicou nova Lei de Imprensa, publicada a 28 de outubro de 1910. Ainda uma vez num papel decisivo, "a divulgação em massa dos escândalos do governo republicano" precipitou o golpe de 28 de maio de 1926, que instaurou o Estado Novo e restaurou a censura – embora o novo Decreto nº 12.008, de 29 de julho de 1926, salientasse a liberdade de imprensa (o Decreto nº 22.469, de 11 de abril de 1933, regulamentava a censura prévia às publicações gráficas).

Ao longo do século XX, fortaleceu-se um jornalismo de oposição, às vezes clandestino. Com o 25 de abril de 1974, também adveio nova Lei de Imprensa, o Decreto-Lei nº 85-C/75, de 26 de fevereiro.[205] Sem desconsiderar seu teor liberal e inovador, a longevidade do diploma de 1975 deu-se à custa de muitas alterações, que lhe foram minando coerência, sistematização e operatividade.

Finalmente, uma nova Lei de Imprensa: a Lei nº 2/99, de 13 de janeiro. Surge num ambiente preocupado com o "fenómeno da concentração, o papel dos grupos de interesses e grupos económicos, com a quase inevitável perversão ao nível da liberdade de imprensa"; com a parca leitura, em função da qual a "imprensa não pôde escapar a um certo sensacionalismo como condição necessária à própria sobrevivência, como referia Mário Mesquita 'a amnésia deontológica constitui a via mais segura para o sucesso'.".[206]

---

[205] Sucessivamente modificado pelo Decreto-Lei nº 181/76, de 9 de março; Decreto-Lei nº 377/88, de 24 de outubro; pela Lei nº 15/95, de 25 de maio (revogada, com execeção de seu art. 26, pela Lei nº 8/96, de 14 de março - Mário Ferreira Monte, no prefácio de PEIXE, *Lei de imprensa*, p. 19-21.

[206] ROCHA, *Nova Lei de Imprensa*, p. 11-2.

1.3.4. Formulações coevas: declaração e convenções internacionais

No grande marco do direito internacional do século XX, consagrou-se a liberdade de expressão no artigo 19 da Declaração Universal dos Direitos do Homem, de 10 de dezembro de 1948.[207]

Pouco depois, em 4 de novembro de 1950, o artigo 10 da Convenção Européia dos Direitos do Homem explicitou o regime jurídico-político adotado.[208]

Interessante notar que o Conselho da Europa vem encarando a liberdade de imprensa numa dupla perspectiva: como um direito fundamental da pessoa e "como um elo no processo de unificação européia".[209]

De teor similar o artigo 13 do "Pacto de San José de Costa Rica" (Convenção Interamericana dos Direitos do Homem, de 1969).[210]

Em todos os documentos internacionais, há o reconhecimento do princípio bem como da necessidade de, numa sociedade democrática, sujeitá-lo a restrições e punições.

Em Portugal, o regime vai previsto nos artigos 37 e 38 da Constituição da República Portuguesa, de 2 de abril de 1976, previstos alguns limites na legislação infraconstitucional: art. 8º da Lei nº 87/88, de 30 de julho, revista pela Lei nº 2/97, de 18 de janeiro (exercício da atividade de radiodifusão); artigos 20 e 21 da Lei nº 31-A/98, de 14 de julho (Lei da Televisão).

---

[207] "Todo indivíduo tem direito à liberdade de opinião e de expressão que implica o direito de não ser inquietado pelas suas opiniões e a de procurar, receber e difundir, sem considerações de fronteiras, informações e ideias por qualquer meio de expressão" (texto oficial português publicado no *Diário da República*, I Série, de 9-3-1978).

[208] Art. 10º - 1 "Qualquer pessoa tem direito à liberdade de expressão. Este direito compreende a liberdade de opinião e a liberdade de receber ou transmitir informações ou ideias sem que possa haver ingerência de quaisquer autoridades públicas e sem consideração de fronteiras. O presente artigo não impede que os Estados submetam as empresas de radiodifusão, de cinematografia ou de televisão a um regime de autorização prévia. – 2 O exercício destas liberdades, porquanto implica deveres e responsabilidades, pode ser submetido a certas formalidades, condições, restrições ou sanções, previstas pela lei, que constituam providências necessárias, numa sociedade democrática, para a segurança nacional, a integridade territorial ou a segurança pública, a defesa da ordem a a prevenção do crime, a proteção da saúde ou da moral, a proteção da honra ou dos direitos de outrem, para impedir a divulgação de informações confidenciais, ou para garantir a autoridade e a imparcialidade do poder judicial." (aprovada, para ratificação, pela Lei nº 65/78, de 13 de outubro). Vide também o artigo 19 do Pacto Internacional Relativo aos Direitos Civis e Políticos.

[209] ROCHA, *Nova Lei de Imprensa*, p. 19. Para uma referência mais acurada acerca do direito comunitário que se vai formando em torno dos artigos 8º da Convenção Européia (direito ao respeito pela vida privada e familiar), 9º (liberdade de pensamento, de consciências e de religião) e o citado artigo 10 (liberdade de expressão), vide BARRETO, *Convenção*, p. 180-214.

[210] No Pacto de Costa Rica, afasta-se a censura prévia, mas sujeita-se o exercício do direito à liberdade de pensamento e de expressão a responsabilidades ulteriores, fixadas em lei para assegurar o respeito aos direitos ou à reputação das demais pessoas, bem como a proteção da segurança nacional, da ordem pública, ou da saúde ou da moral públicas (item 2 do art. 13). Veja-se, ainda, o art. 9º da Carta Africana dos Direitos do Homem e dos Povos e a Recomendação da Assembléia Consultiva do Conselho da Europa, de 23 de janeiro de 1970, acerca dos "Meios de Comunicação Social e os Direitos do Homem".

2. Contexto epistemológico

> *Toda religião e toda filosofia deve, evidentemente, se basear no pressuposto da autoridade ou da exatidão de alguma coisa. (...) nesse espantoso dogma moderno da infalibilidade do discurso humano. Cada vez que um homem diz a outro: 'Diga-nos claramente o que quer dizer' está pressupondo que há um plano perfeito de expressão verbal para todos os humores e significados internos dos homens. Sempre que um homem diz a outro: 'Prove seu caso, defenda sua fé', está pressupondo a infalibilidade da linguagem; ou seja, está pressupondo que um homem tem uma palavra para cada realidade na terra, ou no céu, ou no inferno. Ele sabe que há na alma matizes mais desconcertantes, mais incontáveis e mais inomináveis do que as cores de uma floresta no outono; sabe que há, espalhados pelo mundo, executando serviço estranho e terrível, crimes que nunca foram condenados e virtudes que nunca foram batizadas. No entanto, acredita seriamente que todas essas coisas, em todos os seus tons e semitons, em todas as suas misturas e uniões, podem ser representadas de maneira adequada por um sistema arbitrário de grunhidos e guinchos. Ele acredita que um corretor de valores comum e civilizado pode realmente produzir com base em seus ruídos internos, que denotam todos os mistérios da memória e todas as agonias do desejo.*[211]

Há alguns pressupostos constitutivos da esfera particular de realidade sob investigação. Pretende-se, nesta altura, responder à seguinte indagação: a que condições deve atender o jurista (um estudioso e aplicador das ciências jurídico-criminais) para estruturar adequadamente a abordagem dogmática da prossecução de interesses legítimos?[212] A óbvia impossibilidade de elaborar-se uma teoria consistente, mesmo particular, não impede – antes sugere – que se destaquem alguns aspectos prévios à construção dogmática em tela, tópicos que influenciam em medida considerável a arquitetura do instituto.

Neste exercício fragmentário, a intenção é aclarar alguns fenômenos de direta incidência na delicada equação operada pela prossecução de interesses legítimos. Uma das principais críticas à figura penal analisada é sua relativa indeterminação, uma indisfarçável incerteza, *a*

---

[211] Chesterton, em seu estudo do pintor Watts, citado por MANGUEL, *No bosque do espelho*, p. 224-5.

[212] Deriva-se do conceito de Miguel Reale. Epistemologia como uma ontognoseologia (cujo problema essencial é o da correlação primordial entre pensamento e realidade, a teoria do conhecimento que se indaga entre o sujeito cognoscente e algo a conhecer) particular (teoria particular de cada ciência) – REALE, *Filosofia do Direito*, p. 28-32.

priori, acerca dos resultados práticos de sua intervenção. A verdade objetiva dissolver-se-ia num critério de informação diligentemente contrastada (ainda que falsa), cujos critérios, longe das leis penais, remeteriam para maleáveis "leges artis".

Nada obstante, essa é uma das maiores virtudes da prossecução de interesses legítimos, conseqüência de seu elemento dinâmico-evolutivo e de sua sintonia com considerável vertente do pensamento jurídico, filosófico, sociológico e político.

À demonstração.

2.1. Traços dinâmicos

O convite vai no sentido de partir-se de um fato estético e supor algo bem verossímil: que o sentimento das pessoas em geral diante de um quadro de Miró[213] é semelhante ao desconforto dos juristas ao terem que lidar com os conceitos indeterminados e as fissuras à certeza e segurança de seus sistemas.

A hipótese, que pode render bons frutos argumentativos: a pintura renascentista (e sua conquista da perspectiva tridimensional) está para os movimentos artísticos contemporâneos na mesma relação que se estabeleceu entre a centralidade legal cristalizada na codificação burguesa e o atual estágio de reflexão jurídica.

Portanto, uma análise da pintura de Miró, no que a diferencia do padrão renascentista, pode iluminar virtualidades da prossecução de interesses legítimos.[214]

Num sentido geralmente aceito, "o Renascimento criou a pintura. Fixou a arte que chamamos pintura hoje.".[215] Desenvolveu, com técnica admirável, de tal forma a representação do objeto (cuja presença intelectual desenvolveu-se à custa da utilização sensorial da superfície), ao conquistar o mistério da profundidade – através da terceira dimensão –, que anulou na superfície qualquer possibilidade de contemplação não estática por parte do espectador.[216]

---

[213] Juan Miró (1893/1983), pintor catalão que ocupa lugar cimeiro no universo dos artistas do século XX. Para maiores dados: ERBEN, *Miró*, 248 p. A discussão que segue pode ser visualizada, dentre tantas, na obra *O Ouro do Azul*, que se encontra na Fundação Joan Miró, em Barcelona (reproduzida à p. 177 da obra de ERBEN, *Miró*).

[214] A pintura de Miró é um pretexto metafórico, pelo que não há preocupação de rigor com os desdobramentos crítico-estéticos do tema. Vai-se acompanhar uma razoável interpretação de seu trabalho, oferecida pelo poeta brasileiro João Cabral de Melo Neto, que, ao tempo do serviço diplomático, conviveu intimamente com o pintor em Barcelona desde 1947.

[215] MELO NETO, *Miró*, p. 17.

[216] "A terceira dimensão em pintura anula a existência do dinâmico (...) porque para ser percebida, em sua ilusão, exige a fixação do espectador num ponto ideal a partir do qual, e somente a partir do qual, essa ilusão é fornecida", um ponto teórico que significou o "abandono do ritmo pelo equilíbrio", entendido como "estabilidade obtida por meio de uma correlativa

Assim, a convenção da pintura renascentista é a "ordem estática".[217] Seria possível outra forma de composição? Miró, na sua luta contra o estático, para fazer a superfície voltar a ser o "receptáculo do dinâmico", responde afirmativamente. Pugna contra o conceito limitado de compor (compor como equilibrar). Naturalmente, abandonou a terceira dimensão e, quase em simultâneo, aboliu a exigência de centro do quadro. Melhor, "lança-se contra qualquer hierarquização de elementos de seu quadro. À idéia da subordinação de elementos a um ponto de interesse, ele substitui um tipo de composição em que todos os elementos merecem um igual destaque. Nesse tipo de composição não há uma ordenação em função de um elemento dominante, mas uma série de dominantes, que se propõe simultaneamente, pedindo do espectador uma série de *fixações* sucessivas, em cada uma das quais lhe é dado um setor do quadro.".[218]

O ataque direto ao estatismo viria contra as leis que determinam a situação de um objeto na superfície: a relação entre o objeto e a moldura. Lava-se, pois, das leis tradicionais e, a seguir, explora e

---

distribuição de forças" (MELO NETO, *Miró*, p. 19-20). Gombrich confere sugestivo título ao início do século XV, em termos de história da arte: "A conquista da realidade". A Florença de Gioto e Dante reservaria a Filippo Brunelleschi (que coroou seu *Duomo*) uma momentosa descoberta que dominaria toda a arte dos séculos subseqüentes: a da perspectiva. Se os gregos compreendiam o "escorço", e os pintores helenísticos eram hábeis na ilusão da "profundidade", "ignoravam as leis matemáticas pelas quais os objetos parecem diminuir de tamanho ao se afastarem de nós" (GOMBRICH, *A História da Arte*, p. 223-9). Em socorro ao texto, o autor destaca o afresco de Masaccio que se encontra na igreja de Santa Maria Novella, Florença. O enorme mural (6,67 X 3,17m) foi "uma das primeiras pinturas produzidas de acordo com essas regras matemáticas" e um gesto da mão direita da Virgem "é o único movimento em toda a solene pintura. Suas figuras, de fato, parecem estátuas".

[217] Em termos similares, Boaventura de Sousa Santos, ao tentar responder a uma pergunta epistemológica crucial (o que tem importância, se é que o tem, enquanto representação? Quais as conseqüências de uma representação distorcida?), analisa quatro limites de representação utilizando, como um dos conceitos-chave, a noção de *perspectiva*. Na sua percepção, a proposta da modernidade assentava sobre dois pilares, o da regulação e o da emancipação, dualidade que se repete em nível de conhecimento: o conhecimento-emancipação (a implicar uma trajetória entre um estado de ignorância/colonialismo a um estado de conhecimento/solidariedade) e o conhecimento-regulação (que implica outra trajetória entre um estado de ignorância/caos a um estado de conhecimento/ordem) – ambos devem equilibrar-se de modo dinâmico. Todavia, a canibalização da emancipação social pela regulação social (...) traduziu-se, no plano epistemológico, pela primazia absoluta do conhecimento-regulação sobre o conhecimento-emancipação: a ordem passou a ser a forma hegemônica de saber e o caos passou a ser a forma hegemônica de ignorância" (SANTOS, *Crítica da Razão*, p. 209-13). No que tange à perspectiva, estabelece o grau de relevância na ciência moderna. Boaventura, reconhecendo a descoberta das respectivas leis matemáticas pelo arquiteto Brunelleschi, considera Leon Batista Alberti "o fundador da perspectiva de um só ponto na pintura da renascença (...) no seu tratado *De Pictura*, de 1435 [a obra de Masaccio, citada na nota anterior, é datada entre 1425-8]" (p. 216). O fato é que o quadro era concebido como uma janela, e a credibilidade da arte "ilusionista" reside na precisão matemática do ponto de vista do indivíduo – o que acarreta um custo muito elevado: a imobilidade absoluta do olhar. "A ilusão é real na condição de o quadro ser visto de um ponto de vista pré-determinado e rigidamente fixo. Se espectador mudar de lugar, a ilusão de realidade desaparece."

[218] MELO NETO, *Miró*, p. 24. "Ele multiplica quadros dentro de um quadro e obriga o espectador a uma série de atos instantâneos, a uma contemplação descontínua" (p. 25).

consolida as possibilidades dinâmicas da superfície. Sua "constante dinâmica" expressa-se pelo "poder da linha".[219] A linha é vista como mola propulsora, indicação, guia, norma da contemplação, a transformar em "circulação o que era fixação; em tempo, o que era instantâneo". Todavia, é preciso que as linhas do quadro sejam poderosamente fortes, para impor circulação, pois se não o forem e fracassarem como guia, "não obrigam ao espectador esse dinamismo visual, [e] todo o edifício do quadro desmorona".[220]

Aqui, "vossa memória não ajuda vossa contemplação, permitindo-vos adivinhar uma linha da qual apenas percebestes um primeiro movimento. Aqui não podeis adivinhar, isto é, dispensar, nada. O percurso tem de ser feito, e isso só pode realizar-se dinamicamente.".[221] Vale dizer, uma metódica contra o hábito dos resultados convertidos em lei, em receita (contra o automatismo intelectual que manipula soluções). Miró combateu, a seu modo, "o hábito das aparências construídas de maneira uniforme", a redundar numa "automatização da sensibilidade". Seu trabalho "não é uma fórmula teórica que dirige o pintor integrado na tradição. É a busca de uma harmonia, de um equilíbrio conhecido, que ele não sabe definir e sim reconhecer.".[222]

Por outro lado, sua disponibilidade inicial permite ao artista o "exercício de um julgamento minucioso e permanente sobre cada mínimo resultado a que seu trabalho vai chegando". Ao revés do automatismo psíquico do surrealismo, o espírito artesanal de Miró preferiu "o excesso de razão, de trabalho intelectual, na luta pelo autêntico", o que acarreta um problema especial: seu rigor não se apóia num elemento concreto, na lei, na norma exterior, cuja presença simplificaria o trabalho, resumido a uma fiscalização do resultado e na eliminação ou ajuste de tudo que não se adapte à regra, posta como realidade precisa e inalterável.[223]

---

[219] MELO NETO, *Miró*, p. 29. O crescente poder da linha: uma mancha de cor é uma superfície dentro de outra e pertence à categoria do estático – a atenção para apreendê-la não precisa realizar um ato temporal. A linha, pelo contrário, pertence à categoria do dinâmico e "exige, para ser percorrida, um movimento do espectador" (p. 30).

[220] MELO NETO, *Miró*, p. 31. Suas linhas aparecem com uma liberdade de destinação que desemboca na *surpresa*: "Vosso olho não pode prever, absolutamente, a seguinte direção de qualquer desses organismos", que "parecem burlar-se de vossos olhos automatizados, parecem interessados em livrar-se do caminho fatal que vosso olho automatizado, ou vossa mão automatizada de pintor deseja para eles, ao qual deseja condená-los" (p. 33).

[221] MELO NETO, *Miró*, p. 33.

[222] MELO NETO, *Miró*, p. 37. Esta é a luta permanente: "limpar seu olho do visto e sua mão do automático" (p. 38).

[223] MELO NETO, *Miró*, p. 40-3. "Onde se perde a certeza das normas integradoras, o indivíduo vê-se obrigado a decidir-se, por responsabilidade própria, a favor de um ou vários pontos de vista possíveis. Isto significa liberdade, mas também ônus de decisão e insegurança que a sociedade apenas suporta dentro de certos limites." (ZIPPELIUS, *Teoria*, p. 339-40). Às p. 51-5, o autor discorre sobre a dissolução de mundividências integradoras e a criação de certeza de orientação na "sociedade aberta".

Se não há no trabalho de Miró essa norma fixa de julgamento, nenhuma fórmula à qual ele deixe a missão de buscar tal solução, tampouco seu julgamento dispensa um critério de escolha e apreciação. Como sua harmonia é depurada de todo o costume, "não há soluções que signifiquem uma vitória mais longa que a de um momento. Cada milímetro de linha tem de ser avaliado." (é a luta contra o resultado da regra assimilado a ponto de hábito). A base de Miró é outra e simples: a validade de seus resultados, "vivo" é seu adjetivo. E a sensação de vivo "é o que existe de mais oposto à sensação de harmônico ou de equilibrado" (ao menos do equilíbrio estático). Seu mérito? "A descoberta desse território livre, onde a vida é instável e difícil, onde o direito de permanecer um minuto tem de ser duramente conseguido e essa permanência continuadamente assegurada".[224]

Arrisca-se, apesar de tudo, uma síntese da fórmula-Miró. Primeiro, uma luta contra todo um conjunto de leis rígidas, "para devolver ao pintor uma liberdade de composição [e a responsabilidade pela] há muito tempo perdida". Segundo, a continuidade de um sistema determinado pelo movimento, que se pode entender "como um desejo de dar caça à realidade". Terceiro, interessado em criar uma dinâmica para seu quadro, Miró "teve de ir simplificando, a um ponto de puros esquemas", o assunto de seus quadros.[225]

Outra imagem dos traços dinâmicos a transformarem a cultura renascentista poder-se-ia buscar na elipse da arquitetura barroca. No centro da Praça de São Pedro, em Roma, precisamente do *centro del colonnato* inscrito circularmente no chão, o observador que assuma tal ponto de vista verá apenas as colunas da primeira fila de qualquer dos semicírculos (as outras estão ocultas atrás das primeiras) – como se fosse o centro de um círculo perfeito marcado por pilastras. Entretanto, se "você se movimenta e começa a andar, as colunas que estavam ocultas vão saindo de trás uma das outras. O seu movimento de espectador é o movimento delas. Abre-se o leque, ou melhor, abrem-se os leques das colunas de mármore. A arquitetura – se era arte estática –

---

[224] MELO NETO, *Miró*, p. 44-7. Assim refere-se Faria Costa ao elucidar a legitimação como momento constitutivo e problema crítico do pensamento jurídico: "... para nós, nas comunidades humanas nada está perenemente legitimado (...) antes tudo se postula em modo de sucessivas, recorrentes e interconexas legitimações, que se não confundem exclusivamente com a legitimação através do consenso... A ordem jurídica não é seguramente o reino de Babel (exasperação absoluta do dissenso), mas também não é, com igual segurança, um feudo de imposto esperanto universal (exasperação absoluta do consenso), mesmo que racionalmente construído por todos os homens." (COSTA, *Perigo*, p. 30 e 33).

[225] MELO NETO, *Miró*, p. 48-9. Quanto ao movimento, o "fazer" é novo segmento onto-antropológico que entra em cena, ao lado do "ser" e do "ter", expressão do movimento constante – de um *perpetuum mobile* sem parança – e que encontra seu lugar de eleição na chamada comunicação social, conceito de COSTA, *Direito Penal da Comunicação*, p. 121-2.

começa a mover-se num balé de plenos e vazios, luz e sombra. Então, a pedra dança.".[226]

Parece evidente que um dos principais pressupostos dos grandes projetos de codificação do século XIX, estampados nos diplomas napoleônicos, é uma "ordem estática", uma regulação minudente da realidade social fixada em leis (descobertas pela razão) estáveis – e que conferiam certeza e segurança jurídica, o que era absolutamente conveniente à burguesia. Vitoriosa no arco revolucionário aberto no século XVII pela *Glorious Revolution*, passa pela Independência Americana e atinge o paroxismo com a Queda da Bastilha, já no final do século XVIII. Daí advém o positivismo legalista, para proteger o poder conquistado.

Canotilho refere que, no domínio jurídico, o "espetáculo" é o do *defluxo jurídico* (deslocamento da produção normativa do centro para a periferia, do "Estado" para a sociedade), a par da *des-legalização* (restituição das áreas ocupadas pelo direito estatal à autonomia dos sujeitos e dos grupos).[227]

Entretanto, é fato que a lei "se tem esvaziado de conteúdo normativo directo, remetendo cada vez mais para cláusulas gerais e de processos ulteriores de concretização".[228] Neste contexto, "o legislador está muitas vezes condenado a empregar fórmulas gerais, vagas e fluidas que lhe facilitam o compromisso na medida em que o sentido preciso da lei deixa de resultar da letra ou da sistemática desta, mas

---

[226] SANT'ANNA, *Barroco*, p. 17-8. A proeza, uma espetacular cena de *trompe-l'oeil*, é de Bernini e realiza concretamente uma "metáfora que sintetiza a passagem do mundo renascentista para o cosmo barroco. Um privilegia o centramento; outro o descentramento. Do ponto de vista renascentista, estando no centro do círculo, tudo parece ter uma ordem geometricamente perfeita. A visão cêntrica, o ponto de vista fixo, elide as colunas atrás das colunas. O universo esférico parece plano. Mas, ao se caminhar para fora do círculo, o movimento do corpo se transfere para os objetos e figuras do cenário. O que estava oculto, elidido, expõe-se. E o que era círculo estático se transforma numa elipse em movimento" (p. 18-9). A pintura barroca verá surgir as figuras alongadas de El Greco e as "anamorfoses", jogos visuais deformadores e enigmáticos, "que tiram a perspectiva e o ponto de fuga da frente ou do fundo do quadro, colocando-o nas laterais" (p. 26-7). Não por acaso, Boaventura de Sousa Santos utiliza o *barroco* como metáfora cultural para caracterizar a subjetividade da transição paradigmática (adiante, item 2.3), inspirado no "espaço de criatividade e imaginação" que ela abre, na "sociabilidade turbulenta" que promove, ao viver "confortavelmente com a suspensão da ordem e dos cânones, mas cuja "experiência de vida implica algum desconforto, já que carece das certezas evidentes das leis universais". Enfim, "o paradigma emergente é uma vertigem, cada passo deve ser dado com prudência" (SANTOS, *Crítica da Razão*, p. 330-33).

[227] CANOTILHO, *Teoria da Legislação*, p. 8. Por isto os modelos clássicos de regulação jurídica não poderiam fugir ao "trilema regulatório" (expressão de G. Teubner): 1) *incongruência* crescente entre o direito e a sociedade; 2) riscos de *superlegislação* da sociedade; 3) dissolução do direito em conseqüência da *hipersocialização* dos mecanismos jurídicos de regulação social (p. 13).

[228] HESPANHA, *Justiça e Litigiosidade*, p. 24. Convém a advertência de CANOTILHO, *Teoria da Legislação*, p. 20, de que a adoção de cláusulas gerais e de conceitos indeterminados suscita "questões jurídicas diversas consoante se trate de um direito com normas e princípios abertos como é o direito constitucional ou de um direito fundamentalmente informado pelos princípios da determinabilidade e tipicidade como é o direito criminal".

unicamente do processo ulterior de concretização da norma. Assim, as leis contemporâneas estão verdadeiramente recheadas do que se chama 'noções jurídicas imprecisas' que deixam uma larga margem de interpretação à administração e ao juiz: (...) tem-se em conta o 'interesse legítimo'...".[229]

Em virtude desse vácuo, florescem tecnologias disciplinares não-legais na periferia do sistema estatal, "no seio de instituições sociais ou de redes de relações auto-reguladas (...), redes estruturadas de actividades (deontologia comercial e profissional, v.g.), etc. São estas, de resto, as instâncias de normação e de resolução dos conflitos que garantem a fluidez da vida cotidiana. (...) a convivência se baseia em matrizes pré-estabelecidas, auto-reguladas e dotadas de mecanismos autónomos de controlo. Estes sistemas normativos 'locais' cobrem, embora de forma desigual, todo o tecido das relações sociais. No entanto, não são, em sentido forte, concorrentes do ordenamento jurídico estadual. Muitos autores têm, pelo contrário, salientado que a vigência destes ordenamentos supõe a eficácia paralela ou virtual da ordem jurídica do Estado.".[230]

Numa espécie de retorno medieval, o Estado contemporâneo tem a aprender com as intenções da Coroa em relação aos equilíbrios sociais estabelecidos: longe de os querer alterar, "queria arbitrá-los, assumindo-se não como centro único do poder, mas como pólo coordenador de uma sociedade politicamente policentrada".[231]

A prossecução de interesses legítimos, vitalizada no decorrer do século XX, insere-se adequadamente neste quadro, desenhando uma

---

[229] AUER, *Princípio da Legalidade*, p. 131. Prossegue o autor: "Tornou-se impossível prever os efeitos concretos e as conseqüências práticas da lei por meio de uma simples leitura desta. O emprego freqüente de noções jurídicas imprecisas constitui uma espécie de delegação legislativa de facto, de que, de mais a mais, não é o executivo, enquanto cabeça da administração, quem beneficia, mas os agentes administrativos, bem como os juízes que controlam a sua actividade.".

[230] HESPANHA, *Justiça e Litigiosidade*, p. 27. Trata-se de uma frente de deslegalização que revaloriza a autonomia privada e "corporativa" (grupos ou redes sociais dotados de estruturas normativas autônomas e auto-reguladas) – p. 34.

[231] HESPANHA, Da 'Iustitia' à 'Disciplina', p. 318. Essencial, para tanto, era garantir aos juristas um grau máximo de mediação, "obtido através de uma máxima autonomia de julgamento" (penas arbitrárias), que se entronca num tópico: "o da correção do direito (*ius*) pela eqüidade (*aequitas*)" (p. 319), aliás de consabida raiz aristotélica. Vide, também, SCHIERA, *Poder e Instituições*, p. 143-53, especialmente 148-50 (policentrismo do poder em âmbitos autônomos). Ainda, HESPANHA, *Poder e Instituições*, p. 85: o discurso jurídico construído "sobre princípios que lhe permitem uma grande ductibilidade e capacidade de adaptação às situações concretas", decorrência de seu "carácter tópico", vale dizer, de os princípios doutrinais "não serem considerados como manifestações definitivas de uma razão jurídica universal e geralmente válida, mas apenas como ponto de apoio da argumentação que, perante cada caso concreto, deviam ser postos à prova e contrapostos com outros princípios eventualmente contraditórios. Assim, cada princípio jurídico é objeto de um uso chãmente funcional: utilizado num contexto argumentativo, pode ser afastado num outro, sem que, com isso, a doutrina incorra na censura de cair em contradição.". Tal discussão metodológica abriu-se, modernamente, pelo clássico de VIEHWEG, *Topica y Jurisprudencia*.

figura ampla, relativamente maleável, a devolver dinamismo (por dupla via: pelo envio formal de parte da resolução dos problemas para o campo da auto-regulação deontológica, e pelo seu próprio fundamento dinâmico-evolutivo, que lhe confere identidade no seio de outras causas de justificação) à superfície onde contendem os bens e valores jurídicos em causa (as liberdades fundamentais de expressão e informação e os direitos fundamentais à honra e à privacidade).[232] E se o mar é revolto e longe se está de navegar com tranqüilidade, bem se pode lançar mão de bóias de sinalização, tão dinâmicas quanto as linhas do artesão catalão.[233]

Como a liberdade do pintor foi resgatada por Miró, um instituto do jaez da prossecução de interesses legítimos não prescinde da construção jurisprudencial de resultados que se legitimam racionalmente na adequada solução do caso concreto. Sem que se possa, de antemão (pela inoperância de leis rígidas), prever a exata composição do quadro, a responsabilidade pela decisão não se dissolve no automático silogismo da fórmula legal (não socorre a tradição). Antes precisa percorrer cada milímetro das linhas até encontrar a harmonia depurada do costume, a pressupor – e a garantir – o dinamismo também do jurista, que simplesmente não pode aplicar a matemática estática da velha perspectiva. A ebulição da vida, enfim, não é sufocada pela moldura.

A série de fixações sucessivas e de dominantes simultâneos proposta por Miró com certeza não escandaliza, nos lindes jurídicos, aqueles que perquirem a metódica constitucional e visam a resolver o problema da colisão de direitos fundamentais com a harmonização, ponderação, concordância prática e igual valência normativa.[234] Talvez ainda precise de uma tradução mais específica do fenômeno em nível penal. Mas não se trata disso mesmo, de penetrar a dogmática penal, com sua venerável tendência a uma rígida gramática, com os pulsares de vida colhidos da política-criminal?[235]

---

[232] Confiram-se os desdobramentos dogmáticos *infra*, itens 5.2.6 (e 5.2.9) e 5.3.1, respectivamente.

[233] Alguns tópicos convergentes são desenvolvidos em detalhe *infra* no capítulo 5.3. Também as esferas da privacidade são móveis, numa dinâmica em torno da tipicidade (adiante, II-3.4). O então presidente da Assembléia da República António Moreira Barbosa de Melo manifestou, quanto à justa e adequada regulação dos direitos da pessoa na sociedade informacional aberta e de alta mobilidade e competição, a bondade da "renúncia ao ideal Oitocentista da codificação e pelo recurso generalizado a *standards*, a tipos, a exemplos..." (*Seminário Os direitos da pessoa e a comunicação social*, p. 20).

[234] Veja-se o capítulo II-1, especialmente itens 1.4 a 1.9, *infra*.

[235] Neste viés, Roxin, tendo definido a ilicitude como o âmbito da solução social de conflitos (no choque interesses individuais e globais, p. 30), afirma que é "através das causas de justificação que a dinâmica das modificações sociais adentra na teoria do delito" (p. 48-9), mesmo porque as razões permissivas modificam-se constantemente (p. 51) e "a ordem jurídica como um todo contribui para a formação desses direitos de intervenção, que harmonizam a liberdade individual com a necessidade social" (p. 52), e cuja tarefa sistemática aponta para a redução da massa

E, numa tomada de posição, a realidade como um território livre, prenhe de vida instável e difícil, parece melhor retratada nas linhas dinâmicas do que no ponto fixo de perspectiva cristalizada. Trata-se de assumi-la com coragem e maturidade.[236]

Também a vislumbrar na instabilidade e na incerteza novas respostas estruturadas de acordo com um paradigma mais complexo – e institutos que se adaptem à escritura em fluxo e pluralista serão virtuosos, na imagem dos "rapsodos gregos" e na figura da rede (ao invés da pirâmide) – insere-se a hipótese literária de Massimo Vogliotti. Descabido aprofundar aqui as implicações do giro de percepção, o autor propõe uma metáfora, a partir da mesma perspectiva fixa da renascença, com a pintura de Cézanne (e dos cubistas), que rompe com o ponto de vista único e que faz o objeto visual nascer num espaço fluido, na soma de diferente atos perceptivos, organizando num conjunto os plúrimos pontos de vista.[237] Uma epistemologia que fundamenta as virtualidades da prossecução de interesses legítimos.

---

das justificantes ao catálogo, bem menos numeroso, de princípios ordenadores materiais, de organização social (p. 53-5). Um trabalho, entretanto, que se não pode fazer "subsumindo sob descrições fixadas conceitualmente" (p. 60), antes há de se esboçar uma "fenomenologia das relações fáticas típicas" de cada excludente de ilicitude, como um mapa que terá nos princípios "linhas diretoras normativas (...) como indicações do caminho a seguir" (p. 61). Lembra, ainda, que a "dinâmica das causas de justificação acarreta, por sua própria natureza, um relaxamento no princípio *nullum-crimen*", embora permaneça o limite (moldura?) do princípio da determinação (p. 64), assim que o desenvolver de tais princípios "não pode liberar-se dos parâmetros do legislador" (p. 66) – ROXIN, *Política Criminal*.

[236] "De um modo geral, admite-se que a primeira visão humana do mundo foi a de uma desordem: sensações fragmentadas, desestruturadas (...) As mais antigas visões de mundo que conhecemos, entretanto, não são deste tipo. O intelecto humano dá sentido às coisas e, se for o caso, erra por excesso de coerência (...) Pluralismo e caos são mais difíceis de perceber – mais difíceis, talvez, de entender e, certamente, de aceitar – do que monismo e ordem." Seja de um ângulo histórico, seja de vertente antropológica, "as antigas visões de mundo parecem notavelmente sistemáticas, como o 'tempo do sonho' dos aborígenes australianos, no qual foi fiado o inseparável tecido de todo o universo". Os etnógrafos do século XIX e início do XX tropeçaram no seu próprio modelo mental de progresso do desenvolvimento humano: animismo a preceder o politeísmo, que antecedeu o monoteísmo; magia a preceder a religião, que antecede a ciência. A confusão teria vindo primeiro; categorias e sistema, depois. "Hoje parece que o oposto é verdadeiro. A busca de coerência é uma das características inatas que tornam humano o pensamento humano. Não há nenhum povo conhecido pela moderna antropologia sem isso. 'Um dos mais profundos desejos humanos', disse Isaiah Berlin, 'é encontrar um padrão unitário em que a experiência como um todo seja simetricamente ordenada'. (...) Equilíbrio [visão binária] e coesão [monismo] são as características do mundo segundo suas mais antigas descrições." A verdade é o que contribui para o equilíbrio/coesão, numa visão de mundo unificada e definitiva, uma segurança uterina contra a incerteza (FERNÁNDEZ-ARMESTO, *Verdade*, p. 46-8). Noutro contexto, mas em sentido convergente: "Somos criaturas ordeiras. Desconfiamos do caos. As experiências chegam até nós sem um sistema reconhecível, sem motivo inteligível, com generosidade cega e descuidada. Contudo, diante da própria evidência do contrário, acreditamos na lei e na ordem." (MANGUEL, *No bosque do espelho*, p. 164).

[237] VOGLIOTTI, *La "rhapsodie"*, p. 20 e nota 45. Massimo Vogliotti, da Faculdade de Direito da Universidade do Piemonte Oriental, atualmente pesquisador em Saint-Louis, Bruxelas, no brilhante artigo intitulado "A Rapsódia: fecundidade de uma metáfora literária para repensar a escritura jurídica contemporânea. Uma hipótese de trabalho para o campo penal", relata, de início, um protesto de quinhentos magistrados franceses, que, em 19 de janeiro de 2001, num

Por outro lado, no espaço do dito "paradigma oficial", Ferrajoli aceita como tarefa da ciência jurídica o que foi sinalado por Bobbio num ensaio de 1950: a realização da unidade, da coerência e da plenitude do ordenamento – desde que fique claro que estes aspectos de fato não existem. "Não existe a coerência, estruturalmente excluída pela possível produção de normas vigentes mas inválidas por contrastarem com os princípios de liberdade constitucionalmente estabelecidos. Não existe a plenitude, assim mesmo excluída pela possível não-produção das normas ou atos impostos pelos direitos sociais, também esses de nível constitucional. E não existe sequer a unidade, pois o sistema de fontes viu-se transtornado pela intervenção de fontes supra ou extra-estatais cuja localização no interior do ordenamento é sempre incerta e opinável.".[238] Em sentido convergente, Jakobs adverte que o humanismo contemporâneo carece de um conteúdo de aperfeiçoamento em torno do qual seria possível fixar o modo de vida do *uomo universale*. O sujeito, livre da tutela paternalista, deve decidir por si mesmo (e ostentar esta responsabilidade) em qual contexto levará a cabo o intento de configurar sua vida. Esse vazio de conteúdo, se por um lado fomenta a tolerância, por outro não esconde a "desintegração parcial da sociedade sob o pálio do 'pluralismo' ou do 'multiculturalismo'; seria mais sincero falar-se de uma sociedade-marco, com distintas sociedades parciais nela contidas.".[239]

2.2. Limites: verdade, conjetura e viragem lingüística

A falsidade de um juízo não se pode constituir, em nosso pensamento, numa objeção a ele. Esta poderia ser uma das afirmações mais surpreendente de nossa linguagem. A questão é saber em que medida este juízo serve para conservar a espécie, ativar, enriquecer e manter

---

gesto escandaloso, jogaram os código penais nas janelas da Chancelaria, aos pés do poder político, denunciando falta de meios para aplicar nova lei sobre presunção de inocência e contra a lógica produtivista exigida diante da explosão de litígios. Um símbolo do protagonismo da magistratura na sociedade civil e política de nossos dias. Da simples "bouche de la loi", no paradigma monista de absoluta supremacia do legislativo (a jurisdição como atividade puramente técnica), ao risco da "tirania de uma minoria" (aristocracia politicamente irresponsável) – numa pobre lógica oscilatória. Um gesto que afrontou a idéia moderna de Código, obra da razão, coerente e completa, de linguagem clara e precisa (lógica linear e binária, que separa criação e aplicação do direito, direito substancial e processual etc.). Refere a crise do princípio da legalidade no direito penal, que representava o espaço segundo um único ponto de vista (do legislador) e o tempo instantâneo (a criação jurídica num momento fundador, o código) – tudo fissurado pela realidade da crescente importância do fluxo de escritura jurídica (pluralidade de fontes e jurisprudência, v.g. constitucional, normas penais em branco), pela lógica da urgência e do efêmero. Diante do que é possível reagir dentro do paradigma oficial, como pretende o garantismo, de assumida raiz positivista e a apostar na clareza da lei como fonte única, ou aceitar a bondade da reacomodação paradigmática.

[238] FERRAJOLI, *Derechos*, p. 33.

[239] JAKOBS, *Ciencia*, p. 13 e 27. Por isso o autor vislumbra os direitos fundamentais como "condição de funcionamento numa sociedade pluralista", não como um "vínculo de união".

> *a vida. (...) o homem não poderia viver sem as ficções da lógica, sem associar a realidade com a medida do mundo puramente imaginário do incondicionado e sem falsear constantemente o mundo por meio do número. Renunciar a juízos falsos equivaleria a renunciar à vida, renegá-la. Admitir que o não-verdadeiro é a condição da vida é contrapor-se corajosamente ao senso comum que se tem, em geral, a respeito dos valores. Uma filosofia que se permita tal ousadia se coloca, somente por este fato, além do bem e do mal.*[240]

É importante observar mais duas questões que interpenetram o tema investigado: os limites da linguagem como tentativa de refletir o real e os procedimentos aceitos de apuração da verdade.

A primeira questão reveste a epígrafe do presente capítulo. Pode-se afirmar, com Fernández-Armesto, que todo uso da linguagem representa uma tentativa de refletir o real (dar nomes é a forma mais simples de adequar a linguagem à realidade), o que tem assumido diversas formas ao longo dos milênios. Na história da verdade proposta pelo historiador de Oxford, há quatro classificações, de acordo com a tendência dominante do período: a verdade "que se sente" (detectada afetivamente ou por percepção não-sensorial e não-racional); a verdade "que nos é dita", intermediada por diversas fontes de autoridade; a verdade "da razão" (o racionalismo como reação aos conceitos que prevaleciam anteriormente); e a verdade "que se percebe através dos sentidos" (uma dupla história, da ciência e do empirismo). Todas seguem uma trilha de desilusão, no fio histórico, e a verdade "está agora sendo vista em geral, como algo relativo, vazio, ou que [não] merece ser perseguido".[241]

Contudo, há que se livrar da armadilha pessimista da incredulidade pós-moderna, "resgatando a crença em verdades objetivamente verificáveis", visto que não há "ordem social sem confiança, e não há confiança sem verdade ou, no mínimo, sem procedimentos aceitos para apuração da verdade".[242]

Trata-se, na prossecução de interesses legítimos, não da "Verdade", (cientes de seus limites) mas de um conceito objetivamente

---

[240] NIETZSCHE, *Além do Bem e do Mal*, 4, p.22. Adiante, nº 34, p. 59: "... Deve-se confessá-lo, a vida não seria possível sem toda uma engrenagem de apreciações e aparências, e se se suprimisse o 'mundo aparente', com toda a indignação voltada contra ele por certos filósofos, supondo-se que isto fosse possível, nada restaria tampouco de nossa 'verdade'. Pois o que nos obriga a admitir que exista uma parede divisória entre o 'verdadeiro' e o 'falso'? Não bastaria admitir graus de aparência, como que falasse de matizes e harmonia, mais ou menos claros ou obscuros, valores diferentes para empregar a linguagem dos pintores?"

[241] FERNÁNDEZ-ARMESTO, *Verdade*, p. 18-21.

[242] FERNÁNDEZ-ARMESTO, *Verdade*, p. 23 e 17, respectivamente. Alguma referência de verdade urge, mesmo para que um "público de vanguarda" não dissolva todos os critérios de aferição, num relativismo exasperado que conduz à paradoxa "tradição do novo" de que falava o paladino da pintura americana Harold Rosemberg (num artigo do *New Yorker* de 6/4/1963) – cf. GOMBRICH, *História da Arte*, p. 611. Parece possível, de fato, identificar, pela negativa, "estratégias de mentira, disfarce, abusos de linguagem", como faz ECO, *Mentira*, p. 7, a percorrer os locais onde a linguagem entra em curto circuito e se contradiz a si própria, "explondindo em ambiguidades e discrepâncias".

verificável, a verdade como informação diligentemente contrastada. Uma verdade aproximada que se legitima por uma relação de confiabilidade, já que "a verdade da imprensa é por definição uma verdade precária – sua força não virá jamais da veracidade total, de resto impossível, mas de sua transparência em lidar com as limitações que lhe são congênitas.".[243]

Miguel Reale, numa visão filosófica que é vedado aprofundar neste trabalho, mas cuja natureza crítica é infensa a privilegiar tanto o pólo do *sujeito* como o do *objeto* do conhecimento (a procurar compreender sua essencial correlação) indaga, através de lente metafísica, acerca do *pensamento conjetural* – já que a conjetura tem desempenhado "função das mais relevantes na história das idéias, às vezes reduzido ao 'pensamento problemático', outras ao 'metafórico', quando me parece constituir um gênero abrangente de distintas formas de pensar segundo presunções, ou razões de plausibilidade".[244] Dá, assim, suporte filosófico ao conceito operacional de verdade assumido pela prossecução de interesses legítimos (e que tolera, até, ainda que "a posteriori", conviver com o falso), "não se confundindo mais verdade com certeza, conforme se dá quando se considera científico tão somente o que é verificável ou possa ser objeto de teste experiencial".[245]

---

[243] BUCCI, *Ética e Imprensa*, p. 52. Confira-se o item, *infra*, II-5.2. Ao tratar do horizonte atual do tema "dignidad humana y derechos de personalidad", Ernst Benda refere o processo crescente de "tecnificación" da ação pública, a tentanção administrativo-burocrática, no afã do planejamento, de invadir a esfera privada das pessoas. A programação, como um projeto sistemático de uma ordem racional sobre as bases de todo o conhecimento disponível, está a acarretar o risco da despersonalização (o homem como mero objeto dos projetos estatais). O pior é que o consenso técnico-científico cada vez mais tende a prescindir do debate político-social. A pretensão de decisão correta, mercê de análise científica irrecusável, não pode concorrer com alternativas de igual valor. "Carece de sentido discutir sobre outras alternativas quando a verdade é única (...) A pretensão de uma verdade absoluta é estranha à democracia; esta é *cada vez mais digna de confiança e mais incerta*. Dignidade humana supõe poder-se decidir conscientemente entre alternativas. Também o erro pode ser um passo em direção à verdade. Não só se tolera, senão que inclusive se respeita o erro, já que ninguém pode estar seguro acerca de onde se encontra o erro, onde a verdade." (BENDA, *Manual*, p. 137-141).

[244] REALE, Miguel. *Verdade*, p. 13-4.

[245] REALE, *Verdade*, no prefácio à edição portuguesa, onde cita (da 3ª ed. alemã da obra de Karl Popper "A lógica da pesquisa científica") velho escrito de mais de 2.500 anos, de Xenófanes: "No início, os deuses não revelaram tudo aos mortais; / com o correr do tempo, todavia, procurando, encontramos o melhor. / Verdades indubitáveis, o homem não alcança e nenhuma virá a alcançá-las, acerca dos deuses e das coisas a que me refiro. / E se alguém viesse a proclamar a Verdade, em toda a sua perfeição ele próprio não saberia disso: tudo é uma teia de suposições." (p. 11-2). Preciosa síntese da original abordagem de Reale forneceu o próprio autor, em conferência intitulada "A semiótica e o pensamento conjetural" e proferida na abertura do XIII Colóquio Internacional de Semiótica Jurídica (São Paulo, agosto de 1997). Os estudos semióticos redundaram no abandono da rígida separação entre asserções dotadas de sentido ou sem sentido (*meaningless*) – sequer na matemática há linguagem plenamente segura (há proposições plausíveis mas indemonstráveis), a par da lógica paraconsistente que abstrai do *princípio da não-contradição* (a respeito das limitações da lógica aristotélica, vide também FERNÁNDEZ-ARMESTO, *Verdade*, p. 123-30) – donde "a atenção dispensada à '*vaguidade*' ou à '*indeterminação*', como algo de insuperável na cognição científica". Assim, ao invés de ignorar essa realidade, a semiótica "se esmera em dar-lhes estatuto próprio na teoria da linguagem, apurando-lhes

Esta vertente pode arrastar, por sua vez, para o que se tem chamado de "viragem lingüística" (*linguistic turn*), nas tensas relações ente a filosofia e a linguagem ao longo da história do pensamento ocidental.[246] Em termos de hermenêutica jurídica, o "sujeito interpre-

---

cuidadosamente o sentido, para que, não obstante sua indeterminação, sejam objeto de rigorosas cautelas lógico-lingüísticas em sua aplicação". Neste contexto, "não há como confundir *conjeturar* com mero devaneio ou uma *suposição gratuita*", pois na conjetura "a razão, aliada à imaginação criadora, visa a ir além da experiência, formulando suposições plausíveis porque fundadas na experiência, e jamais em contradição com ela, a fim de responder a perguntas que emergem necessariamente da experiência mesma, o que faz parecer, em relação a esta, um pensamento paralelo e metafórico". Enfim, no que encaixa à perfeição com a prossecução de interesses legítimos, trata-se "de uma forma de pensar que, sem abandono do rigor plausível, nos liberta das retortas do que é certo ou certificável, reconhecendo-se o valor também do verossímil" (REALE, *Horizontes*, p. 173-9).

[246] Em linha de rápida resenha, segue-se STRECK, *Hermenêutica*. Parte, o autor, do "Crátilo" Platônico (388 a.C.), que defendia o naturalismo (cada coisa tem seu nome por natureza, o *logos* está na *phisys*) contra a posição sofística do convencionalismo (tal ligação é arbitrária, p. 97-102). Em Aristóteles, a questão está na *adequatio* (conformidade entre a linguagem e o ser), a pressupor uma ontologia – acreditava "que as palavras só possuíam um sentido definido porque as coisas possuíam uma essência" (p. 103). Assim, tanto no idealismo platônico quanto no essencialismo realista aristotélico, a verdade está preservada da corrupção e da mudança: o absoluto preside o esforço filosófico da metafísica, do século IV a.C. ao século XIX de nossa era (p. 105). O embate prossegue, com a continuidade da tradição metafísica e com reações à busca da essência e da coisa em si – cabível referir, ao menos, a originalidade da concepção de Santo Agostinho das palavras como signos (p. 107), do nominalismo de Ockham (para quem só há individuais particulares, não passando os universais de palavras (p. 108). Locke, no seu *Ensaio* sobre o entendimento humano, oferece uma classificação tripartida para as ciências: física, prática e semiótica (signos, palavras e idéias, como instrumentos de outras ciências) - p. 110-11. Também o nominalismo de Berkeley insere-se nas relevantes contribuições para a discussão da linguagem. Hume iria desferir outro golpe na metafísica, ao negar a realidade objetiva da causalidade, do mundo e do sujeito (p. 113). Kant continua a conferir um caráter auxiliar/subsidiário à linguagem (p. 115). Com Nietzsche haveria uma ruptura do paradigma metafísico-essencialista (numa de suas célebres frases, "fatos é o que não há: há apenas interpretações" (p. 117), uma ruptura entre o conhecimento e as coisas. O "primeiro" giro lingüístico ocorreria com os trabalhos de Hamann-Herder-Humboldt, precursores do "rompimento com o paradigma instituído pela filosofia da consciência" (p. 119), ao reconhecer que a linguagem tem um papel constitutivo em nossa relação com o mundo – a linguagem como abertura e acesso ao mundo (fontes gadamerianas). Seguir-se-iam a semiologia de Saussure (a inaugurar a lingüística moderna, p. 125-9) e a semiótica de Peirce com sua "ideoscopia": primeiridade, secundidade e terceiridade (o signo como mediação de suas redes de classificações triádicas, p. 130-6). A "viragem lingüística" passa pelo rompimento com as concepções metafísico-ontológicas, de modo que a linguagem não é mais vista como uma "terceira coisa que se interpõe entre o sujeito e o objeto, formando uma barreira que dificulta o conhecimento humano de como são as coisas em si mesmas" (p. 137-8). Na segunda metade do século XX, a passagem da filosofia da consciência para a filosofia da linguagem traz vantagem objetiva, segundo Habermas: romper o círculo aporético em que o pensamento metafísico se choca com o antimetafísico (p. 140). Dentre as principais correntes, o autor destaca o neopositivismo lógico do Círculo de Viena; Wittgenstein, para quem não existe um mundo em si, independente da linguagem, "somente temos o mundo na linguagem" (p. 144); e a filosofia da linguagem ordinária (comum). O giro lingüístico generaliza-se, sendo a linguagem tema comum de reflexão das diversas abordagens filosóficas contemporâneas: a hermenêutica de Heidegger; a pré-compreensão de Gadamer; a teoria da ação comunicativa de Habermas. Liberta da ontologia (já que não se acredita possa o mundo ser identificado com independência da linguagem), a hermenêutica é concebida como "uma incômoda verdade", que nem é uma verdade empírica, nem uma verdade absoluta, mas "uma verdade que se estabelece dentro das condições humanas do discurso e da linguagem" (p. 153). Inexorável, pois, a mediação lingüística, "onde a hermenêutica e a pragmática passam a ocupar o

tante" está inserido no mundo, lingüisticamente constituído, "de onde é impossível a emergência de um cogito desindexado da tradição". Relevante, neste contexto, será o horizonte de sentido proporcionado pela Constituição e sua principiologia.[247]

No que interessa ao tema investigado, o primado da linguagem permite algumas reflexões: a) "as palavras da lei são constituídas de vaguezas, ambigüidades, enfim, de incertezas significativas. São, pois, plurívocas"; b) o intérprete não contempla o objeto (textos, fatos sociais), mas já é alguém inserido na linguagem da qual o objeto faz parte; c) "a interpretação é uma nova leitura das normas jurídicas e cada caso será uma nova aplicação", sendo que a "fusão de horizontes [entre o texto/realidade e o intérprete] dará passagem a algo sempre imprevisível e novo"; d) a tarefa de fundamentar a pré-compreensão do jurista é acometida à Constituição;[248] e) o caráter crítico da hermenêutica "exsurge justamente da transformação que ocorre no mundo a partir de sua interpretação/nomeação"; f) "as escolhas interpretativas disponíveis aos juristas são limitadas pela tradição, porém, não são absolutamente determinadas por ela", devendo colocar-se a tradição numa relação dialética com a criatividade e a crítica.[249]

2.3. Transição paradigmática e tolerância

Ainda noutra paragem epistemológica vislumbra-se utilidade para a prossecução de interesses legítimos. É dado de percepção geral a crise da sociedade moderna, sendo uma de suas facetas mais visíveis a crise de aplicação da justiça, no bojo de transições paradigmáticas mais amplas.[250]

---

centro do palco" (a feliz expressão é de Manuel Maria Carrilho). Numa referência específica ao Direito Penal, Costa Andrade situa o confronto entre a contemplação (e verdade) e a *poiese* (e autoridade) nas vias de acesso ao direito, dos afloramentos gregos, passando pelo pensamento medieval e enfatizando Luhmann: a positivação do direito e a necessidade de redução da complexidade através do sistema político, tendo a sociedade de tolerar a insegurança e a dissidência, superando-a através de decisões – ANDRADE, *Consentimento*, p. 32-6.

[247] STRECK, *Hermenêutica*, p. 199 e 214-28, respectivamente.

[248] Para uma referência às dimensões teórico-lingüísticas da interpretação das normas constitucionais, CANOTILHO, *Direito Constitucional*, p. 1134-5.

[249] STRECK, *Hermenêutica*, p. 228-52. Sugestivamente, o autor encerra com uma peroração: "Hermenêutica é experiência. É vida! É este o nosso desafio: aplicá-la no mundo da vida!". Continua a parecer fecunda a analogia entre tal jurista e o pintor de Miró, com seu "vivo" e válido resultado, limitado pela moldura (tradição), mas indeterminado em face do dinamismo de seu fazer criativo (dialética aberta para o novo).

[250] A humanidade atravessa um período de transição. Immanuel Wallerstein, que foi presidente da Associação Internacional de Sociologia entre 1994-1998, argumenta que se vive um "momento de bifurcação do sistema e de grande instabilidade, cujo resultado é o fim de nossas certeza e da crença no progresso. Mas, também, simultaneamente, a possibilidade de criar um mundo mais democrático e igualitário." Essa a suma da conferência que pronunciou em Praga (1997), sob o título *Uncertainty and creativity* – WALLERSTEIN, *Incerteza*, p. 5-8.

Acredita-se que o paradigma da modernidade, cientificista, de leis causais rigorosas, de um determinismo mecanicista, apresenta já rachaduras irrecuperáveis – a relatividade da simultaneidade (Einstein), a alteração do objeto pelo observador (física quântica, Heisenberg), a teoria das estruturas dissipativas, a ordem através de flutuações (Prigogine), e muito mais, a clamar por um paradigma emergente, científico (um conhecimento prudente) e social (uma vida decente). Trata-se de um conhecimento que é sempre autoconhecimento e que visa a constituir-se em senso comum: "Tenta, pois, dialogar com outras formas de conhecimento deixando-se penetrar por elas.". É um senso comum retórico e metafórico, que "não ensina, persuade", no qual "a prudência é a insegurança assumida e controlada".[251]

Boaventura de Sousa Santos, que se orienta para uma concepção pós-moderna do direito, postula um espaço pautado pelo princípio da *transição paradigmática*, que quer "ampliar o conhecimento dos paradigmas em presença e promover a competição entre eles de modo a expandir as alternativas de prática social e pessoal e de lutar por elas". Nesta transição, o Estado tem uma dimensão providencial em "promover a pluralidade e a permeabilidade das identidades pelo incentivo à confrontação entre os dois paradigmas (...) Não se trata de obter a transparência total nas relações sociais, mas antes de lutar sem limites contra a opacidade que as despolitiza e desingulariza (...) Daí que na transição paradigmática se tolere a imperfectibilidade das palavras e dos cálculos se ela se traduzir numa maior razoabilidade e equidade das acções e das consequências".[252] Configura um espaço para a tolerância, complacente com a livre expressão de opiniões e com a livre divulgação de informações – um espaço de circulação de idéias e vigilante contra a opacidade das relações sociais.[253]

---

[251] SANTOS, *Discurso*, p. 55-7. A idéia forte do autor é chegar-se ao conhecimento prudente para uma vida decente, um novo senso comum (uma tópica de emancipação): ético (solidário), político (participativo) e estético (reencantado) – SANTOS, *Crítica da Razão*, p. 100-10. Socorre, ainda, Miró, contra (em diálogo com) o matematismo estático e na busca do autêntico resultado (vivo), que se prova a cada milímetro de linha (prudência como insegurança – na falta de leis rígidas – assumida e controlada). O termo *pós-modernidade* vem sendo utilizado na falta de outro melhor: surgiu em querelas literárias na década de 30 nos Estados Unidos e progressivamente foi sendo apropriado pelas ciências sociais – CANOTILHO, *Direito Constitucional* (1996), p. 12; na arte, foi o jovem arquiteto Charles Jencks que introduziu a discussão, em 1975, cansado do funcionalismo da arquitetura moderna (GOMBRICH, *História da Arte*, p. 619).

[252] SANTOS, *Pela mão de Alice*, p. 277, 281, 293 e 297-8, respectivamente. Quase um programa para o jornalismo investigativo...

[253] "Em Cloé, grande cidade, as pessoas que passam pelas ruas não se conhecem. Ao verem-se imaginam mil coisas uma das outras, os encontros que poderiam verificar-se entre elas, as conversas, as surpresas, as carícias, as ferroadas. Mas ninguém dirige uma saudação a ninguém, os olhares cruzam-se por um segundo e depois afastam-se, procurando novos olhares, não param. (...) Assim entre os que por acaso se encontram juntos a abrigar-se da chuva debaixo de um pórtico, ou se apinham debaixo de um toldo de um bazar, ou param para ouvir a banda no coreto da praça, consumam-se encontros, seduções, ligações, cópulas, orgias, sem que troquem uma palavra, sem que se toquem com um dedo, quase sem se olharem. Uma vibração de luxúria

Ao discorrer sobre as ambivalências da opinião pública moderna, Esteves destaca que os modelos clássico e moderno do "espaço público partilham uma componente comunicacional: a ideia de que o esclarecimento resultará da prática argumentativa". Na busca de definir uma "verdadeira" prática comunicacional (racional e emancipadora) lançam-se alguns critérios orientadores, forte em Habermas: 1º o não-fechamento do *público*, a deixar em aberto a possibilidade de um alargamento ilimitado dos sujeitos; 2º o não-fechamento *temático* das discussões, e 3º a *paridade* na argumentação (igualdade de estatuto conferida aos participantes).[254]

Embora a igualdade na titularidade dos direitos fundamentais, todas as pessoas são de fato *diversas* uma das outras, por diferenças de sexo, raça, língua etc. Segundo Ferrajoli, as *diferenças* (naturais ou culturais) são os traços específicos que diferenciam e ao mesmo tempo individualizam as pessoas, e, enquanto tais, são tuteladas pelos direitos fundamentais. Já as *desigualdades* (econômicas ou sociais) são as disparidades entre sujeitos produzidas pela diversidade de seus direitos patrimoniais.[255]

Tolerância é um valor muito caro e necessário, e que está na raiz mesma da prossecução de interesses legítimos, que aporta uma palavra, com a especificidade simbólica do discurso jurídico-penal, de incentivo ao diálogo epistemológico travado no respeito pelo outro e pela diferença.[256] Insere-se, tal discurso, num plano de ambiência cultural mais amplo, cuja ética vem sendo delineada por muitos.

---

move continuamente Cloé, a mais casta das cidades." (CALVINO, *As Cidades Invisíveis*, p. 53). Vide o movimento das cidades, conectadas por rotundas: "As *metrópolis* cada vez mais beneficiam a velocidade e o deslocamento. Numa linguagem simbólica, há mais ruas do que praças. 'Juntos, individualismo e velocidade, amortecem o corpo moderno; não permitem que se vincule'. Nos automóveis, a cidade contemporânea procura conforto, segurança, rapidez e solidão." (PASQUALINI, *Público*, p. 32-3). Restaria indagar se a comunicação social poderia aproximar tais pessoas...

[254] ESTEVES, *Ética da comunicação*, p. 203-5.

[255] FERRAJOLI, *Derechos*, p. 82. As primeiras concorrem para formar a *identidade* de cada pessoa; as segundas, formam suas diversas *esferas jurídicas*. Em ambos os casos, a *igualdade* está conectada aos direitos fundamentais: aos de liberdade, enquanto direito a igual respeito a todas as "diferenças"; aos sociais, enquanto direito à redução das "desigualdades" (p. 83).

[256] "Em 1721, com uma ingenuidade fingida que não escondia a acidez do sarcasmo, Charles-Louis de Secondat perguntou-nos: 'Persas? Mas, como é possível ser-se persa?' Vai já para trezentos anos que o barão de Montesquieu escreveu as suas famosas *Lettres Persanes* (...) continuamos a não entender como foi *possível* a alguém ter sido 'persa' e, ainda por cima, como se já não fosse desproporcionada tal extravagância, persistir em sê-lo hoje, quando o espectáculo que o mundo oferece nos pretende convencer de que só é desejável e proveitoso ser-se aquilo que, em termos muito gerais e artificiosamente conciliadores, é costume designar por 'ocidental' (...) Ser 'persa' é ser o estranho, é ser o diferente, é, numa palavra, ser *outro*. A simples existência do 'persa' tem bastado para incomodar, confundir, desorganizar, perturbar a mecânica das instituições (...) A mesma névoa que impede ver pode ser também a janela aberta para o mundo do outro, o mundo do índio, o mundo do 'persa'... Olhemos em silêncio, aprendamos a ouvir, talvez depois, finalmente, sejamos capazes de compreender." – SARAMAGO, *Chiapas, nome de dor e de esperança*, p. 209-14.

Umberto Eco, por exemplo, parte das migrações como fenômeno forte do terceiro milênio e discorre sobre a tolerância e o intolerável.[257] Realizou-se em Paris, em 1997, um grande "Foro Internacional sobre a Intolerância", promovido pela Academia Universal das Culturas. Elie Wiesel, filósofo romeno Prêmio Nobel da Paz (1986) e presidente da Academia, logo no prefácio da coletânea, consigna: "Ausência de linguagem, a intolerância não é apenas o instrumento fácil do inimigo; ela é o inimigo. Ela nega toda riqueza veiculada pela linguagem. Quando a linguagem fracassa, é a violência que a substitui. A violência é a linguagem daquele que não se exprime mais pela palavra. A violência é também a linguagem da intolerância, que gera o ódio.".[258]

Na conclusão, diante de todos os casos de intolerância relatados, ressalta "a importância primordial do papel da informação que os cidadãos devem receber. A ética da mídia assume uma dimensão preponderante.".[259]

2.4. A comunicação social e o espetáculo: espelhos e cifras

A pergunta, ao cabo: a comunicação social, em realidade, tem condições e/ou está disposta a servir como instrumento de maximização da liberdade e da tolerância?

---

[257] ECO, *Cinco escritos morais*, p. 103-24. Uma proposta estética, no campo literário, formulou Ítalo Calvino, num "approach" de tolerância cujos valores deveriam iluminar a comunicação social: leveza, rapidez, exatidão, visibilidade, multiplicidade e consistência - CALVINO, *Seis propostas*. Trata-se das "Norton Lectures", promovidas desde 1926 pela Universidade de Harvard (um ciclo de seis conferências no decorrer de um ano letivo). Calvino fora o primeiro convidado italiano, para o ano 1985-1986, de uma plêiade que contou com Eliot, Stravinsky, Borges). Tendo falecido antes da partida para a América, o título ficou em inglês (*six memos for the next millennium*), e a sexta lição ("Consistency") não chegou a ser escrita.

[258] WIESEL, *Intolerância*, p. 7. Mário Soares, ainda presidente da República, dizia, acerca do debate fundamental entre liberdade de imprensa e direitos fundamentais, que os portugueses querem "viver numa sociedade aberta, numa sociedade livre, numa sociedade de tolerância (...) e, sobretudo, numa sociedade solidária" (*Seminário Os direitos da pessoa e a comunicação social*, p. 170). BECK, *Democracy*, p. 122-40, analisa "how neighbours become jews: the political construction of the stranger in the age of Reflexive Modernity" e, num item crucial, como o estereótipo do estrangeiro transforma-se no "estereótipo do inimigo".

[259] BARRET-DUCROCQ, *Intolerância*, p. 269. O capítulo 4 da obra discutiu "A Ética das Mídias" (p. 245-62). Yves Derai, diretor da *Tribune Juive*, cita uma recente sondagem de opinião a mostrar que, na Europa, "são os franceses, antes dos italianos, os que mais duvidam da autenticidade das informações difundidas" pela mídia, embora 70% dos franceses acompanhe com interesse, muito ou bastante grande, as notícias (p. 248-9). Lembra, por outro lado, que a "tolerância não deveria ser colocada sobre um pedestal. A ação de tolerar vem de aceitar com reticências. De fato, quando se tolera, não se ama. Quando se trata de nosso próximo, prefiro uma noção bíblica: a de fraternidade, por exemplo". Compare-se com a assertiva de Jakobs: "a justificação pode afastar o ilícito, mas não a *soziale Auffälligkeit* da conduta", a singularidade social do evento, sua repercussão (*infra*, capítulo II-2).

É notável que se vive numa sociedade escópica, que padece da pulsão do olhar.[260] Boaventura de Sousa Santos propõe interessante metáfora especular, ao afirmar que as sociedades, tal como os indivíduos, usam espelhos e fazem-no de um modo mais feminino do que masculino (?). Ou seja, "as sociedades são a imagem que têm de si vistas nos espelhos que constróem para reproduzir as identificações dominantes num dado momento histórico. São os espelhos que, ao criar sistemas e práticas de semelhança, correspondência e identidade, asseguram as rotinas que sustentam a vida em sociedade. Uma sociedade sem espelhos é uma sociedade aterrorizada pelo seu próprio terror.", a desembocar na "crise da consciência especular: de um lado, o olhar da sociedade à beira do terror de não ver reflectida nenhuma imagem que reconheça como sua; do outro lado, o olhar monumental, tão fixo quanto opaco, do espelho tornado estátua que parece atrair o olhar da sociedade, não para que este veja, mas para que seja vigiado.".[261]

De modo simples, é possível inferir que a comunicação social, ao *calar* (seja por censura ou efeito de arrefecimento), provoca o terror social da ausência de imagem, crise de identidade/transparência, curto-circuito no regime democrático e no próprio autodesenvolvimento da personalidade individual. Mas ao *distorcer* deliberadamente ou *desrespeitar* com negligência as esferas pessoais da honra e da privacidade, torna-se estátua, um conglomerado negocial a manipular a vida das pessoas.[262]

---

[260] Noutro contexto, mas sugestivamente: "a televisão está a produzir uma mutação, uma metamorfose, que interessa à própria natureza do *Homo sapiens*. A televisão não é apenas instrumento de comunicação; é também, ao mesmo tempo, *paidea*, um instrumento 'antropogenético', um *media* gerador de um novo *anthropos*, de um novo tipo de ser humano." (SARTORI, *Homo videns*, p. 28). O autor postula que a profusão de comunicação visual degrada a capacidade de abstração e, portanto, a própria essência da espécie humana, como animal simbólico.

[261] SANTOS, *Crítica da Razão*, p. 45-6.

[262] Vide, respectivamente, itens I-1.3 e II-5.2.8. Borges, sob a rubrica "Os espelhos abomináveis", apresenta, na "História Universal da Infâmia", a cosmogonia do tintureiro mascarado Hakim de Merv. No princípio, "há um Deus espectral (...) imutável, mas sua imagem projetou nove sombras (...) e assim [em sucessivas reproduções] até 999. O senhor do céu do fundo é o que nos rege – sombra de sombras de outras sombras – e sua fração de divindade tende a zero. A terra em que habitamos é um erro, uma incompetente paródia. Os espelhos e a paternidade são abomináveis, porque a multiplicam e afirmam. O asco é a virtude fundamental. (...) O paraíso e o inferno de Hakim não eram menos desesperados. 'Aos que negam a palavra, aos que negam o Véu Incrustado e o Rosto (diz uma imprecação que se conserva da Rosa Escondida) prometo um Inferno maravilhoso, porque cada um deles reinará sobre 999 impérios de fogo, e em cada império 999 montes de fogo, e em cada monte 999 torres de fogo, e em cada torre 999 soalhos de fogo, e em cada andar 999 leitos de fogo, e em cada leito estará ele e 999 formas de fogo (que terão seu rosto e sua voz) o torturarão para sempre.' Em outro lugar corrobora: 'Aqui na vida padeceis em um corpo; na morte e na Retribuição, em inumeráveis". O paraíso é menos concreto. 'Sempre é noite e há pilares de pedra, e a felicidade desse paraíso é a felicidade peculiar das despedidas, da renúncia e dos que sabem que dormem.'." (BORGES, *Obras Completas*, vol. I, p. 357-8). Impossível melhor retrato da crise de consciência especular, que pode assaltar a vítima do pelourinho da comunicação social (ver itens II-5.2.7 e o *Lebach-Urteil* – II-1.3) ou turvar de eterno sono noturno a possibilidade de as pessoas expressarem-se ou participarem da vida comunitária.

Esteves também destaca a *estrutura especular* dos *media*, assumida em face da sua natureza específica e para preservar sua autonomia, um "campo formado pelos reflexos projectados pela multiplicidade de perspectivas que se confrontam no seio das sociedades modernas" e que dissemina, pelos demais campos sociais, seus processos rituais.[263]

Quer-se, neste passo, destacar que toda a construção liberal a fundamentar a liberdade de imprensa – como princípio inegociável que existe em função de beneficiar a sociedade democrática em sua dimensão civil e pública – pressupõe um regime de concorrência de mercado, "de um modo minimamente não viciado". Isso se esgarça em face da "inequívoca tendência de monopolização da mídia", contra a qual, a fim de preservar a diversidade, combate por exemplo a Comissão Federal de Comunicações dos Estados Unidos (*Federal Communications Comission*, FCC).[264]

O perigo maior – a par da manipulação direta do perfil jornalístico pelo departamento comercial das empresas (numa luta darwiniana pela sobrevivência), dos conflitos de interesse (promiscuidade com o poder) e da corrupção nua e crua – talvez venha do que se pode chamar de disfunção da cultura do entretenimento, dominada pela lógica do espetáculo, a desembocar em figuras de *contaminação*, metáfora para significar os "fenómenos de desinformação e confusão resultantes da contiguidade das formas discursivas da ficção e da não-ficção, da publicidade e do jornalismo".[265]

---

[263] ESTEVES, *A Ética da comunicação*, p. 158-9. Os princípios básicos do processo de ritualização dos *media* são a *dessacralização* e a *transparência* (p. 161). O valor pragmático de suas *funções expressivas* sintetiza-se no que a filosofia analítica apelida de "forças ilocutória e perlocutória da linguagem", que projetam o discurso "além do nível meramente constatativo, conferindo-lhe *capacidades performativas*." (p. 163). No limite aporético desta força pragmática "real e simulacro tornam-se uma e mesma coisa" (p. 168).

[264] BUCCI, *Ética e Imprensa*, p. 12-3. Números da década de 80 apontavam o impressionante aparato de meios de comunicação de massa nos EUA: 1700 jornais diários, 11 mil revistas, 9 mil estações de rádio, 1000 estações de TV, 2500 editoras de livro, 7000 estúdios de cinema. A maior parte dominada, hoje, por cinqüenta corporações! Um caderno especial da prestigiada *The Economist* (21/11/98) destacou o que chamou de "oligopolização" do setor na economia globalizada, por sete grupos: Time, Warner, Walt Disney, Bertelsmann, Viacom, News Corp, Seagram e Sony. Quando se atenta para a recente fusão da *Time-Warner*, engolfada, a seu turno, pela *American Online* (compra anunciada em 10 de janeiro de 2000 – transação aprovada pela FCC em 11 de janeiro de 2001) e no gigante grupo de comunicações e Internet criado (*Zero Hora*, ed. 13/1/2001, p. 17), é preciso reavaliar a premissa do livre mercado de idéias.

[265] MESQUITA, *Problemática*, p. 116. Caso clássico de conflito de interesses referiu o então presidente da República, Mário Soares, ao encerramento do seminário: "uma certa promiscuidade não assumida entre jornalistas e o poder, originada por profissionais da imprensa que se instalam nos gabinetes dos membros do Governo, dos secretários..." (p. 168). Exemplo histórico de corrupção foi denunciado, no Brasil, por Rui Barbosa, ao comentar documento do ex-presidente Campos Sales, que se referia à considerável redução nas subvenções públicas à imprensa, entre 1901 e 1902, "e a simples leitura dos jornais, sobretudo a escandalosa reviravolta que se operou na atitude de alguns deles com relação ao Governo, deixam ver com a maior evidência que as subvenções tinham quase cessado". No ácido comentário de Rui Barbosa, diante do que chamou de "confissão": "Benigna atitude? É que os jornais estão subvencionados. Atitude hostil?

Interessante observar o mapa de estrutura-ação das sociedades capitalistas no sistema mundial sugerido por Boaventura de Sousa Santos. Dentre seis espaços estruturais que têm autonomia conceitual, destacam-se dois: a) o espaço de *produção*, que se institui na fábrica e na empresa e cuja dinâmica é a maximização do lucro (também da degradação da natureza); b) o espaço do *mercado*, que se institucionaliza no mercado, tem como unidade de prática social o cliente-consumidor e cuja dinâmica é a maximização da utilidade e da mercadorização das necessidades. A forma de poder, neste último espaço, é o "fetichismo das mercadorias" e o "consumismo e a cultura de massas" sua respectiva epistemologia.[266]

O símbolo deste perigo foi a referida fusão entre a *Time* (empresa jornalística) com a *Warner* (empresa de entretenimento). Ora, o negócio dos "conglomerados da mídia *não é exclusivamente o jornalismo*, e, em alguns casos o jornalismo é mesmo um departamento secundário, de sorte que os velhos critérios baseados na hipótese do 'mandato' do leitor já não são suficientes.". O desafio ético-jurídico, entretanto, é perceber a dualidade que se abre entre entretenimento e jornalismo: "De um lado, entretenimento e recreação, de outro, a necessidade de informar e orientar para ajudar o público a formar a opinião e o consenso democráticos.".[267]

A prossecução de interesses legítimos, ao assumir a distinção (aos efeitos de afastar-se do sensacionalismo e do escândalo), é mais um instrumento de depuração de um jornalismo que se vai deturpando em prolongamento do espetáculo.[268]

É que já não estão subvencionados os jornais. Melhora a linguagem das gazetas? Sinal claro de que as subvenções engrossam. Piora? Sinal certo de que se adelgaçaram. (...) Quem o diz (...) é um antigo presidente da República Brasileira, que, criminado por indiscretos de corromper jornalistas, se descarta a si mesmo da tacha de corruptor, dardejando contra o jornalismo a de habitualidade na corrupção." (BARBOSA, *A imprensa e o dever da verdade*, p. 31-41).

[266] SANTOS, *Crítica da Razão*, p. 254.

[267] BUCCI, Ética e Imprensa, p. 119-23. O autor cita o professor francês Bernard Miège, que divisa quatro estágios ou idades da imprensa: 1º) o da imprensa de opinião (nascida em meados do século XVIII), marcada pela presença literária e pelo estilo polêmico; 2º) a imprensa comercial (a partir da metade do século XIX), vinculada à publicidade e ao atendimento do público como consumidor; 3º) os meios audiovisuais de massa (século XX), um espaço público alargado na ótica de consumidores em massa; 4º) a era das relações públicas generalizadas (por volta dos anos 1970), em que a informação é previamente processada antes de entrar nas redações (p. 194-5).

[268] Essa tendência não se resume aos campos do lazer e do divertimento, mas perpassa a própria cidadania, um ingrediente a mais na lógica do espetáculo: "O livre debate das idéias políticas (...) passa muito bem hoje por fora da comunicação mediada pelo jornalismo: passa pela publicidade e pelo marketing". Os direitos fundamentais vão transformados em mercadoria consumida por uma cidadania privatizada (BUCCI, *Ética e Imprensa*, p. 190-3). É preciso "investir na autonomia da narrativa jornalística *em oposição* às formas de narrativa já desgastadas pelo entretenimento" (p. 146).

Mesmo um autor como Coderch, que se apóia incisivamente na metáfora do *livre mercado de idéias*, título de uma das obras que dirigiu, e aposta na fecundidade da análise econômica dos limites à liberdade de expressão, reconhece a pertinência do que chama de "crítica interna", pois no mercado de idéias reina a competição imperfeita, quando não impera o oligopólio puro e simples.[269]

A imagem, de fato, é de John Stuart Mill (*Essay on Liberty*, 1859), uma das figuras centrais da economia clássica inglesa. Para Mill, todos "os sistemas de organização da vida social são transitórios. Não existe um conjunto de instituições válido para qualquer tempo e lugar.".[270] Insurgiu-se contra a ameaça de que a autonomia do indivíduo viesse a ser sacrificada no altar da obediência à autoridade (quando as restrições, em tese representando o ponto de vista da comunidade, ultrapassam o limite do razoável e tornam-se opressão). Assim, defendeu a "importância da diversidade de opinião, da experimentação moral e da liberdade de escolha como valores essenciais da existência humana". Citando exemplos como Sócrates e Jesus Cristo, mostrou como a pressão da "mediocridade coletiva" sufocava a criatividade e conduzia a uma "uniformidade domesticada de pensamento".[271]

A justificativa de Mill para a liberdade de expressão é assim descrita por Dworkin: "se alguém é livre para propor qualquer teoria de moralidade privada ou pública, não importa quão absurda ou impopular ela possa ser, é mais provável que a verdade surja do mercado de idéias resultante, e a comunidade como um todo estará em melhor situação do que estaria se as idéias impopulares fossem censuradas. Por essa razão, mais uma vez, certos indivíduos têm permissão de falar para que a comunidade a que se dirigem possa beneficiar-se a longo prazo".[272]

---

[269] A justificar, com razão econômica, por isto mesmo, a intervenção estatal em tais mercados – SALVADOR CODERCH, *El mercado*, p. 56 (final da nota 74). Para tal perspectiva econômica (a conhecida fórmula do juiz Hand e modificações de Posner) vide, *infra*, II-5.2.8.

[270] Segue-se GIANETTI, *Vícios Privados*, p. 43. No fundo um filósofo moral reformista (p. 50), Mill promoveu uma grande síntese entre a teoria econômica de Ricardo e a ética utilitarista de Bentham (p. 41). Rejeitou a noção de uma natureza humana fixa e imutável dominada exclusivamente por desejos egoístas, pois diante da "espantosa maleabilidade" da psicologia moral dos homens nem sempre o auto-interesse estreito prevalecia, mesmo porque o homem é dotado de um impulso de auto-aperfeiçoamento (p. 42).

[271] GIANETTI, *Vícios Privados*, p. 96-8. Os inimigos da liberdade individual (formas básicas de poder social) eram: a) o peso morto das tradições e das convenções; b) o abuso do poder legislativo e discricionário dos governantes; e c) a pressão exercida pela opinião e sentimentos da maioria – captou bem que a tendência, na sociedade moderna, era de redução de a) e expansão de b) e c) – p. 98. Subjacente ao seu sistema, há o argumento filosófico, baseado no princípio metafísico do valor moral do indivíduo (p. 126), hoje juridicizado no princípio da dignidade da pessoa humana.

[272] DWORKIN, *Questão de Princípio*, p. 574-5. Referência a Mill também à p. 500. A liberdade de expressão, assim justificada por fundamentos de política, coaduna-se com privilégios conferidos aos jornalistas, diante de sua função especial, indispensável, de proporcionar informação ao

A cultura do entretenimento interfere de forma aguda na política criminal, na lúcida advertência de Zaffaroni: a eclosão de comunicação produz um perfil de político completamente novo, um político-espetáculo cujo poder efetivo esvaziou-se com o do poder nacional (em decorrência da globalização, vista como um novo momento do poder planetário, e do pensamento único como discurso legitimante de um fundamentalismo mercadológico). Tais políticos nacionais, de diminuto raio de ação, embora não tenham respostas aos grandes problemas (e por não as terem) devem prosseguir com o espetáculo: discursos disparatados, chistes irresponsáveis etc.

Pior é que "os políticos-espetáculo produzem leis penais, que é o mais barato e lhes dá publicidade por um dia", legislação "slogan" (tolerância zero etc.) que apenas reproduz violência e exclusão.[273] Contra tal estado de coisas, Zaffaroni propõe uma sociedade civil globalizada, a utilizar-se da revolução tecnológica das comunicações – já que exerce o poder quem tem conhecimento e informação. A alternativa é um "saber dialogal" com tudo que está no mundo.[274] A ideologia do espetáculo, frenética e contraproducente em termos polí-

---

público. Entretanto, amparada por princípio (jurídico), seria escandalosa tal proteção profissional, quebrando a igualdade individual (p. 576). A prossecução de interesses legítimos obvia tal ponderação, ao estender-se não só ao jornalista profissional, mas a toda pessoa que se expresse através da imprensa (missivista de uma carta ao leitor, por exemplo). Noutra paragem, e discutindo questões relativas à pornografia, Dworkin acentua que alguma forma de utilitarismo (que adota como objetivo da política o cumprimento de todos os objetivos possíveis que as pessoas tenham nas suas vidas) é a justificativa de fundo mais influente, ainda que de maneira informal, na política das democracias ocidentais (p. 535) – o que poderia colocar em xeque a distinção entre interesse público e interesse do público (*infra*, item II-5.3.2). Também giza o matiz igualitário do apelo utilitarista (p. 537). Recomenda, contudo, sua complementação por uma estratégia de direitos (princípios), "como parte de qualquer teoria política geral na qual o utilitarismo figura como justificativa de fundo, [recomendo] direitos à independência política e moral" (p. 548). Numa possível tradução para a vertente continental, os direitos fundamentais que contêm em essência a dignidade da pessoa humana, tais a honra e a privacidade, funcionam como limites à liberdade de imprensa no seu fundamento utilitarista – mesmo para justificar que determinado exercício comunicativo esteja fora da área de proteção especial conferida pela prossecução de interesses legítimos (o entretenimento como espetáculo não é um valor forte a ponto de tolerar-se, em seu nome, ofensas à honra ou à privacidade). Mas, também por isso (pela estratégia dos direitos), eventuais restrições que poderiam ser impostas em face de concepções morais majoritárias esbarram no direito fundamental de livre desenvolvimento da personalidade. Ao revés, numa concepção estritamente utilitária, preocupada apenas com o "poder dos indivíduos de influenciar as condições em que devem tentar prosperar, qualquer teoria de autodesenvolvimento que proíba a maioria de usar a política e o Direito, mesmo o Direito criminal, é, pelo menos *prima facie*, uma teoria que derrota a si mesma." (p. 520). Embora o ceticismo a respeito dos desenvolvimentos mais desejáveis para os seres humanos recomende "um processo político aberto, sem nenhuma parte substantiva do Direito criminal, por exemplo, criando obstáculos à mudança" (p. 518).

[273] ZAFFARONI, *La globalización*, p. 24-9.

[274] Passou-se do saber adquirido por luta (do guerreiro) ao saber atingido por interrogação (do senhor, *dominus*); necessário, agora, dar mais um passo na direção do saber dialogal (do *frater*) - ZAFFARONI, *La globalización*, p. 35-7. Como na transição paradigmática, a prossecução de interesses legítimos tende a ser facilitadora do saber dialogal.

ticos,²⁷⁵ veio acabar por reforçar a incógnita de uma sociedade mundial de risco.

Contra um certo fatalismo em face da percepção dos riscos ecológicos globais, Ulrich Beck alerta que, ao menos, o âmbito de decisão – antes monopolizado em decisões despolitizadas – abriu-se à dúvida pública e ao debate (ampliação da democracia nos domínios "apolíticos" da economia e da ciência). Importa, pois, que a sociedade discuta as conseqüências do desenvolvimento *antes* que sejam tomadas as principais decisões. É preciso, então, "criar ou inventar um novo sistema de regras que redefina e refundamente as questões a respeito do que é uma 'prova', e o que significam 'adequação', 'verdade' e 'justiça' perante todos os riscos prováveis (e que atingem a todos) na ciência e no Direito.".²⁷⁶

---

[275] No contexto da mídia italiana (de viável extrapolação), Umberto Eco refere que os diários, na luta por publicidade, tiveram que aumentar páginas e suplementos, "contar algo além da notícia seca" (transformar em notícia o que não é). "A imprensa italiana é completamente submissa à TV", que fixa sua pauta, por sua vez em decorrência do mundo político (fala-se não do que aconteceu, mas do que foi dito ou poderia ter sido dito na televisão. "Os políticos tiraram as conseqüências óbvias: escolheram a televisão, assumiram sua linguagem, seguros de que só assim chamariam a atenção da imprensa. A imprensa politizou o espetáculo mais que o devido. Então era óbvio que o político tentasse chamar atenção levando Cicciolina para o parlamento" (ECO, *Cinco Escritos Morais*, p. 67-73).

[276] BECK, *Globalização*, p. 175-9. "A imposição de definições do risco são portanto um condão mágico com o qual a sociedade saturada que se encastelou no *status quo* conhece por si mesma o medo e por meio do qual são ativados e politizados – de forma involuntária e contra o seu desejo – os seus centros". É patente, mais uma vez, o potencial da prossecução de interesses legítimos nesta área problemática. Confira-se, por exemplo, acerca do princípio do risco, infra item II-5.1.4. Para uma abordagem de cunho penal mais ampla: DIAS, *Sociedade de Risco*, 26p.

Capítulo II
TRAÇOS DOGMÁTICOS

1. Refração constitucional

> *Isso de liberdade de expressão tem muito que se lhe diga. (...) Aprendemos, por exemplo, que a democracia burguesa é a mais hábil forma de esvaziar, na prática, a liberdade de imprensa: conserva-lhe a aparência e anula-lhe os efeitos. (...) Veja-se como, sendo possível dizer que o rei vai nu, dizê-lo não chega para que o rei se tape... o poder os vai ocultando aos nossos olhos, não por obra da censura que não há, mas do impudor que prolifera. (...) Tem muito que se lhe diga a liberdade de expressão. Por exemplo: vamos imaginar que eu penso escrever aqui que o secretário-geral do PS é mentiroso. Vamos mesmo mais longe: vamos supor que já o escrevi. Que poderá acontecer-me? Serei preso? Serei julgado? Terei de enfrentar a polícia de choque? Vão cercar-me como se eu fosse uma unidade coletiva de produção? Cortam-me a água e a luz? Ameaçam-me pelo telefone? E se eu apresentar testemunhas, milhares de testemunhas presenciais, se eu juntar ao processo fotografias de todos os ângulos e distâncias? Absolve-me o juiz? Condecora-me o governo? Faz-me continência a tropa? Ou, ao contrário de tudo isto, chamar mentiroso ao secretário-geral do PS é ousadia tão pequena como afirmar que ele penteia o cabelo para trás? Pois é verdade: o secretário-geral do PS é isso mesmo que eu pensava escrever e escrevi, no uso da liberdade de expressão de que gozo e sujeitando-me às consequências que a Lei de Imprensa prometa para estes casos. (...) Afinal, nem sequer a verdade é revolucionária. Acabo de escrever a óbvia verdade de que o secretário-geral do PS mentiu, e onde está a revolução? Onde está a revolução, quando é verdade que o governo constitucional desrespeita a Constituição?*[1]

1.1. Direito constitucional e direito penal

A íntima conexão entre o Direito Penal e o Direito Constitucional é quase lugar-comum, ressaltada pela unanimidade da doutrina contemporânea.[2] Por um lado, o crime é a maior ofensa que o indivíduo pode desfechar contra os bens da vida protegidos pelo Estado; de outro, a intervenção penal é a mais aguda e gravosa invasão perpetrada pelo Estado na esfera individual.[3]

---

[1] SARAMAGO, *A Verdade e a Mentira*, p. 27-9.

[2] A relação entre as disciplinas é tema presente nos tratados de ambas desde o Iluminismo, TIEDEMANN, *Constitución* , p. 145.

[3] A sugestiva imagem é de PALAZZO, *Valores Constitucionais*, p. 16-7: "Se de um lado, a ação delituosa constitui, de fato, ao menos como regra, o mais grave ataque que o indivíduo desfere contra os bens sociais máximos tutelados pela Estado, por outro lado, a sanção criminal, também por sua natureza, dá corpo à mais aguda e penetrante intervenção do Estado na esfera individual."

Ademais, é consabido que o direito penal substantivo não atua por si, mas exige a regulamentação complementar do ramo adjetivo (numa relação mútua de complementariedade funcional).[4] Natural, pois, que o "jus puniendi" (e seu exercício), na fórmula consagrada, seja uma questão política fundamental, inerente ao exercício do poder e, como tal, juridicizada e racionalizada pelo Constitucionalismo.

As respostas variarão de acordo com a evolução sociocultural de cada comunidade, com a concepção política de fundo e as respectivas vicissitudes históricas, tudo a refletir-se na interação das duas ordens jurídicas.[5] Nesta esteira, afirma-se que o direito processual penal é o "sismógrafo", "espelho da realidade constitucional", "sintoma do espírito político-constitucional de um ordenamento jurídico", verdadeiro *direito constitucional aplicado*, na dupla dimensão destacada por Figueiredo Dias, porque seus fundamentos são alicerces constitucionais do Estado e porque cruciais problemas processuais têm concreta regulamentação jurídica na Constituição.[6]

Esclarecedoras, e fecundas, são as considerações feitas por Faria Costa, a partir da idéia de que o ordenamento penal e o ordenamento constitucional são matricialmente duas ordens jurídicas fragmentárias, e, embora a ordem constitucional eleja os valores mais fortes e mais densos (o núcleo duro da normatividade constitucional), "não determina essa eleição, inapelavelmente, uma imposição de criminalização para o legislador ordinário", pois não há coincidência (ou há curvas de diferença): "o direito penal não tem de ficar adstrito ou acorrentado, de um modo positivo, à ordem de valores jurídico-constitucionalmente protegida".[7]

---

[4] DIAS, *Direito Processual Penal*, p. 5, item 5.

[5] Significativo, e exemplar, que a definição do processo penal italiano proposta por Ferrajoli (uma série de atividades realizadas por juízes independentes na forma prevista pela lei e dirigidas a formulação, num debate público entre acusação e defesa, de um juízo consistente na verificação ou refutação empírica de uma hipótese acusatória e a conseguinte condenação ou absolvição de um acusado) baseie-se em nove artigos da Constituição Italiana e em apenas quatro do novo Código Processual. – FERRAJOLI, *Derecho y razón*, p. 732.

[6] DIAS, *Direito Processual Penal*, p. 35, item 51. Por exemplo, "Ampliar ou restringir as garantias do argüido no processo penal é problema político que muito tem a ver com a concepção de homem subjacente à estruturação política de qualquer comunidade". Portanto, o processo penal é o "mais sujeito a sofrer com as alterações constitucionais" (SILVA, *Curso de Processo Penal*, p. 29).

[7] COSTA, *Perigo*, p. 188-9. Noutra vertente, afirma-se que o Direito Penal, "não sendo de Direito Constitucional *proprio sensu*, é juridicamente *constitucional*, ou fundante" (CUNHA, *Constituição do crime*, p. 90). Numa linguagem sugestiva, o autor traça o dualismo simbólico: "O Direito Constitucional apresenta o Estado nas grandes avenidas da pompa e da circunstância do poder triunfante: é narração do conto doirado de reis e rainhas (ou do mito republicano de presidente sábios, ponderados e rectíssimos), de parlamentares demofílicos e eloquentes, de grandes declamações de princípios e objectivos nacionais, ao som de hinos que fazem flutuar bandeiras e comover patriotas até as lágrimas. (...) Em contrapartida, o Direito Penal, direito de morte, direito de pobreza, direito de desvio social, direito de peso e de pecado, mostra-nos o lado negro da sociedade e do Estado: as mãos sujas e as mãos manchadas." (p. 92-4).

Discorrendo acerca da concepção kantiana do caráter co-natural que intercede entre o direito penal e a constituição (fundação) de uma comunidade organizada de homens, e sobre a confirmação antropológica da assertiva (a *proibição* do incesto, enquanto tabu, como ponto de viragem da hominização sem retorno), e passando pela noção de "minimal state" de Gewirth, desemboca o autor numa linha de pensamento que *faz do direito penal elemento fundante da sociedade política*, até porque o direito penal foi, de um ponto de vista histórico, um *prius* face à ordem constitucional, "o que está geneticamente na base, como vimos, da comunidade não é a *fundação constitucional*, mas antes a *constituição* penalmente fundante".[8]

Nessa compreensão, "as referências e as implicações são recíprocas e também sucessivamente enriquecedoras".[9] Aceitar a *função sistemática e de orientação da constituição* não significa abdicar do quadro normativo de algumas categorias dogmáticas do direito ordinário, pois "a procura do exacto e correcto sentido normativo contido na norma tem de efectuar-se através de sucessivos afeiçoamentos e ajustamentos entre o direito penal (com a sua dogmática) e o direito constitucional, também ele apoiado pela sua específica dogmática".[10]

Figueiredo Dias, a seu turno, defende que os bens do sistema social tornam-se bens jurídicos dignos de tutela penal através da "ordenação axiológica jurídico-constitucional", estabelecendo-se – entre a ordem penal e a ordem constitucional – uma *relação de mútua referência*, não de identidade ou de recíproca cobertura, mas de *analogia material*, fundada numa *essencial correspondência de sentido e de fins*.[11]

---

[8] COSTA, *Perigo*, notas 26, p. 190-1; nota 27, p. 193; e nota 31, p. 220 - respectivamente.

[9] COSTA, *Perigo*, nota 28, p. 194. Canotilho considerava obscura (talvez pela procura de uma "fundamentação metajurídica") a formulação de Faria Costa acerca da "intercorrência axiológica que as várias dimensões do ser e do ser social" desvendam entre bem jurídico e ordem constitucional (na obra *Tentativa e Dolo Eventual*). Prefere a "mútua referência" proposta por Figueiredo Dias (infra) – CANOTILHO, *Teoria da Legislação*, p. 29, nota 43. Parece que, nos termos apresentados supra, o conceito é operacional, embasando o exemplo da nota abaixo.

[10] COSTA, *Perigo*, p. 199. Exemplo: o percurso do atrito argumentativo entre regras processuais (introduzidas em 1987 pelo CPP, arts. 280 e 281 – arquivamento em caso de dispensa ou isenção de pena e suspensão provisória do processo) e a redação constitucional original do princípio da legalidade é revelador das complexas tensões e influências entre normas constitucionais e a legislação ordinária, culminando num ajuste semântico do texto constitucional operado pela alteração introduzida no item 1 do artigo 219 pela quarta revisão constitucional de 1997 (ao Ministério Público compete... participar na execução da política criminal definida pelos órgãos de soberania, exercer a ação penal orientada pelo princípio da legalidade). LOPES, *Teoria Constitucional*, p. 214, anota as correlações entre câmbios constitucionais e mudanças penais, num recíproco *feedback*: "Corporificam-se na constituição os avanços da legislação ordinária e se inspira esta, através daquela, para que divise novas consquistas.".

[11] DIAS, *Questões*, p. 66-7.

1.2. Prolegômeno principiológico

Pelo que ficou dito, torna-se imperativo um esboço de cartografia constitucional,[12] delineando-se, com preocupação de síntese, ao menos alguns tópicos amiúde chamados pela problemática enfrentada, tais como o princípio da proporcionalidade, o princípio da necessidade, a dignidade da pessoa humana e a questão da concordância prática.

Numa primeira aproximação, avulta logo, de particular relevância na semântica penal, o princípio da *intervenção mínima* ou da *necessidade*, princípio que, no contexto de legalidade da administração, articulado com o da segurança jurídica e o da proteção da confiança, é considerado um subprincípio concretizador do Estado de Direito.[13] Se o princípio da legalidade impunha limites ao arbítrio judicial, era necessário avançar mais e prevenir-se contra eventuais abusos do legislador.[14]

Na formulação iluminista, "A lei apenas deve estabelecer penas estrita e evidentemente necessárias" (art. 8º da Declaração Universal dos Direitos do Homem e do Cidadão, 1789).[15] Modernamente, tem-se destacado que o princípio em tela é imanente ao Estado de Direito,

---

[12] A proposta, de uma cartografia simbólica das representações sociais (no caso, o Direito), é de SANTOS, *Crítica da Razão*. Os mapas são distorções reguladas da realidade, distorções organizadas (segundo escalas, projeções e simbolizações) para instituir a orientação. Devem ser fáceis de usar, do que resulta permanente tensão entre representação e orientação (representação a mais pode impedir a orientação) – p. 183-90. O Direito Constitucional é talvez o ramo do direito estatal (que convive, no pluralismo jurídico, com direitos locais e globais) de menor escala num grau de média escala (entre o local e o global): "a legalidade de pequena escala é pobre em detalhes e reduz os comportamentos e as atitudes a tipos gerais e abstractos de ação. Mas, por outro lado, determina com rigor a relatividade das posições (os ângulos entre as pessoas e entre as pessoas e as coisas), fornece direcções e atalhos, e é sensível às distinções (e às complexas relações) entre parte e todo, passado e presente, funcional e disfuncional. Em suma, esta forma de legalidade cria um padrão de regulação baseado na orientação e adequado a identificar movimentos" (p. 195).

[13] CANOTILHO, *Direito Constitucional*, p. 252-3.

[14] Legalidade no tríplice postulado: reserva legal, anterioridade da lei definidora de crime e pena; determinação taxativa, evitando-se tipos demasiado abertos e vagos; e irretroatividade – vide LUISI, *Princípios*, p. 13-24. Vide, também, LOPES, *Princípios*, p. 88-97 (insignificância, proporcionalidade, intervenção mínima, fragmentariedade, subsidiariedade, adequação social). HASSEMER, *Crítica*, p. 21-2, acresce uma quarta vertente ao princípio da legalidade, qual seja, a proibição de analogia em prejuízo do acusado (decorrência da *lex stricta*). E adverte que se uma linguagem correta não garante a produção de um direito correto, uma linguagem incorreta pode excluir um direito correto (p. 27). Para uma ampla discussão acerca do princípo da legalidade e seus desdobramentos, vide ESER, *Derecho Penal*, p. 47-67.

[15] A frase encarna, na terminologia da atual política criminal alemã cunhada pelo Tribunal Constitucional Federal, os postulados da *proporcionalidade* e da *subsidiariedade* do Direito Penal (TIEDEMANN, *Constitución*, p. 145). De forma desenvolvida, LUISI, *Princípios*, p. 25-30. Tratava-se da positivação do que fora anunciado, vez primeira em 1764, pelo gênio de Beccaria, logo no ponto II dos "Delitti": *Toda a pena que não deriva da absoluta necessidade – diz o grande Montesquieu – é tirânica* (BECCARIA, *Dos delitos e das penas*, 64. Como observa o Professor Marinucci, da Universidade de Milão, ao prefaciar a obra citada (p. 39), mais tarde von Liszt repetiria que só a pena necessária é justa, máxima reconduzível, em termos político-criminais, a idéia de que a pena criminal deve ser a *extrema ratio*. No dizer de Faria Costa, tradutor e comentador do clássico (p. 20): "É assim propugnado um uso parco, cauto e racionalmente fundamentado do direito penal. Aquela utilização que seja, na verdade, a expressão clara e inequívoca de *ultima et extrema ratio*."

articulando-se com a própria dignidade da pessoa humana. É constitucional, pois, mesmo que não literalmente esculpido nas constituições (casos da Alemanha e da Itália, por exemplo).

Deriva, daí, o caráter *fragmentário* e *subsidiário* do direito penal, que só deve entrar em cena como remédio último, concepção que se choca com a excessiva extensão da legislação penal, o fenômeno da "overcriminalization" (aliás criticado desde o início do século XIX), a afrontar, muitas vezes, o brocardo milenar "minima non cura praetor". Contra a hipertrofia penal, a nomomania, a inflação legislativa, a nomorréia penal, tem protestado, desde sempre, significativa parcela do pensamento jurídico-criminal, a germinar e recomendar um *esforço de deflação penal*.

Sob o ponto de vista português, "O artigo 18, 2º da Constituição da República Portuguesa, por seu lado, deve porventura reputar-se o preceito político-criminalmente mais relevante de todo o texto constitucional: vinculando a uma estreita analogia material entre a ordem axiológica constitucional e a ordem legal dos bens jurídico-penais, e subordinando toda a intervenção penal a um estrito *princípio de necessidade*, ele obriga, por um lado, a toda a descriminalização possível; proíbe, por outro lado, qualquer criminalização dispensável (...)".[16]

É verdade, todavia, que inexiste proibição constitucional de penalização, sequer nalgum caso específico da Carta Portuguesa, o que há de ser solvido no diapasão do *princípio da proporcionalidade*.[17] Direito constitucional e direito penal têm necessidade de *valorações comparativas*, pois a ambos são indispensáveis proposições classificatórias de *preferência* ou de *igualdade* – mas as *valorações métricas*, em princípio, são estranhas aos dois ordenamentos.[18]

É de se avançar e ajustar o foco dogmático-constitucional.

---

[16] DIAS, *Direito Penal Português*, p. 84. Vide, também, COSTA, *Perigo*, p. 208 (em especial nota 11). Num prisma mais lato, enunciado como *princípio da proibição de excesso* – da *proporcionalidade em sentido amplo*, vide CANOTILHO, *Direito Constitucional*, p. 261-7, com referência à intrigante questão da "proibição por defeito", no sentido de imposições constitucionais de criminalização a fim de protegerem-se direitos fundamentais. Sem aprofundamento, mesmo porque *pressuposto*, neste trabalho, que a barreira da necessidade vai ultrapassada pela legislação que criminaliza delitos contra a honra (e privacidade), vale lembrar uma *constatação sociológica* a indicar a insuficiência de uma mera resposta civil, via indenização, para a situação: "O conflito entre a honra e a legalidade é um conflito fundamental e persistiu até aos nossos dias. Recorrer à lei para obter uma reparação é confessar publicamente ter sido vítima de uma malevolência e esta demonstração de vulnerabilidade põe a honra em risco, risco de que a 'satisfação' de indenizações legais a não salva facilmente. (...) Pedir indenização ou mesmo desculpas são procedimentos que põem a honra em risco se não estiver bem claro que contém implícita a exigência de satisfações." (PITT-RIVERS, *Honra*, p. 21).

[17] CANOTILHO, *Teoria da Legislação*, p. 31. Este enquadramento constitucional, em face da incompletude e abertura, deixa ampla margem ao legislador penal quanto à individualização dos bens carecidos de tutela penal.

[18] CANOTILHO, *Teoria da Legislação*, p. 33-4. As métricas apenas afirmam que o "bem x tem grandeza y", ao passo que as comparativas propõem "o direito x é mas valioso que o bem constitucional y, o bem x prevalece sobre o bem y numa situação justificada".

1.3. Dignidade da pessoa humana

Salvo poucas exceções, é a partir do fim da Segunda Guerra e, de modo especial, depois da sagração pela Declaração Universal da ONU (1948), que o valor fundamental da *dignidade da pessoa humana* passa a ser constitucionalizado. Na União Européia, apenas Portugal (art. 1º), Alemanha (art. 1º, inc. I), Espanha (preâmbulo e art. 10.1), Grécia (art. 2º, inc. I) e Irlanda (preâmbulo) consagram-no expressamente.[19]

Mas qual seu significado e conteúdo? Passando pelas raízes que deitam no pensamento clássico e na visão de mundo cristã e pela concepção jusnaturalista, há que reconhecer que se trata de conceito *vago*, de contorno *impreciso*. Uma categoria axiológica aberta, portanto, rebelde à fixação, "ainda mais quando se verifica que uma definição desta natureza não harmoniza com o pluralismo e a diversidade de valores que se manifestam nas sociedades democráticas contemporâneas.".[20]

Nada obstante, é possível densificar o princípio. A dignidade é qualidade intrínseca da pessoa humana, que deriva do simples existir, é irrenunciável e inalienável, a par de independer de circunstâncias concretas. Seu elemento nuclear está na "autonomia e no direito de autodeterminação de cada pessoa" – liberdade em abstrato, a significar capacidade potencial.[21]

No que interessa mais de perto, é de se destacar o aspecto *cultural* da dignidade humana, o que a torna, a um só tempo, "limite e tarefa dos poderes estatais". Seu elemento fixo e imutável é o *núcleo inviolável*, vale dizer, limite à atividade dos poderes públicos. Como tarefa imposta ao Estado – reconhecendo-se que depende, em maior ou

---

[19] Uma das exceções é, justamente, a Constituição portuguesa de 1933 (art. 6º, nº 3), além do art. 151, inc. I, da Constituição de Weimar (1919) e do preâmbulo da Carta Irlandesa de 1937 – SARLET, *Eficácia*, p. 99, nota 202. No Mercosul, apenas Brasil e Paraguai (preâmbulo) fazem referência expressa. Foge do âmbito deste trabalho, também por apresentar-se à luz do direito constitucional brasileiro positivado, discutir se o princípio da dignidade da pessoa humana é um autêntico direito fundamental autônomo, consagrado, vez primeira, no art. 1º, inc. III, da Constituição de 1988, a nortear, ainda, a ordem econômica (existência digna, art. 170, *caput*) e social (arts. 226, § 6º, e 227). Sua inclusão tópica sugere que o Constituinte outorgou-lhe função que transcende a de um direito fundamental (SARLET, *Eficácia*, p. 98), onde também questiona a afirmação de que todo catálogo de direitos fundamentais funda-se diretamente no aludido princípio (v.g., art. 5º, inc. XVIII, ou 7º, inc. XI, Constituição Brasileira).

[20] SARLET, *Eficácia*, p. 103. Em obra recente (SARLET, *Dignidade*, p. 60), avança um conceito: dignidade da pessoa humana é a "qualidade intrínseca e distintiva de cada ser humano que o faz merecedor do mesmo respeito e consideração por parte do Estado e da comunidade, implicando, neste sentido, um complexo de direitos e deveres fundamentais que assegurem à pessoa tanto contra todo e qualquer ato de cunho degradante e desumano, como venham a lhe garantir as condições existenciais mínimas para uma vida saudável, além de propiciar e promover sua participação ativa e co-responsável nos destinos da própria existência e da vida em comunhão com os demais seres humanos."

[21] A remanescer, por exemplo, no absolutamente incapaz. Segue-se, em linha de síntese, a exposição de SARLET, *Eficácia*, p. 105-15 (salvo indicação).

menor grau, do ambiente comunitário – reclama ações estatais no sentido de preservá-la e, mesmo, maximizá-la.[22]

Engloba, por outro lado, o respeito pela integridade física e corporal do indivíduo, a garantia de isonomia e, no que leva diretamente ao tema investigado, abrange a *garantia da identidade pessoal* do indivíduo, ou seja, de sua autonomia e integridade psíquica e intelectual. Concretiza-se na "liberdade de consciência, de pensamento, de culto, na proteção da intimidade, da honra, da esfera privada, enfim, de tudo que esteja associado ao livre desenvolvimento de sua personalidade, bem como ao direito de autodeterminação sobre os assuntos que dizem respeito à sua esfera particular, assim como à garantia de um espaço privativo no âmbito do qual o indivíduo se encontra resguardado contra ingerências na sua esfera pessoal.".[23]

Nunca é demais frisar que o princípio em tela não é mera e solene declaração ético-moral. Ao revés, dotado de eficácia, é valor jurídico fundamental da comunidade, em face da decisão constitucional, valor-guia que se tem caracterizado como o princípio constitucional de *maior*

---

[22] O Estado deve acudir em ajuda de qualquer pessoa cuja dignidade resulte ameaçada, com independência da origem pública ou privada destes perigos – BENDA, *Manual*, p. 120. E tem que fazer frente às ameaças novas, que surjam no curso de mudanças sociais (p. 126). Certamente, proteger a população ante o crime conta-se entre as obrigações do Estado (p. 127). Benda refere que a ordem constitucional há que se definir ante a tensão entre a auto-suficiência do indivíduo e as necessidades, direitos e obrigações que derivam das circunstâncias atuais da vida em comunidade – a qualidade de uma constituição depende decisivamente de ofertar recursos para fazer frente com êxito a tais inevitáveis conflitos. Assim, o Tribunal Constitucional Alemão não vislumbra, na Lei Fundamental, um indivíduo soberano em si mesmo, antes uma pessoa vinculada à comunidade (BENDA, *Manual*, p. 119).

[23] SARLET, *Eficácia*, p. 108. As idéias diretrizes do art. 5º da Lei Fundamental, como a *liberdade de informar-se livre e plenamente*, também são inferíveis da "dignidade humana" (necessidade substancial de o indivíduo realizar seu próprio desígnio pessoal numa ordem livre) – BENDA, *Manual*, p. 123. Bem assim é a esfera interna da personalidade (intimidade não perturbável): "E não se trata unicamente do âmbito defendido da curiosidade alheia por um sentimento natural de pudor, vale dizer, não só e especialmente da esfera sexual, e sim de forma idêntica o direito a não ter que revelar defeitos, particularidades ou achaques físicos sem um motivo justificado", o que também vale para as questões de fé e de consciência, e para todas as expressões de individualidade: "afições, gosto por colecionar determinados objetos e outras inclinações, extravagâncias, simpatias ou antipatias e, enfim, convicções políticas ou de outra natureza". São traços de caráter que constituem a personalidade do homem, amiúde objeto da curiosidade pública ou privada. Se não devem ser temas de controvérsia da indústria do entretenimento, certo que "inclusive o comportamento pessoal na esfera mais íntima pode ter relevância social" (p. 128-9). Numa sentença de 1983 (censo populacional), o Tribunal Constitucional Alemão, ao passo que derivou o direito de autodeterminação informativa como concreção do direito geral de personalidade, reconheceu que dito direito encontra-se limitado por razões de interesse geral (p. 132). Quanto à integridade física, "indispensável não tratar as pessoas de tal modo que se lhes torne impossível representar a contigência de seu próprio corpo como momento de sua própria, autônoma e responsável individualidade" (SARLET, *Eficácia*, p. 107-8), o que funda a proibição da pena de morte, da tortura, limitações aos meios de prova etc. SCHOLLER, *Proporcionalidade*, p. 277, refere que uma interpretação histórico-casuística (*historisch-kasuistiche interpretation*) da dignidade aponta para quatro complexos nevrálgicos: a) igualdade (escravidão, racismo); b) integridade física; c) intimidade e privacidade; d) garantias do Estado de Direito.

hierarquia axiológico-valorativa (*höchstes wertsetzendes Verfassungsprinzip*).²⁴

A par da óbvia garantia negativa (nenhuma pessoa será objeto de ofensas ou humilhações), o sentido positivo do princípio implica o tendencial e pleno desenvolver da personalidade de cada indivíduo. Sua eficácia vincula toda e qualquer atividade estatal, a traduzir-se em dever de respeito e de proteção: direta abstenção do Estado e *proteção contra agressões por parte de terceiros*. O princípio, assim, impõe ações tendentes a efetivar e proteger a dignidade do indivíduo, sendo especial *tarefa do legislador* "edificar uma ordem jurídica que corresponda às exigências do princípio", isto é, "a concretização do programa normativo do princípio da dignidade da pessoa humana".²⁵ Nessa linha, fácil de vislumbrar, a liberdade de imprensa é corolário da garantia positiva, ao passo que a não-ofensa é a contraface, negativa, do princípio.

A dignidade também tem uma função integradora e hermenêutica, não menos importante por ser instrumental, ao servir de parâmetro para aplicação de todo ordenamento jurídico, revestindo-o de *coerência interna*, a par de *legitimar* a ordem jurídica e comunitária, alçando-se à condição da democracia.

A dignidade da pessoa humana pode ser limitada? A doutrina e jurisprudência alemãs, de forma majoritária, sustentam a impossibilidade de restrições, ainda que em face de outros valores constitucionais, mesmo pela inserção do princípio no rol de "cláusulas pétreas" (art. 79, inc. III, da Lei Fundamental). A ausência de norma expressa a dispor acerca da intangibilidade do princípio não infirma que se reconheça um reduto intocável de cada indivíduo, fronteira última contra ingerências externas. Ainda que houvesse viáveis e eventuais restrições, esbarrariam na intransigente preservação da essência da dignidade, embora possam existir "ofensas mais ou menos graves à dignidade que, dependendo de sua intensidade, podem, ou não, ser toleradas em prol de outros valores constitucionais.".²⁶ Exatamente assim é, como se

---

²⁴ SARLET, *Dignidade*, p. 72.

²⁵ SARLET, *Eficácia*, p. 110. Hoffmann-Riem fala do "estrato programático da norma fundamental", a encomendar ao Estado apoiar, assegurar e consolidar a liberdade ameaçada, o que foi elaborado, em grande medida, a partir "dos direitos fundamentais da comunicação", que só é realizável como "liberdade mediante e com os demais" (HOFFMANN-RIEM, *Manual*, p. 146).

²⁶ SARLET, *Eficácia*, p. 113. Parece certo que o indivíduo não pode renunciar à sua dignidade, embora "possa determinar por si mesmo a forma pela qual se apresentará a terceiros ou no espaço público civil", visão que não se compatibiliza com um valor *absoluto de dignidade* – assim Benda critica a decisão do Tribunal Federal Contencioso-Administrativo Alemão, no famoso caso *Peep Show* (participação voluntária de uma mulher em exibição numa jaula, como se de fera se tratasse): a dignidade defendida contra a intenção do afetado de realizar certas concepções subjetivas em franco desvio com a dignidade humana objetivamente considerada (possibilidade de o legislador proibir tal conduta, "socialmente prejudicial") – BENDA, *Manual*, p. 144.

desenvolverá adiante, o caso da *prossecução de interesses legítimos*. A visão da pessoa como valor absoluto, a prevalecer sempre e por qualquer ângulo ou estrato, radica numa mundivisão individualista-burguesa. "É necessário compatibilizá-la com outros valores sociais e políticos da coletividade (concepção personalista).".[27]

A dignidade da pessoa humana vem sendo considerada fundamento de todo o sistema de direitos fundamentais, sua fonte jurídico-positiva, dando-lhes unidade e coerência. Assim, a maior parte dos direitos fundamentais são garantias específicas e desdobramentos da dignidade da pessoa humana, caso patente da intimidade e da esfera privada dos indivíduos, numa relação que, segundo alguns autores, aponta para a dignidade como "lex generalis".[28]

Para além da tríade vida, liberdade e igualdade, outros direitos também podem, e devem, ser vistos como exigências da dignidade da pessoa humana, à evidência o princípio democrático, o pluralismo político etc.

Em conexão direta com o tema, Figueiredo Dias salienta que o princípio da necessidade, antes apresentado, encontra fundamento axiológico no princípio da *inviolabilidade da dignidade pessoal*, plasmado nos artigos 1º, 13-1º e 25-1º, todos da Constituição da República Portuguesa.[29]

1.4. Colisões entre direitos fundamentais. Em torno do princípio da proporcionalidade

Ao introduzir-se a questão da colisão entre direitos fundamentais diferentes de titulares diferentes,[30] é mister compreender, na melhor perspectiva, a Constituição como *um sistema aberto de regras e princípios*. Ambos participam do gênero *normas jurídicas*, com distinções qualitativas:[31]

---

[27] FARIAS, *Colisão*. 187.

[28] SARLET, *Dignidade*, p. 79 e ss. O autor questiona a relação lei geral/especial no que toca à dignidade.

[29] DIAS, *Direito Penal Português*, p. 73 e 84. Como esfera constitutiva da república, princípio material antrópico do indivíduo conformador de si próprio e da sua vida segundo seu próprio projeto de vida, vide CANOTILHO, *Direito Constitucional*, p. 221-2.

[30] Dentre as quais "a colisão da liberdade de manifestação de opinião com direitos fundamentais do afetado negativamente pela manifestação de opinião toma uma posição especial" (ALEXY, *Colisão de direitos fundamentais*, p. 270-1), problemática que motivou uma "das sentenças mais significativas da jurisdição constitucional alemã".

[31] CANOTILHO, *Direito Constitucional*, p. 1.088 1.087, respectivamente. Para um resumo da diferença entre regras e princípios na visão de Alexy, vide MENDES, *Direitos individuais*, p. 225, nota 108.

1) os *princípios* impõem *otimização*, variando sua concretização conforme o condicionalismo fático-jurídico; as *regras* prescrevem exigências que se *cumprem ou não*;

2) a convivência dos *princípios é conflitual*; das *regras é antinômica* (os princípios coexistem, as regras excluem-se);

3) os princípios permitem o *balanceamento de valores e interesses*, consoante peso e ponderação de outros princípios; as regras, ao revés, obedecem à *lógica do tudo ou nada*.[32]

Se a forma de aplicação das regras é a subsunção, o procedimento para a solução de colisões de princípios é a ponderação. Com Alexy, "princípios e ponderações são dois lados do mesmo objeto. Um é do tipo teórico-normativo, o outro, metodológico."[33] Tal concepção permite ao sistema *respirar* (pela "textura aberta" dos princípios), *legitimar-se* (os princípios consagram valores, dignidade, justiça, com capacidade deontológica de justificação), *enraizar-se* (referências sociológicas aos programas e pessoas) e *caminhar* (através da dinâmica processual e procedimental adequados, densificando e realizando na prática as mensagens normativas constitucionais). Permite "que a Constituição possa ser realizada de forma gradativa, segundo circunstâncias factuais e legais".[34]

Costuma-se afirmar que essa realização percorre dois patamares. O primeiro, degrau legislativo, opera a regulação abstrata dos conflitos através do princípio da proporcionalidade. No segundo momento, de

---

[32] CANOTILHO, *Direito Constitucional*, p. 1.177.

[33] ALEXY, *Colisão de direitos fundamentais*, p. 275. A bater-se contra a teoria das regras (pela qual o catálogo de direitos fundamentais *somente* consistiria de regras), Alexy demonstra que os três caminhos possíveis para resolver o problema das colisões, naquela cartilha, são inaceitáveis: a) a declaração de não-vinculação jurídica de uma das regras colidentes (o que esvaziaria a eficácia dos direitos fundamentais); b) a declaração de não-aplicação para uma das normas, via interpretação estrita (no exemplo dos "soldados-são-assassinos", negar-se a tal assertiva o caráter de manifestação de uma opinião – mas como fundamentar tal qualificação contra o texto, o sentido e a finalidade da liberdade de expressão? –; ao considerar-se, por outro lado, que inexiste no caso uma opinião protegida jurídico-fundamentalmente porque a manifestação é uma ofensa, entra em cena novamente a colisão, a honra como fundamento, a desconsiderar que não existe nenhuma proteção jurídico-fundamental definitiva); c) a inserção, livre de ponderação, de uma exceção a uma das normas (o bizarro é que, sendo assim, "cada direito fundamental é cercado de uma série quase infinita de exceções) ou subsumir o caso a uma cláusula de limitação (regulação com base em lei) – mas se a intervenção legal pudesse obrar dessa forma o direito fundamental estaria corroído diante do legislador, cairia no vazio (o dever dos padeiros de só produzirem pão preto, segundo maioria legislativa fanática pela saúde, seria constitucional) – p. 276-7.

[34] CANOTILHO, *Direito Constitucional*, p. 1.089 e 1.109, respectivamente. Convém lembrar que os princípios, quando não explícitos na Constituição, não são criações subjetivas de um ou mais juízes, mas antes "una condensación de los grandes valores jurídicos materiales que constituyen el *substratum* del Ordenamiento y de la experiencia reiterada de la vida jurídica." GARCÍA DE ENTERRÍA/RAMON FERNÁNDEZ, *Curso, p.* 463. GUERRA FILHO, *Notas*, p. 224, refere-se ao princípio da proporcionalidade como o "princípio dos princípios", verdadeiro *"principium* ordenador do direito", entendido como um "mandamento de otimização" (*Optimierungsgebote*) – p. 259.

resolução concreta das colisões, os aplicadores do direito lançam mão da harmonização ou concordância prática. Urge precisar.

A harmonização, ínsita à convivência principiológica, significa que um princípio não tem validade absoluta, no sentido de que possa se impor com o sacrifício total de outro.[35] Ao revés, como princípio de interpretação, o princípio da concordância prática (da harmonização) parte da idéia de igual "valor dos bens constitucionais (e não uma diferença de hierarquia) que impede, como solução, o sacrifício de uns em relação aos outros, e impõe o estabelecimento de limites e condicionamentos recíprocos de forma a conseguir uma harmonização ou concordância prática entre estes bens.".[36]

Alexy, ao ilustrar sua concepção ampla do suporte fático dos direitos fundamentais, refere-se ao conceito de *imprensa*. Que se pode formular de maneira estrita: "só a publicação em periódicos e revistas de notícias e opiniões político-culturais-cosmovisionais, como também as demais informações objetivas". Porém, o Tribunal Constitucional

---

[35] Tampouco os direitos fundamentais são posições jurídicas absolutas, "visto que não remetem para o arbítrio das pessoas que são seus titulares o âmbito e o grau de satisfação do interesse ou bem protegido"; antes sofrem limites ao conflituarem com outros direitos ou valores comunitários (ANDRADE, J., *Problemática*, p. 88). Não se tratará do conflito aparente, decorrente de limites imanentes (expressos ou implícitos), como nos exemplos de Vieira de Andrade (não há liberdade de opinião quando o jornalista divulga opinião que é incitamento público à prática de crimes, ou divulga fatos íntimos da vida de anónimo cidadão particular, p. 89). A questão é polêmica e permanece em aberto. Toca direto com o âmbito de proteção e o suporte fático do direito fundamental, "aquilo que é concedido *prima facie* pelas normas jusfundamentais, isto é, sem levar em conta as restrições" (ALEXY, *Teoria*, p. 292). Digladiam-se as teorias estrita e ampla do suporte fático, defendendo Alexy a ampla. Para que se produza a "conseqüência jurídica jusfundamental definitiva (a proteção jusfundamental definitiva) tem que estar preenchido o suporte fático e não estar satisfeita a cláusula restritiva; para que não se produza, ou bem tem que não se preencher o suporte fático ou satisfazer-se a cláusula restritiva." (p. 298 – a primeira opção configura a teoria estrita; a segunda, a ampla). No conhecido exemplo do pintor que executa sua arte num cruzamento movimentado, Alexy entende que, embora estivesse ao amparo do suporte fático do direito fundamental de liberdade artística, são os direitos de terceiros e bens coletivos (segurança e rapidez do trânsito) que excluem a proteção (p. 303-6). Não se prescinde, nunca, da ponderação, embora pudesse tornar-se supérflua no caso patente do homicídio numa encenação teatral (p. 310) – certo que as teorias estritas do suporte fático desconsideram a ponderação. A discussão segue nas p. 311 e ss. Registra-se, apenas, seu exemplo do furto, no qual o autor tem, *prima facie*, a liberdade geral de ação jusfundamentalmente protegida (caso potencial que se limita pela proibição), concepção apodada de grotesca por opositores (p. 318-9). Inviável desenvolvê-la, não se descarta analogia com as relações entre tipicidade e ilicitude no âmbito do injusto.

[36] CANOTILHO, *Direito Constitucional*, ob. cit., p. 1.150. Cabe ao legislador regular, em abstrato, tais conflitos, orientando-se pelo princípio da proporcionalidade. Tal limitação de direitos fundamentais, "em situações típicas de conflito hipotético" (prevista no art. 18 da Constituição portuguesa), observará a tríplice dimensão do princípio da proporcionalidade: adequação (da restrição em relação ao fim visado, que será outro direito/interesse constitucional), necessidade (restrição exigível sob ponto de vista pessoal, temporal, espacial e material, optando-se pelas medidas que menos afectem direitos) e proporcionalidade em sentido estrito (os benefícios obtidos não podem ser manifestamente inferiores ao prejuízo imposto ao direito restringido) – ANDRADE, J., *Problemática*, p. 89-90). Essa a lógica legislativa da prossecução de interesses legítimos.

Federal alemão sustenta uma interpretação ampla: "O conceito imprensa deve ser interpretado ampla e formalmente; não se pode fazê-lo depender de uma valoração – qualquer que seja sua amplitude – dos diferentes produtos impressos. A liberdade de imprensa não está limitada à imprensa 'séria'.". Todavia, a versão ampla não significa outorgar proteção jusfundamental "em igual medida a todo órgão de imprensa em todo contexto jurídico e para cada conteúdo de suas manifestações. (...) na ponderação entre a liberdade de imprensa e outros bens jurídicos jusfundamentalmente protegidos" podem ser consideradas as propriedades especiais do respectivo produto da imprensa.[37]

Na lição de Vieira de Andrade, "haverá colisão ou conflito sempre que se deva entender que a Constituição protege simultaneamente dois valores ou bens em contradição concreta. A esfera de proteção de um certo direito é constitucionalmente protegida em termos de intersectar a esfera de outro direito ou de colidir com uma norma ou princípio constitucional.". Configura dificuldade que "não pode ser resolvida com o recurso à ideia de uma ordem hierárquica dos valores constitucionais. Não se pode sempre (ou talvez nunca) estabelecer uma hierarquia entre os bens para sacrificar os menos importantes", pois "não é lícito sacrificar pura e simplesmente um deles ao outro".[38]

A solução é de procurar "no quadro da *unidade da Constituição*, isto é, tentando harmonizar da melhor maneira os preceitos divergentes. Esse princípio da *concordância prática* (...) é apenas um *método* e um *processo de legitimação* das soluções que impõe a *ponderação* de todos os valores constitucionais aplicáveis, para que se não ignore algum deles, para que a Constituição (essa, sim) seja preservada na maior medida do possível.". Tal princípio executa-se "através de um critério de *proporcionalidade* na distribuição dos custos do conflito"; exige-se que "o sacrifício de cada um dos valores constitucionais seja *necessário* e *adequado* à salvaguarda dos outros.". "É, nessa medida, uma actividade simultaneamente de interpretação e de restrição – de interpretação restritiva – mas que parece dever, tal como a concretização dos limites imanentes, integrar-se na competência interpretativa do juiz e, em geral, dos aplicadores da Constituição.".[39]

Uma vez pacífica a igualdade axiológica entre os bens constitucionais fundamentais, resta harmonizá-los, seguindo a diretriz da concordância prática, que abomina o sacrifício absoluto de qualquer um dos

---

[37] ALEXY, *Teoria*, p. 312-3.

[38] ANDRADE, J., *Direitos fundamentais*, p. 220-1. O legislador ordinário, "ao regular as matérias em causa, dificilmente pode escapar a uma certa indeterminação dos critérios ou fórmulas utilizadas – o conflito surge então a propósito da aplicação das normas legais" (ANDRADE, J., *Problemática*, p. 90), o que amiúde ocorre com a prossecução de interesses legítimos.

[39] ANDRADE, J., *Direitos fundamentais*, p. 222, 223 e 224, respectivamente.

princípios em conflito. Há de se esboçar, pois, limites e condicionamentos recíprocos. Idéia semelhante fundamenta o princípio de ponderação dos bens, tendo-se presentes os requisitos de necessidade e proporcionalidade.

Em rigor, o mandamento da *ponderação* corresponde ao terceiro subprincípio derivado do *princípio da proporcionalidade* do direito constitucional alemão: o primeiro subprincípio é o da *idoneidade* do meio empregado para o alcance do resultado com ele pretendido; o segundo, o da *necessidade* desse meio (que inexiste havendo meio mais ameno, menos interventor); o terceiro, o princípio da *proporcionalidade em sentido estrito*, formula-se por uma máxima, "quanto mais intensiva é uma intervenção em um direito fundamental tanto mais graves devem ser as razões que a justificam". Essa intervenção se sucede em três fases. Na primeira, deve-se determinar a *intensidade* da intervenção; na segunda, trata-se da *importância das razões* que justificam a intervenção; somente na terceira é que ocorre a *ponderação* no sentido estrito e próprio (no caso-padrão, a proibição de produzir doces intervém de forma muito intensa na liberdade de profissão; impedir adoecimento dentário, se não é insignificante, tem peso apenas mediano, assim a restrição é inconstitucional).[40]

Pesem as raízes iluministas, o princípio da proporcionalidade, em consistência dogmática, foi primeiramente formulado no direito administrativo alemão do século XIX, daí transpondo-se para o direito constitucional. Entretanto, a vinculação do legislador só seria reconhecida com a vigência da Lei Fundamental de 1949, muito em face das "leis injustas" da experiência nacional-socialista.[41]

Assim, de Weimar a Bonn caminhou-se na evolução do princípio da "reseva legal" (*Vorbehalt des Gesetzes*) para o princípio da "reserva da lei proporcional" (*Vorbehalt des verhältnismässigen Gesetzes*), a indagar-se da relação entre meios e fins (*Zweck-Mittel*) no controle jurisdicional das leis deproporcionais, a ponto de afirmar-se que a "sedes materiae" do "princípio da proporcionalidade encontra-se no princípio do Estado de Direito". Todavia, a supervalorização da proporcionalidade limita-se no princípio da isonomia; ambos devem ser aplicados de forma simultânea e harmônica.[42]

---

[40] ALEXY, Colisão de Direitos Fundamentais, p. 278-9.

[41] SCHOLLER, *Proporcionalidade*, p. 268-9. A perplexidade dos juristas alemães diante do nazismo, ancorados numa jusfilosofia *positivista*, determinou a redação de um dos textos mais famosos de Radbruch, numa circular dirigida aos estudantes de Heidelberg, após a guerra, ainda em 1945, no qual se refere à "arbitrariedade legal e direito supralegal" (RADBRUCH, *Filosofia*, p. 415-8). Minudente estudo da questão em AZEVEDO, P. F. *Limites*, especialmente p. 85-190 (relativismo jurídico, Radbruch, III *Reich*).

[42] SCHOLLER, *Proporcionalidade*, p. 271-3. A lei proporcional é adequada (*geeignet*), necessária (*notwendig*) e razoável (*angemessen*). Vale lembrar que ao atuar do legislador (ao contrário da Administração) concede-se "uma margem de arbítrio bem mais ampla para tomar medidas,

É possível que a inconstitucionalidade por ofensa ao princípio da proporcionalidade seja um dos mais "tormentosos temas do controle de constitucionalidade hodierno", mesmo em face da esfera de liberdade de conformação do legislador (*gesetzgeberische-Gestaltungsfreiheit*). Dentro dos limites constitucionais, diferentes condutas podem ser consideradas legítimas.[43]

Ao abordar a questão da restrição aos direitos fundamentais, e reconhecendo que ainda não existe uma sistemática satisfatória, Alexy afirma que as cláusulas restritivas podem ser tácitas ou expressas, algumas inclusive referindo normas de nível infraconstitucional (leis

---

inclusive para fazer frente a situações de risco meramente potencial e hipotético", numa espécie de "presunção em prol da confiança" nele depositada "no que diz com a difícil tarefa de avaliar o complexo nexo empírico existente entre o estado gerado pela intervenção e o estado correspondente ao da consecução dos fins almejados" (p. 274-5). A adequação relaciona-se com a "realidade empírica" e deveria aferir-se em primeiro lugar, embora o critério da necessidade tenha maior "relevância jurídica" (a razoabilidade tem importância secundária) – p. 276. Ao examinar a constitucionalidade das restrições aos direitos fundamentais, o Tribunal Constitucional desenvolveu como método auxiliar a "teoria dos degraus" (*Stufentheorie*) e a "teoria das esferas" (*Sphärentheorie*), que as restrições não devem saltar (passar a esfera/degrau seguinte apenas quando uma restrição mais intensa se fizer absolutamente indispensável), o que também conecta-se à constatação da existência de "diversos níveis no âmbito de proteção dos direitos fundamentais. Verifica-se que a "esfera mais central, notadamente a esfera mais íntima, encontra-se, de regra, completamente imune às restrições legislativas e/ou administrativas. Pelo menos, cumpre admitir que a esfera reservada ou íntima no âmbito de proteção de determinado direito fundamental encontra-se sujeita a uma proteção significativamente maior do que a outorgada na esfera da privacidade ou mesmo na esfera pública." (p. 280-1). Sobre "segurança e ordem pública" como um conceito aberto, vide p. 285 (exemplo do repórter que obtivera do Tribunal de Justiça de Hamburgo uma indenização contra policiais que o trataram como perturbador da ordem, decisão reformada pelo Superior Tribunal de Justiça – BGH, ao argumento de que ele próprio dera margem à atuação violenta da autoridade policial na medida em que gerou a impressão de estar ameaçando a ordem pública). Por outro lado, o legislador já ponderou os bens, "estabelecendo determinados parâmetros por ocasião da edição da lei", no exemplo do crime de dano *versus* livre expressão artística a exercer-se sobre o muro de terceiro (p. 286). Por derradeiro, o princípio da *lealdade* (*Fairness-Prinzip*) desenvolvido por John Rawls pode-se encarar como o "princípio da proporcionalidade com especial consideração pelas minorias no seio de uma determinada comunidade" (idem).

[43] MENDES, *Direitos individuais*, p. 246-7. O excesso de poder também é vedado no seu aspecto negativo – à omissão legislativa opõe-se um "dever de legislar". Inclusive porque o efeito de irradiação dos direitos fundamentais sobre toda a ordem jurídica implica um "postulado de proteção" (*Schutzgebote*) e uma "proibição de omissão" (*Untermassverbot*) – p. 209. O Tribunal Constitucional alemão consignou que os "meios utilizados pelo legislador devem ser adequados e necessários à consecução dos fins visados. O meio é adequado se, com a sua utilização, o evento pretendido pode ser alcançado; é necessário se o legislador não dispõe de outro meio eficaz, menos restritivo aos direitos fundamentais" (p. 248). Assim, "apenas o que é *adequado* pode ser *necessário*, mas o que é *necessário* não pode ser inadequado. (...) A proporcionalidade em sentido estrito assumiria, assim, o papel de um 'controle de sintonia fina' (*Stimmigkeitskontrolle*), indicando a justeza da solução encontrada ou a necessidade de sua revisão." (p. 250-1). Após analisar a jurisprudência do Supremo Tribunal Federal brasileiro (p. 251-71), conclui que o princípio da proporcionalidade "como dimensão específica do devido processo legal ganhou autonomia" (p. 269). Vale lembrar que, para a Corte Constitucional alemã, as decisões administrativas e judiciais também se submetem ao controle da proporcionalidade, o que é irrepreensível, especialmente nos casos que envolvem "normas de conformação extremamente aberta (cláusulas gerais; fórmulas marcadamente abstratas)." – p. 272.

penais, leis gerais etc.). Exemplifica com o "direito à honra pessoal", limite ao direito de expressar livremente a opinião (art. 5º, nº 2, Lei Fundamental alemã), e consigna que tais normas encontram-se à disposição do legislador, que pode conservá-las, eliminá-las ou modificá-las. Devem ser classificadas como restrições constitucionais indiretas e as cláusulas que as cobrem como "cláusulas de reserva que fundamentam a competência para a imposição de restrições". Pode-se partir, sem maior fundamentação, do "fato de que o legislador violaria normas da Lei Fundamental se derrogasse todo o direito à honra pessoal. (...) O que vale é o mandato constitucionalmente fundamentado dirigido ao legislador no sentido de proteger a honra pessoal na medida exigida pela Constituição (...) A competência para impor restrições, que é concedida ao legislador pela cláusula 'direito à honra pessoal', é, pois, uma competência demarcada por deveres jusfundamentais de proteção.".[44]

De outra banda, a diferente *espessura* dos bens pode revelar-se critério operativo. Harmonizar (e ponderar) é realizar sucessivos cortes nos bens ou valores em jogo, tornando-os gradualmente mais finos, leves e menos densos, despojando-os de toda acidentalidade, tendo como limite o núcleo, o caroço, o que os torna essenciais (identificáveis), a fim de que caibam, todos, no mesmo espaço discursivo ou unidade argumentativa. E numa colisão incontornável e fundamental, do entrechoque e do desbastar recíproco, há de permanecer a realidade mais espessa.[45]

Na mesma metáfora, os bens vinculados socialmente só existem no instável equilíbrio das recíprocas fricções, a delimitar as conjunturais espessuras. Ademais, a espessura dos interesses em baila determinará, em última instância, a profundidade cirúrgica da harmonização/ponderação: os sistemas capilares da honra e da privacidade, que decorrem de fluxos informacionais, em condições normais poderão ser sacrificados, mas nunca uma artéria comunicacional comporta incisão, o que, a par da hemorragia fatal para os bens sopesados, alerta para o nível

---

[44] ALEXY, *Teoria*, p. 280-1.

[45] Neste caso, assente que a antinomia entre princípios é indesejável e impossível, uma interpretação sistemática haverá que lançar mão do princípio da hierarquização (um metacritério norteador) que, aceitando a convivência entre dois princípios superiores com exigências concretas díspares, encontrará – no caso em apreço – o bem ou valor mais espesso (um será mais elevado e fundamental). Também por isso, o critério da hierarquização axiológica tem um peso decisivo "para vencer antinomias, inclusive quando da ocorrência simultânea de incompatibilidades". Neste sentido, "interpretar é hierarquizar" (FREITAS, *Interpretação*, p. 83-5). Vale gizar, com GUEDES, *Complexidade*, p. XXVIII, que os sistemas complexos (indubitavelmente o caso do direito) organizam-se hierarquicamente, pelo que podem ser vistos como "hierarquias de módulos, pois apenas os elementos que se interligam num agrupamento modular podem permanecer estáveis tempo suficiente para serem integrados em módulos sucessivamente mais amplos.".

mínimo de fluxo de informação que tampouco pode ser transposto (não ao menos sem disfunção sistêmica).[46]

Trata-se, bem de ver, de princípios hermenêuticos basilares. De forma telegráfica: o princípio da unidade da Constituição, já referido (do qual infere-se a vedação às contradições, incongruências e omissões no seio do sistema); o princípio da máxima efetividade – "a uma norma constitucional deve ser atribuído o sentido que maior eficácia lhe dê. É um princípio operativo em relação a todas e quaisquer normas constitucionais";[47] e o princípio da interpretação das leis conforme a constituição, pelo qual, havendo mais de um significado, prefere-se a interpretação que apanhe melhor a convergência com a Constituição.

---

[46] O pano de fundo do "standard" proposto é estético-expressivo e seu enunciar pode elucidar a fórmula. "(...) *O que vive fere/O homem,/porque vive,/choca com o que vive./ Viver/é ir entre o que vive./§ O que vive/incomoda de vida (...)/O que vive choca,/tem dentes, arestas, é espesso./§ Como todo o real/é espesso.(...) Como é muito mais espesso/o sangue de um homem/do que o sonho de um homem./§ Espesso/como uma maçã é espessa./Como uma maçã/é muito mais espessa/se um homem a come/do que se um homem a vê./Como é ainda mais espessa/se a fome a come./Como é ainda muito mais espessa/se não a pode comer /a fome que a vê.(...)/§ Porque é muito mais espessa/a vida que se desdobra/em mais vida,/como uma fruta/é mais espessa/que sua flor;/como a árvore/é mais espessa/que sua semente;/como a flor/é mais espessa/que sua árvore,/etc. etc.(...)* MELO NETO, *O Cão sem Plumas*, p. 83-6. As metáforas normalmente utilizadas, nesta ótica, têm caráter predominantemente estático e mecanicista: "densidade" é a relação entre a massa e o volume de um corpo e, uma vez calculada matematicamente, terá um valor médio igual para todo o corpo; "peso", como resultado do produto entre a massa de um corpo e a aceleração gravitacional, é por definição medido em unidades determinadas, cada corpo tendo a sua grandeza numérica. A "espessura", mesmo apontando para tais imagens, liga-se mais a "grossura", camadas dispostas e superpostas, fácil imaginar-se o desbastar de uma mata cerrada ou o descascar de uma maçã. Convive bem com a noção de núcleo/caroço do direito fundamental e de uma sua membrana, carapaça/casca, que se conforma e varia ao atrito (dinâmico) de outros valores. Externalidades descartáveis não passariam de limites imanentes (expressos ou implícitos, na noção de Vieira de Andrade de "conflito aparente", já que o "direito" invocado está fora do "domínio de proteção" da norma (ANDRADE, J., *Problemática*, p. 89 – o autor fala de "limiar exterior" à p. 91). A espessura dependeria da percepção sensorial do sujeito envolvido, de um tacto humano que lhe dá sentido... Na pintura contemporânea, acima de tudo, "numerosos artistas são fascinados pelo que chamam 'textura', a sensação tátil de uma substância, sua maciez ou aspereza, sua transparência ou densidade" (GOMBRICH, *História da Arte*, p. 606). Na subjetividade barroca da transição paradigmática vislumbrada por Boaventura de Sousa Santos (*supra*, I-2.1 e 2.3) também socorre o *extremismo* que produz/devora as formas: através do *sfumato* (técnica de pintura que consiste em esbater os contornos e as cores entre os objetos, com o que se cria o próximo e o familiar entre inteligibilidades diferentes) e da *mestiçagem* (a criar novas formas de constelações de sentidos) – SANTOS, *Crítica da razão*, p. 335. O último conceito é uma das manifestações da *hibridação*, que deriva da sociabilidade de *fronteira* própria de um período de transição, cujo tipo-ideal induz: a) ao uso seletivo e instrumental das tradições (a novidade da situação leva à criação e ao oportunismo); b) à invenção de novas formas de sociabilidade (a reforçar a responsabilidade pessoal pela consequência de cada ato); c) às hierarquias fracas; d) à pluralidade de poderes e ordens jurídicas; e) à fluidez das relações sociais; e f) à promiscuidade de estranhos e íntimos, de herança e invenção. Tal sociabilidade assenta em limites e na constante transgressão destes, numa "escassez de centros e na abundância de margens", que resulta de uma permanente definição e redefinição dos limites: experienciá-los sem os sofrer. Dita experiência pode-se dar pela navegação de cabotagem e, no que interessa mais de perto, pela *hibridação*, que consiste em "atrair os limites para um campo argumentativo que nenhum deles, em separado, possa definir exaustivamente (...) obrigando-os a confrontarem-se reciprocamente fora do seu terreno próprio" (p. 321-30).

[47] CANOTILHO, *Direito Constitucional*, p. 227.

Esta formulação comporta várias dimensões, destacando-se o princípio da prevalência da Constituição ao impor que "dentre as várias possibilidades de interpretação, só deve escolher-se uma interpretação não contrária ao texto e programa da norma ou normas constitucionais".[48]

No quadro do procedimento da concretização das normas constitucionais é que Hesse desenvolve os princípios de interpretação constitucional, destacando a *unidade da Constituição* e, em conexão estreita, o princípio da *concordância prática*, de modo que cada um dos bens jurídico-constitucionalmente protegidos "ganhe realidade" – tarefa de otimização que impõe limites a ambos os bens, a serem traçados no caso concreto e de modo *proporcional*. "Proporcionalidade" aqui é definida como uma "relação de duas grandezas variáveis", não uma relação entre "uma 'finalidade' constante e um 'meio' variável". Serve o exemplo da "ação recíproca" entre liberdade de opinião e lei geral limitadora: trata-se de "concordância prática pela coordenação 'proporcional' da liberdade de opinião por um lado, dos bens protegidos por 'leis gerais', por outro".[49]

A tarefa de limitar direitos fundamentais é a de "coordenar mutuamente as condições de vida garantidas pelos direitos de liberdade", o que a Constituição só faz ela própria numa parte pequena. A tarefa é, pois, fundamentalmente, *produção de concordância prática*, o que requer, reitera Hesse, a coordenação "proporcional".[50] Refere-se à liberdade de opinião como uma "parte essencial da liberdade política e espiritual", que abrange a liberdade de informação e também protege a "comunicação de fatos" determinada a possibilitar ou influenciar a

---

[48] CANOTILHO, *Direito Constitucional*, p. 229. O mesmo autor refere-se ao "momento metodológico da intraquilidade", que perpassa os "velhos problemas da *ponderação de bens* e do *balanceamento de interesses*", justamente a dificuldade de distinguir "decidir" de "interpretar" (entre a atribuição de um significado a uma norma e a tomada de uma decisão razoável). Reconhece que o "*corpus jurídico* português teria muito mais 'entulhos de injustiça' se não fosse a intervenção dos tribunais alertados para desvalores jurídicos das normas inconstitucionais" e exemplifica com "numerosas questões decididas no âmbito penal e processual penal". Finaliza a lembrar que a "atenção dedicada aos requisitos das leis restritivas (necessidade de lei, princípio da necessidade, princípio da proporcionalidade) contribuíram para o combate a um legiscentrismo positivista e para o enraizamento da ideia de vinculação do legislador aos direitos fundamentais." (CANOTILHO, *Jurisdição*, p. 885-7).

[49] HESSE, *Elementos*, p. 65-7. Sustenta que a "ponderação de bens" cai no "perigo de abandonar a unidade da Constituição", o que também vale para a presunção inicial a favor da liberdade (na qual não vislumbra um princípio de interpretação constitucional). De todo modo, e na esteira do Tribunal Constitucional Federal, o princípio da proporcionalidade deriva do princípio do Estado de Direito (p. 159).

[50] HESSE, *Elementos*, p. 255. Há limites no controle judicial dessa limitação dos direitos fundamentais. As concepções políticas podem diferir, e o juiz não deve pôr a sua "no lugar da concepção da maioria nos corpos legislativos" (p. 257). Sobre direitos fundamentais e "status especial" (no exemplo da discrição profissional do funcionário *versus* direito de manifestar livremente sua opinião) também há de incidir a *concordância prática* (p. 261-2). Quanto ao "núcleo essencial" do direito fundamental e a proteção contra "escavação interna", vide p. 264-8 – o "conteúdo essencial" começa onde as possibilidades diferenciadoras (de limitação admissível) terminam; núcleo que tem uma dimensão objetiva e "não-só-mas-também" de direito subjetivo.

formação da opinião. Entretanto, "não é protegida pelo artigo 5º da Lei Fundamental a informação de fatos falsa, consciente ou demonstrada". Saber, em cada caso particular, quando uma informação não se deve efetuar, não é algo que se possa decidir unilateralmente, à custa da liberdade de informação – "é necessária, antes, a produção de concordância prática".[51]

Outra linha hermenêutica defende que "La Constitución se erige así en 'contexto' necesario de todas las Leyes, para utilizar el tecnicismo que aparece en el artículo 3 de nuestro Código Civil [español] cuando precisa que 'las normas se interpretarán según el sentido de sus palabras, en relación con su contexto...' (...) Determina así, en buena parte, la práctica de una verdadera 'jurisprudencia de valores', que es la que se está imponiendo en nuestra práctica judicial.".[52]

Vale lembrar, com Vieira de Andrade, que, num conflito de direitos fundamentais, tem-se de atender fundamentalmente a três fatores: a) ao âmbito e à graduação do conteúdo dos preceitos constitucionais; b) ao tipo, conteúdo, forma e demais circunstâncias do fato conflitual; c) à condição comportamental das pessoas envolvidas.[53] É a suma da correta aplicação da prossecução de interesses legítimos, como se desenvolverá.

Deve-se, através desta lente, ler as mensagens dos artigos 25º (direito à integridade pessoal),[54] 26º (outros direitos pessoais),[55] 37º

---

[51] HESSE, *Elementos*, p. 302-5. A liberdade de informação é o equivalente necessário à liberdade de opinião, como "base da formação de opinião democrática", pressuposto da "publicidade democrática". Assim, a liberdade de imprensa é essencial para a formação da opinião pública e um dos meios mais importantes de "crítica e controle público permanente". Não é importante o "conteúdo das informações ou pareceres para a sua inclusão no âmbito de proteção do direito fundamental" (p. 306). Contra a concentração oligopolística e na sua dimensão interna, é hoje uma "liberdade pelo Estado" (p. 307). Certo que um de seus limites é a "honra pessoal", tal fórmula só deixa inferir seu significado com vista "à tarefa e à função da liberdade de opinião na ordem constitucional (p. 309) – não se pode limitá-la por "motivo insuficiente", pois as limitações devem ser vistas sempre "na luz do direito fundamental de opinião" (p. 310). Quanto à liberdade de arte e ciência, especialmente de investigação e ensino, vide p. 310-3.

[52] GARCÍA DE ENTERRÍA/FERNÁNDEZ, *Curso*, p. 102. Sobre as origens e significado do valor normativo da constituição no constitucionalismo ocidental, vide p. 96-8.

[53] ANDRADE, J., *Problemática*, p. 91. A liberdade de expressão varia conforme a utilidade pública e social da divulgação do facto ou opinião (informação relevante para as áreas privilegiadas ou mero entretenimento). A reserva de privacidade varia consoante se trate de esfera de segredo ou de mero resguardo; é diferente ter havido apenas divulgação do fato ou de ocorrer também intromissão. São relevantes o modo e alcance da divulgação e a condição das pessoas (celebridade ou particular) ou seu comportamento (consentimento tolerante).

[54] O direito à integridade moral compreende a não-exposição à execração ou ao enxovalho público e vale não só contra o Estado mas igualmente contra qualquer pessoa, garantido, no plano civil, através dos direitos de personalidade, e, no criminal, nos crimes contra a honra – CANOTILHO/MOREIRA, *Constituição Portuguesa*, p. 177.

[55] Há sete direitos distintos, destacando-se o direito ao desenvolvimento da personalidade, ao bom nome e reputação, à imagem, à palavra, e à reserva da intimidade da vida privada e familiar. A par de gozarem proteção penal, funcionam como "limite de outros direitos fundamentais que com eles possam conflituar (v.g., limite à liberdade de informação e de imprensa)", CANOTILHO/MOREIRA, *Constituição Portuguesa*, p. 179-182.

(liberdade de expressão e informação),⁵⁶ 38º (liberdade de imprensa e meios de comunicação social),⁵⁷ e 42º (é livre a criação intelectual, artística e científica),⁵⁸ concatenados pelo *princípio da necessidade* plasmado no art. 18º, 2, todos da Constituição da República Portuguesa.

Veja-se, no que tange a conflito de direitos fundamentais, a decisão do Supremo Tribunal de Justiça português: "I – O conceito de honra importa sempre um juízo de valor, pelo que a formulação de tal juízo implica matéria de direito. II – Havendo conflito entre direitos fundamentais constitucionalmente consagradados, a sua harmonização concreta depende de critérios metódicos, abstractos, tal como o princípio de concordância prática ou a ideia do melhor equilíbrio possível entre os direitos colidentes. III – A liberdade de expressão deverá ser exercida sem subordinação a qualquer forma de censura, autorização, caução ou habilitação prévia, mas com respeito pela Constituição e leis ordinárias. IV – É ilícita a conduta que atinge a honra de outrem já que atribui a este factos desonrosos, sem apoio em fontes seguras e já depois de terem sido objecto de desmentidos credíveis. V – É assim devida indemnização quanto a danos não patrimoniais." Acórdão de 5 de março de 1996, *Coletânea de Jurisprudência*, IV-1, p. 122.⁵⁹

No mesmo sentido há importante parecer da Procuradoria-Geral da República em Portugal: "I – Os direitos fundamentais dos cidadãos portugueses, constitucionalmente reconhecidos, entre os quais se contam os que à liberdade de expressão e de informação se referem, devem ser entendidos na medida necessária e adequada da salvaguarda de outros direitos da mesma natureza, o que, na sua extensão genérica e abstracta, tem de ser casuística e proporcionalmente ponderado, na distribuição dos custos do conflito.".⁶⁰

---

⁵⁶ Desdobramentos e diferenças entre direito de expressão do pensamento e direito de informação (de informar, de se informar e de ser informado) em CANOTILHO/MOREIRA, *Constituição Portuguesa*, p. 225-7.

⁵⁷ Vista a liberdade de imprensa "como um modo de ser qualificado das liberdades de expressão e da informação, consistindo, portanto, no exercício destas através de meios de comunicação de massa, independentemente da sua forma (impressos, radiofônicos, audiovisuais)", tanto na dimensão de liberdade-resistência (contra os poderes públicos) como na de garantia constitucional (da livre formação da opinião pública num Estado constitucional democrático), sendo sintomático que as primeiras especificações da liberdade de imprensa sejam os direitos dos jornalistas (liberdade de expressão e criação e direito de intervirem na orientação editorial), CANOTILHO/MOREIRA, *Constituição Portuguesa*, p. 230.

⁵⁸ O que compreende o direito à invenção, produção e divulgação da obra científica, literária ou artística.

⁵⁹ *Apud* ROCHA, *Lei de Imprensa*, p. 94-5. No Brasil, típico exemplo de colisão de direitos fundamentais: a liberdade artística, intelectual, científica e de comunicação (CF, art. 5º, IX) pode entrar em colisão com a intimidade, a vida privada, a honra ou a imagem das pessoas (CF, art. 5º, X, da CF brasileira) – MENDES, *Direitos*, p. 281; sobre o assunto, FARIAS, *Colisão*, p. 94 e ss.

⁶⁰ P.G.R, parecer nº 121/84, de 6 de fevereiro de 1985, in *BMJ*, nº 349, outubro, 1985, p. 190 – *apud*. PEIXE, *A lei de imprensa*, p. 50.

Articulando as idéias de subsidiariedade e fragmentariedade do direito penal (e da necessidade de intervenção penal), Vieira de Andrade defende que a punibilidade dos crimes de difamação, injúria ou devassa da vida privada através da comunicação social "deveria ser limitada aos casos mais graves, onde pudesse afirmar-se sem dúvida a prevalência dos direitos dos destinatários sobre a liberdade de imprensa e o direito de informar".[61]

O prisma adotado, repita-se, não se compadece com simples "ponderação entre princípios conflituantes, atribuindo precedência ao de maior hierarquia ou significado" (mesmo pela dificuldade de hierarquização, minimamente legitimada por consenso, entre direitos individuais e outros valores constitucionais), mas, pelo contrário, adentra "nas circunstâncias peculiares de cada caso" e recorre "à *concordância prática (praktische Konkordanz)*, de modo que cada um dos valores jurídicos em conflito ganhe realidade.".[62]

Acerca da concordância prática,[63] Canotilho fornece dois exemplos retirados de casos paradigmáticos da jurisprudência alemã que, muito significativamente, envolvem os valores de que se cura: o direito à informação contra o direito à ressocialização individual – prevaleceu, no caso concreto, este último princípio;[64] e o direito à vida, o dever de proteção de bens constitucionais e o direito das vítimas – tendo ocorrido o adiamento de um julgamento de crime grave, em prol do direito à vida (risco de enfarte na iminente audiência pública) e em detrimento, circunstancial, do direito/dever do Estado de prossecução penal, a par do direito das vítimas a uma decisão judicial justa e eventual reparação.

Merecem referência, pelo relevo e direta influência no tema tratado, quatro constelações jurisprudenciais paradigmáticas, todas lavradas pelo Tribunal Constitucional alemão, que já reconheceu,

---

[61] ANDRADE, J., *Problemática dos direitos da pessoa*, p. 95. Neste sentido parece ter caminhado a legislação espanhola, ao reformatar a figura penal da injúria, assim definida no art. 208 do novo Código Penal (Lei 10/1995, de 23 de novembro): *Es injuria la acción o expresión que lesionan la dignidad de otra pesona, menoscabando su fama o atentando contra su propia estimación* (IRUZUBIETA, *Nuevo Codigo*, p. 312). A referência à "dignidade da pessoa humana" remete diretamente aos artigos 10 e 18 da Constituição Espanhola: "A lesão à dignidade é, portanto, pressuposto imprescindível para que exista o delito e provavelmente cumprirá uma função limitadora do número de comportamentos delitivos" (CASTIÑEIRA I PALOU, *Prevenir y Castigar*, p. 88).

[62] Gilmar Ferreira Mendes, no prefácio de FARIAS, *Colisão*, p. 15.

[63] CANOTILHO, *Direito Constitucional*, p. 1.161-2.

[64] Sobre o princípio da socialidade ou da solidariedade (um dos princípios diretores de política-criminal de emanação jurídico-constitucional) é apresentado por Figueiredo Dias como "vertente social" do Estado de Direito – imanente, portanto, à cláusula do Estado de Direito social: ao Estado que faz uso do seu *ius puniendi* incumbe, em compensação, um *dever de ajuda e de solidariedade para com o condenado*, proporcionando-lhe "o máximo de condições para prevenir a reincidência e prosseguir a vida no futuro sem cometer crimes" (DIAS, *Direito Penal Português*, p. 74).

expressamente: "tendo em vista a unidade da Constituição e a defesa da ordem global de valores por ela pretendida, a colisão entre direitos individuais de terceiros e outros valores jurídicos de hierarquia constitucional pode legitimar, em casos excepcionais, a imposição de limitações a direitos individuais não submetidos explicitamente à restrição legal expressa". A Corte não se limita a uma simples ponderação na busca do princípio de maior hierarquia ou significado – antes, nas circunstâncias peculiares de cada caso, recorre à concordância prática.[65]
Articuladamente.

1.5. A influência do *Lüth-Urteil*

A iniciar por critério cronológico, do *Lüth-Urteil* (15 de janeiro de 1958) extraíram-se dois princípios: o de *efeito recíproco*[66] e o de *efeito de irradiação*. A relação entre um direito fundamental e a lei geral não é de unilateral limitação, pela lei, da força de vigência do direito fundamental, mas de efeito recíproco, vale dizer, a lei limitadora há que ser interpretada conforme o valor posto pelo direito fundamental. E, portanto, limitada na sua eficácia limitadora. O Tribunal apelou para a ponderação de bens: o direito de expressão recua quando lesa interesses de maior relevo.[67]

Na visão de Alexy, nesta sentença o Tribunal Constitucional colocou os trilhos básicos para sua jurisprudência da ordem de valores, com duas conseqüências basilares: a) a irradiação dos direitos fundamentais sobre o sistema jurídico total; b) a onipresença da ponderação.[68]

---

[65] MENDES, *Direitos individuais*, p. 285-6.

[66] Sobre a doutrina do efeito recíproco (*Wechselwirkungslehre*) ou "da interpenetração e limitação mútua dos direitos fundamentais", vide TIEDEMANN, *Constitución*, p. 149 e ss.

[67] ANDRADE, *Liberdade*, p. 46-9. À p. 47, o autor caracteriza a relação entre e liberdade de imprensa e os valores conflituantes como dinâmica, sem "fronteiras pré-determinadas e fixas. É o próprio relevo constitucional da liberdade de imprensa que condiciona o alcance com que os valores conflituantes a podem balizar. Por outro lado, as normas de direito (penal) ordinário que de algum modo estabelecem limites à liberdade de imprensa estarão sempre 'iluminadas com a luz da Constituição', devendo, por isso, ser sempre interpretadas a partir do programa de tutela da liberdade de imprensa consignado na Constituição." Adiante, à p. 156, consigna-se que a "experiência alemã da *teoria do efeito-recíproco* não passará, afinal, de uma técnica de *ad hoc balancing*" (ao estilo da vertente americana). Conseqüência desta sentença "é a substituição da teoria de que no caso de conflito entre liberdade de expressão e um outro bem jurídico cederia sempre a primeira, pelo princípio da ponderação de bens entre a liberdade de expressão e o bem jurídico tutelado pela lei limitadora" (SOUSA, N., *Liberdade de Imprensa*, p. 284).

[68] ALEXY, *Colisão de direitos fundamentais*, p. 271, sendo um efeito tardio dessa sentença a decisão "soldados-são-assassinos", que tachou de inconstitucional a condenação de pacifistas que assim se manifestaram (colisão entre a liberdade de manifestar a opinião, dos pacifistas, com o direito de personalidade geral dos soldados, a incluir a proteção da honra). Vide, *infra*, item II-1.8.

Vale pequena resenha do caso: em 1950, Eric Lüth, diretor do Clube de Imprensa de Hamburgo, empreendeu campanha pública de boicote contra o filme *Unsterbliche Gelibte* (Amada Imortal) do cineasta Veit Harlan (que produzira, durante o nazismo, filme anti-semita). Harlan obteve, com base no artigo 826 do BGB (Código Civil, obrigação de reparar o dano), ordem do Tribunal de Justiça de Hamburgo para que Lüth cessasse o boicote. Inconformado, o jornalista ingressou com reclamação constitucional (*Verfassungsbeschwerde*), por violação da sua liberdade de expressão, que abarcaria, segundo Lüth, "a possibilidade de influir sobre os outros mediante o uso da palavra". O recurso foi acolhido pelo Tribunal Constitucional, ao argumento de que a Corte Estadual desconsiderara o significado do direito fundamental de expressão e informação de Lüth, de ser observado também nas relações jurídico-privadas, "quando ele se contrapõe a interesses de outros particulares".[69] A Constituição portuguesa, no seu artigo 18, n° 1, acolhe expressamente o princípio da vinculação das entidades privadas.[70]

O caso *Lüth* é paradigmático do que os constitucionalistas têm chamado de "dimensão objetiva dos direitos fundamentais", ao consignar que ditos direitos "não se limitam à função precípua de serem direitos subjetivos de defesa do indivíduo contra atos do poder público, mas que, além disso, constituem decisões valorativas de natureza jurídico-objetiva da Constituição, com eficácia em todo o ordenamento jurídico e que fornecem diretrizes para os órgãos legislativos, judiciários e executivos.".[71]

Esta "dimensão axiológica da função objetiva dos direitos fundamentais" não se compraz com uma estruturação meramente individualista, antes encontra sentido também no ângulo societário, nos valores da comunidade vista em sua totalidade. Assim, o exercício de um direito subjetivo individual condiciona-se ao seu reconhecimento pela comunidade, visto o indivíduo como inserido numa comunidade e vinculado aos valores fundamentais desta.[72]

---

[69] Segue-se o roteiro de SARLET, *Direitos Fundamentais*, p. 124. A Corte Constitucional sinalou que as cláusulas gerais de direito privado atuam como "pontos de ingresso (*Einbruchstellen*) dos direitos fundamentais no direito civil", pelo que o litígio segue sendo um conflito jurídico-civil, mas o juiz, ao aplicar os dispositivos legais privados, examinará se estão materialmente influenciados pelos direitos fundamentais (p. 125).

[70] O que, no Brasil, deriva do princípio da máxima efetividade e eficácia dos direitos fundamentais, consagrado no § 1º do artigo 5º da Constituição Federal (SARLET, *Direitos Fundamentais*, p. 140; *Eficácia*, p. 322 e ss.).

[71] SARLET, *Eficácia*, p. 140. O princípio já vinha esboçado do primeiro pós-guerra, sob a égide da Constituição de Weimar, mas o impulso decisivo ficou-se a dever ao advento da Lei Fundamental de 1949.

[72] O Tribunal Constitucional Federal Alemão consagrou, no início da década de 50, a vinculação comunitária do indivíduo (*die Gemeischaftsgebundenheit des Individuums*), SARLET, *Eficácia*, p. 143, nota 326.

Neste sentido, "a perspectiva objetiva dos direitos fundamentais não só legitima restrições aos direitos subjetivos individuais com base no interesse comunitário prevalente, mas também que, de certa forma, contribui para a limitação do conteúdo e do alcance dos direitos fundamentais, ainda que deva sempre ficar preservado o núcleo essencial destes".[73]

A eficácia irradiante (*Ausstrahlungswirkung*) dos direitos fundamentais é o primeiro desdobramento de sua força objetiva, no sentido de que "fornecem impulsos e diretrizes para a aplicação e interpretação do direito infraconstitucional". À dimensão objetiva associa-se, num segundo momento, "a figura jurídica das garantias institucionais" (a liberdade de imprensa goza desse estatuto), que, por sua importância, "devem estar protegidas contra a ação erosiva do legislador". A terceira função decorrente da perspectiva objetiva respeita aos deveres de proteção (*Schutzpflichten*) do Estado, a quem incumbe "zelar, inclusive preventivamente, pela proteção dos direitos fundamentais dos indivíduos não somente contra os poderes públicos, mas também contra agressões provindas de particulares" – o que implica a obrigação de o Estado adotar medidas positivas de natureza vária, por exemplo "medidas legislativas de natureza penal (...) com o objetivo precípuo de proteger de forma efetiva o exercício dos direitos fundamentais".[74]

Num sentido amplo conferido por Alexy, pode haver colisão entre direitos fundamentais e bens coletivos, sendo a segurança pública (ou interna) um bem coletivo central do Estado de direito liberal, mas de caráter ambivalente, pois o "dever do Estado de proteger os direitos de seus cidadãos obriga-o a produzir uma medida tão ampla quanto possível deste bem. Isso, porém, não é possível sem intervir na

---

[73] SARLET, *Eficácia*, p. 143. Partindo de outra concepção (a tese liberal de que os direitos fundamentais apenas vinculam o Estado, invocáveis apenas contra uma ação estatal – *state action* – presumidamente ilícita), o direito constitucional norte-americano, ao ampliar os conceitos de poder público e ação estatal, acaba chegando a resultados práticos similares ao da jurisprudência alemã. Com tal relativização da doutrina da *state action*, tribunais americanos puderam negar legitimidade à administração de uma "cidade privada" (*company town*) ou de um *shopping center* para que impedissem a distribuição de panfletos por testemunhas de jeová nas suas ruas e praças, o mesmo valendo para a distribuição de informação sobre temas de interesse público (não prevaleceu o argumento de que o espaço estaria submetido ao regime da propriedade privada) – SARLET, *Direitos Fundamentais*, p. 134-5.

[74] SARLET, *Eficácia*, p. 145-7. Na doutrina germânica, destaca-se como exemplo expressamente positivado de deveres de proteção o art. 1º, inc. I (dignidade humana). Sobre o efeito de irradiação e a eficácia dos direitos fundamentais no âmbito das relações entre particulares, vide SARLET, *Direitos Fundamentais*, p. 117-9. Segundo o autor, o dever de atuação positiva do Estado (de intervenção contra agressão oriunda de outros particulares) deriva do próprio princípio do Estado de Direito, detentor do monopólio do uso legítimo da força e do poder de solução dos litígios (p. 127).

liberdade daqueles que prejudicam ou ameaçam a segurança pública".[75]

Como implicação normativa do efeito de irradiação, os agentes de comunicação social têm tratamento claramente privilegiado em sede de ilicitude – reflexo da matriz constitucional dos direitos fundamentais que se atualizam na liberdade de imprensa, o que se obtém ao reforçar as justificantes gerais,[76] assim como "fazendo intervir causas específicas de justificação tipicamente vinculadas a determinadas incriminações da Parte Especial e que têm os agentes da comunicação social na primeira linha dos destinatários.".[77] Bacigalupo, por exemplo, tendo em vista o horizonte espanhol, defende que a não-punição da calúnia culposa (ainda que dogmaticamente viável entendimento diverso) "deveria derivar do *efeito irradiante dos direitos fundamentais*".[78]

Amplia-se, pois, a área do permitido aos jornalistas, justificando-se-lhes, por meio da prossecução de interesses legítimos, condutas típicas de difamação (e de outros crimes contra a honra) e caracterizadoras de devassa da vida privada. Também a vertente constitucional espanhola reconhece a figura do efeito de irradiação e da limitação recíproca, ao consignar que, se por um lado, os direitos e liberdade envolvidos com a expressão não são absolutos, "tampouco pode-se, por outro, atribuir tal caráter aos limites aos quais há de submeter-se seu exercício (...) *a força expansiva de todo direito fundamental restringe o alcance das normas limitadoras que atuam sobre o mesmo; daí a exigência de que os limites dos direitos fundamentais hão de ser interpretados com critérios restritivos e no sentido mais favorável à eficácia e à essência de tais direitos.*".[79]

---

[75] ALEXY, *Colisão de direitos fundamentais*, p. 272. Quanto aos direitos sociais, numa sociedade em que os bens estão distribuídos de forma muito desigual, os direitos fundamentais pedem redistribuição, o que pode ocorrer de forma direta de um para outro cidadão. Neste caso (de direitos à custa de terceiros) no fundo é o mercado que decide se eles são efetivos. Pode-se inferir, mesmo pelo caráter de vinculação social dos valores em jogo (honra e informação pública, por exemplo), que o "livre mercado das idéias" (em realidade um exercício oligopolístico) vai cobrar, numa ou noutra ponta, o que simboliza uma situação de colisão muito complexa.

[76] Artigo 31, com ressalva do artigo 38, consentimento, pois tal concordância assume estatuto dogmático de acordo, que opera em sede de tipicidade, vide ANDRADE, *Liberdade*, p. 269. Também, supra, nota 118.

[77] ANDRADE, *Liberdade*, p. 267.

[78] Concretamente do art. 20 da Constituição espanhola (liberdade de expressão e informação), pois o conteúdo essencial desse direito fundamental seria reduzido se punido o autor que desconhecia o perigo concreto de lesão à honra da imputação de fato que realiza - BACIGALUPO, *Honor*, p. 12-3.

[79] STC 20/1990, de 15 de fevereiro, apud SALVADOR CODERCH, *El Mercado*, p. 122 – em junho de 1982, no semanário *Punto y Hora*, o jornalista Fernández Pérez criticou a organização, pela Espanha, do Campeonato Mundial de Futebol daquele ano, que estaria sendo utilizado pelo governo, como sempre o faziam os regimes ditatoriais, além de criticar as origens históricas da monarquia constitucional, mencionando o "passado fascista do Rei". Fora, por isso, condenado pelo Tribunal Supremo a seis anos e um dia de prisão por injúrias leves ao Chefe de Estado (por escrito e com publicidade), até que o Tribunal Constitucional aceitou seu amparo, na decisão

Numa decisão recente, o Tribunal Constitucional espanhol (STC 136/99), articulando a liberdade de expressão e informação com o direito à legalidade penal (art. 25.1 CE) e o princípio da proporcionalidade, concluiu pela inconstitucionalidade da incriminação penal – na modalidade em apreço no caso concreto – do art. 174 *bis* a) do Código Penal de 1973 (prisão e multa para quaisquer atos de colaboração ou formas de cooperação com grupos armados ou terroristas). Em síntese: "O critério da proporcionalidade tem especial aplicação quando se trata de proteger direitos fundamentais frente a limitações ou constrições, procedam estas de normas ou de resoluções singulares. (...) A norma do art. 174 *bis* a) CP 1973 não guarda, por sua severidade em si e pelo efeito que a mesma comporta para o exercício das liberdades de expressão e informação, uma razoável relação com o desvalor que entranham as condutas sancionadas.".[80]

É de se reparar, todavia, a inviabilidade de uma eficácia direta de feição absoluta dos direitos fundamentais nas relações entre particulares, o que impossibilita solução uniforme, que depende, antes, de "adequado manejo", em nível de abrangência e intensidade da vinculação, "de acordo com as circunstâncias do caso concreto, insuficientes, para além disso, os modelos tradicionais adotados no âmbito da doutrina e da jurisprudência" – o que decorre "também (e principalmente) da estrutura normativa e da natureza eminentemente principiológica das normas definidoras de direitos e garantias fundamentais".[81] Essa afirmação pode ser transposta para a prossecução de interesses legítimos.

Pode-se traçar um quadro da liberdade de expressão e informação, como direito fundamental matricial e integrá-la, nos termos da Constituição portuguesa, ao sistema de direitos fundamentais. Assume, desde logo, duplo caráter, como direito individual do cidadão e como garantia institucional – ambos comportando nova subdivisão. Como direito individual, traduz-se num direito de defesa e num direito de participação política. Como garantia institucional, "no sentido da protecção jurídico-constitucional dispensada, em nome do interesse

---

citada. Antes, na STC 121/1989, a Corte recordara sua tese sobre o "valor superior de eficácia irradiante" da liberdade do art. 20 da CE, que obriga o juízo penal a verificar se o exercício dessas liberdades atua, ou não, "como causa excludente da antijuridicidade" (p. 103). Não escapa a Salvador Coderch que a tese do efeito de irradiação, ao deparar-se com limites que são também direitos fundamentais, resulta incompreensível, diante da mútua força expansiva (p. 122). Apontou-se, já na introdução, a circularidade dos valores em jogo, imagem aliás expressivamente delineada por Faria Costa (relação biunívoca entre o círculo e a circunferência). É mais coerente, nesta ótica, a construção da *prefered position*, como se verá logo a seguir.

[80] STC 136/1999, de 20 de julho. O pano de fundo é o terrorismo basco do ETA – difusão televisiva de gravações de mensagens intimidatórias nas proximidades de eleições (fevereiro/março de 1996) *apud* JAEN VALLEJO, *Jurisprudencia*, p. 167-86.

[81] SARLET, *Direitos Fundamentais*, p. 157.

público, a uma 'instituição' do direito político",[82] é o fundamento da opinião pública na sociedade democrática e apresenta dois vetores: a liberdade de imprensa e a proibição de censura.

Quid juris se o exercício dessas liberdades atingir um bem jurídico pessoal como a honra? Trata-se, segundo Coderch, de uma das hipóteses mais claras de eficácia das normas constitucionais sobre direitos fundamentais nas relações entre particulares, a noção de *Drittwirkung* desenvolvida na Alemanha.[83]

Os direitos em debate, pelo que se viu, não podem, de modo algum, ser hierarquizados: "o direito à honra e o direito de informação têm por isso igual valência normativa".[84] A imagem sugestiva proposta é a da relação biunívoca entre o círculo e a circunferência, em que o aumento (ou diminuição) da circunferência reflete no aumento (ou diminuição) da área do círculo, tanto a honra quanto o direito à informação podendo ser, arbitrariamente, círculo ou circunferência.[85]

O instável equilíbrio resulta de parâmetros históricos, mas a existência de tipos legais de crime que protegem a honra é inarredável entreposto valorativo, "representa uma opção legislativa em que se pressupõe, inequivocamente, que a honra é ofendida ou pode ser ofendida por meio de uma informação jurídico-penalmente ilegítima.".[86]

1.6. Os parâmetros do *Mephisto-Fall*

Em 24 de fevereiro de 1971, tendo por objeto a publicação do romance *Mephisto*, de Klaus Mann, enfrentou-se o conflito entre o "direito de liberdade artística e os direitos de personalidade enquanto emanações do princípio da dignidade humana.".[87] Segundo o filho adotivo, o romance representava uma biografia depreciativa e injuriosa da memória do falecido ator e diretor de teatro Gustaf Gründgen (caricaturado na obra como Hendrik Höfgen), pelo que postulou sua proibição, que foi indeferida pelo Tribunal Estadual de Hamburgo.

---

[82] DIAS, *Direito de Informação*, p. 101, nota 1.

[83] SALVADOR CODERCH, *Prevenir y Castigar*, p. 19.

[84] COSTA, *Direito Penal da Comunicação*, p. 55. No mesmo sentido ANDRADE, *Liberdade*, p. 284.

[85] "Ao aumento do âmbito de proteção do direito à honra não corresponde, necessariamente, uma proporcional diminuição do âmbito de defesa do direito de informar, nem, inversamente, a potenciação do direito de informar implica, de jeito necessário, um apoucamento do direito à honra.", COSTA, *Direito Penal da Comunicação*, p. 52.

[86] COSTA, *Direito Penal da Comunicação*, p. 55. Sobre a inconstitucionalidade de o direito penal desrespeitar tal igualdade normativa e a impossibilidade de se afirmar que o direito de informação prevalece sobre o direito à honra, vide p. 57-8.

[87] MENDES, *Direitos*, p. 287-90. Segue-se sua resenha, salvo indicação.

O romance foi publicado em 1965, com uma "advertência aos leitores", assinada por Klaus Mann: "todas as pessoas deste livro são personagens, não retratos" (*stellen Typen dar, nicht Porträts*). Por determinação liminar do Tribunal Superior de Hamburgo, acrescentou-se outra advertência, no sentido de que, embora houvesse referência a pessoas, as personagens haviam sido conformadas fundamentalmente "pela fantasia poética do autor" (*dichterische Phantashie des Verfassers*). O Tribunal acabou proibindo a publicação, posteriormente (tanto em nome dos direitos de personalidade subsistentes de Gründgen, quanto do filho adotivo), pois o conteúdo injurioso decorria da difícil distinção, pelo público, entre poesia e realidade. "O direito de liberdade artística não tem precedência sobre os demais direitos, devendo, por isso, o juízo de ponderação (...) ser decidido, na espécie, em favor do autor".

O Supremo Tribunal Federal de Justiça manteve a decisão, ao argumento de que o direito de liberdade artística encontra limite imanente no direito de personalidade, também de assento constitucional – não se podia afirmar, com segurança, que se tratava de mera "imagem hiperbólica ou satírica", atribuindo-se-lhe a prática de "atos negativos absolutamente estranhos à sua biografia". A editora recorreu ao Tribunal Constitucional, que logo reconheceu que a *descrição da realidade* "integra o âmbito de proteção do direito de liberdade artística" (tutela da arte "engajada"), mas este direito não fora assegurado de forma ilimitada. A garantia dessa liberdade "não poderia desconsiderar a concepção humana que balizou a Lei Fundamental, isto é, a idéia do homem como personalidade responsável pelo seu próprio destino, que se desenvolve dentro da comunidade social". Em suma, a liberdade artística subordinava-se ao princípio da dignidade humana. Os tribunais recorridos não aferiram de modo arbitrário o conflito, antes avaliaram de maneira cuidadosa os valores colidentes e, até, ponderaram a "possibilidade de determinar uma proibição limitada do romance (proibição com esclarecimento obrigatório).".

1.7. A concordância prática do *Lebach-Urteil*

Outro caso muito citado é o famoso *Lebach-Urteil*, submetido à Corte Constitucional alemã em 5 de junho de 1973.[88] A tensão polarizava-se entre liberdade de imprensa e tutela aos direitos de personalidade: um dos condenados por grave homicídio ("assassinato de soldados de Lebach", *Der Soldatenmord von Lebach*) solicitara medida liminar

---

[88] Seguem-se as transcrições lançadas por Gilmar Ferrreira Mendes no prefácio de FARIAS, *Colisão*, p. 15-7.

contra a divulgação de filme pelo poderoso *ZDF* (Segundo Canal de Televisão), alegando lesão aos seus direitos de personalidade e que a citação nominal dificultaria sua ressocialização. Tanto o Tribunal Estadual de Mainz quanto o Superior de Koblenz desacolheram o pedido, ao fundamento de que o crime o tornara uma pessoa notória, "personalidade da história recente", a par da natureza de documentário, que significava narração sem alterações. Nessa linha, o conflito solvia-se a favor da liberdade de imprensa, estabelecida no art. 5º, I, da Lei Fundamental.

O recurso constitucional alegou ofensa à dignidade da pessoa humana e a Corte, após ouvir o Governo Federal, a rede televisiva e o Governo do Estado da Renânia do Norte-Vestfália (questão da ressocialização na cidade natal), o Conselho Alemão de Imprensa, a Associação de Editores e socorrer-se, em audiência pública, de especialistas em execução penal, psicologia social e comunicação, proibiu a divulgação do filme, caso constasse referência expressa ao nome do impetrante.

O Tribunal consignou que o direito à imagem abarcava "as representações de pessoas com a utilização de atores". Considerou que ambos os valores em conflito "configuravam elementos essenciais da ordem democrático-liberal (*freiheitlich demokratische Ordnung*)", nos termos da Lei Fundamental – a afastar, em linha de princípio, uma superioridade de um ou outro. Sendo inviável compatibilizá-los, a determinação de qual deve ceder depende do caso concreto. Em conclusão: "Para a atual divulgação de notícias sobre crimes graves tem o interesse de informação da opinião pública, em geral, precedência sobre a proteção da personalidade do agente delituoso. Todavia, além de considerar a intangibilidade da esfera íntima, tem-se que levar em conta sempre o princípio da personalidade. Por isso, nem sempre afigura-se legítima a designação do autor do crime ou a divulgação de fotos ou imagens ou outros elementos que permitam a sua identificação. A proteção da personalidade não autoriza, porém, que a Televisão se ocupe, fora do âmbito do noticiário sobre a atualidade, com a pessoa e esfera íntima do autor de um crime, ainda que sob a forma de documentário. A divulgação posterior de notícia sobre o fato é, em todo caso, ilegítima, se se mostrar apta a provocar danos graves ou adicionais ao autor, especialmente se dificulta a sua reintegração na sociedade. É de se presumir que um programa, que identifica o autor de fato delituoso pouco antes da concessão de seu livramento condicional ou mesmo após a sua soltura ameaça seriamente o seu processo de reintegração social.".[89]

---

[89] BverfGE 35.202, *apud* Gilmar Ferrreira Mendes, p. 17 do prefácio citado. Dois exemplos, extremos, da jurisprudência americana (SALVADOR CODERCH, *El Mercado*, p. 310-1), mais ligados à questão da reatualização chocando-se com a privacidade, merecem breve referência. O primeiro é *Melvin v. Reid*, no qual a Senhora Bernard Melvin, de vida social e familiar

Registre-se, ainda, em benefício da fundamentação expendida pela Corte Constitucional, que a concordância prática, ao operar em concreto a ponderação de bens, é um método racional, vale dizer, controlável no sentido de aferição das condições de preferência, que se inserem em tópicos gerais de colisão e ponderação.[90]

Há recente decisão do Tribunal Constitucional espanhol (STC 187/1999) a operar a mesma lógica do caso *Lebach* – e a desaguar em resultado similar: "As liberdades de expressão e informação (artigo 20.1., *a)* e *d)*, da Constituição Espanhola): proibição de um programa televisivo, adotada no bojo de um prévio processo penal por injúrias, prevista no art. 3.2 da Lei 62/1978, que não é censura prévia e que protege direitos fundamentais das eventuais vítimas de maneira proporcional.".[91]

---

exemplares desde o casamento, teve sua vida de solteira (chamava-se então Gabrielle Darley, era prostituta e fora julgada e absolvida da acusação de assassinato) retratada pelo filme *The Red Kimono*, produzido e exibido em 1925, com seu nome real e anunciado como relato verídico. Por óbvio, a senhora Melvin foi humilhada e ridicularizada, perdeu amigos e relações e sofreu abalo físico e emocional, pelo que obteve 50.000 dólares de indenização, afirmando o Tribunal que se podiam relatar fatos, mas que a demandante "tinha direito a que não alterassem o curso de sua vida e também o tinha a sociedade, de que a reabilitação de seus membros não se visse frustrada". O segundo, no pólo oposto, é *Sidis v. F-R Publishing Corp*: William James Sidis fora um garoto prodígio em 1910, gênio matemático e uma autêntica celebridade durante alguns anos. Resolveu, todavia, abandonar a fama e a glória e passou a levar uma vida obscura, isolado de seu passado e dos outros. Anos depois, em 1937, alguns artigos publicados no *The New Yorker* num átimo trouxeram-lhe de volta à ribalta, contando, sem seu consentimento, "sua patética história e os detalhes quase sórdidos de sua vida atual". O Tribunal desacolheu seu pleito contra a editora, ao argumento de que as desventuras e fragilidades das personagens públicas são objeto de considerável interesse por parte da população. Em tal visão, "não há direito ao esquecimento e, ademais, as personagens públicas têm um âmbito de vida privada muito mais reduzido que o dos particulares". Em 1983, a Suprema Corte do Mississipi (*Newson v. Henry*) estabeleceu que uma figura pública pode, com o passar dos anos, voltar a ser um simples particular, mas unicamente em relação aos fatos ocorridos depois de deixar a vida pública.

[90] Neste sentido, FARIAS, *Colisão*, p. 198, item 57.

[91] STC 187/1999, de 25 de outubro, *apud* JAEN VALLEJO, *Jurisprudencia*, p. 251. O recurso de amparo, denegado, pretendia que prevalecesse a liberdade de comunicação, contra a decisão do juizado de instrução e da Audiência Provincial de Madrid, que proibiram a emissão do programa televisivo "La máquina de la verdade", a fim de evitar o incremento do dano moral das pessoas que haviam imputado um delito de injúrias a quem seria o protagonista do programa. Depois de definir "censura" em função do conteúdo e salientar que, em rigor, a vedação constitucional dirige-se, em toda sua intensidade, contra a "censura governamental" (e não à possibilidade de que um juiz ou tribunal, devidamente habilitados por lei, adotem certas medidas restritivas das liberdades de expressão e informação), a Corte Constitucional entende que o juiz pode atuar *praeter legem*, sempre provocado pelas partes (nunca por iniciativa própria, *ex officio*), nos casos de medidas urgentes a fim de evitar que o eventual dano à honra, à intimidade ou à própria imagem, resulte irreversível ou aumente o já sofrido. Trata-se de impedir o uso do meio através do qual pretende-se divulgar a mensagem presumivelmente lesiva dos direitos fundamentais de terceiro. Ademais, a decisão inquinada não se referiu genericamente à honra como limite da liberdade de expressão Antes, detalhou os motivos concretos pelos quais o direito à honra estava em efetivo e atual perigo, precisando qual seria o dano, o razoável indício de sua iminência e irreversibilidade, considerando a índole do programa etc. (o canal de televisão anunciava que dito programa revelaria facetas da intimidade do casal e do pai da criança por meio de entrevista com a "babá") o julgador exteriorizou os elementos que lhe oportunizaram ponderação razoável dos bens e interesses em jogo (p. 251-8).

1.8. A polêmica do *Soldaten-sind-mörder*

Neste, conhecido como caso dos "soldados assassinos", integrantes do movimento pacifista haviam sido condenados criminalmente pela jurisdição ordinária, por terem afirmado que *soldados seriam assassinos* (ou *assassinos em potencial*).[92] O recurso constitucional alegava atentado contra a "liberdade de expressão".

O primeiro Senado da Corte Constitucional gizou que a "aplicação da norma penal relativa aos crimes contra a honra envolve uma inevitável tensão entre a proteção da honra e a liberdade de expressão, que não se deixa resolver de forma geral e abstrata, sem referência ao caso concreto". Enfatizou o "significado constituinte e constitutivo da liberdade de expressão para a ordem liberal e democrática", pelo que o *interesse legítimo* abarcava manifestação no contexto de uma "controvérsia pública sobre um tema de relevância política ou social.".[93]

Segundo a Corte, na crítica genérica a um grupo ou coletividade é "difícil traçar uma linha de separação entre a proteção da honra e a crítica a fenômenos sociais ou às instituições do Estado" – e quanto mais expressiva essa coletividade, menos significativa a lesão no plano pessoal (essa crítica ao coletivo estaria muito próxima de uma crítica de fenômeno social, sem aptidão para lesar a honra pessoal). Enfim, as afirmações pretendiam "suscitar uma discussão objetiva sobre um tema de relevo para a formação da opinião pública" (a questão moral da guerra e do serviço militar obrigatório), pelo que subsistiria a presunção em favor da liberdade de expressão, salvo demonstração em contrário, que caberia aos tribunais ordinários, de que o objetivo central da manifestação era ofender e não discutir um relevante tema público.[94]

---

[92] MENDES, *Direitos*, p. 296-8. Segue-se sua resenha, salvo indicação.

[93] A Corte enumerou um elenco de tópicos que forneciam critérios para a pondração concreta: a) a liberdade de expressão não se pode sobrepor à idéia de dignidade da pessoa humana; b) no caso de "injúria formal", a proteção da honra "assume relevância em face da liberdade de expressão", embora defina restritivamente *crítica injuriosa/caluniosa* (quando a declaração deixa de enfocar a controvérsia objetiva e passa a ter como objetivo central a difamação da pessoa), pelo que só em casos excepcionais poderá configurar-se tal limite à liberdade de expressão; c) se a manifestação não se enquadra como "ofensa à dignidade humana ou como calúnia ou difamação", então é de ponderar a intensidade de intervenção nos bens afetados – irrelevante, assim, a crítica mostrar-se justificada ou o juízo de valor "correto". Se a manifestação ultrapassa o âmbito da discussão privada e contribui para a formação da opinião pública, opera-se uma "presunção em favor da liberdade de expressão".

[94] No comentário de MENDES, *Direitos*, p. 298, tal jurisprudência resiste a uma tentativa de sistematização, em face da orientação para uma "ponderação de bens tendo em vista o caso concreto" (*Güterabwägung im konkreten Fall*), que leve em conta todas as circunstâncias do caso em apreço (*Abwägung aller Umstände des Einzelfalles*). BACIGALUPO, *Honor*, p. 14, refere que a honra não é um bem jurídico coletivo de grupo, e sim estritamente pessoal. O contrário seria legitimar uma concepção antiga que não esconde os resquícios medievais.

1.9. A posição preferencial da liberdade de imprensa

A liberdade de expressão e informação, orientada para a formação da opinião pública, é um valor constitutivo das sociedades democráticas pluralistas,[95] cuja consideração tem merecido, em decisões dos tribunais constitucionais, uma *prefered position*. Desta partem em abstrato e em sua concretização funcionam certos requisitos, tais como a distinção entre assuntos ou sujeitos públicos e privados (a preferência não se justifica ao incidir no âmbito *inter privato*) e o cumprimento do limite interno da veracidade (pois a informação falsa ou despreocupada com tal questão tampouco pode gozar da preferência). A veracidade, assim entendida, liberta-se do dogma da "verdade objetiva" e é vista no seu aspecto interno, subjetivo, traduzido na "atitude diligente do comunicador de produzir uma notícia correta e honesta".[96]

Todos esses aspectos serão sopesados e retrabalhados em nível de dogmática penal, funcionando a prossecução de interesses legítimos como instituto concretizador da posição preferencial da liberdade de expressão e informação, ao mesmo tempo que conserva o núcleo essencial da honra e da privacidade, a orientar o dever de diligência dos agentes de comunicação social, atualizado no campo das "legis artis", como se verá.

Em Espanha, as relações entre honra e liberdade de expressão e imprensa foram estabelecidas, gradualmente, pela jurisprudência do Tribunal Constitucional a partir do início da década de 1980.

Tendo em vista a eficácia irradiante dos direitos fundamentais, o efeito de justificação do direito de opinião e de informação em relação ao delito de injúria deve começar pela Constituição, e não pelo Código

---

[95] Essa afirmação clássica, também fruto da experiência histórica, vem de ganhar reforço sociológico recente. A comunicação, em especial de massa, constitui um elemento essencial de mudanças políticas, como ilustram as transformações que ocorreram no Leste Europeu, sobetudo as alterações produzidas na antiga República Democrática Alemã, que "voltaram a pôr de manifesto a força inovadora que pode brotar do conhecimento de projetos alternativos de vida e de possibilidades configuradoras práticas, assim como que as sociedades estão condenadas à letargia se seus cidadãos são impedidos do livre acesso à informação" (HOFFMANN-RIEM, *Manual*, p. 150).

[96] FARIAS, *Colisão*, p. 196-8, itens 50, 52 e 56. A pauta da função pública da mídia é um programa a caracterizar uma situação constitucionalmente desejada, cuja importância manifesta-se, por exemplo, "na ocasião de uma sentença (judicial) sobre a colisão entre o exercício da liberdade mediática e outros direitos fundamentais" – cuja solução exige uma "ponderação ou o restabelecimento de uma concordância prática" – a fórmula também deve proporcionar, indiretamente, "uma orientação que influa no comportamento da mídia e, por exemplo, repercuta nos *standards* éticos da profissão". A satisfação das necessidades de comunicação dos diferentes públicos (certo que o entretenimento também goza de tutela constitucional) oferece uma referência a orientar e ao mesmo tempo uma base para a legitimação de privilégios tolerados ou demandados. Por exemplo, posições de exceção ante um processo penal, pois "no marco de suas competências e alternativas de regulação, o legislador encontra-se obrigado a optar por aquelas que permitam uma salvaguarda adequada da *função pública*" (HOFFMANN-RIEM, *Manual*, p. 157).

Penal. Bacigalupo menciona uma *relação flexível* entre honra e liberdade de imprensa, em que o *ponto de partida* da interpretação deve ser dado pela "posição fundamental que ocupa a liberdade de expressão no sistema do Estado democrático de Direito".[97]

Refere-se uma decisão (1985) sobre um rumoroso caso pela infausta atualidade (diante do recrudescimento do terrorismo político em solo espanhol).[98] Em junho de 1979, numa revista semanal do País Basco, o então Senador Castells nominou uma lista de cerca de trinta pessoas mortas violentamente e em circunstâncias não esclarecidas nem policial nem judicialmente. Afirmava: "Por trás destas ações só pode estar o Governo, o Partido do Governo e seu efetivos", pois os autores "têm garantido de antemão a impunidade legal". Acabou condenado pelo Tribunal Superior por injúria grave ao governo, negando-se-lhe a "exceptio veritatis". O Tribunal Constitucional denegou o amparo, distinguindo "notícias" de "opiniões", ambas limitadas pelo valor da segurança externa e interna do Estado, ao passo que a possibilidade de provar o alegado reduzia-se a "uma pura questão de legalidade" em que não podia imiscuir-se. Em 1992, o Tribunal Europeu de Direitos Humanos proveu o recurso de Castells contra a Espanha: embora admitindo que o Governo acionara o senador para preservar a ordem pública (diante do terrorismo basco) – e que as restrições à liberdade de expressão, neste caso, podem ser mais severas do que no caso de proteção da reputação – o réu deve ter a oportunidade (negada a Castells) de provar a verdade das imputações e sua boa-fé.[99]

Noutra decisão, em 1986, o Tribunal Constitucional reconheceu que os conflitos entre os direitos fundamentais à honra e a à liberdade de expressão não podem ser resolvidos fazendo prevalecer em todo caso a honra sobre a liberdade de opinar e de informar, nem tampouco se sustentar "que estas hão de considerar-se prevalentes sem que se imponha uma necessária e casuística ponderação entre uma e outra".[100]

Prosseguindo no acertamento jurisprudencial do tema, acabar-se-ia consagrando a "prevalência" da liberdade de expressão (não sem alguma violência contra o teor literal do art. 20.4 da Constituição Espanhola)[101] numa decisão da Corte Constitucional proferida em

---

[97] BACIGALUPO, *Honor*, p. 45.

[98] STC 51/1985, de 10 de abril. Segue-se o resumo apresentado por SALVADOR CODERCH, *El Mercado*, p. 68 a 70.

[99] LOVELAND, *Political Libels*, p. 112.

[100] STC 104/1986, de 17 de julho, apud SALVADOR CODERCH, *El Mercado*, p. 71 a 73. No caso, o jornalista Hernández Garcia fora condenado penalmente por injúrias num artigo em que criticava o Alcaide de Soria (gestão urbanística).

[101] "Estas liberdades têm seu limite (...) no direito à honra", o "limitado prevalece sobre o seu limite", na expressão de SALVADOR CODERCH, *El Mercado*, p. 72.

1987: "A liberdade de informação é, em termos constitucionais, um meio de formação da opinião pública em assuntos de interesse geral, cujo valor de liberdade preferencial (*libertad preferente*) sobre outros direitos fundamentais e o direito à honra salientado pela STC 104/1986, de 17 de julho, vem determinado por sua condição de garantia da opinião pública, que é uma instituição constitucional do Estado democrático que os poderes públicos têm especial obrigação de proteger.".[102]

Vale complementar a citação, pois as distinções feitas pelo Tribunal ilustram a fronteira móvel da *prefered position*: "Este valor preferencial alcança seu nível máximo quando a liberdade é exercida pelos profissionais da informação através do veículo institucionalizado de formação da opinião pública, que é a imprensa, entendida na sua mais ampla acepção. Isto, entretanto, não significa que a mesma liberdade não deva ser reconhecida em iguais termos aos que não ostentam igual qualidade profissional, pois os direitos de personalidade pertencem a todos sem estar subordinados às características pessoais de quem os exerce e sim ao conteúdo do próprio exercício. Entretanto, significa que o valor preferencial da liberdade declina quando não se realiza pelos leitos normais de formação da opinião pública, antes por meios tão anormais e irregulares como é a difusão de panfletos clandestinos, em cujo caso é de entender-se, no mínimo, que a relação de preferência que tem a liberdade de informação em relação à honra inverte-se a favor desta última, debilitando a eficácia justificadora daquela frente às lesões infligidas a esta."

"A mesma inversão se produz se a informação não se refere a personalidades públicas – que, ao terem optado livremente por tal condição, devem suportar um certo risco de uma lesão de seus direitos de personalidade – e sim a pessoas privadas que não participam voluntariamente na controvérsia pública. Neste caso, o direito à honra alcança sua mais alta eficácia de limite às liberdades reconhecidas no art. 20 da Constituição que lhe confere o nº 4 do mesmo artigo."

"A tudo isso procede acrescentar que a liberdade de informação, ao menos a que incide sobre a honra das pessoas privadas, deve ajuizar-se sobre a base de distinguir-se radicalmente, apesar da dificuldade que comportam alguns casos, entre informação de fatos e valoração de condutas pessoais e, sobre esta base, excluir do âmbito justificador da dita liberdade as afirmações vexatórias para a honra alheia que sejam de todo desnecessárias para a formação da opinião

---

[102] STC 165/1987, de 27 de outubro – *apud* SALVADOR CODERCH, *El Mercado*, p. 74 e ss.: uma associação comunitária de Barcelona publicara, sem assinatura, uma nota, no contexto de uma disputa em torno de um despejo, que qualificava o beneficiário de "corvo", membro de uma "corja de indivíduos sem escrúpulos". O Presidente da associação, José Pitarque, foi condenado por injúria grave a um ano de desterro a 100km da localidade.

pública em atenção à qual se garante constitucionalmente seu exercício."[103]

Interessante e profícuo pano de fundo para o argumento da posição preferencial da liberdade de imprensa encontra-se na *teoria da justiça como eqüidade* de Rawls, com sua *prioridade às liberdades fundamentais*.[104] As liberdades fundamentais do 1º princípio de justiça são especificadas numa lista: a liberdade de pensamento e de consciência; as liberdades políticas e a liberdade de associação; liberdade e integridade da pessoa; direitos e liberdades abarcados pelo império da lei.[105] O *status* especial das liberdades fundamentais decorre de seu peso absoluto frente às razões utilitaristas e dos valores pefeccionistas. Como estão fadadas a conflitar umas com as outras, devem-se encaixar num sistema coerente de liberdades, de modo que se possam limitar reciprocamente (nenhuma é absoluta). Há que se garantir a "esfera central de aplicação" das liberdades fundamentais, por exemplo com as regras de ordem que regulam uma discussão livre. "Sem a aceitação geral de procedimentos razoáveis de investigação e preceitos de debate, a liberdade de expressão não pode atender seu propósito.".[106]

Rawls parece aceitar o "efeito de irradiação" com outras palavras: "A especificação posterior das liberdades é deixada para os estágios constitucional [parte da ainda mais genérica "posição original"], legislativo e judicial. Mas, ao esboçar essa forma e esse conteúdo gerais, precisamos indicar o papel especial e a classe central de aplicação das liberdades fundamentais de maneira suficientemente clara para orien-

---

[103] *Apud* SALVADOR CODERCH, *El Mercado*, p. 77-8.

[104] RAWLS, *Liberalismo*. Interessam sobremodo as reformulações do autor à teoria original (*A Theory of Justice*, Harward University Press, 1971. Há versão brasileira: *Uma teoria da justiça* – trad. Almiro Pisetta e Lenita Esteves – São Paulo: Martins Fontes, 1997 – 2ª tiragem, 2000), realizadas no final da década de 1980 e, no que pertine ao tema, a Conferência VIII, intitulada "As liberdades fundamentais e sua prioridade" (p. 343-430), na qual procura superar algumas objeções feitas por H. L. A. Hart. Os dois princípios de justiça de Rawls expressam-se da seguinte forma: 1º - Toda pessoa tem um direito igual a um sistema plenamente adequado de liberdades fundamentais iguais que seja compatível com um sistema similar de liberdades para todos; 2º - As desigualdades sociais e econômicas devem satisfazer duas condições. A primeira é que devem estar vinculadas a cargos e posições abertos a todos em condições de igualdade eqüitativa de oportunidades; a segunda é que devem redundar no maior benefício possível para os membros menos privilegiados da sociedade. *O 1º princípio de justiça tem prioridade em relação ao 2º* (p. 344-5).

[105] Essa lista segue a tradição histórica do pensamento democrático e fará com que as partes, na "posição original", cegadas pelo "véu de ignorância", concordem com os dois princípios, atingindo assim o "objetivo inicial" da justiça como eqüidade, mostrar que se trata de uma melhor compreensão das sociedades democráticas do que as doutrinas do "utilitarismo", do "perfeccionismo" ou do "intuicionismo" (RAWLS, *Liberalismo*, p. 345-6 e 359).

[106] RAWLS, *Liberalismo*, p. 348-50. A prioridade das liberdades não se infringe quando são *reguladas*, na tradicional distinção (que se aplica à liberdade de expressão garantida pela Primeira Emenda) com a *restrição* (ao conteúdo do discurso). Por exemplo, proibição de discutir questões gerais e particulares "relevantes para avaliar a justiça da estrutura básica da sociedade". De algum modo, a prossecução de interesses legítimos opera como regra de ordem na livre discussão, traduzindo-se "estrutura básica" por interesse público ou comunitário.

tar o processo de especificação posterior nos estágios subseqüentes.".
E, mais expressamente: "todos os direitos e liberdades legais que não as liberdades fundamentais protegidas pelas várias cláusulas constitucionais (inclusive a garantia do valor eqüitativo das liberdades políticas) devem ser especificados no estágio legislativo à luz dos dois princípios de justiça e de outros princípios relevantes.".[107]

As partes, diante do véu de ignorância da posição original, fazem um acordo racional e listam bens primários, que são enumerados em cinco tipos. O primeiro tipo engloba as liberdades fundamentais, "condições institucionais essencias e necessárias para o desenvolvimento e exercício pleno e bem-informado das duas capacidades morais". Exemplifica com a liberdade de consciência: este princípio deve ser adotado, "pois o véu de ignorância implica que as partes não sabem se as crenças professadas pelas pessoas que representam constituem uma visão majoritária ou minoritária".[108]

O componente democrático da liberdade de imprensa, na linha de Rawls, não é tratado de forma especial, porque a vida política e a participação nos negócios públicos são consideradas "bens proeminentes para cidadãos plenamente autônomos"; ao revés, atribuir um lugar central à vida política é uma concepção de bens entre outras (no grande Estado Moderno, as liberdades políticas até são menos valorizadas pela maioria dos cidadãos). Todavia, tal garantia resulta "essencial para estabelecer uma legislação justa e também para assegurar que o processo político eqüitativo especificado pela constituição esteja aberto a todos numa base de igualdade aproximada.". Ao se concretizarem, ajustam-se as liberdades fundamentais. As liberdades políticas iguais e a liberdade de pensamento requerem um regime democrático e a proteção à liberdade de expressão política e de imprensa.[109]

A *importância* da liberdade fundamental depende de seu envolvimento no "exercício pleno, bem-informado e efetivo das capacidades morais (...) ou na medida em que é um meio institucional mais ou menos necessário para protegê-las. Assim, o peso de reivindicações específicas de liberdade de expressão, de imprensa e discussão deve

---

[107] RAWLS, *Liberalismo*, p. 352 e 395, respectivamente. Atribui duas capacidades morais às pessoas: a de ter um senso de justiça (de respeitar termos eqüitativos de cooperação, de "ser razoável") e a de ter uma concepção do bem (ser racional) – p. 356. Justamente o conteúdo dos "termos eqüitativos de cooperação" passa pelas "liberdades fundamentais e sua prioridade", numa base de "respeito mútuo" (p. 357). Uma sua suposição crucial é que os cidadãos iguais têm "concepções do bem diferentes e até mesmo irreconciliáveis e incomensuráveis, o que é norma e, respeitados os limites dos princípios de justiça, desejável: um regime de "liberdade pode acomodar essa pluralidade, de modo a que se alcancem os muitos benefícios da diversidade humana" (p. 358).

[108] RAWLS, *Liberalismo*, p. 363 e 366, respectivamente. O que também vale para as concepções do bem, sendo que "deve nos ser permitido (...) enganarmo-nos e cometer erros, dentro dos limites estabelecidos pelas liberdades fundamentais" (p. 369).

[109] RAWLS, *Liberalismo*, p. 386-7 e 391. A liberdade e a integridade da pessoa sustentam as primeiras.

ser avaliado de acordo com esse critério.". Alguns tipos de expressão não são especialmente protegidos, e outros podem até constituir delitos (calúnia, difamação), o que não dispensa reflexão cuidada. A calúnia e a difamação de "pessoas privadas (em contraposição a personalidades políticas) não têm nenhuma importância para o uso público da razão, no sentido de julgar e regular a estrutura básica (...)".[110]

Rawls detalha sua concepção com a liberdade de expressão política e de imprensa (que pertencem à categoria "liberdade fundamental de pensamento" no seu sistema). Parte das limitações recíprocas e da autolimitação (requisito de que sejam as mesmas para todos). Há pontos fixos, na ótica da história da doutrina constitucional americana, a configurar o "interior da esfera central" da liberdade de expressão: não existe crime de libelo sedicioso; não há restrições prévias à liberdade de imprensa; é possível a defesa de doutrinas revolucionárias e subversivas.[111]

Tal liberdade básica, embora não seja absoluta, só pode ter o conteúdo restringido "se isto for necessário para evitar uma perda maior e mais significativa, direta ou indireta, dessas liberdades",[112] o que introduz um vocabulário de proporcionalidade. Quanto à propaganda, trata-se de uma liberdade muito importante mas não fundamental, pois não desempenha um papel indispensável. Especificamente no que tange à publicidade, "a lei pode impor penalidades para informações imprecisas e falsas, o que não pode fazer no caso da liberdade de pensamento e de consciência".[113] Em síntese, o 2º princípio de justiça subordina-se ao 1º, que é aquele a garantir as liberdades fundamentais requeridas para o "exercício pleno e bem informado das duas capacidades morais", ao passo que o papel do 2º é assegurar a "igualdade eqüitativa de oportunidades e regular o sistema social e econômico" a fim de que os recusos sociais sejam usados de forma apropriada – o que mostra por que as liberdades associadas ao 2º "são menos significativas numa sociedade bem-ordenada do que o as liberdades fundamentais asseguradas pelo primeiro".[114]

---

[110] RAWLS, *Liberalismo*, p. 392.

[111] RAWLS, *Liberalismo*, p. 397 e ss. Cita Kalven, que disse que "uma sociedade livre é aquela em que não podemos difamar o governo, pois tal delito não existe" (p. 399); lembra que a Suprema Corte rejeitou o crime de libelo sedicioso em *New York Times v. Sullivan* – p. 400 (infra, item II-4.4). Em suma, a esfera central é o "uso público e livre de nossa razão em todas as questões relativas à justiça da estrutura básica e de suas políticas sociais" (p. 405). Quanto à regra do perigo claro e presente, destaca seu fundamento em Holmes e na sua interpretação da "lei das tentativas", de cunho penal, vide p. 406 e ss.

[112] RAWLS, *Liberalismo*, p. 413. A manutenção do valor eqüitativo das liberdades políticas (p. 414-21) discute-se, incidentalmente, infra, item 5.5.2.

[113] RAWLS, *Liberalismo*, p. 422. O autor considera, como Locke, que as pessoas têm uma certa "virtude política natural", no que se pode considerar uma visão de "otimismo antropológico" (p. 429).

[114] RAWLS, *Liberalismo*, p. 426.

1.10. Um acréscimo: argumento político do garantismo penal

Noutro diapasão, há vertente de argumentação política que também redunda e justifica tanto o efeito de irradiação quanto a posição preferencial da liberdade de expressão e informação, fundamentos axiológico-materiais considerados na configuração da prossecução de interesses legítimos. Observe-se a necessidade de reforço do sistema de controle dos poderes públicos e o valor forte conferido pelo garantismo à possibilidade de deslegitimação da esfera pública, ínsita ao sistema democrático, o que se instrumentaliza, bem de ver, pela potenciação da transparência, viabilizada por uma mídia norteada pela função de alimentar a opinião pública.[115]

A representação política localiza-se, na tradição inglesa (Locke), no Parlamento, fonte da Lei, e não no Executivo, que exerce simples *trust*, um poder de gestão do que é de todos (por isso o povo pode exigir contas dessa gestão).[116] Ora, se é certo que a democracia não se esgota como mero procedimento formal de designação de governantes, as *impugnações* dos cidadãos às suas decisões, ao invés de serem vistas com desconfiança, inserem-se no coração mesmo da idéia democrática.[117]

O contexto sociológico de "perversión del sistema democrático en un ordem político que alimenta, o que suporta, o que sufre, un sistema extenso de corrupción de los agentes públicos, sistema que se encuentra más frecuentemente en los niveles altos y medios de la clase política que en la estrictamente burocrática",[118] constitui a gênese do "Relatório Nolan" (informe produzido na Grã-Bretanha sobre os padrões de conduta na vida pública, aprovado pelo Parlamento em 16/5/95), cujos objetivos explícitos são pôr fim à indeterminação moral de uma "cultura da ligeireza" e restaurar a confiança dos cidadãos nos titulares de ofícios públicos, bem como preconizar um sistema de controle externo que atue de forma mais efetiva sobre os Ministérios, com

---

[115] Noutro contexto, o autor da investigação utilizou tais reflexões, ao tratar do amplo controle judicial e da questão do Estado Democrático de Direito, para enfrentar tema de direito administrativo: "Para a concretização de uma garantia institucional: licitação na concessão de serviços públicos", *Constituição concretizada*, p. 265-8.

[116] GARCÍA DE ENTERRÍA, *Democracia*, p. 64: razão pela qual a origem democrática das autoridades administrativas não seja invocável como título privilegiado para imporem (ao Judiciário, cujo dever de solver litígios é escrito constitucionalmente) suas próprias interpretações das leis e do Direito (p. 66).

[117] GARCÍA DE ENTERRÍA, *Democracia*, p. 67-75. Mormente quando seu efetivo funcionamento apresenta disfunções como o "Estado de Partidos" (ou *partitocracia* na dicção italiana, a dar conta da "colonização" do Estado e da Sociedade pelos partidos) e a corrupção (colonização inversa, da Sociedade sobre o Estado). É o nepotismo político, tendência dos partidos dominantes de penetrarem em todos os âmbitos da vida estatal e social e mesmo de imporem o sistema de cotas partidárias na composição de órgãos constitucionais (p. 76-83).

[118] GARCÍA DE ENTERRÍA, *Democracia*, p. 84.

transcendentes conseqüências para a *judicial review* inglesa sobre a Administração, a operar uma verdadeira revolução no seio da Europa continental.[119]

Portanto, "la situación actual de la democracia impone un reforzamiento, y en modo alguno una relajación de los controles", o que se conecta ao segundo princípio de legitimidade democrática, a legitimidade pelo exercício, que exige dos governantes que explicitem a razão de seus atos, justifiquem-se perante os cidadãos.[120]

Articulando positivismo jurídico, filosofia analítica e liberalismo político, o garantismo de um Ferrajoli também merece palavra neste diálogo.[121] Já na introdução de sua obra clássica, ao discorrer acerca do nexo, característico do Estado de Direito, entre garantias jurídicas e legitimação política, formas legais e democracia substancial, consigna que as garantias "son vínculos normativos idóneos para asegurar efectividad a los derechos subjetivos y, más en general, a los principios axiológicos sancionados por las leyes".[122]

Ferrajoli destaca a aporia da irredutível ilegitimidade jurídica dos poderes públicos no Estado de Direito, partindo da noção de que os deveres (do Poder Público de efetivar direitos e garantias) trazem na sua natureza deôntica a possibilidade de serem violados (em face da impossibilidade de que os valores sejam integralmente realizados). Segue uma latente e estrutural ilegitimidade jurídica do Estado de Direito, "debida a la ambición de las promesas formuladas en sus niveles normativos superiores y no mantenidas en sus niveles inferiores", que atormenta ainda mais o Estado Social de Direito, no qual as lacunas (violações por omissão) são tão chamativas.[123]

O progresso, portanto, mais que o aumento de promessas, passa pelo desenvolvimento de garantias capazes de torná-las realidade. Ainda graças às garantias, os direitos, na medida em que insatisfeitos, podem deslegitimar os poderes, invalidar suas ações ou suas omissões,

---

[119] GARCÍA DE ENTERRÍA, *Democracia*, p. 84-101. O afinamento da relação fiduciária não pode consistir numa fé cega dos governados nos governantes, expressa globalmente e de antemão no momento eleitoral (p. 108-9), mas sim num "control judicial, el cual no sólo non debilita, y menos desconoce, las estructuras democráticas, sino que justamente las clarifica y las robustece" (p. 111). Na Itália, leis de 1992 e 1993 retiraram do corpo político a faculdade de ditar atos administrativos (transferida aos funcionários de carreira), reservando ao governo político apenas *l'indirizzo politico e il controllo* (p. 119)

[120] GARCIA DE ENTERRIA, *Democracia*, p. 121 e 156.

[121] FERRAJOLI, *Derecho y Razón*. Embora o subtítulo (teoria do garantismo penal), o autor ocupa a parte final da obra para estabelecer uma teoria geral do garantismo, que ora interessa (p. 851 e ss.).

[122] FERRAJOLI, *Derecho y Razón*, p. 28, onde acrescenta que a elaboração de garantias, isto é, de mecanismos institucionais dirigidos a assegurar a máxima correspondência entre normatividade e efetividade na tutela ou na satisfação dos direitos, constitui a tarefa mais importante e difícil tanto de uma teoria quanto de uma política garantista do direito.

[123] FERRAJOLI, *Derecho y Razón*, p. 866-7.

obrigá-los às prestações correspondentes. Neste sentido, "el estado de derecho es caracterizable como un modelo de ordenamiento que permite no tanto la legitimación, cuanto sobre todo la deslegitimación jurídica o interna del funcionamiento de los poderes públicos y de las normas que éstos producen y no producen".[124]

O constitucionalismo, na perspectiva garantista, resulta da positivação dos direitos fundamentais e corresponde a uma segunda revolução na natureza do direito, que se traduz numa alteração interna do paradigma positivista clássico. Ao passo que a primeira revolução afirmou a "onipotência do legislador" (um princípio de mera legalidade ou de legalidade formal), a segunda afirma o princípio da "estrita legalidade" (legalidade substancial), submetendo-se também a lei a "vínculos já não só formais, mas substanciais e impostos pelos princípios e pelos direitos fundamentais contidos nas constituições".[125]

A estrita legalidade introduziu uma dimensão substancial tanto na teoria da validade das normas como na teoria da democracia. A jurisdição já não é a simples sujeição do juiz à lei. Trata-se, antes, de "análise crítica de seu significado como meio de controlar sua legitimidade constitucional. E a ciência jurídica deixou de ser, se é que alguma vez o foi, simples descrição, para ser crítica e projeção de seu próprio objeto: crítica do direito inválido, ainda que vigente, quando se separa da Constituição; reinterpretação do sistema normativo na sua totalidade à luz dos princípios estabelecidos naquela..."[126]

---

[124] FERRAJOLI, *Derecho y Razón*, p. 867-8.
[125] FERRAJOLI, *Derechos*, p. 66.
[126] FERRAJOLI, *Derechos*, p. 68.

2. Injusto penal: tipicidade *versus* ilicitude

Na feliz expressão de Zaffaroni, a teoria do injusto, que se ocupa do ilícito típico, é a medula da teoria do delito.[127] É consabido, ademais, que as relações entre tipicidade e ilicitude não são pacíficas na doutrina. Trata-se, ao revés, de área problemática em que as dificuldades de demarcação ganham uma dimensão incomum.[128]

Identificam-se, no escopo de simplificação, duas posições fundamentais (deixando-se de lado a visão do tipo avalorado e acromático que nada indica acerca da ilicitude, pouco defendida hoje).[129] A primeira concebe o tipo indiciário, como "ratio cognoscendi" da antijuridicidade - o tipo é a fumaça que prenuncia o fogo da ilicitude, na imagem de Max Ernst Mayer, e tal presunção "juris tantum" admite prova em contrário. De outro lado, as correntes que afirmam ser a tipicidade "ratio essendi" da ilicitude comportam uma distinção:[130]

a) para a *teoria dos elementos negativos do tipo* a tipicidade "encerra" o juízo de antijuridicidade; vale dizer, afirmada a primeira, estará presente a segunda – portanto, as causas de justificação eliminarão, forçosamente, a tipicidade, tais como elementos negativos;

b) já a *teoria do tipo de injusto*, também reconhecendo que a tipicidade implica ilicitude, admite, porém, que a última possa ser

---

[127] No prefácio de TAVARES, J., *Teoria*.

[128] ANDRADE, *Liberdade*, p. 219. Ponderar tais relações é "o maior problema que ainda hoje se suscita à construção de um sistema do fato punível teleológico-funcional" (DIAS, *Questões*, p. 218).

[129] Na formulação de Beling (1906) o tipo é uma descrição neutra, puro objeto de valoração, tarefa reservada exclusivamente para a categoria dogmática da antijuridicidade (ROXIN, *Derecho Penal*, p. 279). Uma compreensão "unidimensional e reducionista do tipo... asséptico a qualquer coeficiente de conflitualidade", como por exemplo a "concepção teleológica do bem jurídico e do tipo" esteve em voga nos anos 30, pela qual é o bem jurídico e só ele que define o *telos* do tipo (ANDRADE, *Liberdade*, p. 219).

[130] No Tratado de Direito de Penal, de 1915, Mayer defende a independência entre tipicidade e ilicitude, ressaltando o caráter indiciário da primeira em relação à segunda. A visão da "ratio essendi" viria em 1931 com o Tratado de Mezger. Cf. BITENCOURT/MUÑOZ CONDE, *Teoria do delito*, p. 130-4. Segundo ROXIN, *Derecho Penal*, p. 282, Mezger já formulara a teoria do tipo como juízo provisório do injusto em 1926. Impulsionada pelo neokantismo, segue "dominante en la ciencia actual".

excluída por uma causa de justificação numa etapa de análise posterior.[131]

O tipo indiciário, "ratio cognoscendi" da ilicitude, sustenta o clássico conceito tripartido de crime, dominante também nas escolas neoclássica, finalista e teleológico-funcional: no primeiro degrau, verifica-se a tipicidade de uma ação concreta, "para só depois eventualmente negar a sua ilicitude (segundo degrau), se no caso intervier uma causa de justificação".[132]

Merkel, penalista alemão da segunda metade do século XIX, formulou a teoria dos elementos negativos (1886) – que depois seria acolhida por figuras como Frank e Radbruch – observando que as causas de justificação foram tiradas dos tipos da parte especial e, apenas por questões de técnica legislativa (para não as repetir em cada preceito) foram antepostas na parte geral, o que não muda o fato de que devem ser incluídas no tipo concreto. Assim, os elementos de justificação são elementos negativos do tipo, pois sua não-ocorrência é pressuposto do aperfeiçoamento do tipo. Conclusão: as causas de justificação não excluem só a ilicitude, mas o próprio tipo. Tipo e ilicitude fundem-se num tipo global de injusto (ou total de injusto, *Gesamttatbestand*), o que coloca em xeque o próprio conceito analítico de crime, cuja estruturação, classicamente tripartida, pode ser lida num sistema bipartido.[133]

Por outro lado, afastando-se dessa querela, e conferindo prioridade à "categoria material do ilícito", concebido como "ilícito-típico" ou "tipo de ilícito", também vai fissurada a visão analítica tradicional, que passa a reclamar prisma bipartido.[134]

A estrutura bipartida teve muitos e importantes seguidores, especialmente a partir do pós-guerra: Engisch, Kaufmann, Weber, Mezger, Schünemann, Roxin (1959), Eduardo Correia e Cavaleiro de Ferreira em Portugal, Miguel Reale Junior no Brasil.[135] Não só porque é

---

[131] ZAFFARONI, *Manual*, p. 455-6. O autor filiava-se à posição do tipo indiciário, rejeitando, ao mesmo tempo, a teoria dos elementos negativos do tipo (que faria retroagir a teoria do delito aos tempos anteriores à introdução do conceito de tipo penal – ao *Tatbestand* processual que representava o "corpus delicti" até Beling, em 1906) e a do tipo de injusto (pela não coerência racional, ao afirmar num estrato o que no seguinte pode ser retirado). Mudou de posição, como segue no texto, embora a 4ª edição do *Manual*, publicada em 2002 (apenas revista e não atualizada), mantenha a preferência pelo tipo indiciário (p. 453-5).

[132] DIAS, *Questões*, p. 218.

[133] ROXIN, *Derecho Penal*, p. 283-4. Vide CORREIA, *Direito Criminal*, p. 311-14.

[134] É a posição de DIAS, *Questões*, p. 218-9, ao observar uma inadmissível hipervalorização do problema dos "elementos negativos do tipo", que não tem significado material numa perspectiva teleológico-racional, pois para ambas, em termos sistemáticos, "o tipo é o substantivo, a causa, o *prius*, e ilicitude (antijuridicidade) apenas a predicação, a conseqüência, o *posterius*". E a discussão falha essencialmente por desvalorizar o problema de determinar se a *prioridade teleológica e funcional na construção do sistema* deve pertencer ao tipo ou ao ilícito.

[135] DIAS, *Questões*, p. 219, nota 65; CORREIA, *Direito Criminal - II*, p. 3-8.

logicamente operacional, mas também por vantagens teleológicas e para superar a variação de redação estilística do legislador. Tudo indica a intercambialidade entre fundamentação do injusto e exclusão do injusto, que são "fragmentos parciais de uma unidade superior", nas palavras atuais de Roxin.[136]

Roxin, todavia, num giro de compreensão, pondera que há mais razões para manter-se a tipicidade como categoria autônoma em face da ilicitude, já que a averiguação e comprovação do injusto não esgotam o significado daqueles dois elementos, que operam também especiais funções político-criminais. Os tipos agrupam os crimes em classes de delito; como tábuas proibitivas abstratas têm uma função preventivo-geral e submetem-se de modo estrito ao princípio "nullum crimen, nulla poena sine lege". Ao passo que as causas de justificação operam para além das classes delitivas, tendencialmente válidas para todos os tipos (ou um grande número), pelo que descrevem princípios de ordem social (ponderação de bens, autoproteção etc.). Ao contrário da subsunção típica, desenvolvem-se tais princípios ordenadores, que podem redundar em causas de justificação supralegais, via pela qual "as evoluções sociais podem influir no Direito Penal tipificado e comparativamente *rígido*".[137]

A valoração operada pelo tipo, levando em conta a necessidade abstrata da pena, liga-se à sua função político-criminal de prevenção geral e, portanto, prescinde de um sujeito específico e de uma situação concreta, o que só será considerado, no modo de ver de Roxin, no terceiro escalão delitivo (superada a questão da ação e da tipicidade), o degrau do "injusto" (não de mera "antijuridicidade"). Das três funções político-criminais do injusto, importa, aqui, a primeira aventada por Roxin: há de solucionar as colisões de interesses de forma relevante para a punibilidade dos intervenientes, ou seja, situa o fato no contexto social e contém, no binômio proibido/permitido, "uma valoração dos conflitos de interesses que derivam da interação social". Até porque, excluído o injusto, cria-se um dever de tolerância para a(s) outra(s) parte(s) que, ao resistir(em) de forma típica, estarão praticando um injusto, pelo que "a valoração político-criminal sempre há de ter presente o duplo aspecto, de que a exoneração penal de um tem como conseqüência a responsabilidade penal de outro".[138]

Figueiredo Dias não comunga dessa posição. Consigna, desde logo, que a função de garantia é cumprida pelo princípio "nullum crimen sine lege" e, portanto, não precisa ser repetida ao nível da tipicidade - numa confusão que concebe o tipo como "precipitado

---

[136] ROXIN, *Derecho Penal*, p. 285.
[137] ROXIN, *Derecho Penal*, p. 286-7.
[138] ROXIN, *Derecho Penal*, p. 218-20.

técnico do princípio da legalidade"[139] (*Garantietatbestand*). Entende que a função e a legitimação do direito penal fundem-se e estruturam-se materialmente na categoria do *ilícito*, que deve ter prioridade teleológica e funcional sobre a categoria do tipo e, portanto, o "primado na construção teleológico-funcional do crime", com toda sua concretude a iluminar o tipo. Assim, todo o tipo é *tipo de ilícito*, "sedimentação concreta" ou "irradiação" de um ilícito.

Tal concretização realiza-se por dois instrumentos diferentes, de sinal contrário e funcionalmente complementares: os tipos-incriminadores (conjunto de circunstâncias fáticas que fundamentam o ilícito, onde releva a configuração do bem jurídico protegido) e os tipos-justificadores (que limitam os primeiros). A diversidade? Só os tipos-incriminadores "são *portadores do bem jurídico protegido*, por isso mesmo delimitando o ilícito por forma concreta e positiva, enquanto os tipos-justificadores são estranhos à ordem legal dos bens jurídicos e delimitam assim o ilícito por forma geral e negativa". Com o que não há lugar para a construção da tipicidade e da ilicitude como categorias autônomas, apenas ilícito-típico, ou tipo de ilícito é que perfaz uma categoria constitutiva.[140]

Também nesse enquadramento geral bipartido pode-se analisar a proposição do injusto de Zaffaroni, que se baseia numa tese dialética: a justificação é uma exceção à proibição, a confirmar a liberdade como substrato básico geral. A tipicidade "não tem valor indiciário, mas fundante", sendo tal processo de fundamentação levado a cabo em duas etapas. Essa concepção ancora-se num "marco dialético maior", fruto da convivência entre o Estado de Polícia – sempre violento e discriminatório e cuja manifestação maior é o "poder punitivo" – e o Estado de Direito. A função do direito penal liberal, assim, é conter o poder punitivo "dentro de limites de menor irracionalidade".[141] Nessa perspectiva, a teoria do delito deve assumir a função de um "sistema inteligente de comportas", um filtro que só deixa passar o poder punitivo com menor conteúdo de irracionalidade.

A função do tipo é "abarcar um conflito social", sendo o injusto um "conflito submetido à resposta do poder punitivo", pelo que só formalmente (num puro caminho lógico-classificatório) poder-se-ia aceitar a

---

[139] BETTIOL, apud LUISI, *Tipo penal*, p. 13. No sentido de Figueiredo Dias: "Não há um tipo de garantia. A garantia resulta da função do tipo em face do princípio da reserva legal, pois ele contém a descrição da conduta humana incriminada, a que o fato deve necessariamente ajustar-se." (FRAGOSO, *Lições*, p. 159.

[140] DIAS, *Questões*, p. 220-3.

[141] "De tal forma que o direito penal se converta em apêndice indispensável do direito constitucional do Estado de direito" (ZAFFARONI, prefácio de TAVARES, J., *Teoria*). O penalista argentino desenvolve, com minúcia, sua tese de deslegitimação do sistema penal na obra *Em busca das Penas Perdidas*.

visão da tipicidade indiciária da ilicitude. Aparece, antes, como etapa fundamentadora do injusto, "que se completa com outra etapa ulterior, onde se valora se o conflito já fora resolvido por si mesmo de forma satisfatória, ou menos lesiva, em cujo episódio se afirma que opera uma *causa de justificação*".[142]

Juarez Tavares, com o explícito aplauso de Zaffaroni, relaciona "sujeito" e "injusto" de duas formas: unindo-os, em face dos preceitos fundamentais do Estado Democrático, e separando-os, quando o sujeito torna-se objeto do juízo de valor que estabelecerá a responsabilidade pelo ato cometido. Só ultrapassada essa primeira fase, pode-se admitir o tipo como etapa preliminar do juízo do injusto – como mera etapa, e não na condição de indício. A análise será dialética, a fim de que "os direitos individuais não se vejam tolhidos por intervenções inoportunas", e os compartimentos do injusto – superando uma relação de causalidade, de antecendente para conseqüente – poderão ser apreciados "separada ou conjuntamente", conforme a necessidade concreta de proteção individual.

O axioma é simples: "Só haverá ilicitude quando esgotados todos os recursos em favor da prevalência da liberdade". Uma vez que a operação deve desenvolver-se em sentido reverso ao normalmente preconizado pela doutrina, vale dizer "deve-se partir do que só se autoriza a intervenção se não existir em favor do sujeito uma causa que autorize sua conduta". Por isso o tipo não é indício de ilicitude, mas "etapa metodológica de perquirição acerca de todos os requisitos para que a intervenção do Estado possa efetivar-se".[143] O juízo do injusto, que se faz em duas etapas por questão metodológica (e não política), é único, pelo que a interpretação da ação típica "deve estar de acordo com a autorização da conduta". É possível, pois, antecipar-se a decisão acerca do injusto, v.g. se verificado que a conduta foi praticada em decorrência de um dever legal (é a hipótese da atipicidade conglobante levantada por Zaffaroni).[144]

---

[142] No mesmo prefácio, Zaffaroni sustenta, e por todo o exposto, que as causas de justificação são meramente objetivas, a desimportar que o sujeito desconhecesse o que ocorria no momento em que agia. Se o conflito resolveu-se, ainda que por casualidade, nada tem o poder punitivo a fazer, salvo pressuposto moralizante. No mesmo sentido, a criticar o "injusto pessoal do finalismo", TAVARES, *Teoria*, p. 154. Zaffaroni, portanto, reviu a posição que externara na 1ª edição do *Manual de Direito Penal Brasileiro* (Zaffaroni/Perangelli, 1997, p. 576), ao grifar a *estrutura complexa do tipo permissivo, com elementos subjetivos que integram um aspecto subjetivo paralelo ao objetivo* e a afastar, no caso em que se configurasse apenas o aspecto objetivo do tipo permissivo, faltando o subjetivo, a solução da sanção por tentativa: "Do nosso ponto de vista não podemos sustentar a existência de resultados justificados, e sim de condutas justificadas, de modo que não estando justificada a conduta típica, a tipicidade se mantém em toda sua extensão e a antijuridicidade corresponde a um injusto de consumação".

[143] TAVARES, *Teoria*, p. 162-3. A análise dialética proposta também decorre do princípio constitucional da presunção de inocência, que deve penetrar a interpretação das normais penais.

[144] TAVARES, *Teoria*, p. 164.

A adoção da metodologia dialética não significa, contudo, adesão à teoria dos elementos negativos do tipo, cujo resultado final é a unificação do tipo e da ilicitude no chamado "tipo-total de injusto". A concepção de Merkel recebe uma tríade de críticas: a um, a alteração da estrutura sistemática (que se bastaria com o tipo e a culpabilidade) torna a metodologia de identificação do delito confusa sem ganho, "sem qualquer resultado prático que possa influir na melhor proteção à liberdade individual" – um retrocesso; a dois, a ilicitude não pode ser vista como exceção formal ao tipo, pois limita seu conteúdo diante do fato concreto; a três, periclita o tratamento sistemático da norma permissiva extrapenal, cuja incorporação ao tipo seria muito duvidosa.[145]

Já Muñoz Conde critica a teoria dos elementos negativos do tipo lembrando a incisiva assertiva de Welzel, de que sua aceitação significaria que matar um homem em legítima defesa, do ponto de vista jurídico-penal, seria tão irrelevante quanto matar uma mosca.[146] Parece evidente que um fato justificado não desfruta da mesma carga axiológica que se confere a um fato atípico.

Essa é também a percepção de Costa Andrade, ao consignar que não é indiferente que "a redução do punível se faça em sede de tipicidade ou ilicitude", pois a conduta típica é um paradigma de "danosidade social intolerável" (digna de e carecedora de tutela penal). Em síntese, "para além de corresponder à primeira valoração jurídico-penal, reveste-se invariavelmente de uma carga simbólica negativa".[147] A mencionada visão baseia-se numa leitura conflitual do tipo, de estrutura complexa e pluridimensional, que não se coaduna com o aprisionamento do conflito em sede de ilicitude, como pugnado por Roxin, pelo menos não em nível de elemento diferenciador de ambas as categorias do injusto.[148]

---

[145] TAVARES, *Teoria*, p. 165-7.

[146] BITTENCOURT/ MUÑOZ CONDE, *Teoria do Delito*, p. 119. A par de exigir tratamento unitário do erro de tipo e do erro acerca de pressupostos objetivos das causas de justificação.

[147] ANDRADE, *Liberdade*, p. 218, onde cita, em reforço, Jakobs: "A justificação pode afastar o ilícito, mas não a *soziale Auffälligkeit* da conduta" (a singularidade social, sua repercussão).

[148] Comparem-se: "Os tipos servem, na verdade, ao cumprimento do princípio *nullum-crimen*, devendo ser estruturados dogmaticamente a partir dele. A *antijuridicidade*, pelo contrário, é o âmbito da solução social de conflitos, o campo no qual interesses individuais conflitantes ou necessidades sociais globais entram em choque com as individuais" (ROXIN, *Política Criminal*, p. 30, onde, na nota 58, considera as soluções de conflito operadas pelo tipo decisões legislativas pré-codificadas – metadogmáticas, portanto, pois a dogmática parte de tipos já dados); "A fronteira da criminalização sobrepõe-se a uma linha de afrontamento de interesses: na margem da criminalização perfilam-se os bens jurídicos nominados e tipicamente protegidos; inversamente, na margem da não criminalização fazem-se ouvir bens jurídicos inominados entre os quais figura, invariavelmente, um valor com o significado transcendental da liberdade." (ANDRADE, *Consentimento*, p. 23), certo que os *contra-interesses* do indivíduo ou da comunidade são também "responsáveis pelo conteúdo, intensidade e limites da criminalização tipicamente codificada" (ANDRADE, *Liberdade*, p. 220).

Neste contexto, seria mais fiel a Roxin, contra a literalidade de suas palavras, transpassar logo o tipo com as decisões de política-criminal, "um procedimento cuja legitimidade constitucional há-de ter-se como inquestionada, ao menos quando ele resulte em redução do punível".[149] E que se concreta na investigação presente, que cuida de bens jurídicos cujo sentido é de vinculação social e cuja estrutura é notoriamente conflitual e traduzível no efeito-recíproco da liberdade de imprensa, a ordenar que o mandamento constitucional de hermenêutica considere-se "tanto em sede de determinação do tipo como de exclusão de ilicitude".[150] Ou, no "paradigma integrativo" de Figueiredo Dias, a conjugar o comportamento criminoso com sua definição social: "o conceito material de crime tem de ser completado pela referência aos processos sociais de seleção, determinantes em último termo daquilo que é concreta e realmente (e também juridicamente) tratado como crime."[151]

É natural, pois, que a primeira tarefa dogmática, mesmo em nível de limpeza e preparação de terreno, seja adentrar nos tópicos de atipicidade em relação aos bens jurídicos apresentados na primeira parte do trabalho, pelo menos naqueles que mais diretamente contendem com a justificação apreciada. O item seguinte, então, longe de esboçar tentativa de tratamento sistemático, tendencialmente exaustivo, perpassa por "algumas expressões paradigmáticas de falta de tipicidade", hipóteses em que a "responsabilidade criminal do jornalista é excluída logo ao nível do limiar da infração criminal, *sc.*, por falta de tipicidade".[152]

---

[149] ANDRADE, *Liberdade*, p. 221.

[150] ANDRADE, *Liberdade*, p. 222, onde também refere que o Tribunal Constitucional Federal alemão tem enfatizado o tipo legal "como a primeira instância de superação da complexidade emergente".

[151] DIAS, *Questões Fundamentais*, p. 85.

[152] ANDRADE, *Liberdade*, p. 225.

3. O amplo leque da atipicidade

É preciso, pois, "recuar a tutela jurídico-penal da honra, introduzindo-lhe as limitações indispensáveis à conservação do núcleo essencial do direito de informação, máxime no que toca ao livre exercício da função pública da imprensa.".[153]

3.1. Tipicidade subjetiva? Descarte da teoria dos *animi*

Como introduzir, com coerência dogmática, limitações à esfera jurídico-penal da honra? Uma das vias mais utilizadas, que conta com o apoio da tradição, foi, em nível de tipo subjetivo dos crimes contra a honra, aumentar as exigências para afirmá-lo, juízo que dependeria da comprovação de um *animus diffamandi vel injuriandi*. Tratava-se do "dolo específico", sendo a ofensa da honra a finalidade do comportamento do agente, sua especial intenção de agir.

A alternativa, a par de todas as dificuldade de aplicação prática, é inaceitável em perspectiva dogmática, na esteira das críticas de Beleza dos Santos[154] e de Figueiredo Dias.[155] Em síntese, porque nada há que suporte tal exigência, seja no desenho textual do tipo, seja nalguma razão teleológica; segundo (e a própria dissonância jurisprudencial ensina), é impossível tornar o tal *animus* instituto com o mínimo operacional de objetividade e precisão, oscilando o conceito de forma extremada;[156] por último, nada tem a ver com o "status" constitucional do direito de informação e a função pública da imprensa.

---

[153] DIAS, *Direito de Informação*, p. 106.

[154] SANTOS, J., *Revista*, p. 183-5, 196-202 e 213-4.

[155] DIAS, *Direito de Informação*, p. 133-4.

[156] Da consciência *atual* do ilícito a simples intenção normal do dolo direto. Direto ao ponto: "O apelo ao dolo específico, neste contexto constitui só uma mais ou menos óbvia tentativa de justificação *a posteriori* de uma jurisprudência intuitiva e sentimental, por inteiro divorciada de uma via de fundamentação racional dos resultados a que conduz." (DIAS, *Direito de Informação*, p. 133). E que deixa o juiz numa perplexidade semelhante àquela experimentada por Dante a perscrutar Virgílio: *Cred'io ch'ei credette ch'io credesse* (Penso que ele pensou que eu pensasse) - DANTE, *Inferno*, XIII, 25.

Assim também entende o Supremo Tribunal de Justiça português: "1 – O direito/dever de informação, referido à função pública da imprensa, como causa justificativa da ofensa à honra, comporta as limitações decorrentes de seu 'conteúdo' e às 'condições concretas do respectivo exercício'. (...) 5 – No crime de injúria basta o dolo genérico para integrar o elemento subjectivo da infracção.".[157]

Outra decisão, da Relação de Évora (1998): "I – Nos crimes de difamação cometidos através da imprensa, basta o dolo genérico para integrar o elemento subjectivo da infracção. II – O elemento moral preenche-se com o conhecimento, parte do arguido, de que a imputação voluntária do facto, ainda que sob a forma de suspeita, é, objectivamente, ofensiva da honra e consideração de outra pessoa, dando-lhe publicidade através da imprensa. Não é assim exigível qualquer finalidade ou motivação específica e, menos ainda, que se prove que tais imputações atingiram a honra e consideração".[158]

Da banda espanhola, socorre a reputada voz de Bacigalupo, que há tempos refere a necessidade de revisão dogmática acerca do tipo subjetivo dos delitos contra a honra. Referindo-se à calúnia, o "propósito de atentar contra a honra e a fama do ofendido" (*animus difamandi*) não surge diretamente da lei e na realidade reduziu a punibilidade, de modo indesejável, apenas ao caso de dolo direto.[159]

O mesmo ocorre em relação à injúria, que, na doutrina tradicional, fica na prática reduzida à direção de seu elemento subjetivo, a favorecer um alto grau de manipulação da prova processual. Reitera, portanto, que o esquema é inadequado sob o ponto de vista de política-criminal e dogmaticamente falso. Para demonstrá-lo, basta verificar-se que a problemática da justificação não se pode dissolver "na comprovação do tipo subjetivo de um *animus defendendi* ou *criticandi*, porque estes elementos subjetivos não se contrapõem ao dolo de injúria, pois não excluem o conhecimento do caráter lesivo da honra das expressões vertidas nem a vontade de realizá-las". São considerações, assim, totalmente alheias ao problema do tipo subjetivo do delito de injúria:

---

[157] Acórdão STJ, de 7 de julho de 1987, in *BMJ*, nº 370, p. 292 (*apud* PEIXE, *Lei de Imprensa*, p. 49 e 232).

[158] *Apud* COSTA, *Código Penal*, p. 194.

[159] BACIGALUPO, *Honor*, p. 11-2. Pelo que o autor aprova, em face do art. 205 do Código Penal Espanhol de 1995, a ampliação da punibilidade da calúnia aos casos de dolo eventual, através da introdução da expressão *temerario desprecio hacia la verdad*, que exclui – expressamente – toda e qualquer referência a um "animus difamandi". Sobre o conceito, numa perspectiva crítica, de "temerário desprezo", vide SALVADOR CODERCH, *Prevenir y Castigar*, p. 67 e ss., onde destaca que os arts. 205 e ss. do Código Penal de 1995, ao operarem a segunda recepção de *Sullivan v. New York Times* e transporem a doutrina constitucional da *actual malice* para a dogmática penal, geraram notáveis (cinco) distorções da doutrina originária e significaram o refluxo da liberdade de expressão. De fato, *reckless disregard* (o *temerario desprecio*) é um dos elementos da "actual malice" – o outro é o conhecimento da falsidade (*knowledge of falsehood*). Acerca do *Sullivan v. New York Times* vide, *infra*, capítulo 4, item 4.4.

seu lugar, em todo caso, estará no aspecto subjetivo das possíveis causas de justificação que possam entrar em consideração.[160]

É certo que a postura a exigir *animus injuriandi* nunca foi unânime na Espanha, mesmo porque uma corrente minoritária identificava-o com o dolo genérico (Rodriguez Devesa), ao passo que Pantaleón Prieto qualificava-a como "sandez jurídica integral".[161] Uma disfunção e incoerência dogmática de particular relevo relaciona-se com a fusão, ou confusão, na hora de resolver o conflito, entre dois diferentes âmbitos ou categorias do delito, a tipicidade e a ilicitude. Pois aferir tal *animus* implica adentrar no exame da ilicitude ou, mais exatamente, na questão do elemento subjetivo da causa de justificação. Analisa-se a ilicitude antes da tipicidade subjetiva. Ademais e fundamental, para a doutrina tradicional, constatado tal *animus* (em sede de tipicidade), é de se indagar da concorrência de alguma causa de justificação, para cujo aperfeiçoamento devem concorrer os elementos objetivos e o correlato aspecto subjetivo: o *animus informandi* nos casos jornalísticos mais comuns. Caso esteja presente este último, o fato estaria justificado? Não, pois ocorre um regresso ao âmbito da tipicidade e se utiliza o ânimo de informar para neutralizar a presença do *animus injuriandi*, com o que se afirma que o fato é atípico. Empregam-se, assim, elementos pertencentes à ilicitude para eliminar a tipicidade.[162]

Em suma, Sánchez Tomás: a argumentação gramatical não é irrefutável (não se sustenta no novo Código Espanhol); o *animus*

---

[160] BACIGALUPO, *Honor*, p. 40-2. Ainda, a ponderação de bens é totalmente independente, como é óbvio, do *animus* em que possa ter obrado o autor (p. 44).

[161] As referências são de MUÑOZ LORENTE, *Libertad*, p. 263, que indica, na nota 117, que a rejeição aos *animi* é dominante na atual doutrina alemã e italiana. PANTALEON-PRIETO, *Honor*, p. 1691, pugna pela conveniente recuperação do direito penal nesta seara, que passa, em primeiro lugar, por uma simples mudança de mentalidade, "o abandono da imagem do comunicador como herói que luta desinteressadamente contra a corrupção e o abuso de poder". Em segundo lugar, pela definitiva eliminação da exigência de "animus iniuriandi", *sandez jurídica integral* que serviu, não como alguns temiam, para impor aos comunicadores uma responsabilidade penal objetiva, e sim, como era de esperar, para garantir a sua plena imunidade, ao estimarem os tribunais tipicamente descaracterizado dito *animus* pela intenção de informar ou de criticar. É certo que, "salvo em casos patológicos, os comunicadores que difamam não atuam por pessoal animosidade contra os difamados que os impulsiona cegamente a destruir a respectiva honra; o que primordialmente desejam é fazer-se mais famosos, ou terminar com a corrupção, ou cobrar uma recompensa, ou provocar uma mudança política, ou vender mais periódicos etc. Tudo isso é perfeitamente irrelevante para decidir se existiu, ou não, um delito contra a honra.".

[162] MUÑOZ LORENTE, *Libertad*, p. 283-5, onde observa que mesmo no quadro da "teoria dos elementos negativos do tipo" permanece a inconsistência, pois o aperfeiçoamento de uma causa de justificação – tipo negativo – serve para estimar-se que não ocorreu um elemento do tipo positivo (o *animus injuriandi*). Recusando a via do "animus" e buscando a solução no marco das causas de justificação, BERDUGO GOMES DE LA TORRE, *Honor*, p. 75-9. Também rechaçando a teoria dos *animi*, JAEN VALLEJO, *Libertad de Expresión y delitos contra el honor*, p. 200-4, que propõe a resolução do conflito no quadro justificante do exercício legítimo de um direito (p. 234 e ss.). No mesmo sentido, aceitando o efeito de irradiação direto do exercício constitucional da liberdade de expressão e informação, BATISTA GONZÁLEZ, *Medios de Comunicación*, p. 124-7.

injuriandi não tem conteúdo diverso do dolo; tampouco está apto para resolver os conflitos entre direitos fundamentais, diante da confusão dogmática entre diversas categorias sistemáticas do delito; suas virtudes político-criminais descriminalizantes não são definitivas, face ao extremo subjetivismo jurisdicional que acarreta. Outra disfunção é a presunção processual da ocorrência do *animus*, correspondendo a uma responsabilidade objetiva de fato.[163]

Neste diapasão, é interessante que, justamente numa sentença do Tribunal Constitucional espanhol que reafirma o "valor superior de eficácia irradiante" das liberdades do artigo 20 da Constituição espanhola, que obriga o juízo penal a considerar se o exercício dessas liberdades atua "como causa excludente da antijuridicidade" – e que decidiu pela licitude de um texto de pura opinião, irônica e genérica, sobre o "marasmo", "incompetência" e "impontualidade" dos juízes espanhóis -, houve voto particular (vencido) que mantinha a sentença condenatória por crime contra a honra, porque já "ponderara necessariamente" os valores em conflito, ao considerar a "concorrência do *animus criticandi*". Na certeira crítica de Salvador Coderch, na doutrina clássica sobre liberdade de expressão predomina um elemento objetivo, e não um subjetivo: "O essencial é o conteúdo da mensagem e não a intenção de quem a envia. Ademais, o elemento subjetivo ou se deduz do conteúdo objetivo ou se converte em algo muito difícil de identificar. No primeiro caso, resulta inútil; no segundo, prejudicial".[164]

Menos de um ano depois, a Corte Constitucional Espanhola estabeleceria claramente que a referência ao "animus injuriandi" é insuficiente para justificar uma limitação do discurso político: "'Com base na doutrina exposta [necessidade de rigorosa ponderação de qualquer decisão restritiva da liberdade de expressão, em face da posição preferencial]', a jurisprudência constitucional 'modificou profundamente a problemática dos delitos contra a honra naqueles supostos em que a ação que incide neste direito tenha sido realizada no exercício de ditas liberdades. *A dimensão constitucional destas converte em insuficiente o critério do animus injuriandi*, tradicionalmente utilizado pela jurisprudência penal' pois os direitos fundamentais dos arts. 16.1 e 20 da CE *'excedem do âmbito pessoal pela sua dimensão institucional'* e porque *'significam o reconhecimento e a garantia da opinião pública livre* e, portanto, do pluralismo político propugnado pelo artigo 1.1 da Constituição como um dos valores superiores do nosso ordenamento jurídico'.".[165]

---

[163] SÁNCHEZ TOMÁS, *Disfunciones dogmáticas*, p. 164-6.

[164] SALVADOR CODERCH, *El Mercado de las Ideas*, p. 106. Trata-se da STC 121/1989 e o voto particular é do magistrado Díaz Eimil (op. cit., p. 101-11).

[165] STC 20/1990 (liberdade ideológica de opinar sobre o Rei), cf. SALVADOR CODERCH, *El Mercado de las Ideas*, p. 121-2. Em sede penal, entretanto, a maior parte da doutrina e jurisprudência espanholas exigia, ao contrário do direito alemão, a par do dolo nos crimes contra a honra, o

Vão no mesmo sentido as decisões mais recentes da Corte Constitucional espanhola acerca do tema, por exemplo STC 232/98: o reconhecimento constitucional das liberdades de expressão e informação converte em insuficiente o critério subjetivo do *animus* para a configuração dos delitos de injúria e calúnia; a avaliação deve transladar-se para outro plano, no qual não se trata de saber se o exercício das citadas liberdades ocasionou uma lesão do direito à honra penalmente sancionada e sim determinar se dito exercício atua ou não como causa excludente da tipicidade ou ilicitude.[166]

3.2. Crítica objetiva

Não carece de demonstração o quanto o exercício do direito de crítica, que se insere no âmago da liberdade de imprensa, pode contender com os bens jurídicos em apreço, especialmente a honra. Têm-se em mente as apreciações sobre matérias científicas e acadêmicas, artísticas e desportivas, profissionais etc. que pululam nas páginas dos periódicos hoje em dia.

O conceito neste passo básico é o de crítica "objetiva", linde para que a manifestação sequer adentre no limiar da tipicidade penal.[167] Não será subjetiva, pois não se dirige ao sujeito, à pessoa do artista, do

---

"animus injuriandi" como elemento subjetivo do injusto – ao menos antes das alterações de 1995. A posição minoritária, que se reputa mais consistente, vai bem representada por Castiñeira i Palou: quem conhece que suas ações e expressões são objetivamente injuriosas e, apesar disso, profere-as, dificilmente pode alegar que não queria ofender; a presença de outros ânimos (crítica, humor, informação) não infirma o conhecimento e a vontade da ofensa. Além do que, análise da prática jurisprudencial do Tribunal Superior Espanhol mostra que uma série de decisões não exige elemento subjetivo algum, a par de presumir a existência da intenção de injuriar e inverter o ônus da prova. O valor gramatical das palavras, as acidentalidades de lugar e tempo, as circunstâncias pessoais e os estados de ânimo "são dados que servem para determinar a gravidade objetiva das injúrias e não para demonstrar a existência do ânimo de injuriar". Exigir o "animus", entretanto, provoca considerável incerteza, podendo o tribunal decidir que, apesar do caráter objetivamente injurioso das expressões, não há ânimo de injuriar, ou, "a contrario", reconhecer intenção de crítica ou de informação, mas manter a qualificação de injúria (CASTIÑEIRA I PALOU, *El Mercado*, p. 475-84). A questão tende a pacificar-se no quadro dos arts. 205 e ss. do Código Penal espanhol de 1995, no sentido de que não se exige elemento subjetivo algum para configurar-se a injúria (art. 208), já que "a letra da lei não oferece agora possibilidade alguma de interpretar que tal elemento subjetivo é necessário" (CASTIÑEIRA I PALOU, *Prevenir y Castigar*, p. 95, especialmente nota 52) – sob a égide do Código Penal de 1973, o art. 457 dizia que era injúria toda expressão proferida em (*en*) desonra, descrédito ou menosprezo, apegando-se a doutrina tradicional à preposição. Atualmente, Francisco MUÑOZ CONDE considera que segue sendo necessário o ânimo de injuriar. Por todos, acerca das disfunções dogmáticas da exigência do *animus injuriandi* na ótica espanhola, MUÑOZ LORENTE, *Libertad*, p. 279-86.

[166] Apud JAEN VALLEJO, *Jurisprudencia*, p. 20.

[167] Partindo da crise retratada na mídia brasileira, a noticiar fatos de corrupção e improbidade, desenvolveu-se o tema. Cf. WEINGARTNER, *A irrelevância penal da crítica objetiva a figuras públicas*, p. 206-20.

atleta, do professor. Vale dizer que tal juízo será atípico "enquanto a valoração e censura críticas se atêm exclusivamente às obras, realizações ou prestações em si, não se dirigindo directamente à pessoa dos seus autores ou criadores... já porque não atingem a honra pessoal do cientista, artista ou desportista, etc., já porque não a atingem com a dignidade penal e a carência de tutela penal que definem e balizam a pertinente *área de tutela típica*.".[168]

Podem-se fixar três pontos. Em face do regime de atipicidade, desimporta a pertinência, o conteúdo, o acerto da crítica ou, mesmo, se resultado de apreciação criteriosa de *expert* ou de bravata ignorante de curioso (sempre no limite da objetividade, convém lembrar). Segundo, neste linde objetivo, não há limite para a virulência da expressão utilizada.[169] Terceiro, esse regime dogmático vale especialmente para a crítica dirigida contra o atuar das instâncias públicas: o exercício administrativo em geral, a atividade parlamentar e do órgão legislativo, a direção política do governo, o mérito e conveniência de manifestações do ministério público e dos despachos e sentenças dos juízes e tribunais.[170]

É entendimento dominante que também os juízos de fato ligados ao exercício da crítica objetiva mereçam o tratamento de atipicidade, embora submetidos à regra geral da prova da verdade – como nos exemplos de denúncia de plágio numa investigação científica ou de má jornada desportiva em função de excessos noturnos de atleta.[171]

Costa Andrade ainda aceita, por razão de analogia substancial, o juízo de atipicidade em caso de "críticas centradas sobre o 'passado' de um candidato a sufrágio", mormente em eleição majoritária: a sindicância de suas virtudes e defeitos é pressuposto da confiança democrática e o custo eventual da honra está em linha de adequação ao

---

[168] ANDRADE, *Liberdade*, p. 233. Se em 1951 o Tribunal Federal alemão, no *Constanze I-Urteil*, partia da tipicidade da crítica que atingisse ainda que reflexamente o sujeito sob exame (que só se tornava lícita se objetivamente fundada e pertinente, "verdadeira", necessária à realização de direitos ou prossecução de interesses e efetivada pelo meio menos gravoso, de modo a garantir ao máximo a salvaguarda de terceiros), em 1966, no *Höllenfeuer-Urteil*, ao considerar o relevo e a dignidade constitucional da liberdade de expressão, pronuncia-se pela atipicidade, afastando as exigências de proporcionalidade e necessidade, verdade objetiva e pressuposto do meio menos gravoso. Assegurava-se ao crítico emitir sua opinião, mesmo que se tratasse de um *outsider* (p. 234-5). Aceitam-se, também, os reflexos subjetivos inexoráveis: o crítico que refere uma acusação "persecutória e iníqua" de agente do ministério público, pode referir que o magistrado foi "persecutório naquele processo" ou "iníquo em concreto" (idem, p. 238).

[169] Garimpadas da jurisprudência alemã, "pode apodar-se de *pornográfica* uma revista de análise política, caracterizar-se uma obra de arte como *monte de estrume*, uma prática médica como *bruxaria ou curandeirismo*, uma atuação política como própria de *velhos e novos fascistas*, uma acusação penal como *inquisitória, persecutória, kafkiana*, uma sentença como um *disparate* ou um *chorrilho de venerandas asneiras*" (ANDRADE, *Liberdade*, p. 237).

[170] Ver o desenvolvimento da idéia de partido político, que parte da clandestinidade porque inaceitável a crítica aos atos de governo.

[171] ANDRADE, *Liberdade*, p. 238.

escrutínio.¹⁷² Apenas se acrescentaria, desde já, que a disputa política há de basear-se, em termos de atipicidade, no questionamento de virtudes e defeitos políticos, mesmo porque, no pólo oposto da crítica objetiva, há o juízo *desconexo* com a obra, realização ou prestação e que atinge a honra e a consideração pessoal do sujeito submetido ao crivo da mídia. Isso, nem por ser amiúde difícil de constatar no fluxo contínuo do cotidiano, não encobre o fato de que, logo no plano do conceito dogmático, há uma ruptura qualitativa que transpõe a manifestação crítica para o típico terreno da relevância penal e adia a decisão para a categoria da ilicitude.¹⁷³

3.3 O problema da arte: caricaturas e sátiras. *kopulierendes Schwein. Falwell v. Flynt*

É possível, "a priori" ou em concreto, definir obra de arte? Trata-se de um conceito normativo, que aceita tanto mutações estéticas quanto axiológico-jurídicas, e aberto, portanto, ao "valor" do feio, do horrível e mesmo do obsceno, superada a doutrina da exclusão entre arte e pornografia.¹⁷⁴

Exemplares da permeabilidade estética (e da dificuldade de conformação jurídica) são os julgamentos do artista alemão George Grosz. Indagado pelo Tribunal se era mesmo necessário mostrar o que é particularmente feio, mesquinho, evidenciando as partes sexuais das personagens, respondeu: "A minha concepção do mundo está em oposição total em relação à do Senhor Presidente, ela é fundamentalmente negativa e cética. Vejo as coisas tal como as apresentei. A maior

---

¹⁷² Estriba-se, o doutrinador, também em decisão do BGH de 1959, da qual se extrai que a disputa "implica necessariamente a crítica dirigida à pessoa dos candidatos, nomeadamente à crítica ao seu passado político, que eles têm de aceitar" (ANDRADE, *Liberdade*, p. 239).

¹⁷³ Segue-se ANDRADE, *Liberdade*, p. 240, na qual cita exemplo distintivo de Tenckhoff: taxar uma decisão de tribunal superior de "venerando disparate" é atípico, juízo que não permaneceria se o crítico falasse de um "remendão, produto da esterilidade senil dos seus autores". Apenas como ilustração, no Brasil, nos conturbados anos da Independência, o Visconde de Cairu, mestre na velha retórica cultivada na Universidade de Coimbra, era pródigo em adjetivos para insultar, pelos nascentes jornais, a "facção gálica", os adeptos do pensamento revolucionário francês. Da sua agenda de expressões, que desbordavam da crítica objetiva: "sexteto de demagogos aspirantes à ditadura", "arquitetos de ruínas", "mimosos da plebe", "demagogos tranca-ruas" (LUSTOSA, *Insultos Impressos*, p. 429).

¹⁷⁴ Quando as perdidas cidades de Herculano e Pompéia foram descobertas, a partir de 1748, os afrescos romanos com representações eróticas (fora da idealização do mundo clássico então em voga) causaram choque cultural e "As trivialidades sexuais da vida em Roma foram escondidas no tristemente famoso Museu Secreto em Nápoles, para serem vistas mediante pagamento de uma taxa e somente por membros do sexo masculino. Alguns teóricos modernos sugeriram que a moderna noção de *pornografia* obteve as suas raízes nestas descobertas de Pompéia, e especificamente na procura de uma forma de lidar com elas e de neutralizá-las sem negar inteiramente a sua existência" (LUCIE-SMITH, *Ars erotica*, p. 7). Cf. ANDRADE, *Liberdade*, p. 160.

parte da humanidade não tem, para mim, nada de belo ou de agradável. É igualmente assim que concebo as mulheres e as cenas familiares". Não lhe parecia que ultrapassava os limites, que as regras morais não deveriam ser destruídas, sequer por artistas? "Até ao representar as coisas mais disformes... e das quais se poderia pensar que iriam perturbar algumas pessoas, na minha opinião, desenvolvi um trabalho educador, e precisamente graças a essas mesmas deformidades... Mesmo quando representam as coisas mais sujas e detestáveis, os meus desenhos são sempre a expressão de certas tendências morais.".[175]

E, todavia, tratava-se de um instrumento de crítica social: "Imediatamente a seguir à I Guerra Mundial, artistas como George Grosz e Otto Dix usaram representações sexuais para satirizar aqueles que, apesar da esmagadora derrota da Alemanha, pareciam ter-se saído bem da guerra. As suas imagens exprimem simultaneamente fascínio e repulsa pela sociedade corrupta da República de Weimar.".[176]

Verifica-se, neste diapasão, uma tendencial dissolução do conceito de arte, "cada vez mais fora do alcance de categorias como lícito ou ilícito e (que) escapa cada vez mais às malhas dos ordenamentos normativos"[177] – o que não significa que não remanesçam eventuais *atentados, através da arte*, por assim dizer, à inviolabilidade pessoal.

É clássico o caso do *kopulierendes Schwein* (porco copulador), condenado caricaturista (numa decisão confirmada pelo Tribunal Constitucional alemão), por atentado à honra, pela mensagem e pela própria roupagem: foi retratado um político, com traços de porco, a travar relações sexuais, bestiais, com a própria Justiça. Na jurisprudência portuguesa, também houve condenação por injúria de autor de caricatura que retratou o ofendido com farda nazista aludindo a carrasco de campo de concentração.[178] Importa agora, entretanto, tratar dos casos normais, que não atingem o limiar da tipicidade.

Roxin começa por remeter ao marco da dogmática dos direitos fundamentais a garantia de liberdade artística, que, segundo a Lei Fundamental, não se submete à reserva de lei, ainda que se reconheçam

---

[175] *Apud* NÉRET, *Arte Erótica*, p. 136. Grosz, noutra feita, também foi acusado do crime de blasfêmia (retirado do StGB em 1969) por causa de seu célebre desenho "Cristo com a máscara de gás". Trata-se de contenda entre a liberdade de criação artística e o respeito aos valores religiosos, que escapa da abrangência deste trabalho. Vide, para maiores indicações bibliográficas, ANDRADE, *Liberdade*, p. 151, nota 4.

[176] LUCIE-SMITH, *Ars Erotica*, p. 13.

[177] ANDRADE, *Liberdade*, p. 161. Sobre uma certa "desestetização" da arte, vide p. 159.

[178] No que tange ao *kopulierendes Schwein*, a decisão do Tribunal Constitucional alemão deu-se em 3.6.1987, consignado que os ataques ao núcleo da honra pessoal, emanação direta da dignidade humana, não estão cobertos pela liberdade de criação artística, mesmo em se tratando de político exposto ao fogo cruzado da opinião pública (ANDRADE, *Liberdade*, p. 175). A decisão portuguesa citada refere-se ao ac. STJ de 10 de janeiro de 1990, proc. 40.493/3ª; AJ, nº 5, *apud* GONÇALVES, *Código Penal*, p. 594.

limites imanentes (derivados de outros direitos fundamentais): sátira ou caricaturas, por exemplo, contrapõem – havendo intromissão injuriosa de um direito de personalidade – a liberdade de criação artística do autor e a liberdade de desenvolvimento da personalidade do ofendido. A jurisprudência concede prioridade absoluta à liberdade artística no caso de ofensas leves à personalidade, ao passo que *agressões graves* (sobretudo ao vulnerarem a dignidade humana do afetado) *transbordam os limites da liberdade artística*.[179]

Não há, entretanto, que se esgrimir com redução conceitual "a priori", vale dizer, negar a determinadas produções literárias, gráficas ou pictóricas o caráter de obras de arte e, por conseguinte, vedar-lhes a proteção constitucional, o que desembocaria numa censura de gosto[180] e na problemática delimitação entre (boa) arte e (pejorativa) não-arte.[181] O conceito, ao revés, amplia-se para, na prática, abarcar qualquer obra em prol da qual o autor invoque a liberdade artística.[182]

O fato é que a caricatura e a sátira, formas específicas de criação literária e artística, têm um tratamento privilegiado mesmo em relação à liberdade de expressão, levando em conta a ordem jurídico-constitucional, numa "amplitude verdadeiramente única". Resta, no entanto, a tarefa de enquadrar e sistematizar em nível dogmático essa *prefered position*. Costa Andrade refere a posição de Noll e Würtenberger, que se louvando na *praxis* tradicional, remetem o exercício artístico, quando em conflito com outros bens jurídicos tipicamente protegidos, ao quadro da ilicitude-justificação. Essa é, entretanto, posição minoritária, pendendo a maioria da doutrina, hoje, com o apoio dos tribunais, para uma solução diferenciada, que acolhe, ao lado da justificação, verdadeiros casos de atipicidade.[183]

---

[179] ROXIN, *Derecho Penal*, p. 780. Como afirmou o Tribunal Constitucional alemão em 17.7.94, no "caso do *combóio anacrónico*": "Tendo em conta o alto significado da liberdade de criação artística, não bastam para o efeito nem uma lesão ligeira nem a mera possibilidade de uma lesão grave. Se, porém, é possível provar, à margem de toda a dúvida, uma lesão grave do direito de personalidade, então ela não pode considerar-se justificada através da liberdade de criação artística", apud ANDRADE, *Liberdade*, p. 175.

[180] Tem-se alertado para o risco da ditadura do "politicamente correto". Em 1993, conferência acadêmica que se realizaria na Nova Zelândia (a transformação do nu na passagem do estilo rococó em França para o neoclassicismo) foi cancelada devido às objeções de membro feminista do departamento de História da Arte, pois as projeções mostrariam mulheres nuas, vistas como um ato de violação, pois o olhar fixo masculino é tão brutalmente agressivo como um estupro – as representações reduziriam a fêmea a um objeto de acesso sexual (LUCIE-SMITH, *Ars Erotica*, p. 16-7). Onde estaria "O Grande Masturbador" (1929), de Dalí, apenas um emblema, neste cânone? E a "Olympia" (1863) de Manet?

[181] Neste sentido, e com profundo respeito e a vênia devida, o texto afasta-se do conceito de "arte verdadeira" contraposto à "pseudo-criação medíocre, sem dignidade artística", COSTA, *Comentários*, p. 661.

[182] ROXIN, *Derecho Penal*, p. 784. "Nada existe realmente a que se possa dar o nome Arte. Existem somente artistas.", com essas palavras *Sir* Gombrich inicia a introdução daquela que é talvez a mais influente obra do gênero no século XX (GOMBRICH, *História da Arte*, p. 15).

[183] ANDRADE, *Liberdade*, p. 241.

O marco jurisprudencial, na Alemanha, é o *Mephisto-Fall*, no qual o Tribunal Federal alemão modula a tipicidade como o primeiro degrau para solver a questão da relevância penal das agressões pessoais perpetradas por sátiras ou caricaturas, o que se articula com os já referidos efeitos-recíproco e de irradiação dos direitos fundamentais, discutidos na parte da refração constitucional do tema.[184]

O caso *Mephisto* foi decidido em 24.2.1971 pelo Tribunal Constitucional (resenhado *supra*, item II-1.6), destacando-se dois tópicos: a) o regime ainda mais privilegiado da liberdade de criação artística – *lex specialis* – em face da liberdade de imprensa, ao submeter-se apenas à constituição, ao passo que a liberdade de imprensa baliza-se pela reserva de lei; b) a criação artística, em que pese o alargado espectro de liberdade, respeita o valor fundante da dignidade da pessoa humana.[185]

Assim, a atipicidade é a regra no caso de ofensas pessoais "contidas na *roupagem* exterior e formal da caricatura e da sátira", o que pressupõe a distinção conceitual já formulada ao tempo de "Reichsgericht" entre mensagem (*Aussagekern*, o significado objetivo transmitido) e roupagem (*Einkleidung*, a forma literária ou plástica imprimida pelo autor) destas manifestações artísticas. Se uma e outra podem suportar crimes contra a honra, os limites é que serão diversos: a atipicidade, em princípio, da roupagem, decorre da própria natureza do veículo, que trabalha com a deformação e a hipérbole. Em casos extremos, como o do "porco copulador", mesmo a roupagem formal pode merecer resposta penal.[186] O normal, portanto, em caso de atentados relevantes à dignidade pessoal e à honra por via de caricatura ou sátira, é que tal ocorra através da mensagem.

Neste contexto, salvo as exceções que penetram no cerne da dignidade, a solução geral, em caso de atentados decorrentes de sátira ou caricatura, "é levar-se à conta de factos atípicos", o que se impõe "pela natureza, estrutura e função da sátira e da caricatura na experiência da moderna sociedade democrática", pois a essência da forma artística em apreço reside na "exploração, sem limites, do grotesco, do ridículo", daquilo que sobressai como "acentuação desproporcionada e deformada de aspectos do real, de marcas da imagem ou traços do carácter".[187]

---

[184] Acresce, na experiência jurídica alemã, o peso da liberdade de criação artística: mesmo porque na idéia de arte avulta a distanciação em relação à realidade, com a prevalência da "realidade poética-poiética", além da enunciação positiva do referido direito sem qualquer limite expresso, ao contrário da liberdade de imprensa (art. 5º, incisos 2 e 3, respectivamente, da Lei Fundamental) – ANDRADE, *Liberdade*, p. 171, o que deve ser lido como uma liberdade *sem reservas, mas não sem limites* (p. 172), o que se concretizará no princípio da concordância prática.

[185] ANDRADE, *Liberdade*, p. 173-4.

[186] ANDRADE, *Liberdade*, p. 175-6.

[187] ANDRADE, *Liberdade*, p. 243. No aresto do citado caso "Kopulierendes Schwein" já se recomendava, metodologicamente, uma análise em duas etapas, sendo os critérios para análise da roupagem diferentes e menos exigentes do que os respeitantes à mensagem (p. 244).

Segundo Art Spiegelman, "a maior parte do humor é uma forma refinada de agressão e ódio". Argumenta o célebre cartunista que nossos ancestrais selvagens riam às escâncaras dos aleijões, anões, miseráveis e loucos (num mundo pleno de inimigos potenciais, as fraquezas e desgraças de um realçavam a força do outro). O bobo da corte, nos tempos medievais, simbolizava sua impotência através das borlas caídas de seu chapéu; assim, "tranqüilizando os outros, ele podia expressar sua agressividade sob a forma do humor". Hoje continuamos a rir de figuras infelizes e deformadas. Todavia, "para evitar um sentimento de culpa capaz de bloquear o prazer do riso, tem que haver um equilíbrio sutil entre a agressão e a afeição".[188]

Sem meias palavras, o caricaturista "busca o poder sobre a vítima de sua agressão através de um recurso parecido com o do feiticeiro e seus bonecos de vodu". O chiste e a caricatura, portanto, matizam-se de essência agressiva, mas, para causarem efeito cômico não podem cruzar um limite que não deixa de ser artístico: "Apesar de nos sentirmos superiores ao bobo e rirmos de seu mal-estar, quando a hostilidade da piada não é bem disfarçada, nós começamos a nos sentir constrangidos.".[189]

Assim, sendo a roupagem o veículo natural que confere "status" artístico à satira e à caricatura, em condições normais não colidirá com a dignidade pessoal. No caso de eventual colisão, "há-de, em princípio, levar-se à conta de custo social a suportar em nome da liberdade de criação artística", manifestação socialmente adequada e despida da *soziale Auffälligkeit* (Jakobs), ínsita à tipicidade.

Ressalta-se, ainda uma vez, a possibilidade de atentado típico através da roupagem, a generalidade da doutrina alemã concordando com a ilicitude paradigmática do "porco copulador", e hipótese de a distanciação artística poder fundar, com autonomia, a atipicidade da mensagem, ao fazer escassearem "as possibilidade fácticas de a caricatura ou a sátira concretizarem aquela afronta directa à pessoa que é pressuposto da tipicidade dos crimes contra a honra.".[190]

Na Espanha, a Lei Orgânica 1/1982 (chamada "Ley del Libelo") regula, parcialmente, o disposto nos artigos 18.1 e 20.4, ambos da Constituição Espanhola, ou seja, estabelece as relações de limite, postos pela honra, intimidade pessoal e familiar e imagem em relação à

---

[188] SPIEGELMAN, *Cracking jokes*, p. 149.

[189] SPIEGELMAN, *Cracking jokes*, p. 150. Northrop Frye (*Anatomia da crítica – quatro ensaios*, São Paulo, Cultrix, 1989, p. 220) também garante que quase toda a denúncia, se bastante vigorosa, "é seguida pelo leitor com uma espécie de prazer que logo se revela num sorriso. O ataque sem humor ou a pura denúncia formaria um dos limites da sátira", apud LUSTOSA, *Insultos Impressos*, p. 433.

[190] ANDRADE, *Liberdade*, p. 244-5.

liberdade de expressão.¹⁹¹ Trata, expressamente, da caricatura, no art. 8.2, conectando-a ao direito à própria imagem, que todavia não impedirá a utilização de caricaturas de pessoas que exerçam um cargo público ou uma profissão de notoriedade ou projeção pública, "de acordo com o uso social". O entendimento doutrinário orienta-se no sentido de que, em princípio, não há caricatura difamatória (assim como não há "opinião" desta natureza), sendo hipótese de ilícito civil quando se refere a particulares e representa um "ultraje gratuito e gravemente ofensivo".¹⁹²

Do outro lado do oceano, a Suprema Corte Americana chegou a um polêmico veredito no célebre caso *"Hustler Magazine"and Larry C. Flynt v. Jerry Falwell*. Em apertada síntese: na edição de novembro de 1983, a *Hustler Magazine*, publicação erótica de grande difusão, parodiou um anúncio de bebida alcoólica (*Campari*), ao caricaturar Jerry Falwell – ministro evangélico e comentarista de assuntos e moral pública muito conhecido – respondendo à indagação acerca de sua "primeira vez". Disse que o fora, quando bêbado, durante um encontro incestuoso num banheiro, com sua mãe. Tanto no sumário da revista quanto em nota na página do desenho indicava-se o caráter ficcional do desenho.

Flynt, editor da revista, condenado a pagar U$ 150.000 de indenização por causação intencional de danos emocionais, recorreu à Suprema Corte. Em suma, uma figura pública teria de suportar os danos emocionais causados por uma paródia extremamente ofensiva e grosseira além dos limites aos olhos da grande maioria da população? Sim, na resposta jurisprudencial. A sentença ampliou a cobertura constitucional da difamação explicitamente para a causação dolosa de danos emocionais – no caso, através de uma caricatura. Nessa hipótese, não se julgam os bons ou maus motivos do editor, sendo descabido, ainda, pedir ponderação e racionalidade a uma caricatura, precisamente uma distorção deliberada (que tem exercido papel central no debate político); ademais, o caráter ultrajante, na área do discurso político e social, é inevitavelmente subjetivo e, portanto, inaceitável.¹⁹³

---

¹⁹¹ Para uma abordagem genérica dos problemas criados pela aludida legislação, SALVADOR CODERCH, *Difamar?*, p. 19 a 24.

¹⁹² SALVADOR CODERCH, *El Mercado*, p. 171. O autor inclina-se pela licitude "a priori" quando se refere a personagens públicos e não se possa interpretá-la razoavelmente como afirmação de fatos relativos ao autor - critério da Suprema Corte Americana, a seguir mencionado.

¹⁹³ SALVADOR CODERCH, *El Mercado*, p. 431-4. Por demais discutível que se estivesse a tratar de "ideas and opinions on matters of public interest and concern", embora, no dizer de Coderch, a natureza ficcional, o caráter de invenção (ainda que péssima), de fantasia (de atroz vulgaridade) é que levam a tolerar a expressão referida. Se a narração, ao revés, fosse verossímil, a vítima teria ação, segundo o critério da *actual malice*. "A Suprema Corte Americana deu carta branca ao chiste impossível de péssimo gosto, quando se refere a personagens públicos, mas não à informação descaradamente falsa que fere e angustia emocionalmente, além, talvez, de lesar a reputação da vítima".

3.4. As esferas (móveis) da privacidade. A Corte européia e o caso *Lingens*. Lineamentos vitimodogmáticos

Outra distinção conceitual que redunda num espectro relativamente largo de atipicidade é a que pertine com os espaços da vida de relação social, mais ou menos abertos à comunicação intersubjetiva, costumando-se extremar, nos pólos, a esfera pública (saudavelmente exposta à dissecação dos "media") e a esfera íntima (que conserva um cerne intransponível), intermediados por uma área relativamente maleável, dita "privacidade estrito senso" – de tratamento legal bem diferenciado.[194]

Em rigor, a densidade do bem jurídico privacidade está indissoluvelmente ligada ao prisma dos três graus já apresentado no eixo histórico, o que significa que a tutela penal específica, em linha de princípio fragmentária (é a tese fundamental da liberdade), já adquire contornos de exclusão em nível de tipicidade.

O tópico preliminar e fundamental é que "não podem ser levados à conta da privacidade/intimidade *as acções, factos ou eventos que se revestem de inequívoco interesse colectivo ou comunitário*".[195] O interesse de discussão comunitária, assim, prevalece sobre o interesse individual de anonimato, e configura "objecto legítimo do interesse e do exercício da actividade jornalística".[196] Publicar tais fatos não tipifica crime de devassa, pois não ultrapassam a fronteira da esfera pública dos respectivos agentes.

Menção especial merece o regime da crônica de *fatos criminosos*. A idéia basilar, nesta sede, é de que "o crime não pertence à esfera da privacidade/intimidade, estando a sua investigação e divulgação abertas ao exercício da liberdade de imprensa".[197] É matéria fácil de entender, mesmo pelo inescondível caráter político do direito penal (na dialética relação entre o evento criminoso, que atenta contra os mais relevantes bens comunitários, e a reação estatal, aguda a ponto de transpassar a própria liberdade). Tensão e conflito entre indivíduo e sociedade, constituem, assim, assunto, "a priori", de inequívoco interesse comunitário.

---

[194] Vide ANDRADE, *Liberdade*, p. 259-67.

[195] ANDRADE, *Liberdade*, p. 247, onde transcreve a fundamentação do § 182 do Projeto Alemão de 1962 (que limita o crime de devassa da vida privada à divulgação de fatos da vida privada ou familiar sobre cujo conteúdo não subsista nenhum interesse público): à privacidade/intimidade "pertencem todos os dados que não têm nenhuma relação com a posição ou a actuação da pessoa na sociedade, em especial que não contendem com os seus direitos e deveres para com a comunidade".

[196] ANDRADE, *Liberdade*, p. 249.

[197] ANDRADE, *Liberdade*, p. 250.

Foi o que acabou consolidado pela Corte Constitucional Alemã no mencionado *Lebach-Urteil* (*supra*, item II-1.7): "Também os crimes pertencem em primeira linha àquele acontecer histórico cuja investigação constitui precisamente tarefa dos *media*. A violação (...) o sacrifício dos bens (...) a simpatia (...) o medo (...) provocam o interesse numa maior informação sobre o crime e seu agente. (...) Para além disso, ganha particular relevo a legítima necessidade democrática de controlo dos órgãos do Estado e das autoridades competentes para garantir a segurança e a ordem, das instâncias de perseguição criminal e dos tribunais penais".[198]

O aresto vale sobremaneira para a criminalidade que desperta ou provoca clamor público: eventos violentos, crime organizado, terrorismo, tráfico de entorpecentes. Também aplica-se para "a criminalidade de *White-collar* (infracções contra a economia, o fisco, a saúde pública, o ambiente, etc.) ou [e para] as plúrimas manifestações de corrupção e de utilização indevida de fundos públicos". Repita-se, tais fatos "constituem matéria normal e legítima de investigação jornalística e de notícia".[199] Publicá-los não tipifica crime de devassa, assim como o jornalista-repórter não estará impedido do direito de prova da verdade dos fatos. Tampouco significa, noutro extremo, que o jornalista não está adstrito a limites para noticiar fatos criminosos. Há lindes que se podem extrair do próprio *Lebach-Urteil*, em que avulta, desde logo, um "estrito respeito pelo princípio da proporcionalidade" (a intromissão na esfera pessoal não deve ultrapassar o exigido para uma satisfação adequada do interesse da informação; as desvantagens do tratamento jornalístico hão de ajustar-se à gravidade do crime e seu significado comunitário). Também a "presunção de inocência" exige "uma certa contenção e, pelo menos, o tratamento adequado dos factos e argumentos invocados em nome da defesa".[200]

---

[198] *Apud* ANDRADE, *Liberdade*, p. 251.

[199] ANDRADE, *Liberdade*, p. 252. Abre-se ao jornalista, "sem limites, a prova da verdade de factos que relevam da mera ilegalidade ou anti-administratividade" Caiu, no direito positivo português, a barreira que constava do nº 5 do art. 180 do Código Penal (Lei nº 65/98, de 2-9), que excluía a prova da verdade nos casos em que a perseguição dependia de queixa ou acusação particular.

[200] *Apud* ANDRADE, *Liberdade*, p. 253. O Tribunal Constitucional consigna, nesta linha, que nem sempre é "admissível a publicação do nome e da fotografia do agente. *Maxime* em se tratando de jovens delinquentes, de delinquentes primários e da pequena criminalidade em geral" (idem, nota 221). No Brasil, o artigo 247 da Lei Federal 8.069, de 1990 (Estatuto da Criança e do Adolescente), tipifica infração administrativa no caso de divulgação, por qualquer meio de comunicação, de nome, ato ou documento de procedimento policial, administrativo ou judicial relativo a criança ou adolescente a que se atribua ato infracional, bem assim no caso de exibição, total ou parcial, de fotografia ou ilustração de forma a permitir-lhes a identificação, ainda que indireta. A par da pena pecuniária, se o fato for praticado por órgão de imprensa ou emissora de rádio ou televisão, a autoridade judiciária poderá determinar a apreensão da publicação ou a suspensão da programação da emissora (até dois dias ou até dois números).

Ademais, como já consignado, a doutrina do *Lebach-Urteil* basicamente limita "o tratamento jornalístico de um crime em função do decurso do tempo", cujo fluir altera o significado do evento "no contínuo polarizado entre o público e o privado". Parte-se da notícia momentosa, em que o interesse comunitário resplandece, para um segundo intervalo, que inicia com o final do cumprimento da pena (e a expiação da culpa), no qual "prevalece o coeficiente de privacidade e reserva". Por duas razões, em síntese, há tais limites: pela natural "erosão da dimensão da publicidade provocada pelo decurso do tempo" e pelo direito à ressocialização, já destacado alhures, no plano da refração constitucional.[201]

Alguns dispositivos legais ajudam a ilustrar a diferença de regime legal, conforme a esfera atingida. Se o artigo 164, 2, do Código Penal português, na redação de 1982, admitia a prova da verdade de fato desonroso imputado na prossecução de interesse público legítimo, o artigo 180, 2, *a*, e 3, na atual versão, alargou a *exceptio veritatis* para qualquer interesse legítimo, público ou privado, salvo "intimidade". A "privacidade" é sempre susceptível de ponderar-se para a justificação da prossecução de interesses legítimos (art. 192, 2, do diploma penal português), e estreita-se no caso de *public figures* ou *Personen der Zeitgeschichte* – ao revés da intimidade (art. 180, 3, do código citado).[202] Tais conceitos já foram apresentados *supra*, item I-1.2.4, inclusive no que tange à subdivisão entre pessoas da história do seu tempo em sentido absoluto e em sentido relativo.

Importa, neste passo, desenvolver um pouco mais o também citado "caso Lingens" (decidido pelo Tribunal Europeu de Direitos Humanos em 8 de julho de 1986), no qual se reconheceu que "el político, por su actividad pública se expone más a las críticas de la opinión que el ciudadano privado, y éstas constituyen una condición fundamental del funcionamiento de un *régimen político verdaderamente democrático*".[203] Essa sentença é importante, ao receber boa parte da doutrina norte-americana[204] e traçar alguns parâmetros em nível de direito comunitá-

---

[201] ANDRADE, *Liberdade*, p. 254-7. A ressocialização é tratada como bem jurídico-penal autônomo, protegido pela incriminação do § 113 da lei penal austríaca (imputação de um fato criminoso que já foi objeto de decisão judicial definitiva), e tutelada reflexamente pelo § 192 do StGB (injúria apesar da prova da verdade). No caso de reatualização (*Reaktualisierung*), "a imputação de um fato criminoso muito tempo depois da sua prática", embora os crimes que pertençam simplesmente à história (*Geschichte*) escapem a esta "lei de morte", nomeadamente os crimes contra a paz e a humanidade, historicamente imprescritíveis (p. 258).

[202] ANDRADE, *Liberdade de Imprensa*, p. 88 e 98.

[203] Assentou, ainda, que a missão da imprensa não é só divulgar informações, mas também interpretá-las; neste contexto, os juízos de valor não se prestam a uma demonstração de sua exatidão, e os eventuais excessos verbais não limitam necessariamente a liberdade de expressão (JAEN VALLEJO, *Libertad*, p. 27-8).

[204] Cujo paradigma é o sempre citável caso *New York Times v. Sullivan*, que será referido adiante.

rio, pelo que cabe apertada síntese dos fatos. Em outubro de 1975, quatro dias depois das eleições austríacas, Simon Wiesenthal (presidente do Centro de Documentação Judia) acusava, numa entrevista televisiva, Friedrich Peter, líder do Partido Liberal da Áustria, de ter participado de uma brigada nazista autora de várias matanças durante a II Guerra Mundial. A seguir, também numa entrevista de televisão, Bruno Kreisky (Chanceler e líder do Partido Socialista) apodou a organização de Wiesenthal de "máfia política", que se utilizaria de "métodos mafiosos". Poucos dias depois, em 21 de outubro de 1975, a Revista *Profil*, cujo redator-chefe era Lingens, qualificou o comportamento de Kreisky de "imoral e indigno", ao prestar apoio aos antigos nazis que participavam da vida política do país.[205]

Processado criminalmente por Kreisky, Lingens, depois de longa tramitação, foi condenado em 29 de outubro de 1981 a pagar uma multa de 15.000 "schillings" e a publicar a sentença na *Profil*. Recorreu à Corte européia, alegando que o § 111 do Código Penal austríaco representava uma desnecessária e intrusiva interferência na liberdade de expressão política. À unanimidade, o Tribunal considerou que a condenação de Lingens feria o artigo 10 da Convenção européia, que reconhece a liberdade de expressão como "um dos fundamentos essenciais de uma sociedade democrática, uma das condições primordiais de seu progresso e para a autodeterminação de cada indivíduo" (*each individual's self-fulfilment, l'epanoissement de chacun*). Dentro deste esquema geral, a "liberdade de imprensa fornece à opinião pública um dos melhores meios de conhecer e julgar as idéias e atitudes de seus dirigentes" e a liberdade de expressão em questões políticas goza de um nível de proteção particularmente elevado: "a liberdade de debate político radica no próprio coração da noção de sociedade democrática que domina a Convenção por inteiro" (*at the very core of the concept of a democratic society*). A Corte observou que as restrições impostas pela norma penal austríaca poderiam efetivamente impedir os jornalistas de externarem informação política útil e opinião no futuro. Os limites, portanto, de crítica admissível são mais alargados quando se trata de um político, visado nesta qualidade, do que o de um simples particular (*a private individual*). "Ao contrário deste último, o primeiro expõe-se consciente e inevitavelmente a um controle atento de seus fatos e gestos

---

[205] MENDES, A., *Honra*, p. 62-3, nota 94; LOVELAND, *Political Libels*, p. 108-10; e SALVADOR CODERCH, *El Mercado*, p. 275-6 (Lingens já publicara um artigo sobre o caso, uma semana antes; no último, intitulado "Reconciliação com os nazistas – mas como?", refere que o comportamento de Kreisky não é somente irracional (*nur irrational*), mas imoral e indigno (*es ist unmoralisch. Würdelos*).

tanto pelos jornalistas quanto pelo público em geral; deve, em consequência, mostrar uma tolerância maior".[206]

A doutrina a se extrair do caso Lingens atinge duas vertentes jurídico-penais: a distinção entre fatos e opiniões (que se desenvolverá adiante, atinente mais de perto à ilicitude, em termos dogmáticos) e a diferença de tratamento legal entre políticos e simples particulares, que diz respeito à estratificação dinâmica do bem jurídico privacidade, por sua essência de vinculação social

E se é verdade que a mais destacada *Zeitsgeschichte* política conserva seu núcleo inviolável de intimidade, que emana da própria dignidade da pessoa, também é certo que o "criterio da relevância comunitária ou sistémico-social poderá mesmo excluir do âmbito da reserva pessoal, penalmente tutelada, eventos em geral pertencentes à *esfera da intimidade*".[207] Um exemplo muito citado diz respeito ao caso Profumo, às relações de alcova do então ministro da defesa britânico com uma jovem que, ao mesmo tempo, relacionava-se com o adido militar soviético; ou a notícia de práticas pedofílicas por parte de quadro político responsável pela pasta da infância e adolescência; a gravidez da rainha ou de quem se submeteu a tratamento científico pioneiro na área da procriação medicamente assistida.[208]

É insuperável o casuísmo, que se pode socorrer da diretiva do artigo 80, nº 2, do Código Civil Português, ao tratar do direito à reserva sobre a intimidade da vida privada: "A extensão da reserva é definida

---

[206] A versão inglesa da decisão consigna que a condição voluntária de político "lays himself open to close scrutiny on his every word and deed" (LOVELAND, *Political Libels*", p. 110). Antes, em 1979, Lingens já recorrera, com tese semelhante, contra decisão da Corte Austríaca que o condenara – numa acusação também promovida por Kreisky (antes acusado, pela *Profil*, de ter mentido para o eleitorado) – justamente pelo citado § 111 do Código Penal austríaco. Naquela ocasião, todavia, embora advertindo que os políticos deviam estar preparados para aceitar críticas rudes e até cruéis (*harsch criticism*), não se lhes poderia exigir que se conformassem com "alegações inverídicas sobre sua integridade" – pelo que o dispositivo legal enquadrava-se na legítima interferência estatal com a liberdade de expressão reconhecida no art. 10.2 da Convenção (p. 105). Para além de que a segunda decisão, que ficou mais conhecida, significou mudança de entendimento, a Corte Européia procurou distinguir os fatos: o primeiro envolveria difamação da pessoa privada de um político, o segundo referindo-se à identidade política de Kreisky. A distinção, juridicamente adequada, não convence diante dos fatos em questão (p. 109).

[207] ANDRADE, *Liberdade*, p. 259. Sempre que, na fórmula de Gallas (citado por ANDRADE, p. 260), a "cláusula do interesse público" exclua do "tabu da esfera íntima" a verdade ou inverdade de fatos noticiados que não são indiferentes à comunidade, antes lhe dizem alguma coisa.

[208] Exemplos citados por ANDRADE, *Liberdade*, p. 260-1. Da cultura americana, de escândalos sexuais a arrasar carreiras políticas, vem o mais célebre e recente caso de exposição de intimidade: em 1998, o então presidente Bill Clinton sobreviveu ao promotor especial Kenneth Starr, que apurou e divulgou a ligação libidinosa de cerca de 18 meses que o presidente mantivera com a estagiária da Casa Branca, Monica Lewinsky. Para além do humor (Larry Flint, da pornográfica *Hustler*, "homenageou" Starr – que preparou um relatório que foi publicado na internet – "pelo caráter libertino do texto e ofereceu-lhe emprego em sua revista"), o caso ganhou destaque "pelo que revelava sobre o caráter do chefe de Estado. Pode um mandatário do Executivo alegar privacidade quando seduz uma jovem no próprio ambiente de trabalho?" (BUCCI, *Ética e Imprensa*, p. 151).

conforme a natureza do caso e a condição das pessoas". Orienta-se pela referência sistêmico-social, também extraída pela doutrina espanhola de decisões do Tribunal Constitucional Espanhol, ao consignar que a liberdade de expressão e imprensa não prevalece quando exercida em relação a "condutas privadas carentes de interesse público".[209]

Por outro lado, as ações de prevenção contra o "white-collar crime" em geral recaem sobre fatos do "mundo dos negócios, no limiar da esfera da publicidade, eventualmente da vida privada, mas dificilmente na área nuclear inviolável da *Intimsphäre*"; entendimento contrário faria sentar no banco dos réus qualquer "jornalista predisposto a dar notícia e a denunciar as manifestações mais significativas de corrupção e da criminalidade de *white-collar*, em geral. Como é normal – e desejável – que o faça".[210] Não deixa de ser o reconhecimento do valor crescente da reportagem de cunho investigativo.

Uma interpretação restritiva exclui a vida privada do âmbito de tutela do art. 180, 3, do Código Penal português.[211] Por conseguinte, alarga a margem de atuação legítima da comunicação social. Assim, embora já no contexto da prossecução de interesses legítimos, "não se descortinam obstáculos jurídico-penais à publicação, v.g., de notícias sobre as obras que decorrem na casa particular de um proeminente membro do Governo", obras interpretadas como sinal de decisão sobre futuro do político em questão.[212] Importa reter, neste passo, que a conduta que interessa mais aos "media" (corrupção, irregularidade, ilícitos administrativos, clientelismo etc.) cai sistematicamente fora da área de tutela da vida privada.

---

[209] Como faz SALVADOR CODERCH, *El Mercado*, p. 96, ao comentar a STC 107/1988. Refere-se à idéia de incidência ou relevância para terceiros na intenção de clarificar o conceito de interesse público e distingui-lo do "âmbito do direito à *intimidade* – que é um *liberal right* cujo exercício pelo interessado os demais membros da comunidade hão de suportar", e das "*condutas ou comportamentos privados* – não necessariamente íntimos – em relação aos quais o grau de intensidade de seus efeitos perante terceiros (v.g. econômicos, ecológicos ou médicos) marca a medida de seu interesse" (que não existe, "em relação à coletividade, quando carece de relevância frente a terceiros em geral" – *strangers at large*).

[210] ANDRADE, *Liberdade*, p. 100.

[211] Preconizada por ANDRADE, *Liberdade*, p. 200.

[212] ANDRADE, *Liberdade*, p. 205. Parece, pois, desmesurada e paradoxal a concepção (a confundir privacidade com intimidade) defendida por editorial do Expresso, acerca da notícia sobre pequena intervenção cirúrgica sofrida pelo Senhor Jorge Sampaio (que o afastou das funções por alguns dias): "Em escritos mais ou menos explícitos questionou-se a saúde de Jorge Sampaio, esquadrinhou-se a sua situação clínica, especulou-se sobre o seu futuro – com o argumento de que a saúde do Presidente é um tema de interesse público. (...) Indo por este caminho, estaremos dentro em pouco na sociedade da devassa. (...) Porque aniquila a própria pessoa naquilo que ela tem de mais íntimo, na sua última reserva de dignidade. (...) Defendemos, pois, que o Presidente da República, como qualquer outro cidadão, tem direito a ter vida privada – na qual se incluem as questões relacionadas com a saúde, cuja divulgação deve depender sempre da sua iniciativa. Qualquer atentado contra esse direito significa, a nosso ver, um crime" (*Expresso*, 15/01/2000, p. 24).

De passagem, e por tudo que foi explanado, diga-se que, no que toca ao "direito à imagem", as pessoas da história do seu tempo podem ser livremente fotografadas ou filmadas, sem necessidade de autorização (acordo), com a ressalva de que, em se tratando de regime relativo, o interesse público legítimo limita-se ao acontecimento que lhe empresta a qualificação. Sem anuência, "ela só poderá ser fotografada em conexão com este evento e só nestes limites pode ser objecto de notícia".[213] A pessoa *Zeitgeschichte* em sentido absoluto, tangente ao crime de fotografias ilícitas, só terá como barreira o limite intransponível da intimidade, sendo atípicas as demais inserções sobre sua imagem pessoal.

Também parece razoável distinguir graus de privacidade diversos na personalidade da história do tempo em sentido absoluto, diversa a situação de um político alçado aos holofotes apenas em função do cargo que ocupa, daquela "popstar" que "em boa parte deve sua popularidade à contínua espiral de 'escândalos' sobre sua vida sentimental. Escândalos que provoca e com que provoca, de que alimenta a sua imagem (e os seus réditos materiais)...". Não se vê, pois, com Costa Andrade, conduta típica de devassa da vida privada em noticiar que um dirigente político almoçou com outrem em certo restaurante ou fez férias na fazenda de um amigo. Mas já seria típica a notícia que versasse sobre seus discretos passos de dança (e com quem) numa discoteca – o que seria perfeitamente atípico no caso da "vedeta do espectáculo".[214]

Por fim, há que considerar as pessoas da *Zeitgeschichte* dependentes, por manterem estreitas relações com personalidade notória. Numa pergunta simples, qual a esfera de privacidade do cônjuge de uma figura pública? Como já se alinhavou, e aproveitando a dicotomia conceitual, as pessoas da história do seu tempo em sentido relativo não emprestam tal qualidade, não comunicam o regime específico aos dependentes, que terão "assegurada a normal tutela típica de bens jurídicos como a imagem ou a privacidade". O inverso ocorre com as notoriedades em sentido absoluto: quem casa com uma "public figure" (o guarda-costas e a princesa) passa, por isso, "a pertencer ao círculo das *pessoas da história do tempo*".[215]

Boa ilustração da aplicação jurisprudencial da figura do dependente da pessoa da *Zeitgeschichte* em sentido relativo vem do Supremo Tribunal espanhol, ao manter a condenação a uma indenização de dois

---

[213] ANDRADE, *Liberdade* p. 263. Paulo José da Costa Junior refere-se, nestes casos, a uma "notoriedade transitória".

[214] ANDRADE, *Liberdade*, p. 264-5. A observação conduz a uma certa relativização, salutar, do conceito de *Zeitgeschichte* em sentido absoluto.

[215] ANDRADE, *Liberdade*, p. 266-7. O que também deve ser visto "cum grano salis".

milhões de pesetas do diário *El Periodico*, de Barcelona, cuja edição de 28/5/1983 publicou que a autora mantinha relações íntimas, numa casa de encontros, com o magistrado que a empregava e que estava envolvido num escândalo de corrupção judicial (pelo qual seria condenado judicialmente). A corte consignou que a autora não era uma personalidade pública, ainda que se relacionasse com quem mantinha essa condição, e "que a liberdade de informação (...) nunca poderia cobrir a publicação de dados, como são os atinentes às relações sexuais que pudesse manter a autora, pessoa cujo caráter eminentemente privado em nada foi posto em dúvida pelas suas relações com uma personagem pública".[216]

É interessante notar como o Supremo Tribunal espanhol partiu de um conceito amplíssimo e normativo de honra e privacidade para, em seguida, concretá-las num sentido tendencialmente factual: "Se ontologicamente pode estimar-se que os direitos fundamentais à honra, intimidade pessoal e à própria imagem são valores absolutos, permanentes e imutáveis, é certo que na realidade prática cada pessoa é o suporte e sujeito jurídico destes direitos, pelo que sua tutela efetiva estará em função daquilo que em sua tutela e guarda manifeste cada pessoa ou imponha o ordenamento jurídico."

"Sem dúvida estes condicionamentos podem gerar uma limitação que pode provir das leis, dos valores culturais que na sociedade manifestam-se a cada momento, e de modo muito especial pelo próprio conceito que cada pessoa tenha em face das determinadas pautas de comportamento que se deduzem da conduta ou dos atos próprios da cada um".[217]

Natural, pois, ao lidar-se com bens socialmente vinculados, a existência de uma área de atipicidade particularmente significativa, cujas fronteiras, à feição do que ocorre com a posição preferencial da liberdade de imprensa, não são de modo algum fixas e menos ainda indeléveis. Também a Lei Orgânica 1/1982, no seu art. 2.1, deixa claro que cada um delimita *com sus propios actos* o âmbito de sua honra e intimidade, o que incluiria a possibilidade de que, ao menos em certos aspectos (o limite é o núcleo inviolável da dignidade da pessoa humana), a sedizente vítima não tivesse nada a salvaguardar ou esconder. Os americanos, por exemplo, falam de *libel-proof plaintiff* (demandante à prova de libelos), cujo histórico é tão grande, conhecido e grave, "que carece de interesse tutelar uma reputação inexistente na área de conduta relevante para esse histórico". A doutrina surge em

---

[216] Sentença de 19 de março de 1990, que também manteve a condenação à publicação da sentença – cf. SALVADOR CODERCH, *El Mercado*, p. 287-8.

[217] Sentença de 18 de abril de 1989, *apud* SALVADOR CODERCH, *El Mercado*, p. 65.

1975, mas seu paradigma encontra-se nas decisões relativas a James Earl Ray, condenado como assassino de Martin Luther King.

A tese não se justifica porque de fato a vítima não tinha sofrido lesão, mas de que não se deve protegê-la porque "el *derecho* no ampara" tal demandante. Em geral os tribunais exigem uma conexão entre as causas preexistentes de destruição da reputação do autor e a matéria da difamação.[218]

É preciso referir, para que não pairem dúvidas, que se não abraça uma visão segundo a qual a "tutela jurídica deve circunscrever-se à sua expressão *positiva*" – pela qual as "pessoas que se colocam no lado inverso do ser social" (*aur der Rückseite des sozialen Daseins*, na formulação de Bruns), ao decidirem-se contra a ordem jurídica; não devem, "por isso, contar com a sua solidariedade". Em síntese, haveria a "caducidade" (*Verwirkung*) da ordem jurídica. Na crítica de Costa Andrade, não é sustentável que o direito penal (logo ele, "ultima ratio") possa "abandonar à sua sorte as pessoas de qualquer modo envolvidas em práticas imorais ou ilícitas", o que poderia estimular "a formação de subterrâneos ou santuários da imoralidade e da ilegalidade. Em que apenas ficaria aberto o caminho da autotutela ou daquela 'luta no escuro' de que fala Haug.". Ademais, "para além de pôr abertamente em crise o dogma da continuidade do direito, e mesmo do Estado [o que, em si, é discutível], esta doutrina não se compaginaria com princípios basilares do Estado de Direito como o da separação dos poderes ou da legalidade. Ela poria nas mãos do intérprete e aplicador do direito a possibilidade de frustrar o programa político-criminal inscrito na lei penal, sobrepondo-lhe um programa apócrifo de tutela polarizado em torno de incontroláveis juízos de *dignidade penal* e de *carência de tutela penal*.".[219]

Outra coisa é, consensual no horizonte da cultura jurídico-penal continental, "falar-se de codeterminação vitimológica da privacidade/intimidade. No sentido de que cada um pode em boa medida decidir que eventos hão-de esgotar o seu significado no contexto autorreferente do sistema pessoal e quais, inversamente, hão de assumir também uma mais ou menos exposta valência social".[220]

Desemboca-se, neste curso, na *vitimodogmática*, que surge na segunda metade dos anos setenta, como correlato dogmático da perspectiva vitimológica – que apontava para uma redução dos comportamentos puníveis de agentes de crimes contra a honra ou de devassa. Ainda bastante controverso, é majoritário o entendimento de que se trata de "princípio fundamental de interpretação e redução teleológica do

---

[218] SALVADOR CODERCH, *El Mercado*, p. 230-1.

[219] ANDRADE, *Reforma*, p. 481-3.

[220] ANDRADE, *Liberdade*, p. 68-9.

tipo", seja pela ausência de "dignidade penal", quer pela recusa de "carência de tutela penal", o que não deixa de ser a densificação do princípio de subsidiariedade (*ultima ratio*). Um campo privilegiado de aplicação da construção dogmática é a área da devassa.[221]

A tutela penal da privacidade deve ter um âmbito variável em função da conduta e da postura da vítima, idéia que já aflorava em 1954, na afirmação de Bruns, de que as pessoas que se colocam no lado inverso do ser social, decidem-se contra a ordem jurídica, não podem contar com sua solidariedade e tutela – o que corresponde à "ideia de caducidade da pretensão à tutela penal, por vias da perda da *dignidade penal*".[222]

A honra, em certa medida, e a privacidade, de forma notória, contam com extensas e consistentes alternativas de autotutela. "Na verdade, a exposição ao escrutínio e devassa, nomeadamente por parte da imprensa, depende fundamentalmente do estatuto, da postura e do comportamento de cada um", o que remete às dinâmicas esferas do discurso jurídico alemão. Tenha-se em mente, o que é tanto mais atual em face da explosão da cultura do entretenimento, que a pessoa do *Zeitgeschichte* gozará de uma tutela penal mais reduzida e fragmentária (do que a do cidadão comum) "tanto mais quanto mais ela própria jogar a sua vida privada na busca do reconhecimento e do carisma públicos e da legitimação que eles emprestam".[223]

A noção de autotutela (*self-help*) – relacionada com o uso dos meios que a vítima tem ao seu alcance para contradizer a mentira, corrigir o erro e minimizar o dano – também é considerada pela Suprema Corte Americana, no sentido de que os *Public Officials* e as *Public Figures* "gozam normalmente de um acesso aos meios de comunicação significativamente maior do que os simples particulares (*Private individuals*)". Em boa medida, esta é uma das lógicas subjacentes ao caso *New York Times v. Sullivan* (com seu "standard" de *actual malice*), adaptação da doutrina geral de assunção do risco (*Assumption of Risk*): um indivíduo

---

[221] ANDRADE, *Liberdade*, p. 186-7, onde se encontram referências doutrinárias aturadas.

[222] ANDRADE, *Liberdade*, p. 188, donde se extraiu a citação de Bruns. Mesmo autores empenhados na crítica desta perpectiva (Lenckner acusa o clima "hobbesiano" que proporciona), reconhecem sua função na área da privacidade e segredo: não nega, assim, que o "princípio da auto-responsabilidade do portador do bem jurídico" possa "ter um papel decisivo na determinação da extensão dos tipos legais de crime em sede de interpretação da lei" – embora o trate como problema geral de interpretação teleológica (p. 189).

[223] ANDRADE, *Liberdade*, p. 190, segundo o qual Schünemann fala de "prostituição da própria intimidade". Na síntese de Degenhart (citado à p. 191): "Quem espalha a sua própria vida privada na publicidade e procura a notoriedade através dos *media*, terá por sua vez de contar com que a publicidade se ocupe dele. Ele renuncia nessa medida à proteção global da sua esfera privada. Por princípio, isso só valerá para a área da vida privada que o próprio indivíduo divulga. Quem, porém, *puser no mercado* dos *media*, toda a sua personalidade, para fins comerciais ou políticos, terá já de contar com o interesse global da comunidade pela sua pessoa.".

que busca obter um cargo governamental deve aceitar as conseqüências necessárias que derivam do lidar com assuntos públicos. O risco de ser investigado de perto nas suas atividades, muito maior do que o eventualmente suportado por um simples particular – o que se pode aplicar para as celebridades (diferenciando-as conforme assumam tal condição voluntariamente ou não e também pela área de abrangência dos efeitos da notoriedade, que pode ser *for all purposes* ou não).[224]

Veja-se a decisão do Tribunal Superior de Colônia: "Quem, por razões de publicidade, desnuda perante o público toda sua personalidade, a sua esfera íntima e os seus assuntos privados, e por essa via faz alarde de uma autodeterminação particularmente lisonjeira da sua personalidade, não pode pura e simplesmente considerar-se ferido neste direito, só porque a imprensa relata coisas da sua vida privada". No caso, a corte rejeitou pretensão indenizatória de um "entertainer" televisivo contra jornal que noticiou que sua esposa o abandonara.[225]

Há o recente e extremo exemplo de um episódio espetacular e trágico: a morte de "Lady Di", na noite de 30 de agosto de 1997, quando fugia, em alta velocidade, dos *paparazzi* que a flagraram na saída do Hotel Ritz, em Paris, onde jantara com o namorado milionário Dodi Al Fayed. Seu Mercedes-Benz espatifou-se, a 150 km/h, num túnel às margens do Sena. Virou mártir: "morreu fugindo dos flashes. Setembro de 1997 foi a temporada de condenações ao sensacionalismo"; alguns fotógrafos chegaram a ser processados, depois inocentados diante da prova de que o motorista estava embriagado. Como ressaca, fica a "sensação de que a invasão de privacidade pode matar as celebridades".

Todavia, "as celebridades não não passivas nesse circo fatal: elas posam para os fotógrafos, oferecem-se às revistas de fofocas, alimentam a indústria do fuxico. Pouco antes de morrer, Diana dera uma entrevista na televisão admitindo ter traído o príncipe Charles antes da separação do casal. Ela mantinha relações de cordialidade com repórteres de tablóides sensacionalistas britânicos. Mas fazia o jogo duplo. Beneficiava-se de sua fama – como todos os famosos – para depois pedir descanso e direito ao anonimato.".

Prossegue o jornalista, que é também licenciado em direito, numa impressiva imagem da movediça linha da tipicidade nesta área: "Dessa dança de fascínio e repulsa coreografada pelas celebridades nasce a aura ambígua que cerca a chamada invasão de privacidade. O seu encanto não vem do respeito aos limites, mas da incessante renegociação de fronteiras, da instabilidade delas, da burla, do excesso consenti-

---

[224] SALVADOR CODERCH, *El Mercado*, p. 264. Com esta linha de argumentação, a Suprema Corte rejeitou o "standard" da *actual malice* para um advogado que se vira envolvido numa controvérsia pública (caso *Gertz*, referido adiante).

[225] *Apud* ANDRADE, *Liberdade*, p. 191, nota 109.

do e depois negado, do arrojo e da incorreção. A privacidade das celebridades não apenas clama por invasão, como é uma *privacidade construída em público* (daí a iniciativa de Lady Di de contar na televisão que era adúltera). Nessa medida, o público tem, sim, o direito de saber de suas intimidades. A morte da princesa foi uma fatalidade – mas não retira a legitimidade dos que viviam de fotografá-la.".[226]

Por fim, numa clara homenagem à concepção vitimodogmática, pergunta quem é que arbitra o domínio privado a ser mantido discreto, a celebridade ou a imprensa? "A única resposta possível passa pela administração, responsável e consciente, que cada um é capaz de imprimir à sua própria vida privada, mantendo claros os muros sobre sua própria intimidade *o tempo todo.*".[227]

Enfim, há necessidade e espaço de gradação na espessura da proteção que a ordem jurídico-penal, bem de ver em função da grelha constitucional, confere tanto à honra quanto à privacidade. Referindo-se às múltiplas variáveis envolvidas, basta enumerá-las para que se realce a inescapável função jurisdicional na formatação e evolução dos tópicos convergentes: "Há quem, de ofício, participa da vida pública e submete-se, por isso, às controvérsias que interessam ao público. Há também quem, de ofício, faz de sua intimidade meio de vida e há, por fim, quem, pela relevância das funções que exerce na sociedade, não possa exigir dos demais a mesma reserva que um retirado cidadão: um político profissional deve suportar mais imprecisões do que um aposentado; uma atriz que publicou suas memórias conjugais há de agüentar mais chistes que um pai de família e um primeiro-ministro deve tolerar que sua saúde mental seja debatida publicamente.".[228]

---

[226] BUCCI, *Ética e Imprensa*, p. 148-9. É certo que há limites: como regra geral, a prevalência do interesse público sobre a privacidade, passando o segundo pela atitude das personalidades: "Alguém que espontaneamente alimenta os jornalistas com detalhes íntimos de sua vida familiar, conjugal ou extraconjugal (...) não goza da prerrogativa de impor silêncio aos meios de comunicação conforme mudem suas conveniências. Quem transforma em notícia os seus namoricos deixa de ter fundamento para exigir que alguns de seus flertes não sejam mais notícia" (p. 150).

[227] BUCCI, *Ética e Imprensa*, p. 150. O excesso no apregoar mercadológico das virtudes (a imagem social construída como um "factóide") lembra o crime de *hubris* da Grécia Antiga, que "consistia em dar tanta ênfase à virtude própria que um homem acabava por tentar obter, devido a esse exagero, honras que estão para lá do alcance humano. *Hubris*, noutro contexto, é a negação da própria condição social. Ir longe demais, mesmo no exercício da virtude, envergonha o próximo e estabelece padrões que não podem ser mantidos sem prejuízo para ordem social." – PERISTIANY, introdução de *Honra e Vergonha*, p. 9.

[228] SALVADOR CODERCH, *El Mercado*, p. 243, na qual o autor consigna que são temas difíceis, os mais intrincados do livro. Poder-se-ia objetar que tal entendimento aos poucos irá afastando os "homens de bem" da vida pública. Em contrapartida, GUEDES, *Complexidade*, p. XXXIV, assevera que a *redundância* e a *reconfiguração* são duas características básicas dos sistemas complexos (como é o caso evidente da vida social e do sistema político) e exemplifica com a conhecida frase a lembrar que "os cemitérios estão repletos de homens indispensáveis. De facto, se no sistema político reformássemos compulsivamente metade dos governantes, veríamos como no dia seguinte apareceriam outros tantos ou mais, dispostos a... sacrificarem-se! A redundância e a reconfiguração são pois propriedades dos sistemas complexos que os tornam invulgarmente robustos (...)".

4. Ilicitude e justificação: um quadro geral

Sendo inviável desenvolver neste espaço tão amplo tema, remete-se para a problematização da questão do "sistema" das causas de justificação feita por Costa Andrade.[229]

Se já eram notáveis as implicações normativas, logo na categoria da tipicidade, do efeito-recíproco e de irradiação do direito fundamental da liberdade de imprensa, a alargar o espectro do penalmente irrelevante para os agentes de comunicação social, tais efeitos se fazem sentir de forma decisiva em nível de ilicitude penal, sempre a diminuir o campo do ilícito e potenciar a atuação lícita dos jornalistas. A par do onipresente princípio hermenêutico de interpretação conforme a Constituição, por uma via de mão dupla: "reforçando em extensão e consistência a eficácia dirimente das causas de justificação em geral conhecidas pelo direito penal e levadas à Parte Geral do Código Penal" e "fazendo intervir causas específicas de justificação tipicamente vinculadas a determinadas incriminações da Parte Especial e que têm os agentes da comunicação social na primeira linha dos destinatários".[230]

O segundo aspecto, por óbvio, redunda diretamente no regime da prossecução de interesses legítimos e será objeto da reflexão mais acurada deste trabalho. Quanto ao primeiro, pode e deve o jornalista socorrer-se de quaisquer das causas de justificação elencadas no artigo 31 do Código Penal português, com a exceção do artigo 38 (consentimento do ofendido), visto que os bens jurídicos examinados (honra/privacidade) estruturam-se em "manifestações de liberdade que se realizam na comunicação intersubjectiva à margem de coerção e arbítrio, [ou seja,] a concordância do portador concreto tende a assumir o estatuto dogmático e normativo do *acordo*",[231] o que remete a solução para um quadro de atipicidade.

Destacam-se, a seguir, mais a título de ilustração e a fim de extremar da figura da prossecução de interesses legítimos, os princi-

---

[229] ANDRADE, *Consentimento*, p. 228-64.

[230] ANDRADE, *Liberdade*, p. 267.

[231] ANDRADE, *Liberdade*, p. 268-9.

pais tópicos atinentes ao exercício de um direito e ao direito de necessidade.

4.1. Um divisor de águas: juízo de valor e imputação de fatos. A opinião coberta pelo exercício do direito de expressão

Em sede de ilicitude penal, considera-se justificada a conduta, em homenagem à *liberdade de expressão*, como *exercício do respectivo direito*, que atente à honra por meio de *juízos de valor* (a imputação de fatos, como se verá, socorre-se da prossecução de interesses legítimos), um claro movimento "na direção do alargamento progressivo do âmbito da justificação", posicionando-se a jurisprudência do Tribunal Constitucional Federal alemão, com clareza nas décadas de 80 e 90, a favor da "maximização do campo da intervenção lícita da atividade jornalística e, reversamente, de um estreitamento da tutela penal da honra".[232]

Pinça-se, do caso *Bayer* (09/10/90), o principal desta construção jurisprudencial: "O art. 5º, I, 1, da Lei Fundamental assegura a todos o direito de emitir e divulgar livremente a sua opinião. (...) Elas [as opiniões] gozam da protecção do direito fundamental independentemente de a expressão ser valiosa ou sem interesse, certa ou errada, fundada ou sem fundamento, emocional ou racional. Também as expressões mordazes e exageradas caem fundamentalmente na área de proteção (...) Pelo contrário, a divulgação de um facto já não configura em rigor qualquer expressão de uma opinião (...). [As imputações de fatos] são protegidas pelo direito fundamental da liberdade de expressão se e na medida em que constituam pressuposto da formação das opiniões que o art. 5º, II, 1, garante (...) [e a proteção] só acaba quando elas já nada possam contribuir para a formação da opinião constitucionalmente pressuposta.. (...) a informação errada não constitui nenhum bem digno de tutela. (...) De todo modo, as exigências do dever de (procura da) verdade não deverão ser colocadas tão alto que ponham em causa a função da liberdade de expressão".[233]

A distinção entre fatos e juízos de valor também é um dos núcleos argumentativos do já citado caso *Lingens*. "Se os primeiros são susceptíveis de prova, os segundos não se prestam a uma demonstração de sua exatidão". Descabe, portanto, para justificar uma opinião, provar sua verdade. Trata-se de uma "exigência irrealizável" (*exigence irréali-*

---

[232] O que vem merecendo aplausos da comunicação social e críticas da doutrina, como a de Kriele, chamando tal concepção de justiça de classe, jurisprudência tendenciosa a um escandaloso estado de não-direito – críticas não ao paradigma, mas contra os resultados práticos sancionados pelo tribunal, censurável o desequilíbrio em desfavor da honra, ANDRADE, *Liberdade*, p. 270-2.

[233] *Apud* ANDRADE, *Liberdade*, p. 273.

sable), que contraria a liberdade de opinião garantida pelo artigo 10 da Convenção Européia de 1950.²³⁴

Raciocínio similar oferta a Suprema Corte Americana, ao decidir *Gertz v. Robert Welch, Inc.*(1974): "Sobre a Primeira Emenda não existe coisa como uma idéia falsa (*there is no such thing as a false idea*). Por mais perniciosa que possa parecer uma opinião, não dependemos da consciência dos juízes e jurados para avaliar sua correção e sim da sua concorrência (*competition*) com outras idéias." Contudo, a dar razão para Gertz, reconhece a Corte que enunciar um "fato falso" carece de valor constitucional.²³⁵

A mentira, portanto e por óbvio, não tem valor constitucional, que aposta no conceito de "informação verdadeira". A prossecução de interesses legítimos, como se verá, matiza e concretiza – com sofisticação dogmática e adequação operacional - a segunda assertiva.

O tratamento dual da jurisprudência constitucional encontra paralelo no que tange à dogmática penal, nos distintos princípios que fundamentam a justificação: a ponderação de interesses – a embasar, por si, o exercício de um direito (no caso, de expressão vertida através de opiniões) – que se conjuga, na prossecução de interesses legítimos, com o princípio do risco permitido (regime para a imputação de fatos). E a dicotomia também encontra razão de ser na consideração relativamente consensual de que a emissão de um juízo de valor, travestido numa opinião, não tem o mesmo alcance, em termos de objetividade e determinação, do que "enunciar um acontecer", algo de pretensa inserção histórica.²³⁶

Logo, "a errônea qualificação como imputação de um fato pode ditar, desde logo, uma insustentável violação do direito fundamental à liberdade de expressão". Por essa via de alargar a licitude da liberdade de opinião versada em juízo de valor, o Tribunal Constitucional pôde

---

²³⁴ SALVADOR CODERCH, *El Mercado*, p. 277. Este também é o quadro constitucional espanhol: "ao necessário equilíbrio entre seus arts. 18 (honra e intimidade) e 20.1 a) (liberdade de expressão) acresce o art. 16 (liberdade ideológica), que reforça a idéia de *irresponsabilidade por opiniões* e o próprio art. 20.1 d) que ampara a distinção entre *informação* (verdadeira ou falsa) acerca de *fatos*, e *opiniões* ou *idéias*." (p. 164). A distinção entre opiniões e fatos, embora sem explicitar as diversas conseqüências jurídicas, vem estampada na Sentença do Tribunal Constitucional Espanhol 165/1987, mencionada supra.

²³⁵ SALVADOR CODERCH, *El Mercado*, p. 165 e 263-5, respectivamente. No caso, Elmer Gertz, advogado renomado e de perfil liberal, fora contratado pela família Nelson para demandar civilmente um policial de Chicago, Nuccio, condenado penalmente pelo homicídio de um membro da família. A *American Opinion*, um periódico da John Birch Society (associação da direita radical americana), como parte de uma campanha política contra uma pretensa conspiração comunista, publicou um artigo sob o título "Conspiração: Richard Nuccio e a Guerra contra a Polícia" – no qual, além de declarar que Nuccio era inocente, afirmava que Gertz era o artífice da tal conspiração, a par de rematado comunista. Gertz ganhou uma indenização de U$ 50.000 em primeira instância, mas perdeu a apelação, e então recorreu a Suprema Corte, que afastou, no seu caso, o "standard" da *actual malice* para que prosperasse a ação difamatória (considerando-o uma pessoa privada).

²³⁶ Neste sentido ANDRADE, *Liberdade*, p. 274.

absolver, reformando anteriores condenações, ao considerar (as expressões) juízos de valor e não dicção de fatos - merecedoras, portanto, de maior proteção.²³⁷ A distinção, consabido, nem sempre é fácil.

Importa especialmente, portanto, mesmo para distinguir a incidência de uma causa geral ou especial de justificação, diferenciar fato e juízo – o primeiro aquilo que é ou acontece, juízo de existência, afirmação sobre a realidade exterior; o segundo como apreciação de valor, reconhecendo-se que o horizonte de contextualização é muitas vezes decisivo na apreciação, mormente quando se deixa o núcleo paradigmático e deliba-se a zona grísea da penumbra conceitual.²³⁸

Larenz, por exemplo, dedica todo um capítulo da parte sistemática da sua *Metodologia* para dar conta da complexidade da "conformação e apreciação jurídica da situação de fato", que envolve seleção de proposições jurídicas e apreciações (juízos) baseadas na percepção, na interpretação da conduta humana e/ou proporcionados pela experiência social. "A questão da adequação de uma consequência jurídica (a uma situação de fato de determinada espécie) é uma questão de valoração", um "ato de tomada de posição", o que implica irredutível margem de livre apreciação por parte do juiz.²³⁹

4.2. *Mixed opinions*. Perguntas e citações

De todo modo, e coerentemente com seu propósito, no espinhoso caso de juízos de fato aparecerem misturados com juízos de valor, o Tribunal Constitucional alemão trata as imputações de fato disfarçadas de juízo de valor *globalmente como juízo de valor* - o que maximiza liberdade de expressão e de imprensa, como vai consignado no citado *Bayer-Urteil*, asperamente verberado por Kriele: "pode-se dizer tudo de uma pessoa com a única condição de acrescentar alguns elementos do opinar e da tomada de posição bem como uma certa dose de indignação".²⁴⁰

Outro caminho, a podar excessos, seria reconduzir os juízos de fato ao seu regime normal, isto é, enquadrá-los na prossecução de interesses legítimos, de contorno mais exigente como se verá.²⁴¹

---

²³⁷ ANDRADE, *Liberdade*, p. 275.
²³⁸ COSTA, *Comentário*, p. 609-12.
²³⁹ LARENZ, *Metodologia*, p. 391-419.
²⁴⁰ Segue-se ANDRADE, *Liberdade*, p. 281-3. Em causa estava "um escrito contra a empresa Bayer da indústria química alemã e publicado em folhas volantes. E em que, sob o título *Perigos para a democracia*, referia-se textualmente: 'Na sua avidez insaciável de ganhos e lucros, a Bayer viola princípios democráticos, direitos fundamentais e a lealdade política. Os críticos indesejados são vigiados e mantidos sob coacção enquanto complacentes políticos de direita são apoiados e financiados'."
²⁴¹ É a posição de ANDRADE, *Liberdade*, p. 283-4.

A experiência americana, a seu turno, aponta no sentido da distinção: às opiniões puras (*pure opinions*), o privilégio constitucional – mesmo que seja extremamente dura, quando baseada em fatos notórios ou certos. No exemplo de Coderch: "O alcaide ontem esteve jogando golfe com o irmão do contratante X (Fato). Creio que o alcaide é corrupto (Opinião, conclusão pessoal de quem fala)".[242]

De outro lado, há as *mixed opinions*, que não estabelecem os fatos em que se baseiam, antes os "implicam" ou sugerem claramente eventos ofensivos que se mantêm ocultos. Assim, "dizer de uma pessoa, sem mais, que é um ladrão e sem explicar por quê, pode, dadas as circunstâncias – o contexto –, implicar que efetivamente tenha roubado ou furtado. Se é assim, surge ação por difamação. Sobre isto há que ser rigoroso: o dizer 'Creio que', 'Em minha opinião' ou 'Pessoalmente penso' não exime de responsabilidade a quem cria no receptor da comunicação a *razoável conclusão* de que os fatos infamantes aconteceram.".[243]

No caso *Ollman v. Evans*, o juiz Kenneth Starr ofereceu um "test" relativamente operacional para distinguir fatos de opiniões. Há que considerar se as afirmações pretensamente difamatórias: a) têm um núcleo preciso e consensual de significado ou, na inversa, se são indefinidas e ambíguas; b) são efetivamente valoráveis em termos de verdade ou falsidade, ou se não há um método plausível de verificação, de modo que um leitor razoável não acreditaria que os enunciados tivessem conteúdo factual; c) mudam o sentido literal segundo o contexto, ou seja, se o conjunto textual influiria para que o leitor médio emprestasse conteúdo factual às expressões; e d) sinalizam ao leitor, através do contexto extralingüístico (convenções literárias, tipo de conflito e foro) a maior ou menor probabilidade de que os enunciados sejam fatos, e não opinião ou vice-versa.[244]

Ainda neste contexto, há "categorias semânticas autônomas", no dizer do Tribunal Constitucional alemão, que merecem ligeira referência. As *perguntas*, se autênticas indagações, não são verdadeiras ou falsas (salvo se de retórica, a dissimularem juízos de fato). A fim de não

---

[242] SALVADOR CODERCH, *El Mercado*, p. 166.

[243] SALVADOR CODERCH, *El Mercado*, p. 167.

[244] *Apud* SALVADOR CODERCH, *El Mercado*, p. 167-8. Bertel Ollman, um cientista político de acentuadas crenças marxistas, candidatou-se à chefia do respectivo departamento da Universidade de Maryland, sendo nomeado em março de 1978, o que desencadeou uma polêmica pública, da qual Ollman participou ativamente. Neste quadro, dois colunistas do *Washington Post* (Rowland Evans e Robert Novak) publicaram um artigo, no espaço de opinião, intitulado "As intenções do Professor Marxista", no qual diziam que era de manifestar uma preocupação oculta no seio da comunidade acadêmica: "o desejo explícito de muitos ativistas políticos, de usar a educação superior para o doutrinamento". Acrescentavam que Ollman carecia de reconhecimento como professor, mais famoso por suas opiniões políticas e ativismo marxista. Ollman perdeu a demanda em que alegava difamação.

submeter a manifestação à pressão do medo, também para as perguntas vale a presunção da liberdade do discurso.[245]

Vale lembrar, como ilustração histórica, que foram perguntas retóricas que originaram o primeiro processo por crime de imprensa no Brasil no conturbado ano de 1822, o da independência. João Soares Lisboa, jornalista português que publicava o *Correio do Rio de Janeiro*, enviara uma carta (confidencial) datada de 30 de maio de 1822 ao príncipe regente D. Pedro, na qual perguntava, incisivo: "Senhor, falemos claro, ou Vossa Alteza Real quer representação nacional no Brasil, ou não quer?". A carta, no clima de intriga política reinante, foi usada para abrir processo contra o jornalista por crime de injúria atroz, mas o caso nunca foi a júri.[246]

Em agosto de 1822 colheram-se cerca de seis mil assinaturas, numa "Representação" ao príncipe D. Pedro pedindo Cortes para o Brasil, a maioria manifestando-se por eleições diretas para a Assembléia. O regente, todavia, decretou que as eleições seriam indiretas. João Soares Lisboa escreveu, no nº 64 do *Correio do Rio de Janeiro*, "E perguntaríamos nós quem autorizou a Sua Alteza Real para mandar o contrário daquilo que lhe representaram os povos?".[247] O jornalista foi enquadrado no Decreto de 18 de junho de 1822, que regulava os crimes de abuso da liberdade de imprensa, absolvido no júri que se realizou em 1º de agosto daquele ano. O veredicto deste primeiro júri foi comemorado como demonstração de que a liberdade de imprensa era efetiva.

Quanto à *citação*, "configura um expediente privilegiado de intervenção sobre o ambiente espiritual, no confronto de ideias e na formação da opinião pública. Diante de seu significado, há que prevenir abusos, citações inexatas ou incorretas. Tal intenção animou o *Böll-Urteil*,[248] de 1980, no qual o Tribunal Constitucional Federal impôs, além da exigência de verdade, uma "reserva de interpretação", através da qual "a citação terá de ser acompanhada da menção explícita de que a reprodução corresponde a uma interpretação própria das palavras ou do pensamento mencionado". Rompia, assim, com o entendimento

---

[245] ANDRADE, *Liberdade*, p. 276.

[246] LUSTOSA, *Insultos Impressos*, p. 200-3.

[247] LUSTOSA, *Insultos Impressos*, p. 216-26. O argumento da acusação pode resumir-se numa carta publicada noutro jornal da época (*O Espelho*, nº 77, 13/8/1822): "Quem não vê que esta pergunta envolve a asserção de que S.A.R. fez o contrário daquilo que lhe representaram os povos? O redator não pergunta se S.A.R. fez, pergunta a razão por que o fez e por mais subterfúgios que os antibrasileiros procurem, nunca acharão quem não esteja convencido de que a pergunta envolve a afirmativa." (p. 222).

[248] Segue-se ANDRADE, *Liberdade*, p. 278, assim resumidos os fatos: em 1974, no dia do funeral de uma autoridade de Berlim assassinada por terroristas, um comentarista de televisão acusou o escritor *Heinrich Böll* de fomentar violência ao simpatizar com terroristas. Como prova, invocava o comentarista afirmações do autor da *A Honra Perdida de Catarina Blum* que caracterizariam o Estado de Direito como um "monte de estrume", onde só via "restos de um poder apodrecido defendido com a fúria das ratazanas" e a perseguir terroristas numa "caçada impiedosa".

anterior, que aceitava a citação, mesmo parcial ou paráfrase, que chegasse ao destinatário médio com um sentido compatível com o discurso citado.

Desaguou a Corte, com a inovação da reserva de interpretação, no pólo oposto da maximização do juízo de valor, num desequilíbrio em desfavor da liberdade de expressão em jogo. Em síntese, "faz impender sobre quem cita o risco da incompreensão menos correta de um texto não unívoco. O que equivale a fazer recair sobre a citação, particularmente agravadas, as exigências de verdade que condicionam a afirmação de um facto".[249]

Em realidade, o contexto de uma manifestação supostamente injuriosa pode ser imprescindível para a interpretação. Tal questão, aliás, foi posta em concreto perante o Supremo Tribunal Espanhol (sentença de 11 de fevereiro de 1985), diante da alegação do recorrente de que os fatos difamatórios foram dados por provados sem a reprodução completa da publicação (um artigo sobre o desperdício de investimentos públicos e fraude na Galícia), contentando-se com a menção, entre aspas, de frases e passagens sacadas do texto. Essas, "contempladas em seu isolamento em face do relato todo, podem reputar-se injuriosas, faltando, desse modo, o conhecimento da totalidade do escrito e impresso, cujo cabal conhecimento despoja o mencionado trabalho jornalístico da pretendida intenção ofensiva para a honra do querelante".

Noutro caso (sentença de 28 de novembro de 1989), os adjetivos "assassino, cruel, covarde, carente de dignidade e escrúpulos" foram desclassificados de injúria grave para contravenção leve, ao ficar claro, diante do texto integral que não fora considerado pela audiência, que se referiam a atos contra animais. Trata-se de "algo que ocorre com certa freqüência nas sentenças do TS, que muitas vezes fazem um resumo do artigo ou simplesmente reproduzem as expressões supostamente injuriosas. O que resulta é inexplicável dado o caráter 'eminentemente circunstancial' que o próprio TS atribui ao delito de injúrias.".[250]

Lançados, na sede da refração constitucional, os argumentos acerca da igual dignidade constitucional da honra e da liberdade de expressão atualizada na imprensa – a inviabilizar relação hierárquica ou princípio de preferência abstrata por alguns dos valores em tensão –, é o caso, nesta paragem, de densificar alguns "critérios de preferência" que podem nortear a aplicação do princípio da corcordância

---

[249] ANDRADE, *Liberdade*, p. 279; para a crítica da doutrina alemã, vide p. 280. O próprio Tribunal, em caso ulterior – *Maastricht-Urteil*, 12.10.93, não citou de forma correta, à luz do *Böll-Urteil*, o escrito de um juiz, o que culminou no aditamento de sua retificação ao teor da decisão.

[250] CASTIÑEIRA I PALOU, *El Mercado*, p. 456-7.

prática e indicar a incidência, positiva ou negativa, da liberdade de imprensa ou da honra.

A começar pela liberdade de imprensa, releva "a importância para a opinião pública do juízo de valor concretamente sindicável", que há de considerar o *"fim* que motiva a asserção e o *relevo comunitário* do assunto". Do lado positivo, os "contributos para o confronto espiritual de opiniões sobre um problema que contende essencialmente com a *publicidade";* no extremo negativo, as intervenções egoístas, animadas do propósito de ferir terceiros ou "apenas interessadas em agitar escândalos ou satisfazer o gosto do sensacionalismo".

Tangente à honra, são de sopesar a índole e a gravidade da ofensa, ligadas diretamente à "extensão e volume de audiência do meio de comunicação em causa" (pense-se num crescendo do pequeno jornal local, passando pela emissora de rádio regional, e culminando na planetária televisão de megarredes).

Ainda, a intervenção espontânea, oral e direta, "deve gozar de um regime distinto e mais favorável do que o reservado às tomadas de posição mais reflectidas e amadurecidas" (como as formuladas por escrito).[251] Essa visão se reflete na jurisprudência do Supremo Tribunal espanhol, ao qualificar como grave a injúria "(...) por sua forma escrita e impressa reveladora de uma maior reflexão, excludentes tanto da improvisação como do estado de cólera passageiro".[252]

4.3. O limite da crítica caluniosa (*Schmähkritik*). *Sullivan v. New York Times.* Arena política

Pela sua primordial importância em relação à disputa política, cabe ainda o esboço da doutrina da presunção de legitimidade a favor dos juízos de valor na esfera essencialmente pública, o que significa, a acompanhar o Tribunal Constitucional alemão, alargar e reforçar os juízos de valor "ofensivos da honra formulados no contexto da luta política democrática, designadamente no ambiente das campanhas eleitorais". Nas palavras da Corte, no *Zwangsdemokraten-Urteil* (1991), "terão de suportar-se críticas que são expressas em fórmulas exageradas e polémicas (...) [para evitar] o perigo de uma paralisação ou estreitamento indesejável do processo de formação da opinião pública".[253]

---

[251] Tais ponderações, derivadas do Tribunal Constitucional alemão, constam em ANDRADE, *Liberdade,* p. 286-7. Também avultam, como critérios supletivos, princípios gerais de direito como o da proporcionalidade, e as exigências de idoneidade e necessidade.

[252] Sentença de 11 de fevereiro de 1985, *apud* CASTIÑEIRA I PALOU, *El Mercado,* p. 455 (trata-se da publicação acerca de fraudes e desperdício de dinheiro público na Galícia).

[253] *Apud* ANDRADE, *Liberdade,* p. 288.

Tal consideração acerca de manifestações que se produzem durante o curso de uma campanha eleitoral também é ventilada pelo Supremo Tribunal espanhol, ao confirmar a absolvição de um alcaide que travara áspera polêmica com radialista local. Ressaltou a corte que a agressividade e a paixão dialéticas, próprias da campanha eleitoral, "privam as frases vertidas nas declarações do processado de uma intenção difamatória ou de desprestígio do recorrente".[254]

Todavia, esta "presunção de licitude", quase inexpugnável em relação à disputa política, tem sido criticada por setores da doutrina, que vislumbram uma "solução desproporcionadamente desequilibrada em desfavor da honra". Visão da qual não compartilha Costa Andrade, ao observar que, em face dos valores constitucionais que circulam, numa "ponderação global, não deixarão de desequilibrar a balança a favor da presunção". Por outro lado, mais que a doutrina em si, é muitas vezes sua aplicação prática que se revela inadequada. Mesmo porque há a barreira da "crítica caluniosa" (*Schmähkritik*), outra das pedras angulares da construção do Tribunal Constitucional.[255]

A moldura da crítica caluniosa, antes de firmar-se em nível constitucional, começou por ser invocada pelo BGH, com aflorations inequívocos no *Höllenfeuer-Urteil* (1966), que a consignou de forma cristalina no caso dos "Velhos e novos fascistas" (1974): permite-se "a crítica contundente, impiedosa, mesmo 'chocante', desde que tenha ainda uma referência objectiva (*sachbezogen*). Mas já não cobre nenhuma *Schmähkritik*, isto é, uma crítica que passa a ser um (mero) ataque doloso à honra". O conceito foi desenvolvido pelo Tribunal Constitucional, por exemplo no caso dos "Democratas à força" (1990): "É de se considerar como *Schmähung* a expressão de uma opinião que, para além da crítica polémica e exagerada, consiste na degradação da pessoa (...) Uma expressão degradante só assume o carácter de *Schmähung* quando nela não avulta em primeiro plano a discussão objectiva das questões mas antes o enxovalho das pessoas. Para além da crítica polémica e extremada tem de se visar o rebaixamento da pessoa".[256]

---

[254] Sentença de 22 de outubro de 1987, apud CASTIÑEIRA I PALOU, El Mercado, p. 458. Na certeira crítica da autora, a conclusão é correta, mas não o caminho que conduz a ela. Prescinde-se, como referido antes, do ânimo de injuriar, restando o caráter objetivamente lícito das expressões utilizadas, diante das circunstâncias em que ocorreram.

[255] ANDRADE, Liberdade, p. 289-90. Observa o doutrinador que as soluções germânicas, no seu conjunto, revelam-se mais favoráveis à honra do que, por exemplo, a posição da Suprema Corte dos Estados Unidos, que só faz cessar a liberdade de imprensa nos "casos em que alguém, de forma consciente e intencional (*actual malice*), divulga informações não verdadeiras sobre outrem".

[256] Apud ANDRADE, Liberdade, p. 292-3. No caso de 1974, um crítico de uma revista referia-se à Fundação *Konrad-Adenauer* como "tomada por novos e velhos fascistas". Quanto ao de 1990 (*Zwangsdemokraten-Urteil*), um jornalista e escritor, em obra de 1987, propôs o conceito de "democrata à força" (pessoas que apenas por razões de oportunismo ou de medo aderem à democracia e que a encaram em termos puramente formais), associando-o com a figura do

A categoria da "crítica caluniosa" também é versada na jurisprudência portuguesa, como exemplifica o seguinte acórdão da relação de Coimbra: "I – Não é admissível a causa de justificação do art. 180º, nº 2 a 5 do CP nos casos de juízos de valor ofensivos da honra. II – O direito de expressão, na sua vertente de direito de opinião e de crítica, caso redunde num comportamento típico, deve ter-se por justificado, desde que o agente não incorra na *crítica caluniosa* ou na formulação de outros juízos de valor aos quais subjaz unicamente a intenção de achincalhar. III – (...)".[257]

O Tribunal Constitucional espanhol não deixa de prestar homenagem a tal entendimento. Ao privilegiar o tratamento legal referente à formulação de opiniões e crenças pessoais, alerta a Corte: quem opina "dispõe de um campo de ação que só vem delimitado pela *ausência de expressões indubitavelmente injuriosas, sem relação com as idéias e opiniões que se expõem e que resultam desnecessárias para a exposição das mesmas.* Esse campo de ação se amplia ainda mais na hipótese de que o exercício da liberdade de expressão afete o âmbito da liberdade ideológica garantido pelo art. 16.1 CE, segundo destacamos em nossa Sentença 20/1990.".[258]

---

presidente do governo da Baviera (*Strauss*) – caso em que o Tribunal não reconheceu a presença de *Schmähkritik* (p. 297-8), ao revés do que fizera no caso do *kopulierendes Schwein* (cuja vítima, coincidentemente, era *Strauss*, p. 295). Por outro lado, numa decisão muito criticada, a Corte denegou o estigma de *Schmähkritik* a um autor que, em dois textos de revista, satirizou um oficial da reserva que, mesmo paraplégico, quis participar em exercícios militares, pelo que foi chamado de assassino nato (*geb. Mörder*) e aleijado (*Krüppel*) – decisão de 25.3.1992 (p. 296). Há outro *leading case* (25.2.1993), também envolvendo o escritor *Heinrich Böll*, vítima de uma resenha de um seu romance em que foi adjetivado como "escritor tão estúpido e ignorante (...) um dos mais mentirosos e corruptos. Que semelhante idiota, em parte psicopata, em parte inocente, tenha conseguido o prémio Nobel; que dezenas de milhar de idiotas (...) tenham ao longo de décadas lido tão frequentemente um tal lixo tão repelente...". Denegando a tal manifestação o beneplácito da discussão crítico-estética, a Corte reconheceu ilicitude do atentado à honra por violação da fronteira do *Schmähkritik* (p. 297). Um último caso (métodos da Gestapo, 5.3.1992), em que o Tribunal Constitucional revisou condenação por difamação operada por tribunais comuns: numa carta a um jornal, leitor classificava a expulsão de asilados iugoslavos como "escândalo que brada aos céus. Os *métodos da Gestapo* pertencem aos livros de história e não ao quotidiano alemão federal (...) não só inconstitucional mas também uma cumplicidade com uma justiça assassina", concluindo com alusões ao tratamento dispensado às minorias nos tempos de Hitler. Embora a Corte afirme que a missiva atinge pesadamente a honra dos funcionários envolvidos no processo de expulsão, parece inclinar-se pela atipicidade (posição dogmática mais acertada, segundo Costa Andrade) pelo pouco relevo da lesão no contexto de debate objetivo de tema de discussão pública (p. 300-1).

[257] *Apud* COSTA, *Código Penal*, p. 194.

[258] STC 105/1990, de 06 de junho - *apud* SALVADOR CODERCH, *El Mercado*, p. 128-9. O caso opunha José María García Pérez (dos mais famosos comentaristas desportivos espanhóis) e José Luís Rocca Millán (à época dos fatos, 1986, presidente da Federação Espanhola de Futebol e deputado pelas Cortes de Aragão). Embora alistado na cidade de Alcoriza, Roca residia em Zaragoza (sede das Cortes), mas há algum tempo vinha cobrando diárias de deslocamento a fim de cobrir gastos inexistentes. García averiguou os fatos e os divulgou em seu programa radiofônico de grande audiência. Afirmou que Rocca "roubou ao povo de Zaragoza 219.000 pesetas", criticou a desídia das Cortes e disse: "*Pedrusquito* (alcunha de Rocca) é apenas um apelido carinhoso que identifica seus escassos centímetros, seu pouco cabelo e nenhum talento

O réu, nesta lide, expressara-se tanto sobre a conduta como sobre a pessoa do ofendido, violando um princípio geral que abarca ambos os tipos de manifestação, o de que *"não existe um direito constitucional a insultar"*. Prossegue a Corte espanhola: "Não há dúvida de que a emissão de qualificativos formalmente injuriosos em qualquer contexto, desnecessários para o labor informativo ou de formação da opinião, supõe um dano injustificado à dignidade das pessoas ou ao prestígio das instituições, levando em conta que a Constituição não reconhece um pretendido direito ao insulto, que seria por demais incompatível com a dignidade da pessoa que se proclama no art. 10.1.".[259]

Alguns dos mais pitorescos e impressivos exemplos do desbordar da discussão pública para o campo do insulto e da crítica caluniosa encontram-se na incipiente imprensa brasileira da época imediatamente anterior à independência (1821-1823). Grassava, sob o manto do anonimato legal, virulenta luta pessoal. Segue um episódio-síntese: Luís Augusto May era o jornalista que publicava o periódico *Malagueta* até julho de 1822, no Rio de Janeiro, época em que se candidatou ao cargo de secretário dos Negócios do Brasil nos Estados Unidos. Preterido, fez circular o boato de que voltaria a publicar seu jornal, no qual pretendia atacar o governo. Antes de realizar o intento, porém, foi alvo de um artigo publicado no jornal *Espelho* nº 120 (10 de janeiro de 1823), sob o título "O calmante da e no Malagueta".[260]

O escrito, de início, relatava as negociações em torno da nomeação ao cargo disputado e ressaltava a ambição, cupidez e incompetência do redator da Malagueta. De caráter bajulador, tal figura ia todos os dias à chácara de São Cristóvão beijar a mão de D. João VI, "fazendo mil cortesias de cabeça abaixo, a ponto de lhe poderem chamar o Doutor Côncavo". O relato de seu dia de trabalho como funcionário público tinha o seguinte fecho: "Eis aqui como este impostor ganha a sua vida, desperdiçando o tempo e percebendo ordenado e emolumentos da Secretaria, porque nunca falta ao ponto.". Adiante, descrição detalhada dos aspectos físicos e morais do Malagueta (numa época em que as caricaturas ainda não eram utilizadas): "Os pés não lhe fazem muita honra (...) os joelhos furam as calças (...) as coxas por fora não parecem más, se são macias haja vista ao Conde das Galveias (...) o nariz mostra bem a razão do amor que lhe teve o Conde das Galveias [ministro da Guerra anos antes, descrito em documentos da época como detentor de

---

(...) Pedrusquito Catarata [alusão a problema de saúde] Rocca (...) vil vassalo...". Condenado o radialista por desacato, García Pérez recorreu ao Tribunal, que não aceitou suas alegações de que "num programa desportivo deve aceitar-se que um profissional utilize expressões e adjetivos que soariam mal noutros ambientes. Os juízes não têm por que se converterem em jurados de méritos literários" (p. 124-7).

[259] *Apud* SALVADOR CODERCH, *El Mercado*, p. 132.

[260] Segue-se LUSTOSA, *Insultos Impressos*, p. 300-5, donde se extraíram as citações literais.

'vício antigo e porco (...) pois sendo homem e casado, desconhece inteiramente a mulher e nutre sua fraqueza com brejeiros e sevandijas'] (...) um sórdido interesseiro (...) na calva pode-lhe fazer exercício um batalhão com seus piolhos...". E arremata, direto e chulo: "Não se lembra do lugar fedorento do Conde das Galveias, largo como a porta de uma cocheira, onde teve a distinta honra de aprender (e por agradecimento ter dado um beijo) os movimentos seguidos...".

Esta notável peça jornalística, prenhe de insultos e *Schmähkritik*, "é atribuída por muitos historiadores a D. Pedro I".[261]

Faz-se inescapável, neste passo, apertada referência ao multicitado *Sullivan v. New York Times*, um marco na hstória da liberdade de expressão e imprensa, mesmo porque, ao modificar a tradição da "common law" nesta área (eliminando a insólita responsabilidade objetiva para os casos de falsidade difamatória, substituída pelo critério da *actual malice*), alargou o âmbito de tais liberdades e, por conseguinte, comprimiu o da honra.[262]

O pano de fundo do caso foi a luta pelos direitos civis e políticos da população negra, em especial contra a discriminação que imperava nos estados sulistas norte-americanos. Sullivan (autor da ação), em 1960, era um comissário eleito pela comunidade de Montgomery, Alabama, e encarregado da supervisão dos departamentos municipais da polícia e dos bombeiros. Demandados foram quatro clérigos negros e a editora do jornal *New York Times*. Sullivan alegava ter sido difamado por um artigo de página inteira publicado em 29 de março de 1960 que dava conta da luta de estudantes negros do sul em prol do direito de sufrágio e a favor do líder Martin Luther King Jr. (na ocasião acusado de perjúrio diante de um tribunal de Montgomery). O texto, na realidade um anúncio pago, vinha apoiado por 64 líderes e ativistas de direitos civis e assinado pelo comitê de defesa do líder e da luta pela liberdade no sul (subscrito pelos quatro religiosos e outras 16 pessoas); descrevia em detalhe mobilizações estudantis e reações policiais – definidas como hostilidades partidárias e autênticas humilhações –, a par do cerco policial e judicial de que era objeto Luther King.

Sullivan discordava da exatidão do texto (e havia, de fato, imprecisões menores), sentia-se atingido pelas imputações feitas a um corpo

---

[261] LUSTOSA, *Insultos Impressos*, p. 305-7.

[262] O caso clássico do direito inglês reporta-se a 1909 (*Hulton and Co. v. Jones*), ocasião em que o jornal demandado publicara um conto enviado pelo correspondente de Paris: Artemus Jones - uma personagem fictícia! – fora visto acompanhado de uma mulher que não era a sua esposa. Apareceu um advogado galês, chamado precisamente Artemus Jones, a alegar que seus vizinhos acreditaram na história, pelo que obteve na Câmara dos Lordes 1.750 libras de indenização. Posteriormente, o *Defamation Act* de 1952 restringiu drasticamente, na Grã-Bretanha, a doutrina da "difamação inocente". A via americana, empenhada pela Suprema Corte, com uma série de decisões a partir de 1964, modificaria radicalmente o direito de difamação tradicional e influenciaria o próprio direito europeu (*apud* SALVADOR CODERCH, *El Mercado*, p. 253-4). A resenha dos fatos e da decisão segue a obra citada, p. 255-60.

por cujo funcionamento era responsável e alegava que o jornal não havia verificado a exatidão pontual do texto, o que poderia ter comprovado, nalguns casos, com simples consulta a seus próprios arquivos.²⁶³

A *Supreme Court* do Alabama confirmou a decisão que concedia U$ 500.000 de indenização a Sullivan, informado o Júri de que, segundo a lei do estado, o mero fato da difamação (que prejudica a reputação, negócio ou ofício do afetado) fazia presumir falsidade e malícia. Nada obstante, o Supremo Tribunal dos Estados Unidos considerou neste ponto a lei do Alabama inconstitucional, por violação da I e da XIV Emendas e por vulnerar o direito à liberdade de expressão (*Freedom of Speech*).²⁶⁴

Na expressão do *Justice* Brennan, a proteção constitucional da liberdade de expressão não depende da verdade, popularidade ou utilidade social das idéias e crenças manifestadas. E mais, algum abuso é inseparável do uso adequado de qualquer coisa. Entretanto, "o povo deste país comprovou à luz de sua história que, a despeito da possibilidade de excessos e abusos, estas liberdades resultam, ao longo do tempo, essenciais para a formação de uma opinião esclarecida e para o correto comportamento dos cidadãos de uma democracia.".²⁶⁵ Enunciados errôneos são inevitáveis num debate livre, mas devem ser protegi-

---

²⁶³ O terceiro e o sexto parágrafos do texto inquinado eram o cerne da controvérsia. Do terceiro: "Em Montgomery, Alabama, depois de os estudantes terem cantado *My Country, 'Tis of Tee'* nos degraus da 'State Capitol', seus líderes foram expulsos da escola, e truculentos policiais armados com armas de fogo e gás lacrimogênio cercaram o campus universitário do estado do Alabama. (...)". Do sexto: "Uma vez mais os violadores do sul respondem com intimidação e violência aos protestos de paz do Dr. King. Eles colocaram uma bomba na sua casa, quase matando sua esposa e filhos. Eles o agrediram. Eles o prenderam sete vezes (...)". Embora Sullivan não fosse citado nominalmente em nenhuma linha ao longo dos dez parágrafos que compunham o texto, ele alegava que a palavra "police" (3º parágrafo) referia-se-lhe, como supervisor do departamento policial de Montgomery, pelo que estaria sendo acusado de ter cercado (*ringing*) o campus com sua polícia. A seu ver, o 6º parágrafo também o atingia, pois, como as prisões são normalmente feitas pela polícia, "eles" (*They*) deve ser lido como referindo-se a ele, Sullivan, raciocínio aplicável às outras violações mencionadas. Moradores de Montgomery testemunharam que interpretaram o texto como referindo-se a Sullivan na sua reputação profissional. Algumas das imprecisões: a canção entoada foi *National Anthem* e não *My Country*; embora numerosos efetivos policiais tenham-se aproximado do campus por três oportunidades, nunca houve o cerco; Luther King, a esta altura, não fora preso sete vezes, mas apenas quatro etc.

²⁶⁴ Em realidade, líderes públicos do Alabama usavam o rigor da lei estadual sobre difamação para desencorajar as críticas acerca de seu comportamento e prevenir a disseminação de informações a respeito na mídia nacional. A lei do Alabama era particularmente apropriada para causar devastação (*harassment*) nas fileiras oposicionistas: uma defesa completa deveria provar a verdade de todas as particularidades da imputação, uma trivial inexatidão significaria condenação; os fatos a embasar opiniões deviam ser "absolutamente verdadeiros" etc. Os argumentos do *The Times*, representados pelo Professor da Faculdade de Direito da Universidade de Colúmbia Herbert Wechsler (analogia entre a lei penal de sedição e a litigação civil por difamação), encontraram ambiente receptivo na Suprema Corte, simbolizado pela unanimidade de seus nove membros – LOVELAND, *Political Libels*, p. 65-7.

²⁶⁵ Sempre *apud* SALVADOR CODERCH, *El Mercado*, p. 259.

dos, pois há que se deixar à liberdade de expressão ar para que possa respirar e sobreviver (*breathing space*).

A proteção do público não se contenta com uma mera discussão; precisa, ademais, de informação: erros de fato (*errors of fact*) são inevitáveis e especialmente quando se referem a estados e processos mentais do homem. Tudo que se acresça ao campo do libelo (difamação), retira-se do campo do livre debate.[266]

Segundo o "standard" do Alabama, "críticos potenciais de comportamentos oficiais poderiam sentir-se dissuadidos de alçarem sua voz discrepante, mesmo que acreditassem de boa-fé na verdade do que querem dizer, ou, inclusive, se realmente se trata da verdade, mas que é de difícil comprovação perante um tribunal". Tal regra é incompatível com o vigor do debate público. Portanto, as garantias constitucionais exigem uma norma federal que proíba um servidor público (*public official*) de demandar por difamação falsa relativa a seu comportamento oficial (*relating to this official conduct*), a menos que prove com "clareza convincente" (*convincing clarity*) que o enunciado deu-se com "malícia real" (*actual malice*) – com conhecimento de que era falso ou com indiferente desconsideração sobre se era ou não falso.[267]

4.4. Opiniões através da arte. Contra-ataque

O que se observa, pois, é a progressiva autonomização do direito de crítica que, na Alemanha, "deixa de buscar a sua legitimidade enquanto meio objectivamente necessário para a prossecução de interesses legítimos" e "passa a valer como manifestação paradigmática da liberdade de expressão". Liberta, a crítica, da exigência de pertinência objetiva (nem tendo seu autor que demonstrá-la), legitimando expressões mesmo violentas e devastadoras – em que pese o limite da *Schmähkritik* –, o normal é que as eventuais opiniões típicas perpetradas em linha de crítica estejam ao abrigo da justificação geral do exercício de um direito.[268]

Tal consideração vale ainda mais para a "expressão de opiniões através da arte", na plástica assertiva de Gounalakis citado por Costa

---

[265] Sempre *apud* SALVADOR CODERCH, *El Mercado*, p. 259.

[267] "With Knowledge that it was false or with reckless disregard of whether it was false or not". Na observação de SALVADOR CODERCH, *El Mercado*, p. 273, o critério da *actual malice* apresenta o inconveniente (que a jurisdição penal continental conhece muito bem ao lidar com os diferentes "animi") de desviar o objeto do debate da verdade do que foi dito para a análise do estado mental de quem expressou os enunciados difamatórios. Na perspectiva inglesa, o *knowing/reckless test* não é tanto um princípio inerente à Primeira Emenda em si, e sim um princípio da "common law" em relação ao qual a Primeira Emenda serviu de mero veículo para dotá-lo de eficácia supralegislativa e nacional (LOVELAND, *Political Libels*, p. 72).

[268] ANDRADE, *Liberdade*, p. 302-4.

Andrade, mesmo pela ponderação axiológica acrescida da liberdade de criação artística (em cotejo com a liberdade de imprensa), manifestação substancial da dignidade humana na sua dinâmica de livre formação da personalidade – que sofre, ou se delicia, no obrar estético, com uma pulsão de comunicação que é da essência da arte. Assim, tuteladas pelas liberdades de expressão e criação artística, compreende-se a "extrema descontinuidade e rarefacção da ilicitude penal indiciada pelos atentados à honra através da caricatura e da sátira", pelo que a regra será a justificação, respeitado o linde da *Schmähkritik*.[269]

Dois tópicos, ao cabo, relacionam-se com a dirimente do exercício de um direito nas manifestações "direito de crítica" e "caricatura e sátira". Primeiro: as personalidades notórias, sob a proteção da doutrina da *Schmähkritik*, têm um dever de tolerância maior ao crivo da discussão comunitária e devem reagir com menor suscetibilidade, como convivem com o recuo de sua esfera privada. Agrega-se, mesmo, argumento vitimológico, certo de que as *"pessoas da história do tempo se expõem voluntariamente a riscos particularmente elevados de agressões à honra"*.[270]

Por segundo, há que considerar o "direito ao contra-ataque", o *Recht zum Gegenschlag*, desenvolvido pela jurisprudência constitucional alemã e que está sintetizado na decisão da Corte Constitucional no *Schmid-Spiegel-Urteil* (25.1.1961): para além da contestação objetiva, uma referência crítica "abria a porta a um contra-ataque feito em registo mais elevado, isto é, justificava atentados à honra de amplitude e gravidade claramente superiores aos que ela havia produzido". Constitui mais um critério de preferência a favor da liberdade de

---

[269] ANDRADE, *Liberdade*, p. 305-6. Figure-se o episódio do líder austríaco Haider, cujas palavras, veiculadas pela mídia, causaram talvez a maior movimentação política intestina da União Européia. No entanto, o recrudescimento da xenofobia, do anti-semitismo e do nacionalismo cego vinha sendo denunciado por vários artistas da Áustria, significativamente catalogados como *artistas degenerados* pelo FPOe (Partido da Liberdade): "Joseph Goebbels, ministro da propaganda de Hitler, utilizava exatamente a mesma terminologia quando se referia a Thomas Mann e aos seus colegas antinazis. (...) Há vários anos, Thomas Bernhard fez com que uma personagem da sua peça 'Heldenplatz' dissesse o seguinte: 'Este pequeno Estado é um pedaço de merda... habitado por seis milhões e meio de loucos imbecis... todos eles nazis incuráveis. Com o exagero dos grandes dramaturgos, Bernhard avisava-nos do que estava em fermentação no seu país e que era aceite pela maioria e combatido por apenas uma pequena minoria. Não se cansou até o fim da vida de dar voz ao desespero." (Costa-Gravas, *Expresso*, 2º Caderno, 4 março 2000, p. 26).

[270] ANDRADE, *Liberdade*, p. 308, na esteira de decisão da *Supreme Court* americana (*Gertz v. Welch*, 1974). Trata-se da "terceira dimensão da liberdade de expressão", cogitando a Corte americana de um *breathing space* (*Falwell/Hustler*), a fim de obviar o perigo de uma imprensa amordaçada pelo medo justamente no espaço essencial para a sobrevivência da democracia. Também porque as *public figures* têm, em geral, razoável capacidade de ação em relação à mídia. Há tendência doutrinária a advogar um espaço não-jurídico para esta interpenetração subjetiva, que se deveria pautar por critérios político-comunitários, sempre com a ressalva fundamental da dignidade da pessoa humana (p. 309).

expressão e de imprensa[271] e que deverá ser interpretado com cuidado, de modo a não expor o eventual crítico, ainda que leviano, à fúria vingativa do atingido, colocando-o fora da proteção jurídica (a lembrar a antiga sanção do direito penal germânico, a *Friedlosigkeit*). Neste intento, o próprio Tribunal Constitucional, no *Tonjäger-Urteil* (6.11.1968), ressalvou que a justificação da reação há de se afastar, por desproporcionada, se "não respeita a exigência de unidade temática com a agressão que a motivou".[272]

Numa decisão recente, o Supremo Tribunal Federal brasileiro (15 de abril de 1998), ao apreciar uma queixa-crime movida por um deputado federal contra um ministro de Estado por calúnia, injúria e difamação, aplicou, de forma criativa, a doutrina do *contra-ataque*, ao considerar que a "resposta oferecida contra ataques perpetrados da tribuna parlamentar – e, portanto, cobertos pela imunidade – pode ser admitida como simples e legítima retorsão", *verbis*:

"Crime contra a honra – Elemento subjetivo – O dolo – Inviolabilidade parlamentar – Retorsão – Alcance. Tratando-se de hipótese a revelar prática inicial coberta pela inviolabilidade parlamentar, sentindo o titular do mandato ofendido com resposta formalizada por homem público na defesa da própria honra, único meio ao alcance para rechaçar aleivosias, cumpre ao órgão julgador adotar visão flexível, compatibilizando valores de igual envergadura. A óptica ortodoxa própria aos crimes contra os costumes, segundo a qual a retorsão é peculiar ao crime de injúria, cede a enfoque calcado no princípio da proporcionalidade, da razoabilidade, da razão de ser das coisas, potencializando-se a intenção do agente, o elemento subjetivo próprio do tipo – o dolo – e, mais do que isso, o socialmente aceitável. Considerações e precedente [são] singular[es] ao caso concreto.".[273]

4.5. Informações obtidas ilicitamente e o direito de necessidade

O paradigma, nesta altura, é o *Wallraff-Urteil*, decidido pelo Tribunal Constitucional alemão em 25.1.1984. Distingue-se a produção ilícita de informação (que não se pode socorrer do arrimo constitucional do art. 5º, I – a tutelar as fontes de acesso geral) da figura, diversa, de sua

---

[271] ANDRADE, *Liberdade*, p. 310-1. O caso referido opôs o juiz *Schmid* ao *Der Spiegel*, que o criticou por "simpatia ao comunismo". Na resposta, o juiz comparou a publicação, em termos políticos, à pornografia, no campo moral.

[272] ANDRADE, *Liberdade*, p. 312-3. Neste contexto, não se identifica o direito ao contra-ataque com a figura penal tradicional da "retorsão", que aliás remanesce como possibilidade de dispensa de pena ao agente que não se possa socorrer do *Recht zum Gegenschlag* (§ 199 do StGB e art. 186, 2 e 3, do Código Penal português).

[273] Apud MENDES, *Direitos*, p. 311.

difusão: "já a divulgação de informações obtidas ilicitamente cai sob a área de protecção do artigo 5º, I, da Lei Fundamental".[274] Articula com o direito de sigilo das fontes, pena de esvaziá-lo (por isso é previsto também na legislação processual penal – § 53, I, nº 5, StPO; e artigo 135 do Código de Processo Penal Português), com a ressalva, relativa, da hipótese de um meio, mais que ilícito, "particularmente censurável e desleal", v.g., "quando a informação é obtida induzindo fraudulentamente em erro a pessoa contra a qual vai ser utilizada". É relativa porque a publicação, em princípio inadmissível, poderá ser justificada por ponderação em concreto a indicar "que o significado da informação para o esclarecimento do público e para a formação da opinião pública supere inequivocamente as desvantagens da violação do direito para o interessado".[275]

É diferente a solução no caso de a divulgação caracterizar, por si, figura típica, por exemplo, a transmissão por televisão ou rádio de gravações ou fotografias ilícitas (crime previsto no artigo 199 do Código Penal português). A menos que a ordem jurídica tivesse que digerir um paradoxo, não há como estender a justificação do exercício de um direito para tal situação. Todavia, afigura-se possível a invocação do direito de necessidade (com suas particulares e maiores exigências, positivadas, no caso português, no artigo 35 do Código Penal). Tenha-se em mente entorno de corrupção administrativa, em que jornalista, disfarçado de empresário, grava – sem conhecimento e consentimento – oferecimento de vantagens indevidas por parte de agente administrativo. De posse das fitas, pode uma estação de televisão divulgar o diálogo?

Sendo típica a conduta do jornalista, resta o regime do direito de necessidade. Estavam "concretamente em causa interesses que no seu conjunto superam o interesse sacrificado" (locupletamento ilícito de vultoso fundo público, princípio constitucional de moralidade) e "tratava-se de perigos actuais e que não era possível contrariar de outro modo" (uma denúncia pública, fruto da reportagem investigativa, desacompanhada do suporte técnico da gravação, pouco convenceria a opinião pública, a multiplicar o risco de insucesso da intervenção).[276]

---

[274] *Apud* ANDRADE, *Liberdade*, p. 313.

[275] *Apud* ANDRADE, *Liberdade*, p. 314.

[276] ANDRADE, *Liberdade*, p. 315-6. O que reforça o tratamento privilegiado da liberdade de imprensa, se cotejada com o regime das "proibições de prova": a descoberta da verdade material, uma das finalidades imanentes do processo penal, não legitima, por si, a utilização de gravações ou filmes realizados sem consentimento (art. 167 do Código de Processo Penal Português). O preceito positivaria a "opção do legislador de não reconhecer à realização da justiça criminal – pese embora a sua inquestionável dignidade constitucional – a prevalência necessária para justificar estas ofensas ao direito à palavra ou à imagem". Em sentido contrário, MACIÁ GÓMEZ, *Injuria*, p. 158-9, articula a veracidade da informação com a origem do conhecimento, pelo que, se obtida ilicitamente, é juridicamente "nula e não pode nem deve ser

Salvo ainda não aperfeiçoar injusto penal a gravação ilícita na ordem jurídica brasileira, houve rumoroso caso que também ilustra o tópico em exame. Em 29 de julho de 1998 ocorreu, como ápice do programa de privatizações protagonizado pelo governo federal, o leilão que transferiu doze empresas do Sistema Telebrás a diferentes consórcios por US$ 18,98 bilhões. Uma escuta no telefone do então Ministro das Comunicações Luiz Carlos Mendonça de Barros, captando suas conversas com integrantes do primeiro escalão, foi revelada, cerca de quatro meses depois, pelo Jornal Folha de São Paulo, que acusava o ministro de "manipular o leilão, privilegiando empresas em um processo que devia transcorrer com credibilidade e sigilo absolutos".[277]

---

tida em conta", independente de sua "contribuição para a formação da opinião pública". Concebe a legalidade como um "conjunto de elementos cujo cumprimento há de ser absoluto e que não permite análises parciais ou a simples omissão no controle de determinados fatos". Em síntese, é de se excluir do conceito de "información veraz" aquela que se obtenha contra a legalidade. No parecer da investigação, sob prisma dogmático, estaria afastada a prossecução de interesses legítimos, mas, conforme o interesse em jogo, não é de descartar possível cobertura pela via do direito de necessidade, como exposto supra.

[277] "Diante da comoção nacional, o ministro viu-se obrigado a pedir demissão", sendo que "os deputados e senadores de oposição tentaram realizar uma CPI, que não foi instalada" (Zero Hora, edição de 04/02/2001, p. 18). O jornal (que não revelou como teve acesso às fontes) não transcreveu os trechos das conversas que consistiam em meros diálogos privados.

5. O caso especial da prossecução de interesses legítimos

Trata-se, nesta sede, de uma específica dirimente da ilicitude, inscrita, portanto, na Parte Especial do Código Penal Português e programada, com alguma variação, para os crimes contra a honra (artigos 180 e seguintes) e para o delito de devassa da vida privada (artigo 192).

A análise a seguir, que se pretende cuidadosa, limita-se, no diapasão da investigação, às manifestações normativas, e conflitivas, da liberdade de imprensa em rota de colisão com os bens jurídicos honra e privacidade. Alguma ênfase para a experiência germânica justifica-se pelo que representou de modelo para o Projeto de Eduardo Correia e que redundou nos artigos 164 e 178, nº 2, do Código Penal português, na redação original do legislador de 1982.

Tratava-se, então, do artigo 176 do referido Projeto, adotado o instituto com duas alterações: para os crimes contra a honra, o legislador de 1982 (influenciado pela doutrina de Figueiredo Dias) exigiu, além da prova da verdade, a realização de interesse legítimo e suprimiu o artigo 182 do projeto, rubricado na revisão ministerial como "Isenção de Pena" ("Causa Justificativa" na redação original de Eduardo Correia). Dispunha não ser "punível, como difamação ou injúria, a imputação de factos ou juízos desfavoráveis emitidos sobre a produção científica, artística, literária ou profissional, no cumprimento de um dever legal ou no exercício legítimo de um dever de informação, sempre que da sua forma e outras circunstâncias não resulte que elas tiveram uma intenção ofensiva". Assim, passou a configurar um regime reconduzível ao § 193 do StGB, em que pese a simplificação e expurgo de aporias que significou a supressão operada pelo legislador português de 1982.[278]

---

[278] O diploma ainda previa expressamente a prossecução de interesses legítimos, como exclusão da ilicitude, para o crime de violação de segredo profissional (então art. 185), referência sacada pela reforma de 1995 – o que será objeto de ulterior ponderação (ANDRADE, *Liberdade*, p. 317-8).

5.1. O díspare entorno doutrinário e jurisprudencial

5.1.1. A matriz germânica

Historicamente, a prossecução de interesses legítimos foi positivada, vez primeira, num "dos preceitos mais equívocos do direito penal germânico", o vetusto § 193 do Código Penal Alemão.[279] Roxin afirma que a estrutura dogmática do dispositivo "ainda não se acha esclarecida por completo".[280]

A gênese do § 193 do StGB já foi traçada no intróito histórico, cabendo apenas lembrar que a rubrica *Wahrnehmung berechtiger Interessen* toma o todo pela parte, pois o dispositivo, ao alinhar a prossecução de interesses legítimos, não deixa de conter outras quatro constelações típicas.[281]

Interessante, entretanto, acompanhar, a passos largos, o percurso jurisprudencial do § 193 do StGB.

Destinatários naturais hoje, os agentes da comunicação social não se beneficiaram inicialmente do instituto, que fora restringido pelo "Reichsgericht", ao limitá-lo à busca de interesses individuais, próprios ou, ao menos, diretamente relacionados com os do invocante. O jornalista era tratado, com esta trava (e esta precisamente a intenção, não lhe conferir mais direitos que a qualquer um do povo), como um indistinto cidadão. Aceitava-se, por exemplo, que criticasse a tarifa do transporte público, ao abrigo do § 193, apenas porque casualmente também usuário do serviço em questão, não porque atualizasse legítimo interesse de versar sobre assunto relevante e influenciar na orientação da opinião pública.

---

[279] ANDRADE, *Liberdade*, p. 317-8. Na rubrica geral *prossecução de interesses legítimos* dispõe o § 193 do StGB: "os juízos críticos sobre realizações científicas, artísticas ou profissionais, as *expressões equivalentes proferidas para a realização ou defesa de direitos ou para a prossecução de interesses legítimos*, bem como as repreensões ou censuras dirigidas pelos superiores aos seus subordinados, as denúncias oficiais ou as apreciações formuladas por funcionários e os casos análogos só são puníveis se a existência de uma injúria (*Beleidigung*) resultar da forma da expressão ou das circunstâncias em que ela teve lugar" (grifou-se). Costa Andrade refere-se à experiência jurídico-penal alemã da prossecução de interesses legítimos como um espaço "onde praticamente tudo continua objeto de controvérsia", do alcance ao fundamento, passando pelo estatuto dogmático e inserção sistemática e mesmo pela definição de elementos nucleares do instituto" (p. 323).

[280] ROXIN, *Causas de justificación*, p. 228. Na ocasião, um colóquio de direito comparado sobre "Justificação e exculpação no Direito Penal alemão, italiano, português e espanhol" promovido pelo instituto Max Planck em Freiburg (4 a 8 de junho de 1990), asseverou que ignorava a existência de uma figura paralela nos ordenamentos jurídicos dos "amigos do sul da Europa".

[281] Neste contexto, ROXIN, *Causas de justificación*, p. 229, como um segundo âmbito de aplicação do § 193 do StGB, tratou da justificação de injúrias verbais especialmente relacionadas com a liberdade artística, pois "muitos artistas exercem sua liberdade de tal modo que fazem crítica política através de caricaturas e sátiras cujo conteúdo *per se* é injuriante", sendo que o Tribunal Constitucional Federal alemão conecta o instituto diretamente ao artigo 5º, 3, da LF, bem como, no que tange à liberdade de opinião, mormente na disputa política, ao artigo 5º, 1, da LF. Ambas as hipóteses desbordam do genuíno âmbito de aplicação da prossecução de interesses legítimos, como se procura demonstrar, e por isso foram consideradas supra, respectivamente nos itens II-4.4 e II-4.3.

Nada obstante, tal corte jurisprudencial recebia o rechaço unânime da doutrina, que denunciava a raiz da concepção, uma visão de mundo liberal-individualista e autoritária. Uma interessante ilustração deste ambiente hostil à imprensa, da intolerância governamental à crítica, percebe-se nos escritos de Marx reunidos sob o título "Debates sobre a liberdade de imprensa e comunicação", uma série de seis artigos publicada no *Rheinische Zeitung* em maio de 1842. Seus comentários recaem sobre o *Landtag* (Assembléia Provincial) no qual se realizou o debate, em Düsseldorf (23 de maio a 25 de julho de 1841).[282]

Marx inicia por destacar uma vantagem que os opositores da imprensa livre tinham, sua *"emoção patológica, um preconceito ardente"*, que lhes dá uma posição *real* diante do tema, ao revés de seus defensores.[283]

Consigna que a convicção de que a censura é "um mal menor que as injúrias da imprensa" estendeu-se gradualmente pela Alemanha – "nossa Alemanha", ironiza, que também compartia a idéia de que a servidão era uma característica de certos corpos. Marx critica diretamente o orador dos Estados principescos, que exige da imprensa reflita apenas *seus* pontos de vista e "que girem em torno de simples indivíduos, em vez de entidades espirituais mundiais, nações".[284]

Quanto ao orador cavalheiresco, supunha que a curiosidade das províncias no tocante às "nossas palavras" (personalidades do Estado) era "mera avidez pessoal". Pelo contrário, verbera Marx, "a província exige que as palavras dos Estados sejam transformadas numa pública e compreensível voz do país", mesmo porque "uma representação obtida sem a consciência do eleitorado não é representação", mas sim uma contradição sem sentido. De fato, o orador não quer permitir "nenhuma influência pública sobre nossa *persona sacrosancta*".[285]

Marx insurge-se contra a distinção global entre boa e má imprensa, segundo a qual a boa seria "vigilante, reservada e firme", ao passo que, dentre as idéias atribuídas à má, o orador "inclui 'o orgulho que não reconhece a autoridade da Igreja ou do Estado', 'a inveja' que prega a abolição da aristocracia".[286] Num resumo lapidar, leia-se: "Essas pes-

---

[282] MARX, *Liberdade de imprensa*, p. 9-99.

[283] MARX, *Liberdade de imprensa*, p. 17. Usando a metáfora do espelho, diz que a liberdade de imprensa é uma beleza (não precisamente feminina) que o indivíduo deve ter amado para poder defendê-la. Os próprios debates espelham o caráter da Assembléia: uma polêmica dos Estados principescos, dos Estados-cavalheirescos e das cidades-Estados (p. 18-9).

[284] MARX, *Liberdade de imprensa*, p. 20-1 e 29-30, respectivamente.

[285] MARX, *Liberdade de imprensa*, p. 37-8 e 40, respectivamente.

[286] MARX, *Liberdade de imprensa*, p. 50-2. A diferenciação deve ser feita tendo em vista a *essência* da própria imprensa, sendo má a imprensa livre que não corresponde à essência de seu caráter (p. 53-4). Lembra, ainda, que a "verdade é como pederneira, que lança faísca quando é golpeada" (p. 57), e que uma lei de imprensa, sem censura, deveria suspender tal liberdade apenas quando houvesse "abuso da imprensa (...) quando esta se opõe aos seus próprios princípios (...) [a lei] é somente um meio de evitar a repetição da transgressão através duma pena" (p. 60).

soas não confiam na humanidade em geral e canonizam os indivíduos.".[287]

Uma viragem de orientação, portanto, naturalmente dependia de novos e arejados ventos, o que ocorre, sem carecer de maiores explicações nesta sede, no segundo pós-guerra e com o impulso fundamental da reconstitucionalização que transpassou a vida alemã a partir da promulgação da Lei Fundamental para República Federal da Alemanha, pelo Conselho de Ministros, em 23 de maio de 1949.

O reflexo direto, todavia, far-se-ia esperar ainda uma década. Apenas em 1959 o Tribunal Federal (BGH) inscreve, jurisprudencialmente, a liberdade de imprensa na área de tutela do referido § 193: primeiro (em decisão de 20 de janeiro), ao taxar a prossecução de interesses legítimos como "particular expressão cunhada do direito fundamental consagrado no artigo 5º da Lei Fundamental"; a seguir, no aresto *alte Herren* (de 22 de dezembro), ao proclamar que "no âmbito da sua função pública, em especial no tratamento de questões políticas, a imprensa está legitimada a prosseguir interesses do público" – o que gradativamente foi abarcando outras áreas comunitárias, tais como a arte, a cultura, o desporto, a economia, os assuntos da justiça. E a completar-se, noutra vereda, com a extensão do espectro dos sujeitos que mereciam o instituto: o benefício destinava-se, para além dos jornalistas profissionais, a qualquer um que se utilizasse dos "media" no sentido de participar, como cidadão, da formação da vontade política.[288]

No ano seguinte, o Tribunal Constitucional Federal enquadraria "a prossecução de interesses públicos através da imprensa nos termos da sua função no contexto do estado democrático, como uma prossecução de interesses legítimos no sentido do § 193 do StGB"[289] – o que mostra o acerto da observação de que alguns clássicos direitos fundamentais de primeira dimensão estão sendo revitalizados em face das novas formas de agressão aos valores tradicionais incorporados ao patrimônio jurídico (ao menos do mundo ocidental), tais como liberdade e dignidade da pessoa humana.[290]

---

[287] MARX, *Liberdade de imprensa*, p. 73. Mesmo os defensores da liberdade de imprensa apenas postulavam que tal atividade não fosse excluída da "liberdade geral de ofícios", o que Marx também critica, pela visão de privilégio restrito a algumas categorias (p. 77-91).

[288] ANDRADE, *Liberdade*, p. 320-3.

[289] Trata-se do caso *Schmid-Spiegel*, decisão de 25.1.1961 - *apud* ANDRADE, *Liberdade*, p. 323.

[290] Na esfera do direito constitucional interno, "esta evolução se processa habitualmente não tanto por meio da positivação destes novos' direitos fundamentais no texto das Constituições, mas principalmente *em nível de uma transmutação hermenêutica e da criação jurisprudencial, no sentido do reconhecimento de novos conteúdos e funções de alguns direitos já tradicionais.*" (SARLET, *Eficácia*, p. 54). Também Palazzo relata a incisiva intervenção do Tribunal Constitucional italiano sobre as normas penais autoritárias que remontavam ao código fascista de 30: "E assim foram eliminadas ou muito fortemente redimensionadas as normas incriminadoras em matéria de

Costa Andrade referia-se ao fato de que nem sempre a consagração jurídico-penal de um novo bem jurídico depende do aditamento de nova incriminação à parte especial de um código penal, o que "sucede muitas vezes de forma menos exposta e larvada, através de um processo mais ou menos lento de transformação semântica operada no interior de uma incriminação que, aparentemente – pelo menos ao nível da descrição verbalizada da conduta proibida – permanece a mesma.".[291]

Trata-se, a rigor, de uma interpretação extensiva (viável em sede de ampliação da área do permitido) em homenagem ao componente democrático da comunicação social, pois, como requisito geral do instituto, permanece a noção de que quem profere a expressão difamatória deve poder erigir-se razoavelmente em defensor do interesse em jogo.[292]

5.1.2. Âmbito da figura. Apenas crimes contra a honra ou causa geral diante de bens socialmente vinculados

Uma primeira corrente, neste quadrante, destina a prossecução de interesses legítimos expressa e exclusivamente aos crimes contra a honra.

Na Alemanha, para a maioria da jurisprudência e doutrina, a aplicação da prossecução de interesses legítimos cinge-se aos crimes contra a honra (excluída a calúnia, *Verleumdung*, § 187 do StGB – impensável que alguém tenha legítimo interesse em atribuir falsamente a outrem a prática de um fato definido como crime).[293] Basicamente,

---

liberdade de manifestação do pensamento..." (PALAZZO, *Experiência Italiana*, RPCC, p. 40). Mesmo num sistema diverso, resultado semelhante operou-se em França, pelo mecanismo das leis cuja conformidade constitucional foi reconhecida sob reserva pelo Conselho Constitucional – e que só podem ser aplicadas pelo juiz penal respeitando as respectivas reservas de interpretação -, que já emitiu cerca de trinta decisões desse tipo: "Así sucede por ejemplo, en materia penal, en el caso de (...) las leyes sobre la comunicación y la prensa" (FAVOREU, *Constitucionalizacion*, p. 319).

[291] ANDRADE, *Reforma*, p. 437. A aparência de mesmidade esconde significativas mudanças "da realidade sociológica-cultural, das construções sociais da realidade, das referências e simbolizações que dão um sentido novo, uma nova direcção teleológica da incriminação." (p. 438). Para uma visão ampla da questão hermenêutica relacionada, vide SPOTA, *O juiz, o advogado e a formação do direito através da jurisprudência*.

[292] Ao revés do direito de necessidade, não se pode atuar sob o manto do § 193 a favor de assuntos privados impertinentes subjetivamente. Vide ROXIN, *Derecho Penal*, p. 785, e, *infra*, item 5.3.2.

[293] Antiga jurisprudência do *Reichsgericht* aplicava eventualmente o § 193 em casos de calúnia, quando tal imputação era o único modo disponível para alguém injustamente acusado defender-se, desviando a suspeita para outro pessoa (sabidamente inocente). Como observa Roxin (*Derecho Penal*, p. 782), a situação descrita configura autêntico estado de necessidade, recorrendo a Corte à prossecução de interesses legítimos porque ainda não existia o atual § 34 do StGB, preferindo, então, fundar-se no § 193 a uma causa de justificação "supralegal". A razão não subsiste, pois.

porque apenas em relação a estes há expressa previsão legislativa e, agregando-se argumento de índole político-criminal, alargar o instituto periclitaria o sistema em face dos custos de determinação e segurança – o que seria de resto supérfluo, pois o círculo hermenêutico da atipicidade e das causas gerais de justificação bastaria para a consideração constitucional do conflito com a liberdade de imprensa, sob pena de oferecer-se uma tutela por demais deficiente dos bens jurídico-penais na outra linha da corda, também de dignidade constitucional.[294]

Neste sentido, Roxin, em que pese considerar correta a função evolutiva ressaltada por Eser (em que este funda a aplicação analógica da figura a outros bens jurídicos "relativos à comunidade"), entende desnecessário estender o instituto às violações de segredo profissional e sigilo (§ 201 e 203 do StGB): os legítimos interesses contrários, nestes casos, podem satisfazer-se por meio da interpretação restritiva dos tipos, ao reconhecer-se o consentimento presumido e também pela aplicação da justificação do § 34 do StGB. Do contrário, a proteção de tais bens jurídicos seria relativizada de modo muito "perigoso" (aplicando-se-lhes uma justificação que não foi desenhada para tais hipóteses, tendencialmente muito vaga). O argumento vale, com maioria de razão, para os delitos de falso testemunho (§ 153 e ss.) e de acusação e denúncia falsas (§ 164 do StGB).[295]

O principal caso de aplicação do § 193 na Alemanha, segundo Roxin, é a justificação de uma difamação, de afirmações fáticas idôneas a rebaixar o afetado em face da generalidade das pessoas. Aplicável, por exemplo, se a "imprensa formula, com base em material que parece irrefutável, o reproche de corrupção frente a um determinado político, não se pondendo posteriormente esclarecer, como tantas vezes ocorre, completamente o assunto". Neste contexto, a justificação em tela é um "preceito importante para um Estado de Direito democrático.".[296] Em tom crítico, lembrando a imagem de Feuerbach (os cidadãos formam uma *multitudo dissoluta*, uma multidão desintegrada, indiferentes uns pelos outros), Jakobs refere a "rápida decadência da proteção da honra

---

[294] Segue-se a lição de ANDRADE, Liberdade, p. 324-5. Ilustrando a maioria: Roxin, Herdegen, Lenckner, Tenckhoff, Schönke/Schröder (nota 386). Quanto à exclusão da calúnia, há autores, como Tenckhoff, que admitem, em exceção, a incidência respectiva da prossecução de interesses legítimos, assim como os tribunais nas "hipóteses de *defesa de direitos*" (nota 387) – com a ressalva da nota anterior.

[295] ROXIN, Derecho Penal, p. 783. No último caso, o bem jurídico protegido diretamente é a "administração da justiça".

[296] ROXIN, Causas de justificación, p. 228. O autor nota que a permissão do § 193 do StGB articula-se com a especial amplitude do tipo da difamação no direito alemão (§ 186 do StGB), que abarca também informações verdadeiras, mas que não podem ser provadas. Vale dizer, como regra geral, não se tutela a boa-fé de quem realiza tal manifestação. É necessário, portanto, ponderar importantes interesses, para não suprimir, *a priori*, qualquer atividade crítica. Por isso, Roxin opina que se trata de uma justificação derivada de um "risco permitido" (p. 229). Vide, infra, item II-5.1.4.

vivida na Alemanha em favor da liberdade de expressão: que importa a perturbação do reconhecimento pelos outros que são, por sua vez, indiferentes?".[297]

Apresentam-se, neste passo, duas singularidades que, ao distinguirem a prossecução de interesses legítimos do direito de necessidade, ampliam o raio de incidência da causa especial de exclusão da ilicitude. A um, o desprendimento da prossecução de interesses legítimos em relação a uma "*situação de perigo* para bens ou valores já existentes, não configurando uma causa de justificação preordenada à salvaguarda e conservação do *Rechtsgüterkapital* (Binding) da ordem jurídica. Ela assume, pelo contrário, uma propensão dinâmica e inovadora, capaz de abrir a porta à emergência, triunfo e promoção de novos valores". Ademais, basta – para a justificação especial em tela – "o mero reconhecimento como *legítimo* do interesse a prosseguir, não exigindo aquela superioridade qualificada em relação ao bem jurídico sacrificado, que é própria do *direito de necessidade*".[298]

Contra considerar o § 193 uma hipótese especial do direito de necessidade, Roxin afasta o requisito "perigo atual e não evitável de outro modo", visto que não há necessidade de que as irregularidades ou anomalias que se põem a descoberto mediante afirmações fáticas desonrosas traduzam-se em "colocação em perigo de bens jurídicos". Além disso, se a ponderação que transpassa os dispositivos em cotejo é similar, não há absoluta identidade (os interesses perseguidos devem importar, significar algo, para quem profere as expressões difamatórias na hipótese do § 193, ao passo que o § 34 admite atuação em favor de terceiros).[299]

Uma segunda corrente percebe a prossecução de interesses legítimos como causa geral de exclusão de ilicitude apta a operar diante de bens socialmente vinculados: coação, violação de sigilo, gravações ilícitas, devassa da vida privada etc.

Em que pese ser minoritária na Alemanha, esta doutrina divergente está solidamente fundada, a aceitar transborde a prossecução de interesses legítimos o âmbito dos crimes contra a honra e ganhe foros de princípio político-jurídico de índole geral, seja pela tônica na "realização criadora de valores" (Noll) que possibilita, seja pela legitimação num conceito de "bem jurídico socialmente vinculado" (Schröder). Em ambas as idéias funda-se Eser, que singulariza a prossecução de interesses legítimos, no plano axiológico-material, como "uma instância de inovação e mudança e a contrapõe à vocação naturalmente defensiva e conservadora do existente, que é própria das demais causas

---

[297] JAKOBS, *Ciencia*, p. 29.

[298] ANDRADE, *Liberdade*, p. 325 e 326, respectivamente.

[299] ROXIN, *Derecho Penal*, p. 782-3.

justificativas".³⁰⁰ Além disso, aprofunda a distinção entre bens jurídicos transociais (de substância autônoma, existentes e persistentes à margem da relação) e bens socialmente vinculados, de estrutura prevalentemente relacional, que só ganham sentido na comunicação intersubjetiva, em permanente tensão com a liberdade dos outros. Nesta última categoria, a tutela penal há de ser mais lacunosa e fragmentária e deve recuar diante de interesses que também logrem aprovação da comunidade jurídica.

Cabe ao Direito Penal, em tal contexto, suspender o juízo de ilicitude, alargar o espaço deixado ao livre jogo das forças sociais. A proteção remanesce, mas só no caso de agressões sem fundamento, que não se sustentam por interesses legítimos. O contrário seria esquartejar a vida comunitária em ilhas incomunicáveis.³⁰¹

Eser menciona, como socialmente vinculados, os bens subjacentes aos crimes de coação, violação de sigilo, gravações ilícitas, devassa da vida privada (ressalvada a esfera de intimidade) etc. Todos, portanto, poderiam gozar do regime de justificação da prossecução de interesses legítimos, tarefa do intérprete que não depende do legislador penal.³⁰²

O direito positivo alemão, em nível penal, parece dar razão à corrente majoritária, restringindo a aplicação da prossecução de interesses legítimos apenas ao casos expressamente previstos em lei. Mas noutro plano, *de jure dando*, em termos de política criminal e de teoria do direito em geral, a posição minoritária, de alargamento da justificação em tela para além dos crimes contra a honra, é sufragada por Costa Andrade – pressuposta, como adverte, "a incontornável intervenção do legislador penal". Tendência, aliás, verificável numa série de propostas de reforma penal tedesca e em parte consagrada na 25ª Lei de Reforma Penal da Alemanha, de 20.8.1990, a consagrar a justificação em tela para os delitos de violação da confidencialidade da palavra (atos de indiscrição que atentam contra a privacidade/intimidade), uma justifi-

---

³⁰⁰ ANDRADE, Liberdade, idem, p. 327. Eser, citado por Andrade, enfatiza "o elemento dinâmico da criação e imposição de novos valores".

³⁰¹ BENDA, *Manual*, p. 141-2, referindo-se aos limites da autodeterminação, menciona ser comum o interesse digno de consideração do afetado (em decidir por si situações conflitivas essenciais para a configuração de sua existência) ameaçar, a confiar-se exclusivamente numa sua decisão correta, os direitos de outros semelhantes e importantes interesses gerais. Assim, não basta que "o ordenamento jurídico elida sua responsabilidade reconhecendo uma *esfera alheia ao Direito, abstendo-se de qualquer valoração e endossando a própria decisão responsável do indivíduo*. A lei constitui *também a expressão permanente de valoração ético-social e, como conseqüência, jurídica das ações humanas; em definitivo, deve indicar o que é justo e injusto para o indivíduo.*". No campo penal, Beling foi precursor da teoria do espaço juridicamente livre (*rechtsfreier Raum*), pela qual uma conduta pode não ser jurídica (conforme ao direito) e tampouco ser antijurídica, isto é, pode ser "juridicamente neutra". Kaufmann, na década de 70, defende (com base nesta teoria) a figura de uma causa de justificação de menor entidade (de exclusão do injusto) – vide GÜNTHER, *Clasificación*, p. 52 e nota 14.

³⁰² Segue-se a resenha de ANDRADE, *Liberdade*, p. 328-9.

cação que se intitulou *Wahrnehmung überagender öffentlicher Interessen*.[303]

5.1.3. Caracterização sistêmico-dogmática. Correntes: elemento negativo do tipo, causa de redução típica (Günther), excludente de culpa. Justificação

Tampouco é pacífica a inserção sistemática e a categoria dogmática da prossecução de interesses legítimos. Se a maioria da doutrina e jurisprudência enquadra a figura como causa de justificação, há pronunciamentos pela referência à tipicidade e à culpa.

Segundo alguns autores, a prossecução de interesses legítimos há de ser tratada como elemento negativo do tipo (concretização do dever objetivo de cuidado).

Reconduzir a prossecução de interesses legítimos ao tipo e tratá-la como "elemento negativo do tipo", a fim de "limitar, de plano, a matéria proibida", é a expressa posição de Eser.[304] Este é também o mote de Eike Schmidt, que concebe a área nuclear do § 193 do StGB como a previsão legal, expressa e concreta, do dever objetivo de cuidado que perpassa os crimes contra a honra, especialmente a difamação (§ 186 do StGB). Tal dever objetivo de cuidado recua, nesta sede, por idéia similar à que preside a construção do "risco permitido".

Nas palavras de Schmidt, "Quem avança afirmações que, no caso de não serem verdadeiras, atingem a honra de outrem, tem de estar fundamentalmente seguro do que diz, isto é, tem de dispor de informações inequívocas e fiáveis. De outra forma, é-lhe exigível que se abstenha da sua divulgação. Este exigente imperativo de cuidado é atenuado no caso do § 193", que, embora não justifique a conduta do agente, torna-a "conforme ao direito" (*rechtmässige*). Tal condição possibilitaria ao ofendido exercer legítima defesa contra o ofensor e a utilização da tutela civil: da ação indenizatória à *actio negatoria* (retirada das afirmações ofensivas) e à *actio quasi-negatoria* (exigência de omissão de futuras e iminentes repetições da ofensa), consoante o § 1004 do BGB.[305]

---

[303] ANDRADE, *Liberdade*, p. 329-30. O autor exemplifica tanto com o Projeto Governamental de 1962 (o § 186a prescrevia a prossecução de interesses legítimos para tipos de violação de segredo e o § 182, destinado à tutela penal da privacidade/intimidade, continha cláusula que se aproximava da justificação examinada, a afastar a responsabilidade em caso de *verständigen Grund*) quanto com o Projeto Alternativo (que decididamente previa a prossecução de interesses legítimos para justificar condutas de devassa da privacidade/intimidade, remetendo o § 145 à cláusula expressa constante do § 138, crime de difamação).

[304] *Apud* ANDRADE, *Liberdade*, p. 331.

[305] *Apud* ANDRDE, *Liberdade*, p. 332. Reforçar as garantias do ofendido, como se verá, também é a aposta da corrente doutrinária empenhada em configurar a prossecução de interesses legítimos como causa de exclusão da culpa.

Por outro lado, instigante doutrina acena com uma categoria pouco ortodoxa (causas não-autênticas, especiais, de exclusão da ilicitude), que atuariam de modo a reduzir o tipo.

A distinção entre causas não-autênticas e autênticas de exclusão da ilicitude (amparada na dicotomia basilar entre ilicitude geral e ilicitude penal) é proposta por Hans Ludwig Günther, que questiona, em última análise, o quase dogma da qualidade unitária da ilicitude jurídica. A ilicitude, como categoria geral, traça a fronteira entre o lícito e o ilícito e se comunica com todos os setores da ordem jurídica, ao passo que a ilicitude penal é apanágio exclusivo da dogmática penal, "predeterminada pela teleologia específica deste ramo do direito e preordenada a identificar as manifestações de ilícito qualificadas pela sua *dignidade penal* e *carência de tutela penal*".[306]

Em rigor, a teoria diferenciadora de Günther desenvolve, com coerência, as conseqüências da postura programática de Roxin na sua obra emblemática de início da década de 1970 (Política-Criminal e Sistema Jurídico-Penal), isto é, aporta à dogmática os conteúdos político-criminais e considera as diferentes seqüências valorativas da teoria jurídica do delito.[307]

As causas não-autênticas, na terminologia da dissertação de 1983 de Günther (chamadas, em publicação de 1992, de "causas gerais de justificação" – direito de necessidade e legítima defesa) operam a justificação geral da conduta, a originar um direito de ação (*Eingriffsrecht*) conectado a um dever de aceitação ou tolerância passiva (*Duldungspflicht*) – que impossibilita ao ofendido exercer legítima defesa. Nesta linha, a exclusão da ilicitude penal é reflexo da exclusão da ilicitude geral.

---

[306] ANDRADE, *Liberdade*, p. 333. As referências à doutrina de Günther, que seguem no texto, constam das p. 333-6. A obra de 1983 referida por Costa Andrade é *Strafrechtswidrigkeit und Strafunrechtsausschluss* (Köln); a de 1992, "Klassifikation der Rechtfertigungsgründe im Strafrecht", *Spendel-FS*. Vai-se utilizar, também, GÜNTHER, *Clasificación* – conferência proferida em março de 1990 no Seminário hispano-alemão sobre causas de justificação e de exclusão da tipicidade, que se realizou nas Universidades de Barcelona e Alcalá de Henares. A publicação alemã de 1992 é uma versão, um pouco modificada, desta conferência.

[307] DÍEZ RIPOLLÉS, *Antijuridicidad*, p. 87-8. Justamente na ilicitude, na qual Roxin não "esteve especialmente afortunado, a julgar pelas críticas recebidas". Günther afirma que, se a tipicidade serve para distinguir entre o injusto penalmente relevante do injusto geral (em relação ao todo do ordenamento jurídico), o mesmo há de valer para a categoria da ilicitude, distinguindo entre dois grandes grupos: as causas de *justificação* – que excluem o injusto "tout court", com eficácia em todos os campos do Direito – e as causas de *exclusão do injusto penal* (cuja eficácia esgota-se em eliminar tão-só o injusto jurídico-penalmente relevante, indiciado pelo tipo penal). Vale dizer: não prejulgam a avaliação de persistência da ilicitude por parte do direito civil ou do direito público. Operam como se a conduta fosse atípica, pelo que o direito penal deixa aberta a questão de saber se o fato é lícito ou um injusto sem relevância jurídico-penal, sobre o qual têm que resolver os outros ramos jurídicos no marco das colisões de interesse que devem solucionar. As causas de exclusão do injusto penal, pois, são causas de justificação de menor intensidade (GÜNTHER, *Clasificación*, p. 48-9).

Contudo, pode-se negar ilicitude penal sem bulir na ilicitude geral – basta, no caso, que se não verifiquem a dignidade penal e a carência de tutela penal. No dizer de Günther, as causas de exclusão do injusto penal "não outorgam ao fato a marca do 'permitido' ou do 'agir correto', e tampouco se pronunciam sobre a questão da aprovação jurídica da ação, senão que unicamente negam uma desaprovação especialmente intensa, jurídico-*penal* da mesma, mostrada indiciariamente pelo tipo penal.".[308]

Esta segunda hipótese – que aproveitará ao agente, que não é criminalmente responsabilizado, sem impor à vítima um dever de tolerância e até facultando-lhe legítima defesa – é que foi chamada de "causa autêntica de exclusão da ilicitude penal" (causas especiais de exclusão da ilicitude, no rearranjo terminológico já mencionado). Precisamente a esta categoria, Günther remeteu a prossecução de interesses legítimos, vinculada aos tipos de crimes contra a honra, cuja "vinculação social" do bem jurídico imprime uma estrutura "aberta", porosa, exposta à pressão dos contra-interesses de terceiros – o que significa, enfim, uma proteção necessariamente relativizada da honra. Neste contexto, o § 193, consigna Günther, aparece "menos como uma exceção atípica de um ilícito tipicamente digno de pena e mais como o acabamento especial dos tipos dos §§ 185 e seguintes. Ele toma assim parte na função destes tipos que consiste em criminalizar o ilícito contra a honra digno de pena". Ainda acena com o "lado da vítima", livre de um dever de tolerância, o que se traduz em alcançar ao ofendido a legítima defesa e a proteção civil.

Em 1992, ao tratar das "causas especiais de exclusão da ilicitude penal" em conjunto, dividiu-as em três grupos, com destaque para as

---

[308] GÜNTHER, Clasificación, p. 49. O autor resume as razões que sustentam sua bipartição (a *favor* da existência de regras especificamente jurídico-penais de exclusão do injusto e *contra* a tese de que dita exclusão há de se produzir sempre de modo unitário para todos os setores jurídicos conforme as mesmas regras relativas ao direito civil e ao direito público): a) se o injusto é selecionado no âmbito do tipo penal segundo critérios específicos de direito penal, por *razões de lógica*, deve valer o mesmo para o *actus contrarius* (para a exclusão do injusto penal); b) essa igualdade de tratamento deveria ser evidente para todos os defensores do tipo como *tipo total de injusto*, que concebem a decisão sobre o injusto penal como uma valoração material unitária (já que, nesta concepção, a distinção entre tipo e justificação é unicamente uma questão de técnica legislativa – surpreende-se, assim, com as críticas de Roxin, Lenckner e outros); c) o direito penal tem por missão descrever as condutas que merecem pena e os critérios de merecimento de pena desempenham papel considerável tanto no tipo quanto na culpa; como a ilicitude, que participa de tal missão, poderia estabelecer o limite entre o injusto e o direito (seu limite é outro, entre ações merecedoras e não-merecedoras de pena); d) num ordenamento que cada vez mais se diferencia e especializa, parece um anacronismo querer solucionar de forma sempre igual, no terrreno da justificação, todo um sem-número inabarcável dos mais diversos conflitos de interesses em todos os setores jurídicos – regras específicas em cada setor jurídico permitem uma maior precisão conceitual; e) quem exigir para a justificação penal uma aprovação/autorização para realizar o tipo, terá que tratar como injusto penal os mínimos excessos destas autorizações, o que vulnera o mandado de adequação e moderação na incriminação de condutas (p. 50-1).

"causas de redução do tipo" (*Tatbestandseinschränkungsgründe*), cuja eficácia esgota-se ao excluírem o ilícito tipificado no tipo penal. Em nada interferem noutros ramos do direito, designadamente o direito civil. Na expressão de Günther: "A exclusão do tipo penal por via de uma *causa de redução do tipo* tem um efeito que seria o mesmo se a acção não fosse, à partida, uma conduta típica". A prossecução de interesses legítimos encabeça a lista proposta por Günther de causas de redução do tipo.[309]

Ao oferecer uma constelação de exemplos que ilustrariam a necessidade e o realismo da instituição de causas de exclusão do injusto penal, Günther destaca a prossecução de interesses legítimos e comenta o caso "soldados-são-assassinos" (vide *supra*, item II-1.8). Um clamor de indignação atravessou a Alemanha quando um médico, num debate sobre questões armamentistas, qualificou os soldados do exército federal, globalmente, como "assassinos em potencial". O médico foi absolvido da acusação de injúrias ao abrigo da prossecução de interesses legítimos. Poder-se-ia, doravante, licitamente, injuriar os soldados alemães?

Günther responde negativamente, ao conceber o § 193 do StGB como causa de exclusão do injusto penal, que opera para além do

---

[309] Na conferência de 1990, GÜNTHER, *Clasificación*, p. 53-9, propôs classificar as causas de justificação segundo as diversas intensidades (recusando tratar todas como "regras permissivas, de autorização", que concedem ao autor um *direito* a intervir e, automaticamente, um correlato - para a vítima - *dever* de suportar a intervenção). Numa eficácia justificante descrescente: 1) os *deveres jurídicos* como causa de justificação representam o máximo de aprovação jurídica (o autor tem o dever jurídico de realizar a conduta penalmente típica). Günther exemplifica com a posição de garante (o pai para salvar o filho deve, sendo necessário, praticar danos patrimoniais). Pode-se aventar o mesmo em relação aos deveres funcionais (situação, aliás, que ZAFFARONI, *Manual*, p. 459-61, trata como de "atipicidade", na concepção de que a tipicidade *conglobante* - em relação ao todo da ordem normativa - é um corretivo da tipicidade *legal*); 2) num segundo patamar está a autorização garantida constitucionalmente, via exercício de *direitos fundamentais* (exemplifica com a liberdade de expressão a acobertar uma lesão da honra, conforme *supra* II-4.2); 3) direitos de intromissão do autor para garantir *interesses preponderantes*, hipóteses em que a legítima defesa e o direito de necessidade são os protótipos, a eliminarem o injusto em relação a todo o ordenamento jurídico; 4) direitos de intromissão do autor por *renúncia do titular* do bem jurídico, assomando o consentimento e o consentimento presumido - o autor observa que o direito penal, subsidiário e que desaprova mais intensamente, avalia o consentimento de menores de idade com regras mais generosas que ao do direito civil –, vistas como meras causas de exclusão do injusto penal (não decidem se o fato é justo ou injusto conforme a totalidade da ordenamento jurídico); 5) o quinto degrau é o de *causas de exclusão do tipo*, a restringir o âmbito de aplicação de determinados tipos penais concretos, assim se referindo literalmente ao § 193 do StGB (que há de ter um alcance mais amplo do que o direito fundamental de liberdade de expressão). Tais causas apenas operam no âmbito interno do direito penal, não decidindo se o fato é conforme ao Direito ou antijurídico no sentido do direito civil ou do direito público, valorações que cabem aos respectivos ramos de acordo com suas missões e funções; 6) no limite inferior, coloca as causas de atenuação ou diminuição do injusto. A possibilidade de juízos diferenciados sobre o injusto, na perspectiva de cada ramo do direito, é a vantagem mais essencial da teoria de Günther, segundo o próprio (p. 59), o que não contradiz a "unidade do ordenamento jurídico" (que não significa dar a mesma solução a diferentes conflitos de interesses; antes obriga a uma solução diferenciada que leva em conta precisamente as diferenças).

direito fundamental à liberdade de expressão (limitado, no caso, pela própria Lei Fundamental, que impõe o dever de defesa e o serviço militar obrigatório aos jovens varões), a "cobrir o campo dos pequenos excessos no exercício do direito fundamental de liberdade de expressão" – subsistiria, assim, o injusto civil, e o médico não poderia empregar licitamente esta expressão, disponíveis aos soldados uma ação de cessação (ou inibitória) e a indenização de danos morais por vulneração de seus direitos de personalidade.[310]

Quanto à proposta de Günther, em seu conjunto, Roxin rejeita a necessidade de interpolar, entre a tipicidade e a ilicitude, um escalão valorativo adicional como seria a "antijuridicidade penal". Nota que a linha divisória entre falta de desaprovação jurídico-penal e aprovação positiva não transcorre entre as diversas classes de justificação, mas no seio das próprias causas particulares, pois na maioria existe tanto o caso-limite (que todavia há que aceitar) como a imposição, digna de aprovação, de um interesse intrusivo claramente preponderante.[311] Perron, de outra banda, apóia Günther no sentido de que, entre os critérios de justificação estritos e as fragmentárias causas de exculpação, existe na Alemanha uma "área insatisfatória de comportamento não merecedor de pena, mas punível, que só de modo insuficiente pode-se resolver pela via jurídico-processual da oportunidade.".[312]

---

[310] GÜNTHER, Clasificación, p. 62-3. Na concepção deste trabalho, qualificar os soldados de assassinos potenciais é juízo de valor, cujo linde jurídico pertence à opinião tutelada pelo direito fundamental de expressão – fora, portanto, do âmbito genuíno da prossecução de interesses legítimos, a imputação de fatos desonrosos que se revelam falsos ou cuja verdade não se consegue provar.

[311] ROXIN, Derecho Penal, p. 557. Admite, contudo, que é incorreto negar sem mais a possibilidade de uma diferente ilicitude, pelo que "há que reconhecer com Günther a possibilidade de uma específica exclusão do injusto penal", porém em casos excepcionais - exemplifica com o consentimento presumido, não desaprovado em direito penal, em que pese a manutenção da ilicitude civil; seria incorreto afirmar que há dever de indenizar embora a conduta seja conforme ao direito civil, pois, em realidade, é contrária a regras desse ramo, ainda que não o seja em relação ao direito penal (p. 571-2). Tampouco aceita a possibilidade de legítima defesa (preconizada por Günther) contra o agente que está ao abrigo da causa de exclusão do injusto penal. Nos raros casos em que uma conduta penalmente justificada infrinja normas de outro campo do direito, bastarão suas respectivas sanções (indenização patrimonial, v.g.) para reparar a infração – desnecessária uma legítima defesa, que converteria a causa de exclusão do injusto penal em "causa de exculpação"; nos casos em que não se tem porque suportar uma conduta conforme ao direito, a proteção frente a ela dar-se-á pelo estado de necessidade, não pela legítima defesa (p. 602).

[312] PERRON, Principios, p. 77. Tendo em mira o futuro, tanto na Espanha quanto na Alemanha o "direito penal tenderá a relacionar-se com regulações cada vez mais diferenciadas de outros ramos do Direito", sendo urgente responder a questão de como se controlará tal complexidade. A proposta de Günther, de uma solução especificamente penal, baseada em critérios muito mais flexíveis e liberais de justificação, é de ser afastada, pois a existência de conceitos diferentes de ilicitude para distintos ramos do Direito representa aqui um perigo especial, em face das crescentes superposição e interconexão. Se dita posição não é uma resposta frutífera, prova, apesar de tudo, que a abertura dos até agora estritos critérios de justificação é desejável e, nalguns âmbitos, realmente indispensável (p. 84-6).

Noutra direção segue o entendimento de Costa Andrade, ao definir a *dignidade penal* como a expressão de um "juízo qualificado de intolerabilidade social", o que atualiza, no plano jurídico-sistemático, o postulado segundo o qual "o ilícito penal se distingue e singulariza face às demais manifestações de ilícito conhecidas da experiência jurídica".[313]

Há terceira corrente identificável, que vislumbra na prossecução de interesses legítimos uma exculpante. A posição tem alguns apoios doutrinários e serve de fundamento de esparsa jurisprudência (destacando-se a do *Reichsgericht*). Roeder, por exemplo, ao articular a prossecução de interesses legítimos com o princípio do risco permitido, afasta-a do campo da ilicitude e considera-a uma causa obrigatória de exclusão da culpa.

Mais que no apuro dogmático, entretanto, ancora-se esta posição em plausíveis considerandos de política-criminal. A fim de assegurar ao ofendido a legítima defesa e a via civil, vale dizer, já que o agente, suposta sua boa-fé, não prova a verdade das imputações, remanesce ao ofendido prevalecer-se da inverdade das mesmas imputações. Conforme Erdsiek, "enquanto a prossecução de interesses legítimos e o risco permitido forem tratados como uma causa de justificação e não como uma causa de exclusão da culpa, só poderá falar-se da bancarrota da tutela civilística da honra".[314]

Todavia, a tese de que a prossecução de interesses legítimos é genuína causa de justificação não sofre abalo significativo por nenhuma das vias sumariadas. Continua amplamente majoritário, em doutrina e nas decisões dos tribunais, o entendimento de que se trata de não-punibilidade por ausência de ilicitude.

---

[313] ANDRADE, *Dignidade penal*, p. 184. A dignidade penal dá guarida ao princípio constitucional da *proporcionalidade* e não decide, só por si, a questão da criminalização. Acresce a *carência de tutela penal*, a expressar os princípios de *subsidiariedade* e de *ultima ratio*. Tais conceitos triunfaram em termos de política criminal, tópicos nucleares dos movimentos de descriminalização que percorreram a generalidade dos países europeus a partir dos anos 50 (p. 186-7). Já no quadro normativo, provocam uma "incontrolável diáspora de soluções", embora a percepção de que a aplicação dos conceitos aos tipos singulares da parte especial é "uma das tarefas dogmáticas mais importantes das próximas décadas". Estão presentes na noção de "redução teleológica do tipo" e, para muitos, na concepção "vitimodogmática" (p. 188-92). No que tange à parte geral, Costa Andrade comunga da tese da *ubiqüidade da dignidade penal* (Günther), a se projetar para todas as categorias da teoria do delito. Parece, desde logo, que a dignidade penal assinala a distinção entre ilícito penal e ilícito sem mais (p. 196), assim como assiste "razão a Günther na demarcação que propõe entre a ilicitude e a ilicitude penal", assinalando uma "relativa descontinuidade" entre ambas e a refletir-se no "plano da respectiva exclusão" (p. 197). Assim, o direito positivo português (questões do erro e do direito de necessidade) reforça, de algum modo, a tese das causas autônomas de exclusão do ilícito penal - que significa, cita Günther, "renúncia à desaprovação, particularmente massiva e drástica da realização da factualidade típica, através do direito penal; mas não significa a renúncia à desaprovação jurídica, pura e simples, do comportamento" (p. 197-9).

[314] ANDRADE, *Liberdade*, p. 336 e 337, donde se retiraram as citações de Roeder e Erdsiek. Eike Schmidt também comungaria desta corrente, segundo ROXIN, *Derecho Penal*, p. 781, nota 40.

Uma decisão do *Reichsgericht*, amiúde citada, corporifica esta posição: "O pensamento sobre que assenta o § 193 do StGB é o mesmo que fundamenta a não punibilidade da conduta praticada em legítima defesa ou estado de necessidade".[315] Vale dizer, trata-se de exclusão da ilicitude.

Este entendimento também tem resposta para as exigências de política-criminal (não se exigir do ofendido passivo conformar-se), abrindo-se ao atingido a reação do direito civil (por exemplo através de um procedimento cautelar) e, no campo penal, do direito de necessidade, que não pressupõe uma agressão ilícita, mas apenas um perigo não afastável de outro modo.

Socorre a lição de Roxin, para quem a prossecução de interesses legítimos é uma causa de justificação, e não de mera exculpação, pois o tópico do interesse preponderante, mesmo marcado pela ponderação de riscos, é um princípio de justificação: a expressão desonrosa pode licitamente formular-se. A tese da exculpação, defendida com freqüência na doutrina civilista, não subsiste. Se a conduta estivesse proibida, razões de prevenção indicariam o castigo, não remanescendo fundamento para a exclusão da culpa. Mesmo porque o principal, e legítimo, escopo da posição verberada (conferir medidas defensivas ao ofendido) atinge-se igualmente com o enquadrar a prossecução de interesses legítimos no plano da ilicitude. Certo é que permanecem, ao alcance da pessoa que conheça a verdadeira situação, tanto recursos de direito civil quanto o próprio direito de necessidade (§ 34 do StGB).[316]

---

[315] Apud ANDRADE, *Liberdade*, p. 337.

[316] ROXIN, *Derecho Penal*, p. 781, onde cita exemplo de Lenckner: a vítima de uma maledicência, amparado o autor pelo § 193, já impossível uma medida cautelar, atuará ao amparo do § 34 "se irromper na oficina da redação e destruir o manuscrito pronto para imprimir". O caso, hoje, é mais de laboratório, considerando a informatização inexorável da comunicação social, mas situações similares podem beneficiar-se do raciocínio. No mesmo sentido, vide ROXIN, *Causas de justificación*, p. 230. A questão, de fato, não é simples. Ocorre que, em geral, uma ação amparada por causa de justificação é conforme ao Direito, por isso não cabe legítima defesa contra quem age ao amparo de uma exclusão de ilicitude – nesta linha, tais causas conferem um direito de intromissão e um genérico dever de tolerância em relação a quem atua licitamente. A situação examinada no texto, contudo, representa uma exceção a tal princípio, que aliás particulariza o exercício das causas de justificação que atendem a circunstâncias incertas e futuras. Fica à disposição de alguém que possua conhecimento específico sobre a verdadeira situação de fato, que priva a justificação de seu fundamento. Embora Roxin afirme que tais hipóteses raras vezes acontecerão na prática (o que fica em aberto nas múltiplas vias da comunicação social), admite que, no caso, até possa haver estado de necessidade justificante contra um salvador putativo, mas de uma maneira "sumamente limitada", pois a possibilidade de impedir a ação de quem atua justificadamente "desaparece ali onde o próprio ordenamento jurídico já previu possibilidades institucionalizadas de retificação". Roxin, então, concorda com Lenckner acerca da possibilidade de que a vítima inocente de um delito no marco do § 186 possa defender-se, dentro dos comedidos limites do § 34, mesmo que o ofensor estivesse amparado pela justificação prevista no § 193 (ROXIN, *Derecho Penal*, p. 602-3). Inviável, entretanto, exercer-se *legítima defesa*, que pressupõe uma agressão ilícita. Não se pode, pois, concordar com BACIGALUPO, *Honor*, p. 49, ao asseverar que o "exercício do direito de informação e da liberdade de expressão não excluem a legítima defesa [art. 20.4 do Cód. Penal Espanhol] por parte do titular da honra agredido" (o

A doutrina geral das causas de justificação privilegia os portadores de bens jurídicos atingidos pelo exercício de uma "causa de justificação que se reporta a circunstâncias futuras e incertas" (casos da prossecução de interesses legítimos e do consentimento presumido), pelo que "o ofendido (ou terceiro) que disponha de conhecimentos específicos bastantes para retirar fundamento à justificação pode opor-se (à acção do agente de boa-fé), nos termos do *Direito de necessidade*".[317] Contra tal entendimento posiciona-se Hirsch, ao ressaltar que é desacertada a idéia de que frente a um comportamento justificado caberia o estado de necessidade justificante, pois essa construção derrogaria a concepção da regulação objetiva dos conflitos sociais que caracteriza todas as causas de justificação.[318] A reflexão de Larrauri, todavia, não parece desarrazoada, ao sinalar que à ilicitude basta um juízo de *autorização*, sem que seja necessário um juízo de *aprovação*.[319]

Ainda pela corrente majoritária, Jescheck trata a "salvaguarda de interesses legítimos na difamação" (§ 193) como causa de justificação: cabe suportar uma afirmação fática desonrosa, mesmo diante do risco de que seja inverídica ou de que não possa ser provada, quando só mediante tal expressão resulte defensável um legítimo interesse público ou privado.

---

exemplo fornecido pelo autor, *data venia*, afigura-se melhor resolvido por meio do direito de necessidade: alguém que, em "defesa" de sua honra, apodera-se de uns documentos que o comprometem seriamente, subtraindo-os de um jornalista que os tornará públicos em breve).

[317] ANDRADE, *Liberdade*, p. 338, onde refere o exemplo supra de Lenckner, que distingue as causas de justificação que conferem ao agente um "direito de intervenção" (*Eingriffsrecht*) – e impõem ao ofendido o dever de aceitar ou suportar (*Duldungspflicht*) – daquelas que apenas outorgam uma "autorização de ação" (*Handlungserlaubnis*). Günther não deixa de apontar o que considera uma incoerência de Lenckner: de um lado, o autor tem o direito de lesionar tipicamente bens jurídicos da vítima, que, a seu turno, pode impedir tal intromissão. Seria razoável, neste caso, continuar afirmando que o autor tem autorização para realizar a conduta, contra a qual a vítima pode, licitamente, opor-se? (GÜNTHER, *Clasificación*, p. 53).

[318] HIRSCH, *Posición*, p. 13, nota nº 6. O autor também critica Günther e refere expressamente a prossecução de interesses legítimos, hipótese que não autoriza colocar em dúvida o princípio reitor da unidade do ordenamento jurídico, já que o § 193 do StGB configura uma causa geral de exclusão da ilicitude. Embora Günther ilustre sua teoria com a prossecução de interesses legítimos, o exemplo não serve como causa de mera exclusão do injusto penal. Hirsch argumenta que a categoria ilicitude não determina se um comportamento típico é merecedor de pena, interessando apenas, do ponto de vista sistemático, "se estava ou não de acordo com o conjunto do ordenamento jurídico". A confusão residiria em introduzir, no plano do injusto, o critério de "merecimento de *pena*", que retiraria à ilicitude sua função própria (indicar a vulneração do conjunto do ordenamento jurídico) e borraria a fronteira entre inclusão do injusto e exculpação/exclusão pessoal da pena. Na visão de Hirsch, a proposta conduziria à "destruição do sistema da teoria do delito" (p. 23).

[319] LARRAURI, *Justificación*, p. 118. A admissão de causas de justificação que reconhecem uma faculdade de atuação permitiria explicar por que frente a um comportamento justificado não surge sempre uma "correlativa obrigação de tolerar". Assim, "uma causa de justificação pode ocasionar um mal que a vítima não tem obrigação de tolerar, por não estar positivamente valorado pelo ordenamento jurídico. Nestes casos deve se reconhecer à vítima a possibilidade de defender seus bens jurídicos por meio do estado de necessidade." (p. 119).

Trata-se de uma permissão de ação, e não de uma faculdade de intervenção.[320] Afasta-se do estado de necessidade, ao não exigir uma preponderância essencial do interesse protegido em face da defesa da honra (decorrência da própria incerteza da situação), bem como não se trata de exculpante, pois a afirmação desonrosa não é apenas desculpável, mas pode ser feita. Justifica, portanto, a difamação (§186) e a injúria (§ 185). "En especial, la *prensa* puede igualmente recabar para si la protección del § 193, si se ve obligada a difundir hechos atentatorios al honor para cumplir su deber de información frente al público".[321]

Ademais, tratar a prossecução de interesses legítimos como causa de justificação é a única construção compatível com o direito positivo português, como se verá.[322]

Ainda em reforço da tese da justificação, pode-se lançar mão da experiência espanhola, que desconhece, ao menos formalmente, uma figura nos moldes da prossecução de interesses legítimos. Todavia, como os fatos da vida pressionam o sistema jurídico, também na Espanha acaba-se chegando a resultados muito similares aos alcançados em Alemanha e Portugal. Partindo da doutrina constitucional da *posição preferente* da liberdade de imprensa (informação, no caso) e a conjugar os conceitos de *interesse público* e *veracidade*, Munõz Lorente, em alentada monografia, exclui que se possa operá-los, em termos dogmático-penais, seja em sede de tipicidade, seja na categoria da culpa.

Diante da situação em que se revela inviável pronunciar-se pela verdade objetiva da imputação fática desonrosa (ou quando se constata, *ex post*, que é realmente falsa), dever-se-á investigar a "veracidad subjetiva", que tornará a informação legítima e afastará a responsabilidade penal do autor.[323] Pois bem, e em literal analogia com a figura do § 193 do StGB, Lorente afirma não ser possível operar as liberdades de expressão e informação em sede de tipicidade – a excluir-se, com isso, a lesão do bem jurídico protegido – a menos que se restrinja enormemente este bem jurídico (a tutelar-se apenas uma honra real ou

---

[320] JESCHECK, *Tratado*, p. 361-2. Vale, aqui, a mesma observação de Günther em relação à posição de Lenckner. Além do que, ao tratar da unidade do ordenamento jurídico, Jescheck refere que "as causas de justificação especificamente jurídico-penais (v.g. § 193) justificam também o fato em todas as restantes áreas jurídicas" (p. 293, 1) - o que parece contradizer, ao menos, a utilidade da distinção entre "permissão de ação" e "faculdade de intervenção" que o próprio autor afirmou à p. 361, 2.

[321] JESCHECK, *Tratado*, p. 362-3.

[322] ANDRADE, *Liberdade*, p. 339.

[323] MUÑOZ LORENTE, *Libertad*, p. 190, em cuja nota 177 (que continua na p. 191) reconhece ser essa, basicamente, a concepção seguida no sistema penal alemão. Na hipótese de imputação de fatos desonrosos falsos (ou indemonstráveis) a conduta pode justificar-se através do § 193, "que é uma causa de justificação similar a do exercício legítimo de um direito do artigo 20.7 de nosso atual Código Penal".

merecida, o que se choca com o teor literal das disposições penais protetoras da honra).[324]

Assim, a via dogmática mais idônea para acomodar o exercício das liberdades constitucionais em questão, no âmbito penal, será o marco da justificação penal, aliás na senda da doutrina majoritária (mais concretamente, através do artigo 20.7 do Código Penal Espanhol).[325]

5.1.4. Princípios axiológicos subjacentes: princípio geral da ponderação de bens, do exercício de um direito, do risco permitido. Síntese

Em medida maior do que o normal, a ocorrência da justificação em exame dependerá da singularidade do caso concreto, operando-se variáveis múltiplas. Para ilustrar: o dever de investigação de um juiz é diverso do de um jornalista, que é diferente do de um historiador, de um crítico de arte, interferindo ainda critérios como urgência, relevo comunitário, periodicidade, estatuto da pessoa atingida etc.

Essa "tensão para o caso concreto" é reflexo da racionalidade teleológico-material da prossecução de interesses legítimos. Eser, citado por Costa Andrade, na sua investigação de 1969 (A Prossecução de Interesses Legítimos como causa geral de Justificação), realça seu caráter dinâmico, "abertura à criação, afirmação e promoção de novos valores no âmbito de uma sociedade em mudança e progresso", diferente do direito de necessidade, conservador, preordenado à salvaguarda de bens preexistentes (proteção do "status quo"). Por outro lado, a prossecução de interesses legítimos tem função evolutiva, está a serviço da criação de novos valores e constitui um direito de tender para um "status ad quem".[326]

---

[324] MUÑOZ LORENTE, *Libertad*, p. 257.

[325] MUÑOZ LORENTE, *Libertad*, p. 321-2. É certo que reina discrepância na hora de especificar qual a causa de justificação a se aplicar: se a do exercício legítimo de um direito ou a da figura da *exceptio veritatis* (encarada como causa de exclusão da ilicitude, p. 382-3). Em rigor, ainda que se parta do exercício de um direito, as particularidades da situação a ser justificada (a imputação de *fatos* desonrosos, e não a mera opinião) acabam por apartar o exercício dogmático da matriz genérica. Pensa-se, pois, que mesmo que se conservem, doutrina e jurisprudência, no marco do art. 20.7 do Código espanhol (o que é, bem de ver, inexorável na ausência de dispositivo similar ao alemão ou ao português na parte especial), acabam por plasmar e concretar instituto cuja natureza aproxima-se por demais da prossecução de interesses legítimos – como se terá oportunidade de comprovar, à medida em que se desenvolvem os desdobramentos dogmáticos da causa de justificação investigada. O autor também afasta a hipótese de exclusão da culpa, diante de um "paradoxo" de responsabilidade civil (o art. 118.2 do Código Penal espanhol faculta indenização civil nos casos de erro de proibição, o que sobrecarregaria a via penal, utilizada com propósito puramente civil, p. 296-7) e pela dificuldade de resolver questões de participação delitiva (ao eximir o autor, mas deixar subsistente a responsabilidade dos partícipes, não cobertos pelo erro de proibição, a criar casos insatisfatórios especialmente em face do funcionamento dos meios de comunicação, com trabalho de equipe e responsabilidades editoriais e diretivas) – p. 319-20.

[326] ANDRADE, *Liberdade*, p. 164. "Ao assegurar-lhe expressão positivada [à prossecução de interesses legítimos], o legislador penal aceitou de algum modo a deslocação do centro de gravidade para a 'fronteira do futuro', com seu lastro de custos em termos de indeterminabilida-

Há três respostas nesta seara, quando se indaga qual o princípio axiológico-normativo de justificação na base da prossecução de interesses legítimos.

Principia-se pela mais antiga (e também com maior número de adeptos), que foca o princípio geral da *ponderação de bens*, vista a justificação como concretização positiva de um estado de necessidade supralegal, para depois encará-la como cristalização particular do princípio comum da ponderação de bens ou interesses. Avultam, aqui, nomes como os de Binding, Noll, Rudolphi. Mezger falava de um "estado-de-necessidade-da-honra" (*Ehrenotstand*), ao passo que Jakobs refere-se a um "caso especial de ponderação de interesses para os §§ 185 e 186 do StGB".[327]

Com a devida vênia, as limitações desta concepção, estribada na ponderação de interesses marcada pelo direito de necessidade, parecem muito visíveis. Com efeito, a visão inquinada não capta a excentricidade do instituto prossecução de interesses legítimos em cotejo com o direito de necessidade, e.g. as diferenças alhures apontadas na hierarquia entre os bens ou no relevo da situação de perigo, a par de seu caráter tautológico. Ou a justificação específica poderia encaixar-se na geral, e seria, *ipso facto*, supérflua, ou o procedimento de acomodação seria traumático e os cortes e espichos não esconderiam o suplício, como na Câmara de Procusto.

Uma segunda hipótese funda a justificação em apreço no princípio geral do exercício de um direito.

A crítica esboçada à corrente anterior também afigura-se pertinente para afastar a segunda resposta, de feitio jurisprudencial, que funda a prossecução de interesses legítimos na *manifestação do direito fundamental de livre expressão do pensamento*. Na esteira da decisão do BGH de 20.1.1959, "a justificação do § 193 do StGB é uma manifestação (*Ausprä-*

---

de e contingência. Com a consequente remissão para o caso concreto como instância última de superação e estabilização normativa." (p. 165).

[327] Tudo conforme ANDRADE, *Liberdade*, p. 339, inclusive nota 427. Para uma visão acerca do balanço de bens como fundamento de causa de exclusão da ilicitude, com referências a doutrina e jurisprudência alemãs e francesas e com ênfase na legislação brasileira, vide REALE JÚNIOR, *Teoria do Delito*, p. 245-54. Segundo o autor, os penalistas de língua francesa, antes da jurisprudência tedesca, haviam elaborado a teoria do balanço dos bens como critério resolutivo de situações de necessidade, mas (antes de Binding e dos franceses) o Código Criminal do Império (1830) já a adotara (art. 14) no Brasil. Ao destacar a impossibilidade de estabelecer uma hierarquia de bens, dificuldade que aumenta quando tais bens não são materiais, questiona se o valor vida poder ser sacrificado para salvar uma obra de arte, tesouro da humanidade – o que teria sucedido, conforme contam, com Camões, que, "no naufrágio em Goa, para salvar os *Lusíadas*, deixou afogar-se sua bem amada Dinameme. (...) Com a perspectiva que a história nos dá, é possível decidir em favor do grande poeta; sem esta perspectiva, bem se poderia decidir contrariamente." (p. 251-2 e nota 20). Em suma, o critério legal não passa de uma diretriz, "já que as circunstâncias particulares podem determinar uma mutação de escala legislativamente estatuída. O decisivo é o caso particular." (p. 253).

gung) especial do direito fundamental de livre expressão do pensamento regulado no artigo 5º da Lei Fundamental".[328]

Ora, se é certo que a tese vale para algumas das hipóteses inscritas no § 193 (indevidamente reduzidas, na rubrica, à prossecução de interesses legítimos) e que representam emanações do exercício de um direito, indubitável que impertinente quando dirigida ao "núcleo problemático" do citado dispositivo, a imputação de fatos desonrosos cuja verdade o agente não pôde comprovar.

Tudo a indicar a correção de uma terceira posição, a agregar o princípio do risco permitido e que se pretende não eclética, mas sintética.

Em realidade, a terceira via mencionada, que vislumbra no princípio do risco permitido o fundamento axiológico-normativo do § 193 do StGB, aponta a melhor diretriz para "a área genuína de aplicação" do preceito no direito germânico (a imputação de fatos cuja verdade o agente não consegue provar), mormente se integrado com o princípio comum da ponderação de interesses, isto é, a partir de uma "ponderação de interesses baseada numa avaliação do risco".[329]

Antes a doutrina tratava o risco permitido e a ponderação de bens como categorias extremadas. Welzel defendia que apenas ocorreria colisão de bens se a imputação fosse verdadeira, pois só então haveria que se falar em interesses legítimos. Neste caso, entretanto, em rigor, conflito não existiria, por insubsistência da agressão à honra. Lenckner,

---

[328] Apud ANDRADE, *Liberdade*, p. 340.

[329] ROXIN, *Derecho Penal*, p. 784 (38a) e 780 (31), respectivamente. Roxin inicia por desobstruir o terreno. A formulação do preceito é "desafortunada, já que os juízos, críticas e censuras prolixamente enumerados no mesmo, ainda que sejam materialmente incorretos, como tais, por si, não constituem ofensas e portanto não precisam ser objeto de justificação". Caso agridam a pessoa do afetado de modo ofensivo para sua honra, em geral haverá injúria formal (e exclui-se a justificação pela própria redação do § 193, "in fine" – salvo uns poucos casos de crítica que desqualifica o sujeito sem ultrapassar o limite antes referido). Neste contexto, a importância do preceito é "sumamente escassa" (p. 779). O centro de gravidade da figura, portanto, reside nas *expressões equivalentes proferidas para a realização ou defesa de direitos ou para a prossecução de interesses legítimos*. Se, nestes casos, opera a justificação em tela, fundamenta-se numa "ponderação de interesses baseada numa avaliação do risco". Pondera-se o interesse legítimo a ser prosseguido e valora-se-lhe mais do que o interesse do afetado (na intangibilidade de sua honra) – neste caso, quem se manifesta pode licitamente correr o risco, não afastável, de fazer uma afirmação falsa. Para não se reprimir "a priori" as comunicações pessoais (qualificadas pela presença da prossecução de interesses legítimos), admite-se, em face de determinados requisitos, o risco de uma ofensa à honra. Eis por que Roxin enquadrou, sistematicamente, o § 193 como "causa de justificação derivada do risco permitido" (p. 780). Faz notar, ainda, que os *juízos de valor* injuriosos eventualmente justificados não se amparam na idéia de ponderação de risco (produtos artísticos, como sátiras e caricaturas, autorizados – numa ponderação global – diante da liberdade de expressão artística); assim como as expressões vertidas em disputas públicas (sobretudo políticas) baseiam-se no direito de opinião derivado da liberdade de expressão (art. 5º, III e I, respectivamente, da Lei Fundamental). Essas últimas hipóteses constituem casos de ponderação de interesses e derivam do exercício de direitos constitucionais, pelo que se lhes aplicar o § 193 resultaria em superposição desnecessária. Na perspectiva alemã, a autonomia do instituto estriba-se notadamente na idéia de ponderação do risco (p. 781).

louvando-se na lição de Welzel, também negava, num estudo de 1965, a existência de uma colisão real entre o interesse prosseguido e a honra do ofendido. No mesmo ano, contudo, distanciou-se da posição original e reconheceu incontornável a idéia de colisão.

Em síntese, subsiste a colisão numa consideração *ex ante*, que se reporta ao momento da prática (da imputação) e que se traduz na disjuntiva *imputar um fato* desonroso, com risco de não poder comprová-lo (interesse em publicar fatos significativos para a prossecução de quaisquer interesses legítimos) *ou omitir a imputação* (interesse numa proteção mais compreensiva da honra) e, eventualmente, pôr em perigo interesses legítimos. Com tais alicerces, era possível erigir a concepção do "princípio do interesse prevalecente", que triunfou tanto entre autores mais apegados ao paradigma tradicional da ponderação de interesses como entre os propensos a enfatizar o *topos* do risco permitido.[330]

Jescheck pondera que, embora o risco permitido não seja uma causa de justificação autônoma, é um "principio estructural común" para diversas causas de justificação, a possibilitar a proteção de determinados interesses, não necessariamente superiores, mediante ações que se realizam numa situação objetivamente incerta, correndo o risco de que o bem jurídico protegido resulte lesionado, se não se confirmarem os pressupostos estimados no momento da ação. O § 193 é um caso especialmente característico de uma causa de justificação construída sobre o alicerce do risco permitido. A referência à finalidade da figura (à função social ressaltada por Eser, ao assegurar o processo pacífico de acomodação da liberdade de pensamento e desenvolvimento às exigências e representações valorativas de cada tempo), não explica, segundo o autor, por que deveria admitir-se, justamente nesta área do direito penal, uma "tão ampla concessão à dinâmica da mudança social".[331]

Roxin, todavia, critica a concepção de Jescheck (que contrapõe o § 193, como manifestação do risco permitido, à posição que a subsume no princípio da ponderação de interesses), pois não se lidam com pontos de vista excludentes. Antes, no caso de afirmações fáticas desonrosas, o "interesse do autor na salvaguarda" e o "interesse do afetado em ser respeitado" (Eser) hão de *ponderar*-se na ótica da "repartição de *riscos*".[332]

---

[330] Rudolphi e Hirsch, por exemplo – tudo cf. ANDRADE, *Liberdade*, p. 341-3, donde também se extraíram as referências a Welzel e Lenckner.

[331] JESCHECK, *Tratado*, p. 361-2. Não esconde, portanto, um certo desconforto diante do desarranjo que seus traços dinâmicos provocam.

[332] ROXIN, *Derecho Penal*, p. 782. Assevera, ainda, com razão, que a idéia de risco não desempenha qualquer papel nos juízos de valor. De toda sorte, as afirmações de fatos desonrosos não podem justificar-se pela liberdade de opinião. Note-se que, em linhas gerais, Jescheck confere papel basilar ao pensamento da *ponderação de bens*, relacionado ao desvalor de resultado na concepção do injusto e associado ao "pensamento do fim" (que pretendia o autor?, desvalor de ação), sendo que ambos devem desaparecer ou serem compensados e que "não cabe dizer

Hassemer pugna por uma categoria de *justificação procedimental* e refere o conceito de "procedimentalização" (*Prozeduralisierung*). Argumenta que o "melhor direito", a razão pela qual se declara que a "lesão de um bem jurídico não configura um injusto", há de se buscar através de uma "espécie de procedimento, a saber, o seguimento de um processo regulado juridicamente". Trata-se, bem de ver, de um "privilégio de errar", que opera com o fato de que os "prognósticos e as crenças são, diferentemente das instituições e das certezas, modelos cotidianos e também ações jurídicas, que têm seus próprios requisitos de racionalidade e suas próprias condições de certeza.".[333] O que o direito pode exigir, em conseqüência, não é algo de substancial (a Verdade), e sim que se cumpra um determinado procedimento, "realçar e comprovar, de forma mais ou menos intensiva os fatores prévios existentes. (...) Procedimentaliza [o ordenamento jurídico alemão] decisões tomadas com um desconhecimento específico, quando não se pode determinar seu conteúdo. (...) [e] aceita a lesão ao bem jurídico para a qual não havia, *ex ante*, outra alternativa e intenta minimizá-la no limite do possível.".[334]

Em síntese e dito com Costa Andrade, uma leitura "teleológica condiciona o discurso dogmático sobre a *prossecução de interesses legítimos*, que terá de privilegiar os dois tópicos que ficam referenciados. Em primeiro lugar, o princípio do *risco permitido*, aberto em homenagem ao relevo comunitário de valores ou interesses como, v.g., os representados pela liberdade de imprensa. (...) o *risco permitido* não esgota nem explica só por si o regime da prossecução de interesses legítimos na área problemática em exame. Só seria assim se o § 193

---

mais sobre o princípio básico comum a *todas* as causas de justificação" (JESCHECK, *Tratado*, p. 292, 2 e 3). E mais, ao tratar especificamente do § 193, Jescheck analisa o requisito da "adequação" da manifestação (que estabelece uma relação de *rango y peso* entre o interesse a salvaguardar e a proteção da honra). Neste sentido, ocorre uma *ponderación de intereses* (p. 363). As posições, neste diapasão, não são propriamente antagônicas, mesmo porque Jescheck afasta do âmbito do § 193 os juízos valorativos despidos de imputações fáticas.

[333] HASSEMER, *Justificación*, p. 23, 25 e 37-9, respectivamente.

[334] HASSEMER, *Justificación*, p. 40. Assim, as condições para que se dê uma procedimentalização (coincidentes na teoria do conhecimento, na filosofia dos valores e no direito penal) podem ser elencadas da seguinte forma: a) um desconhecimento específico; b) a respeito de um determinado conteúdo; c) cujo conhecimento é constitutivo para determinado plano. As conseqüências também são comuns: a) apesar do déficit de conhecimento constitutivo não se renuncia ao plano; b) a busca da verdade ou da justiça se assegura através de procedimentos; c) cada resultado obtido de acordo com o procedimento será aceito (p. 44). Adverte o autor que, no direito penal, não se emudecerá a crítica de que a posição procedimental justifica lesões a bens jurídicos sem que possa demonstrar a existência de um "melhor direito" (p. 45), mas, ainda que seja negada tal categoria, existirá ou se disfarçará sob constelações diversas, como o "dever de cuidado do agente que atua como equivalente funcional a uma causa de justificação" (p. 46-7). Hassemer diferencia a procedimentalização da teoria do "espaço livre do direito", já que o direito penal "instaura um dever de cuidado, de exame ou de assessoramento para proteger o bem jurídico. Com isso o legislador dispõe de um âmbito para desenvolver diversas técnicas de proteção" (p. 47). Quanto as reflexos dogmáticos específicos do dever de informação, no que tange à investigação, vide, *infra*, item II-5.2.

silenciasse as exigências relativas aos interesses legítimos a prosseguir, à semelhança do que sucede (no direito alemão) nas hipóteses em que o agente logra fazer a prova da verdade da imputação. Pelo contrário, ao introduzir a exigência dos interesses legítimos com os seus corolários normativos, o legislador penal alemão fez penetrar o regime da *Prossecução de interesses legítimos* pela lógica da ponderação de interesses. Que configura o segundo *topos* do 'círculo hermenêutico' da dogmática da *Prossecução de interesses legítimos*".[335]

5.2. O dever de informação

Em arriscada simplificação, trata-se, nesta sede, de responder à seguinte indagação: há um dever de verificação, ou de comprovação, da informação a ser publicada como pressuposto da justificação prevista no § 193 do StGB?

5.2.1. Noção geral do dever de comprovação cuidadosa.
Afirmação jurisprudencial. Discordância doutrinária

A questão, na discussão da doutrina e jurisprudência alemãs, é pertinente a todas as causas de justificação e pode ser assim colocada: a eficácia justificativa da prossecução de interesses legítimos (ou de qualquer outra causa dirimente da ilicitude) depende, ou não, de o agente cumprir um dever de comprovação cuidadosa (*pflichtgemässe Prüfung*) dos pressupostos objetivos em jogo?

Resposta afirmativa "alargaria ao mesmo tempo o espectro dos elementos subjectivos de justificação" – já que o agente deve conhecer verificar-se uma causa de justificação, pena de punição com a pena aplicável à tentativa[336] -, a exigir-se, para o aperfeiçoamento da exclu-

---

[335] ANDRADE, *Liberdade*, p. 344. MUÑOZ LORENTE, *Libertad*, p. 257, ao comentar, na nota 105, o § 193 do StGB, afirma que a justificação ocorre sempre e quando existam uma série de *interesses legítimos*. Quer dizer, a exclusão da ilicitude não se dá "com o simples fato de provar a veracidade subjetiva" (homenagem ao princípio do *risco*). Mas também com os interesses legítimos, que "coincidem, em essência, com as matérias que denominamos como de interesse público" (tópico da *ponderação*).

[336] Previsão expressa para a exclusão de ilicitude por consentimento do ofendido no artigo 38, nº 4, do Código Penal Português. A questão, consabido, não comporta uma resposta absoluta e depende, fundamentalmente, da concepção que se tenha do injusto. Embora a "teoria dos elementos subjetivos da justificação" – que redunda na punição por *tentativa* – firme-se como posição dominante (já que, neutralizado o injusto de resultado, persiste o desvalor da ação, v.g. JESCHECK, *Tratado*, p. 296,2), os representantes coerentes da teoria pessoal do injusto inclinam-se pela punição por um delito *consumado* (como fazia ZAFFARONI, *Manual*, p. 576 e como defende, no atual quadro espanhol, MUÑOZ LORENTE, *Libertad*, p. 352-3 e 362-5). Ao criticar o injusto pessoal do finalismo, ZAFFARONI, num giro teórico, pugna agora pela *irresponsabilidade* penal nestes casos, encarando as causas de justificação por prisma exclusivamente objetivo (no prefácio de TAVARES, *Teoria*, 2000, como o próprio autor à p. 154) – vide item II-2. No sentido de que se trata de uma tentativa inidônea impunível e para uma discussão (crítica) da opção pelo delito consumado, vide ROXIN, *Derecho Penal*, p. 600-1 (101-3).

são da ilicitude, "outro e cumulativo elemento subjectivo, a 'comprovação conforme ao dever' ou comprovação particularmente cuidadosa (*sorgfältige Prüfung*) da verificação dos pressupostos objectivos da justificação".[337]

A exigência vem sendo sufragada pelos tribunais alemães, especialmente em relação ao direito de necessidade, à prossecução de interesses legítimos e a dirimentes baseadas em direitos de funcionários (*Amtsrechte*).

Não é este o entendimento doutrinário. Ao revés, a quase totalidade da doutrina *nega* a necessidade de uma "comprovação cuidada da verificação dos pressupostos objetivos" como *condição geral* de eficácia da justificação[338] e, concretamente, do direito de necessidade. Alguns autores (Lenckner, por exemplo) sustentam tal dever como pressuposto das causas de justificação baseadas no risco permitido ou numa mera suspeita, caso da prossecução de interesses legítimos (como do consentimento presumido e de *Amtsrechte*), em que a ordem jurídica, em consideração ao fim valioso perseguido pelo autor, e diante da incerteza reinante ao tempo da ação, aprova "uma ação em si mesma objetivamente antijurídica".[339]

Para outros e de ângulo oposto (Roxin, Rudolphi, Hirsch, Jakobs, Zielinski), não se exige o "adimplemento do dever de informação e comprovação" para *causa nenhuma* de justificação. Roxin alerta que o entendimento contrário redundaria em punição a título de dolo, mesmo que existisse a situação objetiva (levianamente suposta) e que o agente tivesse se orientado por tal finalidade – o que seria inadmissível (pois falta tanto o desvalor do resultado quanto o desvalor doloso da ação. A finalidade do sujeito coincide com os mandamentos do Direito, pelo que a falta de cuidado, inócua em concreto, redunda numa "tentativa imprudente" impunível).[340] Além do que, e agora a advertência é de Jakobs, a visão indigitada desaguaria em soluções inadequadas no regime de comparticipação, em que os sujeitos tenham trilhado "caminhos diferentes" (um a comprovar com cuidado o estado objetivo, outro a supô-lo levianamente). Ambos ainda destacam que o recurso ao dever de comprovação, por cima da inconsistência dogmática, é desnecessário mesmo em termos de política-criminal, visto que a *disciplina do erro* apresenta-se suficiente para alcançar soluções valiosas, o que se denotará ao examinar a questão no prisma da prossecução de interesses legítimos.

---

[337] ANDRADE, *Liberdade*, p. 345. Segue-se, *infra*, sua resenha acerca do dissenso doutrinário (p. 346-8).
[338] JESCHECK, *Tratado*, p. 296, 3.
[339] Novamente JESCHECK, *Tratado*, p. 297, 3.
[340] ROXIN, *Derecho Penal*, p. 592, 82.

5.2.2. A prossecução de interesses legítimos e o dever de informação (glosa espanhola: o caso Crespo)

Antes de análise mais acurada do quadro jurídico-penal alemão, aventura-se rápido excurso para focar um rumoroso caso espanhol decidido pelo Tribunal Constitucional e cujo círculo hermenêutico considerou o valor do discurso público e a questão do dever de averiguação da verdade.[341]

Os fatos, em traços largos: Javier Crespo Martínez, jornalista, trabalhava desde 1981 na "Oficina" de Imprensa do Ministério da Justiça. Em 21.1.85 a agência de notícias *Europa Press* publicou que Crespo havia-lhe declarado que tencionava dirigir em breve um relatório ao Subsecretário de Justiça no qual exporia sua preocupação diante da "filtragem" (vazamento) de notícias do órgão público, a beneficiar a editora do diário *El País*, o que estaria ligado à assunção ao poder do PSOE (Partido Socialista Espanhol). Afirmava, ainda, que se manifestava mais como sócio da Associação Espanhola de Direitos Humanos e da respectiva seção da Anistia Internacional que como jornalista.

Ao fim de processo disciplinar, Crespo foi despedido, ato cuja legalidade foi confirmada pelo Tribunal Supremo em 22.12.86, segundo o qual o trabalhador vulnerara os princípios de boa-fé e lealdade devida ao empregador (só estava autorizado a noticiar o que determinavam os superiores, devendo dar conta a seus chefes de irregularidades internas). Crespo recorreu ao Tribunal Constitucional, ao argumento (dentre outros) de que a "filtragem" era ilegal facilitação de monopólio ideológico (contrário à igualdade de oportunidades e à livre concorrência) e violava o art. 20.1 a) da Constituição Espanhola.[342]

---

[341] STC 6/1988, de 21 de janeiro, rel. Mag. Luis Díez-Picazo y Ponce de Léon. Segue-se o comentário e síntese de SALVADOR CODERCH, *El Mercado*, p. 82-92, salvo indicação.

[342] Alegava, ainda, que o então chefe do gabinete de imprensa do Ministério era antigo empregado do jornal *El País*. O tópico boa-fé e lealdade do jornalista para com seu empregador (e sua relação com "o que e o como" acaba sendo publicado) toca direto com a questão interna da liberdade de imprensa, que escapa de todo ao fôlego do presente trabalho. Para aprofundar vide KLOEPFER, *Freedom*. Basta lembrar, ainda, que justamente o patriota *New York Times*, denodado campeão dos direitos civis que litigou contra *Sullivan* no famoso "leading case", altivo o suficiente para não se ajoelhar em face do *macarthismo* nos anos de 1955 e 1956, despediu um seu funcionário que, frente à investigação do Congresso, recusou-se a revelar seu passado político invocando a proteção da Quinta Emenda. Criticado internamente por membros liberais e diante de uma carta de protesto da União Americana das Liberdades Civis (por demitir alguém que invocara um direito constitucional), o *Times* justificou-se por seu *publisher*, o poderoso Arthur Hays Sulzberger: "... Nossa disposição de confiar em nossos colaboradores traz com ela o dever correspondente da parte em quem confiamos. Eles devem franqueza tanto aos seus colegas como ao público. (...) Tal como qualquer outro cidadão um jornalista tem o direito indiscutível de afirmar seu privilégio constitucional de não se incriminar. Mas a invocação da Quinta Emenda põe sobre seus ombros o fardo pesado de provar sua idoneidade para continuar a ter um lugar de confiança no corpo editorial ou de reportagem deste jornal." – cf. TALESE, *Reino e o poder*, p. 244-51.

O Advogado do Estado, depois de afirmar que "o Sr. Crespo jamais provou a existência de um verdadeiro 'vazamento' ao jornal *El País*" (e que "nem sequer tentou"), propunha que o marco da informação verdadeira – art. 20.1. d) CE – deveria ser lido não como condição ou limite absoluto do direito, mas como *información realizada en disposición veraz*, abarcando eventualmente a informação de fato não exata, mas cuja exatidão ignora o autor que buscara obtê-la de acordo com um razoável cuidado profissional.[343]

O Tribunal Constitucional, na decisão, distingue o regime jurídico dos fatos imputados e das opiniões externadas (e aconselha, no caso de mescla, atentar para o elemento preponderante e encaixar cada qual numa das hipóteses do art. 20)[344] e esboça uma definição de discurso público (aquele que permite a efetiva participação dos cidadãos na vida coletiva e que, por isso, pode encerrar transcendência pública).[345]

No que ora importa, a Corte estabeleceu o critério aplicável no direito espanhol no que tange à imputação dos custos ou ônus de averiguação e prova da verdade (*el deber de diligencia en la búsqueda de la verdad*). A Constituição protege o direito a transmitir informação *veraz*, o que não significa que deixa fora dos muros de seu âmbito de proteção "a informação cuja plena adequação aos fatos não se evidenciou no processo, como não se provaram, neste caso, os fatos referidos pelo trabalhador despedido. Quando a Constituição requer que a informação seja 'veraz', não está tanto privando de proteção às informações que podem resultar errôneas – ou simplesmente não provadas em juízo –, quanto estabelecendo um específico dever de diligência sobre quem informa (*el informador*), a quem se pode e deve exigir que o que transmita como 'fatos' tenha sido objeto de prévio contraste com dados objetivos, privando-se, assim, da garantia constitucional a quem, defraudando o direito de todos à informação, atue com menosprezo pela veracidade ou falsidade do comunicado. O ordenamento não presta sua tutela a tal conduta negligente, muito menos à de quem comunica

---

[343] Este "cânone de cuidado razoável" (profissional) ligar-se-ia ao conceito do boa-fé do direito privado, pauta geral para o exercício dos direitos. O advogado do estado, no seguimento, afirma que Crespo deveria ter averiguado e provado a verdade dos fatos imputados antes de propagá-los. Contudo, não convenceu a Corte da bondade de sua interpretação.

[344] Recusando tratá-los globalmente como juízo de valor (solução diversa da preconizada pelo Tribunal Constitucional alemão). Se impossível discerni-los, o "elemento proponderante" determinará o regime legal (SALVADOR CODERCH, *El Mercado*, p. 129).

[345] Uma tendencial concepção *normativa* (matérias relevantes para o processo democrático de autogoverno), que deixa espaço às magistraturas constitucional e ordinária para determinar o que pode incluir-se ou deve excluir-se do debate público – que se choca com uma visão *descritiva*, que considera pública qualquer matéria que interesse a um número significativo de pessoas, mais próxima da posição defendida por SALVADOR CODERCH, *El Mercado*, p. 88-9. Voltar-se-á ao tema adiante, a distinguir "interesse público" e "interesse do público" (item II-5.2.3).

como fatos simples rumores[346] ou, pior ainda, meras invenções ou insinuações insidiosas; ampara sim, ao contrário, em seu conjunto, a informação retamente obtida e difundida, ainda quando sua total exatitude seja controvertida. Em definitivo, as afirmações errôneas são inevitáveis num debate livre, de tal forma que, caso se impusesse 'a verdade' como condição para o reconhecimento do direito, a única garantia de segurança jurídica seria o silêncio".[347]

Feita a referência, é de se voltar aos contornos da dogmática alemã, para, de início, ressaltar, em grandes linhas, a exigência jurisprudencial.

5.2.3. Exigência dos tribunais alemães

Quanto à prossecução de interesses legítimos, os tribunais têm, invariavelmente, segundo Costa Andrade, exigido um dever de comprovação ou informação. Nesta linha o BGH, na esteira do *Reichsgericht*, em aresto de 8.12.1959: "Quem, para a prossecução de interesses legítimos, quiser fazer imputações de factos susceptíveis de ferir a honra de outrem tem antes de se informar conscienciosamente sobre se estes factos são verdadeiros". Nos termos convergentes do *Alte Herren* (1960), o jornalista só deve arriscar notícia que atente contra a honra de alguém "depois de comprovar cuidadosamente a fiabilidade das suas fontes".[348]

Noutro caso paradigmático (*Call-Girl-Ring*), o BGH decidiu (15.1.63) pela condenação do agente por inadimplemento do dever de informação. No transcurso de um rumoroso processo de lenocínio (*Kuppelei*), uma das prostitutas declarou que um dos clientes era "muito parecido com um membro do governo" – com base no que, sem checar a fiabilidade da fonte ou investigação complementar e embora houvesse um desmentido oficial, um jornal publicou a "notícia" de que "um dos membros do Governo figurava entre os clientes habituais do *Call-Girl-Ring*".[349]

---

[346] Marx, que estudara direito na Universidade de Berlim e cujo pai fora advogado na Renânia, defendeu-se em causa própria da acusação de ter publicado observações derrogatórias sobre funcionários do governo. Foi julgado em 7 de fevereiro de 1849 pelo Tribunal de Colônia e absolvido pelo júri (junto com o co-editor Engels e outros acusados). Pitoresca uma sua falácia argumentativa: "E o *Neue Rheinische Zeitung* diz: '*diz-se* que o Senhor Zweiffel declarou'. Para difamar alguém, é preciso que eu mesmo não questione minha própria afirmação, como é feito aqui com '*diz-se que*', é preciso que eu fale apoditicamente." (MARX, *Liberdade de Imprensa*, p. 111).

[347] Apud SALVADOR CODERCH, *El Mercado*, p. 89-91, para quem o aresto recebeu o núcleo básico da doutrina constitucional norte-americana pós-*New York Times*. Ficam por concretar os graus específicos de diligência, já que nem todas as informações são iguais (o estabelecimento de uma escala simples e gradativa de níveis de responsabilidade refletiria este fato). Vide, infra, item II-5.2.9.

[348] Apud ANDRADE, *Liberdade*, p. 348.

[349] Cf. ANDRADE, *Liberdade*, p. 348. Provou-se, aliás, que a notícia era desprovida de fundamento.

5.2.4. Divisão doutrinal: argumentos a erigir o dever de informação como pressuposto autônomo – o reverso do risco permitido e evitar a invocação do erro excludente do dolo; posição (minoritária) que o recusa

No campo da doutrina, há divisão acentuada. De plano, é de se apresentar os argumentos a erigir o dever de informação como pressuposto autônomo da prossecução de interesses legítimos, os quais são de dupla índole: dogmática (reverso do risco permitido) e de política-criminal (denegatório da exclusão do dolo).

A vertente dos tribunais (exigência do dever de informação) é aplaudida por setor majoritário da doutrina, sob o argumento dogmático de que o dever de informação é o reverso conatural da construção do risco permitido, que é assumido "na medida em que o agente tiver feito tudo o que nas circunstâncias for possível para reduzir o risco de lesão ao mínimo", inclusive verificar a situação de acordo com o dever de cuidado exigido pelas circunstâncias. Tenckhoff, por exemplo, minudenciando as circunstâncias do *Call-Girl-Ring* (o jornalista não estava sob pressão do tempo, grave imoralidade que afetaria uma pessoa pública, inverosimilhança inicial do depoimento etc.), aplaude a decisão condenatória.

Jescheck, a relevar a estrutura do risco permitido, assevera que a ação perigosa (incerta a situação no momento de sua prática) só é permitida "quando o agente proceder na base de uma *comprovação cuidadosa* dos pressupostos atinentes ao elemento incerto".[350]

Lenckner, no mesmo diapasão, destaca que, a tornar-se inescapável libertar o agente do risco de uma decisão "tomada em conformidade com o dever, mas que, afinal, se revela errada", é mister "compensar a carência de conteúdo objectivo através do elemento da comprovação conforme ao dever". Eser, numa última ilustração, ao cotejar a prossecução de interesses legítimos com o direito de necessidade, gizando a ausência da "situação de perigo" no amplexo do § 193, leciona que tal falta terá de ser "compensada pela exigência de que o agente só se disponha a prosseguir os seus interesses depois de ter questionado e comprovado a verificação dos critérios".[351]

---

[350] JESCHECK, *Tratado*, p. 361. Como a ordem jurídica assume o risco de que a situação se revele objetivamente injustificada, exige que o autor tenha agido apoiado em "cuidadosa comprobación" dos pressupostos originais. Expressamente quanto ao § 193, o autor, "antes de comunicar ou difundir [a informação] tem que ter cumprido com seu *dever de informação*. Por isso, há de examinar com todos os meios ao seu dispor se a injuriosa afirmação de fatos corresponde à verdade ou é credível". Cita um exemplo jurisprudencial: quem leva à imprensa, contra certos políticos, a suspeita de atividades comunistas, apoiada unicamente numa comunicação oral e não verificada, não pode acolher-se do § 193, posto não ter cumprido com o dever de informação que lhe incumbia (p. 363).

[351] As citações de Tenckhoff, Lenckner e Eser amparam-se em ANDRADE, *Liberdade*, p. 350-1. Lançando mão das imagens aventadas no contexto epistemológico (supra, item I-2.1), parece que a preocupação, de todo pertinente, é evitar que os jornalistas "adivinhem" fatos, saltando etapas

Há outra linha de argumentação em reforço da exigência do dever de comprovação, de assumido teor político-criminal: afastar a invocação do erro sobre os pressupostos da prossecução de interesses legítimos que, ao excluir o dolo, na prática excluiria a punibilidade dos atentados menos ponderados à honra. Assim, a jurisprudência denega a exclusão do dolo, qualificando o erro de vencível à custa de uma mais exigente comprovação das coisas.[352]

De outra banda, tremula a corrente doutrinária minoritária, a negar o dever de informação como pressuposto.

A contestação a um específico dever de informação como pressuposto da prossecução de interesses legítimos decorre, bem de ver, da consideração geral dos autores que negam esta exigência "em relação a toda e qualquer causa de justificação".

Roxin considera tal exigência a expressão teoricamente incorreta da opinião, materialmente correta, de que quem faz afirmações levianas e ligeiras não pode ficar impune, inclusive pela invocação de um erro sobre os pressupostos fáticos do § 193 (que excluiria o dolo).[353]

Na síntese de Rudolphi, apresentada por Costa Andrade, a justificação do § 193 pondera o perigo de uma lesão à honra e o ensejo para prossecução de interesses legítimos, mas opera através de uma consideração *ex ante*. Se a ordem jurídica decide compensar a probabilidade objetiva de a imputação ser falsa (lesão à honra) pela probabilidade objetiva de a imputação ser verdadeira (e, portanto, indispensável para a prossecução de interesses legítimos), trata-se de uma "decisão de valor que a ordem jurídica toma independentemente da convicção (*Gewissenhaftigkeit*) pessoal do autor e apenas na base da probabilidade objectiva da lesão da honra, por um lado, e da prossecução de interesses legítimos, por outro, probabilidade decorrente duma consideração *ex ante*". Longe de considerar a comprovação conforme ao dever irrelevante, Rudolphi remete-a para a disciplina do erro (e às diversas conseqüências em face de apresentar-se evitável ou inevitável).

É o *regime do erro*, então, a adequada "sede de enquadramento e valoração da eventual falta de cuidado na fundamentação da imputação divulgada". No dizer de Roxin, não se poder falar de erro sobre os pressupostos objetivos do § 193 nos casos em que a infundada imputação baseou-se tão-só em indícios não fiáveis, pois quem não dispõe sequer de indícios suficientes "não representa uma constelação fáctica capaz de justificar as suas afirmações". E, se mesmo assim acredita

---

metodológicas que podem validar o resultado de seus trabalhos (como o pintor que automatizou sua arte, e ao contrário da obra viva de Miró, que não prescinde do percorrer integral de suas linhas dinâmicas).

[352] ANDRADE, *Liberdade*, p. 351-2.

[353] ROXIN, *Derecho* Penal, p. 786, 45.

poder fazê-las, "então labora em erro censurável sobre a proibição (§ 17) que nada altera à sua punição a título de dolo".³⁵⁴

Em sentido convergente, veja-se o exemplo de Jakobs, ao tratar do *Prüfungspflicht*: "Quem coloca uma notícia desonrosa no jornal, só tem a representação de uma situação de justificação (§ 193 StGB) quando ele dá positivamente como adquirido que não é possível evitar a colisão entre o direito de informação e o direito de personalidade, nomeadamente através de investigações ulteriores (*weitere Recherchen*)".³⁵⁵

5.2.5. A controvérsia no direito português

O problema tem matiz diferente no direito penal português.

Tal polêmica é solvida, de modo jurídico-positivo, pelo art. 180, 4, do Código Penal português, que afasta a justificação "quando o agente não tiver cumprido o dever de informação, que as circunstâncias do caso impunham, sobre a verdade da imputação". O preceito remonta ao Projeto de Eduardo Correia (artigo 176, nº 2), com inexorável conclusão dogmática: "se, pois, os factos imputados são falsos e o agente não cumpriu o seu dever de esclarecimento e comprovação não pode dizer-se que actuou no exercício do direito de informação e não existe causa justificativa".³⁵⁶

Remanesce, porém, como indagação aberta à doutrina portuguesa e pertinente às questões da teoria geral da ilicitude, bem assim no que tange ao consentimento presumido, equacionar a *natureza jurídico-penal* do dever de informação, tarefa que transborda em muito o limite da investigação em curso.

A empreitada é assumida, a título de contributo provisório, por Costa Andrade, que adianta três notas: primeiro, que as duas correntes doutrinárias alemãs, em que pesem dissonantes, não são antagônicas.³⁵⁷ Roxin e Jakobs, e.g., concedem relevo jurídico ao dever de comprovação, que baliza a ponderação das probabilidades e que exige do agente esforço para sindicar a impossibilidade de evitar a colisão de bens. Não reconhecem, ao autor leviano de imputações descuidadas, o privilégio do erro de tipo descaracterizador do dolo, remetendo a solução para o regime do erro de proibição, "a admitir, entre os pressupostos da justificação do § 193, a exigência duma representação

---

[354] ANDRADE, *Liberdade*, p. 352-3; ROXIN, *Derecho* Penal, p. 787, 45.

[355] JAKOBS, *Strafrecht*, p. 363, § 27. Seguiu-se a tradução de ANDRADE, *Liberdade*, p. 353, "in fine". Mais uma vez, a noção de que ao jornalista é defeso "adivinhar" fatos publicáveis, indeclinável que percorra o caminho das "leges artis".

[356] DIAS, *Direito de Informação*, p. 171-2. A doutrina portuguesa ficou a dever a Figueiredo Dias a primeira tentativa de clarificação dogmática da figura (ANDRADE, *Liberdade*, p. 354).

[357] Imagina-se, aqui, na linha do contexto epistemológico (supra, item II-2.1), harmônica convivência de vozes, como na polifonia musical barroca (em que avultam as cantatas de Bach).

das coisas para além da que é mediatizada pela primeira informação".[358]

Roxin, ao tratar da questão, a par de notar que a solução adotada pela jurisprudência majoritária converge, genericamente, para a teoria estrita (ou extremada) da culpa, pondera que (referindo-se ao consentimento presumido), sobre o dolo, não é decisivo o que o sujeito haja examinado e, sim, representado, embora "quem não examina em absoluto as circunstâncias justificantes, em muitos casos tampouco as haverá representado em concreto e não atua por isso sem dolo" (delitivo). Ao focar o § 193, assevera que "independente de se o autor da expressão efetuou ou não alguma comprovação, objetivamente só se dará uma situação justificante, que cubra o risco de que não seja verdadeira [a expressão], quando haja tantos indícios que advoguem pela veracidade da expressão que seja lícito atrever-se a formulá-la.".[359]

A dois, prossegue a enumeração de Costa Andrade, jurisprudência e doutrina majoritárias enfrentam sérias dificuldades para lidar com a problemática do erro (tópico que asseguraria as vantagens do entendimento); ao fundarem na mera violação do dever de comprovação a censura do dolo ao agente que, de forma leviana, acreditou na verdade da imputação, estribam-se na "teoria da culpa estrita" (Welzel), entretanto quase pacificamente superada pela "teoria da culpa limitada" (para a qual a mesma violação apenas pode ditar a ilicitude da conduta, não seu tratamento como dolosa).[360]

---

[358] ANDRADE, *Liberdade*, p. 355-8. Vale lembrar que o erro de proibição considera-se inescusável quando o agente *tem o especial dever de informar-se* (BITENCOURT, *Erro*, p. 111), ônus que em geral impende sobre os "administradores públicos" e também atinge "aquelas pessoas que exercem determinadas atividades ou profissões que são *especialmente regulamentadas*, nas quais, se não forem seguidas as normas regulamentares, a conduta poderá tornar-se ilícita.". Pese o regramento deontológico, não é este o caso do jornalismo e da comunicação social.

[359] ROXIN, *Derecho Penal*, p. 591-3 (81 e 84) e p. 786, 45. Se alguém publica fatos reprováveis sem base, a justificação do § 193 excluir-se-á, não por não se ter informado suficientemente, e sim porque, objetivamente, não se aperfeiçoa um suporte fático que pudesse fundamentá-la.

[360] A questão do erro nas causas de justificação, outra vez, é polêmica e merece referência mais aturada. Diz respeito à errônea representação dos pressupostos objetivos (materiais) de uma causa de justificação, como nos clássicos exemplos de legítima defesa putativa. Em geral, cinco teorias disputam a primazia da melhor solução (segue-se o roteiro de ROXIN, *Derecho Penal*, p. 580-2): a) para a *teoria dos elementos negativos do tipo*, trata-se sempre de verdadeiro erro de tipo excludente do dolo (§ 16, I, StGB, e que conduz, sendo o caso, à punição por crime culposo); b) a *teoria restrita da culpa* (limitada, dominante na literatura científica e na jurisprudência) também entende que o erro de tipo permissivo exclui o dolo, mas não por aplicação direta do preceito que regula o erro de tipo, e sim, por analogia, trata a suposição equivocada de situação fática *como se* fosse um erro de tipo (diz-se "restrita" porque a teoria *estrita* da culpa encara qualquer erro que oculta ao sujeito o caráter proibido de sua conduta como caso de exclusão ou atenuação da culpa – sem nunca afetar o dolo, ao contrário desta, que se limita, restringe); c) a *teoria da culpa que remete às conseqüências jurídicas*, embora não atribua efeito excludente de dolo ao erro de tipo permissivo, pretende (em face da culpa diminuída) equiparar, nas suas conseqüências jurídicas, o fato (que entende doloso) a um delito negligente – aplica, também por analogia, o § 16, I, citado, e seu resultado no tratamento do erro é idêntico ao da teoria restrita da culpa; torna, porém, possível a participação de um sujeito de má-fé no fato cometido por quem se

Significa, sempre com Costa Andrade, que se deve assumir o dever de comprovação como pressuposto da justificação – "a convicção de ter satisfeito as suas exigências em concreto é indispensável para a representação de um estado de coisas correspondente à previsão típica da justificação a título de prossecução de interesses legítimos" – de forma a só dar-se por excluído o dolo quando o agente se tiver "erradamente convencido de ter trazido à ponderação todas as circunstâncias cuja

---

encontra em erro (já que a participação pressupõe fato doloso). Uma variante é a *teoria da culpa dependente* (da pena do delito negligente) de Jakobs, que concebe uma condenação por delito doloso, com uma redução da pena ao marco do crime negligente (naturalmente quando seja punível a comissão negligente); d) a *teoria da culpa independente das conseqüências jurídicas* desliga-se por completo do § 16 e não só considera o fato doloso como constrói uma marco penal próprio para o caso de erro vencível (atenuação prevista no § 49, I, StGB; e) por fim, a *teoria estrita da culpa*, que se desenvolveu no quadro do finalismo e trata tal situação como erro de proibição diretamente subsumível no § 17 do StGB – portanto, o erro nunca exclui o dolo, apenas a culpa, se inevencível; se, como acontece em geral, for vencível, atenua-se a pena do delito doloso. O enquadramento teórico oferecido por JESCHECK, *Tratado*, p. 417-23, não é muito diverso, abrigadas as diversas categorias de erro sobre as causas de justificação como "erro indireto de proibição", que se triparte: os erros sobre a *existência* ou os *limites* de uma causa de justificação consideram-se, em geral, como erro de proibição; o problema começa justamente no erro de tipo permissivo, que é *sui generis*. Após apresentar as teorias dos elementos negativos do tipo e a da culpa estrita (a primeira vislumbrando um genuíno erro de tipo; a segunda, um erro de proibição), indica que doutrina e jurisprudência dominantes adotam a teoria restrita (limitada) da culpa (aplicação analógica do § 16). Todavia, entende Jescheck que é correta a teoria da culpa que remete às conseqüências jurídicas: ainda que o autor haja realizado um injusto doloso de ação, unicamente é castigado por negligência, visto ter diminuído o desvalor da ação e porque o dolo não se dirige contra o Direito (não manifesta desvalor da atitude interna) – eventual impunidade, na ausência de tipo negligente, resolve-se com indenização civil e subsiste a possibilidade de participação punível das pessoas que conhecem a situação de fato (p. 420). ROXIN, *Derecho* Penal, p. 583, 62, entende que só é correta a teoria restrita da culpa (aliás censurando o *caos das teorias* – cita Engisch, que apontava o verdadeiro "refinamento escolástico" da discussão, e Grünwald, que demonstrou que as diversas variantes da teoria restrita da culpa sustentam, no essencial, apenas uma terminologia diferente). Na visão de Roxin, o *dolo de injusto* da teoria limitada abarca o dolo típico (conhecimento das circunstâncias do tipo legal) e, mais, a não-suposição de circunstâncias justificantes. Ao inverso, o dolo exclui-se pela falta de conhecimento dos pressupostos do tipo legal (dolo típico) e pela suposição errônea de circunstâncias justificantes: quem erra sobre uma circunstância da qual depende o injusto "não sabe o que faz" a atua sem dolo delitivo, "porque aquilo que se representa não merece desaprovação jurídica. Pelo contrário, atua em erro de proibição (§ 17) quem sabe o que faz, mas crê erroneamente que pode atuar assim" (p. 586, 68). Se o erro era vencível persiste um injusto de ação, mas "esse desvalor consiste numa falta de atenção e é portanto um injusto de ação negligente. O injusto de ação doloso pressupõe que o sujeito se haja imposto como objetivo uma conduta que o ordenamento jurídico valore como injusta desde sua perspectiva", o que não sucede no caso de erro de tipo permissivo (p. 587-8, 71). O certo é que nem o StGB, nem o Código Penal Espanhol regularam expressamente essa espécie de erro eclético, ao contrário dos diplomas brasileiro (art. 20. § 1º) e português (art. 16, 2). Para uma discussão com vistas ao direito penal brasileiro, vide BITENCOURT, *Erro*, p. 98-111; GOMES, *Erro*, p. 70-87 e 113-45. Vale lembrar que o item 17 da Exposição de Motivos da Nova Parte Geral do Código Penal Brasileiro consigna ter mantido, tangente às descriminantes putativas, a "tradição brasileira" ligada à "teoria limitada da culpa". Todavia, GOMES, *Erro*, p. 129, entende que a "teoria da culpa que remete à conseqüência jurídica" é a que está inteiramente de acordo com o *jus positum* brasileiro, bem como BITENCOURT, *Erro*, p. 102. Quanto ao heterogêneo panorama espanhol, vide MUÑOZ LORENTE, *Libertad*, p. 387-98. Por todos, finalmente, vide DIAS, *Problema*, p. 415-62 (§ 21, o erro sobre causas justificativas).

ponderação lhe era possível e exigível (...) [o que] reduzirá as lacunas de punibilidade (por exclusão do dolo) para limiares aceitáveis".[361]

Terceiro, e portanto, no raciocínio de Costa Andrade – que permanece no marco da teoria restrita da culpa –, o dever de comprovação é incontornável no círculo hermenêutico das causas de justificação assentes no risco permitido, princípio de tolerância que "só legitima as condutas perigosas suposta a atualização dos deveres de cuidado (codificados ou não) suscetíveis de deslocar o risco para limiares socialmente suportáveis".[362]

Convém gizar que dito dever não se esgota numa mera boa-fé subjetiva, que redundaria, na fórmula jurisprudencial, na "carta de alforria outorgada a pessoas fanáticas, histéricas e com mania de perseguição para ofenderem a honra dos outros". Antes deve repousar numa *base objetiva*, aferível pelas "leges artis" dos jornalistas e, portanto, dependente da situação e do conflito.

A propósito, Faria Costa, na profunda investigação acerca do perigo em direito penal,[363] assenta "que a ordem jurídica não só admite comportamentos perigosos como até, de certa maneira, não deixa de os promover". Mas, também é verdade que impõe um dever de cuidado,

---

[361] Numa coerente aplicação da teoria restrita da culpa, o erro de que se trata (de tipo), seja evitável ou inevitável, redundará em impunidade, já que inexiste (caso inescusável) responsabilidade negligente para os delitos contra a honra. MUÑOZ LORENTE, *Libertad*, p. 421, na hipótese de erro vencível, remete a solução para a culpa, passível o fato de punição a título de dolo, embora com atenuação da culpa – erro de proibição (p. 418).

[362] Remanesce, porém, um problema. ROXIN, *Derecho Penal*, p. 593-4 (85 e 86), admite que uma modificação das regras do erro pode derivar-se do fato de que muitas causas de justificação exigem a valoração de circunstâncias que são indeterminadas ou futuras (caso do § 193). A questão: na medida em que se levam em conta circunstâncias incertas em benefício do agente, a partir de que limite uma avaliação errada da situação (ou de sua evolução) pode transformar a justificação numa hipótese putativa? Serve a perspectiva subjetiva de uma pessoa cuidadosa do setor da vida em que atua o agente? "Não se pode dar respostas unitárias a estas questões. Só podem ser respondidas segundo as peculiaridades das distintas causas de justificação e a partir do contexto do respectivo elemento prospectivo", sequer princípios gerais podem ser formulados com segurança. "De momento", há que se ater a idéia de que é inadmissível recorrer a regras do erro quando a falta de certeza de um juízo que se deve emitir *ex ante* – em que a decisão varia conforme muitos critérios distintos – passa a integrar o suporte fático justificante, vale dizer, "ainda quando o sujeito suponha erroneamente os pressupostos de uma causa de justificação, continua, não obstante, a não realizar um injusto negligente, se observa nessa situação o cuidado exigível".

[363] Indaga, o Professor da Universidade de Coimbra, qual a razão de ser para a explosão que o perigo teve no mundo do direito penal? Para além da explicação "infinitamente repetida" de que vivemos época de grande coeficiente de tecnicização, de predomínio da tecnologia, o que fundamenta tenha sido erigido à categoria dogmática? Sem negar relevo à 1ª Revolução Industrial (século XVIII), Faria Costa agrega outro fenômeno, inter-relacionado: a intensa intervenção do Estado, nomeadamente em nível legislativo, na definição da vida dos cidadãos, o que, na multividência penal, "tinha ver com a defesa do princípio da segurança. O Estado *cuidava* dos seus cidadãos...". Essa a pedra fundamental do direito penal saído do Iluminismo, e o liberalismo e o despotismo esclarecido utilizariam a idéia de segurança articulada com a razão de estado (o cuidado para com os inimigos do Estado, internos e externos) – COSTA, *Perigo*, p. 348, 351 e 354, respectivamente.

cujas regras "visam em última instância evitar que as condutas perigosas, reconhecidas pela ordem jurídica, se sedimentem em resultados danosos" e cuja violação é infração "às exigências que em geral impendem sobre o agente, mas que têm de ser valoradas na situação concreta". Estabelecem-se, pois, *leges artis* como "armadura de cuidados" destinadas a situações ideais.[364]

Nestes lindes, vai a conclusão de Costa Andrade pela inadequação de erigir-se o dever de comprovação "à categoria dos chamados *elementos subjectivos das causas de justificação*" - a identificá-lo, sem mais, com elementos exclusivamente subjetivos (conhecimento e vontade), "e cuja ausência significaria a punição com a pena da tentativa".[365]

Castiñeira I Palou, no contexto do direito penal espanhol, sustentava posição "sui generis" (antes do Código Penal de 1995), segundo a qual o caminho para a correta resolução dos conflitos entre honra e liberdade de expressão passa justamente pela necessária concorrência de todos os elementos objetivos e subjetivos das causas de justificação, particularmente para uma adequada solução dos problemas derivados da exigência de que a informação seja veraz. A seu ver, a resolução concreta depende de dois fatores: a) o tratamento dispensado ao erro sobre os pressupostos de uma causa de justificação; b) admissão de comissão imprudente dos delitos de calúnia e injúria. No seu ponto de vista, o erro sobre os pressupostos de uma causa de justificação é (sempre) um erro de tipo e admite a possibilidade da imprudência nos delitos contra a honra, de forma que "o erro sobre a verdade da

---

[364] COSTA, *Perigo*, p. 481 e 499, respectivamente. Sobre o difícil cumprimento exaustivo das "leges artis" na prática, vide p. 517 e seguintes.

[365] ANDRADE, *Liberdade*, p. 358 (com a ressalva anterior sobre a divergência acerca da punição por tentativa). Esta também a posição de MUÑOZ LORENTE, *Libertad*, p. 423: de forma alguma o "examen conforme a deber" pode ser identificado com o elemento subjetivo da justificação (conhecimento/vontade da justificação e que pode estar presente ainda que não se tenha comprovado diligentemente a situação, ou estar perfeitamente ausente apesar de ser ter cumprido o dever de informação). Ainda que rejeitando a natureza de pressuposto ou requisito formal do dever de comprovação (p. 424-6) – e reconhecendo sua operatividade nas hipóteses de erro, para graduar sua evitabilidade ou não -, Muñoz Lorente reserva-lhe o papel de "instrumento para a análise da concorrência do elemento subjetivo da justificação (...) útil – quando não imprescindível – para verificar se realmente concorre no agente o elemento subjetivo de justificação" (p. 427). No caso de *erro inverso* (em que concorrem apenas os elementos objetivos, e que deve redundar na condenação por delito consumado na visão de Muñoz Lorente), é utilizado como critério de prova: se não houve comprovação diligente, pode-se dizer (salvo exceções, que não aponta) que o sujeito atuou desconhecendo a concorrência de elementos subjetivos (p. 428). Pese seja seu papel provar ou corroborar a presença do elemento subjetivo, tal não significa que se converta em pressuposto (porque o elemento subjetivo – mesmo na ausência de exame – pode ser provado por outras vias [que tampouco indica] e, assim, justificar a conduta em face do valor da ação" (p. 429). Todavia, tanto pela tergiversação da linguagem ("resulta sumamente difícil, quando não impossível") como pelo exemplo fornecido (jornalista que difunde, sem qualquer verificação, notícia desonrosa "ex post" verdadeira, e que alega que já o sabia antes, e que será descoberto em sua "mentira" senão demonstrar que comprovou formalmente a informação), embora a reiterada recusa, dita posição acaba por equiparar o dever de informação a requisito ineludível da causa de justificação.

imputação poderá dar lugar à impunidade, se for invencível, e à responsabilidade por imprudência, se for vencível".[366]

A injúria, na redação do artigo 208 do Código Penal espanhol de 1995, vai definida como "a ação ou expressão que lesionam a dignidade de outra pessoa, menoscabando sua fama ou atentando contra sua própria estima. Somente serão constitutivas de delito as injúrias que, por sua natureza, efeitos e circunstâncias, sejam tidas no conceito público como graves. As injúrias que consistam em imputação de fatos não se consideram graves, salvo quando tenham sido proferidas com conhecimento de sua falsidade ou temerário desprezo pela verdade".[367]

Neste novo quadro, Castiñeira I Palou parece afastar-se do entendimento com que olhava para o Código de 1973. Se é certo que uma imputação *imprudente* pode lesar a honra de uma pessoa, na linha "de reduzir a proteção penal aos casos mais graves, parece razoável pensar que os legisladores de 1995 optaram por prescindir da proteção penal para estes casos". Mais claramente, "o conhecimento da falsidade – dolo direto – e o temerário desprezo pela verdade – dolo eventual – configuram a parte subjetiva do tipo".[368]

Merece ainda uma referência a problemática do erro sobre os pressupostos fáticos da causa de justificação do art. 20.7 do Código Penal espanhol, quando relacionado com o exercício da liberdade de informação – em que, substancialmente, opera a prossecução de interesses legítimos, como já ficou gizado. Lorente afirma que há um tácito acordo, doutrinário e jurisprudencial, de tratá-lo pela via da "eximente putativa", numa "assunção mimética da doutrina constitucional". Ou seja, mesmo que ausente o pressuposto fático do exercício do direito (no caso, a verdade objetiva), e desde que o sujeito haja contrastado diligentemente a informação (adimplido o dever de comprovação) e

---

[366] CASTIÑEIRA I PALOU, *El Mercado*, p. 485. Afasta-se, portanto, da teoria estrita da culpa.

[367] Segundo SALVADOR CODERCH, *Prevenir y castigar*, p. 71-9, trata-se da segunda recepção, em Espanha, da doutrina *Sullivan v. New York Times* estabelecida pela Suprema Corte americana em 1964. A primeira e adequada recepção dera-se pelo Tribunal Constitucional espanhol, de uma doutrina constitucional pensada para resolver questões de limites entre o "Direito Civil, de indenização, e os direitos fundamentais, de base constitucional, às liberdades de informação e expressão". O Código Penal, ao redefinir os tipos legais dos crimes contra a honra (também a calúnia, art. 205), realizou a segunda recepção, transpondo a *actual malice* para a dogmática penal, o que gera distorções na visão do autor: a possibilidade de que, tendo agido com temerário desprezo pela verdade (*reckless disregard*), fosse o autor condenado mesmo que os fatos fossem objetivamente verdadeiros; quando se estava a abandonar o velho requisito do *animus injuriandi*, perquire-se, na redação indigitada, da intenção de mentir. O conceito de "temerário desprezo", vago, é interpretado, civilmente, como *culpa lata*; houve ampliação do âmbito de aplicação do direito penal nesta matéria; ainda que tenha retirado o desacato, a legislação facilitou a legitimação ativa dos funcionários públicos para litigarem por crimes contra a honra (precisamente na inversa da doutrina *Sullivan*).

[368] CASTIÑEIRA I PALOU, *Prevenir y castigar*, p. 83 e 95, respectivamente (a primeira citação refere-se à calúnia; a segunda, à injúria).

tenha chegado ao conhecimento de que a mesma era certa, o fato encontra-se plenamente justificado.³⁶⁹

Critica este acordo "quase unânime" (que parece olvidar as discrepâncias que exsurgem quando a questão é tratada genericamente), que traduz um automatismo penal ao receber a doutrina constitucional, que justifica – no marco da verdade subjetiva – as lesões contra a honra quando a informação se reveste de interesse público. Ora, a "veracidad subjetiva", importada do Tribunal Constitucional, não deixa de ser um erro sobre os pressupostos fáticos da causa de justificação, o que "deveria levar logicamente a doutrina espanhola a um tratamento dos mesmos no âmbito da culpa", já que, partam do causalismo ou do finalismo, "as teorias majoritariamente aceitas em nosso país – 'teorias do dolo' e 'teoria estrita da culpa' – remetem a solução do problema ao âmbito daquela categoria dogmática, deixando totalmente intacto o injusto.".³⁷⁰

Na inferência de Muñoz Lorente, as causas de justificação putativas podem ser tratadas como verdadeiras causas de justificação, o que leva a uma concepção muito concreta do injusto e de sua exclusão: "a finalista pura, ou subjetivo-monista", cujo expoente máximo hoje é Zielinski.³⁷¹

Embora respeitável o posicionamento referido,³⁷² tais incoerências dogmáticas são obviadas se o *dever de comprovação* (que Lorente corpo-

---

³⁶⁹ MUÑOZ LORENTE, *Libertad*, p. 399. Tal corrente é quase unânime, com exceção de Cerezo Mir e Moral Garcia, que agasalham a teoria estrita da culpa e tratam da questão, por conseguinte, em sede de culpa (nota 224).

³⁷⁰ MUÑOZ LORENTE, *Libertad*, p. 400-1. Intacto o injusto, as informações objetivamente falsas mas subjetivamente verdadeiras podem dar lugar à responsabilidade civil e à responsabilização dos partícipes mesmo que o autor do delito estivesse coberto por erro invencível (p. 402). Em rigor, a teoria da culpa que remete às conseqüências jurídicas (Jescheck), no marco da ilicitude, chega ao mesmo resultado. Veja-se que a crítica de Costa Andrade (mencionada supra) ao tratamento do erro pela doutrina majoritária na Alemanha (limitada da culpa) devia-se ao fato de tratar como doloso um fato que, num marco teórico coerente, apenas poderia comportar reprovação por injusto negligente. Já Lorente critica a solução espanhola, porque, justamente partindo de uma concepção estrita da culpa (ou das teorias causalistas do dolo) – que remete o erro sempre para a sede da culpa -, acaba por (incoerentemente) resolver os conflitos no *locus* da ilicitude.

³⁷¹ LORENTE, *Libertad de información*, p. 402-3. "O injusto é só desvalor de ação e, portanto, sua exclusão virá determinada precisamente pela 'compensação' daquele desvalor mediante a presença de um valor de ação constituído pelo elemento subjetivo da causa de justificação". Era a concepção de Zaffaroni, hoje abandonada (supra, item II-2). Certo que, no caso da informação falsa, não há valor de resultado, já que, ao invés de contribuir para a livre formação da opinião pública, deforma dita opinião. Poder-se-ia, talvez e apesar disso, aventar que o fomento à livre circulação e produção de informações (incremento do jornalismo investigativo, e.g.) configura um valor de resultado, ainda que mediato.

³⁷² Vide, por exemplo, MIR PUIG, *Derecho penal*, p. 75-9. Esta visão pressupõe que a ordem jurídico-penal estrutura-se por normas exclusivamente de *determinação*, ao passo que a concepção dominante, à qual se filia este trabalho, vislumbra também normas de *valoração*. Na primeira hipótese, a ilicitude não é concebida como valoração de estados resultantes (lesão de bens jurídicos, desvalor de resultado), mas apenas como "infração de uma norma dirigida a motivar o sujeito a que não realize determinadas ações" (p. 78, puro desvalor de ação), pelo que Mir Puig

rifica como verdade subjetiva), ao invés de reduzir-se a puro elemento subjetivo, penetrar o círculo hermenêutico da prossecução de interesses legítimos (ou do exercício especialíssimo da liberdade de informação, como na Espanha) como *pressuposto da justificação* (quer em face de expressa previsão típica, caso de Portugal, quer como inarredável exigência de operacionalização do instituto, como na Alemanha).[373]

5.2.6. Alguns acordos. O dever varia consoante as leges artis

É certo, no meio do fogo cerrrado de tantas discordâncias, no que tange à prossecução de interesses legítimos, que o dever de informação correlato depende da situação e do conflito (*Situations-und-Konfliktsabhängig*), na ênfase de Herdegen.[374]

O dever de informação que impende sobre a imputação de fatos através da imprensa move-se, neste contexto, entre duas ordens antinômicas de exigências: o caráter particularmente gravoso das ofensas à honra mediatizadas pela imprensa redobra o dever de cuidado, mas não pode paralisar a imprensa, o que colocaria em perigo a liberdade de opinião (concessão à componente democrática do direito fundamental).

Na STC 105/1990, o Tribunal Constitucional espanhol, reafirmando a possibilidade de proteção constitucional da informação eventual-

---

pode concluir que o direito penal próprio de um Estado Social deve admitir a teoria dos elementos negativos do tipo – embora, a seguir, para manter a "conveniente diferenciação" inerente ao tipo positivo, distinga *Tatbestand* (suporte fático) de *Typus*. As causas de justificação excluiriam "el 'supuesto de hecho' pero no el 'tipo'." (p. 77), já que é indubitável a diferença entre um fato justificado e uma conduta atípica (na primeira houve definitiva e imputável lesão de um bem jurídico, o que não acontece na segunda). Fica-se com uma concepção mais compreensiva do fenômeno jurídico-penal, já que "a corrente que se denomina subjetiva não é, a bem ver, senão objetiva, sendo que a acentuação dada aos elementos subjetivos não nos pode levar a menosprezar o caráter causal do comportamento e o relevo de suas conseqüências em prejuízo de bens jurídicos. (...) As funções imperativas e valorativas do direito se exigem e se correlacionam. (...) A antijuridicidade concreta exige uma concepção subjetiva-objetiva." (REALE JÚNIOR, *Teoria do Delito*, p. 85-7).

[373] Inerente às causas de exclusão da ilicitude que se amparam no princípio do *risco permitido*. É a concepção de Costa Andrade, supracitada, e que limita o erro – excludente do dolo - à hipótese em que o agente acreditou (não simplesmente na notícia objetivamente falsa) ter percorrido e esgotado as instâncias possíveis para verificá-la. Nesta hipótese, bem de ver, a lacuna de punibilidade é fruto de uma tomada de posição do legislador. Repare-se que MUÑOZ LORENTE, *Libertad*, p. 413, também vai rechaçar a boa-fé subjetiva, que levaria a "um conceito absolutamente subjetivo de injusto que, ademais, conduz diretamente a um Direito Penal de autor." Expressamente, é "preciso objetivar de alguma forma a representação subjetiva (...) mediante um juízo *ex ante* das circunstâncias concorrentes". Lorente, bem vistas as coisas, integra a vontade no conhecimento da situação de justificação, cuja forma de comprovação concrete-se na concorrência do "examen conforme a deber" (p. 341). Por esta via, salvo engano, é possível a "harmônica convivência de vozes" (polifonia musical barroca). Ver MUÑOZ LORENTE, *Libertad*, p. 421.

[374] LK, § 193, Rn. 21, *apud* ANDRADE, *Liberdade*, p. 358.

mente inexata (núcleo da STC 6/1988, Caso Crespo), submete-a a um especial dever de comprovação da veracidade dos fatos imputados e avança no seu conteúdo: "mediante as oportunas averiguações e empregando a diligência exigível de um profissional". Informação veraz, pois, no sentido do art. 20.1.d), significa "informação comprovada segundo os cânones da profissionalidade informativa, excluindo invenções, rumores ou meras insídias".

Observa Coderch que este cânon de "diligência exigível de um profissional" reconduz (talvez a afastar-se do modelo original e do código civil) o critério da *diligencia* ao da *pericia*, a "um modelo de conduta representado pelas regras ou técnicas específicas de um ofício ou arte determinados", à "diligência do experto".[375] Tal se justifica plenamente ao lidar-se com jornalistas profissionais, mas que deverá ser interpretado e matizado para que não se imponha uma "lex artis" estranha a alguém que informa sem a nota de institucionalização profissional – ocasião em que não se poderá prescindir do conceito geral de diligência ou dever de cuidado.[376]

Em Portugal, o Supremo Tribunal de Justiça, num acórdão de 27 de maio de 1997, consignou: "VII – A informação deve pautar-se por regras éticas e deontológicas rigorosas, adequadas a uma natural convivência cívica.".[377]

Antes de avançar-se o contorno jurídico-penal do problema do dever de informação – na sua relação nuclear, dialética e complementar, entre o caráter gravoso das lesões perpetradas e, nada obstante, a convicção de que se não pode deter os meios de comunicação – convém examinar numa escala mais detalhada a óbvia remissão ética perpetrada pelo envio às *leges artis*.

A ética jornalística, embora pressuponha questões institucionais (algumas destacadas no contexto epistemológico), lida com o "campo abrangido pelas decisões individuais dos jornalistas".[378] Tem uma natureza diversa do raciocínio binário lícito/ilícito, já que há de fornecer ao profissional parâmetros que o ajudem a decidir, muitas

---

[375] SALVADOR CODERCH, *El Mercado*, p. 130-1, inclusive o extrato da STC 105/1990.

[376] Podem auxiliar as formulações de ROXIN, *Derecho Penal*, p. 1000, 11 e 12: falta infração ao dever de cuidado quando o sujeito, *a priori*, não criou um perigo juridicamente relevante, bem como quando se comporta de modo plenamente conforme às leis de circulação (tomadas aqui em sentido genérico, de circulação social do setor comunitário em apreciação) – observância do risco permitido – e, ainda, quando apenas colabora com a autocolocação em perigo doloso ou na hipótese de poder invocar o princípio da confiança (são, consabidos, critérios gerais de imputação da conduta imprudente).

[377] *Apud* ROCHA, *Nova Lei de Imprensa*, p. 95.

[378] BUCCI, *Ètica e Imprensa*, p. 14. Além de um rol de normas práticas, é um sistema com uma lógica própria; não um receituário, "antes um modo de pensar que, aplicado ao jornalismo, dá forma aos impasses que requerem decisões individuais e sugere equações para resolvê-los" (p. 15).

vezes, "entre duas alternativas igualmente lícitas, ou entre o certo – e o certo." Bucci sublinha que o dilema ético típico, no campo jornalístico, "opõe um valor justo e bom a outro valor que, de início, apresenta-se como igualmente justo e bom".[379]

Nunca é demais ressaltar que a total obediência à normatividade ética, numa relação perfeita de adequação, é tarefa ideal talvez inalcançável para seres humanos. Quando tal realidade resta obnubilada, "em muitos países, o código de ética dos jornalistas é, na prática, uma espada de Dâmocles contra a liberdade de expressão e contra outras liberdades públicas", ao esquecer-se que "é tendência geral que nesses códigos se proclame o ideal máximo de perfeição profissional, quase nunca possível de alcançar, e o ideal mínimo a que todo profissional responsável de comunicação responsável se compromete a chegar. Mas em nenhum caso sob sanções.".[380]

Vem a calhar, ainda, uma crítica de Bucci à cultura de auto-suficiência das redações, que desconhece ser a imprensa a materialização de uma relação de confiança, que só se sedimenta por uma prática ética, pelo que "é necessário também compartilhar com o público os métodos e processos que envolvem a apuração e a edição das informações que são tornadas públicas". O ponto, crucial, é que a *ética* pertence à esfera da cidadania, ao passo que a *técnica* restringe-se aos "especialistas". Este o vaso comunicante que pode abrigar jornalistas profissionais e cidadãos que se utilizam dos meios de comunicação social. A ética, neste contexto, "é o campo em que se estabelece o sentido comum – social – de um fazer específico; é o campo em que se definem os bene-

---

[379] BUCCI, *Ética e Imprensa*, p. 21. Donde partem duas correntes básicas: a *teleológica* (utilitarista), que se orienta pelas conseqüências do ato, devendo o jornalista julgar o que traz mais benefícios para mais pessoas (e que se debate com a dificuldade de prever com eficácia os desdobramentos sociais de uma notícia, "jornalistas não são profetas"); e a *deontológica*, bem menos flexível, de raiz kantiana (dizer a verdade é um imperativo categórico para o jornalista) – principiológica, não ajuda muito a decidir entre dois valores equivalentes, a par de uma pretensão a-histórica (p. 22-3). Um exemplo emblemático da ética utilitarista foi a não-publicação, pelo *New York Times*, acerca da "invasão da baía dos Porcos" (o cálculo pendeu para a segurança nacional), mas o debate deontológico digladiar-se-ia, também, entre o princípio da verdade e o da responsabilidade. Para uma história da difícil decisão jornalística, naquela noite de 1961, vide TALESE, *Reino e Poder*, p. 16-7 e 34-5. Numa palestra em 1966, o novo *publisher* Clifton Daniel desenterrou a questão: depois da invasão fracassada, o próprio Kennedy teria sugerido que talvez o *Times* tivesse exagerado na defesa dos interesses americanos, sugerindo que a publicação integral, à época, poderia ter cancelado a invasão e evitado o fiasco sangrento.

[380] BLÁZQUEZ, *Ética*, p. 127-8. Neste contexto, uma base ampla para a reflexão jurídico-penal encontra-se em COSTA, *Perigo*, p. 482 e ss. "Para agir conforme ao direito este exige-lhes uma tensão espiritual de tal modo intensa que o normal passa a ser a violação de algumas regras de cuidado para que a própria ordem jurídica se perfile como entidade dinâmica", o que abre a porta à injustiça, pois "se não houver resultado danoso, a ordem jurídica – nomeadamente a ordem jurídico-penal – pouco se importa com o não cumprimento escrupuloso das regras de cuidado". É no "seio desse campo dúbio e dúplice", acelerado à exaustão no mundo midiático, que há de se mover o penalista (e, claro, o comunicador social, jornalista ou cidadão).

fícios comuns que devem ser promovidos por esse fazer específico e os limites além dos quais esse fazer não está autorizado a ir.".[381]

Uma distinção ética fundamental, que vem ao encontro do entorno jurídico-penal, é a que se deve traçar entre *opinião* e *informação*, decorrência da transparência em relação ao público, o que é recomendado nos mais importantes códigos de ética norte-americanos e usualmente seguido nos jornais, que separam – mesmo formalmente – os espaços de reportagens noticiosas e de expressão de opinião. O mesmo não ocorre com igual clareza (e portanto, gera maiores dificuldades analíticas) com a mídia eletrônica. É raro um editorial no jornalismo de televisão ou de rádio, e se esvanece (por fórmula editorial desde a *Time* nos anos 1920) nas revistas semanais ou mensais, de periodicidade mais espaçada, que "editorializam" os fatos, confundindo notícia e opinião.[382]

Em Portugal, a Deliberação de 4/12/91 da Alta Autoridade para a Comunicação Social, ao citar uma famosa frase de C. P. Scott ("os factos são sagrados, os comentários são livres"), reconhece que é extremamente difícil dissociar as duas funções dos "media" (informação e opi-

---

[381] BUCCI, *Ética e Imprensa*, p. 46-8. No substrato do senso comum é que se vão aplicar prudentemente as *leges artis* considerando a inserção social do indivíduo concreto. Mesmo porque o jornalista não é um "homem-de-Marte", espécie diversa da humanidade (a noção de *Homo informens* é desprovida de racionalidade). Pior, a "impostura da neutralidade" desinforma: por ocultação involuntária ou deliberada das convicções e preconceitos próprios ou pela servidão voluntária (à empresa) – contra a qual cabe a ética da transparência. O que não significa que o jornalista não tenha de centrar-se (o que faz parte da natureza política da atividade): conceder um pouco a cada força entre todas as que atuam no espaço público, numa tendencial coincidência com o centro da força hegemônica da sociedade (p. 96-103).

[382] BUCCI, *Ética e Imprensa*, p. 107-12. A distinção é um "pacto de intenções", busca-se separar ao máximo opinião de informação, ao passo que as revistas (que alegam ter um público que se estratifica por afinidade ideológica) pautam-se pelo hibridismo. No contexto italiano, Umberto Eco confirma que a imprensa "semanalizou-se" - o diário torna-se um enorme espaço dedicado às variedades, à discussão de notícias de costumes, de fofocas sobre a vida política, de referências ao mundo do espetáculo (ECO, *Cinco Escritos Morais*, p. 62-6). Cita-se, ainda, a "Declaração de Princípios" da *American Society of Newspaper Editors* (ASNE), documento de 1975 que reviu e renomeou os "Cânones do Jornalismo" (1922). O dever de diligência do jornalista vem estampado no art. IV – "... Todo esforço deve ser feito para garantir que o conteúdo da notícia seja exato, livre de preconceitos e contextualizado, e que todos os lados sejam apresentados de maneira imparcial. Editoriais, artigos e comentários analíticos devem ser mantidos nos mesmos padrões de exatidão das reportagens noticiosas com respeito aos fatos..."; no art. V – "... A prática sadia, contudo, exige que se faça uma distinção clara para o leitor entre reportagens noticiosas e opinião. Artigos que contenham opinião ou interpretação pessoal devem ser claramente identificados". O dever de diligência é reiterado pelo Código de Ética da Sociedade dos Jornalistas Profissionais (*Sigma Delta Chi*, 1996), pois os jornalistas devem "testar a exatidão das informações de todas as fontes e exercitar a atenção para evitar o erro inadvertido. A distorção deliberada jamais é admissível", bem como pelo Código de Ética dos Editores-Chefes da *Associated Press* (1995): "O jornal deve empenhar-se pelo tratamento imparcial das questões e pela abordagem desinteressada de assuntos controvertidos. (...) Os editoriais e outras expressões de opinião, por repórteres e editores devem ser claramente rotulados." (*apud* BUCCI, *Ética e Imprensa*, p. 219-31).

nião), "que cada vez mais, e subtilmente, se fundem, apesar de o Código Deontológico dos Jornalistas exigir a separação.".[383]

Para que se tenha uma grade analítica mais ampla, vale a transcrição da lista dos "sete pecados capitais", e dos "dez mandamentos" como antídoto, proposta por Paul Johnson. Aos pecados: 1) *Distorção, deliberada ou inadvertida*; 2) Culto das falsas imagens; 3) *Invasão da privacidade*; 4) *Assassinato de reputação*; 5) Superexploração do sexo; 6) Envenenamento das mentes das crianças; 7) Abuso de poder. Contra esses, são ofertados os mandamentos: 1. *Desejo dominante de descobrir a verdade*; 2. *Pensar nas conseqüências do que se publica*; 3. Contar a verdade não é o bastante. Pode ser perigoso sem julgamento informado; 4. Possuir impulso de educar; 5. *Distinguir opinião pública de opinião popular*; 6. Disposição para liderar; 7. Mostrar coragem; 8. Disposição de admitir o próprio erro; 9. Eqüidade geral; 10. *Respeitar e honrar as palavras*.[384]

Em 12 de novembro de 1983, a UNESCO aprovou um "Código de Ética Jornalística", com vistas a servir "de fundamento internacional comum e de fonte de inspiração para os códigos nacionais ou regionais de ética". São, na realidade, dez princípios, dos quais destacam-se: 1. *Direito do povo a informações verídicas* (imagem objetiva da realidade por meio de informações precisas e completas); 2. *Adesão do jornalista à realidade objetiva* (informação verídica e autêntica, localizando os fatos no contexto adequado etc., a gerar um entendimento o mais objetivo possível); 3. *Responsabilidade social do jornalista*; 6. *Respeito à vida privada e à dignidade humana* (em conformidade com as disposições de direito internacional e nacional, inclusive "leis sobre a difamação, a calúnia, a injúria e a insinuação maliciosa, [que] fazem parte integrante das normas profissionais dos jornalistas").[385]

---

[383] Cf. PEIXE, *Lei de imprensa*, p. 51. A exigência ética remanesce no novo Código Deontológico do Jornalista, aprovado em 4 de maio de 1993, logo no item 1: "O jornalista deve relatar os factos com rigor e exactidão e interpretá-los com honestidade. Os fatos devem ser comprovados, ouvindo as partes com interesses atendíveis no caso. A distinção entre notícia e opinião deve ficar bem clara aos olhos do público."; bem como primeiro dever estatuído no art. 14, alínea "a", do Estatuto do Jornalista – Lei nº 1/99, de 13 de janeiro – é dever fundamental do jornalista "exercer a actividade com respeito pela ética profissional, informando com rigor e isenção" (*apud* ROCHA, *Nova lei de imprensa*, p. 257 e 252).

[384] *Apud* BUCCI, *Ética e Imprensa*, p. 131 e 165-6, respectivamente. Grifaram-se os tópicos mais diretamente envolvidos na investigação.

[385] Cf. BLÁZQUEZ, *Ética*, p. 161-3. É a primeira vez na história do jornalismo que um grupo de profissionais adota princípios deontológicos em escala mundial. É certo que o tópico "informação objetiva e veracidade" é questão de alta sensibilidade, mas os códigos "são um testemunho autorizado para os profissionais da comunicação de que existe um mínimo de verdade pela qual é preciso lutar" (p. 201). Na fórmula ética, "sermos *verazes*, por outro lado, equivale a dizer primariamente o que sabemos das coisas *adequando o que dizemos àquilo que sabemos*, que pode ou não coincidir necessariamente com o que as coisas são exatamente ou com a sua objetividade pura" (p. 210).

O *topos* do respeito pela vida privada também é onipresente como *sollen*. Consoante as distinções jurídicas (as três esferas alemãs), igualmente há distinção ética entre "vida privada" e "intimidade", vista essa última "como a gema de tudo que chamamos privado nas pessoas e nos grupos. A vida privada, por outro lado, corresponde aos âmbitos mais externos, como pode ser o círculo familiar e outros afins". Em nível de orientação, possível traçar os valores éticos atinentes à intimidade (que devem ser respeitados pelos profissionais da comunicação): pensamentos, intenções, sentimentos, vida amorosa, vida sexual, corpo humano e suas funções pré-normais, inconsciente, atos específicos da vida espiritual e defeitos físicos ou psíquicos, doença e morte, além do domicílio, correspondência e telefonemas. Quanto à vida privada, "fundamentalmente o âmbito da vida familiar, do lar e matrimonial. E por analogia, a vida das comunidades religiosas cristãs [ou não, em perspectiva ecumênica] e a marcha de instituições humanitárias e tudo aquilo que não tem relação imediata com os serviços de ordem pública.".[386]

É ainda de realçar a constatação de que há, amiúde, uma percepção indistinta entre os meios de comunicação e imprensa, uma fronteira pouco definida entre uma ética para a mídia em geral e outra, especial, para o jornalismo. Ambas se legitimam no resguardo da diversidade, da pluralidade, do regime de concorrência empresarial e no respeito aos padrões morais da sociedade. Mas há distinções: os meios de comunicação podem dedicar-se exclusivamente ao *entretenimento*, não a imprensa, que "deve noticiar e interpretar os fatos, assim como dar espaço às idéias e aos debates de interesse público. (...) [o jornalismo] lida com a verdade factual e deve promover a busca da verdade de forma equilibrada e crítica", enquanto os meios de comunicação prestam-se a "qualquer tipo de conteúdo". Éticas, portanto, diferentes: o repórter tem o dever de procurar todos os lados envolvidos (o que não se aplica para a propaganda e para a publicidade); não há como exigir-se ética jornalística de telenovelas (obras de ficção) ou aplicá-la para programas de auditório ou revistas de "fofocas". Em suma, o pacto jornalístico celebra-se com a *credibilidade* – e não com a diversão ou *entretenimento*.[387]

---

[386] BLÁZQUEZ, *Ética*, p. 262-3.

[387] BUCCI, *Ética e Imprensa*, p. 185-7. A imprensa, todavia, "pode atuar como reserva crítica perante o espetáculo" (p. 198). Condição "sine qua non" para tanto é que invista no jornalismo factual: "o jornalista especializado já não é o comentarista que sabe das coisas; é, antes de tudo, um bom repórter especialiado, com boas fontes alternativas, que sabe, isto sim, a quem perguntar. Isso desmistifica na prática o jornalismo como fonte da verdade, e reforça a necessidade de investir no jornalismo como uma máquina de fazer reportagens." (p. 197). A lamentável "catástrofe do jornalismo sem repórteres" pôde-se constatar empiricamente por ocasião dos "tropeços da imprensa americana" na cobertura das eleições presidenciais (novembro de 2000 – segue-se Elio Gaspari, Zero Hora, edição de 09/11/2000, p. 5). A CNN, a CBS, a

Interessante perceber uma linguagem tendencialmente comum entre a prossecução de interesses legítimos e a redação do Código de Ética da *Associated Press*, que parte do fundamento de que o "direito do público de saber sobre questões de importância é supremo. O jornal possui responsabilidade especial como delegado de seus leitores para ser um zelador vigilante de seus *interesses públicos legítimos*.". Reconhecendo os limites do regramento, pois "nenhuma declaração de princípios pode prescrever decisões concernentes a todas as situações", preconiza como necessários o "senso comum" e o "bom discernimento" na aplicação de "princípios éticos à realidade jornalística". Se a verdade é seu "princípio norteador", o jornal "deve expor vigorosamente a má conduta, a duplicidade ou o abuso do poder, público ou privado. Editorialmente, deve *advogar a necessária reforma e inovação no interesse público*.".[388]

5.2.7. O caráter gravoso das ofensas mediáticas

Os surpreendentes e incessantes avanços tecnológicos, e o grande número de sujeitos expostos ao "eco" da mídia,[389] fazem aumentar, numa relação intuitiva e diretamente proporcional, o peso e a exigência do dever de informação que o jornalista há de cumprir antes de imputar um fato desonroso.

Neste sentido, o dever que impende sobre a mídia é mais severo do que o exigível na pugna eleitoral entre postulantes diretos a cargos eletivos ou, mesmo, na denúncia de fato delituoso às instâncias adequadas do sistema penal. A ponto de a imprensa, embora a pressão do tempo, submeter-se, no dizer de Roeder, ao "dever de esperar pela publicação de uma notícia desonrosa o tempo que for necessário para que uma vaga suspeita se reforce até uma probabilidade próxima da fronteira da certeza".

Na decisão do BGH de 3.5.1977, os limites à imprensa "são tantos mais apertados quanto maior for o risco de a imputação desonrosa

---

ABC, a NBC e a Fox anunciaram prematuramente a "vitória" de Al Gore na Flórida (e corrigiram-se pouco depois, colocando o estado entre os de resultado incerto); de madrugada, anunciaram que George Busch havia conquistado o mandato. A notícia espalhou-se mundo afora e, no meio das desculpas dos "especialistas", muitos jornais mancheteavam a vitória (que só foi confirmada muitos dias depois). Por quê? Embora cada rede apresentasse as projeções como suas, "na verdade, todas vinham de uma só fonte. Tratava-se dos serviços comprados à *Voter News Service*", isto é, todas usavam os mesmo dados (sai mais barato). Todavia, enquanto oito "barões" do jornalismo tergiversavam e tartamudeavam, "um estagiário baseado em Miami poderia ter salvo a CNN de horas de confusão (...) A catástrofe de ontem foi produzida pelos sábios da revolução das comunicações que acreditam na terceirização dos serviços de apuração jornalística e na prevalência do baronato sobre os repórteres. Repórter é aquele sujeito chato que teria feito a seguinte pergunta: Vocês realmente confiam nesses números da Flórida?".

[388] *Apud* BUCCI, *Ética e Imprensa*, p. 228-9.

[389] Vem à lembrança o "inferno maravilhoso" dos 999 impérios de fogo dos "espelhos abomináveis" criados por Borges na "História Universal da Infâmia" (supra, item I-2.4).

poder vir a revelar-se não verdadeira. As lesões da honra através da publicação na imprensa atingem a pessoa ofendida de forma particularmente gravosa".[390] Acredita-se que a certeza de que fala Roeder deve ser encarada sob o ponto de vista jornalístico (esta a lógica da remessa para as "leges artis"), não sob o manto da mentalidade de um processo judicial. Na advertência de Miguel Tavares, combativo jornalista português, "deveríamos meditar se um juiz que nunca viu funcionar uma redacção está em condições de julgar sobre a existência de dolo ou não de um jornalista que publica determinada notícia".[391]

5.2.8. A necessidade de não paralisar a imprensa (chilling effect). Reportagem investigativa

Dunque: che è? perché, perché restai
perché tanta viltá nel core allette,
perché ardire e franchezza non hai,[392]

Há que matizar as exigências de diligência e cuidado em busca da verdade, a fim de que o resultado de uma interpretação um tanto apressada (que seria rigorosamente contraproducente) não materialize o amordaçar acovardado da mídia.[393]

A manifestação do Tribunal Constitucional alemão, no citado *Böll-Urteil* (3.6.1980), é muito clara neste sentido: "as exigências do dever de verdade não devem ser agravadas de forma a pôr-se em perigo ou atingir-se a liberdade de opinião".

Subsiste a justificação, nos termos ditados pelo BGH (a ressaltar, também, o componente constitucional da liberdade de imprensa), quando se noticia "uma suspeita de fatos desonrosos que, com os meios próprios da imprensa (*pressmässigen Mitteln*) não é possível comprovar a tempo, sempre que esta carência de comprovação não deva impor que se privem os leitores de informação".[394]

Embora no diapasão da teoria geral da responsabilidade civil, merece guarida a reflexão de Salvador Coderch acerca da admissibilidade, ou não, de um "standard" de responsabilidade objetiva por publicações lesivas da reputação alheia e que são falsas, ainda que a falsidade deva-se a um erro e a um erro invencível ou claramente escu-

---

[390] Ambas citações, de Roeder e do BGH, conforme ANDRADE, *Liberdade*, p. 359.

[391] TAVARES, *Falsas questões*, p. 137.

[392] Então que há? por que estás reticente?/ por que no peito tal tibieza reténs?/ por que não és audaz e persistente? DANTE, *Inferno* II, 121 a 123.

[393] Particularmente ilustrativo é o artigo 5º do Código de Ética do Jornalismo Brasileiro (que fecha a seção I – do direito à informação): "A obstrução direta ou indireta à livre divulgação da informação e a aplicação de censura ou *autocensura são um delito contra a sociedade*" (apud BUCCI, *Ética e Imprensa*, p. 215).

[394] Ambos os arestos jurisprudenciais *apud* ANDRADE, *Liberdade*, p. 360.

sável. Pergunta: "Podem-se imputar os custos do erro – ou os da própria verificação da informação – ao informante?"[395]

A perspectiva adotada pelo autor espanhol é a de apreciar as regras do ponto de vista de sua eficiência na hora de prevenir acidentes, de *minimizar el coste de los accidentes* (difamações não-dolosas, na sua definição). Em princípio, o número de acidentes é igual tanto ao adotar-se um sistema de responsabilidade objetiva como ao seguir-se o padrão da negligência.[396]

A realidade prática, entretanto, impõe pelo menos três relativizações: a) num quadro de responsabilidade objetiva, haverá normalmente mais ações do que num de negligência (todas as vítimas, no primeiro caso, sabem que receberão indenização); b) na vida real, os agentes sociais potencialmente causadores de acidentes/difamações podem adotar uma estratégia adicional para diminuir o número de "ocorrências": a par das precauções mais ou menos custosas, podem *decidir reduzir os níveis de atividade perigosa* (não só publicar com prévia aferição dos fatos, senão publicar menos). Assim, a responsabilidade objetiva "tenderá a reduzir níveis de atividade, quantidades, e não só a melhorar a qualidade" (o que não acontece no caso da negligência, "a quantidade de atividade que se leva a cabo não incide na responsabilidade se adotadas as precauções exigidas pelo *canon* da diligência"). Em suma, a responsabilidade objetiva "restringe os fluxos de informação em maior medida que a responsabilidade culposa"; c) num crescente de complexidade, também as vítimas potenciais de danos podem tomar algumas providências para evitá-los (por exemplo se o custo, a suportar por potenciais vítimas, é pequeno – cruzar na faixa de peões – ou, concretamente, menor do que o que haveria de ser assumido pelos causadores potenciais – parar a qualquer momento e em qualquer lugar o automóvel), então faz sentido estabelecer algum critério de *compensación de culpas*.

Nesta linha, as figuras públicas têm acesso facilitados aos meios de comunicação, a menor preço que os simples particulares, o que fundamentaria que tenham, tais personalidades públicas, menor guarida no

---

[395] Segue-se SALVADOR CODERCH, *El Mercado*, p. 248-53. Interessante contraponto oferta PANTALÉON-PRIETO, *Constitución e Honor*. Neste último texto, adverte (p. 1690) que suas discrepâncias com a jurisprudência do Tribunal Constitucional espanhol não se referem à responsabilidade penal, e sim à civil.

[396] Num "standard" de negligência economicamente razoável o causador de um acidente só responde pelo mesmo quando o custo das precauções tomadas para evitá-lo (B) é menor do que o da probabilidade de que ocorra (P) multiplicada pelo valor do dano causado (L) – na fórmula: *B menor P x L*. Sob responsabilidade objetiva, os agentes dos danos pagam sempre que estes ocorram, sem consideração acerca das precauções tomadas, mas (como no modelo da negligência) tomam precauções (incorrem em gastos para evitar acidentes/difamações) enquanto isto seja economicamente razoável, ou seja, enquanto não supere o que lhes tocaria pagar em caso de acidente – na fórmula: até que $B = P \times L$ – SALVADOR CODERCH, *El Mercado*, p. 249 (trata-se da fórmula do Juiz Hand).

que tange ao direito de resposta. Conclui-se, com Coderch, que é perfeitamente defensável a exigência (tendo em vista a dimensão constitucional da instituição "opinião pública livre") de excluir-se do sistema um "standard" de responsabilidade por lesões à honra que limite quantititavamente o debate e a informação, que é seu pressuposto. Não parece razoável, tanto econômica quanto constitucionalmente, fazer responder, por forma objetiva, a quem publica informação difamatória, vale dizer, inaceitável que responda inclusive por erro escusável. Disto decorre "ser razoável permitir aos meios de informação (ou, em geral, àqueles que informam sobre figuras públicas) fazerem recair parte de seus custos sobre terceiros (*externalizar-los*)". Neste ponto, Coderch cita Posner (*Free Speech in an economic perpective*): "As notícias acerca das figuras públicas constituem um bem especialmente propenso a ser produzido em quantidade insuficiente por duas razões: em primeiro lugar porque outras pessoas podem copiá-las sem responder por isso; e, segundo, porque sua demanda privada é mais débil do que sua demanda social". Daí, continua Posner, "que externalizar parte de seus custos de produção compense (ainda que, talvez, em excesso) a escassa produção causada pela existência de [poucos] benefícios".

Neste passo, o argumento de que as empresas proprietárias dos meios de comunicação são mercantis, organizações que perseguem lucro – e, por isso, devem pagar pelos danos derivados das difamações – ignora o fato de que "precisamente porque os *benefícios* derivados da produção deste tipo de bem difundem-se parcialmente por toda a comunidade", há boas razões para que os produtores (de tais notícias) repercutam também parte de seus custos.[397]

Quanto a esta repercussão, Coderch ainda segue Posner: "não atinge a todos, senão àqueles que são difamados. Estes pagam, *particularmente*, pelo benefício que, *geralmente*, obtemos todos os demais da maior quantidade de informação gerada como conseqüência da (relativa) imunidade derivada do modelo. Isso explica por que este trata de concentrar-se nas personagens públicas (e, mais difusa e erraticamente, no talvez indefinível âmbito do discurso público ou de interesse geral), mas deixa no ar a questão de por que, se a comunidade inteira beneficia-se do modelo, só uns poucos hão de pagar por ele". Agrava o

---

[397] Vide, infra, item II-5.3.5. Confira-se a perspectiva convergente de VIROLI, docente de história do pensamento político de Princeton, em diálogo com BOBBIO: "Hoje o problema não é apenas a tendência do poder para esconder-se, mas também o fato de que os cidadãos não estão interessados em ver. Há uma apatia difusa, pouquíssimo interesse em acompanhar os acontecimentos políticos. O difuso desinteresse no confronto do poder e do exercício do poder, torna mais difícil fazer oposição à tendência do poder para esconder-se. (...) é pouco realista esperar que os magistrados cumpram até o fim o seu dever de perseguir os atos ilícitos perpetrados por políticos e por funcionários do Estado sem o apoio da opinião pública ou até mesmo obstaculados por uma opinião pública hostil." (BOBBIO/VIROLI, *Diálogo em torno da república*, p. 112-3).

quadro a impossibilidade de "assegurar" a reputação, já que os custos de uma difamação podem afundar para sempre o prejudicado.[398]

Pelo dever de contraste, é importante destacar que, no mesmo quadro espanhol, Pantaléon-Prieto defende postura diversa.[399] Inicia por reconhecer que a Constituição proíbe que se imponham sanções criminais, salvo se houve conhecimento da falsidade ou temerário desprezo pela verdade. Essa assertiva, todavia, não é transponível para a *responsabilidade civil*, basicamente pela inexistência da figura dos *punitive damages* no ordenamento hispânico. Sendo assim, de caráter exclusivamente indenizatório, carece de relevância constitucional o tema da responsabilidade civil por danos causados por informações objetivamente falsas (não se deveria admitir recurso de amparo contra decisões que se limitem a impor sanção civil).[400] Considera perfeitamente razoável a responsabilidade objetiva dos meios de comunicação quando os difamados são *simples particulares*, por mais que envolvidos em assuntos de interesse para o público em geral.[401]

Para além da tutela civil da honra, que também tem dificuldades para lidar com a figura intermediária do erro negligente causador de uma publicação difamatória (entre o agir doloso e a mera responsabilidade objetiva), as considerações colacionadas devem servir para mais

---

[398] SALVADOR CODERCH, *El Mercado*, p. 251-2.

[399] PANTALEÓN-PRIETO, *Constitución*, p. 210, elenca os remédios jurídico-civis disponíveis à vítima no caso de informações objetivamente falsas, ainda que justificadas penalmente: a) ação inibitória, dirigida a proibir ou fazer cessar tal publicação (e que se não confunde com censura prévia, como demonstra às p. 215-8); b) ação de retratação (*Widerruf*) da informação falsa ou de retificação (*Richtigstellung*) da informação equívoca, incompleta ou de outro modo enganosa, que não deve ser confundida com a pouco eficaz réplica (*Gegendarstellung*); c) ação declaratória da falsidade da informação, com publicação da sentença às custas do comunicador; d) ação indenizatória, em face de responsabilidade civil pelos danos patrimoniais e morais causados pela intromissão ilegítima.

[400] PANTALEÓN-PRIETO, *Constitución*, p. 210-2. Nada obstante, o autor considera pouco razoável um padrão de responsabilidade objetiva para os autores das informações falsas diligentemente contrastadas (o que vale também para os respectivos diretores), bem como estender tal *standard* quando as vítimas são personagens ou servidores públicos (casos em que se inclina pela limitação da responsabilidade às hipóteses de *actual malice*, embora reconheça liberdade de conformação legislativa em sentido diverso se a condição pública não foi assumida de forma voluntária).

[401] PANTALEÓN-PRIETO, *Constitución*, p. 213. Referindo-se aos remédios civis defensivo-reintegradores (ação inibitória, de retratação e declaratória), quanto ao ônus da prova, impõe-se ao demandado uma intensa carga de colaboração na tarefa probatória, prejudicando-lhe o puro silêncio (negativa de revelar a fonte em que baseou a informação) – p. 214. Em suma, as informações objetivamente falsas – que são objetivamente *perniciosas* para a formação da opinião pública – não gozam de proteção constitucional, embora seja questão diversa a eventual inconstitucionalidade de uma punição desmesurada dessas informações, quando não dolosas, caso iniba irracionalmente o fluxo informacional. A procedência dessas ações civis guarda absoluta independência da questão diligência ou negligência do comunicador e seriam de qualificar como "intromissões ilegítimas" no diapasão da Lei Orgânica 1/1982, hipótese em que caberia legítima defesa do difamado (p. 215). A investigação, no caso da informação difamatória estar coberta pela prossecução de interesses legítimos, não aceita a utilização da legítima defesa (neste caso a vítima poderia contar com o direito de necessidade).

aprofundada reflexão jurídico-penal da conseqüência, no ilícito civil, de um juízo de licitude na esfera dos delitos contra a honra e a privacidade. De resto, é inviável no curso desta investigação, o que não priva de apontar que, em lindes jurídico-penais, a prossecução de interesses legítimos realiza harmônica e eficiente securitização das principais atividades comunicacionais tendentes, a um só tempo, ao esclarecimento da opinião pública e perigosas para bens jurídicos personalíssimos. Constitui delicada trama penal a envolver espessos bens socialmente vinculados, de forma a suavizar seu atrito e a impedir, em última instância, o sufocar do direito à informação.

O discurso jurídico-penal tradicional, no mais das vezes, protegia com desajeitada armadura, de ferro pesado, a honra. E, porque a vida é assim, não podendo garantir que permanecesse inexpugnável (sob pena de só restar o silêncio a celebrar), abria a couraça para algumas flechas - e não para outras, num combate sem regras definidas, em que os ferimentos, infligidos por idênticas forças nos mesmos lugares, ao sabor do vendaval dos *animi*, revelar-se-iam, ao final, aceitos no altar da comunicação social ou execrados e dignos de pena.

Ao influxo solar e titânico das irradiações constitucionais, a dogmática dos delitos de imprensa, cuja repressão descalibrada era capaz de turvar o céu da liberdade de expressão e informação, foi revisitada. E do paulatino esforço dos juristas vai emergindo uma nova tópica (e retórica) nesta área, que inicia por ampliar as situações de atipicidade quando estão em jogo bens como a honra e a privacidade. Continua com uma demão que reforça a conhecida exclusão de ilicitude pelo exercício do direito de expressão – destinada, entretanto, à superfície dos juízos de valor, da comunicação vertida por meio de opiniões. É inconteste que o tratamento legal desta categoria semântica é bastante mais benéfico do que àquele reservado usualmente para as imputações de fato (mais gravosas, com efeito).

Parece natural, neste quadrante, que os profissionais da comunicação, especialmente em face de custos simbólicos e econômicos num sistema capitalista, cedam à tentação do refúgio na opinião fácil e amplamente tutelada, negando seus melhores e mais ingentes esforços ao desvelar de fatos, essência da "notícia" e, talvez, ainda mais imprescindíveis para o controle democrático da esfera pública. É um serviço, na percepção de Coderch, que, longe de ser gratuito, resulta caro, pois é sempre muito mais barato e fácil redigir um injurioso comentário desembaraçado (*suelto*) ou um editorial inflamado do que "praticar um rigoroso jornalismo de investigação".[402] O resultado? Uma imprensa timorata, oca e reverberativa e opiniática, carente de substância jornalística, ausente de reportagens elucidativas. Divagações

---

[402] SALVADOR CODERCH, *El Mercado*, p. 166.

jurídicas, lamentos teóricos? Em definitivo, não. Ao revés, constatação empírica da realidade que os autores de língua inglesa chamam de *Chilling Effect*, que se traduzirá, na falta de expressão melhor, por "efeito de arrefecimento". Uma mídia de ânimos esfriados, contida no seu ímpeto, sem entusiasmo, desencorajada.[403]

Libel and the Media,[404] produto do esforço coletivo de renomados professores de *Media Law* e de *Journalism*, foi o primeiro estudo a explorar o impacto da relativamente recente nova lei de difamação (1996) sobre os meios de comunicação da Grã-Bretanha.[405] Baseada em exaustivas entrevistas e levantamento de campo, a obra descreve os esforços empreendidos por jornais, televisão, livros e revistas para evitar o risco de uma caríssima ação por difamação e o tipo de histórias e matérias que, neste desiderato, foram acrescentadas ou suprimidas – a par de fornecer informação estatística sobre tais processos e seus efeitos sobre o trabalho diário de jornais e outros setores.

Prevalece, no substrato britânico, a noção de que "sugestões de desonestidade ou de motivos e comportamentos de corrupção devem ser encarados como imputações de fato".[406] A investigação partiu da preocupação freqüentemente expressa pelos profissionais da mídia (e seus representantes legais) de que a lei de difamação constituía significativo entrave (*fetter*) na sua liberdade de expressão, traduzida na liberdade de publicar matérias de real interesse público. Argumentavam, outrossim, que presunções de falsidade e o ônus de provar a verdade faziam com que desistissem de publicar matérias nas quais eles tinham boas evidências para acreditar que fossem precisas.[407]

Após realizarem levantamentos distintos (jornais nacionais, jornais regionais, telecomunicação, publicação de livros, revistas e mídia escocesa), de posse de dados empíricos, os pesquisadores chegaram a algumas conclusões comuns. Desde logo, a incerteza acerca dos princípios do direito de difamação e de sua aplicação prática induz a grande cautela de parte da mídia. Todos os setores consultados enfatizaram o

---

[403] Embora noutro contexto (de disputas políticas e profissionais), o redator da já referida *Malagueta* (periódico brasileiro do período imediatamente anterior à independência), queixava-se, em março de 1822, de que "estavam saindo na imprensa cartas e reflexões dirigidas a ele que pareciam ter por objetivo aterrá-lo, 'fazê-lo *esfriar* na empresa a que se propusera'." (LUSTOSA, *Insultos Impressos*, p. 169, grifou-se).

[404] BARENDT, *Libel*. Em rigor, o termo origina-se da experiência jurisprudencial norte-americana, desenvolvida pela Suprema Corte.

[405] Para uma visão atual e mais detalhada acerca do *Defamation Act 1996*, das origens do "Bill" ao seu conteúdo legal, vide LOVELAND, *Political Libels*, p. 156-9.

[406] "Should be regarded as factual" (BARENDT, *Libel*, p. 11), com a ressalva de que a caracterização depende do contexto.

[407] BARENDT, *Libel and the Media*, p. 32. A Suprema Corte americana, e mais recentemente a Suprema Corte australiana aceitaram que a "libel law" exerce um indesejável "chilling effect" na liberdade de imprensa e da mídia em geral (p. 15), caminho que também vem sendo trilhado pela Casa dos Lordes (p. 6).

aspecto lotérico (*lottery aspect*) desta área do direito. Uma dificuldade (em provar as imputações) apontada foi a hipótese de desaparecimento ou recusa da fonte da matéria em depor, a par de um sentimento, principalmente da imprensa nacional, de que há predisposição do júri contra a mídia. Não foram encontradas evidências de que a mídia está preparada para lutar em casos difíceis ('*poor*' *cases*, em termos processuais) pela liberdade de imprensa. É imprevisível a quantia que um júri concederá a título de indenização (o que faz os profissionais escoceses temerem especialmente litígios na Inglaterra).[408]

No que interessa mais de perto, há especial preocupação com a propensão de agentes policiais em intentarem ações por difamação, a ponto de se constatar que alguns setores (nomeadamente jornais regionais) mais ou menos abandonaram matérias escritas deste jaez (alegações de abuso ou brutalidade policiais).[409] Quase todos se manifestaram acerca do incremento de custos (para muitos o maior fator de perturbação do novo regramento) – e de fato houve um aumento no preço dos seguros, o que afetou diários regionais e editores de livros e periódicos.

O efeito de arrefecimento, às vezes, chega a paralisar a mídia. A ameaça de um processo criminal ou de uma ação civil por danos impede os meios de comunicação de publicar uma matéria, a não ser que o setor acionado seja capaz de defender-se em juízo. Ocorre que as defesas tradicionalmente disponíveis[410] não salvaguardam adequadamente o interesse da mídia e do público na liberdade de expressão – por exemplo, diante da incerteza de que consigam provar as alegações em juízo. Este tipo de consideração, já se viu, fez com que a Suprema Corte americana declarasse a incompatibilidade entre as regras tradicionais da "common law" acerca da difamação e a Primeira Emenda. Os autores citam um emérito doutrinador americano acerca da matéria, F. Schauer: "Em função dos riscos e incertezas no processo de averiguação (*ascertaining*) e demonstração da verdade fáctica, uma regra que penaliza a falsidade factual tem o efeito de induzir alguma autocensura em matérias *que são de fato verdadeiras*.".[411]

---

[408] BARENDT, *Libel*, p. 186-7.

[409] As respectivas associações policiais parecem litigantes muito temidos, únicos na capacidade de acautelar editores e produtores (BARENDT, *Libel*, p. 188).

[410] A prova da verdade (*justification* na Inglaterra, *veritas* na Escócia), o *fair comment* (comentários sobre matéria de interesse público, baseados em fatos verdadeiros) e o *privilege* (imunidades que impedem o próprio exercício da ação por difamação – membros do Parlamento, testemunhas etc.) – BARENDT, *Libel*, p. 190. Para maiores detalhes acerca das *defences*, vide p. 09-16.

[411] BARENDT, *Libel*, p. 190. A Câmara dos Lordes aceitou, em decisão de 1993 (*Derbyshire County Council v. Times Newspaper Ltd*), que a lei da difamação pode arrefecer a discussão política e estabeleceu (*ruled*) que a uma autoridade pública carece legitimidade para acionar por ofensas. Resta verificar se o caminho vai seguir o da Austrália (limitar a legitimidade dos políticos para processarem no desiderato de protegerem sua reputação). De fato, a Casa dos Lordes, no caso *Derbyshire*, consignou: "The threat of a civil action for defamation must inevitably have an inhibiting effect on freedom of speech" (*apud* LOVELAND, *Political Libels*, p. 120 – para uma

O estudo em apreço, ao mover-se para além dos princípios legais em jogo e contabilizar dados sociológicos da prática judiciária e da mídia, demonstrou claramente que o efeito de arrefecimento existe e significativamente restringe o que a população está em condições de ler e ouvir.[412]

Sua manifestação mais óbvia, um efeito de arrefecimento direto, ocorre quando artigos e programas são especificamente alterados, antes de publicados, à luz de considerações legais – com muita freqüência culminando na omissão pura e simples do material que o jornalista acredita ser verdadeiro, mas não está estabelecido o suficiente (fora de dúvida na lógica de um processo jurídico) para evitar um risco inaceitável de ações judiciais.[413] Esta consciência inibida da mídia (ou autocensura dentro da organização) permanece oculta do público, que não percebe de que forma as matérias publicadas são na realidade produzidas.

Há, todavia, outra sorte de efeito de arrefecimento, mais profundo, que os autores chamam de *estrutural* e que se dá na prevenção contra a criação de certo material, a evitar determinados conteúdos ou sujeitos (indivíduos ou organizações), que são considerados *taboo* diante do "libel risk" – reportagens "fora dos limites", localizadas num campo em que é muito perigoso trilhar. Este efeito é mais difícil de quantificar, mas se detectou no estudo através da decisão consciente de certas editoras em recusar a publicação de algumas matérias (cada setor da mídia tem suas próprias áreas escuras, *no-go areas*), a influenciar igualmente a imprensa nacional.

São exemplos de reportagens que gradualmente desaparecem: investigações acerca de mortes ocorridas sob custódia policial; explorações laborais praticadas por várias grandes companhias que operam no Reino Unido; subornos e outras práticas de corrupção por parte de empresas britânicas que disputam licitações por contratos internacionais. Tais tópicos já estão sendo removidos da exposição e do escrutínio públicos.[414]

---

discussão detalhada e severa crítica da decisão, vide p. 117-123) – matéria do *Sunday Times* acusara a Assembléia de *Derbyshire* (controlada à época pelo Partido Trabalhista), membros do partido e um executivo (Owen Oyston) de envolvimento anti-ético e possivelmente ilegal em transações concernentes aos fundos de pensão do conselho. A reputação do Conselho, então, resta ser protegida pela discussão pública nas próprias assembléias, por uma ação baseada em falsidade dolosa ou por ações individuais de conselheiros eventualmente nomeados.

[412] "We believe that our investigation (...) has demonstrated clearly that the chilling effect in this area genuinely does exist and significantly restricts what the public is able to read and hear." BARENDT, *Libel*, p. 191.

[413] Muitos editores resumem a situação em termos operacionais: "Na dúvida, cancela" (*if in doubt, strike it out*). Não se trata de dúvida editorial acerca da validade da matéria, vale enfatizar, mas dúvida acerca da capacidade, posterior, de apresentar uma defesa legalmente sustentável (BARENDT, *Libel*, p. 191). O efeito é mais agudo em relação à imprensa regional, às telecomunicações e à edição de livros, afetando menos a imprensa nacional (p. 192).

[414] BARENDT, *Libel*, p. 192.

Ainda existe uma forma secundária do efeito de arrefecimento estrutural, menos claramente discernível. A lei da difamação afastou a imprensa britânica de uma atuação orientada pela busca de factos (*the antithesis of factually-orientated*), conseqüência das regras legais que são mais severas no que tange à imputação de fatos. O profissional percebe que é muito mais simples e menos perigoso substituir alegações de fato por pontos-de-vista opinativos e, por instinto, procura misturá-los: "se as imputações fáticas puderem expressar-se na forma de insinuações ou sugestões ambíguas, tanto melhor – mas também, para o bom jornalismo, tanto pior".[415]

Neste contexto, é mais "seguro" escrever de forma opaca ou lançar comentários do que se engajar num claro e difícil jornalismo *investigativo*. Esta idéia de que o estilo da imprensa (e possivelmente de outras mídias) está sendo moldado em medida considerável pela lei da difamação, se não é empiricamente verificável, é bastante verossímil. E talvez explique por que muito do jornalismo britânico careça de conteúdo sério.[416] Numa possível reação, constata-se nova e recente tendência de restrição à lei da difamação, no Reino Unido, para evitar justamente o efeito de arrefecimento sobre a mídia.[417]

A prossecução de interesses legítimos, é intuitivo, introduz lógica diversa no discurso, que passa a ser, em boa medida, favorável ao jornalismo pautado em fatos.[418] Por primeiro, admite que se não pode fazer recair sobre os meios de comunicação o ônus da completa verificação dos enunciados que publica (algo, aliás, raramente possível). No dizer de Coderch, os meios de informação "devem somente adotar as precauções razoáveis para que, no caso de mostrar-se a falsidade do que publicaram, não venham a ser condenados por dolo ou absoluta carência de diligência e profissionalidade na obtenção da informação em questão".[419]

---

[415] BARENDT, *Libel*, p. 193.

[416] BARENDT, *Libel*, p. 193-4. A discussão técnica, na Grã-Bretanha, encaminha-se para a questão do ônus da prova: qualquer imputação fáctica ter de ser comprovada pelos réus num processo de difamação. Duvidam os autores de que seja razoável esperar que tais réus consigam provar "a verdade das matérias", em assuntos que geralmente estão fora de seu conhecimento pessoal, ao invés de inverter e exigir que o ofendido demonstre que as imputações são falsas (p. 195-6).

[417] BLACKIE, *Tort Law*, p. 9.

[418] TAVARES, *Falsas questões*, p. 138-9, de uma perspectiva jornalística, afirma não ser possível "que o jornalismo de investigação venha a estar limitado à divulgação de factos se eles foram já confirmados por despacho de pronúncia criminal ou se forem confirmados por trânsito em julgado da sentença. Não é possível. (...) Isto equivale a castrar a capacidade de denúncia da imprensa. (...) estou perfeitamente consciente de que muitos casos apenas chegam à justiça e apenas têm andamento graças às investigações jornalísticas. (...) A partir do momento em que os poderes públicos acham que não têm que prestar informações, só resta a investigação, só resta romper caminho, às vezes contra eles.".

[419] SALVADOR CODERCH, *El Mercado*, p. 291. A decisão acerca do ônus da prova da falsidade depende do interesse a prevalecer: se recai sobre o demandante, haverá casos de improcedência de reclamações por reais difamações; caso atribuído ao demandado, terão lugar limitações

Há de se ter, na visão da investigação, uma pré-compreensão positiva em relação ao jornalismo investigativo, a fim de aplicar-se a cláusula da prossecução de interesses legítimos de modo a potencializá-lo, justamente porque "trata de expor o que os poderes públicos [ou o poder em geral] tendem a ocultar e que os cidadão têm o direito a saber". Para isso, reveste-se de três características fundamentais: a) a investigação é resultado do trabalho *pessoal* do jornalista (e não de informes oficiais etc.); b) os dados a serem divulgados estão de alguma forma *ocultados* pelo poder (público, econômico etc.); c) deve cobrir assuntos realmente importantes.[420] Satisfeitas tais condições, deve gozar de um *status* especial, com projeções jurídicas que o fomentem.

Tem-se, ao cabo, na gramática penal, um apoio para o jornalismo investigativo de boa consciência, cuja ousadia estará protegida na medida em que se ampare nos cuidados derivados do senso comum e da deontologia profissional, na contramão, portanto, do efeito de arrefecimento. Por irresistível simetria:

Ma io rimasi a riguardar lo stuolo,
e vidi cosa ch'io avrei paura,
sanza piú prova, di contarla solo;
se non che coscïenza m'assicura,
la buona compagnia che l'uom francheggia
sotto l'asbergo del sentirsi pura.[421]

---

adicionais à liberdade de informação. No primeiro caso, "não será difícil convencer um juiz de que, dadas as circunstâncias, era praticamente impossível *desconhecer* a falsidade grosseira ou patente, ou não a descobrir adotando ligeiríssima precaução, com um mínimo de profissionalidade". Na prática, em muitos casos, quem litiga no pólo ativo alegará que só conseguirá provar a falsidade imputada se tiver acesso aos *processos editoriais* dos meios informativos (a fim de mostrar a precariedade de sua base ou a inexistência de qualquer fundamento para proferir a afirmação – como, do contrário, verificar que precauções foram tomadas antes da publicação difamatória?). Embora os jornalistas em geral clamem que o acesso aos processos de decisão editorial aniquilaria à liberdade de imprensa (e esvaziaria a confidencialidade das fontes), a Suprema Corte americana, numa decisão de 1979 (*Herbert v. Lando*), estabeleceu que os "demandantes por libelo têm a possibilidade de investigar as decisões editoriais, inclusive o estado mental de editores e jornalistas" (p. 293 – Lando, o produtor do famoso programa "60 minutos" da CBS, recusara-se a responder a perguntas acerca da sua opinião sobre a história que produzira). Não há, todavia, livre acesso, aplicando os tribunais uma série de filtros que só permite a intromissão imprescindível. O contrário (presumir a verdade e vedar o acesso ao processo editorial) significaria uma *doble cobertura* inaceitável, que poderia fazer desaparecer a tutela da honra (p. 294).

[420] BLÁZQUEZ, *Ética*, p. 279-82. Importa que se chega a formular uma ética especial com vistas às peculiaridades do jornalismo de investigação. Mencher, citado por Blázquez, reforça a premissa de que a imprensa "é o oponente mais constante do poder" (ou deveria ser, para não romantizar demais) e se distingue por uma "intenção política: publicar o que de ruim acontece e corrigir os abusos do poder", pelo que se concentra em dois grandes setores: expor a corrupção pública e revelar os abusos sistemáticos do poder. No cerne (ou na linha de frente) da função democrática da liberdade de imprensa.

[421] Tendo eu ficado a remirar o bando,/ vi coisa que me negaria, censura/ temendo, de sem prova vir contando,/ não fosse o apoio, que me reassegura/ da consciência, que a alma torna ousada/ sob a couraça de sentir-se pura - DANTE, *Inferno* XXVIII, 112 a 117.

5.2.9. Consensos a orientar a aplicação segundo as circunstâncias do caso concreto: a especificidade do dever do jornalista, a amplitude do universo dos destinatários, o contraditório na menção expressa da identidade e do nome

Na tensão, mais uma vez, destes dois pólos e a sopesar as variantes do caso concreto, pode-se descortinar alguns vetores de orientação úteis ao intérprete.[422] É o que se procura articular a seguir, num tripé desenhado por linhas dinâmicas, vistas como bóias de sinalização. Cujo primeiro vértice é a *especificidade* do dever do jornalista.

Este primeiro dado pode ser considerado um axioma e desdobra-se em tópicos relativamente consensuais: sendo específico e peculiar o dever de informação do jornalista, é obviamente diverso daquele do historiador ou de um tribunal, que têm métodos e teleologias bem diversas e diferenciadas do valor forte da liberdade de imprensa, no seu núcleo democrático de direito fundamental.[423]

Com a palavra Gay Talese, um dos expoentes do "novo jornalismo" americano: "Em sua maioria, os jornalistas são incansáveis *voyeurs* que vêem os defeitos do mundo, as imperfeições das pessoas e dos lugares. Uma cena sadia, que compõe boa parte da vida, ou a parte do planeta sem marcas de loucura não os atraem da mesma forma que tumultos e invasões, países em ruínas e navios a pique, banqueiros banidos para o Rio de Janeiro e monges budistas em chamas – a tristeza é seu jogo; o espetáculo, sua paixão; a normalidade, sua nêmese".

"Os jornalistas viajam em bandos, a tensão à flor da pele, e mal podem adivinhar em que medida essa presença tem o poder de desencadear um incidente, acender as pessoas. (...) Se a imprensa está ausente, os políticos cancelam seus discursos, manifestantes em defesa dos direitos civis adiam suas marchas, alarmistas deixam de fazer previsões lúgubres".

"Uma notícia não publicada não causa impacto. Poderia muito bem não ter acontecido. Assim, o jornalista é um aliado importante da ambição, é o acendedor de lampiões das estrelas. É convidado para festas, cortejado e cumprimentado, tem acesso a telefones que não constam da lista e a muitos estilos de vida. (...) Ainda assim, são seres inquietos. Seu trabalho, publicado instantaneamente, é quase instantaneamente esquecido e o tempo todo eles precisam procurar algo novo (...) devem suprir o apetite insaciável dos jornais e das redes de televisão, a ânsia comercial por novos rostos, modas, modismos, rixas".

---

[422] Na esteira da lição de ANDRADE, *Liberdade*, p. 360-2. Boa parte desses critérios de valoração, convém repisar, faz parte dos manuais de conduta da categoria profissional envolvida e consta dos documentos éticos que proliferam no meio, afloramentos das "leges artis" dos jornalistas.

[423] ANDRADE, *Liberdade*, p. 361.

"E assim, a cada dia, sem pensar na história, mas apenas no *instante*, jornalistas de todas as crenças e qualidades registram de seu modo peculiar as notícias do mundo como eles as vêem, ouvem, e crêem compreender.".[424]

Bem por isso, como ficou consignado, o BGH expressou-se na fórmula "meios próprios da imprensa", similar a "cuidado próprio da imprensa" (*pressemässige Sorgfalt*).[425]

Quanto à transmutação do conteúdo do dever de cuidado, conforme o sujeito profissional envolvido (*leges artis*), no "affaire" *Libération versus Le Pen*, de julho de 1985 (o jornal publicara relatos de testemunhas da guerra da Argélia que atribuíam ao líder da direita francesa atos de tortura e de execução sumárias, reprovando-se, na decisão de primeiro grau, o fato de a reportagem não ter efetuado uma verificação aprofundada dos fatos imputados), o Tribunal de Paris fez prevalecer a liberdade de imprensa, aceitando o benefício da boa-fé pela dificuldade de verificar com exatidão fatos antigos anistiados: "Dans sa quête de renseignement, le journaliste ne fait pas oeuvre d'historien: il n'en a ni le temps, ni la formation. Il ne dispose pas non plus des moyen de la police. Aussi, son ambition n'ést pas de parvenir à la vérité, qu'elle soit historique ou judiciaire.".[426]

Voltando à figura do triângulo, o segundo vértice a analisar é a *amplitude* do universo dos destinatários.

Noutro vaso comunicante, aumentam as exigências em relação ao dever de informação com a amplitude do universo dos destinatários atingidos pela mídia, muito maior para uma grande rede de televisão internacional do que para um informativo de bairro. É um dever mais exigente para o jornalista integrado numa redação, a dispor de toda uma estrutura de apoio e meios de aprofundar a notícia, do que para o eventual subscritor de uma carta ao leitor.

De outra banda, o dever será "tanto mais aligeirado quanto maior e mais óbvio for o relevo comunitário do interesse a prosseguir, a pressão do tempo, o perigo da demora na publicação e a actualidade da notícia (...) menos exigente para um jornal diário ou uma rede de

---

[424] TALESE, *Reino e o poder*, p. 13-4.

[425] *Apud* ANDRADE, *Liberdade*, p. 361. Já que se está a referir com insistência a experiência alemã, merece, por ilustrativo, transcrição o item 1-2 do Código da Imprensa da Alemanha Federal: "O supremo mandamento da imprensa é o respeito à verdade e à informação verídica oferecidas ao público. Quando se trata da publicação de determinadas notícias e informações de forma verbal ou gráfica, deve-se examinar o seu conteúdo de verdade com o necessário esmero, de acordo com as circunstâncias. Não se deve desfigurar nem falsear o seu sentido através da edição da informação, de manchetes, títulos ou cabeçalhos gráficos ou fotográficos. Os documentos devem ser reproduzidos fielmente. Os relatórios, boatos ou suposições a confirmar devem ser apresentados claramente como tais." (cf. BLÁZQUEZ, *Ética*, p. 203).

[426] *Apud* COUSIN, *Droit*, p. 222.

televisão ou de rádio do que para uma publicação semanal ou mensal".[427]

Neste contexto, a fiabilidade da fonte de informação será outra pedra de toque: maior se se tratar de credenciada agência noticiosa; ao revés, menor quando provier de alguém interessado no teor e tempo da notícia, numa relação desta feita inversamente proporcional com o dever de informação (tanto maior quanto menor a fidedignidade da fonte).[428] Também existem normas éticas específicas relativas a conflitos de interesses e relações com as fontes.[429] É legítimo, em casos de particular urgência e atualidade, publicar-se notícia antes de ultrapassadas as dúvidas quanto à veracidade, desde que acompanhada da salvaguarda expressa, assumindo o jornalista a dúvida (distância necessária em relação à questão da verdade).[430]

O terceiro vértice consensual é a questão do *contraditório* na menção expressa da identidade e do nome, o que também perpassa várias disposições deontológicas.[431]

A imputação de um fato desonroso com menção expressa de identidade e nome "deve antes assegurar ao interessado a oportunidade de oferecer a sua versão e interpretação dos fatos", bem como é de se reconhecer limiares mínimos de prova e de plausibilidade, "abaixo dos quais o jornalista deve adiar ou omitir a publicação" – o que os jornalistas alemães chamam de exigência de *Mindestbestand an Beweistatsachen*.[432]

O Supremo Tribunal espanhol, por sentença de 3 de março de 1989, resolveu, neste sentido, um caso interessante de difamação civil: o diário *La Nueva España* publicou a denúncia do marido de uma paciente acerca de maus-tratos e desídia profissional num serviço hospitalar.

---

[427] ANDRADE, *Liberdade*, p. 361.

[428] ANDRADE, *Liberdade*, p. 361.

[429] Do Código de Ética *Sigma Delta Chi*: "Identificar as fontes sempre que viável. O público tem direito ao máximo de informações possível sobre a confiabilidade das fontes. Sempre indagar as motivações das fontes antes de promover anonimato. Esclarecer as condições vinculadas a qualquer promessa feita em troca de informações. Cumprir as promessas. (...) Desconfiar de fontes que ofereçam informações em troca de favores ou dinheiro; evitar oferta de notícias". A *Associated Press* é explícita: "O jornal e seu pessoal devem estar livres de obrigações com as fontes e produtotes de notícias. Mesmo a aparência de obrigação ou de conflito de interesses deve ser evitada. Os jornais não devem aceitar nada de valor das fontes de notícias ou de outros de fora da profissão. Presentes e viagens gratuitas ou com tarifas reduzidas, entretenimento, produtos e alojamento não devem ser aceitos. As despesas vinculadas à cobertura noticiosa devem ser pagas pelo jornal. Favores especiais e tratamento especial para membros da imprensa devem ser evitados." (*apud* BUCCI, *Ética e Imprensa*, p. 225, 228 e 230).

[430] ANDRADE, *Liberdade*, p. 361-2.

[431] Novamente, o Código de Ética *Sigma Delta Chi* conclama os jornalistas a "procurar diligentemente pessoas envolvidas nas reportagens noticiosas para lhes dar a oportunidade de responder a alegações de má conduta" (*apud* BUCCI, *Ética e Imprensa*, p. 225). Vide, ainda, o art. 14, alínea "a", do Código de Ética do Jornalismo Brasileiro (p. 217).

[432] ANDRADE, *Liberdade*, p. 362.

Todavia, o denunciante confundira o nome do serviço, referindo-se à "neurologia" em vez da "psiquiatria". O jornal, além de "embarcar" no erro, incrementou-lhe, nominando o cargo e o nome de sua titular (por coincidência também mulher). O tribunal confirmou a decisão que concedeu 500 mil pesetas de indenização à médica efetivamente aludida.

A corte entendeu que o periódico infringira "o específico dever de vigilância que obrigava a um prévio contraste dos fatos transmitidos com dados objetivos", fixando-se especialmente na agravação do equívoco resultante de ter publicado, além disso, o nome da autora, que não constava da denúncia original. Acresce que "teria bastado uma mínima diligência por parte do 'informador' para comprovar o cargo ou posto que desempenhava a doutora nominalmente designada na denúncia no citado centro hospitalar".[433]

5.2.10. Crônica processual e policial. Reporteres neutros

Merece menção mais acurada, mesmo pelo interesse cotidiano que desperta, a questão atinente à divulgação de fatos que constituem objeto de processo penal (aqui entendido em sentido amplo, inclusive o disciplinar). A publicação desses casos acresce de complexidade tanto pela essência deletéria inescondível deste tipo de notícia em relação à honra pessoal como em face da "assimetria entre o dever de informação do jornalista e as exigências de verdade sobre que devem assentar as decisões das instâncias formais de perseguição penal" (ou administrativa, acrescente-se).[434]

Nem se diga que apenas a curiosidade mórbida alimenta a crônica policial. Nesta sede, parece fecunda a analogia com a literatura, como proposta por Manguel: "De uma forma misteriosa, a aplicação das leis de uma sociedade é parecida com um ato literário: ela fixa a ação criminosa numa página, define-a com palavras, dá-lhe um contexto, que não é o do puro horror do momento, e sim o de sua recordação. O poder da memória já não está nas mãos do criminoso; agora, é a própria sociedade que detém esse poder, escrevendo a crônica de seu passado cruel, capaz finalmente de se reconstruir, não sobre o vazio do esquecimento, mas sobre os fatos sólidos, registrados, das atrocidades

---

[433] *Apud* SALVADOR CODERCH, *El Mercado*, p. 156-7, que qualifica o caso como fascinante (uma imputação substancialmente verdadeira em relação à denúncia original, mas falsa em relação à pessoa que o denunciante quisera apontar). Assim, não basta reproduzir o dito ou escrito por outro para se eximir da responsabilidade, o que há de ser precedido "por um grau razoável de diligência, pois a publicação prévia não elimina a responsabilidade de quem poderia ter facilmente averiguado a falsidade da informação original". Mero cumprimento do dever elementar de ouvir a parte citada nominalmente (consenso deontológico-profissional) teria evitado o desdobramento.

[434] ANDRADE, *Liberdade*, p. 362.

cometidas. Trata-se de um processo longo, lúgubre, temível, doloroso, porém o único possível. Esse tipo de cura sempre deixa cicatrizes.".[435]

Partindo de aspecto mais simples, não carece de grande argumentação o fato de a condenação penal definitiva (fruto de um crivo consabidamente rigoroso), nos termos do § 190 do StGB, servir de prova da verdade aos efeitos gerais de excluir a responsabilidade por crime contra a honra. A situação já comporta nuances no caso de simples decisão de instaurar o processo e promover a investigação, "que não pressupõe uma informação tão consistente como a do jornalista", assim a acusação e a pronúncia.[436] Há, novamente, indicativos deontológicos.[437]

Em que medida, e durante a pendência do processo penal, podem os "media" divulgar tais notícias? A resposta, na doutrina e jurisprudência alemãs, tem-se acolhido da decisão do Tribunal de Colônia (*OLGKöln*, 2.6.1987): "o dever de comprovar a verdade que impende sobre a imprensa, não permite que ela condense, sobre a forma de determinadas informações sobre a culpa do arguido, as razões de suspeita de que tem conhecimento, não em resultado de investigações próprias, mas apenas a partir de uma citação resumida e parcelar dos autos".[438]

O autor da notícia, neste diapasão, não se exime do dever de comprovação da verdade com o cuidado devido, salvo se a tônica é informar acerca da atividade das autoridades processuais e vicissitudes do processo.[439]

---

[435] MANGUEL, *No bosque do espelho*, p. 201. "Como estabelece o velho direito inglês, a justiça não deve apenas ser feita, mas deve ser vista sendo feita" (p. 202).

[436] ANDRADE, *Liberdade*, p. 363.

[437] Na rubrica "minimizar danos", o Código *Sigma Delta Chi* recomenda que os jornalistas devem: "Ser cautelosos quanto à identificação de suspeitos ou vítimas juvenis de crimes sexuais. Ser judiciosos quanto a nomear suspeitos de crimes antes do registro formal de acusações. Estabelecer um equilíbrio entre os direitos de um suspeito de crime a um julgamento imparcial e o direito do público de ser informado." (*apud* BUCCI, *Ética e Imprensa*, p. 227).

[438] *Apud* ANDRADE, *Liberdade*, p. 363. Tratou-se de processo criminal iniciado em 1982 contra funcionário da imigração acusado de, a soldo, conceder licença de permanência para um grupo de terroristas sírios, fortemente armados. "A acusação [formal] teve lugar em 1985 mas foi recusada, por falta de indícios suficientes, tanto pelo tribunal de primeira instância como pelo tribunal de recurso". No decurso do processo, todavia, e com base apenas nos autos, uma revista de grande circulação publicou um artigo intitulado "No serviço de estrangeiros floresceu um próspero negócio de licenças ilegais de permanência. Beneficiários, entre outros: terroristas sírios". O texto acompanhou-se de fotografia do funcionário, com a legenda: "O suspenso director do serviço – consciente das atividades terroristas?". O jornalista e a revista foram condenados por imputarem o crime de corrupção passiva ao funcionário sem poderem socorrer-se da prossecução de interesses legítimos – por não terem procedido "à comprovação da verdade da imputação com o cuidado devido. Antes avançou [o jornalista] com ela apesar da insuficiência da informação", circunscrito o legítimo interesse à informação do público "se se tratasse de informá-lo sobre a actividade das autoridades processuais" ou acontecimentos no curso do processo (p. 364).

[439] Parâmetro razoável: só publicar o nome em caso de ato processual formal, que deve ser circunstanciado, como prisão em flagrante, por exemplo. Do contrário, o suspeito não deve ser nominado.

O Supremo Tribunal espanhol trabalha, nestes casos, com o conceito de *reportaje neutral*, ao considerar que quando os fatos estão "sub judice" a respectiva difusão pela imprensa tem que se realizar de forma "neutra", ao fundamento de que os meios de comunicação não devem pretender antecipar os resultados oficiais das investigações nem emitir opiniões que predisponham contra a honra dos sujeitos implicados. Assim, artigos jornalísticos carentes de neutralidade, que não são objetivos (empacotados os fatos com alusões sensacionalistas), desmerecem a especial proteção constitucional – "uma coisa é a notícia, outra a forma de comunicá-la".[440]

Em rigor de origem americana, a *Neutral Reportage Doctrine* estabeleceu-se em 1977. Às vezes, a notícia não é o conteúdo informativo em si (o que se diz), mas "precisamente que isto chegue a ser dito ou que seja dito por alguém em especial": que um qualquer cidadão vitupere contra um político profissional é uma coisa; que a afirmação difamatória parta de um ministro ou governador, é outra, bem distinta, a valer, por si, como notícia. É, no fundo, mais uma manifestação do intento contemporâneo de conciliar-se razoavelmente a tutela da honra e da liberdade de expressão "sob o prisma do valor predominante – mas não absorvente – da última quando referir-se a assuntos de interesse público, afetar figuras públicas ou, como neste caso, provir delas".

Há quatro requisitos para se qualificar uma reportagem como "neutral": a) as imputações difamatórias devem desenrolar-se num contexto que seja noticiável por si mesmo (uma controvérsia pública, ao menos potencial); b) as imputações devem provir originariamente de uma figura pública ou de uma organização importante e responsável – "não se protege a ampliação gratuita de uma imputação difamatória levada a cabo por quem atua irresponsavelmente, no duplo sentido de carecer de conhecimento ou controle sobre o assunto de que informa e de toda consideração sobre seu valor de verdade"; c) os cargos devem referir-se a uma figura pública; d) a reportagem deve ser neutra, vale dizer "correta" em termos de ajuste à verdade e sem parcialização interessada. Desampara, por outro lado, o jornalismo à Pilatos ("lavar as mãos ao dar informação claramente falsa"), o uso parcializado de informação alheia (*Advocacy Journalism*) e as falsas implicações (*apostilla para apuntillar*).[441]

---

[440] Sentença do Tribunal Supremo de 7 de março de 1988, cf. SANTDIUMENGE I FARRE, *El Mercado*, p. 376-9. Um avião da *Iberia* chocara-se contra o Monte Oiz (Vizcaya) em 19 de fevereiro de 1985, morrendo todos os tripulantes. O fato, acrescido de outros acidentes e da crise que a companhia aérea espanhola enfrentava, causou comoção e intenso debate, especulando alguns que se tratou de "falha humana" (a aeronave voava 300m abaixo da altitude de segurança). O piloto falecido passou a ser "carne de canhão" e "ávidos periodistas apontaram contra ele suas afiadas plumas", a vascular sua esfera privada e íntima em busca de indícios de "alteração psíquica" do piloto, cujos filhos obtiveram indenização judicial em face da intromissão ilegítima – decisão confirmada pelo Tribunal Supremo espanhol.

[441] Cf. SALVADOR CODERCH, *El Mercado*, p. 150-2.

Uma polêmica sentença do Supremo Tribunal espanhol (STS de 16 de junho de 1989) parece caminhar em senda oposta. Rápida descrição dos fatos: o "Informe Semanal", um dos programas de maior audiência da televisão espanhola da década de 80 (RTVE S.A.), apresentou, em 20.9.86, uma reportagem sob o título "Justicia, pequeña gran corrupción", na qual um denunciante, de identidade dissimulada, acusava um advogado de tráfico de influência junto a juízes e corrupção. O causídico fora condenado em primeira instância (23.1.84) por delito de fraude (*estafa*), mas a segunda instância (12.9.86) revogara integralmente a decisão anterior e o absolvera à unanimidade. No programa aludido, em 20 de setembro, omitiu-se toda e qualquer informação sobre a segunda sentença. Não consta que os jornalistas tenham ouvido o advogado ou procurado fazê-lo. Ao usar o direito de retificação, seus esclarecimentos foram precedidos de chamada que afirmava que "a informação era certa, mas não completa". Reclamou, então, indenização, que foi indeferida pelo julgado de primeira instância, que acabou confirmado pelo Supremo Tribunal.

Na crítica de Coderch: a sentença divulgada não transitara em julgado e fora recorrida; a informação não foi controlada por pelo menos duas fontes independentes (regra profissional elementar do bom jornalismo); dizer meias-verdades é mentir cabalmente, no senso comum; dizer de uma pessoa que, no exercício de sua profissão, cometeu um delito pelo qual foi condenada é, indubitavelmente, algo que afeta sua honra pessoal. Em síntese, "é possível informar acerca do funcionamento da justiça espanhola, bem como criticá-lo com dureza; o problema é se resulta tolerável que um monopólio estatal [condição da TV da época] faça-o tão mal".[442] Na perspectiva da prossecução de interesses legítimos, não.

Por outro lado, há que se traçar com a maior nitidez possível a linha divisória entre a vulneração do direito à presunção de inocência por falta de prova valorável e a desconformidade com a valoração que os juízes e tribunais façam das provas legalmente obtidas.[443]

5.3. Tópicos convergentes

Embora o cipoal de dissonâncias na resenha da doutrina e da jurisprudência alemãs, e em grande parte devido à imperfeita redação do § 193 do StGB, os desenvolvimentos doutrinais impuseram "catego-

---

[442] SALVADOR CODERCH, *El Mercado*, p. 198-200. Tratava-se de um trabalho de jornalismo profissional sobre a justiça, destinado a aparecer no programa informativo de maior audiência de uma cadeia de televisão nacional então administrada em regime de monopólio.

[443] MANZANARES SAMANIEGO, *Derecho Penal*, p. 190.

rizações dogmáticas centrífugas", podendo-se falar de uma "gramática dogmática comum". O preceito também foi afetado, e em boa hora como já examinado, pela constitucionalização do direito penal, via tratamento dogmático das liberdades de expressão, de imprensa e de criação artística. Na síntese de Costa Andrade, a figura poliédrica do § 193 do StGB versa sobre coisas diferentes em cada face e aqui a "aporia epistemológica e normológica com que esbarra a pretensão de definir uma única categoria capaz de abarcar, como 'universal' abstracto, realidades tão díspares. A polissemia doutrinal e jurisprudencial é, assim, em boa medida o reflexo da polissemia original já presente no § 193".[444] Isso, bem vistas as coisas, reduz em muito o campo real de divergência, a exigir um desbravar de aparentes controvérsias. Assim, por um discurso doutrinal consistente acerca da prossecução de interesses legítimos, inteira razão assiste a Costa Andrade ao propor uma "decidida redução eidética sobre a fenomenologia abrangida pelo § 193", a fim de colocar-se no "centro dos debates uma constelação típica claramente recortada, a saber: *a imputação de fatos desonrosos em que o agente (que se louva da prossecução de interesses legítimos) não logra fazer a prova da verdade*".[445]

Nestas fronteiras, e sempre enfatizando a dimensão da liberdade de imprensa, é possível delinear as convergências mais marcantes.

5.3.1. O elemento dinâmico-evolutivo. Distinção: direito de necessidade versus prossecução de interesses legítimos. Pressuposto positivo: adimplemento do dever de informação. Pressupostos negativos: desnecessidade de perigo iminente e de sensível superioridade do bem a salvaguardar

Trata-se, nesta paragem, de elucidar os elementos de *identidade* da prossecução de interesses legítimos, que a diferenciam de outras causas de justificação, conferindo-lhe feição própria. A rigor, a questão já foi enfrentada quando se discutiu o "âmbito da figura" e o "dever de informação". Mas, por clareza sistemática, convém reiterar.

A racionalidade teleológica da prossecução de interesses legítimos é sua dimensão *dinâmica* e *evolutiva* e, por essa diferença com o direito de necessidade (que a distingue também das demais causas de justificação), *não reclama* a situação de perigo nem a superioridade sensível do bem a proteger (elementos negativos), mas *exige* o adimplemento do dever de informação (elemento positivo).

---

[444] ANDRADE, *Liberdade*, p. 364-5. A rubrica *Wahrnehmung berechtiger Interessen* enfeixa, como já se adiantou, casos de "atipicidade" e soluções de justificação a título de "exercício de um direito", corpos estranhos ao instituto da prossecução de interesses legítimos.

[445] ANDRADE, *Liberdade*, p. 365. Há implicações processuais, nesta assertiva, que adiante vão referidas.

Num comentário crítico acerca da STC 165/1987 do Tribunal Constitucional Espanhol, Coderch escora-se também no componente *novedad*: "Ademais, privilegiar os 'veículos institucionalizados' de formação da opinião pública e relegar aos que não detêm essa condição, é discriminar a inovação (*novedad*) e marginalizá-la em benefício do *statu quo*: poucas coisas estão mais afastadas da filosofia política tradicional sobre liberdade de expressão do que a concepção de um privilégio relativo de controle do mercado informativo aos seus produtores históricos.".[446]

O autor espanhol refere que a importação distorcida da doutrina alemã da garantia institucional em favor da imprensa seria problemática se conduzisse ao privilégio citado. Não é este o caso: no regime da prossecução de interesses legítimos não há limitação "a priori" de sujeito ativo da justificação e, até, os particulares beneficiam-se com requisitos menos rígidos. Mas o argumento de Coderch, "a contrario", fundamenta o privilegiar as vertentes comunicacionais que apostam na criação de novos valores, na busca do *status ad quem*. Na esteira, portanto, da tradicional filosofia política acerca da liberdade de expressão.

Assim, para além do princípio da ponderação de interesses, que funda o largo espectro do direito de necessidade, a prossecução de interesses legítimos, a coberto do princípio do risco permitido, aplica-se a muitas outras situações fáticas. E, pendente de positivação pelo legislador, firma-se como causa autônoma e autêntica de exclusão da ilicitude, vocacionada "ao universo de incriminações que protegem bens jurídicos marcados pela sua particular vinculação social", a extravasar o "domínio circunscrito dos crimes contra a honra".[447]

Merecem atenção, neste passo, os requisitos que balizam e suportam a prossecução de interesses legítimos.

Assoma, logo, como pressuposto *positivo*, o adimplemento do *dever de informação*. O tema foi tratado já com certo fôlego, remetendo-se *supra* (item II-5.2).

---

[446] SALVADOR CODERCH, *El Mercado*, p. 79. A questão dos panfletos (meio não-institucional, à partida) pode-se resolver com conceito ampliado do que seja "imprensa" (comunicação aberta). E não foi óbice para a decisão do *Bayer-Urteil* (*supra*, item II-4.1). A ampliação, aliás, pode-se socorrer do art. 9º da nova Lei de Imprensa Portuguesa (Lei nº 2/99, de 13 de janeiro), que define, no nº 1, de forma ampla o conceito de imprensa: "todas as reproduções impressas de textos ou imagens disponíveis ao público, quaisquer que sejam os processos de impressão e reprodução e o modo de distribuição utilizado". Considera-se que a exclusão do nº 2 (boletins, relatórios, catálogos, mapas, cartazes, folhas volantes etc.) situa-se no âmbito dos meios "correntemente utilizados nas relações sociais e comerciais", de caráter publicitário. Remanesce, portanto, a possibilidade de tratar um panfleto de conteúdo ideológico ou informativo (que pressupõe inviável divulgação de acordo com as relações sociais correntes – busca de espaços alternativos de comunicação) no âmbito da prossecução de interesses legítimos. É presumível que, caso acessíveis, seriam usados os meios de comunicação institucionalizados, de incomparável alcance. A forma, pois, não prejudica.

[447] ANDRADE, *Liberdade*, p. 366-7. A exemplo da referida alteração do § 201 do StGB.

Merecem referência, a seguir, os pressupostos *negativos*: *desnecessidade* de perigo iminente e de sensível superioridade do interesse a salvaguardar. Bem por isso, como Roxin destacou, a prossecução de interesses legítimos *justifica mais* que o direito de necessidade[448] – mas, como num daqueles freios e contrapesos mencionados por Montesquieu (noutro contexto, é claro), por outro lado submete-se ao requisito (um *plus* em cotejo com o direito de necessidade) do dever de informação, em conexão com o princípio do risco permitido.[449]

Trata-se do requisito que, pela negativa, confere identidade à prossecução de interesses legítimos em cotejo com o direito de necessidade, sendo da natureza da justificação especial a ausência de um "perigo eminente" e da "sensível superioridade" do interesse em jogo. Igualmente este tópico foi objeto de consideração *supra* (itens II-5.1.2 e 5.1.4).

5.3.2. O conceito de interesse legítimo. A função pública da imprensa. Afastamento do escândalo e do sensacionalismo

Releva, no aperfeiçoamento da justificação, o fim do agente. É crucial o interesse a salvaguardar, certo de que a liberdade de informação acresce de peso quando quer contribuir para a formação da opinião pública. Está mais que assentado ser imprescindível a incidência da opinião pública na formação de um consenso verdadeiramente democrático, ou na delimitação dos dissensos também democráticos, o que procura assegurar os princípios da liberdade de expressão e informação.

Nesta perspectiva, qual o conceito de interesse legítimo? É todo aquele digno de proteção aos olhos da ordenação jurídica, vale dizer, não contrário ao direito e aos bons costumes.[450] Roxin afirma que dito interesse, para ser legítimo, "não pode ser contrário à lei ou aos bons costumes.[451] Interpreta-se, por outro lado, no escopo de ampliação da liberdade, que o interesse não deixa de ser legítimo, para efeitos jurídico-penais de justificação, se for indiferente ao direito ou à lei (ventilando-se a existência daquele espaço juridicamente neutro), mor-

---

[448] ROXIN, *Derecho Penal*, p. 785, pelo que "há de restringir-se seu âmbito de aplicação", no sentido de que o interesse perseguido deve importar (concernir, relacionar-se) algo para o sujeito que pretende ter a conduta justificada. Pois, "em relação às pessoas absolutamente não implicadas, a vítima não tem por que ser exposta ao risco de uma maledicência". Esta cláusula de restrição, consignou-se antes, não se aplica ao caso investigado, presumindo-se que o sujeito atue no âmbito da formação da opinião pública, no espaço (função) público da imprensa – já que, nesta hipótese, "os interesses da coletividade dizem respeito a todo mundo". No mesmo sentido, da amplitude dos "interesses da comunidade", JESCHECK, *Tratado*, p. 363.

[449] Que, ao ausentar-se da justificação no caso de crimes de devassa, como se verá, também eliminará o pressuposto do adimplemento do dever de informação.

[450] ANDRADE, *Liberdade*, p. 367.

[451] ROXIN, *Derecho Penal*, p. 784.

mente em face do elemento dinâmico-evolutivo já ressaltado, a imaginar-se que novos valores, antes de se legitimarem, passem por um limbo.[452]

O exposto não socorre, para que fique claro, a imprensa sensacionalista, que padece de avaliação jurídica negativa (ao menos no círculo hermenêutico desta específica causa de exclusão da ilicitude). Na esteira da formulação alemã, cristalizada na decisão do BGH no mencionado caso *Call-Girl-Ring*, afirma-se que "as reportagens e comentários em que se cultiva o *escândalo* e o *sensacionalismo*, estão à partida fora da área da função pública em nome da qual a imprensa como instituição goza de especial protecção constitucional". Mesmo que em geral aplaudida, a doutrina do *Call-Girl-Ring* mereceu a crítica de Arndt, a denunciar o perigo de uma concepção estatal moralizante.[453] Além disso, ao reconhecer-se que o conceito de interesse geral ou público é escassamente operativo (duvidoso que se possa chegar a uma definição "a priori" satisfatória), abre-se infinito campo de possibilidades ao legislador, ou ao julgador, de limitarem o fluxo de informações pela distribuição de etiquetas "ex post" (Coderch). Muito embora, há que se manter a distinção entre *interesse público* (orientador da prossecução de interesses legítimos) e interesse *do* público (quantificável – e identificável – pelo maior ou menor número de pessoas que se interessam em concreto por tal ou qual assunto), associado, no mais das vezes, à lógica do espetáculo cultivada pela cultura do entretenimento.

De resto, constitui imperativo ético solidificado nos códigos deontológicos, pois o interesse público "não pode ser confundido com a curiosidade pública. Isto, que é de senso comum, é-nos recordado por quase todos os textos deontológicos e legais. Pode haver setores públicos interessados em conhecer a vida privada dos demais. Mas o profissional de comunicação responsável tomará muito cuidado para

---

[452] Pelo menos em nível teorético, não haveria óbice lógico instransponível para aceitar esta noção. Veja-se a ponderação de FERNÁNDEZ-ARMESTO, *Verdade*, p. 128, para quem "Aristóteles também depositou muita fé no que os lógicos chamam de 'lei do terceiro excluído'. 'Não há nada entre a afirmação e a negação', dizia ele, em um *insight* de perfeição imaculada e utilidade limitada, já que a maioria das afirmações e negativas é provisória, qualificativa ou condicional. Mesmo que se admita sua validade, a lei de Aristóteles é de pouca ajuda para distinguir o verdadeiro do falso. (...) Podemos muito bem dizer: se 'esferas não são redondas' é verdadeiro, 'esferas são redondas' tem que ser falso. Além disso, a maioria das perguntas é uma questão de julgamento. Em resposta a questões morais – 'deves matar?' ou 'a dor é boa?', por exemplo – afirmações e negações seriam mutuamente excludentes, porém, sujeitas a qualificações adequadas, igualmente admissíveis. É difícil encontrar fatos em que o sentido de uma assertiva possa ser estreitado, com suficiente clareza, a ponto de se imunizar a verdade contra a negação.". Não foi à toa que os seguidores do filósofo desenvolveram 256 tipos distintos de silogismo, um "sistema" no mínimo incômodo... (p. 129).

[453] Cf. ANDRADE, *Liberdade*, p. 368. Arndt tachou a decisão como um "passo inconstitucional na direcção de um Estado de mundivisão (*Weltanschaungstaat*)".

não satisfazer desejos injustos ou malsãos.". Na Alemanha fala-se de jornalismo *Schund* (literalmente lixo ou porcaria), cujos temas mais explorados são a "violência, o crime e a sexualidade exagerada ou anti-natural"; o sensacionalismo informativo consiste "no *exagero* intencional do conteúdo da notícia, embora, no fundo, ela tenha caráter de verdade. Outras vezes o exagero tende a exaltar irracionalmente sensações pré-selecionadas, chamando a atenção através de efeitos técnicos para algum aspecto determinado, mas sem ocultar outro. O que se mostra eticamente insuportável no exagero informativo é pretender despertar no leitor e no espectador sentimentos infraculturais e inframorais, adulterando a verdade objetiva das coisas e dos acontecimentos. Isso ocorre quando se provoca a curiosidade mórbida nos leitores através de descrições truculentas ou imagens que comovam.".[454]

Roxin comenta a questão como primeiro critério estabelecido pela jurisprudência. Assim, quando só se persegue um interesse em "causar sensação ou escândalo, há de rechaçar-se de plano o § 193", o que também ocorrerá quando só exista interesse em comprometer outrem com revelações de sua vida privada.[455]

Se a investigação em curso abraça tal dicotomia (na senda constitucional), não deixa de se preocupar com um velho paradoxo apontado por Coderch: tutela-se, a final, a opinião pública à margem do que esta efetivamente deseja, pensa ou quer, inclusive contra eventuais correntes majoritárias. Assim, fora do individualismo metodológico (em que o interesse geral seria a agregação dos distintos interesses individuais), "a doutrina do interesse geral trata de proteger a opinião pública de si mesma. Isso mal se compadece com a idéia de que esta é uma base fundamental da democracia.".[456] É problemático, mesmo nos lindes utilitaristas, afirmar o desejo *efetivo d*as correntes majoritárias, e intuitivo que há diferenças (às vezes notáveis) entre opinião *pública* e opinião *publicada*.

O mercado, pressuposto das doutrinas utilitaristas, tem reduzida função nesta questão. Acima dele, e a convicção não seria facilmente arrostada, o "jornalismo deve trabalhar para a democracia". O compromisso, nessa linha, não é com as preferências (num hedonismo induzido) de uma massa de consumo, antes em manter os vínculos de subordinação (a imagem é propositadamente forte) com a cidadania. A ética jornalística introduz resposta diversa, "se a opinião pública já não se apresenta como fonte absoluta para dar os parâmetros do certo e do errado – pois, repetindo, tende a confundir popularidade com legitimi-

---

[454] BLÁZQUEZ, *Ética*, p. 264 e 60, respectivamente.
[455] ROXIN, *Derecho Penal*, p. 784-5.
[456] SALVADOR CODERCH, *El Mercado*, p. 77.

dade e tende a sobrepor preferências de mercado a exigências de direitos".[457]

Na lição de Zippelius, "aprendeu-se a distinguir entre a opinião pública e a opinião publicada, sabendo-se que, p. ex., nos média, as opiniões de minorias ruidosas estão muitas vezes sob-representadas e as opiniões da 'maioria silenciosa' estão frequentemente sub-representadas."[458]

Há que distinguir, então: fazer imprensa colorida, seja *marrom*[459] ou *cor-de-rosa*,[460] é prática legítima e legal, submetida às balizas gerais

---

[457] BUCCI, *Ética e Imprensa*, p. 174-5. Ora, a imprensa é instada, inexoravelmente, a dialogar "com a moralidade vigente em termos aceitos como sendo civilizados" (p. 153), padrão que não é ditado pelos "humores do público, ou suas curiosidades perversas, e sim [pel]o interesse público. Por isso, o sensacionalismo é eticamente reprovável" – termo que não vai tomado por "jornalismo popular", a supor que "popular" seja sinônimo de mau gosto. "Sensacionalismo é o jornalismo que se curva ao preconceito, intensificando-o" (p. 154). Daí impor-se o cuidado de "diferenciar o que é interesse público do que é curiosidade perversa do público" (p. 155), consideração que costuma ser "viciada por um certo preconceito de classe. Os personagens que se situam no topo da pirâmide social têm merecido mais esse tipo de preocupação do que aqueles que se situam na base. (...) como se gente pobre não tivesse intimidade a ser preservada.". De fato, a matéria-prima dos programas de rádio e televisão sensacionalistas é o "drama de cidadãos humildes que aparecem nas delegacias como suspeitos de pequenos crimes. Ali, são entrevistados por intimidação. As câmaras invadem barracos e cortiços, e gravam sem pedir licença a estupefação de famílias de baixíssima renda que não sabem direito o que se passa: um parente é suspeito de estupro, ou o vizinho acaba de ser preso por tráfico, ou o primo morreu no massacre (...) A polícia chega atirando, a mídia chega filmando. (...) as traições conjugais se transformam em comédia chula dos programas de auditório. (...) Crianças são expostas em suas deformidades físicas e suas doenças incuráveis." Marginais (da sociedade juridicamente organizada), privacidade e intimidade são conceitos étereos, inaplicáveis justamente para as pessoas comuns – quem, segundo a doutrina consensual, menos deveriam ser expostas à execração pública.

[458] ZIPPELIUS, *Teoria*, p. 356-7. A "curiosidade impiedosa vende-se melhor do que a reportagem objectiva e discreta". Daí a ambivalência dos média: além de "seu papel indispensável para a formação democrática da vontade, não se devem descurar as suas forças manipuladoras e ameaçadoras da liberdade", risco que cresce em face das tendências de monopolização (p. 360). Enfim, é necessário combater "os abusos de poder dos média" (controlo dos controladores), mesmo porque num "sistema livre devem ser protegidos eficazmente não só as liberdades dos meios de comunicação, mas também os direitos de personalidade dos cidadãos por eles ameaçados. O direito de resposta (...) e os instrumentos de protecção jurídico-civil e jurídico-penal não são frequentemente suficientes..." (p. 365). É preciso fiscalizar se os jornalistas observam as "regras deontológicas gerais", fazendo com que se responsabilizem perante o público "pela equidade e veracidade das suas notícias".

[459] Este jornalismo surgiu nos Estados Unidos, no século XIX, sob a égide das técnicas da cor e do desenvolvimento da ilustração fotográfica – o adjetivo "marrom" ligar-se-ia ao fato "de que essa era a cor das páginas nas quais apareciam as crônicas negras. O único e exclusivo objetivo dos jornalistas marrons era *ganhar dinheiro*. (...) encontra atualmente o campo mais abonado nos *semanários ilustrados*", sendo comum que descambe de um "erotismo gráfico" para a *pornografia*, cujo cultivo sequer é considerado, no âmbito deontológico, atividade jornalística (como, aliás, a propaganda) – BLÁZQUEZ, *Ética*, p. 295-6.

[460] A "imprensa sentimental" surge após a II Guerra; a realeza européia investindo para recuperar uma imagem perdida forneceu farto material para certas revistas francesas. Seus principais ingredientes "são os mexericos ou notícias não autênticas que geram um estado patológico de fascinação" (sob o pano de fundo da cama e do dinheiro). Nestas revistas, "existe cumplicidade com os seus protagonistas e com o leitor assíduo. (...) Os consumidores deste tipo de revistas costumam negar ou dissimular que as lêem, sobretudo se são homens." – BLÁZQUEZ, *Ética*, p. 305-7.

do exercício da liberdade de imprensa; mas se denega, de plano, à promoção do escândalo e do sensacionalismo, o estatuto de referencial axiológico-material para a justificação em apreço; ou seja, tal desiderato não se pode socorrer da prossecução de interesses legítimos aos efeitos de excluir a ilicitude da imputação de fatos desonrosos cuja verdade não consegue provar. Numa precisão ulterior do BGH (3.5.77), "a imprensa pode publicar notícias sensacionalistas em nome de interesses meramente econômicos; só que isso não basta para justificar uma lesão da personalidade".[461]

Lógica similar perpassa um relevante caso americano, decidido em 1985 (*Dun and Bradstreet v. Greenmoss Builders, Inc*). A primeira empresa, uma sociedade de informação financeira, publicou uma nota segundo a qual a companhia Greenmoss solicitara falência – informação falsa, diante de sua boa saúde financeira. O erro, contudo, não foi intencional, mas produto de uma rotina negligente. A Suprema Corte manteve a indenização, pois "a informação publicada por Dun não era de interesse público porque se dirigia unicamente a satisfazer o interesse individual de quem a oferecia e de seu destinatário comercial específico. Uma avaliação de seu *conteúdo, forma e contexto* ("*content, form, and context*") indicava que o informe não abarcava assunto público algum, pelo que não precisava de uma proteção especial".[462]

Noutros termos, pode-se reconhecer o jornalismo sensacionalista como portador de interesse legítimo, mas sua prossecução não justifica o risco – não o converte em risco permitido – de atentar contra um bem jurídico com a importância da honra pessoal. Não serve de contrapeso para a ponderação do § 193, ao menos em linha de princípio (ressalvas possíveis no que contende com pessoas da *Zeitgeschichte* ou matéria coenvolvida com área sensível da vida política, no sentido da revelação de o escândalo mostrar-se conveniente ou indispensável à formação da opinião pública "esclarecidamente empenhada na gestão da coisa pública").[463]

Igualmente, na opinião de Costa Andrade, refoge da categoria "função pública" – marcada pelo desiderato de formação democrática de uma opinião pública imprescindível para o funcionamento dos diversos setores comunitários, em especial nas matérias política, social, econômica, cultural etc. – a devassa da privacidade e da intimidade de terceiros como finalidades da atividade jornalística capazes de justificar ilícitos típicos, também afastada do âmbito da prossecução de interesses legítimos a *publicidade*.[464]

---

[461] Apud ANDRADE, *Liberdade*, p. 368.

[462] SALVADOR CODERCH, *El Mercado*, p. 267. Trata-se de lógica similar e não idêntica, pois a publicação, em si, não tinha caráter sensacionalista.

[463] ANDRADE, *Liberdade*, p. 369.

[464] ANDRADE, *Liberdade*, p. 370.

O fenômeno da publicidade faz parte da "comunicação persuasiva" e seu objeto principal é fazer com que os receptores "adquiram produtos de mercado ou serviços sociais". Sua prática materializa-se nos diversos meios de comunicação social e seu fim principal é "comercial e lucrativo" (uma exigência do *marketing*). Bem vista, é um assunto de "dinheiro e imaginação",[465] e seus específicos problemas demandam regulação deontológica específica, distinta da "liberdade de imprensa" (em que pese possa beneficiar-se da mesma). Os abusos da publicidade enganosa ou desleal originam crimes próprios, tratados em geral no campo do direito do consumidor.

Normas éticas básicas procuram escoimar a atividade jornalística da publicitária. Assim, por exemplo, manifestam-se a *Associated Press* – "A propaganda deve ser diferenciada das notícias" – e o Código *Sigma Delta Chi* – "Distinguir entre notícia e propaganda, e evitar híbridos que turvem as fronteiras entre as duas".[466] Deliba-se, intuitivamente, a questão do *lucro*, cuja análise reserva-se para mais adiante.

5.3.3. Outros pressupostos objetivos: idoneidade, necessidade, proporcionalidade

"Depois de haver calculado com rigor estas possibilidades (após haver reconhecido que a vida é breve, a arte vasta, a ocasião instantânea e a experiência incerta) disse para consigo que era indigno de um fidalgo abandonar-se a cálculos tão mesquinhos, como um burguês que computasse as possibilidades que tinha jogando aos dados o seu avaro pecúlio. Ou seja, disse-se, um cálculo há a fazer, mas que seja sublime, se sublime é a aposta. O que jogava ele naquela sua aposta? A vida. (...) É verdade, a aposta não era de um contra um. Havia mais possibilidades de perecer na tentativa do que de alcançar a terra. Mas mesmo nesse caso a álea era vantajosa: era como se lhe dissessem que tinha mil possibilidades de perder uma mísera soma contra uma única de ganhar um imenso tesouro. Quem não aceitaria?"[467]

Há outros requisitos para a configuração da prossecução de interesses legítimos, objetivos e subjetivos. Num primeiro passo, é de se

---

[465] BLÁZQUES, *Ética*, p. 573-83. Já "propaganda", cujo termo relaciona-se com a Congregação do Papa Gregório XV (1622) que buscava espalhar a fé cristã pelo mundo, é "mais do que tudo ideológica, enquanto a publicidade é comercial – e na prática política aproxima-se da demagogia e relaciona-se com a "função comunicativa própria das relações públicas" (p. 584-5), que têm como finalidade influenciar a "formação e eventual modificação da chamada opinião pública por meio de técnicas de persuasão" (p. 651). Com reflexos diretos, por óbvio, na legitimação democrática dos governos e poderes contemporâneos e que, por tudo, não goza da tutela especial da prossecução de interesses legítimos.

[466] Também o princípio 7º da Associação Nacional de Revistas do Brasil: "Diferenciar espaço editorial de espaço publicitário, de maneira facilmente identificável pelo leitor."; o 9º preceito da Associação Nacional de Jornais brasileiros: "Diferenciar, de forma identificável pelos leitores, material editorial e material publicitário" (*apud* BUCCI, *Ética e Imprensa*, p. 213-31). Em Portugal, "que está a frente do Brasil nessa matéria, o jornalista é impedido pela Comissão da Carteira Profissional do Jornalista de exercer assessoria de imprensa e atividades publicitárias." (p. 124). Confira-se o art. 3º, 1, b, e 2, da Lei nº 1/99, de 13 de janeiro (Estatuto do Jornalista), que estabelece com clareza e rigor a incompatibilidade.

[467] ECO, *A Ilha do dia Antes*, p. 455-6.

repassar o essencial no que tange aos pressupostos objetivos: idoneidade, necessidade e proporcionalidade.

Idoneidade e necessidade (*Erforderlichkeit*) são conceitos ligados especialmente "à conduta do agente como *meio* (idóneo e necessário) à prossecução dos interesses legítimos em causa".[468] Roxin abriga ambos os conceitos no manto do princípio do *meio menos lesivo*, que também opera na figura do direito de necessidade.[469]

Idôneo é o meio *eficaz*, apto a alcançar o desiderato proposto pelo agente. A par da eficácia, opera o requisito da necessidade: "só será justificada a conduta que apareça como *indispensável* à salvaguarda dos interesses legítimos em causa"; em havendo disponibilidade de meios igualmente eficazes, há que se escolher o menos gravoso para o ofendido.[470]

Tangente à proporcionalidade, funciona como uma espécie de contraponto à não-exigência de sensível superioridade dos interesses legítimos a prosseguir. Introduz-se, por essa via, um freio que evita ou afasta a justificação no caso em que a ponderação entre interesses a promover e os atentados a infligir à honra revelasse sacrifício leonino para a honra pessoal. É neste sentido que a expressão deve ser *adequada*, "guardar una justa proporción con el riesgo de vulneración del honor que se hace recaer sobre el afectado".[471]

É notável, a ilustrar a mútua referência, a similitude dos conceitos jurídico-penais em apreço com a concepção do princípio da proporcionalidade do direito constitucional alemão, que se desdobra em três subprincípios: o primeiro é o da idoneidade; o segundo, da necessidade; e o terceiro, da proporcionalidade em sentido estrito (ponderação)[472] – *adequação* na dogmática penal.

Mais uma vez, a ética jornalística introduz algumas reflexões. Parta-se, para tanto, de uma obrigação especial dos jornalistas: "garantir que os negócios públicos sejam conduzidos às claras e que os registros governamentais sejam abertos à inspeção". Neste desiderato, o óbvio (evitar espionagens ou outros métodos sub-reptícios de coletar

---

[468] ANDRADE, *Liberdade*, p. 370.

[469] ROXIN, *Derecho Penal*, p. 785, 42. Assim, por "princípio do meio menos lesivo", significa-se que a expressão escolhida (que vai consubstanciar a publicação em nome da prossecução de interesses legítimos) deve ser idônea e necessária para salvaguardar os interesses implicados. Seria, v.g., desnecessário dirigir-se ao grande público quando suficiente a intervenção de uma autoridade pública ou de um advogado, bem assim (conforme as circunstâncias) publicar o nome de alguém implicado por afirmação desonrosa.

[470] ANDRADE, *Liberdade*, p. 371.

[471] ROXIN, *Derecho Penal*, p. 785, 43. Por um assunto objetivamente intranscendente não se podem fazer afirmações desonrosas, cujos efeitos devastadores em termos existenciais seriam irreversíveis. Nas polêmicas públicas, neste diapasão, a licitude da "dureza" das expressões também depende do *tom* da manifestação da parte contrária. JESCHECK também refere a exigência de *adequação* (*Tratado*, p. 363).

[472] Vide, supra, item II-1.4, onde vai citado ALEXY, *Colisão de direitos fundamentais*, p. 278-9.

informações) comporta exceção: "quando os métodos tradicionais diretos não propiciarem informações vitais ao público. O uso de tais métodos deve ser explicado como parte da matéria.", se bem que, neste caso, a ilicitude vai, preenchidos os requisitos, excluir-se pelo direito de necessidade. O fato é que a deontologia profissional considera legítima a intromissão.[473]

O princípio do meio menos lesivo corporifica-se, no Código de Ética dos Jornalistas Profissionais (*Sigma Delta Chi*), no tópico "minimizar danos", que recomenda "particular sensibilidade ao lidar com crianças e fontes ou pessoas inexperientes", sensibilidade ao "procurar ou utilizar entrevistas ou fotos daqueles afetados por tragédia ou sofrimento", bem assim reconhecer que a apuração e a divulgação de notícias podem provocar "dano ou incômodo. A procura das notícias não é uma licença para a arrogância".[474]

5.3.4. Publicação do nome e direito ao anonimato

A publicação do nome do autor do fato desonroso imputado, sem o consentimento do interessado, contraria o "direito ao anonimato", emanação concreta do direito geral de personalidade.[475] Nada obstante, a liberdade de imprensa muitas vezes prevalecerá, e a publicação estará penalmente justificada.

Concretiza-se, nesta seara, o pressuposto da *necessidade*: quanto menor o significado comunitário de um acontecimento, maior o interesse pelo anonimato (a ponto de impedir a publicação do nome), assim como no caso de ser possível satisfazer-se o interesse comunitário sem identificar o autor.[476]

---

[473] Código de Ética Profissional dos Jornalistas *Sigma Delta Chi* – cf. BUCCI, *Ética e Imprensa*, p. 226. O art. 14, alínea "i", do Estatuto do Jornalista Português (Lei nº 1/99), explicita ser dever fundamental do jornalista: "Não recolher imagens e sons com o recurso a meios não autorizados a não ser que se verifique um estado de necessidade para a segurança das pessoas envolvidas e o interesse público o justifique.". Mais uma vez, observa-se um valor forte particularmente presente no jornalismo investigativo, mormente numa sociedade, como a brasileira, que vive "intermináveis escândalos de corrupção" que obedecem a certo padrão. A revelação nunca parte do Estado, que costuma ignorar ou negar os fatos. "Se graúdos são respingados, há sistemático e diligente empenho em protegê-los. O escândalo explode quando um órgão da mídia jornalística levanta a ponta do véu, oferecendo provas ou, pelo menos, indícios veementes. (...) O clamor público motiva às vezes a formação de CPI. (...) Somos um povo que, entre outras fomes, sofre a imensa, insaciada fome de justiça. A impune cleptocracia nos desmoraliza (...) A corrupção – macrocorrupção dos políticos e microcorrupção dos burocratas – deixou de ser apenas um crime para se trasnformar em tragédia nacional." (FREITAS, "Desmoralização", *Zero Hora*, edição de 7 de janeiro de 2001, p. 21).

[474] Apud BUCCI, *Ética e Imprensa*, p. 226-7.

[475] Vide PINTO, *Intimidade*, e SOUZA, R., *Personalidade*.

[476] Exemplo claro de ausência de necessidade em divulgar o nome das pessoas envolvidas foi caso dos "salários do Tribunal de Contas" do Estado do Rio Grande do Sul, Brasil. A fim de cientificar o público acerca dos vencimentos dos servidores, ao invés de se publicar apenas as faixas salariais (o que seria mais do que suficente para o interesse comunitário), o periódico publicou detalhada e individualizada tabela, na qual cada servidor era referido nominalmente.

A questão reveste de significado exponencial ao se defrontar com a notícia de um crime ou de um processo criminal em tramitação, já exposta *supra*, no item II-5.2.10 e pelo que se lançam apenas alguns reforços ou detalhamentos.

É de se lembrar, em modo de princípio, que crimes são eventos históricos cuja investigação e divulgação são tarefa da imprensa, o que não libera os meios de comunicação de se pautarem nos limites da proporcionalidade, jogando aqui também o princípio da "presunção de inocência" e o valor constitucional de "ressocialização" do delinqüente. Variáveis como a gravidade, impacto, alarme social e curiosidade em si (em face de um "modus agendi" inusitado) devem ser sopesados. Na síntese de Costa Andrade, "por princípio, deverá omitir-se a publicação do nome (da fotografia ou da identificação) quando se trata de pequena criminalidade ou estão em causa delinqüentes primários ou menores, em relação aos quais avultam sobremaneira as exigências de ressocialização".[477] É, também, imperativo das "leges artis".[478]

Não há, pois, presunção absoluta de interesse público em relação a toda a crônica da atividade judiciária. Mesmo pelo fato já destacado, agora dito com Faria Costa, de que "a consistência necessária para dar início a um processo penal é distinta da que se exige para a sua divulgação pela comunicação social", vale para simples denúncias, mas também para pronúncias ou, até, sentenças executadas (questão da ressocialização). Agrega-se, ainda, o critério da atualidade (um dos reflexos primordiais do citado *Lebach-Urteil*): mesmo que a "atualidade do interesse" não seja igual a "fato atual", em regra, "quanto mais tempo tiver decorrido desde a ocorrência dos fatos, menor será o interesse na sua justificação". Faria Costa propõe, nesta senda, uma interessante e operacional analogia com o instituto da prescrição.[479]

5.3.5. Elementos subjetivos: mero dolo-da-justificação ou especial fim de agir (intenção). A questão do lucro

É amplamente majoritária, hodiernamente, a exigência de elementos *subjetivos* nas causas de justificação em geral. Vale dizer, com Costa Andrade, que "a neutralização da ilicitude reclama a concorrência (...) de um *valor de resultado* e um *valor de ação*".[480] Lorente, do lado espanhol (e numa perspectiva comparada), também aponta que a doutrina

---

[477] ANDRADE, *Liberdade*, p. 372.

[478] Vide Estatuto do Jornalista de Portugal, art. 14.

[479] COSTA, *Comentário*, p. 619. Ressalvam-se, logicamente, os "eventos imprescritíveis", já referidos.

[480] ANDRADE, *Liberdade*, p. 372. Não se pode, contudo, acompanhá-lo quando assevera ser "pacífico" tal entendimento, pelo menos se consideradas as posições (já referidas supra, no item II-5.2.1, v.g. Zaffaroni e Juarez Tavares) que abordam as causas de exclusão da ilicitude por prisma exclusivamente objetivo.

majoritária entende necessária a concorrência do elemento subjetivo nas causas de justificação, estando no núcleo do debate a polêmica acerca do conteúdo material da ilicitude. Inclina-se a maior parte da doutrina por uma concepção dualista ou mista, segundo a qual as normas penais não têm por função exclusiva determinar a conduta dos cidadãos (normas imperativas), mas também a de proteger determinados bens jurídico-socialmente valiosos (normas de valoração). Daí a idéia forte do desvalor de resultado e de ação para fundamentar o injusto (e dos valores contrários para excluí-lo).[481]

Entretanto, e para além de um primeiro acordo genérico, reina já a divergência quando se trata de densificar o teor e o conteúdo dos elementos subjetivos, no diapasão, aliás, da controvérsia doutrinária acerca da teoria geral das causas de exclusão da ilicitude.

Num pólo, alguns se contentam com o dolo visto como congruência entre a situação objetiva de justificação e a representação do agente (Rudolphi), o mero "dolo-da-justificação". Noutro, ressoa a corrente (Hirsch, por exemplo) que reclama um especial fim de agir (intenção, *Absicht*), "uma orientação finalista da vontade para o exercício do direito ou o adimplemento do dever que, em concreto, legitima a conduta".[482]

Confira-se, em ilustração desta última posição, Jescheck, a dar conta de que, segundo a opinião dominante, não basta, para a justificação da conduta típica, que concorram os requisitos *objetivos* de cada uma especificamente considerada. Pelo contrário, o autor deve ter *conhecido* a presença da situação justificadora do fato e ter atuado *no exercício* da autorização que ela concede, ou *para o cumprimento* do dever que ela lhe impõe – teoria dos elementos subjetivos de justificação.[483]

Quanto aos primeiros, avulta a preleção de Roxin. O caso, à partida, configura o inverso do erro de tipo permissivo (em que o sujeito representa-se uma situação justificante que na realidade não ocorre), pois aqui objetivamente existe uma situação justificante, mas o sujeito não a conhece ou ao menos não é o que o motiva a realizar o

---

[481] MUÑOZ LORENTE, *Libertad*, p. 326-34.

[482] ANDRADE, *Liberdade*, p. 373.

[483] JESCHECK, *Tratado*, p. 295. O que se harmoniza tanto com uma *teoria pessoal do injusto*, em que desvalor da ação depende decisivamente "da direção volitiva do autor" (pelo que resulta "evidente a exigência de que em todas as causas de justificação a intenção do autor coincida com aquela da proposição permissiva"), quanto por uma perspectiva da *teoria do fim* (na qual importa o que o autor se propunha a alcançar) – não, entretanto, para as teorias do injusto que se orientem mais pelo desvalor do *resultado*, que recusará por completo ditos elementos subjetivos. O *dever de cuidado*, todavia, numa análise genérica, não constitui *nenhum elemento subjetivo geral justificante*. Ao revés, "procede conceder plenamente ao autor a causa de justificação quando, ainda que sem tal exame cuidadoso, concorrem os requisitos objetivos e ele atua tendo em conta a situação justificativa" (p. 296, 3).

tipo. Em qualquer caso, "não pode ser conforme ao direito uma conduta que, baseada na representação do sujeito, constitui a realização de um delito. Do ponto de vista da concepção de injusto hoje dominante e aqui também defendida, uma conduta só pode ser conforme ao direito se desaparecem tanto o desvalor da ação como o do resultado". Todavia, é *suficiente* que o "sujeito atue objetivamente no marco do justificado e subjetivamente com conhecimento da situação justificante", caso em que tem *dolo* de fazer algo objetivamente conforme ao direito. A consciência de produzir algo conforme ao direito elimina já o desvalor da ação e, por conseguinte, do injusto – "não é necessário que o sujeito atue, ademais, em virtude da finalidade da justificação".[484]

Em sentido convergente, Muñoz Lorente descarta que o elemento subjetivo identifique-se com "uma finalidade de agir conforme ao Direito", pois "não é preciso atuar com o propósito de comportar-se de forma lícita" – o que, aliás, confundir-se-ia com a consciência da ilicitude, que pertence à culpa. Basta, assim, o "dolo-de-justificação". Qual, isto posto, o conteúdo deste elemento subjetivo? É suficiente o *conhecimento* da situação de justificação ou é de se exigir *vontade* de realizar os respectivos elementos configuradores? Lorente entende que as posições confluem: "quem conhece a concorrência da situação de justificação, e atua, quer a realização da mesma".[485] É este também o ponto de vista de Sanz Moran, que parte de uma construção dualista do injusto, de acordo com a qual tanto o desvalor de ação quanto o desvalor de resultado são elementos constitutivos (configurando-se a ação em termos predominantemente objetivos). Assim, para a plena produção do efeito justificante, basta o "conhecimento, por parte de quem atua, de que se dão efetivamente os pressupostos objetivos da correspondente causa de justificação".[486]

A jurisprudência, de maneira geral, exige que o sujeito se motive pela *finalidade* da justificação, embora não se requeira que tal finalidade seja o *único motivo* do sujeito. Há torrenciais decisões no sentido de que a co-determinação da conduta defensiva pela ira, desde que não faça desaparecer por completo a vontade de defesa, não afasta a invocação, no exemplo, da legítima defesa. Vale dizer, presente a vontade defensi-

---

[484] ROXIN, *Derecho Penal*, p. 596-7. A exigência de mero "dolo-de-justificação", concepção que desenvolveu para a legítima defesa em 1963, é agora "opinião dominante", segundo informa Roxin.

[485] MUÑOZ LORENTE, *Libertad*, p. 335-41. Portanto, o elemento subjetivo equivale unicamente ao conhecimento da situação de justificação, entendendo que no mesmo se encontra já integrada a volição da conduta. À indagação de como vai provar-se sua presença, o autor responde que se concreta na concorrência do "dever de informação" (que, como já visto, não sendo elemento subjetivo, ilustra sua existência).

[486] SANZ MORÁN, *Elementos*, p. 92-3.

va, desimporta que concorram outras intenções (ódio, fúria, vingança etc.), opinião seguida por parte considerável da doutrina. Com Roxin, não faz sentido exigir uma vontade cuja "completa desaparição" não se pode provar nunca na prática (não é por acaso que, nos arestos citados, chegou-se à justificação, apesar da existência de outros motivos dominantes no sujeito). Além do que, "castigar a quem produz dolosamente uma situação conforme ao direito só porque não fez o permitido com a atitude interior 'correta' conduz a uma pena, proibida, pela atitude interna.".[487]

Tendo em mira a prossecução de interesses legítimos, mesmo pelo teor verbal do § 193 (*zur Wahrnehmung*, para a prossecução), optam a jurisprudência e a doutrina majoritárias pela segunda posição – construção que significaria a positivação da exigência de a *intenção* (de prosseguir o interesse) animar a conduta. No caso do *Call-Girl-Ring*, o BGH não reconheceu a justificação ora examinada, ao considerar que o artigo publicado não teve a "preocupação de ver os lugares mais importantes da administração ocupados por pessoas de conduta irrepreensível (...) [nem] pela preocupação de ver que as autoridades competentes para a perseguição penal não investigaram uma acção punível, ao arrepio do princípio de legalidade só porque o agente era uma pessoa da vida pública", mas serviu apenas como "instrumento de cultivo do escândalo e do sensacionalismo".[488]

Todavia, o entendimento majoritário destaca que, verificada tal intenção, desimporta a concorrência de outras finalidades. Vale dizer, subsiste a justificação mesmo em face de feixes motivacionais em parte censuráveis (ódio, vingança, intuito de prejudicar terceiro etc.). Assim, só estará afastada a justificação do § 193 quando a intenção de prosseguir interesses legítimos *não influenciar de forma alguma* a conduta do agente.[489] A palavra-chave para fundamentar a decisão supracitada seria *apenas*.

---

[487] ROXIN, *Derecho Penal*, p. 598. Nem se alegue uma interpretação literal, com base nas preposições (em, para), que deve ceder a uma interpretação teleológica extensiva, a ampliar a justificação, perante o que o princípio *nullum crimen* não coloca obstáculo. Contrapondo-se expressamente a Hirsch e Jescheck, consigna: "Finalidade é dolo e não uma motivação que vá além deste e, se o desvalor da ação só pressupõe o dolo, não se compreende por que, para sua anulação, há de se exigir mais que um dolo que abarque as circunstâncias justificantes" (p. 599, 99). O sujeito que desconhece a situação objetiva de justificação, pois, pratica uma tentativa inidônea (p. 600, 101) e não um delito consumado (pois o resultado típico não aperfeiçoa o desvalor de resultado do injusto, que é o que falta na hipótese - p. 601,102).

[488] *Apud* ANDRADE, *Liberdade*, p. 373-4. Nesta linha, em doutrina, Eser, Tenckhoff, Herdegen. Confira-se JESCHECK, *Tratado*, p. 295, 1: "El actuar 'en' salvaguardia de intereses legítimos debe ser un motivo del autor en el caso del § 193". Adiante, ao tratar especificamente do § 193 (p. 362), conta "que o autor haja atuado com a intenção de defender este interesse (elemento subjetivo da justificação)".

[489] Aferir, de forma concreta, num processo penal tal situação é empreitada quase irrealizável. DWORKIN, *Questão de princípio*, p. 530, referindo-se aos motivos das pessoas para reprovar a propaganda ou a exibição de pornografia, dá conta da mesma dificuldade: "Não se trata apenas

Aqui, nova divergência, manifestando-se autores como Lenckner e Rudolphi contra a doutrina dominante. Consoante Costa Andrade, à luz desta posição, justifica-se a conduta, nos termos do § 193, "do jornalista que, numa situação objectiva de *Prossecução de interesses legítimos* e com pleno conhecimento das circunstâncias justificativas publica uma notícia com o único propósito de fazer subir as tiragens do seu jornal".[490]

O exemplo supra é de Roxin que, inviável a comprovação judicial do motivo que animou o autor, assevera suficiente "que el sujeto actúe con conocimiento de las circunstancias que objetivamente justifican su expresión". Reitera que simplesmente escapa à comprovação judicial o autêntico motivo da expressão (que materializa a prossecução de interesses legítimos),[491] entendimento que, mercê de sua conformação em nível de teoria geral da ilicitude e de seu viés praxiológico, a investigação acompanha.

O critério utilizado na experiência americana parece tender para o posicionamento de Roxin, como se vê da argumentação expendida no caso *Harte-Hanks Communications, Inc. v. Daniel Connaughton* (1990).[492] A Suprema Corte reafirma o núcleo da doutrina estabelecida há um quarto de século: "Hoje está fora de questão que os casos de difamação de figuras públicas estão regidos pelo critério de *New York Times* e não pela regra dos *standards* profissionais. (...) Uma figura pública não pode reclamar indenização se não demonstrar que a publicação contém um enunciado de fato falso realizado com o conhecimento de que o enunciado era falso ou com desconsiderada indiferença ante sua verdade/falsidade".

Não se escapa desta regra – é o que importa à matéria em apreço – pelo fato do demandado publicar o material difamatório "com o objetivo de *incrementar seus lucros* (*to increase its profits*)". A Corte recordava que a doutrina constitucional da "actual malice" fora elaborada num caso (*Sullivan v. New York Times*) em que se acionara um jornal explorado comercialmente e que publicara um anúncio pago: "Se o ânimo de lucro pudesse de algum modo privar de proteção as comunicações que, de outra forma, teriam forçado a tutela constitucio-

---

de uma deficiência de informação que custaria caro obter. O problema é mais conceitual que isso: o vocabulário que utilizamos para identificar e individualizar motivos – os nossos, assim como os de outros – não pode fornecer a discriminação de que precisamos.".

[490] ANDRADE, *Liberdade*, p. 374-5. Lenckner, citado à p. 375, argumenta que a fórmula "para a prossecução" não prejudica tal interpretação, o que tampouco ocorre com a expressão "para afastar um perigo" (*um die Gefahr abzuwenden*), na disciplina do direito de necessidade (§ 34). Como Roxin.

[491] ROXIN, *Derecho Penal*, p. 787, 46. Vide, à p. 375, a nota 521 de ANDRADE, *Liberdade*.

[492] Este também o entendimento doutrinário. GREENAWALT, *Speech*, p. 47, afirma que "motives are usually mixed (...) In any event, in respect to most justifications for free speech the speaker's motives for saying what he truly believes are not intrinsically relevant.".

nal, todos os nossos casos, desde *New York Times* a *Hustler Magazine*, não seriam muito mais do que vasilhames vazios (*empty vessels*).".[493]

A revista *Time*, na década de 1920, foi quem desenvolveu o critério de *separação igreja/estado*, que ajuda a compreender a dinâmica de uma empresa jornalística numa sociedade capitalista e legitima as opções dogmáticas expostas. Se o jornalismo é um negócio explorado por empresas comerciais, é preciso "adotar um método específico de administração pelo qual as redações sejam autorizadas oficialmente a decidir os assuntos editoriais sem ter de consultar os setores comerciais da companhia, ou sem ter de passar pelo seu crivo", na busca de uma "rotina que equacione os atritos entre as razões do anunciante e o direito à informação representado pelos jornalistas". Salve-se que essa atitude não elide o problema do *conflito de interesses*, pois "os interesses dos dois clientes (leitores, de um lado, e anunciantes, de outro) freqüentemente são conflitantes". A melhor solução? Elementar: pôr cada setor para o seu lado, "cada um que cuide da sua finalidade. Trata-se de repartir a empresa em duas 'metades': uma editorial e outra comercial". Ou seja, uma estrutura administrativa bipartida em que os respectivos profissionais, idealmente neste caso, nem devem dialogar. Torna-se razoável que a credibilidade seja maior quando, em conflitos explícitos ou latentes, as imputações fáticas desonrosas dimanem de empresas em que o jornalismo (igreja) isolou-se do negócio (estado).[494]

Vale lembrar, conforme já ficou assentado no item II-5.2.5, que o *dever de informação*, pressuposto da justificação em tela, não se identifica com os elementos subjetivos da prossecução de interesses legítimos. Como elemento típico (previsto ou não legalmente), sobre sua *dimensão*

---

[493] Apud SALVADOR CODERCH, *El Mercado*, p. 268-70. O centro da questão era o tema da *actual malice*. A empresa demandada editava em Hamilton (Ohio) o *Journal News*, diário local que apoiava o ocupante de então no cargo de juiz municipal, para o qual Daniel Connaughton candidatara-se. Um mês antes das eleições, um empregado do juizado foi preso sob acusação de suborno. Durante a averiguação pelo *Grand Jury*, o *Journal News* publicou, com destaque, declarações de uma testemunha que acusava Connaughton de ter usado de "truques sujos" e ter-lhe prometido (e à sua irmã) benefícios em "agradecimento" pela ajuda na investigação. Connaughton perdeu as eleições e demandou o diário por difamação. A justiça estadual reconheceu a "actual malice" (no contexto de um jornal com opiniões políticas contrárias ao autor e de uma série de omissões jornalísticas) e estipulou indenização de 200 mil dólares (195 mil como *punitive damages*). Quanto aos lucros, no pleito provou-se, com razoável certeza, que o *Journal News* buscava, "colateralmente", conter o incremento de circulação do *Cincinnati Enquirer*, periódico rival.

[494] BUCCI, *Ética e Imprensa*, p. 60-2. Trata-se de um método de trabalho que evita, por exemplo, que um anunciante, ao comprar uma página na revista, "alimente a expectativa de que as reportagens reservarão a ele um tratamento diferenciado" (p. 63). É certo que o modelo é empresarial por definição: "supõe jornalistas altivos, mas não tem nada de antilucro ou de anticapitalista; ao contrário, é uma garantia para a empresa que se pretenda próspera e duradoura em uma democracia" (p. 71) e que, por isso mesmo, precisa investir na credibilidade de seu jornalismo.

objetiva – qualificação da própria conduta do agente[495] – hão de recair os elementos subjetivos (conhecimento e vontade).

É de se explorar, ainda, as implicações processuais da natureza da prossecução de interesses legítimos. Vale lembrar a imputação fática desonrosa em que o autor da expressão acaba por não conseguir "fazer a prova da verdade" (utilizar-se, com sucesso, da *exceptio veritatis*). Lorente, no contexto espanhol, reflete sobre o tema, ao perguntar pelas conseqüências jurídico-penais derivadas da exigência de verdade objetiva e, *subsidiariamente*, sua flexibilização, depois de se constatar que inexiste no caso (os fatos são falsos) ou que não é possível conhecê-la com certeza (os fatos são indemonstráveis).

A principal, na sua resposta, é que o órgão jurisdicional tem a obrigação de investigar, em *primeiro lugar*, se os fatos aderem objetivamente à realidade. E unicamente *quando não possa* realizar tal pronunciamento, ou constate que os fatos são objetivamente *falsos*, é que procederá à investigação da *veracidade subjetiva*, que justificará a imputação desonrosa desde que se considere a informação *legítima*.[496] Esse procedimento move-se contra, portanto, uma prática muito comum dos tribunais, que é a de *"constatar unicamente a veracidade subjetiva de uma informação*. Quer dizer: [verificar] se o informador obrou com a diligência devida, *sem deter-se a determinar se aquela informação era objetivamente verdadeira ou não* (...), por razões de economia processual que terminam prejudicando ainda mais a vítima ou o titular do bem jurídico lesado pela informação falsa".

Neste raciocínio, se bem que o resultado do processo penal será a mesma absolvição, os efeitos sobre a honra não serão idênticos. Por isso, considera que o juiz tem a obrigação de buscar a verdade no processo (artigo 24 da Constituição Espanhola), vale dizer, "de declarar se os fatos imputados são objetivamente falsos, porque com isso se restabelece de alguma forma o bem jurídico lesionado: a honra". O disposto também valeria para o bem jurídico privacidade/sigilo (lesado nos crimes de devassa), uma vez que a investigação "da verdade objetiva e a declaração da sua não-concorrência levaria à atipicidade da conduta (...); a declaração de falsidade objetiva enfatizaria claramente, diante da generalidade das pessoas, que não se difundiu nenhum segredo do titular de tal bem.".[497]

---

[495] Na já recenseada formulação de ANDRADE, *Liberdade*, p. 357.

[496] MUÑOZ LORENTE, *Libertad*, p. 190.

[497] MUÑOZ LORENTE, *Libertad*, p. 191-4. No nota 177 (p. 190-1) informa-se que esta é, basicamente, a concepção que se segue, doutrinária e jurisprudencialmente, nos delitos contra a honra no sistema penal alemão – onde, na maioria das hipóteses, a prova da verdade objetiva exonera o sujeito da responsabilidade penal, seja por atipicidade (§ 187) ou por exclusão da punibilidade (§ 186) – com a exceção, tratada a seguir, da injúria formal (§ 192). "Se não se consegue realizar a prova da verdade objetiva, então, cabe examinar a veracidade subjetiva, cuja

5.3.6. A injúria formal do direito alemão: em face da forma da imputação; diante das circunstâncias, em especial o decurso do tempo; o declínio do excesso de publicação

Há ainda um limite na parte final do § 193, a punibilidade a título de injúria formal (*Formalbeleidigung*), que resulta da forma de expressão ou das circunstâncias em que teve lugar e se tipifica como incriminação autônoma no § 192 do StGB. Trata-se de um ilícito formal que pressupõe a prova da verdade dos fatos imputados, a "temperar o dogma de que o direito penal alemão não pune, a título de atentado contra a *honra*, a imputação ou a divulgação de factos verdadeiros".[498] Aperfeiçoa-se, na lição de Herdegen, "no *plus* de degradação da honra do ofendido, um mais excessivo e não oculto de proclamação infamante (...) em relação ao que corresponderia a uma valoração adequada aos factos".[499]

Portanto, e pela inversa, não há injúria formal se a desvalorização do ofendido for "*adequada aos factos*. A prova da verdade dos fatos cobre e legitima os juízos de valor adiantados para caracterizar as condutas desonrosas imputadas, desde que não sejam desproporcionados em relação a elas (...) se, por exemplo, A chama *mentiroso* a B depois de alegar e provar que B faltou à verdade". Quanto ao tipo subjetivo, a doutrina nega qualquer particularidade à injúria formal, embora a jurisprudência ainda amiúde considere o § 192 delito de intenção – "que

---

concorrência faz com que a conduta possa justificar-se através do § 193 (*Wahrnehmung berechtigter Interessen*) que é uma causa de justificação similar a do exercício legítimo de um direito do art. 20.7 de nosso atual Código Penal [Espanhol]. Mas, *embora reste justificada a conduta através da constatação da verdade subjetiva (§ 193), e por isso a absolvição do imputado, ou residual condenação por tratar-se de injúria formal (§ 192), sustenta-se majoritariamente que os Tribunais devem, em todo caso, realizar a prova da verdade objetiva – e não a deixar exclusivamente nas mãos do acusado –,* não só porque tal exigência deriva expressamene do § 244 do StPO – que *obriga o juiz de ofício a investigar a verdade de todo o processo* – senão também porque, com isso – como veremos – se consegue de algum modo restabelecer o bem jurídico honra lesionado." Assim Dreher/Tröndle, Herdegen, Lackner, Lenckner, Schönke/Schröder, Roxin, Rudolphi. Na visão de Lorente, o Tribunal Constitucional, nalguns arestos, contribuiu para dissolver o critério de verdade (nota 180, p. 192), o que não ocorreria se a veracidade subjetiva efetivamente fosse utilizada como critério subsidiário – como se pronuncia majoritariamente a doutrina alemã (nota 181, p. 193), a estimar que se produz este efeito de *reparatio famae*, "sobretudo quando os fatos são declarados objetivamente falsos e, de forma mais atenuada, quando não podem ser declarados falsos mas tampouco verdadeiros". Idêntica finalidade, de restabelecimento do bem jurídico lesado, atribui-se ao § 3º do art. 596 do Código Penal Italiano. No nota 182 (p. 193), Muñoz Lorente reconhece que a opção tem seus perigos, podendo levar ao extremo contrário: a declaração de que os fatos são objetivamente verdadeiros – um risco que o lesado deve assumir ao acorrer aos tribunais (na maioria dos delitos contra a honra a persecução penal depende de iniciativa do ofendido), além de vulnerar a privacidade. No caso de fatos íntimos, poderiam ser crivados pela noção de "relevância pública", que, ausente, estancaria a investigação da verdade, pois "já faltaria um dos elementos para entender que se exerceu a liberdade de informação com caráter prevalente".

[498] ANDRADE, *Liberdade*, p. 376. Nos termos do § 190 do StGB, a *condenação* penal definitiva vale como prova da verdade e exclui a responsabilidade por crime contra a honra.

[499] *Apud* ANDRADE, *Liberdade*, p. 376.

exigiria, por isso, um *animus injuriandi* em relação ao qual a *forma* e as *circunstâncias* figurariam como meros indícios".[500]

Vejam-se as três constelações típicas de injúria formal mais presentes.

A primeira, configura-se em face da *forma da imputação*. Em geral ligada à roupagem verbal que reveste a imputação ou divulgação de fatos desonrosos, "sempre que, pelo seu tom, carga ou conotação infamante, a *forma* se mostre manifestamente desproporcionada em relação ao lastro de des-honra de que os factos são, em si, portadores". A desproporção há de ser matizada, considerando-se que há espaços de comunicação que legitimam expressões mais carregadas (debate político) e que o julgador só deve pronunciar-se pelo ilícito se referenciar expressão alternativa sem perda da *vis* comunicativa.[501]

A segunda manifestação de injúria formal decorre das *circunstâncias*, em especial o *decurso do tempo*. Aqui, é de enfocar-se a reatualização depois de razoável decurso de tempo (que retira paulatinamente o relevo comunitário dos fatos desonrosos), mormente no caso de crimes já expiados, a comprometer o objetivo de ressocialização, que não se harmoniza com a reiteração de cerimônias degradantes (*Lebach-Urteil*) – sem prejuízo da "imprescritibilidade" dos crimes que continuam a fazer parte da história ou do reavivar pelo próprio agente.[502]

À terceira categoria de injúria formal chamam os alemães de "excesso de publicação" (*Publikationsexzess*), conectado às circunstâncias da imputação, em que o *plus* de desonra deriva do "modo exterior de sua divulgação", jogando novamente papel transcendental o *topos* da proporcionalidade entre a publicação do fato desonroso e o seu relevo, "não devendo tornar-se público o que, em si, não se reveste de relevo comunitário".

Exemplos pululam: divulgação, desproporcionada, de um furto em supermercado; publicitação "de uma infidelidade conjugal através da exposição na vitrina de uma associação para a defesa da moralidade". Se no início do século XX aplicava-se a figura delitiva à imprensa, é muito questionável a pertinência do preceito no seio do atual direito

---

[500] ANDRADE, *Liberdade*, p. 377. Reafirma-se, aqui, a adesão do texto ao descarte de tal *animus* (posição consignada supra, no item II-3.1).

[501] ANDRADE, *Liberdade*, p. 378. O autor cita exemplos colhidos da jurisprudência alemã: da crônica desportiva, ao qualificar os defesas de uma equipe que fizeram falta num avante adversário ("sanduíche") de "bando de assassinos (*Mörderbande*)"; e a decisão do *OLGFrankfurt* de 23.11.1976 que condenou "por excesso de valoração" membros de uma organização extremista que referiram, a propósito da morte de um jovem em frente a uma discoteca, "a polícia *assassinou* um jovem trabalhador (...) fim ao *terror policial*". Segundo a Corte, os autores do texto poderiam usar de expressões alternativas sem perda de força política (*ermordet* ao invés de *tötet*, "utilização da força" em lugar de "terror"), sendo de ressaltar-se a grande "diferença de carga ético-jurídica que no direito penal alemão separa o *Mord* do *Tötung*" (nota 530, p. 379).

[502] ANDRADE, *Liberdade*, p. 379.

penal da comunicação, a denotar incompatibilidade com o "status" constitucional da mídia hodierna, nomeadamente com a concepção revitalizada da liberdade de imprensa.[503]

5.4. A prossecução de interesses legítimos na experiência portuguesa

As grandes veredas abertas pela experiência jurídico-penal germânica, na díade doutrina-jurisprudência, servirão, nesta altura, para iluminar a prossecução de interesses legítimos vigente no direito penal português (compreensível, espera-se, o exercício remissivo), que reserva ao intérprete, natural e previsivelmente, diferenças em relação ao substrato inspirador, fruto das peculiaridades histórico-sociais da terra lusitana, algumas indicadas supra ao longo do item I-1.

Em preliminar, porém, no escopo de esboçar os contornos sociológicos do vigente sistema penal português, lança-se mão de pesquisa de campo produzida pelo Centro de Estudos Sociais da Universidade de Coimbra. Consoante o relatório, apenas 40% (em média) dos crimes acusados se comprovam em tribunal pela condenação dos argüidos (o que pode contribuir para gerar sentimento de ineficácia do sistema), em parte em função das sucessivas anistias, "para além da importância da desistência de queixa nos crimes particulares e semi-públicos". É a hipótese de *mediação mitigada*,[504] o que importa sobremaneira à presente investigação, visto que os crimes contra a honra e de devassa são particulares ou semipúblicos.[505]

---

[503] Segue-se a lição de ANDRADE, *Liberdade*, p. 380, onde refere que os autores, mesmo censurando os "excessos de publicidade da imprensa como eventuais afrontas ao direito geral de personalidade", recusam-lhe "relevo jurídico-penal para efeitos de *Injúria formal*". E, na jurisprudência, desconhecem-se condenações por causa do "*excesso de publicação* dos *media*" depois da promulgação da Lei Fundamental de 1949.

[504] A *mediação*, cujo conceito essencialmente não diverge da *diversão*, com nota distintiva, selo específico, isto é, a intervenção de um mediador, terceiro que entra no conflito buscando harmonizá-lo, reconciliar as partes mercê de estratégias comunicativas que privilegiam os espaços consensuais e cooperativos, pode aparecer sob forma *mitigada*, que se aperfeiçoa nos crimes privados ou semipúblicos, sempre que não desencadeado o impulso persecutório pelo ofendido, podendo-se prescindir de mediador preciso. A noção é desenvolvida por Faria Costa, ao notar que "a não apresentação de queixa ou de acusação particular pode ser o resultado de um conjunto de forças conflituantes que foram mediadas – e aqui indiscutivelmente – pelo portador histórico do bem jurídico ofendido". COSTA, *Diversão*, p. 6 e 24. Acerca da raiz político-criminal do princípio da diversão plantada no Estado Democrático de Direito, cf. WEINGARTNER, *O princípio da diversão e o Ministério Público: um viés lusitano*, p. 15-59.

[505] Os crimes contra a honra, previstos nos artigos 180 a 187 do Código Penal português dependem de acusação particular, salvo as hipóteses do art. 184 e 187 (conforme previsto nas alíneas "a" e "b" do nº 1 do art. 188), em que é suficiente a queixa ou a participação. Bem assim os crimes de devassa da vida privada (art. 192) e o de violação de segredo (art. 195), que também dependem de queixa ou participação (art. 198 do mesmo diploma legal). Observa-se que "o fato de que se deixe ao particular a decisão de recorrer ou não aos tribunais penais pode indicar que os comportamentos sancionados pelo Código Penal não são considerados como intoleráveis no seio de uma sociedade" (CASTIÑEIRA I PALOU, *El Mercado*, p. 441), mas é de se reconhecer, de plano, a legitimidade constitucional da valoração legislativa.

Como é a ordenação das condenações (e não das argüições) que fornece a imagem sancionatória do sistema, pode-se afirmar com os investigadores que "em Portugal pune-se principalmente as ofensas à propriedade e às regras de trânsito e os comportamentos relacionados com o tráfico de droga". Não é muito relevante a significação estatística das condenações por crime contra a honra,[506] como já não era nos tempos antigos,[507] embora não se deva subestimar a função simbólico-política do discurso penal respectivo, que parece nesta sede muito importante.

Volta-se, entretanto, ao cursor jurídico-penal da investigação, a prossecução de interesses legítimos.

5.4.1. Prévia terminológica

Não fora por respeito à opção terminológica de Maria da Conceição S. Valdágua, em conferência que proferiu em 24 de novembro de 1995, e no intuito de resenhar com o devido empenho o quadro português em relação ao tema proposto, e o tópico não mereceria relevo. Desde que acordes, doutrina e jurisprudência, de que falam da mesma coisa, ainda que com palavras ligeiramente diversas – e é este, indubitavelmente, o caso –, maior discussão soaria bizantina.

Todavia, em face da discordância da citada autora com a nomenclatura proposta por Costa Andrade e aceita já no título desta investigação, há de se enfrentar a questão. Conceição Valdágua, logo no título de seu trabalho, defende que a figura prevista no artigo 180, nº 2 e ss. do Código Penal português, deveria se designar por "realização de interesses legítimos", preferível, na sua ótica, à de "prossecução de interesses legítimos". Referia-se, então, a dois anteriores trabalhos de Costa Andrade (1993 e 1995), em que o professor de Coimbra tratou a dirimente pelo epíteto que, a seguir, consagrou na obra "Liberdade de Imprensa e Inviolabilidade Pessoal", publicada em 1996, na qual tratou com destaque a prossecução de interesses legítimos.

Argumenta a professora de Lisboa, em duas frentes, uma semântica e outra técnica: a um, o termo prossecução seria mais apropriado "quando se refere a fins (escopos, finalidades, objectivos) do que quando se reporta a interesses: *prosseguem-se fins*, para os atingir, mas *realizam-se interesses*, para os satisfazer"; a dois, o Código Penal revisto

---

[506] SANTOS, *O que se pune em Portugal*, p. 107.

[507] É o que documentam os gráficos de HESPANHA, *Justiça e Litigiosidade*, p. 297-316, a abarcar dados do século XVII. O pesquisador conclui que o "sistema real/oficial de punição era pouco orientado para a aplicação de castigos (...) A disciplina social baseava-se, de facto, mais em mecanismos quotidianos e periféricos de controlo, ao nível das ordens políticas infra-estaduais – a família, a Igreja, a pequena comunidade. Neste conjunto, a disciplina penal real visava, sobretudo, uma função política – a da defesa da supremacia simbólica do rei, enquanto titular supremo do poder punitivo e do correspondente poder de agraciar." (p. 317).

utiliza a expressão "*realizar* interesses legítimos" e a terminologia do legislador "só seria de rejeitar em favor de outra que fosse incontestavelmente mais correcta".[508]

Ambos os argumentos, embora respeitáveis, não arrostam a convicção em torno da adequação terminológica adotada. Não se acredita, nesta ordem de problema, numa terminologia "incontestavelmente mais correcta". Antes, sustenta-se a maior adequação plástica e utilidade da opção do texto.

Curioso, a apontar um relevo mais formal do que substancial para a questão, que Figueiredo Dias, ainda em 1982,[509] tenha-se utilizado indistintamente das duas expressões em cotejo. Refere-se, logo na primeira proposição conclusiva, à cláusula da "prossecução de interesses legítimos"; linhas abaixo, na nota de rodapé nº 43, trata da prevalência do interesse preponderante, representado pela "realização de interesses legítimos".[510]

Há que se partir da fonte alemã: *Wahrnehmung berechtiger Interessen*. Há coincidência em torno do adjetivo *berechtiger*, invariavelmente traduzido por "legítimo" e referindo-se aos interesses (*Interessen*). O dissídio instala-se quanto à primeira palavra (*Wahrnehmung*). Como substantivo, o Dicionário Editora Alemão-Português (Porto, 2000) oferece dois sinônimos: percepção e observação. O verbo *wahrnehmen*, entretanto, referido a direitos ou interesses (*Rechte, Interessen*) adquire o sentido de "defender". Daí por que, no mesmo dicionário, no verbete *Interesse*, a expressão *Interessen wahrnehmen* verte-se por "salvaguardar interesses".[511]

Com este substrato, o Dicionário jurídico e econômico Jayme/Neuss (München, Beck, Teil II, 1990) apresenta *Wahrnehmung*, associada a *Interessen*, como "salvaguarda", "proteção". Neste contexto, o penalista brasileiro Juarez Tavarez traduziu, em 1976, a figura do § 193 do StGB como "a *defesa do legítimo interesse* nas lesões à honra".[512]

Voltando à crítica de Conceição Valdágua, "prossecução" e "prosseguimento" são sinônimos em língua portuguesa, derivados do verbo "prosseguir", que significa, além de continuar, dar seguimento, "ir por diante", "seguir avante".[513] O verbo *realizar*, a seu turno, significa

---

[508] VALDÁGUA, *Realização*, p. 229-30.

[509] No trabalho apontado por Conceição Valdágua como valioso e primeiro, sob o ponto de vista cronológico, contributo da doutrina portuguesa para esclarecimento do tema (p. 233, nota 8).

[510] DIAS, *Direito de Informação*, p. 173.

[511] A tradução de *Wahrnehmung* por "realização" talvez, neste contexto, preste homenagem etimológica ao sentido, em língua anglo-saxã, do verbo *to realize* (perceber, compreender, mas também concretizar e realizar).

[512] Trata-se da tradução da obra de WESSELS, *Strafrecht-Allgemeiner Teil*.

[513] Como no sentido conferido por Dante: "não me deixes em tal desesperança;/ se o nosso *prosseguir* nos é negado,/ volvamos nossos passos sem tardança." DANTE, *Inferno* VIII, 100 a 102.

tornar real, efetivo, existente, pôr em prática, criar, constituir. Em linguagem corrente, podem ser usados, ambos, sem prejuízo de significação. Tanto que, no verbete do Dicionário Novo Aurélio Século XXI,[514] "realização" é utilizada para alcançar um "projeto" ou "ideal". Assim, no primeiro aspecto, não subsiste a dicotomia semântica esgrimida, podendo-se, em rigor, realizar objetivos e prosseguir interesses.[515]

Sob ponto de vista técnico, também não parece relevante o argumento de que o Código Penal, ao utilizar o verbo "realizar", teria operado uma dissolução legislativa da questão. Desde logo porque a técnica redacional da descrição da conduta típica impõe a utilização de verbos determinados que não correspondem, necessariamente, à figura penal no seu conjunto. Homicídio (artigo 131 do Código Penal português), em que pese o verbo "matar", não vem rubricado como "matança". Furto não se chama "subtração", embora o verbo escolhido pelo legislador seja "subtrair" (artigo 203 do Código Penal português). Ademais, é tarefa inarredável da doutrina e da jurisprudência acertar o "nomen juris" dos institutos, muitas vezes apesar do legislador.

Prossecução, e agora pela positiva, a par de termo juridicamente consagrado (por exemplo, em matéria adjetiva, "prossecução penal" e, mais, em nível constitucional, como se vê no artigo 266, 1, da Constituição da República portuguesa, "A Administração Pública visa a prossecução do interesse público..."), tem a grande vantagem, estética e dogmática, de antecipar, já no enunciado, o componente dinâmico da justificação em apreço, que orienta a busca de novos interesses sociais, apta, como se viu, a possibilitar a evolução e circulação de novos padrões sociais, adequada à reformatação da honra e da privacidade, tendente a um "status ad quem". "Realização", vistas assim as coisas, é termo menos apropriado, ao sinalizar para algo consumado, efetivo, existente. Não é disso que se trata, na figura penal em exame – a ponto de a própria imputação fática, nos crimes contra a honra, poder revelar-se falsa.

É por essa razão que se prefere o termo "prossecução" em vez de "salvaguarda" ou "defesa". *Salvaguarda de intereses legítimos*, aliás, é a expressão escolhida pelos tradutores de língua espanhola.[516] Ora, salvaguardar é pôr fora de perigo, proteger, defender, verbos em geral associados a bens ou valores já existentes. É precisamente a propensão

---

[514] *Novo Aurélio Século XXI*.

[515] COSTA, v.g., ao abordar o problema da dúvida, refere uma imputação que não "prossegue a realização de interesses legítimos" (*Comentário*, p. 626). O professor de Coimbra também utiliza a expressão no contexto processual: "... a prossecução do valor da justiça penal é um dos mais densos interesses..." (*Direito Penal da Comunicação*, p. 61).

[516] Confira-se, por exemplo, ROXIN, *Derecho Penal*, p. 778, na tradução de Luzón Peña, García Conlledo e Vicente Remesal; JESCHECK, *Tratado*, p. 362, tradutor José Luis Manzanares Samaniego (*la salvaguardia de intereses legítimos en la difamación* (§ 193).

dinâmica e inovadora, a abertura à emergência de novos valores que distingue a figura penal investigada das causas de justificação (como o direito de necessidade) que estão preordenadas à "salvaguarda" e conservação do que Binding chamava de *Rechtsgüterkapital* da ordem jurídica. Portanto, ao contrário dessas, o regime dogmático da prossecução de interesses legítimos não inscreve a "situação de perigo" como requisito da justificação.

Por fim, e o argumento da tradição é considerável em nível acadêmico, o trabalho de maior fôlego dogmático, em língua portuguesa, acerca da figura penal em tela consagrou a terminologia "prossecução de interesses legítimos" (Costa Andrade, *Liberdade de Imprensa e Inviolabilidade Pessoal*, Coimbra, 1996). E assim, com igual expressão, consignou o *Comentário Conimbricense do Código Penal*, dirigido por Figueiredo Dias (Coimbra, 1999).[517]

É de se reconhecer que a nomenclatura proposta carece de estofo na tradição jurídico-penal brasileira, nem por isso merecendo ser afastada de plano, adotada por ora na ausência de expressão mais adequada.

5.4.2. O duplo alcance: crimes contra a honra e de devassa

Consignou-se, ao longo do trabalho, que a prossecução de interesses legítimos, com os contornos positivados no direito criminal português, é uma específica dirimente da ilicitude, causa de justificação inscrita na Parte Especial do Código Penal, prevista expressamente para os crimes contra a honra (artigos 180 e seguintes)[518] e assim também para o crime de devassa da vida privada (art. 192).[519]

---

[517] Vejam-se, e.g., p. 736 e 800. Também COSTA, já em 1995, utilizava a terminologia adotada pelo texto: "... a conduta tenha sido realizada na prossecução de um interesse público legítimo...", "... não prossegue um interesse público legítimo..." (*Direito Penal da Comunicação*, p. 59 e 60).

[518] Artigo 180º (*Difamação*) 1. Quem, dirigindo-se a terceiro, imputar a outra pessoa, mesmo sob a forma de suspeita, um facto, ou formular sobre ela um juízo, ofensivos da sua honra ou consideração, ou reproduzir uma tal imputação ou juízo, é punido com pena de prisão até 6 meses ou com pena de multa até 240 dias. 2. *A conduta não é punível quando: a) A imputação for feita para realizar interesses legítimos; e b) O agente provar a verdade da mesma imputação ou tiver fundamento sério para, em boa fé, a reputar verdadeira.* 3. Sem prejuízo do disposto nas alíneas *b), c)* e *d)* do nº 2 do artigo 31º, o disposto no número anterior *não se aplica quando se tratar da imputação de facto relativo à intimidade da vida privada e familiar.* 4. A boa-fé referida na alínea *b)* do nº 2 *exclui-se quando o agente não tiver cumprido o dever de informação, que as circunstâncias do caso impunham, sobre a verdade da imputação* – grifou-se.

[519] Artigo 192º (*Devassa da vida privada*) 1. Quem, sem consentimento e com intenção de devassar a vida privada das pessoas, designadamente a intimidade da vida familiar ou sexual: a) Interceptar, gravar, registar, utilizar, transmitir ou divulgar conversa ou comunicação telefônica; b) Captar, fotografar, filmar, registar ou divulgar imagem das pessoas ou de objectos ou espaços íntimos; c) Observar ou escutar às ocultas pessoas que se encontrem em lugar privado; ou d) *Divulgar factos relativos à vida privada ou a doença grave de outra pessoa;* é punido com pena de prisão até 1 ano ou com pena de multa até 240 dias. 2. O facto previsto na alínea *d)* do número anterior *não é punível quando for praticado como meio adequado para realizar um interesse público legítimo e relevante* – gizou-se.

Constou de um diploma, pela primeira vez, a partir da vigência do Código Penal de 1982 (artigos 164 e 178, 2), que se pautou pelo modelo do Projeto de Eduardo Correia, com duas alterações também já sinaladas: exigindo, nas ofensas à honra, a prova da verdade cumulada à realização de interesse legítimo, e suprimindo a isenção de pena que transpunha o § 193 do StGB.

Bem por isso, fala-se da "relativa novidade" do instituto, do "interesse e actualidade do tema". Ademais, sempre segundo Conceição Valdágua, o legislador penal português, a par da evidente inspiração alemã, "teve largamente em conta" o direito suíço.[520]

Verifica-se, de plano, aperfeiçoamento legislativo em cotejo com o preceito inspirador teutônico, "poliédrico e polissêmico". Ao circunscrever-se, na redação legal portuguesa, a prossecução de interesses legítimos à área da imputação de fatos, traduziu-se "uma redução eidética sensivelmente sobreponível à que na Alemanha vem sendo alcançada pela doutrina e jurisprudência".[521]

Ao programar o instituto não só para os crimes contra a honra como também para o crime de devassa da vida privada – a par da previsão, ao menos até a reforma de 1995, para o âmbito da violação do segredo profissional, como dispunha o artigo 185 da formulação de 1982 –, o legislador luso abriu "caminho à vocação expansiva da figura que, já o vimos, aspira a uma aplicação generalizada ao universo das incriminações que protegem bens jurídicos que se distinguem pela sua *vinculação social*".[522]

Em sentido convergente, Faria Costa assevera que o disposto no artigo 180, 2 a 4, tem um "âmbito de aplicação universal" (não cingido

---

[520] VALDÁGUA, *Realização*, p. 232-4. Refere-se especificamente à regulamentação do art. 173º do código penal helvético de 1937, com a redação que foi dada a esse preceito pela Lei Federal de 5 de outubro de 1950. Informa, ainda, que a prossecução de interesses legítimos "jamais foi, entre nós, tema central de um estudo jurídico, apesar de existirem na literatura jurídico-penal portuguesa alguns valiosos contributos para o seu esclarecimento, insertos em trabalhos de âmbito mais geral ou que incidem sobre matérias afins". Indisputável que o primeiro trabalho, em ordem cronológica, deve-se a Figueiredo Dias ("Direito de Informação e Tutela da Honra", 1982); em 1989, há o texto de Silva Dias ("Alguns aspectos do regime jurídico dos crimes de difamação e de injúrias"), seguindo-se artigo de Costa Andrade na RPCC (1993, "Sobre a reforma do Código Penal Português – dos crimes contra as pessoas em geral, e das gravações e fotografias ilícitas, em particular"), também publicado *in* "Estudos Comemorativos do 150º Aniversário do Tribunal da Boa-Hora" (1995), no qual também veio a lume o contributo de Faria Costa ("O círculo e a circunferência: em redor do Direito Penal da Comunicação"). Em 1996, o juiz-desembargador Oliveira Mendes tratou do assunto na obra *O direito à honra e sua tutela penal*, sendo o trabalho de Conceição Valdágua publicado em 1998.

[521] ANDRADE, *Liberdade*, p. 381.

[522] ANDRADE, *Liberdade*, p. 381. Costa Andrade, nesta publicação de 1996, já se inclinava pela continuidade da eficácia da prossecução de interesses legítimos para excluir a ilicitude da "violação do segredo profissional", embora não admitisse, ao intérprete e aplicador, a "legitimidade para, designadamente em nome da sua tensão expansiva, aplicar a eximente da prossecução de interesses legítimos a crimes para que não está legalmente consignada" (p. 382). Tal posição vem, agora, consagrada no *Comentário Conimbricense* (cf. infra, item II-5.4.5).

ao seio do direito penal da comunicação social, especialmente ao direito penal da imprensa).[523]

5.4.3. Uma causa especial de justificação autônoma. Aportes doutrinários e jurisprudenciais

Trata-se, em sede categorização doutrinal, de *autêntica causa de justificação*, a rechaçar solução de atipicidade, em face da adoção, pela lei penal portuguesa, de um "conceito de honra com uma irredutível componente fáctica, enquanto tutela do bom nome ou da consideração. O que multiplica as 'superfícies expostas às intempéries' e, por vias disso, alarga o universo das agressões à honra portadoras da *soziale Auffäligkeit* que é o selo da tipicidade". Também na lição de Costa Andrade, está claro que o legislador português "quis creditar o agente com mais do que uma mera causa de exclusão de *culpa*. Que sempre o deixaria exposto às sequelas e custos desproporcionados da reacção defensiva do ofendido".[524]

Figueiredo Dias, a seu turno, em reforço, dá conta de que jurisprudência e doutrina jurídico-penais portuguesas "têm correctamente recusado sempre qualquer tendência para uma interpretação restritiva do bem jurídico 'honra'; (...) nunca teve entre nós aceitação a restrição da 'honra' ao conjunto de qualidades relativas à personalidade *moral*, ficando de fora a valoração social dessa mesma personalidade; ou a distinção entre opinião *subjectiva* e opinião *objectiva* sobre o conjunto das qualidades morais e sociais da pessoa; ou a defesa de um conceito quer puramente *fáctico*, quer – no outro extremo – estritamente *normativo* de honra.".[525]

Conceição Valdágua também sufraga tal opinião, "muito largamente dominante" e jamais posta em causa em Portugal, de que a "realização de interesses legítimos afasta a ilicitude de certas imputações de facto (nunca juízos de valor) ofensivos da honra e consideração de outrem.[526]

---

[523] COSTA, *Comentário*, p. 614, certo que "a densidade problemática e a dificuldade das soluções se concentram sobretudo quando nos debatemos com a conflitualidade resultante do encontro entre o direito à honra e o direito a informar, a ser informado e a informar-se."

[524] ANDRADE, *Liberdade*, p. 382-3.

[525] DIAS, *Direito de Informação*, p. 105. Cf. supra conceito de Faria Costa, item I-1.1.6.

[526] VALDÁGUA, *Realização*, p. 246-7. Aplica-se à difamação (art. 180º), à injúria (art. 181º) e à ofensa à memória de pessoa falecida (art. 185º). PINTO, *Justificação*, p. 70-1, porém, entende que o art. 180º, 2 prevê uma *condição de não-punibilidade*, embora não fique claro se a tese se aplica ao regime geral da prossecução de interesses legítimos ou à prova da verdade nos crimes contra a honra (como refere expressamente, ao ponderar o desnível entre a honra, direito fundamental, e o bem jurídico "verdade nas relações sociais"). Também MENDES, *Honra*, p. 60-1, no sentido da causa de justificação especial, de aplicação geral ("pensada para uma universalidade de possíveis autores e não para uma categoria de sujeitos"), de conteúdo e âmbito de aplicação mais "amplos" que as causas gerais (que não "cobrem" as situações que o legislador pretendeu contemplar). Vislumbra, ainda, possível a aproximação com a dogmática constitucional e penal

Lida-se, por outro lado, com justificação autônoma, de intencionalidade "dinâmica e inovadora", sem exigências de perigo iminente ou de superioridade qualificada dos interesses a realizar (a extremá-la do direito de necessidade escrito no artigo 34 do Código Penal português). Fundamenta-se, em termos axiológico-normativos, "na convergência entre o princípio do risco permitido e o princípio da ponderação de interesses", com peso acrescido para a ponderação de interesses: a idéia de risco não está na base da justificação dos delitos contra a vida privada, como não faz parte do contexto do delito de violação de segredo (artigo 195 do Código Penal). Nem a prova da verdade, nos crimes contra a honra, por si só, exclui a responsabilidade criminal, o que vai contra a sobrevalorização do *topos* do risco permitido, sendo, ao revés, a *ponderação de interesses* a constante e o momento de comunicabilidade da eficácia da prossecução de interesses legítimos nas diferentes áreas da Parte Especial.[527]

Admite-se – apenas na seara dos crimes contra a honra, repita-se - justificada a conduta mesmo que não feita a prova da verdade, se o agente tiver fundamentos sérios, para, em boa-fé, reputar os fatos como verdadeiros, "forte homenagem à imprensa, na medida em que o *risco inerente* ao desempenho dessa atividade pode justificar lesões à honra levadas a cabo por imputações de fatos falsos".[528]

Por outro lado, há de se acrescentar, para justificar a conduta ofensiva da honra, a alínea *b* do nº 2 do artigo 180, isto é, deve o agente provar a verdade da imputação ou que haja tido sério fundamento para, em boa-fé, reputá-la verdadeira, regime complexo capaz de operar a "conciliação entre os diversos bens em colisão" – embora a prova da verdade, em si, não seja fundamento autônomo de justificação.[529]

Nesta linha move-se a jurisprudência portuguesa:

"I – A exclusão da ilicitude das ofensas à honra nos termos do art. 180º, nº 2 do C. Penal obedece a um princípio de ponderação de interesses. II – Para o funcionamento desta causa de justificação é

---

espanhola, cujos textos (constituição) e soluções (dogmáticas) não diferem substancialmente da portuguesa (p. 63, nota nº 94, e 69, nota nº 107).

[527] ANDRADE, *Liberdade*, p. 383-4.

[528] COSTA, *Comentário*, p. 623 – grifou-se. No mesmo sentido, assentada no princípio da ponderação de interesses, mas autônoma em face desse causa de justificação, e tributária do princípio do risco permitido, entende Conceição Valdágua que "não é a verdade do facto imputado, mas sim a existência de indícios objectivos, sérios, de que tal facto é verdadeiro, que leva à justificação por realização de interesses legítimos" (VALDÁGUA, *Realização*, p. 247-9). Sendo uma causa relativa a fatos futuros (ou de verificação incerta), o ofendido ou terceiro melhor informado (ciente da fasidade do fato desonroso) pode opor-se à lícita atuação do agente, no quadro do estado de necessidade justificante – que dispensa a agressão ilícita e contenta-se com o "perigo actual", mas exige a sensível superioridade do interesse ameaçado (em relação ao sacrificado).

[529] COSTA, *Comentário*, p. 622.

necessária não só a existência de um interesse legítimo como também que o arguido prove a verdade da imputação ou tenha fundamento sério para, em boa fé, a reputar de verdadeira. III – A absolvição penal do arguido por força daquele preceito não implica necessariamente a sua absolvição do pedido de indemnização civil fundado na ofensa à honra do ofendido" – Acórdão de 19/06/96, RC, in: *CJ*, III (1996), p. 52 e s.[530]

"Mas, no quadro do direito de informação, não se exige ao jornalista a verdade absoluta, bastando uma crença fundada na verdade do que se noticia, através da utilização de fontes fidedignas, e diversificadas. III – Tem relevo social o facto que revista interesse para a formação da opinião pública." (ac. RP de 11 de janeiro de 1996; CJ, XXI, tomo 1, 191).[531]

Assim, o risco é permitido para não inviabilizar o direito de informação, mas que também conhece limites, nomeadamente a dimensão objetiva da boa-fé, referente às regras de cuidado (na captação da informação, seleção e credibilidade das fontes, adiamento da publicação etc.). A primeira decisão citada, da Relação de Coimbra, encerra particular interesse, ao confirmar que o fato, *lícito penalmente*, pode ainda assim ser objeto de apreciação *contrária* em nível jurídico-*civil*, diante da estrutura das causas de exclusão da ilicitude que remetem a circunstâncias futuras e incertas. Portanto, a convergir no sentido de que o exercício da prossecução de interesses legítimos não retira do ofendido inocente as defesas do direito privado (e, por conseguinte, tampouco o priva da justificação penal do direito de necessidade).[532]

Consoante insculpido no nº 4 do artigo 180º do Código Penal português, o d*ever de comprovação* é pressuposto da prossecução de interesses legítimos, permanecendo em aberto o devido enquadrar dogmático deste dever de cuidado, se elemento subjetivo *stricto sensu* ou *qualificação objetiva da conduta*. Costa Andrade, afastando-se da primeira hipótese (de alargamento dos elementos subjetivos propriamente ditos da justificação em apreço), inclina-se pela segunda consideração: o dever de cuidado, corolário natural do *risco permitido* (tensão preordenada a reduzir a probabilidade objetiva de lesão dos bens jurídicos), "pode valer também como uma qualificação objetiva da conduta", com as implicações já referidas no que toca ao regime do erro.[533]

Tal dever ganha conteúdo e limites de acordo com as "leges artis" da atividade jornalística. O dever de informação, assim, não configura

---

[530] *Apud* COSTA, *Código Penal*, p. 192.

[531] *Apud* GONÇALVES, *Código Penal*, p. 591.

[532] A questão foi discutida supra, item II-5.1.3.

[533] ANDRADE, *Liberdade*, p. 384-5. Vide, supra, o item II-5.2.5, que ponderou amplamente o assunto, consignando-se a opção do trabalho no sentido de conferir o caráter de pressuposto objetivo ao dever de informação.

uma exaustiva busca da verdade, antes se traduz nas respectivas normas deontológicas, regras de cuidado "que cada grupo homogêneo cultiva e simultaneamente lhe dá coesão", sem entronização da subjetividade. [534]

É de solar clareza, no direito penal português, que o exercício da liberdade de imprensa, por si, é interesse legítimo. Interessante notar que, na primeira versão, de 1982, o artigo 164 do Código Penal limitava o instituto aos *interesses públicos legítimos*, ao passo que, a partir de 1995, generalizou-se a todo e qualquer interesse legítimo, público ou *privado*.[535] Na Alemanha, já visto, a senda foi oposta: a primeira interpretação jurisprudencial, inversamente, reservava a prossecução de interesses legítimos apenas para os interesses individuais (progressivamente alargada a figura para abarcar os interesses públicos).[536]

Emblema de interesse público legítimo é precisamente "o exercício da liberdade de imprensa no domínio e âmbito de sua função pública". No enunciar do conceito, contudo, exclui-se deste referencial axiológico o cultivo do escândalo e do sensacionalismo – o que não significa negar legitimidade à publicação de notícias com tal escopo, como já observado. [537]

Em harmonia, Faria Costa consigna não existir coincidência entre exercício do direito de informação e interesse legítimo, o que não ilegitima a orientação para a satisfação de necessidades lúdicas, de curiosidade (notícia-sensação), a contribuir para a diversidade da existência quotidiana, mas que, ao não se ajustar à função pública da imprensa, "não beneficia do particular regime da justificação penal no caso de ofensas típicas à honra". Há que verificar, pois, o conteúdo da notícia, decisiva "a circunstância de a narração possuir uma ressonância que ultrapasse o círculo estrito das pessoas envolvidas".[538]

Figueiredo Dias enuncia a *função pública da imprensa*, "onde cabe toda a sua actividade relativa à formação democrática e pluralista da

---

[534] COSTA, *Comentário*, p. 622.

[535] VALDÁGUA, *Realização*, p. 231. Antes da revisão de 1995, a tutela de interesses privados podia levar à exclusão da ilicitude de fatos desonrosos, mas no domínio de outras dirimentes (direito de necessidade, v.g.). Assim, a par do interesse público legítimo, "todos os interesses privados juridicamente protegidos", que podem ser objeto de legítima defesa, abrigam-se no regime da prossecução de interesses legítimos (p. 235). Estão excluídos do gênero "interesses legítimos" todos aqueles "cuja satisfação, manifestamente, não cabe à ordem jurídica fomentar, mas sim contrariar" – interesse em provocar escândalo, humilhar ou comprometer uma pessoa, vingar-se etc. (p. 234). Uma "relação de proximidade" (*Näheverhältnis*) – ao revés da legítima defesa – exige-se entre o agente e o interesse por ele realizado, mas se afirma sempre sua presença em face do "interesse público" (os assuntos da coletividade respeitam também a cada um dos cidadãos). A questão, portanto, só se põe quando a prossecução materializar interesses privados.

[536] Vide, supra, item II-5.1.1.

[537] ANDRADE, *Liberdade*, p. 385. Cf. supra item II-5.3.2.

[538] COSTA, *Comentário*, p. 616-7.

opinião pública em matéria social, política, econômica, cultural: em todo este domínio a imprensa exerce o seu fundamental direito de informação e goza da inteira garantia jurídico-constitucional".[539]

Com maioria de razão ainda do que no direito alemão, tampouco no direito português pode-se invocar um *excesso de publicação* caracterizador de "injúria formal", mesmo por ausência de suporte legal – ocasião para reiterar, em reforço, que o artigo 182 do Projeto de Eduardo Correia, que justamente excluía a justificação "sempre que da sua *forma* ou *outras circunstâncias* resulte que elas tiveram uma intenção ofensiva", não foi positivado.[540]

Incontestes e tranqüilas, símile ao ordenamento alemão, as exigências de idoneidade, adequação, necessidade e proporcionalidade. Também são dispensáveis, com o perdão da redundância, a iminência da situação de perigo ou a sensível superioridade do interesse.[541]

Ainda na seara objetiva, cite-se precisa e preciosa advertência, no que toca à avaliação formal da peça jornalística: deve estender-se "a todos os elementos integrantes do trabalho, nomeadamente aos títulos e fotografias que o acompanham" – de particular força impressiva e eficácia corrosiva, e a gerar problemas de autoria, diante da prática corrente de que "o autor da notícia não é o criador do título, tarefa confiada a uma equipa especializada.".[542]

Veja-se, a respeito, a Deliberação de 7/9/92 da Alta Autoridade para a Comunicação Social, que deu provimento à queixa do Gabinete do então Primeiro-Ministro Cavaco, "em virtude de tanto os títulos (...) como a fotografia do Primeiro-Ministro inseridos na peça jornalística em causa, por aquilo que sugerem, se encontrar em clara desadequação com o texto noticioso a que se referem, evidenciando, assim, neste aspecto, falta de rigor informativo", pelo que recomendou ao *Expresso* "o escrupuloso respeito por este dever fundamental, corolário que é do direito de informar".[543]

No que pertine aos elementos subjetivos, importa indagar se, além de conhecer a situação objetiva, é exigível ao agente a intenção de realizá-la. Advirta-se que o entendimento, no que pertine à prossecução de interesses legítimos, variará em função da concepção doutrinária aceite em nível de teoria geral da ilicitude, abarcando a questão da tipicidade subjetiva das causas de justificação.

Para Costa Andrade – acompanhado da visão de Roxin e de outros autores recenseados –, é desnecessário o elemento subjetivo-finalístico,

---

[539] DIAS, *Direito de Informação*, p. 136.
[540] ANDRADE, *Liberdade*, p. 386. Cf. supra item II-5.3.6.
[541] Remete-se supra, ao itens II-5.3.1 e 5.3.3. Também VALDÁGUA, *Realização*, p. 236-7.
[542] COSTA, *Comentário*, p. 620 e 622, respectivamente.
[543] *Apud* PEIXE, *Lei de imprensa*, p. 52.

considerando a expressão ("a imputação for feita para realizar interesses legítimos") um critério ou pressuposto objetivo da justificação. Como no exemplo de Roxin: justificado o jornalista que, num quadro objetivo de prossecução de interesses legítimos e conhecedor dessa situação, publica a notícia com o único propósito de bater a concorrência.[544]

5.4.4. Particularidades no que tange à honra. Exceção da verdade. Ofensa à memória de pessoa morta

Apenas por clareza, reitera-se que é tranqüila a desnecessidade de elemento subjetivo (*animus difamandi vel injuriandi*) nos crimes de difamação e injúria.[545] Há quem manifeste a preocupação de que, no conflito direito à honra e direito de expressão (na vertente direito de informação), a honra fique em "situação melindrosa, de particular vulnerabilidade" em face da supressão legislativa da expressão "interesse *público* legítimo". Improcede tal assertiva, todavia, vez que, no âmbito do direito à informação, é unânime o entendimento de que é a *função pública* da imprensa que legitima sua *posição preferencial*.[546]

Neste contexto, mesmo que o agente atue na prossecução de interesses legítimos, há outra limitação à prova da verdade dos fatos: quando versarem sobre a intimidade da vida privada e familiar (artigo 180, 3, CP), salvo, num "jogo de exceção à exceção" (Faria Costa), se a imputação de fatos desonrosos gozar do beneplácito do exercício de um direito, do cumprimento de um dever ou do consentimento do

---

[544] ANDRADE, *Liberdade*, p. 386-7. Cf. supra item II-5.3.5. Também se contenta com o "conhecimento da verificação das circunstâncias que correspondem aos requisitos objetivos da causa de justificação" – desnecessário que atue o agente "com determinado fim subjectivo" (escopo de realizar os interesses legítimos em causa; basta que saiba que está a realizá-los), VALDÁGUA, *Realização*, p. 251. Na contramão, MENDES, *Honra*, p. 71, consigna que o "fim ou a intenção que preside a actividade informativa é fundamental. Deve haver da parte de quem informa o 'animus' de realizar a função pública inerente ao direito-dever de informar. O propósito de realizar o interesse público legítimo é, pois, condição essencial...".

[545] "Logo após a entrada em vigor do Código Penal de 1982, ultrapassada foi definitivamente tal *vexata quaestio*, tendo-se cimentado e acabado por se fixar o entendimento da suficiência de dolo genérico para a configuração dos crimes de difamação e de injúrias, afastando-se assim a orientação dominante até então, segundo a qual tais crimes implicavam necessariamente a ocorrência de dolo específico." (MENDES, *Honra*, p. 40 e ss.).

[546] MENDES, *Honra*, p. 66-70. Discorda o juiz-desembargador, em suma, da alteração introduzida pelo revisor e reitera que num seu exemplo (em que o credor teria legítimo interesse *privado* "mas não justa causa" para cobrar de devedor combalido) revela-se de forma clara até que ponto fica a honra desprotegida – pelo que preconiza "muita ponderação e alguma contenção da comunicação social", além de uma atenta "interpretação restritiva" dos Tribunais (p. 77-8). Ora, o próprio autor concluiu ser "imprescindível que a actividade informativa se encontre subjacente a prossecução de interesse *público* legítimo" (p. 70, grifou-se) – conclusão correta na seara da posição preferencial da liberdade de imprensa – o que, por si, invalida seu exemplo do "credor/devedor", cuja relação não se reveste de interesse público e, portanto, não pode justificar eventual crime contra a honra praticado pelo credor contra o devedor através dos meios de comunicação.

ofendido. Vale, portanto, o regime geral do nº 2 do artigo 31 do Código Penal português, ficando de fora apenas a legítima defesa.[547]

A expressão "intimidade da vida privada e familiar", embora formulação constitucional (art. 26, 1, da Constituição da República portuguesa), não é das mais felizes na ótica de Faria Costa, pois "a intimidade não pode ser estilhaçada" sequer no âmbito da vida pública, caracterizando-se "por uma relação do eu' com o eu' e do eu' com o outro' no estrito domínio da comunicação fechada. A coberto, por conseguinte, legitimamente, de qualquer olhar mesmo que discreto.".[548] Todavia, é verdade que em casos absolutamente excepcionais, ao tangenciar-se com o interesse público, especialmente no caso de pessoas da *Zeitsgeschicht*, a esfera da intimidade poderá ser transpassada.[549]

Outra questão deve ser referida. Admissível a "exceptio veritatis" se o fato imputado constituir crime (em que pese a eliminação, na revisão de 1998, da norma constante do nº 5 do artigo 180),[550] não seria

---

[547] VALDÁGUA, *Realização*, p. 238, cita um exemplo interessante, que redundou na aplicação do "consentimento do ofendido" pelo Tribunal de Relação de Coimbra (Acórdão de 15/3/89, CJ, tomo II, 1989, p. 84 e ss.): a pedidos insistentes da ofendida, a ré acabou confidenciando-lhe que, na empresa da primeira, comentava-se que, embora casada, mantinha relação amorosa com um seu empregado; a ofendida exigiu que a ré revelasse a fonte e, diante de sua recusa, apresentou queixa por injúrias. O Tribunal absolveu por entender justificada a conduta da ré pelo consentimento da ofendida (art. 31º, nº 2, al. c) do Código Penal Português). Repare-se que, por versar sobre a "intimidade da vida privada e familiar", a imputação fática não poderia ser coberta pela prossecução de interesses legítimos, pese continuar a haver "uma zona da vida privada e/ou familiar – a zona considerada *não íntima* –, acerca da qual é possível fazer imputações de factos desonrosos, que ficarão, eventualmente, impunes por força da dirimente da realização de interesses legítimos" – o que levaria a uma "fricção no plano valorativo" com o teor literal do art. 192º, nº 2 e nº 1, al. *d)*, que só justifica a devassa da vida privada (ou de doença grave) se o fato for praticado como *meio adequado para realizar um interesse público legítimo e relevante* (um âmbito de aplicação por óbvio mais restrito), insurgindo-se Valdágua contra eventual condenação por devassa da vida privada, ao passo que se justifica a conduta, no mesmo contexto de imputação fática, no que tange ao crime de difamação (ainda que em face de interesses privados). Em suma, "se estes interesses são atendíveis para afastar a punição da conduta como difamação, deveriam sê-lo também para excluir a sua punição como devassa da vida privada." (p. 239). A pontaria, todavia, não é precisa. Para evitar incongruência axiológica, e ao reconhecer que muitas das expressões fáticas desonrosas (tipificadas no art. 180º) "acabariam por cair na área de tutela da incriminação de *Devassa da vida privada* (art. 192º), ANDRADE, *Liberdade*, p. 202, sugere que o disposto no nº 3 do art. 180 tem um duplo efeito: por um lado, "determinará a aplicação da pena do artigo 180º, mais benigna que a cominada no artigo 192º"; por outro, "vale como expressa e decisiva advertência normativa: a imputação de factos desonrosos a uma pessoa não pode abrir a porta a uma devassa, de outra forma indevida, da sua intimidade.".

[548] COSTA, *Comentáro*, p. 624.

[549] Vide, supra, itens I-1.2.3 e II-3.4.

[550] Artigo 180º (*Difamação*) – (...) 5. "Quando a imputação for de facto que constitua crime, é também admissível a prova da verdade da imputação, mas limitada à resultante de condenação por sentença transitada em julgado.". Este dispositivo, que compunha o art. 180 na *redação de 1995*, foi eliminado "tout court" pela Lei nº 65/98, de 02 de setembro (provinha da *redação original de 1982*, então sob o nº 4 do artigo 164º: "Quando a imputação for de facto que constitua crime, será também admissível a prova, mas limitada à resultante de condenação por sentença transitada em julgado"). Ainda na sua vigência, conjugando elementos históricos, sistemático e teleológico de interpretação, VALDÁGUA, *Realização*, p. 240-5, defendia uma restrição do âmbito de aplicação do nº 5 do art. 180º apenas aos fatos atinentes à "intimidade da vida privada e

impossível que tais fatos, dados como provados na sede da exceção, fossem considerados falsos na ação penal (que se seguirá ao fato noticiado como crime), a redundar na absolvição do argüido que teve contra si a exceção da verdade julgada procedente.

Ponderação de Faria Costa que deve aguçar o filtro no que pertine à função social (pública) da notícia: se houver a *menor dúvida* quanto ao seu caráter público e social, é de se considerar que dita imputação não prossegue a realização de interesses legítimos, não se olvidando outro intenso interesse legítimo (a presunção de inocência da vítima de eventual notícia desonrosa).[551] Em que pese a preocupação com a coerência interna do sistema penal e com o bem jurídico da vítima, a assertiva há de ser relativizada na opinião da investigação, que prefere a noção, mais operacional, de *dúvida razoável*.

Antes ainda da supressão operada em 1998, Costa Andrade já considerava pertinentes as críticas "provindas de jornalistas ou de autores de alguma forma ligados à comunicação social" à solução prescrita no nº 5 do artigo 180. E advertia, lucidamente, sobre a "circunstância de a 'verdade' da imprensa e a 'verdade' da justiça penal, *maxime* a verdade que sustenta decisões condenatórias, obedecerem a discursos epistemológicos dissonantes e divergentes. (...) Um qualquer enunciado que não logre atingir as credenciais da verdade exigida para a condenação penal pode, apesar disso, valer como a mais consistente das 'verdades' jornalísticas. Nem tem sentido falar então de contradição porque, em rigor, se trata de juízos diferentes a dizer coisa diferente de coisas diferentes.". Num segundo aspecto, há de ter-se em conta a *seletividade* do sistema penal, o filtro criminológico bem descrito que reduz em muito uma "ideal" sobreposição entre criminalidade real e sanção penal, por diversos mecanismos sociológicos e jurídicos. Pelo que denegar ao jornalista dito benefício "equivalha de algum modo à ficção jurídica, *contra reum*, de uma 'mentira' em concreto inexistente.".[552]

A prossecução de interesses legítimos, por óbvio, *não se aplica à calúnia* (art. 183, 1, *b*), pois nesse caso o agente sabe que os fatos são falsos (elemento típico), mas pode acobertar a publicidade da injúria e da difamação (art. 183, 1, *a*), em analogia *bonam partem*, pois a circunstância, em si agravante, não é determinante do sentido e conteúdo do ilícito das infrações matriciais, mormente pelo reforço de argumento do destinatário natural, a área de comunicação social (art. 183, 2, todos do Código Penal português).[553]

---

familiar", sendo o regime geral a admissibilidade da prova da verdade, independente de sentença criminal, em todos os restantes casos.

[551] COSTA, *Comentário*, p. 627.

[552] ANDRADE, *Liberdade*, p. 195 e 212-14, com visão de direito comparado às p. 215-17.

[553] COSTA, *Comentário*, p. 646.

E em relação à *ofensa à memória de pessoa morta*, crime previsto no artigo 185º do Código Penal português? Apresenta-se, aqui, evidente tensão com o "direito à história", certo que se aplica o regime da prossecução de interesses legítimos.[554]

Nas sociedades modernas, plurais e hipercomplexas, um valor forte e estruturante é a ampla abertura para a arte e para as ciências do espírito, e o "benefício da prevalência poderá ser concedido, em consonância, ao direito à manifestação artística e ao direito à história". Contudo, tal enquadramento *valorativo* pressupõe, na visão de Faria Costa, "verdadeiras e reais manifestações artísticas – cuja legitimidade pode mesmo fundar-se na própria idéia de ruptura ou de transgressão, não só artística mas até moral – e não em pseudo-criações de estética e conteúdo claramente recortáveis dentro da mediocridade", e descaiba tal prevalência sem um "mínimo de dignidade artística".[555] Reconhecendo-se a validade do esforço no sentido de estabelecer algum critério, em princípio necessário, discorda-se deste conceito, em face das atuais dificuldades de mínimo consenso em torno da racionalidade estético-expressiva, como aliás já consignado.[556] Por outro lado, talvez seja mais fácil traçarem-se alguns critérios, em torno de um núcleo de rigor acadêmico, no que tange ao trabalho historiográfico

O mesmo benefíco da prevalência é pugnado para a investigação de natureza historiográfica. Michèlle Cotta, preparando uma tese de doutorado acerca do colaboracionismo durante a segunda guerra mundial, citou o nome de um correspondente de guerra condenado, que entretanto recebera graça, mas "Les juges estimèrent que les événements relatés appartenaient incontestablement à l'Histoire" e que a proibição de evocá-los tornaria impossível todo estudo sério de história.[557]

Nada obstante, "a Cassação italiana confirmou, em 1983, a condenação de um historiador por ofensa ao Papa Pio XII, tendo em vista as relações entre a Santa Sé e o Estado Alemão (nacional-socialista) ao tempo daquele papado".[558]

---

[554] Apenas para ilustrar as dificuldades do historiador "que quer vascolhar os arquivos privados para exumar textos não destinados à publicação" e que se "choca contra a lei, guardiã da intimidade", havendo, em França, prazos de até 150 anos quando "as informações são de caráter médico", vide VINCENT, *Segredo*, p. 162-3. Verberava contra o art. 34 da Lei de 29 de julho de 1881, pelo qual o ultraje à memória de um morto pode tipificar injúria ou difamação.

[555] COSTA, *Comentário*, p. 661.

[556] Supra, item II-3.3.

[557] COUSIN, *Droit*, p. 221.

[558] Cf. Garavelli, *apud* COSTA, *Comentário*, p. 662. Nada obstante, há recente edição portuguesa do livro "O Papa de Hitler – A história Secreta de Pio XII", do jornalista inglês John Cornwell (Terramar, 2000), obra polêmica, de instinto comercial e, provavelmente, de conclusões exageradas – Cartaz Expresso, 11 março 2000, p. 33.

No vetor inverso da livre discussão acadêmica, a jurisprudência alemã vem enquadrando no § 194 do StGB (com a redação resultante da reforma de 1985), como um crime de ofensa à memória das pessoas mortas, "a negação pública do extermínio maciço, sistemático e tecnicamente programado e executado, de homens, mulheres e crianças judias nos campos de concentração nazistas durante a II Guerra Mundial".[559] A par da natureza única do crime contra a humanidade, não se pode deixar de notar que tais fatos mal escondem um explosivo conteúdo político, que juridicamente pode traduzir-se na problemática do *hate speech*, que, logicamente, foge ao âmbito da investigação.

Por outro lado, não se discute que é possível realizar um filme ou uma peça teatral ou uma biografia não autorizada sobre a vida de personagens públicos ou célebres, sem que se colida com o direito à imagem, especialmente em consideração aos valores constitucionais da liberdade de informação, de criação artística e de labor historiográfico (fica em suspenso eventual delito de difamação ou devassa).[560]

5.4.5. Incriminação de devassa: vida privada e doença grave.
Outra questão: a violação de segredo

Em relação à incriminação de devassa, abre-se outra área problemática a merecer específica análise. É certo que a prossecução de interesses legítimos sagrada no texto do artigo 192, nº 2, limita-se a justificar as condutas típicas de devassa que contendem com a *vida privada* e a *doença grave*.

Salvo, então, a hipótese específica de doença grave (em geral reconhecida como pertinente à esfera íntima), fica "fora do alcance da *Prossecução de interesses legítimos* a *vida íntima*, como área nuclear e inviolável subtraída à lógica da *ponderação de interesses*". A questão foi clarificada pelo legislador de 1995, já que o antigo artigo 178, nº 2, do Código de 1982, não fazia tal distinção.[561] Em rigor, adverte Costa Andrade, o artigo 192, nº 2, do Código Penal português, torna redundante o artigo 180, nº 3, do mesmo diploma legal (restrição à *exceptio*

---

[559] SCHÖNKE/SCHRÖEDER, *Strafgesetzbuch Kommentar*, § 194 II 6, *apud* SALVADOR CODERCH, *El Mercado*, p. 214 – a enormidade única do crime justifica a referência histórica concreta que delimita a expressão que se proíbe. A jurisprudência do Tribunal Europeu de Direitos Humanos considerou limitações deste tipo à liberdade de expressão e informação compatíveis com a Convenção de Roma (BARENDT, *Freedom*, p. 165-6).

[560] SALVADOR CODERCH, *El Mercado*, p. 337. O que também vale para as obras de ficção, com o limite da "ficcionalização" da jurisprudência norte-americana (quando se mescla ficção com realidade, sem que se possa distinguir-se uma da outra, o que evidenciaria um propósito explorativo da identidade pessoal). Figure-se, na televisão portuguesa, a série "Capitão Roby" levada ao ar pela SIC com enorme sucesso comercial.

[561] Confira-se a redação de 1982: Artigo 178º (Divulgação de factos referentes à intimidade da vida privada) – (...) 2. "O agente não será punido quando a divulgação for feita como meio adequado para realizar um interesse público legítimo ou tenha qualquer outra justa causa."

veritatis nos crimes contra a honra), visto que "este limite só faz sentido na perspectiva da *intimidade*, pesem embora as hesitações e vicissitudes do processo legislativo, sobretudo as que foram protagonizadas pelo governo.".[562]

Da Espanha vêm dois exemplos elucidativos: no caso *Paquirri* (o famoso toureiro andaluz Francisco Rivera Pérez, morto em pleno espetáculo numa trágica corrida da "plaza de Córdoba"), o Tribunal Constitucional, em 2.12.88 (contrariando a decisão do Supremo Tribunal de 28.10.86) entendeu que as filmagens dos fatos vividos dentro da enfermaria (os estertores do moribundo) não faziam parte do espetáculo taurino (aliás a enfermaria, por sua própria função e natureza, não é um lugar aberto ao público) e, em que pese a notoriedade pública da condição de "Paquirri" fazer diminuir o grau de sua intimidade, tais cenas não poderiam ser divulgadas por incidirem diretamente na própria esfera de personalidade de seus familiares, caso em que o respeito ao direito à intimidade é constitucionalmente protegido.

O segundo é um caso claro de ilícita divulgação de fatos íntimos: o diário *Baleares* (Mallorca), de 15.2.86 publicou uma notícia que revelava grave doença de que padecia um arquiteto de Palma de Mallorca (intitulada "Um arquiteto palmesano com SIDA"). O Supremo Tribunal destacou (18.7.88) que se desbordava "de um puro fim informativo, de narrar o fato objetivo da existência de um foco da doença contagiosa na ilha, para imiscuir-se na vida privada de algumas pessoas (...) [acrescendo elementos, como o *compañero de vivienda*] totalmente desnecessários e supérfluos para poder justificar o pretendido interesse social da notícia, e que claramente invadem o respeito que merece o direito (...) à intimidade pessoal e familiar".[563]

Por outro lado, e nesta senda, a dicção *interesses públicos e relevantes* privilegia os jornalistas, "tendo em conta a eminente dignidade comunitária e constitucional da liberdade de imprensa nos limites da sua *função pública*".[564]

Neste contexto preciso, a prossecução de interesses legítimos não se funda no *risco permitido*, pois a verdade da imputação é elemento

---

[562] ANDRADE, *Liberdade*, p. 387. A questão da intimidade como limite à prova da verdade, na inteligência do art. 180º, nº 3, e na perspectiva da controvérsia da reforma do Código Penal Português, especialmente em face da reação da imprensa, consta das p. 191-205 e já foi referida no item anterior (5.4.4). A eliminação do inciso "sem justa causa" dos diversos tipos em questão não significou aumento da área de incriminação, vista como "manifestação concreta da categoria da *menção redundante da ilicitude*" (p. 207-12). Rejeitou, pois, como expressamente adverte, a hipótese que lançara em ANDRADE, *Reforma*, p. 452-3, de que a eliminação em tela sempre "resultará em extensão acrescida da incriminação. E, espera-se, em reforço da área de protecção das incriminações pertinentes." – certo que na própria argumentação distinguia que tal raciocínio adscrevia "um qualquer e residual conteúdo de justificação próprio" e não perspectivava a justa causa como mera menção redundante de ilicitude.

[563] Ambos cf. SALVADOR CODERCH, *El Mercado*, p. 349-58.

[564] ANDRADE, *Liberdade*, p. 387-8.

típico (irrelevante o agente confiar ou provar a verdade – ausente, portanto, o respectivo dever de comprovação). Assim também no direito espanhol, mesmo autores como Coderch, que partem de um tipo genérico de difamação, procedem à distinção tangente à divulgação de fatos privados (devassa) e consignam: "em primeiro lugar, e à diferença do que ocorre com o tipo genérico de difamação, *responde-se aqui por dizer a verdade*".[565] Ancora-se, antes, no princípio geral da ponderação de interesses. E, todavia, continua a diferenciar-se do direito de necessidade.[566]

Em momento prévio, de tipicidade, é de difícil configuração o crime no que toca à vida privada de pessoas da história de seu tempo, das celebridades cuja rarefação da privacidade não impede que eventual área residual esteja exposta "à livre atuação da imprensa no desempenho de sua função pública" – sempre subsistindo um núcleo de intimidade inviolável e, portanto, fora do alcance da prossecução de interesses legítimos. Opera-se, assim, redução na área da tipicidade em face do princípio *vitimodogmático* (quem agir de forma espalhafatosa não pode contar com a proteção penal). Todavia, eventual verdade dos fatos devassados não justifica o delito (até porque só as afirmações verdadeiras são típicas de indiscrição).[567]

A concordância do titular do bem jurídico configura *acordo*, sendo causa de atipicidade – por conseguinte, não se limita pela cláusula dos bons costumes.[568]

Quanto aos fatos criminosos, saem da área de reserva, embora seu tratamento jornalístico deva assegurar o respeito à presunção de inocência e ao direito à ressocialização (*Lebach-Urteil*).[569]

No que interessa à *ilicitude*, vale frisar que se estendeu ao crime em tela a eficácia justificativa da prossecução de interesses legítimos, com algumas diferenças em relação aos crimes contra a honra, já examinadas. A própria dicção do nº 2 do artigo 192 circunscreve a justificação às manifestações de devassa que contendam com a vida privada ou com doença grave e o interesse há de ser público, legítimo e relevante.

É interessante que no contexto espanhol, que não trabalha, ao menos formalmente, com a figura jurídico-penal da prossecução de interesses legítimos, Coderch refere-se aos três elementos que configuram à infração (à época civil) de divulgação de fatos privados: primeiro, o elemento típico "publicidad"; segundo, a matéria publicada

---

[565] SALVADOR CODERCH, *El Mercado*, p. 309.

[566] Pelo seu caráter dinâmico e ausência dos pressupostos "situação de perigo" e "superioridade sensível" (ANDRADE, *Liberdade*, p. 388).

[567] ANDRADE, *Liberdade*, p. 389; *Comentário*, p. 732-3. Vide, supra, item II-3.4.

[568] ANDRADE, *Comentário*, p. 735.

[569] ANDRADE, *Comentário*, p. 731. Vide, supra, item II-5.2.10.

pertencente à esfera privada; e, terceiro, "falta de interesse legítimo por parte do público no assunto que se revela e divulga".[570]

No confronto com a regulação da honra, *irrelevante a prova da verdade*, não há que exigir a *comprovação particularmente cuidadosa*, pois a justificação repousa apenas no princípio geral da ponderação de interesses, "não sobrando espaço para a intervenção da idéia do risco permitido". Existem, contudo, "decisivos elementos de comunicabilidade" que redundam na aceitabilidade de uma categoria dogmática unitária, sob a *rubrica prossecução de interesses legítimos*: ao contrário do direito de necessidade, prescinde-se da situação de perigo atual e da sensível superioridade do bem jurídico a salvaguardar (é o elemento dinâmico-evolutivo que se autonomiza da intencionalidade conservadora do direito de necessidade).[571]

Não há novidade no que pertine às exigências de idoneidade, proporcionalidade e necessidade.

A imprensa – "rectius" as pessoas que atuam no exercício da liberdade de imprensa (art. 38 da Constituição da República portuguesa) – figura entre os destinatários privilegiados da justificação em apreço,[572] e seus agentes podem esgrimir interesses públicos, legítimos e relevantes "sempre que atuem no âmbito da *função pública* da imprensa", o que não se aplica para a procura do escândalo ou o cultivo do sensacionalismo. É certo que os "media" podem buscá-los legitimamente, com o fito de maximizar lucros, mas "sem afronta às normas penais".[573]

De outra maneira, o escopo de escândalo ou sensacionalismo não se presta como referencial teleológico aos efeitos de justificar atentados típicos contra a vida privada. Nenhuma novidade, como se vê.

A justificação da devassa pressupõe logicamente tipicidade, o que será raro de ocorrer no que toca à vida privada das pessoas da *Zeitgeschichte*. Contudo, subsistindo tal esfera, estará exposta "à livre atuação da imprensa, no desempenho da sua função pública".[574]

---

[570] SALVADOR CODERCH, *El Mercado*, p. 311 – *a contrario*, em havendo tal interesse legítimo, exclui-se o delito.

[571] ANDRADE, *Comentário*, p. 737 e 738, respectivamente. Vide, supra, item II-5.3.1.

[572] Não únicos (embora o trabalho em curso limite-se à imprensa, de longe a hipótese mais freqüente). Veja-se o exemplo de Costa Andrade: o médico também pode socorrer-se da prossecução de interesses legítimos, para justificar o revelação de uma doença grave, v.g., ao comunicar às autoridades de tráfego que seu paciente sofre de esclerose cerebral – ANDRADE, *Comentário*, p. 740.

[573] ANDRADE, *Comentário*, p. 739 e 740, respectivamente.

[574] ANDRADE, *Comentário*, p. 740. O transcendente interesse público mundial pela notícia "vazada" pelo jornal espanhol *El Mundo*, ao publicar o relatório médico no qual se baseou a Inglaterra para ordenar a libertação do antigo ditador chileno Augusto Pinochet, parece retirar do fato a própria tipicidade. Doze doenças, entre artrite, hérnias discais e episódios isquêmicos, que abrandaram, a ponto de dispensar a cadeira de rodas, quando retornou ao Chile (Expresso, 2º Caderno, 4 março 2000, p. 32).

Tais lindes nem sempre são fáceis de estabelecer. Figure-se caso ocorrido em outubro de 2000 no Brasil: o Ministro do Desenvolvimento Alcides Tápias, segundo noticiado, vinha de comprar "um Porsche vermelho, à vista, pelo equivalente a US$ 296 mil (...) com o produto de seu trabalho na iniciativa privada. Querem [tais figuras] ter um Porsche, têm como pagá-lo e ninguém tem nada a ver com isso. Será? Quanto tempo fica no cargo o secretário do Comércio dos Estados Unidos se comprar um carro desses? (...) O doutor Tápias, contratado para produzir um superávit comercial de US$ 4 bilhões, produzirá um déficit, mas seu Porsche indicará o alcance social e o sentido estético da abertura econômica. Ter um Porsche é uma questão de poder aquisitivo e gosto. Tê-lo ocupando o cargo de ministro do Desenvolvimento de um país que padece com o desemprego e a má qualidade das contas externas é questão de estilo.".[575]

Por fim, quanto ao crime de *violação de segredo* (art. 195 do Código Penal português), há controvérsia em nível de direito comparado no que toca à justificação em exame. Num extremo, o Código Penal austríaco, com previsão direta de aplicação do regime da prossecução de interesses legítimos. Na outra ponta, a omissão do direito alemão, e a inclinação majoritária para aceitá-la exclusivamente no campo dos crimes contra a honra.[576]

O direito penal português situa-se a meio caminho: não há previsão expressa associada ao crime de violação de segredo, mas a justificação, desbordando da honra, foi alargada para a incriminação do art. 192, sendo a devassa gênero do qual o art. 195 é espécie. "Todos os elementos hermenêuticos disponíveis permitem, assim, concluir pela aplicação da prossecução de interesses legítimos à violação de segre-

---

[575] GASPARI, *Zero Hora*, edição de 18 de outubro de 2000, p. 15. Na visão deste trabalho, a revelação, no contexto supracitado, é atípica. Seria talvez típica, mas justificada pela prossecução de interesses legítimos, a mesma divulgação, caso o adquirente fosse um empresário de um setor da economia beneficiado por um "boom" de crescimento (ou sofrendo uma recessão). E configuraria crime de devassa, se revelasse a compra do mesmo objeto por um profissional qualquer, não freqüentador do "jet set", que o adquiriu com as economias de uma vida inteira. O próprio jornal citado dispõe em seu "Manual de Ética", de maneira pormenorizada: "Ninguém deve ser identificado por grau de parentesco com pessoa pública ou não, a menos que tenha cometido, ou seja acusado de ter cometido ato ilícito valendo-se de laços de parentesco ou que essa informação seja relevante para a compreensão do caso" (edição de 7 de janeiro de 2001, p. 3). Recusando uma receita definitiva e absoluta em jornalismo, *Zero Hora* entendeu, noutra constelação fática, que o juiz Nicolau dos Santos, o "Lalau", tornara-se uma pessoa pública (acusado e procurado pelo desvio de cerca de R$ 169 milhões de reais em obras fraudulentas do Tribunal Regional do Trabalho de São Paulo), pelo que expôs "a suíte de motel em que passou as últimas horas antes de se entregar" e "trechos dos vídeos caseiros em que ele exibe suas posses" – ao avaliar que "mostrar o ambiente de luxo em que ele vivia era parte essencial do noticiário sobre a trajetória do juiz". Tais exemplos são corriqueiros em redações e exigem reflexões e decisões diárias.

[576] ANDRADE, *Comentário*, p. 800.

do", aplicável, por exemplo, ao caso da efetivação da pretensão de honorários.[577]

Ressalve-se que os interesses de persecução penal não justificam a violação de segredo. Ademais, ajusta-se o paradigma aos crimes contra a privacidade, ausente a idéia de risco permitido (própria da estrutura justificativa dos crimes contra a honra).

5.5. Os rumos brasileiros: um estorço de aproximação

Ficará para outro espaço, em face do limite imposto ao presente texto, a tentativa de testar de uma forma mais ampla o quadro normativo traçado na sua funcionalidade, vale dizer, na aplicação concreta aos revoltosos fatos da vida. Projeta-se uma análise de casos retirados da interpenetração – por vezes nobre, outras promíscua, mas sempre decisiva – entre políticos e jornalistas naquilo que no Brasil ficou conhecido como "era Collor", a fulminante ascensão de uma personalidade até então desconhecida nacionalmente e que culminou no "impeachment" de um Presidente.[578]

Todavia, adiantam-se dois tópicos, ao menos para iluminar o contexto brasileiro e tornar compreensível a abordagem final desta investigação (fornecendo-se os elementos informativos necessários ao longo da discussão), conducente, no que pertine ao tema, a rápido retrato do Projeto de Reforma da Parte Especial do Código Penal Brasileiro e a traçar uma sugestão legislativa.

Reiterada, assim, a advertência de que se não trata de uma análise sistemática, escolheram-se dois pontos: um vindo do início da década de 1990, com uma Constituição que se propagandeou cidadã e redentora a assistir a uma brutal transformação, por medidas provisórias emanadas do Executivo, na estrutura socioeconômica do Brasil e cujo emblema do conflito, no que interessa ao texto, encontra-se no processo por crime de calúnia movido, por instância do então Presidente da

---

[577] ANDRADE, *Comentário*, p. 801.

[578] Vide CONTI, *Notícias do Planalto*. Apenas a informação essencial: em 26 de maio de 1992 instalou-se, no Congresso Nacional, uma Comissão Parlamentar de Inquérito para investigar as denúncias de corrupção contra o Presidente, que se avolumavam desde 1990, e cujo paroxismo foi revelado pelo próprio irmão de Collor (numa entrevista à revista *Veja* publicada em 23 de maio). Em 29 de setembro, por 441 votos a 38, a Câmara autoriza o Senado a abrir processo contra Collor por crime de responsabilidade e determina o seu afastamento da Presidência; em 29 de dezembro Collor renuncia à Presidência, vinte minutos depois de o Senado instalar a sessão para julgá-lo. Itamar Franco, o vice, toma posse como Presidente da República. Finalmente, a 30 de dezembro de 1992, por 76 votos a três, o Senado considera Collor culpado de crime de responsabilidade e o impede de exercer função pública durante oito anos (cronologia completa p. 685-91). Registre-se, com pesar, que Collor candidatou-se para a Prefeitura de São Paulo, nas eleições de 2000, alegando que seu impedimento estaria findo quando da eventual posse, em 2001, o que foi rejeitado pela justiça eleitoral, que o retirou do pleito.

República Fernando Collor, contra Otávio Frias Filho, diretor do maior periódico do país (o jornal Folha de São Paulo) – caso *Collor v. Folha de São Paulo*. O outro, no final do ano 2000, num pano de fundo que já convive com trinta e cinco emendas constitucionais (inclusive a que possibilitou a reeleição do atual Presidente Fernando Henrique Cardoso) e na culminância de disputas eleitorais de âmbito regional e municipal, quando o maior líder da oposição, Luís Inácio Lula da Silva, teve sua conversa – cujo conteúdo, em tom de blague, questionava a masculinidade dos habitantes de um município gaúcho – captada por uma câmara indiscreta e publicada por adversários políticos até que uma juíza de direito proibisse tal utilização, em medida depois reformada pelo Tribunal Regional Eleitoral do Rio Grande do Sul – caso *Lula-Pelotas*.

No primeiro, a solução absolutória ganharia consistência dogmática se aplicasse o instituto da prossecução de interesses legítimos. No segundo, a decisão do juízo monocrático realizou uma concordância prática inexitosa entre os direitos fundamentais em choque.

5.5.1. O caso Collor versus Folha de São Paulo

Mesmo por não ter sido publicada nos repertórios jurisprudenciais, acredita-se adequada uma síntese da sentença proferida em 9 de janeiro de 1992, que decidiu o rumoroso caso que opunha, desde 1990, o então Presidente Fernando Collor e o mais influente periódico brasileiro.[579]

Quanto aos fatos, a Folha de São Paulo publicou uma série de reportagens sobre um mesmo fato a partir de 27 de julho de 1990 e até 2 de agosto do mesmo ano. Na primeira (27/7), o jornal informava que a *Petrobrás* contratara sem licitação – contrariando um decreto do próprio governo federal – a agência de publicidades *Setembro*, que fizera a campanha eleitoral de Collor. O valor da conta publicitária montava em US$ 2,5 milhões. Na segunda (28/7), acrescentou que a ordem para a dispensa de licitação fora dada pelo próprio Collor – e referiu a versão do governo, de que a contratação "excepcional" amparava-se em decreto federal. A ordem, que partiu do Presidente, fora transmitida por seu secretário particular, Cláudio Vieira. Na terceira (29/7), reitera o já publicado e esclarece que a Petrobrás já tinha uma campanha publicitária, de outra empresa, aprovada, quando

---

[579] Processos-crime nº 90.0100141-6 e nº 90.0102736-9 – 4ª Vara da Justiça Federal de São Paulo – Réus: Otávio Frias de Oliveira Filho, Nelson Blecher, Josias de Souza e Gustavo Krieger (todos jornalistas da Folha de São Paulo, o primeiro diretor do jornal); Juiz Federal Nelson Bernardes de Souza – 85 fls., doravante referida como "Sentença". As primeiras 34 fls. relatam o feito; às fls. 36 a 60 o julgador rejeita uma série de preliminares, ocupando-se do mérito em menos de um terço (fls. 61 a 85 – sendo que das fls. 62-70 retranscreveu as reportagens consideradas ofensivas).

recebeu a determinação do Presidente. Ressalta que Cláudio Vieira enviara carta desmentindo que tivesse Collor ordenado a contratação. Na quarta (30/7), detalha iniciativas de deputados e senadores, solicitando investigação e opinião de juristas, além de afirmar que Vieira, que dirigiu o comitê central da campanha eleitoral de Collor, quando seu chefe de gabinete no Governo de Alagoas, administrava verba "secreta" (sem controle do Tribunal de Contas e da Assembléia Legislativa), em cujos últimos cinco meses gastara-se US$ 1,1 milhão em "banquetes, hospedagem de visitantes em hotéis de Maceió, roupas, alimentação e até flores.". Na quinta (31/7), repisa o tema, acrescentando que o Ministério Público investigaria os contratos de publicidade e que também o *Banco do Brasil* contratara sem licitação a agência *Giovanni e Associados*, pertencente ao radialista Paulo Giovanni, "responsável pelos programas de Collor no horário eleitoral gratuito no rádio". Na sexta (1º/8), reitera o envolvimento direto do Presidente na definição dos rumos da publicidade oficial, uma novidade em relação ao comportamento do ex-presidente José Sarney.[580]

A rigor, como precisou Collor ao declinar o "cerne da ofensa sofrida", até aqui nada havia de desabonatório à sua honra. A sentença considerou a presença do "lídimo exercício pelo jornal de seu direito de informar e manifestar a sua opinião sobre os atos do governo". O que ofendeu a honra do Presidente, segundo o próprio, foram duas notas inseridas na seção "Painel Econômico", na edição de 2 de agosto de 1990. Sob o título "Acerto de Contas", referia uma dívida presumível da campanha presidencial de cerca de US$ 70 milhões, "a ser paga às agências de publicidade que estão sendo contratadas para serviços em 'caráter excepcional'.".[581]

---

[580] Importa referir que Collor tomara posse em 15 de março de 1990 e, poucos dias depois, em 24 de março, agentes da Receita e da Polícia Federal invadiram a Folha de São Paulo, numa ação truculenta, em busca de indícios de sonegação e outras irregularidades. As reportagens da Folha foram as primeiras a macular a aura do novel Presidente. Sobre as atribuladas relações de Collor com a Folha, vide CONTI, *Notícias do Planalto*, p. 336 e ss., especialmente, no que tange aos bastidores das notícias sobre a publicidade oficial e o processo em tela, p. 341 e ss. Um processo inédito na história brasileira: jamais "um presidente no exercício do cargo processara uma publicação". Ao justificar a ação judicial, Bernardo Cabral ameaçou: "Não digam um terço do que disseram de Sarney, porque outros processos legais serão movidos contra quem caluniar esse governo." (p. 349-50). Sobre o especial interesse de Collor em relação ao andamento do processo e o receio de Otávio Frias Filho de ser preso, vide p. 442-8.

[581] Collor habilitara-se como "Assistente da Acusação" e manifestou, através de advogados, que o "Presidente da República não se sente ofendido porque se disse que o Governo contratou agências de propaganda com dispensa de licitação; isso é a pura verdade e o governo está pronto a, no foro próprio, sustentar a mais absoluta legalidade de seu procedimento. A imputação 'falsa' de fato criminoso é a que aparece estampada na seção 'Painel Econômico', publicada sem assinatura de responsável, na edição da 'Folha de São Paulo' do dia 2 de agosto de 1990, onde se diz: (...)" – "Sentença", fls. 71 e 72.

O Ministro da Justiça da época, Bernardo Cabral, requisitou ao Ministério Público Federal a promoção da ação penal, que ofereceu *denúncia* em 22 de agosto de 1990. Vislumbrou nas reportagens "vontade consciente de denegrir a figura do Presidente da República", ao passo que reconhecia o papel da Folha na redemocratização do país e seu destaque como "órgão de vanguarda na formação da opinião pública". O noticiário, ao insinuar que as verbas públicas estavam sendo desviadas pelo Presidente em proveito próprio ou alheio, atribuiu a Collor o crime de peculato (art. 312 do Código Penal brasileiro), praticando calúnia – falsa imputação de fato definido como crime – tipificada no art. 20 da Lei de Imprensa (nº 5.250/67).[582]

Durante a tramitação do feito, foram ouvidos jornalistas, autoridades e personalidades, destacando-se, por curiosidade histórica, que o indefectível Paulo Cesar Cavalcanti Farias, o notório PC (tesoureiro de Collor e um dos estopins do "impeachement"), prestou depoimento na seção judiciária de Maceió como testemunha de "defesa".[583]

Dado probatório importante foi a juntada do "Relatório das Contas dos Partidos Políticos – eleições presidencias de 1989", fornecido pelo Tribunal Superior Eleitoral.[584] Tanto que alegado pela Procuradoria da República, em razões finais, ter ficado "demonstrado a inexistência de dívida da campanha" (o que também verificou-se pela prova testemunhal) – pelo que "a notícia do jornal é falsa". Postulou pela procedência da acusação, ao alegar "excesso de informação por parte dos acusados sobre o mesmo assunto" e considerar jurídica a proibição de exceção da verdade.[585]

---

[582] A exordial acusatória vai transcrita na "Sentença", fls. 2 a 17, e foi subscrita pelo Procurador da República José Eduardo de Santana, que – visivelmente melindrado – consignou não ter a autoridade requisitante mencionado "em nenhum momento a razão do inconformismo com as notícias publicadas e, tampouco, contestou-as, não fornecendo ao 'Parquet' elementos de convicção para a formação da 'opinio delicti'...", nutrindo-se o Ministério Público das informações contidas no próprio noticiário. Aceitava o Ministério Público que os "pretendentes a algum cargo público tenham sua vida privada e pública anterior devassada pela crítica, porquanto é do interesse público que sejam honestos e tenham boa formação moral". Todavia, o candidato, "uma vez eleito, é investido de autoridade e sua vida não pode mais ser objeto de críticas exageradas". Desconsiderou a existência de um inquérito civil, presidido por outro Procurador da República, que investigava os fatos e identificou, na Folha, *animus caluniandi*, mas apenas *animus narrandi* no jornal "O Globo" (que propagara notícia similar em 8/8/90). Cláudio Vieira também ofertou queixa-crime ("Sentença", fls. 17 a 26), na qual fez questão de consignar, no item V, que esperava dos querelados a argüição da exceção da verdade em relação ao fato de que participara de um "acerto de contas" (as dívidas da campanha eleitoral, entre 70 e 80 milhões de dólares).

[583] PC, depois, fugiria e seria capturado no exterior. Condenado, acabou morto em circunstâncias nebulosas, quando em liberdade condicional, contestada a versão oficial da polícia do Estado de Alagoas de que fora vítima de crime passional – sua namorada, depois de desferir-lhe um tiro no peito, "suicidou-se".

[584] "Sentença", fl. 31.

[585] "Sentença", fl. 33. A defesa, a seu turno, alegaria cerceamento em face desta proibição (fl. 34).

Dado ambiental relevante. A legitimação política do governo, aos olhos da opinião pública, deteriorava-se paulatinamente.[586] Em 25 de abril de 1991, a Folha de São Paulo publica, na primeira página, a *carta aberta* de Otávio Frias Filho ao Presidente. Merece transcrição, ainda que parcial: "Como chefe do atual governo, o sr. tem conclamado ao entendimento nacional. (...) Depois de empobrecer a população, vender a fantasia de que os problemas nacionais seriam solucionados como num passe de mágica, violar a Constituição, humilhar o Congresso, jogar o país numa recessão profunda e, naturalmente, fracassar, desde logo à luz das expectativas delirantes então criadas (...) Apesar do empenho inegável que o sr. dedica à tarefa de desmantelar os partidos (...) intimidar a imprensa (...) apesar disso tudo o sr. é obrigado a ouvir vozes capazes de dizer *não*. São cada vez mais numerosas. A população pobre e desinformada ainda se deixa desconcertar pela voracidade com que o sr. manipula os símbolos da pressa, do poder e da riqueza. Onde a informação circula livremente, as reações entretanto oscilam entre a ironia e a repulsa pela truculência, pela afoiteza e pelo arrivismo patético com que são conduzidas atitudes de governo."

Lançou então um desafio: "Que o sr. esqueça o processo contra meus três colegas e concentre seus rancores na minha pessoa, já que deseja atingir a *Folha* como instituição (...) Processe-me pelo que de fato penso e afirmo em vez de se esconder sob o pretexto de duas notas inócuas, perdidas sem assinatura numa edição publicada, aliás, quando eu estava ausente, em licença profissional. (...)"

Ao cabo, um cotejo entre o jornalista e o Presidente: "Eu estou na planície, o sr. está encastelado; eu me sinto cercado de amigos e amigas que nada me devem; a seu redor se vêem os áulicos da cor da cera; eu luto por minha liberdade, o sr. por uma vaidade ferida; e no entanto minhas razões são públicas e de interesse geral, ao passo que as suas é que são particulares, sombrias como a própria solidão; eu defendo para cada um a possibilidade de expressar o que pensa sem ir para a cadeia por isso, enquanto o sr. se agarra à lei de imprensa do regime militar; eu procuro alcançar o exemplo dos grandes jornalistas do passado, o sr. desce à mesquinharia dos tiranetes; eu advogo um direito, o sr. uma obrigação de vassalagem; uma condenação lançará vergonha sobre o sr. e honra sobre mim; seu governo será tragado pelo turbilhão do

---

[586] Ainda em 1990, em 20 de outubro, a revista semanal *Isto É* publica reportagem de capa sobre PC Farias, com o título "Ele complica a vida do governo". No decorrer de 1991, o desgaste acentuar-se-ia: em 29 de junho *Veja* publica a capa "A República de Alagoas" (estado de origem política de boa parte do governo, num tom extremamente crítico); em agosto, o *Jornal do Brasil* publica uma série de reportagens sobre irregularidades cometidas pela Primeira-dama Rosane Collor (desvio de verbas na presidência da Legião Brasileira de Assistência); em 20 de outubro, *O Globo* informa sobre concorrência fraudada do Exército para compra de uniformes; em 3 de dezembro, matéria do *Correio Braziliense* refere compra superfaturada de bicicletas pelo Ministério da Saúde (CONTI, *Notícias do Planalto*, p. 688).

tempo até que dele só reste uma pálida reminiscência, mas este jornal – desde que cultive seu compromisso com o direito dos leitores à verdade – continuará de pé: até mesmo o sr. é capaz de compreender por que a minha causa é maior e mais forte e mais justa que a sua.".[587]

De volta à decisão judicial, apreciou as preliminares, rejeitadas, interessando aqui a vedação à *exceptio veritatis*.[588] Demorou-se na análise desta questão, numa profusão de citações doutrinárias e legais. Em resumo, trata-se de consideração de ordem política do legislador, apoiada na dignidade do "Chefe da Nação"; não se compadece com o argumento de que o dispositivo da Lei de Imprensa, aliás surgida no meio do regime autoritário, é antidemocrático – pois tal proibição já constava do Código Penal de 1940 e sobreviveu à "democrática Carta Magna de 1946", sendo que por longo período "poucas vozes criticaram o dispositivo e não há registro de que a consciência jurídica tenha se voltado contra ele, o que demonstra que não há choque entre a vedação e a liberdade de imprensa".[589]

No mérito, comprovou-se ter sido outro jornalista, não denunciado, o autor da nota no "Painel Econômico", pelo que o caso poder-se-ia encerrar com uma simples denegação de autoria. Entretanto, prosseguiu o julgador, "ad argumentandum", e afirmou que a ação não poderia prosperar, tanto por ausência de elemento subjetivo, como pelo "reconhecimento da inexistência de abuso no exercício do direito de crítica".[590]

Entendeu comprovada a "veracidade das notícias", pois "houve contratação de agências sem a necessária licitação". Refuta, o julgador, a assertiva da acusação de que "houve muita publicação", a caracterizar "inequívoca intenção de ofender" – trata-se apenas de "livre escolha do jornalista sobre a importância que o assunto deva merecer". Como outros periódicos "publicaram o mesmo noticiário", causou

---

[587] CONTI, *Notícias do Planalto*, p. 452-3. Collor não respondeu à carta aberta.

[588] A "Sentença", por exemplo, tachou de "absurdo jurídico" Otávio Frias Filho ser considerado, pela acusação, co-autor de matérias assinadas por outros jornalistas (fl. 37), embora reconheça que as imprecisões da denúncia e da queixa "não foram de molde a embaraçar o exercício do direito de defesa, tão brilhantemente desenvolvido..." (fl. 40). Acabou por declarar a nulidade "ab initio" da queixa-crime de Cláudio Vieira, pela não intervenção do Ministério Público (fl. 45).

[589] "Sentença", fls. 47-59. A rigor, na última citação, se a premissa é verdadeira, a conclusão é tortuosa, pois o silogismo adequado afirmaria estar demonstrada, apenas, a fraqueza da consciência democrática nacional (fl. 56).

[590] "Sentença" (fl. 74). Do interrogatório dos acusados não se colhe tivessem "agido com intenção de caluniar". O jornalista Frederico de Almeida Vasconcelos, autor das notas do "Painel Econômico", assegurou que o título "Acerto de Contas" não procurou atingir a figura do Presidente, era antes um "jogo de palavras" acerca das contas publicitárias do governo (e não da campanha). A fonte da informação seria "uma autoridade do primeiro escalão do governo", sendo que não existiria nenhuma orientação da direção superior do jornal "no sentido de publicar notícias com o intuito de prejudicar o governo COLLOR (...) não teve em mira ofender qualquer outra autoridade governamental" (fls. 75-6).

espécie a "seletividade com que agiu o ofendido na escolha do órgão de imprensa (por seus jornalistas) a ser acionado na Justiça Criminal".[591]

Ao analisar a questão da *falsidade*, introduz uma "distinção importante entre mentir e dizer uma mentira", arribado em Montaigne (segundo a opinião dos gramáticos, *dizer uma mentira* é "adiantar uma coisa falsa que a gente crê verdadeira, ao passo que na língua latina, da qual provém a nossa, mentir é falar contra a própria consciência"). As informações do "Painel Econômico" não foram inventadas pelo jornalista, antes reproduzem "informações prestadas por membro do alto escalão do governo", pelo que "não tinha o jornalista motivos para supor que fossem elas falsas". As notas consideradas ofensivas "continham uma mentira" mas não eram mentirosas. Se o jornal não mentiu, ausente o especial propósito de ofender. Havia *fides veri*, crença na verdade do que publicava.[592]

A manifestação do pensamento, "dentro dos limites considerados normais", não constitui crime, a teor do artigo 27 da Lei de Imprensa. O noticiário inquinado, não há dúvida, "estava no caminho correto, revelando que os jornalistas encontravam-se imbuídos de boa-fé. Divulgariam informações obtidas em 'off' de alta fonte governamental e essa divulgação levou o Ministério Público Federal a instauração de Inquérito Civil Público, no qual se concluiu pela lesividade e ilegalidade das contratações." Tudo sem descurar o "papel de alta relevância que os órgãos de comunicação exercem nas modernas democracias" (a imprensa como um poderoso instrumento de formação da opinião pública). Ademais, o "homem público está sujeito a críticas", tanto mais ácidas ou contundentes quanto mais "alto o cargo ocupado pelo homem público". Em suma, o noticiário "circunscreveu-se aos estreitos limites da *crítica inspirada pelo interesse público*". Mais, em face da "velocidade com que os fatos se sucedem nos dias de hoje, não se pode exigir do jornalista uma investigação profunda sobre a veracidade das informações que lhe são passadas". No caso, a presunção de veracidade confirmou-se no inquérito civil. Portanto, "não há crime a punir", seja pela inexistência de elemento subjetivo, seja pelo "exercício do direito de crítica inspirado pelo interesse público".[593]

Com preocupação de brevidade, impõe-se observar:

1º - A referência, na denúncia, de que o candidato, eleito, não pode mais ser objeto de crítica exagerada dever ser (como foi na sentença) rejeitada de plano, na contramão do componente democrático da

---

[591] "Sentença", fls. 76-7 – "É uma atitude que atenta contra o espírito de justiça com que se espera seja dotado o mais alto mandatário de um País.".

[592] "Sentença", fls. 78-80. Quanto ao "jogo de palavras" não é de todo desarrazoada a afirmação de que se referia às contas publicitárias.

[593] "Sentença", fls. 80-5. Absolveu os acusados, forte no art. 386, inc. III, do Código de Processo Penal Brasileiro.

liberdade de imprensa, que inclusive legitima sua posição preferencial.[594]

2º - A inconsistência, dogmática e praxiológica, da teoria dos "animi" revela-se por inteiro no caso, em duplo aspecto. Serviu para a denúncia, diante de um quadro objetivo muito similar, vislumbrar "animus caluniandi" num jornal e "narrandi" noutro – a sentença criticou, aliás, a *seletividade* da iniciativa presidencial. Mas também enlaçou, na confusão, o julgador, que afastou a *intenção* dos acusados ao analisar os respectivos interrogatórios. Dispensa demonstração o absurdo de pretender-se provar algo na dependência da auto-incriminação. Lançam-se maiores brumas, ainda, ao conectar tal intenção com a verdade ou falsidade objetiva dos fatos (se o jornal não mentiu, ausente o propósito de ofender, afirma a sentença) – ora, é perfeitamente possível dizer verdades com a mais profunda e condenável intenção de ofender e denegrir e, pela inversa, mentir sem tal propósito.[595]

3º - A exceção da verdade, como tratada tradicionalmente, revela-se inadequada neste caso. Tanto, que Cláudio Vieira, ciente da indemonstrabilidade das "sobras de campanha", lança o desafio aos acusados. Não se trata de verdadeiro ou falso, mas de algo indemonstrável (não contabilizado, subterrâneo etc.). Em termos formais, inclusive, deu-se por provada a falsidade da assertiva de que havia dívidas da campanha a serem saldadas. A notícia, assim, exatamente no cerne que "ofendeu" Collor, foi considerada objetivamente falsa. Esta séria alegação da acusação a sentença não enfrentou devidamente. Neste contexto, reputa-se que a vedação da prova da verdade quanto a imputações de fatos que constituem ilícitos perpetrados por membros do governo é desproporcional e atinge o núcleo da liberdade de imprensa no que tange à sua função de supedâneo da opinião pública.[596]

4º - De todo inadequado derivar "inequívoca intenção de ofender" do fato de ter havido muita publicação das notícias. A par de ingressar no pântano dos "animi", significaria, tal entendimento, na ausência de tipo legal, incriminar uma "injúria formal" por excesso de publicação. Em boa hora, a sentença afastou o raciocínio, ressaltando a liberdade de imprensa e a autonomia do critério jornalístico.[597]

---

[594] Lembram-se, especialmente, o caso *Lingens* (item II-3.4) e *Sullivan v. New York Times*, mormente na contexto de arena política (item II-4.4).

[595] Vide os itens II-3.1 e II-5.3.5 (descarte da teoria dos "animi" e elementos subjetivos, respectivamente).

[596] Vejam-se os itens II-3.4 (mais uma vez o Caso *Lingens*), II-5.2.2 (caso *Crespo*) e II-5.2.8 (*chilling effect*). Exigir, sem mais, a prova da verdade em casos indemonstráveis ou proibi-la de todo é igualmente pernicioso para a democracia. E vedá-la justamente diante do questionamento do desempenho dos mais altos cargos públicos é incoerente.

[597] Especificamente, item II-5.3.6 – o declínio do "excesso de publicação" e sua incompatibilidade constitucional. No dizer de um jornalista português, "não é possível exigir que um jornalista no

5º - O fato da contratação de publicidade sem licitação, no caso, mais que veraz, é incontroverso. O litígio, entretanto, revestia a assertiva de que isto ocorrera para saldar dívidas de campanha (objetivamente provado que inexistiam tais débitos). Ao recorrer a um filósofo do século XVII e a especiosas distinções gramaticais, o julgador revela que estava pouco equipado, sob o ponto de vista dogmático, para resolver a questão. Se é certo que as informações não foram inventadas, por "reproduzirem" declarações de alto membro do governo, a doutrina dos "reportes neutros" poderia socorrer, embora inaplicável ao caso, pois os jornalistas optaram por manter o sigilo da fonte – e assim não pode ser notícia que tal fato tenha sido afirmado por "alguém em especial". E a fonte em si, quanto mais se permanece "abscondita", não exime o jornalista do dever de informação.[598]

6º - Por fim, não se pode afirmar, como faz a sentença, que o noticiário circunscreveu-se aos *estreitos limites da crítica* inspirada pelo interesse público. É indubitável que se estava nos lindes da função pública da imprensa e, portanto, dos interesses legítimos. Todavia, parte considerável do noticiário baseou-se em fato objetivamente falso. As opiniões e interpretações derivadas de um falso não cabem, propriamente, no apertado conceito de "estreito limite" do exercício de um direito.[599]

Há, no Supremo Tribunal Federal brasileiro, decisão recente (1ª Turma, 6 de março de 1999) que reconhece a possibilidade de diferenciações conforme os sujeitos envolvidos e aponta no sentido da distinção adotada pelo investigação, *verbis*: "Crime contra a honra e a vida política. É certo que ao decidir-se pela militância política, o homem público aceita a inevitável ampliação do que a doutrina italiana costuma chamar a *zona di iluminabilitá*, resignando-se a uma maior exposição de sua vida e de sua personalidade aos comentários e à valoração do público em particular, dos seus adversários; mas a tolerância com a liberdade da crítica ao homem público há de ser menor, quando, ainda que situado no campo da vida pública do militante político, o libelo do adversário *ultrapasse a linha dos juízos desprimorosos para a imputação de fatos* mais ou menos concretos, sobretudo se invadem ou tangenciam a esfera da criminalidade: por isso, em tese, pode caracterizar delito contra a honra a assertiva de haver o

---

acto de informar não tenha o direito de fazer um julgamento sobre o interesse público", certo que há um "controlo *à posteriori* sobre os jornalistas que é feito pela opinião pública" (TAVARES, *Falsas questões*, p 137).

[598] Substancialmente, a questão é tratada no item II-5.2, nomeadamente itens 5.2.8 e 5.2.10.

[599] A crítica objetiva é tratada no item II-3.2, a opinião coberta pelo direito de expressão no item II-4.2 e os princípios axiológicos subjacentes à prossecução de interesses legítimos no item II-5.1.4.

ofendido, ex-Prefeito, deixado o Município "com dívidas causadas por suas falcatruas.".[600]

Pelo que a bondade da absolvição (descaracterizada a calúnia) há de buscar raiz no instituto da prossecução de interesses legítimos: justificada, no contexto de uma reportagem investigativa de tema de importância transcendente que respeitou as "leges artis", a imputação de fatos desonrosos, mesmo que, "a posteriori", revelem-se indemonstráveis ou, até, objetivamente falsos.

5.5.2. O caso Lula-Pelotas

Um resumo dos fatos: na noite de 26 de outubro de 2000 uma coligação partidária que disputava a eleição para prefeito da cidade de Pelotas, Rio Grande do Sul, exibiu, no horário eleitoral gratuito da televisão (controlado pela justiça eleitoral), uma gravação (feita em Brasília, dias antes) em que Lula, líder do Partido dos Trabalhadores, conversava com o candidato de seu partido para o pleito em Pelotas. Gravaria uma mensagem de apoio. Inadvertidamente (?), a câmara foi aberta antes do momento apropriado e captou os instantes que precederam à "cena oficial": Lula, de forma jocosa (arrumava a gravata do interlocutor, com gestos descontraídos), perguntava sobre a cidade de Pelotas e indagava qual seu perfil exportador, para, em seguida, responder, entre gargalhadas, que Pelotas era "exportadora de veados".[601]

Já na madrugada do dia seguinte, 27 de outubro de 2000, Lula representou à justiça eleitoral, pedindo, de forma cautelar: a) que a coligação que promoveu a divulgação se abstivesse de veicular novamente a gravação; b) a notificação de outros órgãos de comunicação (citava, de forma exemplificativa, jornais e redes de televisão, estaduais e nacionais), para que também se abstivessem de *fazer qualquer notícia, comentário ou referência à referida imagem*". Argumentava, a par da brincadeira num momento de descontração entre amigos (num contexto em que a cidade aparecera até em noticiário internacional em função de um candidato a vereador homossexual conhecido como "Capitão Gay"), que a "veiculação sem autorização, da sua imagem e manifestações, colhidas em um momento muito particular e íntimo de sua vida, muito lhe causou sofrimento (...) caracterizando-se em um profundo

---

[600] Apud MENDES, Direitos individuais, p. 310.

[601] No folclore nacional, cidades como Campinas (SP) e Pelotas (RS) são alvo de atribuições humorísticas no sentido de terem muitos habitantes homossexuais. "Veado" é termo chulo para *homossexual*. Uma brincadeira, para além da discussão se inadequada, sexista etc., reconhecidamente *comum*. Como consignou o jornalista Paulo Sant'Ána: "O Lula está vivendo agora um pesadelo por violar essa regra de comedimento: deixou-se atrair por uma zombaria inimputável nos bate-papos de rodas, mas de séria responsabilidade quando lançada ao usufruto público da televisão." (Zero Hora, edição de 30/10/2000, p. 47).

desrespeito a sua pessoa e a sua imagem, desrespeitando um direito constitucional à sua inviolabilidade e proteção.". A juíza eleitoral de Pelotas deferiu ambas as liminares: a gravação referida "não pode ser considerada pública ou de livre veiculação só porque mostra político de projeção nacional. Está claro que (...) não cederam tais imagens e nem autorizaram a sua divulgação pela agremiação adversária. Assim, e com apoio no art. 5º, X, da CF, proíbo (...)".[602] As eleições, gerais, estavam marcadas para 29 de outubro de 2000, dali a dois dias.

A repercussão, nacional, deu-se em 28 de outubro de 2000. A Folha de São Paulo, por exemplo, estampou em manchete (não a principal) de primeira página: "PPB usa frase de Lula com preconceito contra gays".[603] Principal jornal do Rio Grande do Sul, Zero Hora reagiu num tom acima, na principal manchete de capa, negritada, com subtítulo em fundo vermelho: "Ataques, suspensão de programa e censura marcam fim de campanha – Zero Hora e outros meios de comunicação estão proibidos de divulgar informações sobre uma fita envolvendo a campanha em Pelotas por determinação da juíza Sônia Araújo Pereira, da 34ª Zona Eleitoral".[604]

A situação manteve-se inalterada no noticiário de 29 de outubro de 2000,[605] embora o Tribunal Regional Eleitoral, apreciando mandado de segurança de Zero Hora, houvesse cassado a decisão monocrática, pela unanimidade de seus membros, "tão-somente no que diz respeito à proibição aos meios de comunicação de se absterem de fazer notícia, comentário ou referência à imagem da gravação em questão", ao fundamento básico de que a medida feria a liberdade de imprensa – notícia que só foi divulgada em 30 de outubro de 2000.[606]

---

[602] Os trechos da representação e da decisão judicial foram retirados de Zero Hora, edição de 28/10/2000, p. 4.
[603] Tratou do assunto no destaque da contracapa: "Maluf usa na TV palavrão dito por Lula – líder petista se refere à cidade gaúcha como 'exportadora de veado' em tom jocoso; PT vai pedir direito de resposta na Justiça mesmo após fim do horário gratuito"; na submanchete: "Juíza proíbe uso de declaração de Lula em campanha de Pelotas – imagem da cidade teve origem no início do século" (Folha de São Paulo, edição de 28/10/2000, p. A 12).
[604] Nesta edição de 28/10/2000, os principais articulistas de Zero Hora publicaram em seus espaços "receitas ou poemas, como ocorria com jornais e jornalistas censurados nos sombrios tempos do regime militar". A editora de política publicou trecho de "O Conto da Ilha Desconhecida", de Saramago (p. 5); outro colunista político divulgou "receitas para saborear em silêncio", famosos os "doces de Pelotas", sendo que os "pastéis de Santa Clara ficam para o próximo ataque de obscurantismo" (p. 10); terceiro cronista, dos mais lidos, publicou um trecho de "Os Lusíadas" (p. 55).
[605] Zero Hora infomou, na capa, que estava, com outros veículos, "ainda sob censura prévia", o que reiterou, com destaque, na p. 16.
[606] Zero Hora, edição de 30/10/2000, p. 12, onde consta fac-símile da decisão – o que naturalmente já fora chamada de capa e objeto de editorial intitulado "Um espasmo de censura" (p. 6). A defasagem de tempo na divulgação explica-se pelos horário de fechamento dos periódicos, já que a liminar foi cassada num sábado à tarde.

No parecer da investigação, que parte da crença e da estratégia de maximizar os espaços de liberdade, o evento, que se prolongou por mais de dois dias, não teve a melhor solução. Houve jornalistas, na justa indignação de quem foi cerceado, que clamaram contra uma figura impressionante, a *censura* togada, pior que àquela imposta por tacão pelos militares. Rejeitando qualquer censura, cuja indagação escapa do âmbito deste trabalho (a noção foi tratada, sempre, como limite insustentável à liberdade de imprensa), parece preferível (e constitucional) eventual intervenção judicial – ao revés de qualquer ingerência do Executivo. Logo, pela própria e óbvia estrutura inercial (a justiça age provocada pelas partes) e recursal, aliás trilhada com sucesso pelos meios de comunicação. Ademais, por definição, a decisão jurisdicional tem que se fundamentar racionalmente, desnudar suas razões e, então, legitimar-se ou não. Nesta linha encontra-se a recente e já citada decisão do Tribunal Constitucional espanhol (STC 187/1999), no sentido de que a "proibição de um programa televisivo, adotada no bojo de um prévio processo penal por injúrias (...) não é censura prévia", ao proteger "direitos fundamentais das eventuais vítimas de maneira proporcional.".[607]

Na questão de mérito, identificam-se três valores constitucionais em jogo: 1. A imagem e a privacidade/intimidade de Lula; 2. A lisura da disputa eleitoral; 3. A liberdade de imprensa.

Não se comunga da leitura linear e simplificada, ou isolada, do art. 220 da Constituição Brasileira. Bastaria lembrar os *limites imanentes* dos direitos fundamentais, bem como as *regulações* através de regras de *ordem* (dois oradores não podem manifestar-se ao mesmo tempo, por exemplo).

Já se aventou que a dignidade da pessoa humana "irrita" o sistema da liberdade de expressão e manifestação, de informação e imprensa. E todavia, tais liberdades são essenciais ao regime democrático, que não prescinde da livre formação da opinião pública – o que se dá, principalmente, pela atuação dos meios de comunicação. Mas o regime democrático do Estado de Direito brasileiro (e era justamente seu comando que estava em disputa nas eleições que originaram a controvérsia), por expressa disposição constitucional, fundamenta-se na dignidade da pessoa humana. Tal princípio concreta-se na intimidade, na honra, na

---

[607] Confira-se item II-1.7. Lembre-se que a proibição do programa televisivo visava a evitar o incremento do dano moral das vítimas de um suposto delito de injúrias (tramitava o processo). Consignou-se que a Corte definiu *censura* em função do conteúdo e salientou que, a rigor, "vedação constitucional dirige-se, em toda sua intensidade, contra a 'censura governamental' (e não à possibilidade de que um juiz ou tribunal, devidamente habilitados por lei, adotem certas medidas restritivas das liberdades de expressão e informação)" – o juiz pode "atuar *praeter legem*, sempre provocado pelas partes (nunca por iniciativa própria, *ex officio*), nos casos de medidas urgentes a fim de evitar que o eventual dano à honra, à intimidade ou à própria imagem, resulte irreversível ou aumente o já sofrido".

vida privada das pessoas. E, também, manifesta-se no exercício da liberdade de expressão e informação (dimensão positiva da autodeterminação)...

Com o que se pretende significar que este tipo de argumentação é circular, vicioso. Não há hierarquia constitucional entre princípios, neste rol fundamental. Não se pode dizer, como numa fórmula matemática, 'X' vale mais que 'Y' ou 'Z'. O que não impede, como ponto de partida metodológico, presumir a posição preferencial da liberdade de imprensa.

Cativos da realidade estruturalmente principiológica dos direitos fundamentais, num caso de colisão, manda a harmonização que um não se imponha com o sacrifício total de outro – e que se estabeleçam limites e condicionamentos recíprocos. Que sejam ponderados até se conseguir a concordância prática entre os bens/valores/interesses em jogo – o que era possível no caso em tela.

Não parece que o juízo monocrático de Pelotas tenha aplicado, da melhor maneira, o princípio da proporcionalidade. Há que lembrar, todavia, que essa afirmação é infinitamente mais fácil do que uma decisão que tem de ser tomada na pressão do tempo (demônio que também persegue os jornalistas) e no calor e tempero locais.[608] De fato, a solução varia de acordo com as circunstâncias do caso concreto.

Lula teria direito à imagem e à privacidade? Acredita-se que sim, embora muito inferior que a de um jornalista conhecido e incomensuravelmente menor que a de um cidadão comum (os príncipes estão muito mais expostos à curiosidade popular do que as pessoas comuns, Frederico da Prússia, século XVIII). Nada muito diferente da teoria dos três graus desenvolvida pela jurisprudência alemã, e que distingue a intimidade, a privacidade e a esfera da publicidade.

O fato é que a imagem não foi captada em público nem se destinava para discussão pública. E, fundamental, o assunto não era público ou de relevância pública. Lula não estava falando sobre a posição, dele ou do partido, sobre a questão do "preconceito homossexual". Clara e notoriamente tratava-se de uma brincadeira, talvez de mau gosto, que muitos repetem diuturnamente.

Agora, "operar" uma citação, descontextualizada do evento, com a facilidade técnica quase mágica da editoração, é, certamente, um ilícito eleitoral e civil, que fere princípios constitucionais.[609] Houve quem

---

[608] Com profundo respeito, portanto, à Julgadora, que não se eximiu de decidir.

[609] Referindo-se ao então art. 179º do Código Penal (crime de *Gravações e fotografias ilícitas*, hoje art. 199º do Código Penal português), ANDRADE, *Reforma*, p. 473-4, ressaltava que o bem juridicamente protegido seria o "direito à transitoriedade da palavra falada". Trata-se de impedir que, através da gravação, "a palavra – que foi proferida com a intencionalidade e a confiança na sua transitoriedade e historicidade, num contexto de espaço, tempo, vivência, gesto, ambiente de simbolizações e *outros significantes*, possa converter-se num 'pedaço objecti-

comparasse o caso ao do então Ministro da Fazenda Rubens Ricúpero. Não parece apropriada a analogia, porque, na ocasião, o assunto versado era da essência da relação governo/sociedade, justamente a comunicação seletiva de informações relevantes para a formação da opinião pública (e nesse caso, o valor "imagem/privacidade" haveria de ceder).[610]

Os parâmetros da investigação, para decidir o caso, seriam os seguintes: proibir-se-ia, como a juíza, a divulgação da imagem na propaganda eleitoral (indubitável) e, mesmo, na mídia em geral. Avulta, aqui, a par do caráter ilícito da captação e divulgação sem autorização, a questão da *par condicio*, a garantia de condições de igualdade entre todos os candidatos numa eleição.[611]

A manutenção do valor eqüitativo das liberdades políticas justifica a regulação da expressão política. Neste contexto, Rawls defende que o financiamento público das campanhas políticas, os limites de contribuições e outras *regulamentações essenciais* são compatíveis com o "papel central da expressão política e da imprensa livre", desde que: a) não haja restrição ao conteúdo do discurso, isto é, não favorecimento de nenhuma doutrina política; devem ser "regras de ordem para

---

vado da personalidade'. E ser posteriormente invocada contra o autor, fora do contexto e significado originários, abrindo-se deste modo a porta ao que Suppert apoda de 'falsificação da imagem da personalidade (*Verfälschung des Persönlichkeitsbildes*)'. Uma contrafacção da personalidade cuja 'especial perfídia reside precisamente no facto de a reprodução das palavras produzir a impressão invencível da *autenticidade* daquela versão acústica da imagem da personalidade'.". Neste contexto, não há paradoxo em afirmar que a verdade mente.

[610] Instante antes de uma entrevista televisiva, Ricúpero, combinando a pauta que seria discutida, afirmou que só falaria de coisas positivas, pois o "que é bom a gente fatura, o que é ruim a gente esconde". Câmara indiscreta captou o diálogo, que foi gravado por terceiros através de antenas parabólicas e acabou divulgado nacionalmente, redundando na renúncia do ministro.

[611] "Mas em nível constitucional a liberdade de imprensa, como todas as liberdades, está colocada, dialeticamente, em relação à isonomia. (...) a isonomia multiplica a liberdade e a liberdade não multiplica a isonomia. Então, na relação dialética entre liberdade e isonomia, é preciso colocar a tônica na igualdade (...) A legislação eleitoral fulcralmente nasce disso (...) no Brasil, a imprensa interfere, interfere. Funciona como agente político. (...) No Brasil, o maior agente político que existe é um sistema de comunicação de massa chamado Globo. (...) [o Brasil] prefere o outro lado. O lado que corresponde a produzir, no outro, um desacordo na crença do adversário, um desacordo na crença do inimigo. E vem todo aquele processo de destruição moral que nós conhecemos e que se repete em todas as eleições, de uma forma grosseira. A pretexto de quê? A pretexto de liberdade. (...) é o efeito performativo: é que através da comunicação redundante, de fatores que independem até de quem diz, através do caráter passivo-receptivo de quem ouve, da fragilidade da inteligência crítica de quem ouve, através da débil exigência moral (...) É assim que a imprensa cria o que vou chamar de constructos, constructos da realidade (...) A Globo é a palavra do poder e tem o poder da palavra, é a imagem do poder e tem o poder da imagem." BISOL, *Propaganda*, p. 86-93. Apenas para constar, Bisol, ex-senador, acionou uma série de empresas de comunicação, sob a alegação de que "as denúncias publicadas pelo jornal em 1994 inviabilizaram sua candidatura à vice-presidência da República". A 3ª Turma do Superior Tribunal de Justiça manteve, no dia 13/02/2001, uma indenição por danos morais concedida pelo Tribunal de Justiça do Rio Grande do Sul (1997) contra Zero Hora, no valor de R$ 1,2 milhão (*Zero Hora*, edição de 14/02/2001, p. 9).

eleições" necessárias para estabelecer um "procedimento político justo"; b) não imponham um ônus excessivo aos vários grupos políticos (afetando-os de igual maneira), sendo que proibir grandes contribuições privadas não é um ônus excessivo, pois se faz necessário para que "cidadãos igualmente dotados e motivados tenham uma oportunidade aproximadamente igual de influenciar a política do governo e de chegar a posto de autoridade independentemente de sua classe social e econômica.".[612]

Sem, todavia, jamais vedar, por esvaziar completamente a espessura da liberdade de imprensa, as menções, referências e comentários da mídia em geral. Com uma ressalva, a "cláusula de citação", nos moldes do preconizado pelo Tribunal Constitucional alemão. Ou seja, o dever de quem enfrentasse o assunto, ao introduzi-lo, de esclarecer que se tratou de uma imagem captada em privado e sem autorização de divulgação, assumido como uma brincadeira infeliz pelo autor.[613] Diante do rigoroso quadro informativo, que descambem as opiniões. Que variarão, num contexto de saudável pluralismo ideológico, da condenação ao machismo e ao preconceito à ênfase no meio espúrio utilizado pelos adversários políticos, passando pela indignação dos que entendem que se maculou a reputação de uma cidade ou pelo repúdio contra quem pretende desequilibrar, numa guinada pessoal, uma disputa política.[614]

5.5.3. A reforma da parte especial do Código Penal e a questão constitucional

Da redação original do Código Penal brasileiro de 1940 resta a Parte Especial. A reforma do diploma começou em 1961, culminando

---

[612] RAWLS, *Liberalismo*, p. 414-6. Refere, ainda, que a atual posição da Suprema Corte americana é desanimadora a tal respeito. Em duas decisões: 1978, *First National Bank v. Bellotti*, por cinco a quatro, invalidou-se uma "lei criminal de Massachusetts que proibia gastos de bancos e empresas com o objetivo de influenciar o resultado de referendos"; antes, em 1976, *Buckley v.Valeo* declarara inconstitucionais limites de gastos em candidaturas individuais, ao argumento de que tais cláusulas afrontam a Primeira Emenda, "uma vez que impõem restrições diretas e substanciais à expressão política." Rawls fica com a dissensão de Brenan, Marshall e White – "o erro fundamental da opinião da maioria era sua incapacidade de reconhecer que o interesse do Estado ao proibir esses gastos por parte de bancos e empresas deriva da Primeira Emenda – em particular do valor de promover a livre discussão política impedindo o domínio das empresas" (p. 417 e ss.). No Brasil, a "normalidade e legitimidade das eleições contra a influência do poder econômico ou o abuso do exercício de função, cargo ou emprego na administração direta e indireta" é dispositivo constitucional (CF, § 9º do art. 14).

[613] Como aliás fizeram, com ética profissional, os comentários citados supra ("zombaria", "tom jocoso").

[614] É de se reconhecer, com lisura, que não existe uma solução correta. Partindo de outros tópicos argumentativos, também razoáveis, viável defender-se que – mesmo na esfera da intimidade de Lula – conhecer o caráter (?) de uma *Zeitgeschichte* que se candidatou à Presidência da República preenche conteúdo de interesse público suficiente para que prevaleça o livre fluxo dos meios de comunicação. Não é a posição do texto, a menos que o próprio político, por seu comportamento moralista ou discurso provocativo, trouxesse o tema à baila.

com a Lei n° 7.209, de 11 de julho de 1984, que introduziu a nova Parte Geral.[615]

Não existem hoje, no Brasil, crimes de devassa, já que ainda não é tutelado, de forma autônoma, o bem jurídico-penal *privacidade*. A interceptação de comunicação telefônica, de informática ou telemática é tipificada como crime em lei especial.[616] Os crimes contra a honra estão previstos nos artigos 138 a 145 do Código Penal – em capítulo próprio, o V do Título I (dos Crimes contra as Pessoas) – e há específica previsão na Lei de Imprensa.[617]

Quanto ao elemento subjetivo, numa obra clássica sobre a lei de imprensa, Arruda Miranda leciona que a "difamação, como a calúnia e a injúria, só se pune a título de dolo, sendo bastante o genérico para a imputabilidade. Não há delito culposo, na espécie.".[618] A questão é controversa no direito penal brasileiro, arriscando-se afirmar que prevalece o entendimento de que é exigível "também o *especial fim* de agir nos crimes contra a honra", operando doutrina e jurisprudência com a teoria do "animus".[619]

---

[615] Em 1961, o Presidente Jânio Quadros nomeou uma comissão, presidida pelo Ministro Nelson Hungria, que apresentou um projeto em 1963, promulgado em 1969 para vigorar a partir de 1970. A "vacatio legis" foi prorrogada sucessivamente, enquanto recebia emendas, até que foi revogado em 1978, sem nunca ter experimentado vigência. A atual Parte Geral derivou de uma comissão constituída em 1980 e presidida pelo Professor Francisco de Assis Toledo, que também foi nomeado para dirigir os trabalhos de revisão da Parte Especial, depois se afastando por motivos particulares, substituído pelo então Desembargador Luiz Vicente Cernicchiaro. Em 1997, outra comissão foi nomeada, seguindo-se o "Esboço Evandro Lins", em homenagem ao presidente do trabalho, que foi publicado na imprensa oficial e na internet para receber sugestões. Foi nomeada comissão revisora, presidida pelo agora Ministro Cernicchiaro (Superior Tribunal de Justiça), que apresentou o atual Anteprojeto em abril de 1999 ao então Ministro da Justiça.

[616] Assim como "quebrar segredo da justiça" – artigo 10 da Lei n° 9.296, de 24 de julho de 1996, que regulamenta a parte final do inciso XII do art. 5° da Constituição Federal, com pena de dois a quatro anos de reclusão e multa. A violação do domicílio (art. 150 do Código Penal) tutela-se sob o manto da "liberdade individual", bem assim os crimes contra a inviolabilidade de correspondência (arts. 151 e 152) e dos segredos (arts. 153 e 154) – todos no Título I da Parte Especial (dos crimes contra a pessoa).

[617] A calúnia é a imputação falsa de fato definido como crime; a difamação, a imputação de fato ofensivo à reputação; e a injúria, a ofensa da dignidade ou decoro de alguém – as definições legais são idênticas no Código Penal (arts. 138, 139 e 140, respectivamente) e na Lei de Imprensa, Lei n° 5.250/67 (arts. 20, 21 e 22, na seqüência). A investigação não os tratará de forma sistemática e sequer referirá os crimes contra a honra previstos no Código Penal Militar e no Código Eleitoral.

[618] MIRANDA, *Lei de Imprensa*, p. 335.

[619] Apenas para exemplificar com obra recente de reputado doutrinador, veja-se BITENCOURT, *Manual*, p. 329-30 – o autor relata que os diferentes *animi* (*defendendi*, *narrandi*, *jocandi* etc.) eliminam o propósito de ofender: "qualquer *animi* que, de alguma forma, afaste o *animus offendendi* exclui o elemento subjetivo", hipóteses que se relacionam "melhor à injúria e à difamação, uma vez que no crime de calúnia a exigência do elemento cognitivo do dolo, qual seja, a consciência de que a imputação é falsa, afasta a própria tipicidade: não há crime de calúnia sem o conhecimento da *inocência* do imputado". O que é reiterado no capítulo específico acerca do crime de difamação (p. 349-50), embora não caiba à vítima o "ônus de provar que o fato desonroso tenha sido praticado intencionalmente", quem o imputou deve "demonstrar a

Tentou-se criar recentemente crime de abuso de autoridade aplicável ao magistrado que revele, ou permita indevidamente a revelação aos meios de comunicação social fatos e informações de que tenha conhecimento em razão do cargo e que violem o sigilo legal, a intimidade, a vida privada, a imagem e a honra, assim como "permitir a exposição pública de acusado em processo criminal". A inovação legislativa acabou rejeitada, em sessão parlamentar na qual os opositores da medida apresentaram-se amordaçados (literalmente). A intenção não parece arquivada.[620]

O Anteprojeto de Reforma da Parte Especial do Código Penal brasileiro preferiu remeter "à legislação especial a disciplina de ilícitos correspondentes a institutos ainda em formação".[621] O trabalho baseia-se no princípio da intervenção mínima, reconhecendo que um código penal "não é mero trabalho acadêmico. Expressa significado político e, por isso, deve ajustar-se, quanto possível, às exigências da sociedade.".[622]

O texto divide-se em dezesseis títulos, dos quais interessa o primeiro, "Dos crimes contra a pessoa", cujo capítulo IV trata dos "crimes contra a honra", ao passo que o V (dos crimes contra a liberdade), na seção II, ocupa-se dos "crimes contra a inviolabilidade do domicílio e da intimidade da vida privada".[623]

Na seara dos crimes contra a honra (arts. 139 a 147), a "novidade" destacada pelo anteprojeto é a criminalização da ofensa à pessoa jurídica. Não agasalha o instituto da prossecução de interesses legítimos como justificação.[624]

---

ausência de *animus diffamandi*". Vale o mesmo para o crime de injúria, necessário o elemento subjetivo especial do tipo, representado pelo "especial fim de injuriar, de denegrir, de macular, de atingir a honra do ofendido". Pese reconheça tratar-se de uma das questões mais debatidas, assevera que modernamente essa dificuldade está superada, "na medida em que o entendimento majoritário firmou-se, não apenas na doutrina nacional, mas especialmente na doutrina européia no sentido da necessidade do *animus injuriandi*, sem o qual não se poderá falar em conduta típica contra a honra." (p. 361-2). A investigação registrou expressamente que discorda desta concepção doutrinária e jurisprudencial, cf. supra item II-3.1.

[620] Projeto de lei nº 2961/97, com redação final pela Câmara dos Deputados, sessão de 14/12/99, a tramitar no Senado Federal. A duvidosa constitucionalidade da amplíssima vedação também provocou providências para introduzir-se a "mordaça" no § 1º do art. 95 da Constituição brasileira (via emenda constitucional, em destaque aprovado pela Câmara em 15/3/2000, na votação da Reforma do Judiciário, depois rejeitado).

[621] D'URSO, *Anteprojeto da Parte Especial do Código Penal*. São Paulo: Juarez de Oliveira, 1999. A respectiva "Exposição de Motivos", de lavra do ministro Cernicchiaro, consta às p. 1-21. Exemplos de temas não sistematizados no código: engenharia genética, crimes de informática, bem assim lavagem de dinheiro e crime ambientais (os dois últimos objetos de leis recentes).

[622] "Exposição de Motivos", p. 2. Situa, com acerto, o princípio constitucional da individualização da pena como "verdadeiro axioma jurídico", para acrescer: "Em conseqüência, não se pode esquecer o princípio da proporcionalidade."

[623] Os "crimes contra a inviolabilidade das comunicações" vão previstos na seção III do Capítulo V, ao passo que os "crimes contra a inviolabilidade dos segredos" elencam-se no art. 161 (seção IV do Capítulo V).

[624] "Exposição de Motivos", p. 4. Reproduzem-se os dispositivos: *Calúnia* Art. 139. Caluniar alguém, imputando-lhe falsamente fato definido como crime: Pena – detenção, seis meses a

Sendo a pessoa o referencial maior, cumpre *resguardá-la em todos os aspectos*, segundo o anteprojeto – o que não se coaduna com a fragmentariedade da tutela penal. A partir do progresso científico dos meios de captação, justifica-se a tipificação da violação da intimidade, com o que "harmonizam-se o interesse do indivíduo com o interesse do Estado". Noção do conceito de prossecução de interesses legítimos aparece nesta área da violação da intimidade, ao excluir do crime de devassa a *divulgação para atender a interesse público legítimo e relevante* (§ 2º do art. 155).[625]

---

dois anos, e multa. § 1º Incorre na mesma pena quem, sabendo falsa a imputação, divulga-a. *Exceção da verdade* § 2º Admite-se prova da verdade, salvo se: I - constituindo o fato imputado crime de ação de iniciativa privada, o ofendido não foi condenado por sentença irrecorrível; II - do crime imputado, embora de ação de iniciativa pública, o ofendido foi absolvido por sentença irrecorrível. *Difamação* Art. 140. Difamar alguém, imputando-lhe fato ofensivo a sua reputação: Pena – detenção, de três meses a um ano, e multa. *Ofensa a pessoa jurídica* § 1º Divulgar fato capaz de abalar o conceito ou o crédito de pessoa jurídica: Pena – detenção, de três meses a um ano, e multa. *Exceção da verdade* § 2º. Admite-se prova da verdade, quando o ofendido é: I - funcionário público e a ofensa relativa ao exercício de suas funções; II - pessoa jurídica. *Injúria* Art. 141. Injuriar alguém, ofendendo-lhe a dignidade ou o decoro: Pena – detenção, de um mês a um ano. *Aumento da pena* § 1º. Aumenta-se a pena de um terço, se a injúria consiste em referência a raça, etnia, cor, sexo ou orientação sexual, condição física ou social, religião ou origem. *Isenção de pena* § 2º. O juiz deixará de aplicar a pena: I - quando o ofendido provocar diretamente a injúria; II - no caso de retorsão imediata que consistir em outra injúria. *Injúria real* § 3º. Se a injúria consiste em violência ou vias de fato que, por sua natureza ou pelo meio empregado, consideram-se aviltantes: Pena – detenção, de três meses a um ano, além da pena correspondente à violência. *Ofensa à memória de pessoa morta* Art. 142. Ofender a memória de pessoa morta: Pena – detenção, de três meses a um ano. *Aumento de pena* Art. 143. Aumentam-se as penas cominadas neste Capítulo de um sexto, se qualquer dos crimes é cometido: I - contra o presidente da República, chefe de Estado ou de governo estrangeiro; II - contra funcionário público, em razão de suas funções; III - presença de três ou mais pessoas, ou por meio que facilite a divulgação da calúnia, da difamação ou da injúria. Parágrafo único. Aumenta-se a pena de metade até o dobro, se o crime é cometido mediante paga ou promessa de recompensa. *Exclusão de ilicitude* Art. 144. Não constituem difamação ou injúri: - a ofensa irrogada em juízo, na discussão da causa, pela parte ou por seu procurador; II - a opinião desfavorável da crítica literária, artística ou científica, salvo quando inequívoca a intenção de injuriar ou difamar III - o conceito desfavorável emitido por funcionário público, em apreciação ou informação que preste no cumprimento de dever de ofício. *Extinção da punibilidade* Art. 145. Extingue-se a punibilidade, se o querelado, antes da sentença, retrata-se cabalmente da calúnia ou da difamação. *Explicação em juízo* Art. 146. Se, de referências, alusões ou frases, infere-se calúnia, difamação ou injúria, quem se julga ofendido pode pedir explicação em juízo. Aquele que se recusa a dá-la ou, a critério do juiz, não a dá satisfatoriamente, responde pela ofensa. *Ação penal* Art. 147. Nos crimes previstos neste Capítulo, procede-se mediante queixa, no caso do § 3º do art. 141, se da violência resulta lesão corporal grave ou morte. Parágrafo único. Procede-se mediante representação do ministro da Justiça, no caso do inciso I do art. 143, e do ofendido, nos casos dos incisos II e III do mesmo artigo, se este não preferir exercer o direito de queixa.

[625] "Exposição de Motivos", p. 4 e 5. Literalmente: *Violação de intimidade* Art. 155. Violar, por qualquer meio, a reserva sobre fato, imagem, escrito ou palavra, que alguém queira manter na intimidade da vida privada: Pena – detenção, de um mês a um ano, e multa. § 1º. Incorre na mesma pena quem, indevidamente, revela ou divulga fato, imagem, escrito ou palavra, obtidos por ele ou por outrem, ainda que deles tenha participado. § 2º. Não se compreende na disposição deste artigo a divulgação da imagem ou do som colhidos em local público ou aberto, ou expostos ao público, para atender a interesse público legítimo e relevante. *Aumento de pena* Art. 156. As penas cominadas nesta Seção aplicam-se em dobro, se o agente atua com o fim de lucro ou com abuso de autoridade. *Ação penal* Art. 157. Nos crimes previstos nesta Seção, procede-se mediante representação, salvo nos casos do art. 154, § 1º, inciso III, e do art. 156, segunda parte.

Outra inovação do anteprojeto, que se traduz em neocriminalização, é a previsão do *crime de publicidade opressiva*. No âmbito do Título X, "Dos crimes contra a Administração Pública", surge o Capítulo II (dos crimes contra a Administração Pública), onde se localiza o artigo 349. A Exposição de Motivos apressa-se em ressalvar que o dispositivo "não afeta a liberdade de imprensa".[626]

Quanto ao Projeto da nova Lei de Imprensa (que se arrasta desde 1992, Projeto de Lei nº 3.232, de 1992), aprovado pela Comissão de Constituição e Justiça da Câmara dos Deputados, está à espera de votação em plenário. Ao definir "meios de comunicação social" inclui expressamente os jornais virtuais.

Prevê o Projeto, genericamente, como dever dos meios de comunicação social, "verificar a veracidade da informação a ser prestada" e "defender o interesse público e a ordem democrática" (art. 3º, I e VII). Mantém as tipificações tradicionais de calúnia, difamação e injúria, acrescenta os crimes de "divulgação de matéria inverídica" (atinente apenas a pessoa coletiva), de "ofensa à memória de pessoa morta" e de devassa, distinguindo claramente "intimidade" e "vida privada", a

---

[626] *Publicidade opressiva* Art. 349. Promover campanha por meio de comunicação ao público, antes de transitar em julgado decisão judicial, com o fim de constranger autoridade, parte, testemunha ou qualquer outra pessoa que intervenha em processo penal: Pena – reclusão, de um a três anos. *Exclusão de ilicitude Parágrafo único. Não constitui crime a crítica técnica ou cientí*fica. A "Exposição de Motivos" (p. 17-8) informa a inspiração francesa (art. 434-16 do Código Penal em vigor desde 1993) e anglo-saxã: referem-se o *Act* inglês de 1911 – assim o art. 382 do Código Penal de 1969, sob a rubrica "coação indireta no curso do processo" – e a experiência americana a partir das décadas de 1950/60. O contexto seria, como nos Estados Unidos, "a crescente onda de pressão dos meios de comunicação de massa – freqüentemente exercida com a colaboração da acusação – sobre julgamentos judiciais em matéria criminal.". Busca-se "garantir a higidez da jurisdição penal e assegurar aos acusados, de forma efetiva, o direito constitucional a um julgamento justo e imparcial". Embora desborde do objetivo da investigação, remete-se para o item II-1.5, especialmente a citada decisão da Corte Constitucional Espanhola (STC 136/1999, de 20 de julho). Como já consignado, a sentença referiu-se expressamente aos princípios da legalidade (aqui caso de "determinação típica") e da proporcionalidade. Reconhecendo a capacidade de pressão e influência da mídia e que a "salvaguarda da autoridade e imparcialidade do poder judiciário podem exigir a imposição de restrições à liberdade de expressão (art. 10.2 da Convenção Européia de Direitos Humanos), isso não significa, de modo algum, que se permita limitar todas as formas de debate público sobre assuntos pendentes nos tribunais." (cf. JAEN VALLEJO, *Jurisprudencia*, p. 172-3). Veja-se também, a crônica processual, item II-5.2.10. Avulta, ainda, o caráter demasiado vago do elemento normativo "campanha", sem respaldo na tradição do direito penal brasileiro, a par das dificuldades quanto ao especial fim de agir. Tudo leva a crer, enfim, que a interpretação terá que ser redobradamente cautelosa quanto às implicações constitucionais, a fim de que se não produza efeito dissuasório em relação à liberdade de expressão e informação. Vem a calhar a advertência de Marx, ao defender-se da acusação de crime contra a honra: "Por que o Ministério Público aplicou a nós o art. 222, em vez do art. 367? Porque o art. 222 é muito mais vago e pode ser usado muito mais facilmente para se chegar ao pretexto de uma condenação (...) o Ministério Público tentará aplicar o Artigo 367 à polêmica política. Geralmente, senhores jurados, se o artigo da calúnia, 367, é aplicado à imprensa no sentido dado pelo Ministério Público, abole-se a liberdade de imprensa através da lei penal, ao passo que os senhores reconheceram aquela liberdade numa constituição e lutaram por ela numa revolução." (MARX, *Liberdade de Imprensa*, p. 110 e 112).

tutelar ambas (art. 9º, inc. VII). Exclui a tipicidade da captação de imagens em local público (art. 12) e das caricaturas (art. 13).

Consagra, finalmente, a posição preferente da liberdade de imprensa na resolução dos conflitos entre a liberdade de informação e os direitos de personalidade. Literalmente, "serão resolvidos em favor do interesse público visado pela informação" (art. 26). Questão interessante, a ser enfrentada a partir da positivação do referido diploma legal, seria saber se, diante das diretrizes legais consagradas nos artigos 3º, inciso I, e 26, haveria densificação normativa suficiente para a aplicação da prossecução de interesses legítimos como justificação para crimes previstos na lei de imprensa. Avança-se que sim, embora o tema mereça ulterior e mais acurada reflexão.

Antes de uma resenha crítica, que há de culminar numa sugestão de aperfeiçoamento legislativo, vale referir – para repudiá-la – proposta que surgiu no meio da discussão da reforma em maturação, aliás recusada que foi pela comissão respectiva. Tratar-se-ia de reconhecer que a normatização imposta pela Constituição Federal de 1988 eliminou a responsabilidade penal no caso de crimes contra a honra pessoal.[627]

Em que pese afirmar que os crimes contra a honra pessoal alheia originam-se no direito à honra, de sede constitucional, e verberar contra a repetição da tipologia legal nos Códigos Penal, Eleitoral e Penal Militar, além da Lei de Imprensa, a "confundir os parâmetros de jurisdição e de competência judiciária e, assim, produzir macabra *impunidade* via prescrição penal", o estudo, dissociando-se da premissa, afirma o que "nenhum brasileiro teve a coragem de proclamar". Ou seja, que o "Direito Criminal foi alijado dessa matéria, a qual foi transferida para a égide do Direito Civil (...) [decisão do] moderno constituinte brasileiro (...) por entender que as violações à honra pessoal possuem *natureza privada*, consistindo em *ultrajes personalíssimos* que só interessam aos titulares da honra" ultrajada. Só os ofendidos têm legitimidade para perseguir indenizações por danos materiais, à imagem, à vida privada e à intimidade causados pela ofensa irrogada, pelo que "houve a evidente *transformação dos ilícitos penais em ilícitos civis*", questão jurídica de "simplicidade extravagante".[628]

---

[627] DUARTE, *Descriminalização*, p. 215-42. O autor é Professor de Direito Penal, à época Coordenador-Geral do Curso de Especialização em Ciências Penais e Chefe do Departamento de Ciências Penais da Faculdade de Direito da Universidade Federal do Rio Grande do Sul. A tese é referida por BITENCOURT, *Manual*, p. 320, nota nº 3, sem tomada de posição, contudo.

[628] DUARTE, *Descriminalização*, p. 217-19. Os "grandes cogumelos de Comunicação Social" não se importam se um jornalista for preso, o que não pode ser aceita é a "condenação da empresa ao pagamento de mirabolantes indenizações". Afirma que a nova perspectiva constitucional harmoniza-se com as correntes jurídicas universais, como a tendência "privatista", o "Direito Penal Mínimo", a "extrema ratio" e os movimentos de descriminalização da "Novíssima Defesa Social" (uma política-criminal humanista) – p. 220-1.

A origem de tanta convicção é relativamente singela. A redação do inciso X do artigo 5º da Constituição Brasileira de 1988 declara: "são invioláveis a intimidade, a vida privada, a honra e a imagem das pessoas, assegurado o direito a indenização pelo dano material ou moral decorrente de sua violação".[629]

A primeira inovação destacada consiste na *"retirada da autonomia legal* que os textos constitucionais pretéritos atribuíam à legislação ordinária posterior"; o novo texto representa *clara fidelidade* à descriminalização, à despenalização e à desjurisdicionalização; suprimiu-se o pouco que restava de direito público na seara da honra pessoal, até porque o direito penal "demonstrava clara impotência para resolver os litígios surgidos nessa esfera jurídica".[630]

Seria salutar a modificação constitucional esgrimida, em face da "sensível ampliação conceitual da responsabilidade jurídica do ofensor". É suficiente, na esfera civil, um "levantamento jurídico superficial" que fica na "dependência da *responsabilidade objetiva* do autor, cuja rapidez e simplicidade de aferição jurídica dispensa maiores delongas judiciárias"; isso evitará a impunidade e garantirá certeza e segurança ao sistema jurídico e ao "povo brasileiro".[631]

---

[629] A solução, "ainda não descoberta pelos constitucionalistas brasileiros", decorre do seguinte raciocínio: a Constituição de 1946 reconhecia a criminalização dos crimes contra a honra (previstos na Parte Especial do Código Penal de 1940), ao assegurar a livre manifestação do pensamento, "respondendo cada um, nos casos e na forma que a lei preceituar, pelos abusos que cometer" (art. 141, § 5º); a evolução jurídica, no decorrer do século, "já dava candentes mostras do exagero legal no tocante a essas criminalizações, porquanto a regra geral da persecução penal (...) [era a] *ação penal privada exclusiva do ofendido ou de seu representante legal*. (...) o próprio Direito Público – tanto o Substantivo quanto o Adjetivo – tratou de afastar-se desses ultrajes, reconhecendo a imperiosidade do titular do interesse violado acionar e impulsionar a justiça (...) [o que] já servia à incontestável prova acerca da desnecessidade do Direito Penal tutelar esse bem jurídico." (p. 223); a Constituição de 1967, modificada pela Emenda Constitucional nº 1, de 1969, também dispunha sobre a livre manifestação de pensamento, "respondendo cada um, nos termos da lei, pelos abusos que cometer", o que ainda possibilitava que o sistema criminal brasileiro punisse os ultrajes à honra (p. 224) – o que se teria modificado na atual dicção constitucional.

[630] DUARTE, *Descriminalização*, p. 226-7. Antes da CF/88, a intimidade, a vida privada e a imagem não tinham proteção jurídica específica – impossibilitado de punir tais ofensas, o "Direito Penal fabricava evidente fonte de *impunidade* porquanto restrito aos ultrajes à honradez objetiva e subjetiva de outrem" – agora houve *equiparação* desses direitos essenciais (p. 227). A nova Constituição serve ao "estancamento da debochada reiteração de violações a honra pessoal alheia", que grassava diante da impunidade penal – ao revés da nova realidade constitucional, que impõe sanção indenizatória célere, penalidade de maior eficácia numa sociedade capitalista (o ofensor insolvente sofrerá declaração judicial de inidoneidade moral e financeira, com impedimentos e vedações que hão de representar "perdas ou restrições dos direitos individuais" – fl. 229).

[631] DUARTE, *Descriminalização*, p. 229-30. A nova forma de tratamento cogitada é de tanta eficiência e correção que, na atualidade, "muitos ofendidos já se valem da responsabilidade civil", no mais das vezes dispensando a via penal (p. 231) – mesmo porque a dupla punição (por crime e ilícito civil) seria desproporcional para um delito leve como a ofensa à honra, que tem bases "exclusivamente jurídicas numa relação de círculos secantes entre o Direito e a Moral", além do que todos os ilícitos graves "são crimes materiais" (p. 233). A CF/88 descobriu esse *bis in idem* e buscou alijá-lo, também pela desproporção qualitativa (a honra é "supinamente inferior" à liberdade – p. 234), pois que a sanção criminal máxima possível seria algo em torno do direito à honra pessoal do ofensor, "sem a pretensão de fazer elegia das penas infamantes"

O "moderno posicionamento" exposto, ao eliminar a responsabilidade penal, estabelece a *revogação* direta e automática de múltiplas normas jurídicas. Nomeadamente, no que pertine à investigação, revogaram-se dos artigos 138 até 145 do Código Penal e dos artigos 20 até 26, mais o artigo 40, inciso I, da Lei de Imprensa. Repete que a prova "mais contundente de a desnecessidade do Direito Penal persistir regulando essa matéria está incrustada na específica natureza da *persecutio criminis: a ação penal privativa do ofendido* como regra geral".[632]

Pelo reverso, como num espelho invertido, a proposição apresentada reflete boa parte da preocupação deste trabalho. Não há como fugir de sintéticas ponderações:

1º - O fato de o bem jurídico protegido ter natureza privada, por óbvio, não transfere a questão para a órbita do direito civil. Pelo absurdo, bastaria exemplificar com a tutela penal do patrimônio, bem essencialmente privado e disponível;

2º - Pretender que a desnecessidade de intervenção penal prova-se, como numa equação matemática, pela natureza da persecução penal, ao fazê-la depender de queixa-crime do ofendido, é, além de descurar da condição problemática da ciência jurídica, operar confusão basilar entre os planos do direito material (substantivo) e do direito processual (adjetivo). Já se conceituou supra, logo na abertura do item II-5.4, a *mediação mitigada* e o princípio da *diversão*. Basta, agora, diferenciar a solução divertida, ainda que por mediação (de natureza processual) das vias substantivas da *descriminalização* – quando o legislador subtrai a dignidade penal de uma infração, desqualifica determinada conduta que deixa de ser crime – e da *despenalização*, em que persiste o ilícito com diminuição, redução da sanção aplicável, ou, mesmo, pela remessa da solução repressiva para outro ramo jurídico, caso das ordenações sociais.[633] No caso da diversão/mediação, remanesce a infração intoca-

---

(p. 235). Por fim, a CF/88 privilegiou a *vitimologia* (p. 235-8), numa tendência privacionista a culminar numa pena restritiva de direito consubstanciada numa "prestação reparatória".

[632] DUARTE, *Descriminalização*, p. 239 e 241, respectivamente.

[633] DIAS/ANDRADE, *Criminologia*, referem-se a uma descriminalização de fato: não-aplicação da lei incriminatória por força da renúncia da vítima (situação que se qualificou, supra, de mediação mitigada) ou como efeito das cifras negras (p. 401). Embora partam de axioma idêntico (resolução de conflitos fora da justiça penal), os caminhos de direito material e de direito processual são evidentemente apartados. ZAFFARONI, *Manual*, conceitua a descriminalização como "a renúncia formal (jurídica) de agir em um conflito pela via do sistema penal. Isto é o que propõe o Comitê Europeu para a Descriminalização em relação a vários delitos: cheques, furtos em fábricas pelos empregados, furtos em grandes lojas etc." (p. 357), que pode ser "de fato", quando o Estado deixa de agir, sem que formalmente tenha perdido competência (exemplo seria o adultério no Brasil), mas "na maioria dos casos o que se propõe é que o Estado intervenha apenas de modo não punitivo: sanções administrativas, civis, educação, acordo etc." (p. 358). Despenalização "é o ato de 'degradar' a pena de um delito sem descriminalizá-lo, no qual entraria toda a possível aplicação das alternativas às penas privativas de liberdade" (p. 358). Questiona-se, no caso das ordenações, a mera burla de etiquetas, neste sentido a inclinar-se Faria Costa, taxando a transposição tópica de "falsa diversão". Sugestivamente, "a infração deixou o mundo jurídico-penal, mas ainda gravita no universo jurídico-penal" (COSTA, *Diver-*

da na sua dignidade penal, mas é em nível de processo, a afastar-se do formalismo regular, que se busca solução diferente, que prescinde da juridicização.[634] Ademais, a ação penal privada considera, além do caráter privado do bem jurídico tutelado e do fato de a lesão à sociedade não ser tão intensa, que "o *streptus judicii* (o escândalo do processo, a publicidade dada ao fato em decorrência do processo) pode ser muito mais prejudicial ao interesse da vítima do que a própria impunidade do culpado etc.".[635] Assim, a legitimidade ativa da ação penal, isto sim parece muito simples, não tem o condão de "transformar ilícitos penais em ilícitos civis";

3º - Ainda que argumento incidental, não parece tão clara a fidelidade do texto constitucional à descriminalização/despenalização etc. Em alentado e recente estudo, Mauricio Antonio Ribeiro Lopes reconhece que *não se pode concluir* seja o sistema constitucional penal proposto pela Constituição Federal de 1988 "*coeso e harmônico* na confrontação dos valores constitucionais básicos do modelo de Estado Social e Democrático de Direito (...) salvo quanto ao regime de limitações (...) um dos mais fortes conjuntos garantísticos dentre as Constituições vigentes na atualidade.".[636]

---

são, p. 44), embora se reconheçam traços divertidos e fatores positivos, tais como menor estigmatização e diminuição da sobrecarga dos tribunais. Para um aprofundar da questão do direito de mera ordenação social, na sua especificidade em relação ao direito penal, vide COSTA, *Les problèmes*.

[634] "*Diversificação* é a possibilidade legal de que o processo penal seja suspenso em certo momento e a solução ao conflito alcançada de forma não punitiva. É o que acontece no 'sistema de prova' anglo-saxão ou o que está sendo tentado em alguns países a respeito dos maus-tratos a crianças. No Brasil, a Lei 9.099, de 26.09.1995, retrata esta tendência. O mesmo ocorre no Peru, com a Lei 26.320, de 02.06.1994 e com o código de processo penal colombiano de 1991" (ZAFFARONI, *Manual*, p. 358). "Em geral, todas essas tendências têm sido criticadas por parte dos criminologistas contemporâneos sob o fundamento de que são produto da crise fiscal do Estado e tendem a trocar o controle institucional pelo controle difuso na sociedade, o que levaria a uma 'extensão' da prisão a toda a sociedade. Cremos que estas objeções não se dirigem às tendências em si mesmas, mas às mudanças estruturais que podem ocorrer nas sociedades centrais, e que em nada afetam o juízo que possam merecer do ponto de vista de nossas sociedade periféricas" (idem). Discorda-se da inclusão da *probation* no espectro da diversão, por pressupor determinação de culpa. Quanto à lei nº 9.099, do Brasil, vide AZEVEDO, R., *Informalização*, p. 198 – "A Lei nº 9.099/95 permitiu a incorporação desses delitos ao sistema judicial, numa espécie de recriminalização (...)". Ainda, diferencia-se da *bagatela*, instituto de direito material que significa dispensa de pena (ausente requisito preventivo) em caso de culpa e ilicitude diminutas. É o caso do art. 74 do Código Penal Português; ao revés da diversão, porém, que solve a questão antes da declaração de culpa, "para que se faça uso desta medida é, assim, necessária a verificação de um juízo de culpa" (GONÇALVES, *Código Penal*, p. 263-4).

[635] TOURINHO FILHO, *Processo Penal*, p. 369 e ss. Tais ponderações redundam na opção legislativa pela ação penal privada, muito comum nos crimes sexuais, v.g. Na síntese de Figueiredo Dias: "Na verdade, não é estranha à existência de crimes particulares em sentido amplo o atual mandamento político-criminal de descriminalização aqui alcançado, não por *via legal* mas sim por *via real*. Por outro lado, está ainda presente uma outra linha de força do atual programa político-criminal – a diversão – nesta matéria conseguida através de uma mediação ainda que mitigada." (DIAS, *Direito Processual Penal*, p. 91).

[636] LOPES, *Teoria Constitucional*, p. 718-9. O próprio autor destaca as *orientações constitucionais criminalizadoras* (p. 714-18): expressas no art. 5º, incisos XLI (discriminação atentatória dos

4º - Não se conclui, do texto do inciso X do artigo 5º da Constituição brasileira, pela propalada "retirada da autonomia legal" da legislação ordinária, ou, melhor dito, pela supressão da liberdade de conformação legislativa jurídico-penal. Primeiro, porque a interpretação é gramatical e insulada, cingindo-se a ausência da fórmula "respondendo pelos abusos na forma da lei" (diga-se de passagem, um princípio geral de direito que não precisa vir escrito).[637] Seria irônico, se frutificasse a sugestão, que justamente quando o constituinte elevou a honra, a vida privada, a intimidade e a imagem à categoria de direito fundamental, a ordem jurídica negasse, "ab ovo", a possibilidade de que tais bens e valores fossem tutelados pelo seu instrumento mais incisivo, o direito penal. Afora a contradição axiológica, a proposta não resiste a uma interpretação sistemática e, tampouco, à melhor doutrina. Já mencionado (item II-1.2) que inexiste "proibição constitucional de penalização", deixando-se "ampla margem ao legislador penal quanto à individualização dos bens carecidos de tutela penal" (Canotilho); há uma "relação de mútua referência" entre direito constitucional e direito penal, "não de identidade ou de recíproca cobertura" (Figueiredo Dias); antes, há "curvas de diferença" (Faria Costa).[638]

Roxin, um dos corifeus do axioma da subsidiariedade do direito penal, donde deriva sua natureza fragmentária, sinala, todavia, que tais idéias abrem ampla margem de ação ao legislador, que conserva sua prerrogativa de estimação: o princípio da subsidiariedade é mais

---

direitos e liberdades fundamentais), XLII (racismo), XLIII (tortura, tráfico de entorpecentes, terrorismo e crimes hediondos), XLIV (ação de grupos armados contra a ordem constitucional e o Estado Democrático); no art. 7º, X (retenção dolosa de salário); no art. 124 (crimes militares); no art. 243 (confisco de bens e expropriação de glebas sem indenização no caso de tráfico de entorpecentes); no art. 37, § 4º (possibilidade de crime de improbidade administrativa); no art. 98, I (infrações penais de menor potencial ofensivo, que originou a Lei nº 9.099, de perfil sociológico recriminalizador); no art. 182, § 3º (crime de usura); art. 225, § 3º (crimes ambientais); e art. 173, § 2º (crimes econômicos). Também o regime dos crimes de responsabilidade deriva da Constituição, em diversas paragens. Não surpreende, pois, que de toda legislação criminal posterior à CF/88, apenas dois diplomas tivessem viés garantístico (Lei nº 9.099, com a ressalva já feita, e Lei nº 9.714/98, que alargou o rol das penas restritivas de direito) – "Todas as outras quarenta e nove leis penais publicadas desde a vigência da Constituição só fizeram incluir novos tipos, aumentar penas..." (p. 719).

[637] "Se a falta de previsão quanto à reserva legal não assegura maior efetividade à garantia fundamental, uma vez que, em muitos casos, o esforço hermenêutico de compatibilização pode levar à redução do âmbito de proteção, ou mesmo legitimar a imposição de restrições, a utilização abusiva dessas reservas pode reduzir ou mesmo nulificar a garantia outorgada pela Constituição." (MENDES, *Direitos individuais*, p. 230). Certo que a "possibilidade de uma colisão legitimaria, assim, o estabelecimento de restrição a um direito não submetido a uma reserva legal expressa" (p. 240).

[638] Debate-se, inclusive, a questão da "proibição por defeito", no sentido de imposições constitucionais de criminalização a fim de protegerem-se direitos fundamentais. A investigação, como alertado naquela quadra (item II-1.2), pressupõe que a "barreira da necessidade vai ultrapassada pela legislação que criminaliza delitos contra a honra". Algo que parece consensual à vista das experiências das recentes alterações da parte especial em Espanha e Portugal, de cuja cultura ibérica o Brasil em grande parte comunga.

uma diretriz político-criminal do que um mandato vinculante. É uma decisão de política social.[639]

Consignou-se, alhures, o sentido positivo do princípio da dignidade da pessoa humana: dever de proteção do Estado contra agressão por parte de terceiros (item II-1.3, Sarlet e Hoffmann-Riem). Da eficácia irradiante dos direitos fundamentais, desdobramento de sua perspectiva objetiva, também derivam os deveres de proteção do Estado (*Schutzpflichten*) contra agressões provindas de particulares, não se descartando obrigação de adotar medidas legislativas de natureza penal (item II-1.5, Sarlet).

Socorre, ainda, leitura compreensiva do texto constitucional brasileiro. A comunicação social (sustentáculo da indigitada proposta) sofrerá restrições, observado o disposto na Constituição. Compete à lei federal estabelecer os meios legais que garantam à pessoa e à família a possibilidade de se defenderem da programação de rádio e televisão que contrariar o respeito aos valores éticos e sociais da pessoa e da família.[640]

---

[639] ROXIN, *Derecho Penal*, p. 67. Vide, também, RALWS, *Liberalismo*, p. 396-7, acerca da liberdade de ação legislativa, relacionando-a com o véu de ignorância e o razoável, assim como em relação ao estágio judicial (supra, item II-1.9).

[640] Artigos 220, § 3º, inciso II, e 221, inciso IV, ambos da Constituição Federal. Repare-se que, da genérica disposição do inciso XXXII do artigo 5º da CF/88 (o Estado promoverá, na forma da lei, a defesa do consumidor) advieram as Leis nº 8.078/90 (Código de Defesa do Consumidor) e nº 8.137/90 (crimes contra as relações de consumo), crivadas de disposições penais. Mauricio Ribeiro Lopes também recomenda uma interpretação conjunta das disposições constitucionais alusivas à honra, crimes de imprensa, meios de comunicação e liberdade de expressão, embora se limite aos incisos IV, V, IX e X do art. 5º, para extrair uma de duas conclusões (não escolhendo nenhuma): "Ou expressamente não houve previsão criminalizadora por ausência de previsão constitucional em relação a esses bens jurídicos (*a intimidade, a vida privada, a honra e a imagem das pessoas*), ou não se admite aos delitos relativos a esses bens sanções que não sejam as alternativas à pena de prisão (...)" – LOPES, *Teoria Constitucional*, p. 706-7. Rejeita-se a primeira alternativa, ao passo que a segunda desborda o limite da investigação. Interessante que o autor, a derivar do *caput* do artigo 5º (garantia da inviolabilidade do direito à vida, à liberdade, à igualdade, à segurança e à propriedade, nos termos que passa a elencar) uma ampla "permissão incriminadora" (p. 705), vacile – de modo pouco coerente – ao se defrontar com redação quase idêntica (são invioláveis a intimidade, a vida privada...) no inciso X, salvo a explicitação do cabimento da indenização pelo dano material ou moral em caso de violação (hipótese de ampliação de tutela, certo que havia resistências especialmente ao reconhecimento patrimonial do dano moral, de "asseguramento", não de retirada de proteção penal). Parece que LOPES aferra-se demais a uma visão global de hierarquização axiológica: é tema central de sua convicção uma "hierarquização dos valores fornecida pela própria constituição", o que implica a "reconstrução do sistema da parte especial do Código Penal (...) para exata mensuração sobre a natureza dos bens jurídicos (...)" – p. 447. A investigação é cética quanto ao desiderato, que de qualquer maneira seria, em primeira linha, tarefa do legislador. Vale ponderar que a "fixação de uma rigorosa hierarquia entre diferentes direitos individuais acabaria por desnaturá-los por completo, desfigurando também a Constituição enquanto complexo normativo unitário e harmônico." (MENDES, *Direitos individuais*, p. 283). Em benefício de LOPES (*Teoria Constitucional*) é de se reconhecer que ele adverte para o risco do abuso jurisdicional na manipulação do princípio da proporcionalidade, pelo que se presume que a "formal proibição de uma conduta deva acarretar as conseqüências previstas pelo legislador" (p. 430-1) e não cabe extrair do princípio "criações jurídicas que ultrapassem o caso particular, uma vez que a sua aplicação não supre a norma jurídica em sentido estrito, sendo antes de tudo um critério a ser utilizado para solucionar problemas

De modo convergente, Gilmar Ferreira Mendes tampouco considera correta "essa leitura rasa do texto constitucional", ao remeter para o capítulo dedicado à comunicação social e concluir que o "texto constitucional não só legitima, mas também reclama eventual intervenção legislativa com o propósito de concretizar a proteção dos valores relativos à imagem, à honra e à privacidade. (...) Assim, parece inequívoco que o art. 220, § 1º, contém expressa autorização de intervenção legislativa com o fito de proteger os valores garantidos no art. 5º, X.".[641]

5º - Por fim, a intenção da proposta colide frontalmente com a premissa da investigação, de maximização das liberdades, ao recomendar a adoção de uma responsabilidade civil *objetiva* no caso das violações de que se trata. O evidente efeito de arrefecimento que tal orientação acarretaria foi tratado com certa minúcia no item II-5.2.8, dispensando reiterações. Sem ceder à tentação da assertiva apodítica, o cerne da tese analisada beira a inconstitucionalidade.[642]

Cogita-se, aqui, dos limites imanentes – "limites dos limites" (*Schranken-Schranken*), "que balizam a ação do legislador quando res-

---

jurídicos" (p. 434-5). Rejeita o silogismo matemático, preconiza a "lógica do razoável" (p. 450) e reconhece que a "positividade jurídica exerce sobre o sistema penal uma relação de obrigatoriedade como em nenhum outro ramo do direito" (p. 452). Defende, todavia, que a "Constituição brasileira estabelece uma determinada hierarquia de valores no art. 5º, *caput*" (p. 453); ao discorrer sobre a concepção de Angioni (que divide os bens em primários e secundários – a honra e a reserva da vida privada estariam entre os primários – e as sanções em três categorias: detenção, multa e pena administrativa; e estabelece uma regra de proporcionalidade de modo a só recorrer à detenção para tutelar bens primários) consigna que o "radicalismo" do autor ficou aquém da sua ousadia (dele, Lopes); tímida sua proposta, "atira ao chão o pretenso rigor de seu princípio da proporcionalidade, usado aqui meramente para legitimar o sistema penal já existente em toda a parte." (p. 443-6).

[641] MENDES, *Direitos individuais*, p. 234-6.

[642] De algum modo, há caldo de cultura pouco favorável à liberdade de imprensa. Noutra obra recente, em realidade uma tese de doutorado, o magistrado e professor universitário carioca Luis Carvalho, deduz, em face da informação jornalística, que, "no direito brasileiro, dá-se certa prevalência aos direitos da personalidade no conflito com a liberdade de imprensa", embora a responsabilidade civil paute-se pelo critério subjetivo. Cogita o autor, porém, "da possibilidade ou não de aplicação do sistema do Código do Consumidor, especificamente quando trata da responsabilidade do fornecedor de serviço por vício de qualidade, prevista no artigo 20" – hipótese de responsabilidade presumida ou objetiva (há discussão). Ainda que a possibilidade possa *seduzir*, não concorda com tal entendimento (pelo motivo errado, entretanto): "A Lei nº 5.250 está em vigor e é específica no assunto. O Código do Consumidor, posto que posterior, não é específico para a informação jornalística, de modo que o seu artigo 20 esbarraria no sistema da responsabilidade subjetiva instituído por aquela lei especial." – CARVALHO, *Direito de informação*, p. 236-7. Já não tem nenhuma dúvida, outrossim, quando se tratar de "dano moral coletivo" ("definido" como violação dos valores comunitários, reconhecidos como relevantes em dada sociedade), hipótese de aplicação do "critério de responsabilidade presumida imposto pelo artigo 38 do Código de Defesa do Consumidor", a abarcar aspectos como "verdade da informação, interesse público/ordem pública, influência comportamental nociva" etc., em suma, um direito difuso a uma *qualidade* da informação (p. 216-7). A "falsidade, por si só, viola o dever de verdade e de transparência que devem ter os agentes da informação (...) [merecedor de responder] por dano moral coletivo, por responsabilidade objetiva, *de lege ferenda*, ou por responsabilidade presumida, *de lege lata*, por aplicação analógica." (p. 223).

tringe direitos individuais", como são os direitos fundamentais de expressão e informação. Portanto, a proteção do núcleo essencial (uma reação político-doutrinária aos abusos do nacional-socialismo) pode ser vista como um postulado constitucional imanente, a "evitar o esvaziamento do conteúdo do direito fundamental decorrente de restrições descabidas, desmesuradas ou desproporcionais.".[643]

Deve-se, ainda, referir obra publicada pelo Instituto Brasileiro de Ciências Criminais (IBCCRIM), "Liberdade de Expressão e Direito Penal no Estado Democrático de Direito", dissertação de Mestrado de Tadeu Antonio Dix Silva. No capítulo 7, o autor apresenta "propostas de resolução do conflito no estado democrático de direito", filiando-se a uma concepção mista entre a posição preferente e a concordância prática – reconduzível, grosso modo, ao regime da prossecução de interesses legítimos, embora não se refira, em momento algum, especificamente, à figura penal em tela.[644]

De todo modo, segundo SILVA, o órgão jurisdicional, ao resolver o conflito, deverá apreciar três condições basilares: dever de confirmação da informação divulgada (trata opinião e notícia como espécies do gênero informação, embora reconheça que a opinião "estrito senso" não pode reclamar o dever de confirmação); o inequívoco interesse comunitário da informação (gizando ampla margem de insegurança neste tópico, que se deve delimitar por critério negativo, descartadas as notícias irrelevantes); e, terceiro, a ofensa concreta à honra ou à vida privada das pessoas. Exclui, nesta sede, o escândalo, o sensacionalismo e a prática do "denuncismo" que macularia grandes veículos da imprensa brasileira, por estarem fora da função pública da imprensa.

A presente investigação não excluiria o "denuncismo" por ausência de interesse publico no tema abordado, e sim, sendo o caso, pelo não adimplemento do dever de informação. Ademais, SILVA questiona a necessidade de intervenção penal na colisão de tais bens, discorrendo longamente sobre o princípio do bem jurídico e sobre medidas alternativas à intervenção penal, ao passo que a necessidade de intervenção é *pressuposto* desta investigação.[645]

5.5.4. Proposta

Cabem, por derradeiro, algumas considerações, de forma telegráfica, acerca do referido anteprojeto, tendo em vista a sugestão a ser

---

[643] MENDES, *Direitos individuais*, p. 241-3. Assim, "não há de se utilizar o pretexto de pretensa colisão para limitar direitos insuscetíveis, em princípio, de restrição. Por isso, a limitação decorrente de eventual colisão entre direitos constitucionais deve ser excepcional." (p. 285).

[644] SILVA, Tadeu A. Dix. *Liberdade de Expressão e Direito Penal*, p. 275-99.

[645] SILVA, Tadeu A. Dix. *Liberdade de Expressão e Direito Penal*, p. 301-439. Curioso que o autor nunca mencione a prossecução de interesses legítimos. A posição da investigação ficou consignada *supra*, neste próprio tópico (5.5.3) e no item II-1.2.

oferecida. Observa-se, desde logo, que o princípio da proporcionalidade não se deve circunscrever apenas à individualização da pena. Ao revés, deve alcançar todo o trabalho, desde o nível preliminar da tipicidade, passando pela formulação dos casos especiais de exclusão da ilicitude etc.

Para seguir, no que tange à topologia e sistematização identificam-se problemas. Pacífico que se está no Título "dos Crimes contra as Pessoas", natural a destinação de um capítulo específico para os "Crimes contra a honra". Todavia, a mesma sorte não tiveram os crimes contra a "liberdade pessoal", contra a "inviolabilidade do domicílio" e contra a inviolabilidade da "intimidade da vida privada", contra a inviolabilidade "das comunicações" e contra a inviolabilidade "dos segredos", todos agrupados no mesmo capítulo que trata genericamente dos "crimes contra a liberdade" (seções I a IV, respectivamente). Ocorre, assim, uma confusão quanto aos bens jurídicos protegidos, que poderia ser obviada ao abrir-se capítulo específico para os *crimes contra a reserva da vida privada*, gênero que suportaria os delitos específicos de: a) "violação de domicílio"; b) *devassa da vida privada*; c) "violação de correspondência ou de telecomunicações"; d) "violação de segredo".[646]

Como culminância da investigação, formula-se a seguinte proposta para os crimes contra a honra (considerando a numeração do anteprojeto supracitado):

Artigo 139. *Calúnia* – mantém, inclusive § 1º;
§ 2º - Exceção da verdade – suprime integralmente;

Artigo 140. *Difamação* – mantém, inclusive § 1º (ofensa a pessoa jurídica);
§ 2º - Exceção da verdade – suprime integralmente e substitui por Causa especial de exclusão da ilicitude
§ 2º - A conduta não é punível quando:
I. A imputação for, cumulativamente
a) feita na prossecução de interesses legítimos; e
b) o agente provar a verdade da imputação ou tiver fundamento sério para, em boa-fé, a reputar verdadeira.
II. Exclui-se a boa-fé quando o agente não tiver cumprido o dever de informação, que as circunstâncias do caso impunham, sobre a verdade da imputação.

---

[646] Este, basicamente, o modelo português, que lança, ainda, o crime de "gravações e fotografias ilícitas", a tutelar os bens autônomos *imagem* e *palavra*, para um capítulo específico ("dos Crimes contra outros bens jurídico-pessoais"), que se não confundem, em rigor e apuro dogmático, com a "honra" nem com a "privacidade/intimidade". Aliás, o inciso X do artigo 5º da Constituição brasileira aponta no sentido desta distinção. Também socorre a experiência espanhola, cujo Código Penal prevê: no Título X, os "Delitos contra la Intimidad, el derecho a la propia Imagen y la Inviolabilidad del Domicilio"; no Título XI, os "Delitos contra el Honor".

III. Exclui-se a justificação quando se tratar da imputação de fato relativo à intimidade da vida privada e familiar.[647]

Artigo 141. *Injúria* – altera a redação, que passa a ser: "Injuriar alguém, de forma a atingir sua dignidade de pessoa humana, menoscabando sua fama ou atentando contra sua própria estima."[648]

§ 1º a § 3º - mantêm a redação;

Artigo 142. *Ofensa à memória de pessoa morta* – mantém *caput* e acrescenta dois parágrafos, como segue:

§ 1º A ofensa não é punível quando tiverem decorrido mais de 25 anos sobre o falecimento.

§ 2º É correspondentemente aplicável o disposto nos incisos I, II e III do § 2º do artigo 140.

Artigo 143. Aumento de pena – mantém;

Artigo 144. *Exclusão da ilicitude* – suprime integralmente ou passa a ter a seguinte redação: "Não constituem difamação ou injúria, nos termos do inciso III do artigo 23 deste Código: I – (...); II – (...); III – (...)."[649]

Artigos 145 a 147 – não se alteram.

No que toca ao bem jurídico *privacidade*, a rigor não vem tutelado pelo Anteprojeto, que se restringe à "intimidade". Na própria rubrica do artigo 155 (Violação de intimidade) e na redação típica consta: "Violar, por qualquer meio, a reserva sobre fato, imagem, escrito ou palavra, que alguém queira manter na intimidade da vida privada". O § 1º comete uma "menção redundante de ilicitude", ao dispor "Incorre na mesma pena quem, indevidamente, (...)". O § 2º, em que pese referir-se a "interesse público legítimo e relevante", bem de ver figura

---

[647] Nos demais casos, no escopo da investigação, a *exceção da verdade* passa a ser regra geral.

[648] A inspiração, aqui, visivelmente, é o artigo 208, primeira parte, do Código Penal espanhol.

[649] O art. 23, sob a rubrica "Exclusão da ilicitude", dispõe que "Não há crime quando o agente pratica o fato: I – em estado de necessidade; II – em legítima defesa; III – em estrito cumprimento do dever legal ou no exercício regular de um direito." A preferência da investigação vai na linha da supressão, por considerar que: I – "a ofensa irrogada em juízo, na discussão da causa, pela parte ou seu procurador" hipótese de exercício de um direito, de representação profissional no caso, sempre que haja nexo de causalidade entre a ofensa e os debates; II – "a opinião desfavorável da crítica literária, artística ou científica" é conduta atípica, sempre que objetiva a manifestação e cobre-se pelo exercício do direito constitucional de expressão e opinião (inclusive de criação artística e de investigação científica) caso dirija-se, de modo proporcional, ao sujeito relacionado com a obra, "salvo quando inequívoca a intenção de injuriar e difamar" – trata-se do limite da crítica caluniosa, desenvolvido supra, item II-4.4; III – "o conceito desfavorável emitido por funcionário público, em apreciação ou informação que preste no cumprimento de dever de ofício" é fato atípico na visão do texto (que acolhe a noção de "tipicidade conglobada" proposta por Zaffaroni) ou, de toda a sorte, abriga-se no manto do "estrito cumprimento do dever legal". Todas, portanto, redundantes e supérfluas.

hipótese de atipicidade, vez que "a divulgação da imagem ou do som colhidos em local público e aberto, ou expostos ao público" não pode, por si, constituir violação de intimidade. Aparentemente, tentando ressaltar a possibilidade de divulgação de retratos e imagens para investigação policial ou persecução penal, misturou a tutela da "imagem" e da "palavra", que *a priori* não estavam protegidos pelo dispositivo.

Ademais, a descrição típica peca por muito vaga, desnecessariamente aberta. A proposta, pois, transpõe o artigo 192 do Código Penal português, assim:

> Artigo 155. *Devassa da Vida Privada* – Devassar, sem consentimento e com intenção, a vida privada das pessoas, designadamente a intimidade da vida familiar e sexual, através de :
> I. Interceptação, gravação, registro, utilização, transmissão ou divulgação de conversa ou comunicação telefônica;
> II. Captação, fotografia, filmagem, registro ou divulgação de imagem das pessoas ou de objetos ou espaços íntimos;
> III. Observação ou escuta, às ocultas, de pessoas que se encontrem em lugar privado;
> IV. Divulgação de fatos relativos à vida privada ou à doença grave de outra pessoa.
> Pena – detenção, de um mês a um ano, e multa.
> Parágrafo único. *Causa especial de exclusão da ilicitude* – o fato previsto no inciso IV do *caput* deste artigo *não é punível quando for praticado como meio adequado para realizar um interesse público legítimo e relevante.*

Certo que a proposta em apreço, com as devidas adaptações técnicas, serve também para o Projeto de Lei nº 3.232, de 1992, aplicável o instituto da prossecução de interesses legítimos para os crimes de imprensa que se tipifiquem através da imputação de fatos desonrosos ou caracterizadores de devassa na nova lei em gestação.

Síntese conclusiva

As iluminações auferidas na primeira parte da investigação, embora parcas, indicam que as realidades postas já foram problematizadas (também com alguma prudência) pelos espíritos do passado. A visão histórico-epistemológica legitima, até por contraste, soluções preconizadas pelo instituto que galvanizou a atenção. A prossecução de interesses legítimos parece fenômeno jurídico inerente às sociedades atuais, dinâmicas, plurais e complexas, nas quais não se prescinde do papel criativo e configurador dos juízes, balizados por tópicos consensuais que à doutrina cabe densificar e limitados, nos extremos, por lindes legais. O percurso histórico demonstrou que, no sentido oposto, quando se pretendia impor uma mundivisão específica e valores monolíticos, a postura do poder assumia-se essencialmente antijurisprudencial. Bastam, como exemplo, dois tópicos.

O passeio pelo direito romano, por primeiro, mostrou que a *honra* evoluiu e se destacou de uma intuição antes indiferenciada da pessoa humana: a injúria, genericamente o contrário ao direito, abarcava, de início, as violências físicas mais escancaradas, ampliando-se (na visão prudente do pretor) para fatos injuriosos mais sutis como o ultraje, as vociferações, a difusão de maledicências. No movimento de expansão, a jurisprudência incluiu na *injuria* toda ofensa ao direito de personalidade. Tendência inversa, de contração, ocorreu no dealbar do século XX, quando se depurou o bem jurídico honra, destacando-se-lhe a *privacidade*, a imagem, a palavra, a propriedade intelectual. No caminho, ficaram alguns crimes que já não se coadunam com os ventos axiológicos que hoje sopram e balançam a árvore do direito penal (Merkel).[1]

---

[1] Assim, não subsistem os crimes de fundo religioso, como a heresia e a blasfêmia (numa sociedade laica); ou os delitos de lesa-majestade (numa política que aprendeu a aceitar a oposição, embora permaneçam traços, necessários, nos delitos contra a ordem democrática). A injúria, de raiz larga, agasalhava delitos potencialmente dirigidos à privacidade (os mexeriqueiros que maliciosamente comunicavam ditos ou feitos ocultos duma pessoa eram considerados injuriantes) e à propriedade intelectual (quem cometia plágio literário era punido como autor de libelo famoso). Vejam-se, de outra banda, guardadas as proporções, algumas cintilações que permanecem, certo que muitas vezes agregadas a outros complexos lógico-valorativos. O escrito difamatório seria punido, mesmo que verdadeiro, no *Codex Thedosianus* (hoje, imputação de fato

Por segundo, regimes liberticidas não podem conviver com críticas ou oposição. Foi eloqüente a linha de atuação pombalina, que estreitou o garrote estatal na persecução de tais delitos, a alcançar mesmo as informações particulares. Parece sintomático que Pombal tenha buscado uma magistratura independente da Igreja (que ainda sombreava o poder temporal), mas submissa ao (seu) poder político, o que logrou por dupla via: as leis régias interpretativas e a uniformização jurisprudencial dos Assentos na Casa de Suplicação – o dirigismo estatal, que tinha pressa em impor transformações socioeconômicas, não podia suportar o casuísmo jurisprudencial então dominante.[2] Todavia, já que o silenciamento completo sempre foi impossível, havia vozes que, autorizadas, dissentiam. Melo Freire desfigurava o delito de injúria para aqueles que, em razão de seu ofício, e com vistas de emenda e correção, faziam alguma coisa que seria injúria, se cometida por outros (os jornalistas no escopo de formação da opinião pública?), haja vista os oradores sacros que censuravam os costumes do século, contanto que poupassem as pessoas (agentes de comunicação social da época, sujeitos ao limite da *Schmähkritik*?).

Assim, a prossecução de interesses legítimos não desceu da lua. Antes, lançou base em diversas reflexões e práticas correntes ao longo da história. Tal constatação não embota as inegáveis autonomia e plasticidade coevas do instituto, transpassado por aquisições sistemáticas, jurídico-constitucionais e dogmático-penais recentes. Só pode germinar, contudo, em solo que valoriza a liberdade e a pluralidade, simbolizado, talvez, pela imagem de juristas jardineiros, a regarem tolerância.

Dentre os novos ventos dogmáticos, há que se destacar o furacão constitucional, que areja o quadro da ordem jurídica tradicional, especialmente ao dotar de eficácia os direitos fundamentais, que

---

relativo à intimidade da vida privada e familiar, mesmo que cristalina verdade, também será, via de regra, punida). Segundo o Digesto, no que tange ao *crimen majestatis*, não se deveria punir facilmente a incontinência da língua (hoje, confere-se ao exercício da liberdade de expressão o condão de justificar atentados à honra perpetrados por meio de opinião, juízos valorativos). No século XIV, D. Afonso IV procurava, através de lei, diminuir o volume das ações por injúrias leves, nomeadamente verbais (hoje, como dantes, denuncia-se o exagero da "indústria" forense de indenizações por dano moral). Quebrar, com intenção de desprezo, a imagem do rei, configurava crime de lesa-majestade (o queimar de bandeiras nacionais, hoje, permance polêmico). Num possível afloramento da prossecução de interesses legítimos, se o ofensor, em juízo perfeito, queixava-se de "grão torto, por míngua de justiça", poderia ser perdoado pelo rei (quiçá, o monarca faria "direito do torto").

[2] Alvará de 1753 determinava *devassa* nos casos de "libelos famosos", assim como lei de 1756 atingia os "bárbaros" que falassem dos ministros que despachavam com sua majestade. A privacidade era incompatível com a vigilância instrumentalizada pela criação da Intendência Geral de Polícia em 1760. Hoje, não parece mera coincidência a tentativa de governos periféricos, às voltas com ajustes macroeconômicos neoliberais, com privatizações e flexibilizações constitucionais, de impor súmulas vinculantes, ditadas por tribunais superiores de sua livre nomeação, tendentes a sufocar um certo ativismo judicial de primeiro grau.

traduzem juridicamente os valores conquistados no embate político. Foram focadas na investigação a *honra* e a *privacidade*, emanações da dignidade da pessoa humana, e a *liberdade de imprensa*, componente fundamental do regime democrático. Comunga-se do consenso acerca da equivalência dos princípios constitucionais em jogo, cabendo ao intérprete operar a concordância prática, num sistema de concessões mútuas que abomina o desaparecimento de qualquer um dos valores em consideração. Parece salutar, em viés metodológico e como ponto de partida, aceitar a posição preferencial da liberdade de imprensa. O privilégio inicial, contudo, não determina o resultado, pois os interesses atritam-se e se reconformam de modo proporcional (não se aniquilam no conflito). A delimitação dos direitos fundamentais referidos, nomeadamente levada a cabo pelo sistema sancionatório penal, encontra limite no próprio risco de sacrifício desmesurado das liberdades em causa. A prossecução de interesses legítimos é uma das vias privilegiadas a matizar o sistema restritivo criminal, aberta à criação de novos valores, que surgem do entrechoque social.

É certo que a dimensão constitucional da comunicação também influencia o juízo de tipicidade atinente à honra, que sequer se aperfeiçoa em face da crítica objetiva, além de ser bastante rarefeito nas manifestações artísticas. É notável, ainda, o recuo típico da privacidade, cuja esfera é inversamente proporcional ao estatuto comunitário do sujeito envolvido. A situação é similar no que tange ao exercício do direito fundamental de expressão, que justifica as opiniões externadas, mesmo desairosas, ressalvado o limite da crítica caluniosa, que bitola inclusive o campo político, no qual a tolerância é particularmente alargada.

Feitas tais distinções, é possível ingressar no cerne da prossecução de interesses legítimos, positivada no sistema português como causa especial de exclusão da ilicitude. Essa tomada de posição considera que a dirimente serve designadamente aos agentes de comunicação social (não necessariamente profissionais, suficiente que interlocutores comunitários), autorizando-os, quando exercem a liberdade de imprensa (substancialmente a liberdade de *informação*) e quando projetam sua atividade para a formação da opinião pública, de acordo com as *leges artis* e em boa-fé, a *imputarem fatos* que contendem com a honra e com a vida privada alheias (às vezes, em raras situações, dardejam a intimidade), desde que meio necessário para alcançarem legítimos interesses comunicacionais. O contrário paralisaria a comunicação social, silentes as vozes em face do risco de não se revelarem (ou provarem) verdadeiras as imputações desonrosas. A ausência de fluxo informacional prejudicaria o exercício democrático.

Nessa perspectiva, enquadra-se a prossecução de interesses legítimos na categoria dogmática das causas de exclusão da ilicitude e assenta no princípio do *risco permitido* integrado com a *ponderação de interesses*. O agente está autorizado a agir, embora vítima inocente ou terceiro ciente da real situação possam lançar mão do direito de necessidade e do aparato jurídico-civil, como noutras causas de justificação que se reportam a circunstâncias futuras e incertas. A rigor, apenas nos crimes contra a honra articula-se o *topos* do risco permitido, em função do qual cumpre ao agente o dever de informação prévia, aferível num quadro de boa-fé objetiva e de acordo com os parâmetros fornecidos pelas *leges artis*. Quando a justificação dirige-se ao crime de devassa, cinge-se ao princípio da ponderação de interesses, inaplicável, nesta hipótese, a lógica do *dever de informação*, que é entendido como pressuposto objetivo da prossecução de interesses legítimos. Erro sobre tal elemento configura erro de tipo permissivo excludente de dolo, nos moldes da teoria da culpa limitada.

Interesse público legítimo, no exercício dos "media", a acobertar típicos delitivos, cinge-se à função pública da imprensa – privilégio de licitude de que não goza a mídia sensacionalista ou escandalosa, ressalvadas possíveis interpenetrações. Torna-se incontornável impor esta cunha, cujo círculo hermenêutico aposta numa conveniente dicotomia. De um lado, estimula-se o jornalismo, o reporte de fatos, a investigação dos temas comunitários. De outro, observa-se com distanciamento crítico a contaminação narrativa perpetrada pela cultura do entretenimento, cujo paroxismo tende ao espetáculo. Entende-se aplicável a prossecução de interesses legítimos ao gênero crimes de devassa (amparada, aqui, só na ponderação de interesses, mas a conservar o caráter prospectivo que decorre do elemento dinâmico-evolutivo e que a distingue do direito de necessidade) e, embora a omissão da lei, também à espécie violação de segredo.

Por outro lado, basta, à configuração do tipo subjetivo, o mero dolo-de-justificação, sendo desnecessário recorrer-se a um especial fim de agir, à intenção de prosseguir interesses legítimos. Esse dolo percebe-se pelo conhecimento da situação de justificação (cuja prática engloba a vontade) e não é incompatível com outras motivações, como o lucro, ainda que apareçam insuladas.

Constata-se que a vereda portuguesa, ao positivar o instituto e comandá-lo apenas para a imputação de fatos, e assim reduzir em boa medida a complexidade e os desencontros da versão original germânica, confere aos intérpretes adequado instrumento dogmático para resolver os conflitos instaurados entre a honra, a privacidade e a liberdade de imprensa. Isso significa que o direito penal português assumiu o vetor dinâmico da prossecução de interesses legítimos com rigor e sofisticação dogmáticos, a redundar em soluções razoáveis e fundamentadas. Numa palavra, coerentes – valor de que carece o direito penal brasileiro, que poderia, na oportunidade em que o legislador discute e avalia a parte especial do respectivo sistema e nomeadamente a nova lei de imprensa, adotar o instituto.

A prossecução de interesses legítimos, ao concretizar, no plano da licitude penal, o assumir de riscos pela ordem jurídica, transpassado pela necessária ponderação de interesses (liberdade, expressão, informação, manifestação, arte, democracia, opinião pública, honra, privacidade, intimidade) torna-se portadora deste potencial criativo absolutamente necessário para que convivam e amadureçam, com a tolerância socialmente aceita e estimulada, as diferentes concepções dos homens em relação à vida, íntima e comunitária.

As derradeiras palavras ficam com Dante, ao dirigir-se ao trisavô Cacciaguida, já no Paraíso. O poeta expõe uma dúvida. Ele tomou conhecimento, no Inferno e no Purgatório, de coisas que, se as relatar, proporcionar-lhe-ão mais inimigos e, se as silenciar, perderá a fama que espera da posteridade. O ancestral, firme e decidido, responde-lhe que nada deve esconder...

Já comecei então como quem clama,
vacilando, conselho de pessoa
que tem visão, quem busca o bem, e ama:

"Percebo bem, pai meu, como aguilhoa
o tempo contra mim, para o golpe dar-me
que é mais grave para quem desacorçoa;

donde, de precaução convém que me arme,
que, perdendo o lugar que me é mais caro,
não vão, meus versos, dos outros privar-me.

No fundo do reino sem-fim amaro,
e pelo monte a cujo belo cume
celeste olhar o meu alçou, ignaro,

e depois para o Céu, de lume em lume;
muita coisa aprendi que, se ora a digo,
a muita gente causará azedume;

e, se do vero for tímido amigo,
temo perder o espaço duradouro
dos que este tempo chamarão antigo".

A luz, da qual sorria esse tesouro
que lá encontrei, brilhou como fulgura
raio de Sol sobre espelho de ouro;

e logo respondeu: "Consciência impura,
seja da própria ou de alheia vergonha,
certo achará a tua palavra dura;

mas, que a qualquer falsidade se oponha
a tua disposição faz manifesta;
e deixa cada qual coçar sua ronha.

Que, se a tua voz se afigurar molesta
à prima prova, vital nutrimento
poderá fornecer quando digesta.

Esse teu grito será como o vento
que aos sumos cimos alça os lanhos seus,
que à tua honra traz bom argumento.

Por isso te é mostrado nestes Céus,
como no Monte e na vala sofrida,
só os que a fama elevara aos olhos teus;

que de ouvinte a razão sempre trepida,
nem sela fé em modelo procedente
de raiz duvidosa e escondida,

nem em prova qualquer não evidente".[3]

---

[3] DANTE, *Paraíso*, Canto XVII, 103 a 142.

Bibliografia

ALEXY, Robert. *Teoria de los derechos fundamentales*. Madrid: Centro de Estudos Constitucionales, 1997.

——. "Colisão de Direitos Fundamentais e Realização de Direitos Fundamentais no Estado de Direito Democrático" (trad. Luís A. Heck), *Revista da Faculdade de Direito da UFRGS*, Vol. 17, 1999.

ALVES, Rubem. *Livro sem fim*. São Paulo: Edições Loyola, 2002.

ANDRADE, José Carlos Vieira de. *et al.* "A problemática dos direitos das pessoas e a comunicação social na perspectiva jurídica", in *Os direitos da pessoa e a comunicação social* – Seminário, jan. 1995. Lisboa, Fundação Calouste Gulbenkian, 1996.

——. *Os direitos fundamentais na Constituição Portuguesa de 1976*. Coimbra: Coimbra Editora, 1998.

ANDRADE, Manuel da Costa. *Consentimento e Acordo em Direito Penal*. Coimbra: Coimbra Editora, 1991.

——. "A 'Dignidade Penal' e a 'Carência de Tutela Penal' como referências de uma doutrina teológico racional do Crime", *Revista Portuguesa de Ciência Criminal*, 1992, p. 173 e ss.

——. *Sobre as Proibições de Prova em Processo Penal*. Coimbra: Coimbra Editora, 1992.

——. "Sobre a Reforma do Código Penal Português. Dos Crimes Contra as Pessoas, em Geral, e das Gravações e Fotografias Ilícitas, em Particular", *Revista Portuguesa de Ciência Criminal*, Lisboa: Aequitas Editorial Notícias, ano 3, fasc. 24, (abril-dezembro) 1993, p. 427-97.

——. *Liberdade de imprensa e inviolabilidade pessoal: uma perspectiva criminal*. Coimbra: Coimbra Editora, 1996.

——. *Comentário conimbricense do Código Penal*. Parte Especial. Jorge de Figueiredo (dir.), Coimbra: Coimbra Editora, 1999, tomo I.

ARAÚJO, José Laércio. *Intimidade, Vida Privada e Direito Penal*. São Paulo: WVC Editora, 2000.

ARIÈS, Philipe. "Por uma História da Vida Privada", in *História da Vida Privada* - col. dirig. Por Philipe Ariès e George Duby, São Paulo: Companhia das Letras, 1991 – v. 3 (Philipe Ariès e Roger Chartier org. – trad. Hildegard Feist), 4ª reimp., 1994.

AUER, Andreas. *et al.* "O Princípio da Legalidade como Norma, como Ficção e como Ideologia", in *Justiça e Litigiosidade: História e Prospectiva*, Lisboa: Fundação Calouste Gulbenkian, 1993.

AZEVEDO, Plauto Faraco de. *Limites e Justificação do Poder do Estado*. Petrópolis: Vozes, 1979.

——. Aplicação do Direito e Contexto Social. 2.ed. São Paulo: Revista dos Tribunais, 1998.

——. *Método e Hermenêutica Material no Direito*. Porto Alegre: Livraria do Advogado, 1999.

AZEVEDO, Rodrigo Ghiringhelli. "Estado e Direito como Sistemas Autopoéticos - Uma abordagem da teoria de sistemas de Niklas Luhmann". Trabalho de conclusão da disciplina Teoria Sociológica Avançada, programa de Doutorado em Sociologia da Universidade Federal do Rio Grande do Sul, março de 2000, 28 p.

——. *Informalização da Justiça e controle social: estudo sociológico da implantação dos juizados especiais criminais em Porto Alegre*. São Paulo: IBCCRIM, 2000.

BACIGALUPO, Enrique. "Colisión de derechos fundamentales y justificación en el delito de injuria", *Revista Española de Derecho Constitucional*, nº 20, año 7 (mayo-agosto) 1987, p. 83-98.

——. *Delitos contra el honor*. Madrid: Dickinson, 2000.

BARBOSA, Marcelo Fortes. *Crimes contra a honra*. São Paulo: Malheiros, 1995.

BARBOSA, Rui. *A imprensa e o dever da verdade*. Rio de Janeiro: Simões Editor, 1957.

BARENDT, Eric. et al. *Libel and the Media. The chilling effect*. Oxford: Clarendon Press, 1997.

——. *Freedom of Speech*. Oxford: Oxford University Press, 1992.

——. *Media Law*. Aldershot: Dartmouth, 1993.

BAROJA, Júlio C. "Honra e Vergonha – Exame Histórico de Vários Conflitos", J.G. Peristiany (org.), in *Honra e Vergonha: Valores das Sociedades Mediterrânicas*, 2.ed., (trad. José Cutileiro), Lisboa, Fundação Calouste Gulbenkian, 1988.

BARRET-DUCROCQ, Françoise. "Conclusão". *A intolerância: Foro Internacional sobre a Intolerância*, Unesco, 27 de março de 1997, La Sorbonne, 28 de março de 1997 / Academia Universal das Culturas, Françoise Barret-Ducrocq (dir.), trad. Eloá Jacobina. – Rio de Janeiro, Bertrand Brasil, 2000.

BARRETO, Ireneu Cabral. *A Convenção Européia dos Direitos do Homem Anotada*. 2 ed. Coimbra: Coimbra Editora, 1999.

BATISTA GONZÁLEZ, María Paz. *Medios de Comunicación y Responsabilidad Penal*. Madrid: Editorial Dykinson, 1998.

BECCARIA, Cesare. *Dos delitos e das penas*. (trad. José de Faria Costa), Lisboa: Fundação Calouste Gulbenkian, 1998.

BECK, Ulrich. *Democracy without Enemies*. (trad. Mark Ritter), Cambridge (UK): Polity Press.

——. *O que é globalização? Equívocos do globalismo: respostas à globalização*. (trad. André Carone), São Paulo: Paz e Terra, 1999 .

BELEZA, Teresa Pizarro. "Como uma manta de Penélope': sentido e oportunidade da Revisão do Código Penal (1995)", *Revista do Ministerio Público. As reformas penais em Portugal e Espanha*, Cadernos, nº 7, Tavira, (dezembro)1995, p. 33-52.

BENDA, Ernst. et al. "Dignidad Humana y Derechos de la Personalidad", in *Manual de Derecho Constitucional*, Madrid: Marcial Pons, 1996, p. 120.

BERDUGO GOMES DE LA TORRE, Ignacio. "Revisión del contenido del bien jurídico honor", *Anuario de Derecho Penal y Ciencias Penales*. Madrid, Ministerio de Justicia y Consejo Superior de investigaciones Cientificas, serie 1, nº 3, tomo XXXVII, fasc. 2, mayo-agosto 1984, p. 305-19.

——. "La solucion del conflicto entre libertad de expresión y honor en el Derecho Penal Español", *Boletim da Faculdade de Direito da Universidade de Coimbra*, v. LXV, 1989, p. 263-75.

——. "Los limites entre la libertad de expresión y los derechos de personalidad", *Anuario de Derecho Penal y Ciencias Penales*. Tomo 44, fasc. 2, maio/agos. 1991, p. 339-61.

——. *Honor y Libertad de Expresión. Las causas de justificación en los delitos contra el honor*. Madrid: Tecnos, 1997.

BÉRENGER, Jean. et al. A Reforma Protestante, (trad. Álvaro Salema), in *História Geral da Europa II*, Lisboa: Publicações Europa-América, 1996.

BISOL, José Paulo. "Propaganda e Liberdade de Imprensa", *Anais do I Seminário Brasileiro de Direito Eleitoral*. Porto Alegre: Tribunal Regional Eleitoral do Rio Grande do Sul, 1990.

BITENCOURT, Cezar Roberto. *Erro de tipo e erro de proibição*. 2.ed., São Paulo: Saraiva, 2000.

——. MUÑOZ CONDE, Francisco. *Teoria Geral do delito*. São Paulo: Editora Saraiva, 2000.

——. *Manual de Direito Penal. Parte Especial*. v. 2. São Paulo: Editora Saraiva, 2000.

BLACKIE, John W. G. "Tort Law and a Civil Code for Europe – A United Kingdom Perspective", *Colóquio Internacional Um Código Civil Para a Europa*, organizado pela Faculdade de Direito da Universidade de Coimbra, ao abrigo do Programa Grotius, (junho) 2000, 12 p.

BLÁZQUEZ, Niceto. *Ética e Meios de Comunicação*. (trad. Rodrigo Contrera), São Paulo: Globo, 1999.

BORGES, Jorge Luís. *Obras Completas: 1975-1988*, Lisboa: Editorial Teorema, 1999, v. IV.

——. *Obras Completas:*, Rio de Janeiro: Globo, 1999, vol. I.

BUCCI, Eugênio. *Sobre Ética e Imprensa*. São Paulo: Companhia das Letras, 2000.

BULFINCH, Thomas. *O livro de ouro da mitologia (a idade das fábulas): histórias de deuses e heróis*. 11.ed. (trad. David Jardim Júnior do original *The Age of Fable*), Rio de Janeiro: Ediouro, 2000.

CAETANO, Marcello. *História do Direito Português. V. 1, Fontes – Direito Público (1140-1495)*. Lisboa; São Paulo: Editorial Verbo, 1981.

CALVINO, Italo. *Seis propostas para o próximo milênio (lições americanas)*. (trad. José C. Barreiros), 3.ed. Lisboa: Teorema, 1998.

——. *As cidade Invisíveis*.(trad. José C. Barreiros), 3.ed. Lisboa: Teorema, 1999.

CANOTILHO, José Joaquim Gomes. "Teoria da Legislação Geral e Teoria da Legislação Penal. Contributo para uma teoria da legislação", *Boletim da Faculdade de Direito, número especial Estudos em Homenagem a Eduardo Correia*, vol. I, 1984. p. 827 e ss.

——. MOREIRA, Vital. *Constituição Portuguesa Anotada*. 3.ed. rev. Coimbra: Coimbra Editora, 1993.

——. "Jurisdição constitucional e intranqüilidade discursiva". in *Perspectivas Constitucionais – Nos 20 anos da Constituição de 1976*. v.1, Jorge Miranda org., Coimbra: Coimbra Editora, 1996.

——. *Direito Constitucional*. 6.ed. Coimbra: Livraria Almedina, 1996.

——. *Direito Constitucional e Teoria da Constituição*. 3.ed. Coimbra: Livraria Almedina, 1999.

——. *Para uma crítica da opinião pública: a propósito das agressões ideológicas dos mass media reacionários*. Separata Universidade de Coimbra, s.d., s.l.

CARDENAL MURILLO, Alfonso; GONZALEZ DE MURILLO, José Luis Serrano. *Protección Penal del Honor*. Madrid: Editorial Civitas, 1993.

CARVALHO, Luis Gustavo Grandinetti Castanho de. *Direito de informação e liberdade de expressão*. Rio de Janeiro: Renovar, 1999.

CASTIÑEIRA I PALOU, Maria Teresa. *Prevenir y Castigar – libertad de información y expresión, tutela del honor y funciones del derecho de danos*. Pablo Salvador Coderch co-autor, Madrid: Marcial Pons, 1997.

——. *El Mercado de las Ideas*. Pablo Salvador Coderch (dir.), Madrid: Centro de Estudos Constitucionales, 1990.

Código de Processo Penal Português (coordenadora: Maria João Antunes), 4.ed., Coimbra: Coimbra Editora, 1998.

Código Penal Brasileiro. 40.ed. São Paulo: Saraiva, 2002.

Código Penal Português. (coordenadora: Maria João Antunes) 7.ed. Coimbra: Coimbra Editora, 1999.

Constituição da República Federativa do Brasil. 29.ed. São Paulo, Saraiva, 2002.

Constituição da República Portuguesa. (organizadores: J. J. Gomes Canotilho e Vital Moreira), 5ª ed. Coimbra: Coimbra Editora, 1998.

Constituição dos Estados Unidos da América. Rio de Janeiro: Edições Trabalhistas, 1986.

CONTI, Mario Sergio. *Notícias do Planalto: a imprensa e Fernando Collor*. São Paulo: Companhia das Letras, 1999 (citado: Notícias do Planalto*)*.

CORREIA, Antônio Ferrer (org.). *Seminário Os direitos da pessoa e a comunicação social*. Lisboa: Fundação Calouste Gulbenkian, janeiro de 1996.

CORREIA, Eduardo. *Direito Criminal*. v.1. Coimbra: Almedina, 1999.

COSTA, José Francisco de Faria. *A caução de bem viver. Um subsídio para o estudo da evolução da prevenção criminal*. Coimbra, 1980, separata do vol. 21 do Supl. do Boletim da Faculdade de Direito.

——. *Diversão (desjudiciarização) e mediação: que rumos?* Coimbra, 1986 - separata do v. LXI (1985) do Boletim da Faculdade de Direito da Universidade de Coimbra.

——. *Les problèmes juridiques et pratiques posés par la différence entre le droit criminel et le droit administratif-pénal*. Coimbra, 1988 - separata do v. LXII (1986) do Boletim da Faculdade de Direito da Universidade de Coimbra, 45 p.

——. *O Perigo em Direito Penal*. Coimbra: Coimbra Editora, 1992.

——. *Direito Penal da Comunicação: alguns escritos*. Coimbra: Coimbra Editora, 1998.

——. *Comentário conimbricense do Código Penal. Parte Especial*. Jorge de Figueiredo Dias (dir.), Coimbra: Coimbra Editora, 1999, tomo I.

——. *Código Penal*. Coimbra: Quarteto Editora, 2000.

COSTA, Mário Júlio de Almeida. *História do Direito Português*. 3.ed. Coimbra: Almedina, 2000.

COSTA JUNIOR, Paulo José da. *O direito de estar só: tutela penal da intimidade.* 2.ed. rev. e atual. São Paulo: Revista dos Tribunais, 1995.

COTS I CASTAÑÉ, Albert. "Da 'Iustitia' à 'Disciplina': textos, poder e política penal no Antigo Regime", in *Justiça e Litigiosidade: História e Prospectiva.* Lisboa: Fundação Calouste Gulbenkian, 1993.

COUSIN, Bertrand; DELCROS, Bertrand. *Le Droit de la Communication. Presse Écrite et Audiovisuel.* Paris: Editions du Moniteur, 1993. Tomo 1.

CRUZ, Guilherme Braga da. *O direito subsidiário na história do direito português.* Separata da Revista Portuguesa de História, Tomo XIV, "Homenagem ao Prof. Paulo Merêa", Coimbra, 1975.

CUNHA, Paulo Ferreira da. *A constituição do crime: a substancial constitucionalidade do direito penal.* Coimbra: Coimbra Editora, 1998.

D'URSO, Luiz Flávio Borges. *Anteprojeto da Parte Especial do Código Penal.* São Paulo: Juarez de Oliveira, 1999.

DANTE ALIGHIERI. *A Divina Comédia: Inferno, Purgatório e Paraíso.* (trad. Italo Eugenio Mauro), São Paulo: editora 34, 1998.

DAVID, René. *O Direito Inglês.* (trad. Eduardo Brandão da 5ª ed. francesa – 1987, "Le Droit Anglais"), São Paulo: Martins Fontes, 1997.

DERIEUX, Emmanuel. « Justice Pénale et Droit des Médias » *Justice. Revue Générale de Droit Processuel – la justice penal.* Nº 10, avr.-juin. 1998. Paris, Dalloz. p. 133-49.

DIAS, Jorge de Figueiredo. "Direito Penal e Estado de Direito Material. Sobre o método...", *Revista de Direito Penal*, Forense, 1982.

———. "Direito da Informação e Tutela da Honra no Direito Penal da Imprensa Português", *Revista de Legislação e Jurisprudência*, ano 115º (1982-1983), p. 100-73.

———. "Os novos rumos da política criminal e o direito penal português do futuro", *Revista Ordem dos Advogados*, Ano 43, Lisboa, 1983.

———. *O problema da consciência da ilicitude em Direito Penal.* 4ª ed. Coimbra: Coimbra Editora, 1985 (citado: *Problema*).

———. "Sobre o estado Actual da doutrina do Crime", *Revista Portuguesa de Ciência Criminal*, Fasc. I, janeiro – março, 1991.

———. ANDRADE, Manuel da Costa, *Criminologia. O Homem Delinquente e a Sociedade. Criminógena.* Coimbra:Coimbra Editora, 1992.

———. *Direito Penal Português. As consequências jurídicas do crime.* Lisboa: Aequitas/Editorial Notícias, 1993.

———. *Questões Fundamentais de Direito Penal Revisitadas.* São Paulo: Revista dos Tribunais, 1999.

———. *Algumas reflexões sobre o Direito Penal e a Sociedade de Risco*, Lisboa: Universidade Lusíada, 2000.

DÍEZ RIPOLLÉS, José Luis. "La categoria de antijuridicidad en derecho penal", *Anuario de Derecho Penal y Ciencias Penales.* Tomo 44, fasc. 3, sep./dic. 1991, p. 715-90.

DOTTI, René Ariel. *Proteção da vida privada e liberdade de informação.* São Paulo, Editora Revista dos Tribunais, 1980.

DUARTE, Luiz Carlos Rodrigues. "Crimes contra a honra e descriminalização", *Seminário Reforma do Código Penal – de 22 de maio a 09 de junho de 1998.* Porto Alegre: Comissão de Constituição e Justiça da Assembléia Legislativa do Estado do Rio Grande do Sul, 1999.

DUBY, Georges. "Poder Privado, Poder Público", in *História da Vida Privada* - col. dirig. Por Philipe Ariès e George Duby, São Paulo: Companhia das Letras, 1990 – v. 2 (Georges Duby org. – trad. Maria Lucia Machado), 6ª reimp., 1994, p. 22-3.

DWORKIN, Ronald. *Uma questão de princípio.* São Paulo: Martins Fontes, 2000.

ECO, Umberto. *A ilha do dia antes.* Lisboa: Difel, 1995.

———. *Cinco escritos morais.* 2.ed. Rio de Janeiro: Record, 1998.

———. *Entre a mentira e a ironia.* (trad. José Colaço Barreiros), Lisboa: Difel, 2000.

ERBEN, Walter. *Miró.* (ilustrado, trad. José Vieira de Lima), Köln: Taschen, 1997.

ESER, Albin; BURKHARDT, Björn, *Derecho Penal. Cuestiones fundamentales de la teoría del delito sobre la base de casos de sentencias.* (trad. Silvina Bacigalupo e Manuel Cancio Meliá – tit. Orig. Strafrecht I – Schwerpunkt Allgemeine Verbrechenselement, 1992), Madrid: Editorial Colex, 1995.

ESTEVES, João Pissarra. *A Ética da Comunicação e os 'Media' Modernos. Legitimidade e poder nas sociedade complexas*. Lisboa: Fundação Calouste Gulbenkian, 1998.

FARGE, Arlette. "Famílias. A Honra e o Sigilo", in *História da Vida Privada* – col. dirig. Por Philipe Ariès e George Duby, São Paulo: Companhia das Letras, 1991 – v. 3 (Michelle Perrot org. – trad. Denise Bottmann e Bernardo Joffily), 4ª reimp., 1994, p. 581.

FARIAS, Edilsom Pereira de. *Colisão de Direitos. A Honra, a Intimidade, a Vida Privada e a Imagem 'versus' a Liberdade de Expressão e Informação*. Porto Alegre: Fabris, 1996.

FAVOREU, Louis. "La constitucionalizacion del derecho penal y del procedimiento penal. Hácia un derecho constitucional penal", *Revista Chilena de Derecho*, Pontificia Universidad Catolica de Chile, vol. 26, nº 2, (abril–junho) 1999.

FELDMANN, David. *Civil Liberties and Human Rights in England and Waless*. Oxford: Oxford University Press, 1993.

FERNÁNDEZ-ARMESTO, Felipe. *Verdade*. (trad. Beatriz Vieira - *Truth: a History*, 1997), Rio de Janeiro: Record, 2000.

FERRAJOLI, Luigi. *Derecho y razón: teoria del garantismo penal*. 2.ed. (trad. Perfecto Ibáñez et al.), Madrid: Editorial Trotta, 1997.

——. *Derechos y garantías. La ley del más débil*. (trad. Perfecto Andrés Ibáñez e Andrea Grepi), Madrid: Editorial Trotta, 1999.

FERREIRA, Aurélio Buarque de Holanda. *Novo Aurélio Século XXI: o dicionário da língua portuguesa*. 3.ed. totalmente revista e ampliada. Rio de Janeiro: Nova Fronteira, 1999.

FRAGOSO, Heleno. *Lições de Direito Penal – a nova parte geral*. 8.ed. Rio Janeiro: Forense, 1985.

FREDERICO DA PRÚSSIA, *O Anti-Maquiavel*. 2.ed. (trad. Carlos E. Soveral), Lisboa: Guimarães Editores, 2000.

FREIRE, José Pascoal de Melo. "Instituições de Direito Criminal Português". *Boletim do Ministério da Justiça*, nº 155, abril de 1966.

FREITAS, Décio. "Desmoralização", *Zero Hora*, edição de 7 de janeiro de 2001, p. 21.

FREITAS, Juarez. *A Interpretação Sistemática do Direito*. São Paulo: Malheiros, 1998.

GARCÍA DE ENTERRÍA, Eduardo; RAMON FERNÁNDEZ, Tomas. *Curso de Derecho Administrativo*. 7.ed. Madrid: Editorial Civitas, 1996.

——. *Democracia, jueces y control de la Administración*. 4.ed. Madrid: Editorial Civitas, 1998.

GARCÍA HERRERA, Miguel Angel. "Estado democrático y libertad de expresión" (I), *Revista de la Facultad de Derecho de la Universidad Complutense*. Madrid: Universidad Complutense, Facultad de Derecho, nueva época, invierno 1982. p. 141-74.

——. "Estado democrático y libertad de expresión" (II), *Revista de la Facultad de Derecho de la Universidad Complutense*. Madrid, Universidad Complutense, Facultad de Derecho, nueva época, primavera 1982. p. 147-201.

GASPARI, Elio. "A catástrofe do jornalismo sem repórteres", *Zero Hora*, 18/10/2000, p. 15.

——. "Habemus Porsche", *Zero Hora*, 24/01/2001, p. 18.

GATES, Bill. *Revista Expresso*, nº 1420, 15 janeiro 2000, p. 54.

GIANETTI, Eduardo. *Vícios Privados, Benefícios Públicos?*. 5ª reimpressão, São Paulo: Companhia das Letras, 1999.

GIORDANI, Mário Curtis. *Direito Penal Romano*. Rio de Janeiro: Forense, 1982.

GOMBRICH, Ernst H. *A História da Arte*. 16ª ed. rev. e aum. (trad. Álvaro Cabral), Rio de Janeiro: LTC, 1999.

GOMES, Luiz Flávio. *Erro de tipo e erro de proibição*. São Paulo: Revista dos Tribunais, 1992.

GONÇALVES, Maia M. *Código Penal Anotado*. 13.ed. Coimbra: Livraria Álmedina, 1999 (citado: *Código Penal*).

GREGÓRIO DE MATOS, *Poemas Escolhidos*, 7.ed. São Paulo: Cultrix, 1999.

GUEDES, Francisco Corrêa. *Economia e Complexidade*. Coimbra: Almedina, 1999.

GUERRA FILHO, Willis Santiago. "Notas em torno ao Princípio da Proporcionalidade", in *Perspectivas Constitucionais – Nos 20 anos da Constituição de 1976*. v.1, Jorge Miranda (org.), Coimbra: Coimbra Editora, 1996.

GÜNTHER, Hans-Ludwig. "La clasificación de las causas de justificación en Derecho penal", (trad. Diego-Manuel Luzón Peña) in *Causas de Justificación y de Atipicidad en Derecho Penal*, Luzón Peña e Mir Puig (coord.). Pamplona: Aranzadi Editorial, 1995, p. 45-66 (citado: *Clasificación*).

HASSEMER, Winfried; MUÑOZ CONDE, Francisco, *Introdución a la criminologia y al derecho penal*. Valencia: Tirant lo Blanch, 1989.

——. *Três Temas de Direito Penal*. (trad. Carlos E. Vasconcelos), Porto Alegre: AMP/Escola Superior do Ministério Público, 1993 – 1º tema, "História das Idéias Penais na Alemanha do pósguerra".

——. *Justificación material y justificación procedimental en el derecho penal*. Co-autora E. Larrauri, Madrid: Editorial Tecnos: 1997.

——. *Crítica al derecho penal de hoy*. (trad. Patricia S. Ziffer), Bogotá: Universidad Externado de Colombia, 1998.

HESPANHA, Antonio. "Para uma teoria da história institucional do Antigo Regime", in *Poder e Instituições na Europa do Antigo Regime*. Lisboa: Fundação Calouste Gulbenbian, 1984.

——. "Da 'Iustitia' à 'Disciplina': textos, poder e política penal no Antigo Regime", in *Justiça e Litigiosidade: História e Prospectiva*. Lisboa: Fundação Calouste Gulbenkian, 1993.

HESSE, Konrad. *Elementos de Direito Constitucional da República Federal da Alemanha*. (trad. Luís A. Heck da 20.ed. alemã) Porto Alegre: Fabris, 1998.

HIRSCH, Hans Joachim, *La Posición de la justificación y de la exculpación en la teoria del delito desde la perspectiva alema*. (trad. Manuel C. Meliá), Bogotá: Universidad Externado de Colombia, 1996.

HISTÓRIA EM REVISTA 1400-1500, Time-Life Books, Rio de Janeiro: Abril Livros, 1991.

HOBSBAWM, Eric. *Pessoas Extraordinárias – Resistência, Rebelião e Jazz*. (trad. Irene Hirsch e Lólio Lourenço de Oliveira), São Paulo: Paz e Terra, 1998.

HOFFMANN-RIEM, Wolfgang. et al. "Libertad de Comunicación y de Medios", in *Manual de Derecho Constitucional*, Madrid: Marcial Pons, 1996.

HOLANDA, Sérgio Buarque de. *Raízes do Brasil*. 26.ed. São Paulo: Companhia das Letras, 1999.

HOMERO. Ilíada de, (trad. Haroldo de Campos). Vol. 1. São Paulo: Editora Mandarim, 2001.

HUNGRIA, Nelson; FRAGOSO, Heleno Cláudio. *Comentários ao Código Penal, volume VI, arts. 137 ao 154*. 5.ed. Rio de Janeiro: Forense, 1980.

IRUZUBIETA, Carlos Vazquez. *Nuevo Codigo Penal Comentado*. Madrid: Editoriales de Derecho Reunidas, 1997.

JAEN VALLEJO, Manuel. *Libertad de Expresión y Delitos contra el honor*. Madrid: Editorial Colex, 1992.

——. *La justicia penal en la jurisprudencia constitucional de 1999*. Madrid: Dykinson, 2000.

JAKOBS, Günther. *Strafrecht – Allgemeiner Teil*, 2ª Auflage. Berlin/New York: Walter de Gruyter, 1993.

—— *¿Ciencia del Derecho: técnica o humanística?* (trad. Manuel Cancio Meliá) Cuadernos de Conferencias y articulos nº 14, Bogotá: Universidad Externado de Colombia, 1996 (citado: *Ciencia*).

JESCHECK, Hans-Heinrich. *Tratado de Derecho Penal*. *Parte general*. 4.ed. cor. e ampl. (trad. José Luis Manzanares Samaniego), Granada: Editorial Comares, 1993.

KLOEPFER, Michael. "Freedom within the press" and "Tendency Protection"under Art. 10 of the European Convention on Human Rights. Berlin: Duncker und Humblot, 1997.

KRIELE, Martin. *Introducción a la Teoría del Estado. Fundamentos históricos da la legitimidad del Estado Constitucional Democrático*. (trad. Eugenio Bulygin), Buenos Aires: Ediciones Depalma, 1980.

LARENZ, Karl. *Metodologia da Ciência do Direito*. 3.ed. (trad. José Lamego), Lisboa: Fundação Calouste Gulbenkian, 1997.

LARRAURI, Elena. "Función unitaria y función teleológica de la antijuridicidad". *Anuario de Derecho Penal y Ciencias Penales*. Madrid: Centro de Publicaciones, tomo XLVIII, fasc. 03, septiembre-diciembre 1995, p. 865-86.

——. *Justificación material y justificación procedimental en el derecho penal*. Co-autor W. Hassemer, Madrid: Editorial Tecnos, 1997.

Lei Fundamental para a República Federal da Alemanha (trad. publicada pelo Departamento da Imprensa e Informação do Governo da República Federal da Alemanha) Germany, 1972.

LOPES, Mauricio Antonio Ribeiro. *Princípios Políticos do Direito Penal*. 2.ed. São Paulo: Revista dos Tribunais, 1999.

———. *Teoria Constitucional do Direito Penal*. São Paulo: Editora Revista dos Tribunais, 2000.

LOVELAND, Ian. *Political Libels: a comparative Study*. Oxford: Portland Oregon, 2000.

LUCIE-SMITH, Edward. *Ars Erotica*. (trad. Jorge Baptista.), Lisboa: Livros e Livros, 1997.

LUHMANN, Niklas. *Poder*. (trad. Martine C. R. Martins do original "Macht", 1975). Brasília: Editora Universidade de Brasília, 1985.

LUISI, Luiz. *O tipo penal, a teoria finalista e a nova legislação penal*. Porto Alegre: Fabris, 1987.

———. *Os princípios constitucionais penais*. Porto Alegre: Fabris, 1991.

LUSTOSA, Isabel. *Insultos Impressos: a guerra dos jornalistas na Independência (1821-1823)*. São Paulo: Companhia das Letras, 2000.

LUZÓN PEÑA, Diego-Manuel; MIR PUIG, Santiago (coord.) *Causas de Justificación y de Atipicidad en Derecho Penal*. Pamplona: Editorial Aranzadi, 1995.

MACHADO, Jónatas. *Freedom of Speech and Mass Media Regulation*. Universidade de Coimbra: sumário.

MACIÁ GÓMEZ, Ramón. *El delito de injuria*. Barcelona: Cedecs Editorial, 1997.

MANGUEL, Alberto. *No bosque do espelho: ensaios sobre as palavras e o mundo*. São Paulo: Companhia das Letras, 2000.

MANZANARES SAMANIEGO, José Luis. et al. "La prensunción de inocencia, el honor del penado", in *Derecho Penal para profesionales de la información*. Madrid: Eurolex Editorial, 1995.

MARAVALL, José Antonio. *La cultura del Barroco. Análises de una estructura histórica*. 6ª Ed. Barcelona: Editorial Ariel, 1996.

MARCOS, Rui Manoel de Figueiredo. *A Legislação Pombalina. Alguns aspectos fundamentais*. Coimbra: Coimbra Editora, 1990.

MARMOR, Andrei (ed). *Direito e Interpretação: ensaios de filosofia do direito*. (trad. Luís C. Borges de "Law and Interpretation", publicada em 1995 pela Oxford University Press), São Paulo: Martins Fontes, 2000.

MARX, Karl. *A liberdade de imprensa*. (trad. Cláudia Schilling e José Fonseca). Porto Alegre: L&PM, 2000.

MASSIN, Jean. *História da Música Ocidental*. Rio de Janeiro: Nova Fronteira, 1997.

MELO NETO, João Cabral de. O Cão sem Plumas, IV (Discurso do Capibaribe), in *Serial e antes*, Rio de Janeiro: Nova Fronteira, 1997.

———. "Joan Miró", in *Prosa*. Rio de Janeiro: Nova Fronteira, 1998.

MENDES, António Jorge Fernandes de Oliveira. *O direito à honra e sua tutela penal*. Coimbra: Almedina, 1996.

MENDES, Gilmar Ferreira. et al. "Os direitos individuais e suas limitações: breves reflexões", in *Hermenêutica Constitucional e Direitos Fundamentais*. Brasília: Brasília Jurídica, 2000.

MESQUITA, Mário. "A problemática dos direitos da pessoa na perspectiva das estratégias e da retórica da Comunicação Social", *Seminário Os direitos da pessoa e a comunicação social*. Lisboa: Fundação Calouste Gulbenkian, janeiro de 1996.

MILTON, John. *Areopagítica – Discurso pela Liberdade de Imprensa ao Parlamento da Inglaterra*. (Trad. Raul de Sá Barbosa) Rio de Janeiro: Topbooks, 1999.

MIR PUIG, Santiago. *El Derecho penal en el Estado social y democrático de derecho*. Barcelona: Ariel, 1994.

MIRANDA, Darcy Arruda. *Comentários à Lei de Imprensa*. 3.ed. rev. e atual. São Paulo: Editora Revista dos Tribunais, 1995.

MORAL GARCIA, Antonio del. et al. *Derecho Penal para professionales de la información*. Madrid: Eurolex Editorial, 1995.

MOREIRA, Vital. *O direito de resposta na comunicação social*. Coimbra: Coimbra Editora, 1994.

MUÑOZ CONDE, Francisco. "Principios inspiradores del nuevo Código Penal español", *Revista do Ministerio Público. As reformas penais em Portugal e Espanha*. Cadernos, nº 7, (dezembro) 1995, p. 9-31.

MUÑOZ LORENTE, José. *Libertad de información y derecho al honor en el CP de 1995*. Valencia: Tirant lo blanch, 1999.

NEDER, Gizlene. *Iluminismo Jurídico-Penal Luso-Brasileiro: obediência e submissão*. Rio de Janeiro: Freitas Bastos, 2000.

NERET, Gilles; MUTHESIUS, Angelika. *Arte Erótica*. (trad. Paula Simões), Colônia/Lisboa: Taschen, 1994.

NIETZSCHE, Friedrich W. *Além do bem e do mal – Prelúdio de uma filosofia do futuro*. São Paulo: WVC, 2001.

Odisséia de Homero (trad. Carlos Alberto Nunes). Rio de Janeiro: Ediouro, 2001.

PALAZZO, Francesco. *Valores Constitucionais e Direito Penal*. (trad. Gérson Pereira dos Santos), Porto Alegre: Fabris, 1989.

———. "Direito Penal e Constituição na Experiência Italiana", *Revista Portuguesa de Ciência Criminal*, Coimbra, ano 9, fasc. 1º, janeiro-março 1999.

PANTALEÓN-PRIETO, Fernando. "La Constitucion, el honor y unos abrigos", *Revista Juridica La Ley*, 1996.

———. "La constitucion, el honor y el espectro de la censura previa", *Revista Juridica La Ley*, (maio) 1996.

PASQUALINI, Alexandre. "O Público e o Privado", in "*O Direito Público em tempos de crise: estudos em homenagem a Ruy Ruben Ruschel*", Ingo Wolfgang Sarlet (org.), Porto Alegre: Livraria do Advogado, 1999.

PERRON, Walter. "Princípios estructurales de la justificación en derechos español y alemán", in *Causas de Justificación y de Atipicidad en Derecho Penal*. Editorial Aranzadi, 1995.

PERROT, Michelle. "Introdução", in *História da Vida Privada* - col. dirig. Por Philipe Ariès e George Duby, São Paulo: Companhia das Letras, 1991 – v. 4, 5ª reimp., 1995.

PESSOA, Fernando. *Mensagem*. São Paulo: Companhia das Letras, 2001.

PINTO, Frederico de Lacerda da Costa. "Justificação, não punibilidade e dispensa de pena na revisão do Código Penal", in *Jornadas sobre a revisão do Código Penal*, Maria F. Palma e Teresa P. Beleza (organizadoras), Lisboa: Associação Académica da Faculdade de Direito de Lisboa, 1998, p. 53-85.

PINTO, Paulo Mota. *O direito à reserva sobre a intimidade da vida privada*. Separata do Boletim da Faculdade de Direito da Universidade de Coimbra, v. LXIX, 1993.

PITT-RIVERS, Julian. "Honra e Posição Social", in *Honra e Vergonha: Valores das Sociedades Mediterrânicas*, 2.ed., (trad. José Cutileiro), J.G. Peristiany (org.), Lisboa, Fundação Calouste Gulbenkian, 1988.

PROST, Antoine. "Fronteiras e espaços do privado", in *História da Vida Privada* – col. dirig. por Philipe Ariès e George Duby, São Paulo: Companhia das Letras, 1992 – v. 5 (Antoine Prost e Gérard Vincent org. – trad. Denise Bottmann), 4ª reimp., 1995.

QUEIROZ, Eça de. *A Correspondência de Fradique Mendes*. Lisboa: Edição Livros do Brasil, 1999.

RADBRUCH, Gustav. *Filosofia do Direito*, "Cinco Minutos de Filosofia do Direito" – Apendice II, 6.ed. revista e acresc. (trad. Cabral de Moncada), Coimbra: Armênio Amado, 1979.

RAPP, Francis. et al "O Humanismo e a Renascença" (trad. Álvaro Salema), in *História Geral da Europa II*, Lisboa: Publicações Europa-América, 1996.

RAWLS, John. *Uma teoria da justiça* – trad. Almiro Pisetta e Lenita Esteves – São Paulo: Martins Fontes, 1997 – 2.tiragem, 2000.

———. *O liberalismo político*. 2.ed. (trad. Dinah de Abreu Azevedo), São Paulo: Ática, 2000.

REALE, Miguel. *Teoria Tridimensional do Direito* (1968). 5.ed. São Paulo: Saraiva, 1994.

———. *Verdade e Conjectura*. 2.ed. Lisboa: Fundação Lusíada, 1996.

———. *Filosofia do Direito* (1953). 19.ed. São Paulo: Saraiva, 1999.

———. *Cinco Temas do Culturalismo*. São Paulo: Saraiva, 2000.

———. *Horizontes do Direito e da História*. 3.ed. rev. e aum., São Paulo: Saraiva, 2000.

REALE JUNIOR, Miguel. *Teoria do Delito.* 2.ed. rev. São Paulo: Editora Revista dos Tribunais, 2000.
RIGAUX, François. "L'élaboration d'un 'Right of Privacy' par la jurisprudence américaine'" *Revue Internationale de Droit Comparé.* Paris, ano 32, nº 4, octobre-décembre 1980, p. 701-30.
ROCHA, João Luís de Moraes. *Nova Lei de Imprensa,* Lisboa: Livraria Petrony, 1999.
ROCHA, Manuel Antônio Lopes. "Desenvolvimentos recentes do Direito Penal da Informação (da Imprensa)", *Boletim da Faculdade de Direito da Universidade de Coimbra,* v. LXV, 1989, p. 305-38.
RODRIGUES, Cunha. "Justiça e Comunicação", *Boletim da Faculdade de Direito da Universidade de Coimbra,* v. LXVIII, 1992, p. 111-32.
ROUCHE, Michel. "Alta Idade Média ocidental", *História da Vida Privada* - col. dirig. Por Philipe Ariès e George Duby, São Paulo: Companhia das Letras, 1989 – v. 1, 10.reimp., 1994.
ROXIN, Claus. "Otras causas de justificación y exculpación", in *Justificación y exculpación en Derecho Penal.* Walter Perron (edit.), Madrid: Faculdad de Derecho, 1995, p. 221-35.
——. *Derecho Penal. Parte General.* (trad. da 2.ed. alemã por Diego-Manuel Luzón Peña et al.), Madrid: Editorial Civitas, 1999. Tomo I.
——. *Sobre a evolução da política criminal na Alemanha após a II Guerra Mundial.* (trad. Augusto Silva Dias), Lisboa: Universidade Lusíada, 2000.
——. *Política Criminal e Sistema Jurídico-Penal.* (trad. Luís Greco), Rio de Janeiro: Renovar, 2000.
SALDANHA, Nelson, *O Jardim e a Praça: ensaio sobre o lado privado e o lado público da vida social e histórica.* Porto Alegre: Fabris, 1986.
SALVADOR CODERCH, Pablo (dir. e red.) *¿Qué es difamar? Libelo contra la Ley del Libelo.* (Grupo de Estudios sobre el derecho al honor, intimidad e imagem). col. "Cuadernos Cívitas", Madrid: Editorial Civitas, 1987.
——. (dir.) *El Mercado de las Ideas.* Madrid: Centro de Estudios Constitucionales, 1990.
——. *Prevenir y Castigar – libertad de información y expresión, tutela del honor y funciones del derecho de danos.* Maria T. Castiñeira I Palou co-autora, Madrid: Marcial Pons, 1997.
SÁNCHEZ TOMÁS, José Miguel. "Disfunciones dogmáticas, político-criminales y procesuales de la exigencia del *animus iniuriandi* en el delito de injurias", *Anuario de Derecho Penal y Ciencias Penales.* Madrid, Centro de Publicaciones, tomo XLVII, fasc. 1, enero-abril 1994, p. 141-66.
SANT'ANNA, Affonso Romano de. *Barroco: do quadrado à elipse.* Rio de Janeiro: Rocco, 2000.
SANTALUCIA, Bernardo. *Derecho Penal Romano.* (trad. Javier Paricio e Carmen Velasco), Madrid: Editorial Centro de Estudios Ramón Areces, 1990 (*Derecho Penal Romano*).
SANTDIUMENG I FARRET, Josef. in *El Mercado de Las Ideas.* Pablo Salvador Coderch (dir.). Madrid: Centro de Estudios Constitucionales, 1990.
SANTOS, Boaventura de Sousa. "A queda do *Angelus Novus*: para além da equação moderna entre raízes e opções", *Revista Crítica de Ciências Sociais,* Coimbra, nº 45, maio de 1996.
——. MARQUES, Maria Manuel Leitão; PEDROSO, João. "O que se pune em Portugal", *Sub Judice: Justiça e Sociedade nº* 11 (número duplo), janeiro-junho, abril-setembro 1996.
——. *Pela Mão de Alice. O social e o político na pós-modernidade.* 7.ed. Porto: Afrontamento, 1999.
——. *Um discurso sobre as ciências.* 11. ed. Porto: Afrontamento, 1999.
——. *A crítica da razão indolente: contra o desperdício da experiência - Para um novo senso comum. A ciência, o direito e a política na transição paradigmática,* v. I. Porto: Afrontamento, 2000.
SANTOS, Gérson Pereira dos. *Do Passado ao Futuro em Direito Penal.* Porto Alegre: Fabris, 1991.
SANTOS, José Beleza dos. "Algumas Considerações Jurídicas sobre Crimes de Difamação e de Injúria", *Revista de Legislação e Jurisprudência,* ano 92º, 1959-1960, p. 164-216.
SANZ MORÁN, Angel. *Elementos Subjetivos de Justificación.* Barcelona: J. M. Bosch Editor, 1993.
SARAIVA, José Hermano. *História de Portugal.* 5.ed. Lisboa: Publicações Europa-América, 1998.
SARAMAGO, José. "A Verdade e a Mentira", in *Folhas Políticas.* 1976-1988. Lisboa: Caminho, 1999.
——. "Chiapas, nome de dor e de esperança", Visão, 09 de junho de 1998, in *Folhas Políticas.* 1976-1998. Lisboa: Caminho, 1999.
——. *Viagem a Portugal.* São Paulo: Companhia das Letras, 1998.
——. *Que farei com este livro.* São Paulo: Companhia das Letras, 1998.

SARLET, Ingo Wolfgang. "Maquiavel, 'O Príncipe' e a formação do Estado Moderno", *AJURIS* (Revista da Associação dos Juízes do Rio Grande do Sul), Porto Alegre, ano XXIII, março de 1995, nº 63, p. 91-160.

──. *A eficácia dos Direitos Fundamentais*. Porto Alegre: Livraria do Advogado, 1998.

──. "Direitos Fundamentais e Direito Privado", in *A Constituição Concretizada – construindo pontes com o público e o privado*. Porto Alegre: Livraria do Advogado, 2000.

──. *Dignidade da pessoa humana e direitos fundamentais na Constituição Federal de 1988*. Porto Alegre: Livraria do Advogado, 2001.

SARTORI, Giovanni. *Homo videns: televisão e pós-pensamento*.(trad. Simonetta Neto), Lisboa: Terramar, 2000.

SCHIERA, Pierangelo. "Sociedade 'de estados', 'de ordens' ou 'corporativa', in *Poder e Instituições na Europa do Antigo Regime*. Lisboa: Fundação Calouste Gulbenbian, 1984.

SCHOLLER, Heinrich. "O princípio da proporcionalidade no direito constitucional e administrativo da Alemanha" (trad. Ingo Sarlet), *Revista da Ajuris*, ano XXVI, nº 75 – set. 1999 (v. 1 da nova série), p. 268-9.

SILVA, Germano Marques da. *Curso de Processo Penal*. 3.ed. rev. e atual. Lisboa: Editorial Verbo, 1996. v. I.

──. *Direito Penal Português.Parte Geral. V. II – Teoria do Crime*. Lisboa: Editorial Verbo, 1998.

SILVA, Nuno J. Espinosa Gomes da. *História do Direito Português – Fontes de Direito*. 2.ed. rev. e actual., Lisboa: Fundação Calouste Gulbenkian, 1991.

SILVA, Tadeu Antônio Dix. *Liberdade de Expressão e Direito Penal no Estado Democrático de Direito*. São Paulo: IBCCRIM, 2000.

SODRÉ, Nelson Werneck. *História da Imprensa no Brasil*. 4.ed. atual. Rio de Janeiro: Mauad, 1999.

SOUSA, Nuno J. Vasconcelos de Albuquerque e. *A Liberdade de Imprensa*. Coimbra, 1984, Separata do volume XXVI do Suplemento ao Boletim da Faculdade de Direito da Universidade de Coimbra.

SOUSA, Rabindranath Valentino Aleixo Capelo. *O direito geral de personalidade*. Coimbra: Coimbra Editora, 1995.

SPIEGELMAN, Art. "Cracking jokes: breves investigações sobre vários aspectos do humor", in *Freud: Conflito e Cultura: ensaios sobre sua vida, obra e legado*. (trad. Vera Ribeiro), Michel S. Roth (org.) em associação com "The Library of Congress", Rio de Janeiro: Jorge Zahar Ed., 2000.

SPOTA, Alberto G. *O juiz, o advogado e a formação do direito através da jurisprudência* (trad. Jorge Trindade). Porto Alegre: Fabris, 1985.

Strafgesetzbuch, 34º Auflage, München: Beck, 2000.

STRECK, Lenio Luiz. *Hermenêutica Jurídica e(m) crise: uma exploração hermenêutica da construção do direito*. Porto Alegre: Livraria do Advogado, 1999.

TALESE, Gay. *O reino e o poder*. (trad. Pedro Maia Soares), São Paulo: Companhia das Letras, 2000.

TAVARES, Juarez. *Teoria do Injusto Penal*. Belo Horizonte: Del Rey, 2000.

TAVARES, Miguel Sousa. "As falsas questões", *Seminário Os direitos da pessoa e a comunicação social*. Lisboa: Fundação Calouste Gulbenkian, Janeiro, 1996, p. 137.

TEUBNER, Gunther. *O direito como sistema autopoiético* (trad. José E. Antunes do original "Recht als Autopoietisches System", 1989). Lisboa: Fundação Calouste Gulbenkian, 1993.

TIEDEMANN, Klaus. "Constitución y Derecho Penal", *Revista Española de Derecho Constitucional*, nº 33, año 11, septiembre-diciembre, 1991, p. 145-71.

TOURINHO FILHO, Fernando da Costa. *Processo Penal*. 12.ed., São Paulo: Saraiva, 1990.

VALDÁGUA, Maria da Conceição S., "A Dirimente da Realização de Interesses Legítimos nos Crimes contra a Honra", in *Jornadas de Direito Criminal – Revisão do Código Penal. Alterações ao Sistema Sancionatório e Parte Especial*. Lisboa: Centro de Estudos Judiciários, 1998.

VARELLA, Dráusio. *Estação Carandiru*. São Paulo: Companhia das Letras, 1999.

VEYNE, Paul. "O Império Romano", in *História da Vida Privada* - col. dirig. Por Philipe Ariès e George Duby, São Paulo: Companhia das Letras, 1989 – v. 1 (Paul Veyne org. – trad. Hildegard Feist), 10ª reimp., 1994, p. 164.

VICTORIA, Luiz A. P. *Dicionario Básico de Mitología: Grécia, Roma, Egito.* 3.ed. Rio de Janeiro: Ediouro, 2000.

VIEHWEG, Theodor. *Topica y Jurisprudencia.* 1964, trad. de Luís Ponce de Léon da versão de 1963 (Beck's, Munich), Madrid: Taurus Ediciones, reimp. 1986.

VIEIRA, Padre António. *Sermões Escolhidos.* 4ª ed. Lisboa, Biblioteca Ulisseia de Autores Portugueses, 1999. selecção, introdução e notas por Maria das Graças Moreira de Sá.

VINCENT, Gérard. "Uma história do segredo?, in *História da Vida Privada* - col. dirig. Por Philipe Ariès e George Duby, São Paulo: Companhia das Letras, 1992 – v. 5, 4.reimp., 1995.

VOGLIOTTI, Massimo. "La 'rhapsodie': fecondité d'une métaphore littéraire pour repenser l'écriture juridique contemporaine. Une hypothèse de travail pour le champ pénal". *Reveu Interdisiplinaire d'Études Juridiques*, 2001, n° 46, p. 1-47.

WALLERSTEIN, Immanuel. "Incerteza e criatividade", *Logos*, ano 12, n° 2 (especial), setembro de 2000: Cachoeira do Sul, Universidade Luterana do Brasil, p. 5-8.

WEINGARTNER NETO, Jayme. "A irrelevância penal da crítica objetiva a figuras públicas" *AJURIS* (Revista da Associação dos Juízes do Rio Grande do Sul), Porto Alegre, ano XXVI, setembro de 2001, n° 83, tomo I, p. 206-220.

——. "O princípio da diversão e o Ministério Público: um viés lusitano" *Direito e Democracia* (Revista de Ciências Jurídicas – ULBRA), Porto Alegre, Vol. 2, n° 1, 1° semestre 2001, p. 15-59.

WESSELS, Johannes. *Direito Penal (aspectos fundamentais).* (trad. Juarez Tavares), Porto Alegre: Fabris, 1976.

WIESEL, Elie. "Prefácio", in *A intolerância: Foro Internacional sobre a Intolerância*, Unesco, 27 de março de 1997, La Sorbonne, 28 de março de 1997 / Academia Universal das Culturas, Françoise Barret-Ducrocq (dir.), trad. Eloá Jacobina. – Rio de Janeiro: Bertrand Brasil, 2000.

WILLIAMS, Raymond. (ed.) *Historia de la Comunicacion. Vol. 1: del lenguaje a la escritura.* (trad. Daniel Laks), Barcelona: Bosch Casa Editorial, 1992.

ZAFFARONI, Eugenio Raul. *Em busca das penas perdidas: a perda de legitimidade do sistema penal.* 4.ed. (trad. Vania R. Pedrosa e Amir L. Conceição), Rio de Janeiro: Revan, 1999.

——; PIERANGELI, José Henrique. *Manual de Direito Penal Brasileiro: parte geral.* 4.ed. rev. São Paulo: Editora Revista dos Tribunais, 2001.

——. "La globalización y las actuales orientaciones de la política criminal", in *Direito Criminal.* José Enrique Pierangeli (coord..), Belo Horizonte: Del Rey, 2000.

ZIPPPELIUS, Reinhold. *Teoria Geral do Estado* (trad. Karin P. Coutinho do original "Allgemeine Staatslehre", 12.ed., 1994). Lisboa, Fundação Calouste Gulbenkian, 1997.

Impressão:
Editora Evangraf
Rua Waldomiro Schapke, 77 - P. Alegre, RS
Fones: (51) 3336-0422 e 3336-2466